Die Philosophie der Griechen in ihrer
geschichtlichen Entwicklung

中国人民大学科学研究基金

（中央高校基本科研业务费专项资金资助）项目成果

10XNI010

聂敏里　主编

古希腊哲学史

Die Philosophie der Griechen in ihrer
geschichtlichen Entwicklung

第 三 卷

柏拉图与老学园派

[德] 爱德华·策勒　著

詹文杰　译

人民出版社

德国哲学史家策勒
的《古希腊哲学史》
是古希腊哲学学科
的奠基之作，中国学
者有责任将它完整地
翻译过来！

汪子嵩
2016-6

凡　　例

1.正文中作者名、文献名、地名均以中译文形式呈现，第一次出现时其后以圆括号注明原文。

2.为便于文献检索，脚注中所有作者名、文献名均以原文形式呈现，不作翻译。

但以下情况例外：

（1）正文中已作翻译的作者名和文献名，在脚注中均按正文中的中译文形式呈现，不注明原文。

（2）广为人知、且译名统一的古代著作者名和现代著作者名，按其熟知的中译名译出，不注明原文。

3.以拉丁字母表示的书名均以斜体呈现，同时保持原文的缩略形式，不作增补。

4.脚注中大量希腊文或拉丁文的原文引用仅仅起到文本检索的作用，为排版方便，仅保留其书名出处，均不照录原文。

5.脚注中凡属论述有机部分的希腊文或拉丁文的原文引用，一律以加双引号的形式直接译成中文，不同时抄录原文。

6.正文与脚注中凡属作为关键词呈现的拉丁文或希腊文，均照录原文，并在原文后以圆括号提供中译文。

7.脚注中凡提及参考某页某注的文字，均为中文版页码及注释号码。脚注中凡仅提及参考某页的文字，均为英文版页码，可以通过检索中文版边页码获得。

总　序

一

爱德华·戈特洛布·策勒（Eduard Gottlob Zeller）1814 年 1 月 22 日出生于德国乌腾堡（Württemberg）的小波特瓦（Kleinbottwar）。他是一位政府官吏的儿子，早年先后在穆尔布隆（Maulbronn）和布劳博伊伦（Blaubeuren）的新教神学院里接受教育，接着进入图宾根大学学习。在图宾根大学期间，他与大卫·弗里德里希·施特劳斯（David Friedrich Strauß）、弗里德里希·特奥多耳·费舍尔（Friedrich Theodor Vischer）结识，受到黑格尔哲学和政治自由主义的影响，接受了历史和神学批判的方法。1836 年，他以一篇论述柏拉图《法律篇》的论文获得博士学位，1840 年成为图宾根大学的无薪讲师。1847 年，他在瑞士伯尔尼大学成为神学教授，1849 年又成为马堡大学的神学教授。在马堡大学，由于他的自由主义神学思想与教权派的冲突，策勒不久就转到了哲学系。1862 年，他成为海德堡大学的哲学教授。1872 年转至柏林，在凯撒－威廉大学教授哲学，一直到 1894 年。在此期间，1872 年，他成为普鲁士科学院成员，并于 1877 年获得了奥登功勋勋章（Orden Pour le Mérite）。1895 年，他退休回到斯图加特，在那里安度晚年。策勒于 1908 年 3 月 19 日在斯图加特逝世，享年 94 岁。

策勒是作为一位黑格尔主义者开始他的哲学活动的，并且像大卫·弗里德里希·施特劳斯一样早年也致力于对《新约》的历史批判研究，这特别反映在他于 1840 年代同他的老师兼岳父费迪南德·克里斯蒂安·鲍尔（Ferdinand Christian Baur）一起主编《神学年鉴》（*Theologischen Jahrbücher*）上。但是，他不久就沉默下来，而在这段沉默期间他所贡献出来的就是有关古希腊哲学史的里程碑式的多卷本著作和对《使徒行传》的历史评注。同时，黑格尔主义的那种思辨的历史方法也消失了，取而代之的是重视历史证据分析的实证主义的研究方法。他在 1862 年就职海德堡大学哲学教授时的演讲"认识论的意义与任务"（"Über Bedeutung und Aufgabe der Erkenntnisstheorie"）即反映了这种方法论上的变化，被认为是 19 世纪末新康德主义发展趋势的开拓者。而他在 1888 年与他的学生路德维希·施泰因（Ludwig Stein）一起创办的《哲学史档案》（*Archiv für Geschichte der Philosophie*），到今天已经是整个哲学史领域的一本享誉国际的学术期刊。

而上面所提到的那部现在被我们翻译成《古希腊哲学史》的巨著，其德文原名是"Die Philosophie der Griechen in ihrer geschichtlichen Entwicklung"，意即，"在其历史发展中的古希腊哲学"，有时也被简写作"Philosophie der Griechen"，即，"古希腊哲学"。策勒是在 1844—1852 年期间写成这部巨著的。它的第一版最初是以"古希腊哲学。对其发展特点、进程和主要时期的一个研究"（*Die Philosophie der Griechen. Eine Untersuchung über Charakter, Gang und Hauptmomente ihrer Entwicklung*）为题出版。这一版分为三卷：第一卷是"总论，前苏格拉底哲学"（Allgemeine Einleitung, Vorsokratische Philosophie），图宾根，1844 年；第二卷是"苏格拉底，柏拉图，亚里士多德"（Socrates, Plato, Aristoteles），图宾根，1846 年；第三卷是"后亚里士多德哲学"（Die nacharistotelische Philosophie），图宾根，1852 年。显然，从内容上看，它们实际上对应于我们通常所说的前苏格拉底哲学、古典希腊哲学和晚期希腊哲学，从而可以说，在最初的这一版中，策勒的这部巨著已经奠定了古希腊哲学史的基本分期。

但这并不是策勒这部巨著的最终版本。事实上，一直到策勒去世之前为止，他都有对这部巨著的新的修订版出版，以反映最新的研究进展。因此，我们看到，在第二版（1856—1868），策勒不仅修改了全书的标题，而且还改变了各卷划分的方式。在标题上，第一版的标题被修改为"在其历史发展中的古希腊哲学"（Die Philosophie der Griechen in ihrer geschichtlichen Entwicklung），这也就是全书的最终的标题。而在各卷的划分上，第二版相较于第一版有两处大的改动：首先，第二卷被划分成两个部分，即，第一部分"苏格拉底与苏格拉底学派，柏拉图与老学园派"（Sokrates und die Sokratiker, Plato und die alte Akademie），和第二部分"亚里士多德与早期漫步学派"（Aristoteles und die alten Peripatetiker）；其次，第三卷被分成两册，第一分册是斯多亚学派、伊壁鸠鲁学派、怀疑主义学派和折中主义，第二分册是怀疑主义学派的复兴、新柏拉图主义的先驱和新柏拉图主义。这样的划分，再加上第一卷在第四版时（1876 年）也被分成两册，即，第一分册包括总论和前苏格拉底哲学从米利都学派一直到埃利亚学派的部分，第二分册包括前苏格拉底哲学从赫拉克利特一直到智者学派的部分，就形成了德文版《古希腊哲学史》的三大卷六大册的基本格局。当然，值得一提的是，对这一巨著的修订不仅在策勒的生前被反复进行，而且甚至在他去世之后也仍然由他的学生继续进行。例如，有关柏拉图和老学园派的那一部分就有 1922 年的第五版，是由策勒的学生霍夫曼（E. Hoffmann）增补整理当时柏拉图研究的最新成果修订的，而第三卷的第一分册则有 1923 年第五版，是由爱德华·威尔曼（Eduard Wellmann）博士修订的。

这是策勒《古希腊哲学史》德文版的总体轮廓。现在，我们再来谈英译本的情况，我们的中译本即依据英译本。

第一个英译本出现在 1868 年，这是对德文第二版第二卷第一部分"苏格拉底与苏格拉底学派，柏拉图与老学园派"（图宾根，1859 年）中"苏格拉底与苏格拉底学派"的翻译，译者是奥斯瓦尔德·J. 雷赫尔（Oswald J. Reichel）。随后，在 1870 年，由这同一位译者又翻译出版了第三卷第一分册中"斯多亚学派、伊壁鸠鲁学派和怀疑主义学派"的部分，这是对该卷德文第二版（莱比锡，1865 年）的翻译。1876年，由萨拉·阿莱恩（Sarah F. Alleyne）和阿尔弗雷德·古德温（Alfred Goodwin）合作，共同翻译出版了第二卷第一部分"苏格拉底与苏格拉底学派，柏拉图与老学园派"中"柏拉图与老学园派"的部分，这是对该卷德文第三版（莱比锡，1875 年）的翻译，相较于第二版有了较大的扩充。1881 年，萨拉·阿莱恩又以一人之力完成了对第一卷的翻译，这是对德文第四版（莱比锡，1876 年）的翻译，英文版被分成两卷出版。1883 年，仍然是萨拉·阿莱恩，翻译出版了第三卷第一分册中的"折中主义"部分，这是对德文第三版的翻译。最后，在 1897 年，由科斯特洛（B. F. C. Costelloe）和缪尔黑德（J. H. Muirhead）合作，策勒《古希腊哲学史》第二卷第二部分"亚里士多德与早期漫步学派"被翻译出版，这是对德文第三版（莱比锡，1879 年）的翻译，英文版分成两卷，至于策勒《古希腊哲学史》第三卷第二分册有关新柏拉图主义的部分，英译本没有翻译。

　　策勒《古希腊哲学史》德文版的写作、修订与出版、再版，本身就是一项旷日持久的浩繁工程。仅就策勒生前对它的不断修订来说，从它的第一卷第一版在 1844 年正式出版开始算起，到它的第三卷第二部分即有关新柏拉图主义的那个部分第四版经策勒最后一次修订在 1903 年出版为止，几乎耗时一个人的一甲子之年。这还不算在策勒去世后由他的学生所进行的修订出版工作的时间。从而，结果就是，从第一个英译本"苏格拉底与苏格拉底学派"于 1868 年出版开始算起，到最后一个英译本"亚里士多德与早期漫步学派"于 1897 年出版为止，期间虽然有个别英译本再版并根据当时的新版做过修订，最终我们现在所能见到的策勒《古希腊哲学史》英译本是六卷八册。它们分别是：第一卷《从最早时期到苏格拉底的时代（附总论）》（上下册），第二卷《苏格拉底与苏格拉底学派》，第三卷《柏拉图与老学园派》，第四卷《亚里士多德与早期漫步学派》（上下册），第五卷《斯多亚学派、伊壁鸠鲁学派和怀疑主义学派》，第六卷《古希腊哲学中的折中主义流派史》。

　　由于策勒的这部巨著卷帙浩繁，版本众多，将它完整、全面地翻译过来并非易事。而目前的这个汉译本就它本身篇幅的宏大、内容的丰富而言，已经足以填补汉语学界翻译西方学者所写古希腊哲学史多卷本著作的空白，一定能够促进国内古希腊哲学研究的深入。

二

　　说到这里，我们也就有必要谈谈策勒这部多卷本《古希腊哲学史》巨著所具有的历史地位和意义。

　　众所周知，从 19 世纪以来，我们已经进入了一个哲学史的时代，这就是说，"哲学史"成为了学者们处理过去时代哲学思想的一种标准研究方式，正像在希腊化时代，"师承录"、"言行录"、"名人传"、"格言摘抄"等等是学者们处理之前哲学家们思想的一种基本方式一样。这当然标志着我们进入了一个具有历史批判意识的时代，也就是说，对于过去的思想，我们开始意识到我们同它们之间的"历史的距离"，不再是将它们作为无条件景仰与摹仿的对象，而是能够对它们进行批判的审视，试图为它们寻找在人类思想史上合适的位置。

　　这样一种思想模式的转换从近代以来就已经逐渐开始了，并不始自于德国。例如，1659 年托马斯·斯坦利（Thomas Stanley）在伦敦出版了他的《哲学史》（*The History of Philosophy*），此书在 1687、1701、1743 年都不断有再版，并在 1711 年出版了拉丁语的译本。[1] 但正是在 19 世纪的德国，哲学史的写作达到了空前繁盛的程度，大量哲学史著作涌现出来。而随着受新古典人文主义的刺激古典学研究取得关于

1　参见 Tennemann, *A Manual of the History of Philosophy*, Translated by Arthur Johnson, Revised, Enlarged, and Continued by J. R. Morell, London, Henry G. Bohn, 1852, p. 17。

古代历史文化的丰硕成果，在哲学史著作中对古代哲学思想进行专题处理也成为哲学史写作通行的惯例。例如，威廉·戈特利布·邓尼曼（Wilhelm Gottlieb Tennemann）是一位康德主义者，他的十一卷本《哲学史》（*Geschichte der Philosophie*）（1798—1819）已经以大量的篇幅梳理了古希腊哲学。H. 里特尔（H. Ritter）的九卷本《哲学史》（*Geschichte der Philosophie*）（1838—1850）也以同样的方式处理了古希腊哲学。类似的著作还有弗里德里希·于贝韦格（Friedrich Ueberweg）的三卷本巨著《哲学史大纲》（*Grundriß der Geschichte der Philosophie*）（1863—1866），更不消说众所周知的黑格尔四卷本的《哲学史讲演录》。此外，专门的古希腊哲学史著作也涌现出来。例如，卡尔·弗里德里希·赫尔曼（Karl Friedrich Hermann）对柏拉图的对话作品已经采取了一种反整体论的研究方式，他的著作《柏拉图哲学的历史与体系》（*Geschichte und System der Platonischen Philosophie I*，1859）已经将柏拉图的对话作品置于了一个年代学的解释模式中。而克里斯蒂安·奥古斯特·布兰迪斯（Christian August Brandis）在 1835—1844 年出版了他的两卷本的广受争议的著作《希腊–罗马哲学史手册》（*Handbuch der Geschichte der Griechisch-Römischen Philosophie*），该书以一个更小、更体系化的形式再版，题名为《希腊哲学发展史及其在罗马帝国的影响》（*Geschichte der Entwicklungen der griechischen Philosophie und ihrer Nachwirkungen im römischen Reiche*）（1862—1866）。而对古代哲学文献的编辑和整理工作在 19 世纪的德国也达到了高峰时期。在这方面，众所周知的例如，奥古斯特·伊曼努尔·贝克尔（August Immannuel Bekker）整理完成了普鲁士科学院的亚里士多德著作标准全集（1831—1836），这个全集成为当代世界各国出版亚里士多德全集的标准版本依据。赫尔曼·第尔斯（Hermann Diels）编辑了前苏格拉底哲学家残篇，这个残篇集迄今为止仍然是研究前苏格拉底哲学家思想的最权威文献依据。此外，像汉斯·冯·阿尼姆（Hans von Arnim）编辑了早期斯多亚学派的残篇，赫尔曼·乌斯纳尔（Hermann Usener）编辑了伊壁鸠鲁的残篇，等等。

　　详尽地罗列这一切对于我们来说既不可能也无必要。我们需要知道的只是这样一个事实，即，从 19 世纪以来，我们即进入了一个哲学史的时代，到现在为止，这一潮流依然未见终止，每一年，世界各国仍然会出产数以百计的哲学史作品，这足证哲学史写作模式的昌盛。

　　但是，在这众多的哲学史著作中，特别是在像古希腊哲学史这样的专门哲学史著作中，策勒的三大卷六大册（按德文版）《古希腊哲学史》仍然据有不可动摇的历史地位。原因当然是多样的。首先无疑是由于它的篇幅和体量、材料的丰富与详尽，不仅类似的、与它同时代的著作无出其右，而且甚至晚于它的著作也没有超过它的。

　　特奥多尔·贡珀茨（Theodor Gomperz）于 1893 年到 1909 年出版了他的古希腊哲学史《古希腊思想家：古代哲学史》（*Griechische Denker：Geschichte der antiken Philosophie*），德文版分成三册，每一册的篇幅和体量都相当大，以至于英译本是分成四册出版的（1901—1912）。同时，作者的计划也很庞大，整部书原计划有三册九卷，分别是：第一卷，"开端"；第二卷，"从形而上学到实证科学"；第三卷，"启蒙时代"；第四卷，"苏格拉底和苏格拉底学派"；第五卷，"柏拉图与学园"；第六卷，"亚里士多德及其后继者"；第七卷，"老斯多亚学派"；第八卷，"伊壁鸠鲁的花园"；第九卷"神秘主义者、怀疑派、折中主义者"。但是，在最终出齐时，第三册只包含了第六卷"亚里士多德及其后继者"，剩余的三卷却被付诸阙如。对此，在英译本第四册的"前言"中，贡珀茨这样写道："在给开始于 15 年前的这部著作出版以结束时，我不得不承认对我原来的计划做出一些调整是合理的。……在一开始，我的愿望是将古希腊哲学史写至我们纪元的开始；但是逐渐地我明白认识到，公元前三世纪的前 25 年，是一个更为合适的终点。在这个时代，专门科学的发展达到了一个根本改变它们与哲学的关系的高度。……在总体上哲学和专门科学从此以后追求各自的道路。普遍科学——本著作的主要对象——就这样消失了；科学发展的重心转移到了从属的分支上。"[1] 显然，正是由于这样一个现在看来明显站不脚的理由，贡珀茨的古希腊哲学史未能逾越策勒的巨著所达到的高度。

当然，英语学界在先后出版了策勒和贡珀茨著作的英译本之后也贡献了它自己的古希腊哲学史，这就是 W. K. C. 格思里所独立撰著、从第一卷于 1962 年出版到第六卷于 1981 年他去世前出版的《古希腊哲学史》。这部写作时间延续了近 20 年的著作，诚如作者本人在第一卷的"前言"中所许诺的，它的价值不在于它的原创性和天才，而在于它的叙述的融贯性和系统性，尤其是在于它对在这个领域已经极大丰富起来的学者的各种有争议的观点和看法的全面反映和公平判断。[2] 因此，构成这部古希腊哲学史一个最显著特点的就是在正文中和脚注中所呈现出来的各种学术观点，它可以说全面地反映了一直到作者写作这部哲学史各卷时为止在古希腊哲学研究领域学者们所取得的重要研究成果。这部以英文书写的古希腊哲学史按作者的本意是要一直覆盖到新柏拉图主义以及中世纪基督教哲学的开端，从其就前苏格拉底哲学便毫不吝惜地给予了两卷 1200 余页的篇幅，而就柏拉图哲学同样给予了两卷 1200 余页的篇幅来看，作者毫无疑问是有超越策勒《古希腊哲学史》的雄心壮志的。他在第一卷"前言"中引用赫尔曼·弗朗克（Hermann Fränkel）的话说："尽管对于海量专业文献的勤勉劳作本身就是极可追求的，但是在我看来更为重要的是在我有生之年完成它。"[3] 这就清楚地表明了他的抱负和决心。但是，时间确实也是无情的。在叙述亚里士多德哲学的第六卷出版后不久，作者便去世了。而在两年前，作者已经罹患了中风。因此，不仅他未能如其所愿地充分处理好亚里士多德的《政治学》和《诗学》，而且从全卷的篇幅只有 470 页来看，这也是一部匆匆完成的著

1　Theodor Gomperz, *Greek Thinkers, A History of Ancient Philosophy*, Volume IV, Translated by G. G. Berry, p. vii.

2　W. K. C. Guthrie, *A History of Greek Philosophy*, Volume I, Cambridge University Press, 1962, p. ix.

3　上引书，p. x。

作。因为，亚里士多德的哲学当然不只需要短短 470 页的篇幅来予以讨论。这样，英语学界未能贡献出自己的足可超越策勒《古希腊哲学史》的著作。

现在，我们来看由意大利学者乔瓦尼·雷亚莱（Giovanni Reale）所独立撰著的《古代哲学史》（*Storia della filosofia antica*）。全书共四卷，第一卷《从源头到苏格拉底》（*Dalle Origini a Socrate*）和第二卷《柏拉图和亚里士多德》（*Platone e Aristotele*）出版于 1975 年，第三卷《希腊化时代的诸体系》（*I Sistemi dell' Età Ellenistica*）出版于 1976 年，第四卷《帝国时代的诸学派》（*Le Scuole dell' Età Imperiale*）出版于 1978 年。全书总篇幅 2000 余页，仅从作者将柏拉图和亚里士多德置于一卷来看，我们便可断定作者并无企图超越策勒《古希腊哲学史》的打算。构成全书最大特色的便是它将重心放到了后亚里士多德哲学上，用了足足两卷 1200 余页的篇幅来处理它，以至于 A. A. 朗（A. A. Long）在对此书所撰写的书评中，在指出了它在篇幅上不仅无法与策勒相比、甚至也无法与格思里相比之后，仍旧称道它在关于亚里士多德之后哲学的处理上是详尽而全面的。[1] 此外，阅读 A. A. 朗的这篇书评是令人生发兴味的，因为，他始终以策勒和格思里的著作作为评判标准。因此，他的如下一段话或许可以作为一个明证，证明甚至在 20 世纪 80 年代策勒的《古希腊哲学史》在学者们的心目中仍旧据有无可取代的地位。他的原话如下："也许可以合理地预言，策勒的《古希腊哲学史》将永远不会被超越。在各种观点和方法上，他的著作已被取代，但是，它始终是对哲学专门知识和哲学分析的一个巧妙综合。在策勒那里有着大量精心组织的内容，甚至今天他的主要文本都很少令我们感到失望。如果他的著作对于他的更爱标新立异的哲学同代人来说显得有点儿枯燥，那么，这也许就解释了为什么策勒是那么持久。哲学时尚迅即改变。但是，作为一位

---

[1] A. A. Long, "A History of Greek Philosophy", *The Classical Review*, New Series, Vol. 32, No. 1 (1982), pp. 38-41.

新黑格尔主义者，策勒却保持了足够的独立地位来避免发挥演义，这是哲学史家最坏的恶行。当他看到一个哲学问题时他知道它，但他很少沉溺于纯粹思辨的解释或重构中。"[1]这就充分说明了，即便是在 20 世纪哲学史的撰著更为通常和成规模的前提下，策勒的《古希腊哲学史》巨著仍旧是无人能够企及的，因为，任何一个人想要凭一己之力完成这样一部篇幅宏富的巨著，在他想到策勒时，相信都会忍不住倒吸一口凉气。

三

但是，在篇幅和规模的难以企及以外，我们还要谈到策勒这部巨著本身在学术上对于古希腊哲学史这门学科所做出的具有奠基意义的理论贡献。

首先是在方法上。我们知道，策勒本人是一位黑格尔主义者。从这部巨著的完整标题——"在其历史发展中的古希腊哲学"（Die Philosophie der Griechen in ihrer geschichtlichen Entwicklung）——我们就可以清楚地看到其中黑格尔历史主义的特征，这就是，不仅把古希腊哲学放到历史的脉络之中来加以叙述，而且还是放到思想的历史演进、历史发展之中来加以叙述。但是，正因为如此，指出如下一点就是非常重要的，这就是，尽管策勒是基于 19 世纪历史主义的方法论视野来处理古希腊哲学的，但是他却自觉地与黑格尔的本质上是先验主义的思想史研究方法拉开了距离。因为，如众所周知的，黑格尔历史主义的一个基本理论预设就是历史与逻辑的统一，他是按照他的逻辑学的概念辩证推演框架来把握古希腊哲学史、乃至到他本人为止的整个哲学史的，从而，在对思想史材料的处理上就不免有逻辑先行和暴力诠释的问题。而策勒在实际的写作过程中却采取了一种相反的研究方式，这就是，更加

---

1 A. A. Long, "A History of Greek Philosophy", *The Classical Review*, New Series, Vol. 32, No. 1 (1982), pp. 38-41.

注重对思想史材料的搜集、整理与实事求是的分析，而尽力避免在研究中带入预先的理论判断和成见。

对此，策勒自己是有着清醒而深刻的理论自觉意识的。他在第一卷第二版的"前言"中曾经写道："在处理我的主题时，我一直牢记我在对它的最初研究中向我自己提出的任务，即在对历史的渊博的探讨和思辨的研究之间遵循中庸之道：既不以一种单纯经验的方式搜集事实，也不构造先验的理论，而是通过多种传统本身，借助批评性的审查和历史性的综合，获致关于它们的意义和相互关系的知识。"[1] 而在第四版的"前言"中他就此做了更进一步的阐发。他认为"哲学地"去理解历史上哲学家的观点是重要的，从而，哲学史不能是外在于哲学的哲学史材料的堆积。但是，我们却又不能因此便滥用哲学的名义，给古代哲学家的思想强加它所没有的观点，为他的思想编造不曾有的体系关联。所以，对于策勒来说，按照古代哲学家思想的历史条件实事求是地来把握他的思想就是一个具有根本重要性的原则。他说："过去的伟大现象在我看来是太过伟大了，因此我不能假设我可以通过将它们拔高到它们的历史条件和限度之上来为它们提供任何帮助。在我看来，这样一种错误的理想化使它们更为渺小而不是伟大。不管怎样，没有任何东西能够因此给历史真理增益，在历史真理面前，对具体的人和具体的学派的偏爱必须让路。"[2] 以此方式，策勒也就向我们阐明了他的历史主义意味着什么——这就是历史的真实！思想史的研究必须符合历史的真实，而不是理论逻辑的虚构。他并且为此给出了具体的研究方法，即："任何人阐述一个哲学体系，都必须将它的作者所持有的各种理论再现于它们在这位作者的思想中所具有的关联之中。这一点，我们只能够从有关这些哲

1　转引自第一卷第四版的"前言"，见 E. Zeller, *A History of Greek Philosophy, From the Earliest Period to the Time of Socrates, With a General Introduction*, Translated by S. F. Alleyne, Vol. 1, London, Longmans, Green, and Co., 1881, p. vii。

2　转引自第一卷第四版的"前言"，见 E. Zeller, *A History of Greek Philosophy, From the Earliest Period to the Time of Socrates, With a General Introduction*, Translated by S. F. Alleyne, Vol. 1, London, Longmans, Green, and Co., 1881, p. ix。

学家本人的证言中、从其他人针对他们的学说的陈述中获知"。[1]而这又进一步包含以下两点更为具体的方法："首先，使我们超出直接证言的归纳在各种情况下都必须建立在我们所拥有的全部证据的基础上；当一种哲学理论在我们看来似乎要求一些进一步的理论时，我们必须总是考察是否这位作者体系的其他部分——在他看来是同样重要的——没有构成障碍。其次，当假定我们正在考察的这位哲学家曾经向他自己提出过我们正在向他提出的问题，向自己给出过我们从他的其他命题中得出的答案，或者本人做出过在我们看来是必然的推论时，我们必须探询我们是否有充分的理由。"[2]这就是策勒的哲学史研究的方法。他的哲学史研究是基于对哲学史材料的经验观察，而不是理论建构，我们对一位哲学家哲学思想的建构必须严格限制在哲学史材料允许的范围内，不多也不少，而是实事求是。

这样一种本质上属于经验实证的方法当然不是黑格尔式的，而是对黑格尔式哲学史研究方法的反对。在第一卷的"总论"中，策勒更是指名道姓地对黑格尔的历史与逻辑统一的哲学史认识方式进行了深入的批判，表明即使观念遵循逻辑的秩序，但是，历史并不遵循逻辑的秩序，而哲学史首先是历史研究，从而，它所遵循的恰恰不是逻辑，而是历史。他这样说："与黑格尔的立场远为不同，我们必须坚持认为，没有任何哲学体系可以这样构成，以至于它的原则通过一个纯粹的逻辑概念就能够得到表达；没有任何一个哲学体系只是根据逻辑程序的法则便从它之前的体系中产生出来。对过去的任何研究都会向我们表明，要在哲学体系的秩序中发现黑格尔的或其他任何思辨逻辑的秩序，这是多么地不可能，除非我们从其中构造出与它们的实际情况十分不同的东西。因

---

1 转引自第一卷第四版的"前言"，见 E. Zeller, *A History of Greek Philosophy, From the Earliest Period to the Time of Socrates, With a General Introduction*, Translated by S. F. Alleyne, Vol. 1, London, Longmans, Green, and Co., 1881, p. ix。

2 转引自第一卷第四版的"前言"，见 E. Zeller, *A History of Greek Philosophy, From the Earliest Period to the Time of Socrates, With a General Introduction*, Translated by S. F. Alleyne, Vol. 1, London, Longmans, Green, and Co., 1881, p. x。

此，这一尝试无论是在原则上还是实践上都是一个失败，它所包含的真理仅仅是这样一个普遍的信念，即，历史的发展受到不变规律的内在支配。"[1]事实上，正是在方法上对当时盛行的黑格尔式的历史主义的清醒认识和自觉批判，使策勒不仅保持了自己哲学思想的独立性，而且是他的这部《古希腊哲学史》具有超越时代局限性的价值的根本原因所在。他在哲学史的经验材料和哲学史的哲学理解之间找到了一个巧妙的平衡点。

接下来，我们要提及策勒这部巨著在古希腊哲学史这门学科上的第二个理论贡献，这就是对古希腊哲学史的基本分期的确定。

我们现在通常把整个古希腊哲学史分成三个时期，这就是：前苏格拉底哲学、古典希腊哲学和晚期希腊哲学。对于前苏格拉底哲学，有时候人们为了避免"前苏格拉底"这个时间限定的过于僵硬，也用"早期希腊哲学"来代替它，但是，无论如何，苏格拉底都构成了界定这一时期哲学的一个重要分界点。对于古典希腊哲学，人们主要想到的就是苏格拉底、柏拉图和亚里士多德，他们的思想和体系毫无疑问是古典希腊时期哲学思想的中心和重心。对于晚期希腊哲学，人们通常用它来指亚里士多德之后的整个古希腊哲学，这既包括希腊化时期的哲学，也包括罗马帝国时期的哲学，直至新柏拉图主义，直至公元529年雅典最后一个希腊学园被关闭。这就是我们现在所通行的对整个古希腊哲学史的分期。而我们在这里要指出的是，这一基本分期就是在策勒那里被真正确立起来的。

因为，像上述那样一种在我们现在看来极其自然合理的对古希腊哲学史的分期，在古希腊哲学史这门学科最初成立和研究的初期却并不是现成的。策勒在讨论这个主题时已经给我们提供了这方面的几个具体例子。例如，阿斯特（Ast）和里克斯纳（Rixner）的哲学史著作在处理

---

1 转引自第一卷第四版的"前言"，见 E. Zeller, *A History of Greek Philosophy, From the Earliest Period to the Time of Socrates, With a General Introduction*, Translated by S. F. Alleyne, Vol. 1, London, Longmans, Green, and Co., 1881, p. 14。

古希腊哲学史时，以伊奥尼亚的实在论、意大利的观念论和阿提卡的综合将古希腊哲学划分成为前后相继的三个时期。而布拉尼什（Braniss）在他的哲学史著作中则将古希腊哲学划分成为如下三个时期：第一个时期从泰勒斯一直到恩培多克勒，第二个时期涵括了阿那克萨戈拉、德谟克利特和智者学派，第三个时期则是从苏格拉底一直到古希腊哲学的结束。黑格尔在《哲学史讲演录》中，在讨论古希腊哲学的分期时，则把整个古希腊哲学分成如下三个时期：第一个时期是从泰勒斯到亚里士多德，第二个时期是亚里士多德之后的哲学，主要是指斯多亚学派、伊壁鸠鲁学派和怀疑论学派，第三个时期是新柏拉图主义的哲学。而对于第一个时期，他又将之分成三个阶段，第一个阶段是从泰勒斯到阿那克萨戈拉，第二个阶段包含智者学派、苏格拉底和苏格拉底学派，第三个阶段是柏拉图和亚里士多德的哲学。

我们以今天的眼光来审视这些划分，会觉得它们是极其怪异和难以理解的。但我们一定不要忘了：首先，这是在古希腊哲学史学科初创阶段人们对其时期划分的意见，他们产生这样或那样的意见分歧无疑是极其自然、极其合理的；其次，更为重要的是，我们之所以认为它们十分奇怪，恰恰是因为我们的古希腊哲学史分期观念正是通过策勒而被塑造的，他的三大卷六大本的《古希腊哲学史》，其中三大卷的总划分，恰好对应的就是现在所通行的对古希腊哲学史的三大阶段的划分。一旦我们追溯到此，两相对比，我们也就知道策勒在古希腊哲学史分期问题上的理论地位了。

但是，如果我们在这里把这个问题考察得更为仔细一些，那么，我们要进一步指出，策勒在这个问题上最为重要的理论贡献就是确立了"前苏格拉底哲学"这个概念。因为，一个极其显然的事实是，无论是在阿斯特、里克斯纳、布拉尼什还是黑格尔的哲学史著作中，在对古希腊哲学史的分期中，他们并没有一个明确的"前苏格拉底哲学"概念。在这方面，黑格尔表现得最为突出，在他的《哲学史讲演录》中，苏格拉底甚至不构成他所划分的第一期第二阶段的开端，作为这个阶段开端的是智者学派。

但正是在策勒的这部巨著中，他明确地把苏格拉底树立为把握整个古希腊哲学史分期的关键环节。在第一卷的"总论"中他这样肯定地说："苏格拉底不仅发展了一种已经存在的思想模式；他还将一种本质上全新的原则和方法引入到哲学中。"[1] 在此之后，他便指出了这一全新的原则和方法的根本内涵，这就是："苏格拉底却首先表达了如下信念，除非其普遍本质、其概念被确定，关于任何对象没有任何东西可以被知道；因而通过概念标准对我们表象的检验——哲学意义上的自我知识——就是所有真知识的开端和前提。尽管早期哲学家们通过思考事物本身首先达到将表象与知识区分开来；但与此相反，他却使事物的全部知识依赖于对知识本质的一个正确观点。"[2] 这当然是对苏格拉底定义法的诉诸和对其哲学内涵的揭示，但是，即便是从当代古希腊哲学知识论研究的水准出发来审视策勒的这一概括，我们也必须要承认，它确实抓住了苏格拉底方法的本质，并且因此抓住了苏格拉底在古希腊哲学史上所具有的转折点意义。由此，策勒把苏格拉底看成是古希腊哲学一个新的历史时期的开端就一点儿也不奇怪了。他说："因此，从他这里就开始了一种新形式的科学，基于概念的哲学；辩证法取代了早期的独断论；而且与此相联系，哲学在此前未被探索过的领域中赢得了新的、丰厚的战利品。……这些变化是如此深刻，对哲学的一般前提和特性影响如此巨大，以至于看起来确实有道理说从苏格拉底开始了哲学发展的一个新的时期。"[3] 在这里，"基于概念的哲学"取代直接意义的自然哲学，

---

1 转引自第一卷第四版的"前言"，见 E. Zeller, *A History of Greek Philosophy, From the Earliest Period to the Time of Socrates, With a General Introduction*, Translated by S. F. Alleyne, Vol. 1, London, Longmans, Green, and Co., 1881, p. 171。

2 转引自第一卷第四版的"前言"，见 E. Zeller, *A History of Greek Philosophy, From the Earliest Period to the Time of Socrates, With a General Introduction*, Translated by S. F. Alleyne, Vol. 1, London, Longmans, Green, and Co., 1881, p. 171-172。

3 转引自第一卷第四版的"前言"，见 E. Zeller, *A History of Greek Philosophy, From the Earliest Period to the Time of Socrates, With a General Introduction*, Translated by S. F. Alleyne, Vol. 1, London, Longmans, Green, and Co., 1881, p. 172。

这就是由苏格拉底所开启的哲学传统与之前的哲学传统的根本区别。因为，无论是柏拉图的理念论还是亚里士多德的形式理论，在这一意义上都是经由苏格拉底的方法而来的。简言之，理念和形式都离不开苏格拉底的普遍定义法。普遍定义法和辩证法最终构成了柏拉图和亚里士多德哲学体系方法论的根本内核。策勒指出这一点，并且根据这一点来确定苏格拉底在古希腊哲学史上的地位和作为新时期开端的意义，这就是策勒思想的深刻之处和独到之处。他以苏格拉底为古希腊哲学史的关键界标所形成的"前苏格拉底哲学"的概念，毫无疑问是古希腊哲学史学科上影响最为深远的一个概念。

最后，从古希腊哲学史书写的角度，我们还要指出策勒这部巨著相较于同一题材的其他著作一个值得读者重视的特色所在，这就是：它不仅提供了对上自泰勒斯、下迄新柏拉图主义近一千余年的古希腊哲学体系化的历史书写，而且还提供了对活跃于其间的大大小小、纷繁复杂的各哲学学派的历史书写。所谓"体系化的历史书写"是指，对主要哲学家的思想从本体论、认识论、宇宙论、伦理学等各个方面进行体系化的论述，揭示其内在的哲学理路，阐发其根本的哲学主旨，以为读者提供理解和把握古希腊哲学的钥匙。策勒的著作秉承德国哲学史著述的传统，发挥黑格尔学派的哲学精神，在这方面自然驾轻就熟，并且能够展现其"胜境"，发掘其"胜义"，为同类著作所难及。但是，这并不构成其特色所在，因为，这一方面的内容当然是任何一部古希腊哲学史著作在写作上所必然要涉及的。因而，真正构成策勒这部巨著值得我们重视的特色的，实际上倒是它对古希腊哲学学派历史的书写，这在同类型的著作中无疑是极其稀少的。以格思里的《古希腊哲学史》为例，在他的六大卷的著作中，除了前两卷处理前苏格拉底哲学的部分必须是对前苏格拉底哲学各派的讨论外，在后面四卷对苏格拉底、柏拉图和亚里士多德哲学的处理上，他丝毫也没有涉及所谓的苏格拉底学派和柏拉图学园派、亚里士多德漫步学派的主题。但是，策勒的著作，我们仅看各卷的标题，就可以认识到其著述的一个不可忽视的重心就是古希腊哲学的学派史。例如，按照英译本的分卷，第二卷的标题是"苏格拉底与苏格拉底学派"，第三卷的标题是"柏拉图与老学园派"，第四卷的标题是"亚里士多德与早期漫步学派"，第五卷的标题是"斯多亚学派、伊壁鸠鲁学派和怀疑主义学派"，第六卷的标题是"古希腊哲学中的折中主义流派史"。在第二卷中，除了苏格拉底的哲学以外，他还具体论述了麦加拉学派、厄立特里亚学派、犬儒学派、居勒尼学派，以及上述各派的主要代表人物的思想。在第三卷中，除了柏拉图的哲学以外，他还对老学园派进行了考察，涉及了斯彪西波、色诺克拉底、赫拉克利德、欧多克索、波勒莫等多位早期柏拉图主义者的思想。在第四卷中，除了亚里士多德的哲学之外，他还处理了早期漫步学派的主题，对塞奥弗拉斯特、欧德谟斯、阿里斯托克塞努斯、斯特拉托，及斯特拉托之后公元前 2 世纪的漫步学派都有论述。至于第五、六卷对迄至公元一世纪希腊化时期哲学各派的具体论述，其所论列人物的详尽和众多，当然更是一般性的哲学史论述所难以企及的。这样，在绝大多数古希腊哲学史著作侧重于对主要哲学家思想体系论述这一总体背景下，策勒的《古希腊哲学史》却能兼顾其间的各个哲学学派自身的历史，并给予不菲的篇幅来予以展示，这当然就构成了他这部巨著在历史书写上的一个绝对不容忽视的特色，而且也使他的这部巨著具有珍贵的文献价值。因为，坦率地说，迄今为止，在汉译过来的古希腊哲学史著作中，还没有一部处理到这一主题，并且给我们提供这方面的可资研究利用的材料，而我们自己的古希腊哲学史方面的研究著作对于这一主题当然更是只能付诸阙如。

四

在对策勒这部巨著的历史地位、学术价值做了介绍之后，我们现在可以来就这部汉译本的情况做些说明。

策勒六卷本（英译本）《古希腊哲学史》的汉译工作始自 2010 年。

当时，在中国人民大学"品牌研究计划"科研项目的资助下，我们计划出版一套"古希腊哲学基本学术经典译丛"，将自上个世纪以来西方学者研究古希腊哲学的一些经典学术名著译介过来，以进一步促进古希腊哲学研究在国内的繁荣和深化，此计划得到了人民出版社的大力支持。计划中的丛书共 12 本，其中，策勒六卷本（英译本）《古希腊哲学史》便是重中之重。由于认识到这部著作无论其自身的学术分量还是出版后可能产生的学术影响都是非常巨大的，因此，从一开始我们就按照"术业有专攻、学术有成就"的原则来寻找合适的译者，以使汉译本能够经得起时间和学术的严格检验，成为国内古希腊哲学研究的基本学术经典。而我们也可以自豪地说，承担这一翻译工作的五位主要译者都是国内古希腊哲学研究的知名专家学者。为了便于读者了解，我们在这里按照各卷的顺序依次介绍一下。

其中，本书第二卷译者是天津外国语大学欧美文化哲学研究所的吕纯山副研究员，她对亚里士多德的《形而上学》有专门的研究。本书第三卷译者是中国社会科学院哲学所的詹文杰副研究员，他是柏拉图哲学研究上卓有成就的学者。本书第四卷译者是云南大学哲学系的曹青云副教授，她对亚里士多德的《形而上学》、《物理学》、《论灵魂》等都有深入的研究。本书第五卷译者是南昌大学哲学系的余友辉副教授，他是晚期希腊哲学的研究专家。本书第六卷译者是浙江工商大学马克思主义学院的石敏敏教授，她在晚期希腊哲学上有多部译著与专著出版。本书第一卷之所以放到最后才提及，是因为这一卷是由多位译者合作完成的。其中，余友辉副教授独立承担了该卷第二分册的翻译工作。而该卷第一分册则由聂敏里、詹文杰、余友辉、吕纯山四人合作完成。

我们在这里还要特别提及为第五卷的翻译贡献力量的中国社会科学院哲学所的何博超副研究员，为第六卷的翻译贡献力量的浙江大学哲学系的陈玮副教授。何博超负责了第五卷中古希腊文的处理工作，陈玮负责了第六卷中古希腊文的处理工作。这些古希腊文处理的工作是特别繁重的，所以，我们在这里还要为他们两位的慷慨支持和帮助表示由衷的感谢。此外，各卷所附的"译名对照表"，下含该卷出现的神名、人名、地名的中西文对照，对各卷之间译名一致性的审校工作，是由毕业于爱尔兰都柏林三一学院柏拉图研究中心的葛天勤博士完成的，在此，我们也要对他的热情帮助和细心工作表示深深的感谢。

在介绍了整个翻译团队的人员构成后，我们对翻译的一些基本情况做些说明。策勒《古希腊哲学史》英译本分成六卷八册，其中第一卷和第四卷都有两册。汉译本沿用了英译本的这一分卷方式，也是六卷八册。同时，如前所示，策勒这部书的德文原名是"在其历史发展中的古希腊哲学"，我们将它翻成"古希腊哲学史"，是遵照了英译本的书名。但我们下面着重要谈一谈，我们是如何来处理策勒书中堪称繁复、甚至繁琐的脚注的。

可能，构成策勒这部书在写作方式上一个最引人注目的特色就是，行文之中充满了大量的学术脚注。本来，任何一部学术性的古希腊哲学史著作的撰写，丰富的学术脚注是不可缺少的，例如，格思里的六卷本《古希腊哲学史》便是如此。但是，像策勒这部《古希腊哲学史》，脚注的篇幅有时候占满了整整一页，比正文文字还多，这种情况却是十分少见的。策勒自己在第一卷第二版和第四版的"作者前言"中都曾说明他是如何来理解他文中的这种篇幅巨大的学术性脚注的。他这样说：

　　在前苏格拉底哲学方面，由于资料来源的特征和有关它们的现代观点的分歧，这个任务被弄得格外地困难：如果没有许多批评性的讨论，并且经常深入到细节之中，要完成它是完全不可能的。但是，既然历史阐述的清晰不可以因此受到损害，我便始终把这些讨论尽可能地放到脚注中，而针对作者的证言和引用也在其中找到了适合的地方。但是，证言和引用所取材的著作有很多，其中一些又是难以找到的，因此，便常常有必要给出充分的摘引，以便于读者无需浪费时间便能够查证我阐述的真实性。因此，脚注的数量，相应地，整卷的篇幅，便增加到了一个惊人的规模；但我希望，在优先照顾到读者对科学的要求，和针对疑难便于节省他的时间而不是印刷者的纸张上，我已经做出了正确的选择。[1]

策勒在这里说的是第一卷脚注的情况，但是，这实际上也是整个六卷的普遍情况。从策勒这里的表述和他著作中脚注的实际情形来看，显然，他的脚注基本上分成三种类型：一是批评性的讨论，是对正文论述的补充，显然，这部分脚注是非常重要的；二是相关的证言和引用，以为正文的讨论提供相应的材料补充，显然，这部分脚注如果构成了正文讨论的有机部分，也是非常重要的；三是文献出处，这在当代的处理习惯是仅仅列出可以检索到的文献名，但是，如策勒在上引文中所表述的，他为了便于读者即时的检索，也不惮其烦地将相关的文段抄录了下来。这三种类型的脚注时常是混合在一起的，正是这种混合难免有时候造成了过长的篇幅。

当我们理清了策勒脚注的上述头绪，从中文出版物排版的体例要求出发，经过我们的慎重考虑，我们决定，对于第一种类型的脚注，我们要完全地呈现出来，因为，这是策勒哲学史论述的有机部分，是不可或缺的。对于第二种类型的脚注，由于是给策勒的哲学史论述提供有机的支撑，有时候讨论就是针对这些材料中的具体观点和概念展开的，所以，我们在翻译中也要将它完全地呈现。只是对于第三种类型的脚注，由于它们在根本上起到的作用只是文献检索，这些文献中虽然有一些确实如策勒所说是难以找到的，但是，毕竟不是不能找到的，而且也只有专业性的读者在自己专业研究的细节处才会去重视这些材料，而恰恰对于专业性读者来说，寻找这些材料本身并非难事或就是自己的本职工作，所以，我们在翻译时就按照通行的出版惯例，仅仅保留了文献名和具体的位置信息，对于其中所抄录的原文段落则省略了。这样做的好处

1　E. Zeller, *A History of Greek Philosophy, From the Earliest Period to the Time of Socrates, With a General Introduction*, Translated by S. F. Alleyne, Vol. 1, London, Longmans, Green, and Co., 1881, pp. vii, viii.

就是，我们能够在中文版中将策勒著作中的脚注控制在排版可以接受的篇幅内。同时，顺便要说到的是，对于脚注中的文献名，策勒多是以缩写呈现，我们考虑到如果将它们通通翻译成中文，对于专业性读者来说反倒会造成他们由此去检索原始文献的困难，所以，我们认为，最明智的做法就是保持这些文献名的原文缩写不译，专业性的读者可以直接根据它们来检索原始文献。

这就是我们在翻译策勒这部巨著时需要说明的一些基本情况，至于更为具体的一些说明，读者可以在全书的"凡例"部分看到，在那里，我们对翻译的具体细则做了严格的规定。全书翻译迄今为止已经历时十载，相对于策勒这部近四百万言的巨著来说，如此旷日持久之工程本也在情理之中，但是，在这十年的时光中，我们翻译团队的各位译者所展现的敬业精神，在需要支持和帮助时所表现出来的义不容辞的担当精神，却是最令人感动、也是最令人珍视的一段记忆。

在这篇序言的最后，我们全体成员还要对 2018 年 1 月 21 日病逝的汪子嵩先生表示崇高的敬意。作为中国人自己独立撰写的四卷本巨著《希腊哲学史》的主编，汪先生对于国内古希腊哲学学科的建设始终倾注了自己全部的心力。因此，当我在 2016 年专诚通过汪先生的女儿汪愉女士请汪先生为我们正在翻译的这部策勒的《古希腊哲学史》题词时，他虽然已经写字不能成行，但仍欣然提笔给我们的这部译著写下了如下勉励的话：

德国哲学史家策勒的《古希腊哲学史》是古希腊哲学学科的奠基之作，中国学者有责任将它完整地翻译过来！

汪子嵩

2016.6

当时面对汪先生的这段话，我们已经深感肩上责任的重大，而在这段话成为汪先生写给国内古希腊哲学研究界最后的遗言后，我们更是深深地感到我国老一辈学者对中国学术的拳拳赤子之心。所以，我们不仅要将这部译著献给已故的我们尊敬的汪子嵩先生，而且还要献给在古希腊哲学研究领域长期奉献、耕耘的前辈学者们，正是这些学者们的工作奠定了古希腊哲学学科在国内研究的坚实基础，为它的繁荣和发展创造了不可或缺的前提条件。

是为序！

聂敏里

2020 年 4 月 24 日

目　　录

中译者前言

　　《柏拉图与老学园派》属于 19 世纪德国著名哲学史家策勒教授的《古希腊哲学史》第二卷第一部分《苏格拉底与苏格拉底学派、柏拉图与老学园派》的第二篇。德文首版和第二版分别出版于 1846 年和 1859 年(图宾根)，第三版出版于 1875 年(有较多扩充，转至莱比锡的 Fues's 出版社)，第四版和第五版分别于 1889 年和 1922 年出版。前四版都是策勒本人出版的，而第五版则由其学生霍夫曼(E. Hoffmann)整理增补了当时柏拉图研究的新成果。《柏拉图与老学园派》由牛津大学贝利奥尔学院的阿莱恩女士(Sarah F. Alleyne, 1836—1884)和古德温先生(Alfred Goodwin, 1849—1892)翻译为英文，[1] 于 1876 年在伦敦出版，1888 年再版，其所依据的是德文第三版。我们这个中文译本主要依据这个英译本，有些章节在翻译时也参考了德文第三版，并且在校订时依据德文版修正了某些文句、哲学术语以及注释中参考文献出处等方面的问题。

　　我们研究柏拉图哲学大体可以有两种基本方式，一种是按照形而上学、知识论、自然哲学和伦理学等来进行专题性研究或体系性重构，还有一种是以对话录为单位来进行文本解释和分析。前者基本属于严

1　阿莱恩女士和古德温先生在翻译本书时是牛津大学贝利奥尔学院的讲师。除本书之外，阿莱恩女士还独立翻译了策勒《古希腊哲学史》的第一卷《从最早时期到苏格拉底的时代(附总论)》(1881)、第六卷《古希腊哲学中的折中主义流派史》(1883)，并且与阿博特女士(Evelyn Abbott)合译了策勒的《古希腊哲学史纲》以及邓克尔(M. W. Duncker)的《希腊史》(两卷)。古德温先生是本书注释部分的翻译者，他于 1879 年起在伦敦大学学院任拉丁语和希腊语教授，直至去世。

格哲学研究的进路，后者更加带有古典学研究的色彩。[1] 这两种方式是相互补充而不矛盾的，只是不同学者出于种种考量而会有自己的倾向。策勒的《柏拉图与老学园派》显然采取了前一种方式。[2] 尽管他的柏拉图研究比黑格尔的远为细致，但是仍属于某种德国"老派"做法：注重概念思辨，力图对柏拉图哲学进行体系性重构而不那么重视呈现柏拉图的文本细节和论证过程（尽管他在注释中对此有一定的补充）。后来在英语世界里出现的泰勒（A. E. Taylor）的《柏拉图——生平及其著作》（1926 年首版）[3] 和格思里（W. K. C. Guthrie）的《希腊哲学史》（第 4、5 两卷论及柏拉图），等等，则更强调柏拉图思想的发展变化，注重把特定的哲学概念或问题放到具体文本语境中去考察。这些不同的研究风格很可能呈现出很不一样的柏拉图哲学的面貌，需要读者结合自己阅读柏拉图对话录的经验来体会其优劣得失。不管怎样，策勒这部完成于一百多年前的作品在现代柏拉图学界是非常具有代表性的著作，在相当长的一段时间里发挥了极其重要的影响，也很值得我们学习和借鉴。

1　有意思的是，柏拉图研究著作在英美大学图书馆里常常被分为两类而归到不同的区域，其一是哲学类，通常包括类似《柏拉图的伦理学》《柏拉图论知识与实在》这样的书，而另一类是古典学类，通常包括类似《柏拉图的〈美诺〉译注》《柏拉图的〈蒂迈欧〉研究》这样的书。这似乎以直观的方式提示我们，柏拉图研究有哲学和古典学这两个基本的进路。

2　《柏拉图与老学园派》并不是策勒在柏拉图研究方面的第一部著作。此前他已经有《柏拉图研究》（*Platonische Studien*）一书问世（图宾根，1839 年）。他在该研究中讨论了《法律》的若干问题并且否认其作者是柏拉图，还讨论了《巴门尼德》的基本结构及其在柏拉图对话录中的位置，最后还涉及亚里士多德对柏拉图哲学的呈现。

3　泰勒在其著作序言里说："古代最伟大的思想家的精神，不应该加以修剪，以适合一个近代新康德主义者、新黑格尔主义者或者新实在论者的口味。……这些考虑决定了现在这部书的形式。本书提供的是关于各篇对话录的分析，而不是按照科目分类的方式把对话录内容整合为一套体系。柏拉图自己最嫌恶建立体系。……这就是为什么我决意要以柏拉图所说的话如实地告诉读者，而绝不想强加一个'体系'在柏拉图的原文上。"（参考谢随知中译本"序言"，p.1，引者有所改译）从这些言辞中我们可以看出泰勒对德国式"体系主义"实际并不欣赏，尽管他在致谢辞中仍然提及了包括策勒在内的几位前辈学者的重要影响。

策勒把自己定位为"历史研究者"（der Geschichtsforscher）。[1] 所谓历史研究者首先区别于护教者。把柏拉图当作神圣的哲学家，把他描绘为不可错的和不可批评的，这是一类护教者；从基督教或其他信仰出发，把柏拉图当作盟友进行附会或者当成敌人进行批判，这是另一类护教者。这种护教的态度是策勒反对的，他努力让自己保持为中立无偏的研究者。历史研究者还区别于玄想猜测而不注重可靠材料的人。策勒的著作显示出，他对柏拉图的一手文献非常熟悉，对亚里士多德和其他古代学者关于柏拉图的评论也有很精深的研究，对德国学界的先驱和同时代人的成果也有充分了解。我们不难看到，策勒既有宏大的历史视野，也有精细入微的考证能力，他在注释中对某些概念或论题的精细考察让人印象极其深刻，例如，第 126 页注释 5 关于"θεία μοῖρα"的考察，第 186 页注释 5 对于数学上的数与理念数的考察，等等。

柏拉图著作真伪性和年代次序的问题，一直众说纷纭。策勒在这些方面的观点只能被当作一种参考，他的某些结论未必符合当今学界的普遍共识。就著作真伪性而言，策勒很重视亚里士多德提供的证据。他认为《美涅克塞努》是伪作，并且怀疑《伊翁》《大希庇亚》和《阿尔基比亚德前篇》也非出自柏拉图本人。不过《美涅克塞努》和《伊翁》在今天基本被接受为真作。另一方面，策勒不同意他的许多同时代人的观点，支持《智者》和《政治家》这两篇作品属于柏拉图的真作，这点在今天已经成为共识。

在柏拉图著作的年代次序方面，策勒基本上支持"三阶段说"。对他的观点我们不妨给出几点评论。首先，策勒关于早期著作的界定（包括《小希庇亚》《吕西斯》《卡尔米德》《拉凯斯》《普罗泰戈拉》《欧叙弗洛》《申辩》和《克里托》等）大致是可接受的，尽管他认为《普罗泰戈拉》早于《高尔吉亚》，这点可能仍有争议。其次，策勒认为《泰阿泰德》"应该是在《美诺》之后不久撰写的"，而且"最有可能的是在

1　参考本书第 211 页注释 2，第 267 页注释 2。

公元前392年与前390年之间"，这个看法现在不会有什么人支持了。《泰阿泰德》的主题的确与《美诺》有某种关联，但是不能据此认为它们的写作年代接近。把《泰阿泰德》的写作年代定在公元前392年左右，这点基本上被后来的学者们推翻了；包括康福德和格思里在内的不少学者都认为，《泰阿泰德》开头提及的科林斯战役指发生在公元前369年的那场。这样，《泰阿泰德》的写作时间就被推后到了柏拉图60岁左右，从而晚于《理想国》的写作。策勒暗示那些把知识和doxa的区分视为当然的著作（如《理想国》）要晚于《泰阿泰德》（参见英文版第135页），然而，关于知识与doxa的关系问题并不像策勒设想的那么简单，实际上《理想国》跟《泰阿泰德》的doxa概念有相当大的差异，不可简单地等同而论。第三，既然《智者》和《政治家》的写作时间应该在《泰阿泰德》之后，那么它们也不能像策勒那样置于《理想国》之前。第四，策勒把《斐莱布》放在《巴门尼德》之后固然是恰当的，可是他把《巴门尼德》放在《智者》之后却得不到什么支持。他认为《斐莱布》和《政治家》这两篇对话录为《理想国》提供了铺垫，这与我们今天的认识不符：它们应该被归为晚期著作。最后，策勒反对把《理想国》第1卷看作曾经单独成篇（参考第104页注释1），这个观点也值得商榷。

在此我要感谢陈玮、葛天勤、张学骞、宋颖、张华庭、郭华和刘桂兰等人，他们阅读了全部或部分初译稿，提出了许多宝贵的修正意见。吴天岳在拉丁文方面、曾怡在法文方面给我提供了帮助，丛书主编聂敏里和人民出版社的编辑郐中建、毕于慧等在编辑和出版过程中付出了大量的努力，这里一并致谢。这些年我一直得到我的妻子、父母、朋友以及中国社会科学院哲学所许多同事和国内外同行的各种帮助和鼓励，特此致以深深谢意。十几年前我还是一名硕士研究生的时候在武汉大学哲学系图书馆看到策勒的这部德文版多卷本著作，当时被遍布全书的古希腊文当场"击倒"，[1] 某种窘迫感和求知欲同时被激发出来，这成

---

1 本卷注释中出现的大量整段的古希腊语引文已经由译者翻译为中文。

为我后来学习古希腊语乃至从事古希腊哲学研究的重要契机，因此我也把这项翻译工作视为对当初感召我的这位伟大的哲学史家的致敬。译文难免存有错谬之处，敬请读者批评指正。

詹文杰
2016 年 7 月

英译者前言

《柏拉图与老学园派》译自策勒博士的《古希腊哲学史》(*Philosophie der Griechen*)第二卷、第一部分、第二篇[1]的经过扩充的第三版[2]，其中第一篇（《苏格拉底与苏格拉底学派》）的英文译本已经由雷赫尔博士（Dr. Reichel）发表。

本书的正文部分由阿莱恩女士（Miss. Alleyne）翻译，她非常感谢策勒博士慷慨同意此项译事。注释部分的翻译和全书校订工作由古德温先生（Mr. Goodwin）完成。

关于注释部分的引用格式在此需要做点说明：单纯的数字（带有或不带有 supra 或 infra）表示英文版的页码和注释编号。Vol. I. 表示《古希腊哲学史》德文版第一卷，Part I. 表示第二卷第一部分。

关于策勒博士原著的价值是不消说的。乔伊特教授（Prof. Jowett）最近在他翻译的《柏拉图对话集》第二版序言里已经给出了充分而可贵的证言。[3]我们希望目前这个译本可以帮助到德语不太好而希腊语较好的柏拉图研究者。

1　英文版此处误写为 "Section 2, Part 2, Vol. II"，应为 "Section 2, Part 1, Vol. II" 才对，相当于德文的 "Zweiter Theil, Erste Abtheilung, Zweiter Abschnitt"。——中译者注

2　中译者偶尔发现此英文版的部分注释内容与 1859 年的德文第二版一致而与 1875 年的德文第三版不符。——中译者注

3　乔伊特在他翻译的《柏拉图对话集》"第二版序言"（1875 年）提及策勒某个观点之后说道："值此机会，可否容我一言：策勒教授对于我和其他许多柏拉图研究者施惠良多，当世作者无出其右。"——中译者注

第 一 章

柏拉图的生平

在古代哲学家当中，柏拉图的生平最为我们熟悉，其他哲学家难以与之相比；然而，即便关于他，历史记载也总是不确定和不全面的。[1]

1　根据 Simplicius, *Phys*.268 a. m. Schol.427 a.15；*De Caelo*, 8 b.16 sq., 41 b.1 sq. Karst.（Schol.470 a.27，其中，Karsten 的读法 βίῳ 应该替换为 βίου，474 a 12），色诺克拉底写过 περὶ τοῦ Πλάτωνος βίου（《论柏拉图的生平》）。难以确定它究竟指一部专著还是仅仅指其他某部作品中顺带提及的内容（Steinhart 在其著作 *Plat Leben*, 8.260 sq. 基于第欧根尼没有提及这部作品而采信了后一个假定）。根据 Diog. iv.5 以及 Apuleius, *de Dogmate Platonis* i.，斯彪西波写过一篇 ἐγκώμιον Πλάτωνος（《柏拉图颂》）——这应该与 Diog. iii.2 中提及的 περίδειπνον Πλάτωνος（《柏拉图的丧筵》）是同一篇作品，除非我们认同 Hermann 和 Steinhart 的看法（分别参见 *Plat*.97, 45 和 *loc. cit*.7, 260），即：斯彪西波的作品标题和克莱阿尔库斯（Clearchus）的作品标题被搞混了。最后，我们还知道柏拉图的门徒赫尔谟多洛斯有一部论及柏拉图生平与哲学的著作（参见 Diog. ii.106, iii.6；Dercyllides ap. Simpl. *Phys*.54 b.56 b. *Vol. Hercul. Coll. alt*. i.162 sqq. Col.6；参考我的 *Diatribe de Hermodoro*, Marb.1859, p.18 sqq.），同样奥普斯的菲力普斯也写有 περὶ Πλάτωνος（《论柏拉图》）（参见 Suidas s. v. Φιλόσοφος）。但是，从这些最古老的材料中我们只得到很少的信息。后世作家的绝大多数论述都源自于第欧根尼，它们良莠不齐（在 Steinhart, *loc. cit*.13 sqq. 中可以看到对这些材料的评论）；第欧根尼本人的说法只有在他提及确切史料的时候才是可靠的；而这种情况也适用于 Προλεγόμενα（《柏拉图哲学绪论》，载于 Hermann 编辑的柏拉图著作集，vi.196 sqq.）以及奥林匹俄多鲁斯（Olympiodorus）和另一位佚名作者（大部分因袭前者）的简短传记。就柏拉图的书信而言，《第七封信》就柏拉图个人生平方面而言尤为重要；不过它不能被当成真作，也不值得像 Grote, *Plato*, i.113 sqq. 那样赋予其无限信赖；Grote 从一位拥护者的角度出发甚于从真正历史学家的角度出发接受了这封书信。其他柏拉图书信在历史证据方面没有多大价值。另一方面，柏拉图的真作也只是提供了极少的几处描述可供我们推想他的生平。被信以为真的少量表述实际是假的，且不乏自相矛盾之处。新近对柏拉图生平

2　他出生在伯罗奔尼撒战争开始之后的几年里，[1]属于古代贵族的后

3

の描述来自于 Ueberweg, *Gesch. d. Phil.* i. §.39, 以及 Steinhart, *loc. cit.* 28 sqq.。

1　来自 Diogenes Laertius, iii.3 的传统说法认为，柏拉图生于埃吉纳（Aegina）；公元前 430 年左右他父亲从雅典殖民团中得到了这个岛上的一块份地。这个表述本身就是可疑的，后来的一个表述由于其明显的错误而更不可靠，它说在公元前 404 年斯巴达人驱逐殖民者的时候柏拉图才回到雅典。柏拉图的出生日期难以断定。据 Diog. iii.2 sq., 阿波罗多洛斯（Apollodorus）将其认定为第 88 届奥林匹亚赛会期间（即，88 届奥林匹亚赛会第 1 年），在萨尔格里昂（Thargelion）月份（跨当今公历 5–6 月，按古希腊历法是第十一月——中译注）的第七天（5 月 21 日；如何换算成我们的月份，cf. Ueberweg, *Unters. Pl. Schr.* 117；Steinhart, *loc. cit*, 284）；这个日子，按照 Plutarch, *Quaestiones Convivales* 8, 1, 1, 1.2, 1. 以及 Apuleius, *De Dogm. Plat.* 1, 确实被当成他的生日。赫尔谟多洛斯的说法与此一致（ap. Diog.6），他说，柏拉图在苏格拉底死后立即去往麦加拉，当时他 28 岁，vide p.14, 26, supra。另一方面，Athenaeus（v.217a.）说，柏拉图生于阿波罗多洛斯（Apollodorus）担任执政官时期，第 87 届奥林匹亚赛会第 3 年（公元前 429 年），这样，如果（就像 Hermann, *Gesch. u. Syst. d. Plat.* i.85, A 9 中指出的）我们推断第欧根尼采用罗马纪年法，那么，我们可以把这与第欧根尼的说法联系起来，即，柏拉图出生的年份正好是伯里克利去世的年份。伯里克利卒于伯罗奔尼撒战争爆发后两年半，公元前 429 年秋季，时任执政官的是厄帕美农（Epameinon）。伪普鲁塔克（*Vita Isocratis* 2, p.836）说，伊索克拉底比柏拉图年长七岁，这指向了同一年份。伊索克拉底生于第 86 届奥林匹亚赛会第 1 年（公元前 436 年）；vide *loc. cit.* and Diog. iii.2; Dionysius, *Judicium de Isocrate*, init.。第欧根尼本人确认柏拉图出生于厄帕美农担任执政官时期，从而让柏拉图只比伊索克拉底年轻六岁，这是采用了错误的算法，排除了伯里克利去世的那一年。或许可以认为，第欧根尼写的是 ἐπ᾽Ἀμεινίου 而不是 ἐπ᾽Ἐπαμείνωνος；与此相关联的是 *Prolegomena* c.2 的说法（载于 Hermann 编辑的柏拉图著作集，vi.197；cf. Diog. Laert. ed. Cobet, appendix, p.6），即，柏拉图是在伯里克利还活着的时候出生的，其时是阿美尼亚斯（Ameinias）执政，为第 88 届奥林匹亚赛会之年。这只会带来混淆；而尤塞比乌斯（Eusebius）在他的《编年史》（*Chronicon*）把柏拉图的出生年份定在第 89 届奥林匹亚赛会第 1 年（被 *Paschal Chronicle* 所沿用），这只能算作他自己粗心大意的一个例子。

就柏拉图去世年份而言，历史记载更为一致。根据 Diog. v.9, Dionysius of Halicarnassus, *Ep. ad Ammaeum* i, c.5 和 Athenaeus v. 217 b, 阿波罗多洛斯同意把这个年份定在塞奥菲鲁斯（Theophilus）执政的年份，也就是第 108 届奥林匹亚赛会第 1 年。但是，关于柏拉图的寿命也有较大争议。根据 Diog. iii.2（持同样主张的有 Lucian, *Macrobii* 20, Augustine, *De Civitate Dei*, viii.11, Censorinus, *De Die Natali*, 15, 1, 以及 *Prolegomena*, c.6），赫尔米普斯（Hermippus）说，柏拉图活了 81 岁。塞涅卡说得更为确定（*epistle*, 58, 31），即，他在 82 岁生日的那天去世；这似乎只是对西塞罗的说法的不准确转述；西塞罗（*De Senectute*, 5, 13）说，柏拉图在 81 岁去世时仍在写作；这可以与狄奥尼修斯的说法（*De Compositione Verborum*, p.208）相互参照，后者说，柏拉图在 80 岁时仍然在修缮他的著作。

另一方面，Neanthes apud Diog. *loc. cit.*，Athenaeus, *loc. cit.* 和 Valerius Maximus viii.7, ext.3, 82，说柏拉图活了 84 岁（此处依据德文版译出；英译本误读为有两种文献分别把柏拉图说成活到 82 岁和 84 岁——中译注）；这个说法非常不可靠，因为它会迫使我们把柏拉图的出生年份回溯到公元前 431 年或前 432 年。不过这个说法让柏拉图至少活到 81 岁，这非常符合他生于公元前 429 年卒于公元前 348 年的设想。但是如果他生于公元前 427 年，并且卒于 80 岁后不久，那么他就算是卒于塞奥菲鲁斯执政期间，而又在 81 岁。关于这个确切年份，我们不仅有阿波罗多洛斯这样谨慎的编年史家作为依据，而且还有柏拉图的亲炙弟子赫尔谟多洛斯作为依据，他比所有其他记载者在这点上都知道得更充分。（反对其可靠性的那些意见在本章注释 26 中将得到检验。）赫尔谟多洛斯可能依赖于他自己时代的纪年方式（我在这里撤回以前我跟早先某些作者共有的意见），而且，最有可能的推定是，柏拉图生于公元前 427 年，卒于公元前 347 年，并且可能在该年的年中稍早时候。这个结论得到许多人的支持，包括 Grote, *Plato* i.114；Ueberweg, *Gesch. d. Phil.* i.39；*Unters. Pl. Schr.*113 sqq. 以及 Steinhart, *loc. cit.*37，不过也并不绝对排除出生年份是公元前 428 年。后面这个假定当然与如下情况不符，即，如果柏拉图的生日真是萨尔格里昂月份的第七天，从而在苏格拉底的忌日之前，那么柏拉图在逃往麦加拉的时候实际已经年满 29 岁，这样赫尔谟多洛斯说他当时只有 28 岁就是不对的。柏拉图名义上的生日很可能源于他具有神话中阿波罗神的那些品质，这点在 p.43 会得到说明（正如 O. Müller, *The Dorians,* i.330 中猜想的；cf. Leutsch ap. Hermann, *Plato* 85, A.7；Steinhart, *loc. cit.*39 sq.）。整个问题尤其在 Corsini, *De die Natali Platonis* (in Gorius, *Symbola Literaria* vi. 97 sqq.) 中得到了考察，cf. *Fasti Attici* iii. 229 sq.。

4　裔，[1]出身显赫，家境富裕；[2]他必定自小就从教育和环境中得到丰富的精

1　柏拉图的父亲阿里斯通（Ariston），按照 Plutarch, *De Amore Prolis* 4, p.496 的说法，在柏拉图成年之前就已去世。除了这点，我们对他一无所知。对于柏拉图的祖父阿里斯托克勒（Aristocles），我们只知道柏拉图沿用了他的名字，直到他的体育教师因其体格健硕而为他取了 Πλάτων（意为"宽阔"，音近"普拉通"，通译"柏拉图"——中译注）这个绰号之后才替代了原来的名字。Cf. Alexander and Neanthes apud Diog. iii.4（被转抄于 Olympiodorus, *Vita Platonis* 2，以及 *Prolegomena*, c.1）；Seneca, ep.58, 30；Sextus Empiricus, *adversus Mathematicos* i, 258; Apuleius, *Dogm. Plat.*1, etc.。但是，根据 Diog. i 和 Apuleius, *loc. cit.*，塞拉绪罗（Thrasylus）记载，柏拉图的父亲是哥德鲁斯（Codrus）的后裔（而 Olympiodorus, c.1 说他是梭伦的后裔），这显然是一处纰缪。柏拉图的母亲，多数传记作者称为伯里克蒂奥妮（Perictione）——少数记载者说是波托妮（Potone），此名其实属于柏拉图的姐姐，也就是斯彪西波的母亲——是卡尔米德（Charmides）的姐姐，也是克里底亚（Critias）的堂姐，她的祖先可以追溯到德洛庇达（Dropides），此人是梭伦的朋友和本家，通过这个人可以追溯到奈留斯（Neleus），即最后一任雅典国王的祖先，参考 Diog. i，不过第欧根尼误将德洛庇达当成了梭伦的亲兄弟。（有几位论者沿用了第欧根尼的说法，而这被奥林匹俄多鲁斯部分误解了，见 Olympiodorus, c.1，以及 *Prolegomena*, c.1.）另外参见 Apuleius, *Dogm. Plat.*, init.；柏拉图《卡尔米德》155 A, 157 E；《蒂迈欧》20D，以及 Ast, *Platon's L. u. Schr.* 16 sq.；Hermann, *Plat.* 23 sq., 93；Martin, *Études sur le Timée*, I, 246。关于柏拉图的几个兄弟，他们跟《理想国》和《巴门尼德》中的格劳孔和阿迪曼图之间的关系，其中一种观点可参见 Hermann（*Allgemeine Schulzeitung for 1831*, p. 653；他的 *Plato*, 24.94；还有他的 Disputatiode Reipublicae Platonis tempore, Marburg, 1839, 构成他的 *Vindiciae Platon* 的一部分），以及 Steinhart, *Works of Plato*, 5, 48 sq.；另一种观点参见 Böckh 的 *Berlin Lectures for the summer of 1839*；Munk, *Die Natürliche Ordnung der Platonischen Schriften*, 63 sqq., 264 sqq.（他的论证和猜测两者价值差别很大）；Susemihl, *Genetische Entwicklung der Platonischen Philosophie*, ii, 76 sqq.。前一派论者把《理想国》和《巴门尼德》中出现的柏拉图的两位年长亲属看作他母亲的两位兄弟，他们跟柏拉图的父亲阿里斯通一样几乎不为我们所知。后一派论者因袭普鲁塔克和其他人，把这些角色看作柏拉图本人的兄弟。按照 *Abhandl. d. Berl. Akad. v. J.1873, Hist.-phil. Kl.* p.86 的理由，唯有后一种设想在我看来是站得住脚的。在《理想国》ii. 368A 中提及的柏拉图的父亲在对话录所安排的时间里（公元前 409—前 408 年）是否仍然活着，这是搞不清楚的；按照《申辩》34 A, 38 B，我们必须认定，他没有活到苏格拉底受审的日子；cf. Plut. *de Amore Prolis* 4, p.496。柏拉图的同母异父兄弟安提丰（Antiphon），也就是继父皮里兰佩（Pyrilampes）之子，出现在《巴门尼德》的导言部分，而且显得比阿里斯通的儿子们更为年轻（这个安提丰是柏拉图的同母异父的兄弟，而不是长辈亲属，这点得到了 Böckh 的说明）。柏拉图是阿波罗神后裔的传说不能被用来佐证他是他母亲的第一个儿子：按照柏拉图的《申辩》34A，阿迪曼图比柏拉图更为年长。

2　后来的论者显然把柏拉图描述为一位相对贫穷的人：例如，Gellius, *Noctes Atticas* iii.17, 1（据载他是 *tenui admodum pecunia familiari*〔资产微薄的〕）；Damascius, *Vita*

神滋养。即使没有明确的历史证据，[1]我们也能推断，这些优越条件让他 5
获益匪浅，使他的非凡才华得以充分发展。对于历史上流传下来的关于 6
他少年时期的一些细节描述，[2]我们主要关注对他的思想发展有重要影响 7

Isidori 158 提到 πένης γὰρ ἦν ὁ Πλάτων（因为柏拉图是贫穷的），而 Suidas, voce Πλάτων 和 *Apuleius, Dogm. Plat.*4 重复了这个说法。Plutarch, *Solon* c.2 fin. 中的故事提到柏拉图通过在埃及卖橄榄油而获得游历的资费，也是说明同一个意思。Aelian, *Variae Historiae* 3, 27 说道，他听说过一个故事（他在这个地方对该故事表示怀疑，但是后来在 5.9 又重复了类似的关于亚里士多德的故事），柏拉图有一次因为贫困而准备去充当雇佣兵，而苏格拉底劝阻了他。Cf. Hermann, *Plato* 77 sq., 98, 122。但是，所有这些叙述无疑都是后世崇尚禁欲主义的人或者柏拉图的敌对者的虚构。柏拉图的整个家族属于贵族阶层，他们通常都拥有大片土地；他的舅舅卡尔米德曾经非常富裕，只是由于伯罗奔尼撒战争才陷入困窘（Xenophon, *Symposium* 4, 29 sqq.；*Memorabilia* iii.6, 14），但是柏拉图的父母并没有陷入这种灾祸，我们可以从 *Memorabilia* iii.6, 14 中看到，苏格拉底劝告格劳孔在关心整个国家之前先关心个人的需要，例如，关心他亟待帮助的舅舅。如果他的父亲与兄弟（英文版误作 mother——中译注）是贫困的，那么更直接的例子就会是他们。除此之外，只有富裕家庭的儿子才会在 20 岁之前就关注政治领导权问题。还有，柏拉图提到自己愿意与其他三人一起给苏格拉底提供 30 明那的保释金（《申辩》38B），因此他必定是有偿付能力的人，ἐγγυητὴς ἀξιόχρεως（够格的担保人）。他的游历活动也证明他的富有；关于贩卖橄榄油的故事并不像是这位瞧不起经商的哲学家的所作所为；就算这个故事是真的，它只能表示柏拉图把自己的一些农产品带到埃及去而不是带着现金。最后，就算他自愿奉献的 choregia（歌队赞助费）（Plutarch, *Aristides* 1；*Dion* 17；Diog.3）——狄翁替他承担这笔钱——不能算作他富裕的证据，而且就算他购买菲洛劳斯的著作（见下文）涉及的巨额花销也不太能够得到证实，或者这次购买花了别人的钱，我们仍然有充分证据表明他曾经是颇有财产的人，这不仅在他的遗嘱里面有所披露（Diog.41 sq.），而且在关于他的生活方式和家庭管理方面的记载中也有体现（Diog. vi, 25 sq.）。Hieronyinus, *adversus Jovinianum*, ii, 203 (ed. Martianay) 证明不了什么东西。

1　Apuleius, *Dogm. Plat.*2："因为斯彪西波以〔柏拉图〕家史为据，赞赏他孩童时期敏于观察的天赋和值得称道的羞耻心，提及他少年时期就养成勤勉和热爱钻研的习惯，并且证实他成年时期在这些方面和其他美德方面还不断进步。"Cf. Hermann, *Plato*, 97.

2　这些描述主要是关于他的早年教育和老师们的一些故事。据说，柏拉图的阅读和书写是从学于狄奥尼修斯（Dionysius），此人因记载于《情敌》中而将永远铭记；体育方面则从学于阿戈斯的阿里斯通（Aristo of Argos），此人把柏拉图培养得特别出色，使他作为一名摔跤手参加了科林斯地峡竞技会（Isthmian Games）。关于他的体育方面，参考 Diog.4（沿用 Dicaearchus 的说法）；Servius or *Aeneid* vi, 668；Apul. c.2；Olympiod. c.2；*Prolegomena*, c.2。根据 Cyrillum, *contra Julianum*, 208 D，阿普利乌斯（Apuleius）和波菲利（Porphyry）还说柏拉图参加了德尔斐竞技会的三点。

首先是他所在城邦的总体状况以及他所属家族的政治地位。柏拉图的少年阶段正好是雅典城邦很不顺利的时期，在西西里战败之后，往届政府的全部错误都遭到严重清算，无限民主制的流弊昭然若揭，利己主义的风气和流行的智者派教育带来的恶果也都暴露无遗。他本人所处的社会阶层和家族对于现行政治体制抱有公开的、并非全然无根据的不满。他的亲戚中有几位都是贵族派的代表人物。[1]随着雅典霸权丧失，贵族派被敌方扶植上台，但是他们严重滥用了自己的权力，以至于最盲目的贵族制追随者也不难看清楚事情的真相。我们不难理解，一个高尚、有志气的青年在经历了这一切之后，不仅对民主制度而且对已有的各种政治制度总体上感到不满，转而寻求政治乌托邦，而这又进一步促使他的心灵从现实转向理想。

（Pythian Games）；*Prolegomena* 的记载把胜利说成是在科林斯地峡竞技会和奥林匹亚竞技会上。柏拉图的音乐求学于达蒙（Damon）的弟子德拉科（Draco），还求学于 Metellus of Agrigentum（Plutarch, *De Musica* 17, 1；Olymp. and *Proleg., loc. cit.*；cf. Hermann, p. 99）。这些记载中有多少符合史实是难以确定的，也是相对不重要的问题。他经常出现在竞技会上并取得许多胜利肯定不是真的；他是否参加了科林斯地峡竞技会是可疑的，因为在他与苏格拉底结识之后他可能不会再去参加体育竞技了，而在此之前他还太年轻。（Hermann, p. 100 猜测，这个故事的起源或许可以追溯到《克里托》52B。）他的文法教师的名字很可能是从《情敌》那里得来的；与此类似，Diog. 5（Apul. *loc. cit.*；Olymp. 2；*Proleg.* 3）中的故事的大意是，他接受了画家的教导从而获得了体现在《蒂迈欧》中的关于色彩的知识，而这很可能纯粹是基于那篇对话录而产生的一个臆断。从 Diog. 8（cf. Aelian *V. H.* 7.14）中看到，阿里斯托克塞努斯（Aristoxenus）有一个奇怪的说法，即，柏拉图参加了三次运动会，不仅有科林斯那次（第 96 届奥林匹亚赛会），而且还有德里昂（Delium）（89 届第 1 年）和塔纳格拉（Tanagra）（88 届第 3 年）那两次，在德里昂那次还获得了勇力方面的奖项，这无疑是以苏格拉底参加三次运动会为模板编造出来的（vide supra, p. 50），苏格拉底提及它们的那些话（《申辩》28D）在 Diog. 24 中被当成了柏拉图的话。

我们关于伯罗奔尼撒战争即将结束时的雅典状况的了解当然会让我们得出这样的结论，即，柏拉图一定见过一些军事活动，并且本人可能参加了麦加拉的那场战役（公元前 409 年，Diodorus xiii. 65），在这场战役中，按照他本人在《理想国》ii. 368A 的说法，他的兄长表现卓著。

1　众所周知的克里底亚，还有卡尔米德，参考 Xenophon, *Memorab.* iii. 7, 1, 3；*Hellenica,* ii, 4, 19。

其次是其他某些环境因素在同一方向上同时起作用。我们知道，柏拉图在青年时期有诗文创作方面的尝试，[1] 他的某些早期作品已经显示出文学方面的才华，[2] 再联系到他的整个著作体系的诗性特征，让我们相信这些诗文研习远非那种肤浅的赶时髦。[3] 所以，没有理由怀疑他跟当时雅典的那些伟大诗人或作家保持着密切关系（不管关于这方面的细节记载多么不可靠 [4]）。

最后，甚至在柏拉图结识苏格拉底之前，他已经开始把注意力转向哲学，通过赫拉克利特学派的克拉底鲁 [5] 而了解到该学派的学说，而这个学说跟其他学说结合在一起对柏拉图后来思想体系的建构起着重要作用。[6]

1　据 Diog.5：柏拉图曾经尝试作诗，起初创作酒神颂（dithyramb），后来是抒情诗和悲剧；他还有过想要成为悲剧赛会选手的念头，而当他结识苏格拉底并以其为模范，就焚烧了自己的诗作。Olymp.3, *Proleg.*3, Julian, *V. H.* ii.30 有不同说法，据此，柏拉图起初写的是史诗，但是看到自己的作品跟荷马的典范比起来有太大差距，于是销毁了它们（不过 Hermann 对此说有所批评，见他的 *Plat.*100, 54），后来柏拉图创作了一组悲剧四部曲，实际上已经被表演者们拿到手了，而他结识苏格拉底之后决定永远弃绝诗坛。被归在柏拉图名下的一些短诗（最早阿里斯底波的 περì παλαίας τρυφῆς[《古代显贵》]就已经把其中一些归到他名下；第欧根尼因袭了此说法，还有 Apuleius, *de Magia* c.10；Gellius xix.11；Athenaus xiii.589 C 以及其他一些人也是如此；cf. Bergk, *Lyrici Graeci*, 489 sq. ），主要是关于爱情方面的琐细描写，而且大多数很明显是伪造的，或者由于混淆而被归到他名下；其余的也至少不太确定，在 *Anthologia Planudea*, 210 记载的小段史诗残篇也是这种情况。cf. Bergk, *loc. cit.*，以及 Hermann, *Plat.*101。

2　尤其在《普罗泰戈拉》中；还有其他一些短篇对话录，例如《吕西斯》《卡尔米德》和《拉凯斯》，其中戏剧性要素大大超过了辩证要素。

3　当时雅典的诗艺多数都是这种情况，许多材料都表明了这点，阿里斯托芬作品的某些段落对此情况也有所说明，Hermann 在其著作第 100 页有所引述，如《蛙》88 行以下，《鸟》1444 行以下。

4　Diog. iii.8 说，柏拉图最初把索佛隆（Sophron）的滑稽戏的剧本带到了雅典（但是，这只能发生在他第一次游历之后），并且对它们非常感兴趣，以至于当成了枕边书。后面的说法也出现在 *Val. Max.*8, 7, section 3；Olymp.3；以及 *Proleg.*3。但是，这些说法很可能只源于为他的对话录作品寻找原型这样一种热情。据说，柏拉图还把埃庇哈尔穆斯（Epicharmus）的作品当成榜样，但这个说法也不甚可靠。Vide Part I, p.428 sq.。

5　Vide Part I, p.601 sq.

6　亚里士多德《形而上学》i.6, beginn.："在年轻的时候柏拉图首先与克拉底鲁结识所有这些影响都远远比不上他跟苏格拉底的结识。我们当然不能设想，如果没有这位教师，柏拉图的思想会走向何方，不过这个问题可以存而不论。我们从各种历史线索中可以清楚地获悉，哲学改革者苏格拉底对志趣相投的学生柏拉图产生了最深切、最持久和最具决定性的影响。据说，柏拉图本人把他能够出生在苏格拉底生活的时代看作"命运"对他的最高恩惠，[1] 而后世记载用一个意味深长的故事[2] 来美化这两个人的初次见面。除此之外，还有一件事应该被视为所有重大偶然事件中的一件，它对历史进程产生了如此重大的影响，以至于我无法弃之不顾。通过长期的[3] 亲密交往，[4] 柏拉图异常深入地领会了这位非凡朋友的精神，使得他能够把这种精神刻画出来并传承给我们，而这幅精神肖像是我们拥有的最可靠和最理想的肖像。柏拉图当时是否或者在多大程度上关

10

并且熟悉赫拉克利特的思想，即一切可感事物永远流变，关于它们不会有任何知识；他在后期仍主张这些观点。苏格拉底则关注伦理之事……他（柏拉图）接受其观点……"Diog.6，Olymp.4 和 *Proleg.*4 把柏拉图与克拉底鲁结识的时间定在苏格拉底去世之后；但是，面对亚里士多德的明确记载，我们当然不能过于相信这点。第欧根尼还提到，柏拉图在接触克拉底鲁之时，还接触到了巴门尼德一派的赫谟根尼（Hermogenes），此人在 *Prolegomena* 中作为赫尔米普斯（Hermippus）出现。但是，这仅仅是从《克拉底鲁》得出的一个武断推论；这篇对话录中的赫谟根尼（参见《克拉底鲁》384A，391C）肯定是苏格拉底的一位有名的弟子（参见 Part I，197，1）。类似的武断推论还包括，从《巴门尼德》中推导出芝诺和巴门尼德向柏拉图传授了逻辑学（Anonymus apud Photium，Cod.249，p.439 a.）。

1 参照 Plutarch，*Marius* 46 和 Lactantius，*Institutiones Divinae* 3，19 的说法；不过其真实性仍属可疑，因为我们看到同样的描述也被放到苏格拉底甚至泰勒斯的口中，参见 Diog. i，33。

2 Pausanias，i，30，3；Diog.5；Olymp.4；*Proleg.*1；Apul. *Dogm. Plat.*1：据说，苏格拉底梦到一只天鹅，阿波罗之鸟，唱着悦耳的歌儿飞向苏格拉底。第二天早上柏拉图就出现在他面前，而苏格拉底立即领会了那个梦的含义。

3 按照赫尔谟多洛斯的说法（据 Diog.6），柏拉图结识苏格拉底的时候是 20 岁，当苏格拉底去世后他投奔欧几里得的时候是 28 岁，这样，除去征战或别的原因导致的中断，他跟苏格拉底的交往持续了 8 年之久。Suidas（sub voce Πλάτων）和 Eudocia（*Villoison's Anecdota* i，362）提及柏拉图与苏格拉底交往了 20 年，这显然是错误的。

4 这两人的关系有多么密切，这从柏拉图著作的整个态度以及对苏格拉底的描绘中已经得到表明，在某些段落中尤其充分地得到体现。我们还可以参照色诺芬《回忆苏格拉底》（3.6.1）和柏拉图的《申辩》34A，38B；《斐多》59B。

注其他哲学教师，我们并不知道；[1]但是，我们很难相信一个受过高层次　　11
教育、对知识充满热爱的青年（他对哲学的最初热爱并非来自苏格拉
底）在 30 岁之前没有试图了解早期哲学家们的成就，没有从他的朋友
欧几里德那里了解到爱利亚学派，没有从西米亚斯（Simmias）和克贝
（Cebes）那里了解到菲洛劳斯；我们也很难相信，他没有去探究智者们
通过公开授课和各种争论持续提出的种种学说，或者没有阅读在雅典唾
手可得的阿那克萨戈拉的那些著作。[2]不过，苏格拉底教导的强大影响
有可能暂时减弱他对早期自然哲学的兴趣，而更深入的反复研究后来又
让他对这些学说有了更深的洞察。同样，在苏格拉底辩证法的约束下，
他本人的想象天赋很可能被更严格的思想和更谨慎的研究所归化。也
许，起初他的理想主义倾向得到的是一张空头支票；借助于单调朴素的　　12
苏格拉底式研究方法，概念性知识以及形成概念的手段是他唯一能获得
的东西——这些东西对于他及其同时代人而言都是全新的。[3]但是，柏

1　如果《斐德罗》确定是在苏格拉底去世前写成的，那么从中可见柏拉图已经了解
　　毕达哥拉斯学派的哲学。但是，使得这个结论得到保证的那些理由（例如，据说
　　《斐德罗》是他最早的作品，其后续作品《吕西斯》被苏格拉底读到而且他还与之
　　撇清关系，参见 Diog.38, 35；Olymp.3；Proleg.3）不能充分被信任，而这个设想
　　本身非常不可能成立。更为可疑的是这样的猜测（Susemihl, *Genet. Entw.* I, 3, 444；
　　Munk, *die natür. Ordn. d. Plat. Schr.*497 sqq.；另参考 Herm. *Plat.* 528），即，在《斐
　　多》95E sq.，柏拉图把自己的哲学思想发展通过苏格拉底之口表达出来。这个设想
　　产生了其他一连串同样站不住脚的设想。唯一可以明确得到证实的对柏拉图早期思
　　想形成有影响的学说，也就是赫拉克利特主义的哲学，在这里显然没有被提及。《斐
　　多》的文本整体上也不是要介绍个人思想成长方面的足迹，毋宁说它展示了从物质
　　因到目的因进而发展到诸理念这样一种普遍必然性。它采取了个人自白的形式；但
　　是，"柏拉图既不是给自己也不是给苏格拉底的哲学发展提供一种历史叙述；他是在
　　概要说明从自然哲学过渡到概念哲学的基本原则。"参见 Boniz, *Plat. Stud.* iii.427,
　　而 Steinhart 基本同意其观点，尽管他认为苏格拉底的思想发展也就是这里描述的这
　　样。Ueberweg, *Unters. der Plat. Schr.* 92 sq.
2　柏拉图《申辩》26D，《斐多》97B。Schaarschmidt 正确地注意到巴门尼德和芝
　　诺的著作在雅典和麦加拉也同样很容易被读到。
3　就像我在 1851 年的《古典学期刊》（*Zeitschrift für Alterthumsw.*）第 254 页所论述
　　的，那些短篇的、我们有理由把它们的写作时间确定在苏格拉底去世前的柏拉图对
　　话录，其写作风格显示出这是很有可能的。如果这些对话录中，辩证讨论的枯燥形
　　式被看成与戏剧修辞的丰富性和生命力形成尖锐对立；如果这些对话录中明显缺乏

拉图需要这种训练为他提供可靠和确定的理论方法，以便从诗人（作家）转变为哲学家；不过他在这个过程中并没有彻底丧失他的自然性情。苏格拉底的概念哲学让他瞥见了一个全新的世界，而他毅然开始对其进行探索。

13　　他的这位年迈导师的悲剧结局是他起初根本想不到会发生的，[1]这必定给柏拉图以巨大震动；这个打击在多年后还反映在《斐多》那饱含感情而惊心动魄的描述中，而且当时还可能造成他身体不适，以致这位忠诚的弟子不能与自己的导师一起度过最后的时光。[2] 不过，我们更关心苏格拉底的命运对柏拉图的哲学发展和世界观的影响，而如果在探究这个问题的时候我们陷入揣测，这很可能也是难免的。一方面，我们不难理解他对已逝恩师的崇敬之情由于其遭遇的厄运及其服从命运的高尚情操而被无限放大，誓死忠于哲学的殉道者在柏拉图内心和记忆中被理想化为真正哲学家的形象，接受过严酷生存考验的哲学原则在他的眼里被升华为更高层次的真理，他对苏格拉底的牺牲及其周遭环境的判断变得越来越坚定，[3]对这种环境下从事政治的效果越来越不抱希望，[4]他逐渐倾

青春的热火；如果像稍后的《斐德罗》和《会饮》这些作品被看成比像《吕西斯》这样的早期作品带有更强的活力和热情；那么，最明显的解释理由似乎就在于苏格拉底的影响。

1　参考 Part I，161，1。

2　《斐多》59B。cf. Hermann, *Plat*.34, 103。Plutarch, *De Virtute Morali* 10, p. 449 的说法似乎不能确保任何结论。有可能柏拉图把缺席归因于生病只是一个虚构，通过这个方式他希望自己能够更自由地叙述苏格拉底去世前的言论。他很愿意为苏格拉底提供保释金，这在前面已经提及了。据 Diog, ii, 41, *Proleg*.3, 提比留斯的贾斯特（Justus of Tiberias）说，柏拉图希望自己为苏格拉底做辩护，但是被陪审团的喧哗所阻碍，这点与苏格拉底审判的其他方面一样，都是有争议的。Cf. p.161 sq. and Herm. *loc. cit.*

3　尤其参考在《高尔吉亚》515C 以下和 521C 以下他对重要的雅典政治家的谈论方式；《泰阿泰德》173C 以下他对其祖国状况以及哲学家与政治之关系的表述；此外还有晚些时候的一些论断，例如，《政治家》298A 以下；《理想国》vi.488A–497A；viii. 557A 以下；562 以下。

4　据《第七封信》324B 以下，柏拉图曾经有意主动参与政治，首先是在三十僭主时期，后来是在他们被驱逐之后的民主制时期，但是，受到时局的妨碍，更受到当时攻击苏格拉底事件的影响，而没有实现。当然，我们不能过分看重这份有争议的证言。

向于在暗淡的微光中沉思现实，逃脱现世生活的种种弊病而投向更高的、超感性的世界。另一方面，他与苏格拉底的交往没有持续更长的时间，这对他在理论方面的进步或许还有些好处。在常年的交往当中，柏拉图已经比苏格拉底的其他弟子更充分地领受了苏格拉底的精神，现在，他需要补充一些新的元素来成全苏格拉底的理论，并且通过自己在诸多方面的充分拓展来让它建立在独立的基础之上：他的学徒生涯结束，游历生涯开始了。[1]

在苏格拉底死后，柏拉图与苏格拉底的其他一些弟子最初前往麦加拉，在那里有一个志趣相投的圈子围绕在欧几里得身边。[2] 其后，他

14

15

1　这点我引自 Schwegler, *Gesch. d. Phil.*41。

2　Hermodorus ap. Diog. ii.106, iii.6。按照这个材料，这次游历发生在柏拉图 28 岁时；这无疑是在苏格拉底被处死之后不久。柏拉图用这样的话来表羽动机："担心诸僭主的残酷"（δείσαντας τὴν ὠμότητα τῶν τυράννων）。以前，这里的 τύραννοι（诸僭主）被理解为所谓的"三十僭主"，所以，赫尔谟多洛斯的证词没有太重的分量。但是，这个解释不再能被接受，因为我们从 Simpl. *Phys.*54 b.56 b.（参考第 1 页注释 1）那里知道，其说法被记载于第欧根尼书中的赫尔谟多洛斯就是那位知名的柏拉图门徒。像赫尔谟多洛斯这样的柏拉图门徒怎么会如此大意，认为苏格拉底是在三十僭主的僭政期间被处死的呢？我们不需要这样理解"诸僭主"。实际上，常常被提及的是"三十人集团"（the Thirty），而"三十僭主"或"诸僭主"（不带"三十"）这个说法在该时期所有作者那里都没有被用作"三十人集团"的通常称谓，事实上西塞罗和 Diodorus 之前的作者都没有这么用。固定不变的称谓是 τριάκοντα（三十人集团）。按照希腊人的看法，一位 τύραννος（僭主）是在没有法律的情况下主政的唯一首脑；像"三十人集团"这样的统治形式实际不是僭主制，而是通常所谓的寡头制。"三十人集团"只是在修辞上夸张的意义上被说成"诸僭主"，例如，亚里士多德《修辞学》ii.24, 1401a33 中波吕克拉底（Polycrates）就是这样称呼三十人集团；但是我们不能从这里推导出，这是他们的通常称谓，而且说及"诸僭主"的每个人都用它表示"三十人集团"。赫尔谟多洛斯的表达应该以另一个方式得到理解；"诸僭主"指的是把苏格拉底处死的那些民主派人士，就像 Xenophon, *Hellen.* iv. 4, 6 把统治科林斯的民主派称为 τοὺς τυραννεύοντας（僭政当局），由于他们的恐吓式的统治方式。同样，柏拉图《第七封信》325B 把苏格拉底的指控者称为 τυραννεύοντες τινες（僭政当局中的某些人）。Steinhart, *Plat. L.*122 sq. 在 τύραννοι（诸僭主）和 τυραννεύοντες（僭政当局）之间所做的区分，我认为是太精细了，我觉得政敌完全可能用"诸僭主"来污蔑民主派，就像可能用它来污蔑寡头派一样。当然我不去反驳有这样的可能性，即这个说法并不是从赫尔谟多洛斯本人那里引来的。Stein（*Sieben Bücher z. Gesch. d. Plat.* ii.66, 170 sq.），以及在他之后的 Schaarschmidt（*Sammlung d. Plat. Schr.*65 sq.），由于错误的前提而导致了错误推论，他们不承认赫尔谟多洛斯提供的纪年的准确性

16　启程[1]前往埃及、居勒尼、南意大利和西西里。[2]由于历史记载不足，有

以及他对柏拉图去往麦加拉的记载，其根据是 τύραννοι（诸僭主）只能表示"所谓特别突出的（κατ' ἐξοχήν）僭主（τύραννοι）"——那些"一直在雅典被理解为僭主的人们"，也就只有"三十人集团"而已。Schaarschmidt 在对柏拉图《第七封信》的草率解读中把赫尔谟多洛斯的 τύραννοι（诸僭主）误读成了 τυραννεύοντες（僭政当局），即把判处苏格拉底死刑的人等同于早些时候提及的"τύραννοι"（引号是 Schaarschmidt 给出的）；但是，在柏拉图书信中没有出现 τύραννοι，而 τριάκοντα 出现了两次（324C，325B）。（按照 Schaarschmidt 的解释，赫尔谟多洛斯肯定不能是柏拉图的直接弟子，不管仍保有他的作品的德西利达斯（Dercyllides）和 第 1 页注释 1 引用的其他证据是怎么说的。）同样没有理由的是 Stein 对于赫尔谟多洛斯说法的反驳，即，就某些知名的苏格拉底的学生而言，如色诺芬、安提司泰尼、埃斯基涅（Aeschines），他们与柏拉图一起在麦加拉是非常不可能的——如果不是完全不可能的话。赫尔谟多洛斯并没有表示"所有"苏格拉底的学生都去了那里：第欧根尼只是说（iii.6）："据赫尔谟多洛斯说，他（柏拉图）和苏格拉底的其他门徒去了麦加拉投奔欧几里得"，如果我们跟 ii.106 的"赫尔谟多洛斯说，柏拉图和其余那些哲学家奔往他（欧几里得）那儿去"比较起来看，其意思显然不是指所有当时在雅典的哲学家（如 Steinhart, *Plat. L.*121 所理解的），而是读者（也就是赫尔谟多洛斯的读者）所知道的人之外的那些人与柏拉图一起离开了雅典。我们可以跟 Steinhart（*Plat. L.*121）一道怀疑，柏拉图及其朋友们是否有理由担心生命受到威胁。很有可能的是，赫尔谟多洛斯从自己的猜测出发把这个动机归之于他们，而实际上他搞错了。但是，我们对苏格拉底死后的时局了解甚少，所以我们也不能断定是否存在一些值得担忧的情况。

1　关于下面的内容，cf. Hermann, *Plat.*51 sqq., 109 sqq.。
2　所有证据都一致表明，柏拉图的游历范围至少有这么广。就他游历了埃及而言，我们可以拿他对埃及社会状况的熟悉为证（vide page 358, note 2）。关于游历的次序有各种版本的说法。据 Cicero, *Republic*, i.10；*De Finibus*, v.29, 87；*Valerius Maximus*, viii.7, ext.3；Augustine, *De Civitate Dei*, viii.4，他首先去了埃及，然后去了意大利和西西里。需要注意的是，Valerius（作为一个雄辩家）把游历的年份挪到了柏拉图已经成名的时期。另一方面，Diogenes iii.6（Quintilian, *Institutes*, i.12, 15 沿用）的说法是，柏拉图首先去了居勒尼（Cyrene），然后才在意大利遇到毕达哥拉斯学派，后来去了埃及（据说由 Euripides 陪同，但是此人实际上此前已经去世），最后返回雅典。据 Apuleius, *Dogm. Plat.* i.3 以及 *Prolegomena*, c.4，柏拉图首先去了意大利和西西里。这些说法中最可靠的是第一种说法。我们很难设想，柏拉图连续两次访问西西里（《第七封信》326B 只表明一次意大利—西西里之行），而各方面材料都倾向于表明西西里之行是他各次游历的最后一站（见下文）。阿普利乌斯（Apuleius）和 *Prolegomena* 的说法提供了一种不符合史实的理由，即柏拉图访问居勒尼和埃及是为了考究毕达哥拉斯学派学说的一些起源。Stallbaum, *Plat. Polit.*38，*Plat. Opp.* i. xix. 猜测说，阿普利乌斯是因袭斯彪西波的说法，这无法证实。按照 Diog.7，柏拉图意图访问波斯祆教祭司（据 Apul. *loc. cit.*，还想访问印度人），但是受到亚细亚发生的战争的阻碍。Lactantius, *Institut.*4, 2 确实说他拜访了祆教祭司和波斯人；Clemens, *Cohortationes* 46 说他探访了巴比伦人、亚述人、希伯来人和色雷斯人。Cicero, *Tus-*

时候甚至相互矛盾，[1] 我们不可能确切知道他在麦加拉逗留了多长时间，　17
还有，他究竟是在麦加拉逗留之后直接启程去游历，还是期间曾经返
回过雅典；我们也不知道他在雅典停留的时间是长还是短，在他出发
之前是否已经成为哲学教师。不过，如果他确实在苏格拉底死后十年
或十二年就从西西里返回雅典，[2] 那么，很有可能——甚至还有一些旁证　18

---

culans, 4, 19, 44 提到他已经探索了极限地带；按照 Olymp.4, *Proleg*.4 的说法，他在腓尼基从波斯人那里得到了祆教教义方面的开蒙。Pausanias, iv.32, 4 重复了这个说法，并且说他还熟悉占星术方面的学问；按照 Pliny, *Natural History* 30, 2, 9，他在游历时学到了波斯的巫术。这些说法跟关于毕达哥拉斯的那些传说类似，无疑都是后世的虚构，甚至有些是以关于毕达哥拉斯的传说为模板虚构出来的。更为明显的虚构是，柏拉图认识犹太人并了解犹太人的《圣经》，关于这点参考 Brucker, i.635 sq., Hermann, p.114 A, 125, 还有后者转引的那些著述，以及我的本著作第 3 部分（b.221, 300），第 2 版。Lactantius, *loc. cit.* 怀疑柏拉图和毕达哥拉斯没有遇见过犹太人。

1 Diog.6 会让我们认为，柏拉图从麦加拉直接去居勒尼，从那里又直接去西西里。然而，《第七封信》表明，在他到麦加拉之前就有一段较长的时间从事教学。参见下注。

2 关于这点的史料只有《第七封信》324A；而其中的说法有可疑之处，因为它与 325C sq. 的说法相关联，即，早在柏拉图游历之前，他就已经形成并表达了这样的信念："人类的各种恶不会终止，除非那些纯正并正确从事爱智事业（哲学）的人掌握政治权力，或者那些城邦中的掌权者出于神的安排而真正地从事哲学"。如果我们把这点与《理想国》v.473C 进行比较，就不会怀疑，上述引文指涉《理想国》这段文字。这样的话，《理想国》的写作时间必定在柏拉图第一次西西里之行以前。但是，这又是非常不可能的。另一方面，《第七封信》中关于柏拉图游历时期的年龄的说法得到了证实，这已经被 Stallbaum 注意到（*Plat. Polit.* p.44, 此处他修正了更早时候的说法，见 *De Argumento et Artificio Theaeteti*, 13），就是说，柏拉图直到公元前 386 年才返回。下面就是确证。据载，在柏拉图从西西里返回的路上，狄奥尼修斯唆使人在埃吉纳把柏拉图卖作奴隶，而且据 Diog. iii.19 看起来很清楚的解释，实际上已经有人争论说要处死他，因为有一个表决要把所有入境的雅典人处以死刑。所以，埃吉纳在这个时候必定已经与雅典开战。据 Xenophon, *Hellenica*, v.1, 1, 这种情况不会发生在科林斯战争最后几年之前，因为在这之前雅典和埃吉纳的关系没有破裂。这个年代会是公元前 389 年或者最早是公元前 390 年，这样的话我们可能会接受 Hermann（p.63）乃至其后所有论者的观点，即，大概在这个时候柏拉图返回雅典。Grote, *Hist. of Greece*, xi.52 把他抵达叙拉古的时间定在公元前 387 年之后，其理由是狄奥尼修斯在此前与列其昂（Rhegium）发生战争，几乎无暇顾及这位哲学家。不过我们不必把这个论证的分量看得过重；据 Diodorus, xiv.110 sq., 征服列其昂的时间在"安塔尔基达斯和约"（the Peace of Antalcidas）之后，而在此之后柏拉图在埃吉纳遭遇那样的处境是不可能的。在柏拉图抵达和离开之间必定有一段时间。Tennemann, *Platon's Philosophie*, i. 46 倾向于认为，柏拉图最早出现在阿卡德米学园的时间是第 99 届奥林匹亚赛会时期：只要考虑到前述说明和可以推导出的情况，那么这个观点无须特别反驳就知道不能成立。

19　表明，[1] 他在游历之前在雅典居住了很长时间，[2] 并且以教学和著述为生，

1　我们或许不能过分重视《第七封信》中关于这点的说法（参见第 12 页注释 2；第 13 页注释 2 有所引述），以及 Valerius Maximus 的说法，因为都不够可靠。但是这个观点无疑得到这种环境的支持，即我们拥有的柏拉图的一系列重要作品极有可能是他从西西里回到雅典之前写就的，至少其中有一部分是他在麦加拉旅居期间写成的。这些对话录的第一篇就是《泰阿泰德》。这篇对话录的场景涉及跟泰阿泰德的一场相遇，此人在科林斯战役中出现伤病而正要返回雅典。这只能指公元前 394—前 387 年的科林斯战争。Munk（*Nat. Ordn. d. Pl. Schr.* 391 sq.）和 Ueberweg（*Unters. d. Plat. Schr.*, 227 sq.）把这里提及的战役定在公元前 368 年：cf. Diodor. 15, 68。但是在那个时候，泰阿泰德可能已经不再有任何义务参加在境外的战役了，而且对话录的写作时间会比值得考虑的多方面因素还要晚一些，而如果定在前面提出的这个时间就不用担心这些因素。在给出的这两个时间之间，没有雅典军队在科林斯服役。在后面的那些年，雅典人参与科林斯战争的只有雇佣兵（Xen. *Hell.* iv, 4, 1；14: Diodor. xiv, 86, 91 sq.），因此对话录必定指涉第一个时期，即，公元前 394—前 392 年。《泰阿泰德》的写作时间不可能晚太多；对话录的开场白——几乎是给欧几里德的献词——表明这样一个时期，即柏拉图还没有跟麦加拉学派决然分野，就像在《智者》中体现的那样，并且给我们这样一个印象，即它提及的事件对于希腊读者而言仍然是新鲜事。（Ueberweg, p.235 认为这样的献词有些别扭；我只是说，对话录所处的这个框架相当于一份献词。西塞罗曾经以同样的方式把他的 *Posterior Academic* 敬献给 Varro。）Munk 和 Ueberweg 反驳说，如果柏拉图写《泰阿泰德》的时间这么早，他必须预见到泰阿泰德在数学上的成就，这些成就被 Proclus *in Eucl.* p.19, 25 所证实。但是，苏格拉底并没有说（《泰阿泰德》142D），泰阿泰德将会成为一个出色的数学家；他只是预言，泰阿泰德会变成一个 ἐλλόγιμος ἀνήρ（杰出人士）；而且，没有理由说明为什么他不能在公元前 392—前 388 年这个阶段说这个话。如果泰阿泰德在公元前 399 年被称为 μειράκιον（小青年）（143E sq.），这并不能推出他不超过 16 岁，像 Munk 认为的那样；在《会饮》223A，阿伽通（Agathon）在他第一次剧作竞演夺魁时还被称为 μειράκιον；而且在 Plutarch, *Pericl.* 36，伯里克利的已经订婚的儿子也被这样称呼；另一方面，泰阿泰德在 144D 还被称为 ἀνήρ（男子）。其他几篇作品（见下文）似乎是在《泰阿泰德》之前写成的，而且很可能这些著作是在雅典写的：柏拉图在旅居时期不太可能会这么卖力，有这么高的专注度；把这些作品设想为在麦加拉写成的，这意味着设想柏拉图在那里待的时间比我们的证据所确保的时间更长（见下注）。如果有这样一段时间的停留，它被赫尔谟多洛斯所疏忽，那么它一定会保留下某些痕迹。《泰阿泰德》明显的论战性，以及大约同时发生的欧绪德谟（Euthydemus）与安提司泰尼（Antisthenes）的论战（参见德文版 pp. 248, 1, 4；252, 3；254, 1；255, 2；256, 1），可能确证了这种猜测，即：当柏拉图写这些对话录时他已经与欧几里德有一些亲身交往，并将其看作自己在雅典的对手。如果这个时期柏拉图已经在雅典从事了若干年的写作活动，那么我们难以设想，这样一位只把书写作品看作口头表达的备忘录的哲学家会不愿意在跟别人当面交流时阐明他的观点。

2　如果他避居麦加拉是因为担心个人的生命安全，那么他在这种威胁解除之后必定很快就会回到雅典了；而且，如果说柏拉图的目标是与欧几里德进行哲学交流，那么

这些旁证甚至还表明，在这段时期他的教导只限于少数经过筛选的人，而阿卡德米学园是后来才开办的。[1]如果情况是这样，我们应该怎么考虑他的埃及和居勒尼之行——他的西西里之行是直接与之相继，还是[2]他先从埃及回到雅典，在若干年之后才去意大利，这些事情都很难确定，但是有许多旁证更支持后面这种可能性。[3]

如果柏拉图在游历南方和西方诸邦之前，也就是说，在他与意大利的毕达哥拉斯学派成员结识之前，他已经到了盛年时期并建立了自己体系的理论基础并付诸文字，[4]那么，这些游历不可能对他的哲学发展有显著影响，尽管古今都常常有人认为存在这种影响。除了他关于人性的看法和认识得到扩展之外，他从他们那里得到的主要收获似乎就是跟毕达哥拉斯学派[5]有了更密切的接触(他似乎购得了他们的主要著作)，[6]并

20

这种交流也可以从周边的雅典人那里得到满足，所以，很难明白是什么让柏拉图在麦加拉滞留了一年时间。

1　Grote 同意上述说法（*Plato* i.121）。他正确地认为这种情况是非常不可能的，即，柏拉图在他从西西里回到雅典之前已经度过了 13 年（严格上说 10—12 年）自愿流放的日子。

2　就像 Steinhart 猜测的那样，见 *Pl. W.* iii.100, 213, 316, 473。

3　我们的许多记载都想当然认为他从埃及直接去了意大利。但是，上面所指出的他的游历路线的各种不同说法表明我们完全缺乏这方面的准确了解。《第七封信》丝毫没有提及埃及之旅；如果我们遵循它，我们就必须得出结论说他是从雅典直接去意大利。Plutarch（*Plut. de Genio Socratis* 7, p.579）的说法是，柏拉图在从埃及返回的途中走访了提洛岛（Delos），这可能有一个预设，即柏拉图不是在去意大利的途中而是在回雅典的途中。但是，这个说法的关键之处在于它是最早联系到他的生平来对其作品进行分组的。《政治家》表明他对埃及的熟悉（参见第 17 页注释 2）。但是，关于这些方面也只能是猜测而已。

4　我们会看到，《泰阿泰德》和同时期的一些对话录已经有理念论作为其背景，而且对毕达哥拉斯学派的某些教义有一定了解。

5　关于这点的细节方面似乎都基于猜测。西塞罗（*loc. cit.*）把阿尔基塔（Archytas）、埃刻克拉泰斯（Echecrates）、蒂迈欧（Timaeus）和 Acrion（或 Arion）（Valerius Maximus 还增加了 Coetus）这些人说成毕达哥拉斯学派，而据说柏拉图当时与这些人结识。（奥林匹奥多鲁斯提到了阿尔基塔，而蒂迈欧这个名字似乎被漏掉了）；Apuleius（*loc. cit.*）提及欧吕托斯（Eurytus）和阿尔基塔；Diogenes 提及欧吕托斯和菲洛劳斯（后者在当时几乎不可能仍活着）。参考 Böckh, *Philol.*5 sq.，以及本著作 Part I, p.287。

6　我们所知最早提及柏拉图购买菲洛劳斯著作的记述者是讽刺文学作家蒂蒙（Timon）

21　且进一步学习了数学。据说塞奥多洛把他引入数学的堂奥,[1] 我们至少没有证据可以反驳这个说法。[2] 他可能从阿尔基塔和其他毕达哥拉斯学派成员那里接受了更进一步的数学训练,我们可以比较准确地把他的这

22　段游历跟他对数学的偏爱[3] 及其非凡的数学知识联系起来;[4] 与此不同的

（apud Gellium, iii.17）。但是,他只是说柏拉图用高价购买了一本小书,借助这本书而写了自己的《蒂迈欧》。他没有说这次购买是在游历时进行的;书的价格（据 Gellius 所载为 10000 迪纳厄斯银币 = 100 明那）似乎也不是此人所说。另一方面,赫尔米普斯（ap. Diog. viii.85,约公元前 230 年）说,根据一位可靠的记述者（没有名字但无疑是一位亚历山大人）说,柏拉图在游访西西里的时候从菲洛劳斯的亲属那里以相当于 40 个亚历山大明那（Alexandrine minae）的价格购买了菲洛劳斯的著作,并且其《蒂迈欧》就抄袭自该书。另一些人说（*Ibid.*）,这本书是柏拉图从狄奥尼修斯那里为菲洛劳斯某位门生争取到自由的时候,该人为答谢而赠的礼物。Cicero, *Rep.* i.10 不太明确地说,柏拉图居留于西西里的时候得到了此书。按照 Satyrus 的说法（ap. Diog. iii.9, viii.15, Iamblichus *de vita Pythagorica*, 199 沿用此说）,不是柏拉图本人而是狄翁（Dion）用其佣金购买了此书,花费 100 明那。Diogenes 说,这个数额柏拉图不难支付;因为被说成很富有,如 Onetor 就说他从狄奥尼修斯那里得到超过 80 塔兰同。（后面这个说法不仅夸张,而且显然是虚构的;还可参考 Diog. ii.81,以及德文版 p.312, 2。）Tzetzes, *Chiliades* x.790 sq., 999 sq., xi.37 的说法是狄翁花了 100 明那从菲洛劳斯的继承人那里购买了此书。我们或许可以认同 Böckh, *Philol.* 18 sq., Susemihl, *Genet. Entwickl.*, 1, 2 sq., 以及 Steinhart, *Plat. Leben* 149 sq. 的观点,即,柏拉图肯定熟悉菲洛劳斯的著作,可能的确拥有这本书;但是除此之外,他什么时候、在哪里、通过什么方式获得该书是我们无法确定的,因为这些记述存在各种矛盾、模糊和不可靠之处。据估计,更有可能的是此书通过西米亚斯（Simmias）和克贝（Cebes）的媒介而被带到雅典。*Prolegomena*, c.5 把关于宇宙灵魂的寓言归给了伪蒂迈欧。

1　Diog. iii.6 ; Apul. *loc. cit.* 从《泰阿泰德》143D sq. 以及《智者》与《政治家》的开篇部分来看,柏拉图与塞奥多洛相识似乎是很可能的。他们的结识无疑发生在雅典。塞奥多洛在苏格拉底去世前夕曾经游访雅典。（Plato, *loc. cit.* ; cf. Xen. *Memor.* iv.2, 10。）

2　当然还有这种可能,即,游历居勒尼纯粹是一个虚构,只是为了把柏拉图跟他致敬的这位数学教师联系起来。

3　我们后面还会看到,柏拉图赋予数量关系以什么特别意义,以及他把这些数量关系看得多么具有科学价值。这些数量关系对他而言是理念与现象之间的特别纽带;因而关于它们的知识是把感性直观引向关于理念的理性洞察的居间环节。Cf. Plut. *Qusest. Conviv.* viii.2 init. ; Philop. *De An.* D, 6, o. David *Schol. in Arist.* 26, a, 10 ; Tzetz. *Chil.*, viii.972 sq. 在没有足够可靠证据的情况下给出这样的说法,即,柏拉图的教室门上刻有这样的格言:μηδεὶς ἀγεωμέτρητος εἰσίτω（不懂几何学者请勿入内）,而这句格言通常被认为是源自毕达哥拉斯学派。

4　参见 Cicero *de Oratore*, i.50, 217 ;以及 Proclus *in Euclidem*, ii.19,他提到柏拉图是

是，有些传说认为他的数学知识、祭司秘教和政治观念是从埃及学来 23
的，[1] 但这是非常不可能的。[2] 在西西里，柏拉图拜访了老狄奥尼修斯的 24

在数学方面有最重要贡献的人物之一。Phavorinus apud Diog. iii. 24, 以及 Proclus, *loc. cit.* and p.58 把圆锥曲线的解析法之发明归功于他。但是，这两个材料都是可疑的；Proclus 本人（p. 31）又把美涅克穆斯（Menaechmus）说成圆锥曲线的发现者。对于法沃里努斯（Phavorinus）的说法，可参考 Ideler on Eudemus, *Abh. d. Berl. Ak.* 1828, *Hist. phil. Kl.* p.207. 有一个广为流传的故事，说他解决了倍立方体难题，同时批评了一些常见的数学算法。Plut. *de Ei.* 6, 386；*De Genio Socratis* 7, p.519；*Quaest. Conviv.* viii. 2, 1, 7, p.718；*Marcellus*, c.14；Theo *Smyrn.* c.1. 此外，这个说法也是有点玄虚：他简化了如下难题，即在两条给定的线段之间找到两个比例中项。这可能是没错的说法。Cf. Eutocius *in Archim. de Sph. et Cyl. Archim.* ed. Torelli, p.135；Philop. *in An. Post.* p.24, 117。(*Schol. in Ar.* 209 a, 36 b, 21 sq.) Ideler, *loc. cit.*。据说，柏拉图还发明了一个计时器，Athen. iv. 174 c. 在《泰阿泰德》147D sqq. 中，他以泰阿泰德之口说出了几个新的数学定义，这些无疑是他自己的发现；就像《理想国》vii. 528A sq. 提及的立体几何的观念也反映了他自己的观点，其中尤其提及了 αὔξη τῶν κύβων（立体的维）。他的著作中提到数学的段落，读者可以参考《美诺》82A sq.，87A sq.；《理想国》viii. 546B；《蒂迈欧》35A sqq.，31C sqq.，53C sqq.。

1　据 Cicero *de Finibus*, v. 29, 87, 柏拉图从埃及祭司们那里学习 *numeros et coelestia*（数与天体）（另见 Val. Max. viii. 7, 3）；据 Clemens, *Cohort.* 46 A（cf. *Stromata*, i. 303 C），他从埃及人那里学习了几何，从巴比伦人那里学习了天文，从色雷斯人那里学习了巫术（显然指涉《卡尔米德》156D），还从亚述人和犹太人那里学习了其他方面。Strabo（xvii. 1, 29, p.806）甚至指出了柏拉图在赫利奥波利斯（Heliopolis）居留的房子，在那里他与欧多克索共占了十三年！（有一些摘录抄本把"十三"武断地读成了"三"，vid. Strabo, ed. Kramer。）下面这些材料反对这整个说法，vid. Diog. viii. 86 sq.；Ideler, *loc. cit.* 191 sq.。据这些材料，柏拉图居留在赫利奥波利斯直到劝诱祭司们向他透露一些天文方面的学问。不管怎样，他们自己保留了大部分内容。Clemens（*Strom, loc. cit.*；cf. Diog. viii. 90）甚至还知道教导柏拉图和欧多克索的祭司们的名字。他把柏拉图和欧多克索在时间上分隔开来了。Plutarch（*Gen. Socr.* c.7, p.518）的说法是柏拉图有 Simmias 陪同。Apuleius, *Dogm. Plat.* 3 以及 *Proleg.* 4 说他在埃及学习了一些宗教礼仪，以及几何与天文。Vide Olymp. 5；Luean, *Pharsalia* x. 181。Philostratus, *Vita Apollonii* 1, 4 只提到几何与天文，而 Plutarch, *de Iside*, c.10, p.354 也是如此。Quintilian, 1, 12, 15 明确提及祭司们的秘密教义；Diodorus, 1, 98 提及柏拉图（像梭伦与莱库古士一样）从埃及借鉴的律法。他在这方面因循了曼涅托（Manetho）或埃及的其他一些有识之士。

2　这些外在证据自身没有可靠性。它们都是远离柏拉图时代的，充满了各种武断虚构，把希腊人的智慧都说成源自东方。有一些最为古老的传说，就像斯特拉波（Strabo）和狄奥多罗（Diodorus）的记载一样，听上去很不可言，只是提及很模糊的埃及人的材料，所以我们不必给予多少重视。柏拉图从埃及人那里学到什么重要的东西，这种可能性微乎其微（vide Part i, p.31 sqq.）。如果我们寻求所谓来自埃及的对柏拉图学说和作品的影响痕迹，我们会发现与依据这些后世记载可以预期宫廷。[1] 尽管他与狄翁有亲密的关系，[2] 他的直言不讳还是大大冒犯了僭主，[3] 后者在愤怒中把这位招惹麻烦的道德说教者引渡给斯巴达使者波利

的东西几乎相反的结果。柏拉图确实表明自己有关于埃及方面的知识（《政治家》264C；《斐德罗》274C）；他有一次或许利用了埃及的神话（《斐德罗》 *loc. cit.* ）；他实际上基于自己的创造从埃及神话引申出了另一个神话，不过他放大了埃及传说的悠久性（《蒂迈欧》21 E sqq.）；他赞扬了一些埃及的社会建制（《法律》ii.656D；vii.799；音乐的庄严和宗教特征， *Ibid.* vii.819A；在大众教育中对于算术的重视）；但是他也批评另外一些方面（ *loc. cit.* ii.657A："你或许可以发现在那里有其他一些糟糕的东西"。尤其在 xii.953E，如果 καδαπερ κ.τ.λ. 这段精彩的话确实是柏拉图的，那么他其实谴责了埃及人对待外族人的残酷性）。总体而言，他贬低埃及人的道德状况和他们的心智能力，把实业方面的而不是科学方面的品性归给他们（《理想国》iv.435E；《法律》v.747C）。这看起来不像是他感到自己在哲学方面曾经从埃及学到了什么重要的东西；实际上他的哲学体系中也没有什么东西指向一些埃及的渊源。总体上他的哲学态度显得只受到希腊的而再无其他方面的影响：他的思想中的数学因素跟毕达哥拉斯主义关系最紧密；（cf. p. 301，以及亚里士多德《形而上学》i.6, init.）；他提及的宗教方面的内容局限在希腊宗教范围之内；他在政治建制方面的说明也只提及希腊的政治状况和模式。即使是《理想国》中三个阶级的划分，也不能被解释为对于埃及种姓体制的一种模仿。实际上，埃及政制中最突出的特征，祭司统治制度，在柏拉图这里是完全不存在的；在《政治家》290D sq.，他提到埃及时，对这点是果断抵制的。参考前面提及的 Herm. p.54 sq., 112 sq.，该处有更详细的引述；还有本著作的 Part i. p.25 sq.。

1　关于这点实际上没什么可疑之处。我们所有的可靠史料都是一致的，而且柏拉图本人在描绘这位僭主时（《理想国》viii. *fin.*; ix. *init.*），似乎是从亲身经历出发来进行描述的。这次访问的情况有不同版本的记载。我们看到在古代对柏拉图有一个诽谤的故事，说吸引这位哲学家去叙拉古的因素是西西里的厨房（伙食）。（参考柏拉图《第七封信》vii.326B sq.；Apul. *Dogm. Plat.* 4；Themistius, *Orationes*, 23, 285 c.；Aristides, *Orationes* 46 de quatuor viris, T. ii, 301, Dind.；Lucian, *Parasite*, 34；Olymp. 4；Diog. iii.34; vi.25, etc.。我们在 Philostr. *v. Apoll.* 1, 35 的描述中看到相似的说法：ὑπὲρ πλούτου Σικελικοῦ[由于西西里的财富]。）通常的说法是他去看火山（Diog. iii.18；Apul. 4；Olymp. 4；*Proleg.* 4；Hegesander ap. Athen. xi.507 b；柏拉图的《第七封信》（326D）说得更不确定；Plut. *Dion* 4 沿用这个说法，说是运气或某些神明指引把他带到了西西里）。根据第欧根尼的记载，狄奥尼修斯强迫柏拉图去拜访他；根据普鲁塔克的说法，是狄翁把柏拉图介绍给他的姐夫（或妹夫）狄奥尼修斯认识。奥林匹俄多鲁斯说柏拉图不请自去，劝诱这位僭主缩减他的权力。Conelius Nepos, x.2（Diodor. xv. 7 也基本同意他的观点），说狄奥尼修斯在狄翁的请求下从塔伦同把柏拉图邀请过去。

2　参见上面引述的出处；特别是柏拉图《第七封信》。当然，这封信与其他书信一样不太可信；但是他表明狄翁总体上被看作与柏拉图有亲密关系。据称的狄翁对于柏拉图的一些贡献，cf. Nepos, Plutarch, Cic. *De or.* iii.34, 139 and pp. 288 sq., 300, 3。

3　这很可能是符合史实的。更详细的说明参考 Plutarch, Diogenes, Olympiodorus, *loc. cit.*,

斯（Pollis），此人把柏拉图送到埃吉纳（Aegina）的奴隶市场上去贩卖。一位名叫安尼凯里（Anniceris）的居勒尼人为他交了赎金，其后他才回到雅典。[1]

　　柏拉图在这个时候开始正式以教师的身份出现。他以苏格拉底为榜样，在运动场和其他公共场所寻找天资聪颖的青年人。他最初也以一个运动场，也就是阿卡德米运动场，作为自己的工作场所。他后来购买了这块地方，与自己的花园连成了一片。[2] 关于他的教育方式，历史记载

25

26

这些记载似乎是对主要事实的一些任意矫饰。柏拉图与阿里斯底波相遇的传闻也一样是不确定的（有许多人传闻这事发生在这个时期）。参见德文版 pp.291, 2; 312, 2。

[1] 这里也有众多不同说法。按照 Diodorus, xv. 7，狄奥尼修斯在叙拉古奴隶市场以20 明那的价格把柏拉图卖了；而柏拉图的朋友解救了他，把他送到一个友邦。依据 Diogenes19 sq.，Phavorinus 说狄奥尼修斯最初想把柏拉图处死，但是被狄翁和阿里斯托美涅（Aristomenes）劝阻，于是仅仅把他交给波利斯（Pollis）去卖掉。波利斯把他带到埃吉纳；在那里，按照当地人的法令，柏拉图作为一个雅典人应当被处决，但是得到豁免而只是被卖为奴。第欧根尼补充说，狄翁及其朋友希望补偿安尼凯里（Anniceris）所花费的钱，20 或 30 明那，但是安尼凯里没有接受，而是把这钱用来给柏拉图买了在阿卡德米的花园，其价格据普鲁塔克说（de exilio 10, p.603）是 3000 德拉克马（30 明那）。Heraclitus（Alleg. Homer C. 74, p.150）沿用此说。普鲁塔克本人（Dion 5, cf. de tranquillitate animi 12, 471）以及 Olympiodorus in Gorg. 164 的一个记载说，当柏拉图招致狄奥尼修斯的敌意之时，他的朋友们催促他登上波利斯即将驶往希腊的船逃离（这个说法几乎没有可信度，如果说斯巴达与雅典当时在交战的话）。狄奥尼修斯给波利斯的秘密使命是杀了柏拉图，或者把他卖掉；在这个情况下波利斯把他带到了埃吉纳。Tzetzes, Chil. x.995 sq. 有一个精彩的故事版本：柏拉图被阿尔基塔从波利斯手中买走，然后传受他毕达哥拉斯学派的哲学。Seneca（Epist.47, 12, and apud Lactant. Inst. iii.25, 15 sq.）提到了这个交易，他抱怨安尼凯里只为柏拉图付了 8000 塞斯特斯（古罗马货币——中译注），即20 明那。Olympiodorus, 4 实际上把整个事情的发生放在了第二次西西里之行。Göttling, Geschichtlichen Abhandlungeni, 369 试图说明狄奥尼修斯没有把柏拉图卖掉；但是他的论证本身是可疑的，与普鲁塔克的记载不能吻合。对这个事件的各个版本的记载都没有真正的确定性；参考 Steinhart 的批评（Plat. Leben, 151 sq.）。

[2] Diog. iii.5, 7.41；参考 Herm.121 sq.，他对 Olymp. C. 6 和 Proleg. c.4 的记述做了必要的一些注解。据 Aelian, iii.19，在柏拉图第三次西西里之行以后，他由于被亚里士多德排挤而有几个月的时间迁回到他的花园；这显然是错误说法。Aelian, ix.10和 Porphyry, De Abstinentia i, 36 告诉我们，阿卡德米被人视为不利于健康的地方，但是柏拉图拒绝为了长寿的原因而迁走（这个地方不会太糟糕，因为柏拉图、色诺克拉底和波勒莫都在那里生活而得享长寿）。Hieron. adv. Jovin. ii.203, Mart. 居然认为柏拉图自愿待在不利于健康的地方，"以便对生病的担心和忧虑可以抑制欲望

只字未提。[1] 但是，如果我们考虑到他多么决然地公开反对那些只会长篇大论而不知道如何提问也不知道如何作答的演说家；[2] 如果我们考虑到他对书写作品（与面对面的直接对话相比较而言[3] 更容易导致误解和滥用）的评价有多么低；如果我们注意到他自己著作中的情况，也就是通过对话来开展思想成为了一条原则（在他长年的写作生涯中从来没有让自己偏离这个原则），那么，我们就不能怀疑，在他的口头教育中他一定也坚守这些基本原则。

然而，据说柏拉图晚年还有关于"善"的讲演录，由亚里士多德和柏拉图其他几位弟子所发表。[4] 亚里士多德本人提到过柏拉图论"哲学"的讲演，[5] 这些讲演不是以对话形式进行，而是某种连续的演讲，这一方面由公开证词所佐证，[6] 另一方面得到这些讲演内容的佐证。此外，柏拉图的体系中有许多部分从其本性上说是不能通过对话的方式来展现的。所以，柏拉图很有可能根据不同的情况使用两种不同的授课方式；正如在书写作品中基本预设必须得到承认，在口头讲授中也是一样，这时候提问和回答会让位于连续阐述，与此相应，一方面，随着柏拉图年岁增长，其演讲的生动性逐渐减弱，另一方面，随着他的教学日益进展，那种预备性或训练性的探究逐渐被教义性的细节表述所取代。

除了与为数不多的朋友交流之外，柏拉图不太可能有为普通公众专

27

的冲动"；这是过分用他自己的经验来判断柏拉图了。还有 Aeneas of Gaza, *Theophr.* ed. Barth, p.25 也是如此。

1　Olymp. 6 不能当作一个有效的佐证，也不能让我们得出任何有价值的结论。

2　《普罗泰戈拉》328 E sq.，384 C sq.；《高尔吉亚》449 B.。

3　《斐德罗》275 D sq.；276 E。

4　提及这点的文献，可见 Simplicius, *Phys.* 32b, 104, 117；Alexander on the *Metaphysics*，1, 6（*Schol. in Aristot.* 551, b.19）；Philoponus *De Anima* C, 2 由 Brandis 所提供，*De perditis Aristotelis libris de ideis et de Bono*, p.3 sq.，23 sq.。谈到这个讲稿的，还可以参考 Aristoxenus 的记载(所根据的是亚里士多德), *Harmoniae Elementa*, ii. p.30, 以及本著作 Part ii. b. 48. 2; 771, d. 2。

5　《论灵魂》i.2, 204b.18；亚里士多德"论善"的那些书卷（从而柏拉图的"论善"）是不是等同于"论哲学"，vide Brandis *loc. cit.* 5 sq.；*gr.-röm. Phil.* ii. b.1, 84 sq.。

6　亚里士多德（*loc. cit.*）把这些讲演称作 ἀκρόασις，辛普里丘称作 λόγοι 和 συνουσία。

门准备的其他讲论。[1]更有可能的情况是，他把自己的著作与口头授课联系起来，把著作给他的弟子们当作帮助他们记忆的材料。[2]不过在这点上，我们完全没有任何历史记载可供参考。[3]毫无疑问，柏拉图会把他本人所熟悉的苏格拉底圈子和毕达哥拉斯社团的那种"亲密共同生活"的智性交往方式结合起来。不难理解，对于一个很难把哲学事业和道德事业分离开来的哲学家而言，知识共同体自然会变成一个生活共同体。按照这个方式，他应该会跟他的弟子们一起参加定期的聚餐。[4]从他对

28

1　Diog. iii.37（参见本页注释3）并不确保得出这个结论；该处似乎提及一次在学园中的讲演。另一方面，Themist., *or.* xxi.295D 告诉我们，柏拉图有一次做讲演，大批听众从雅典和乡村涌去听讲。但是，当他讲到关于"善"的学说时，整个人群，包括常去听柏拉图讲课的人，都四散而去。这无疑是对亚里士多德记载的一种任意夸大；根据亚里士多德的记载，柏拉图的多数弟子都感到很惊讶，在关于"善"的讲演中，听到的不是关于通常被视为善的事物的内容，而是数学、天文学，最后是关于"唯一的善"。柏拉图肯定不会像塞米斯修斯（Themistius）想象的那样，对一堆混有各色人物的听众讲解他的学说体系中最高端的部分；除此之外，考虑到柏拉图关于有效学习哲学的那些条件的论述，以及他对单纯在大众面前做展示性演说的轻视，他几乎不可能把时间耗在那些不具备基本条件的人们身上。

2　参考《斐德罗》276D。一个人可以用写书来替代其他消遣，"为自己积累一些备忘录，以备自己进入健忘的老年，也为了所有走同一条道路的人"。

3　Diog. 37 给出的来自法沃里努斯的故事提到，在朗读《斐多》时，在场的人除了亚里士多德之外，都逐渐离去，这个故事的可信度很低。即使柏拉图较差的弟子，其哲学兴趣和对老师的尊敬都不会这么贫乏，以至于出现这样的事情，更何况是在讲这么一个重要主题。此外，在亚里士多德成为柏拉图弟子的时候，《斐多》应该已经发表很久了。

4　Athenaeus xii. 547, d. sqq. 引述了卡里司图斯人安提贡努斯的记载：他对漫步学派的吕科（Lycon）介绍的每月第一天举行的聚餐（由学者们捐资奉献）有所提及，并对吕科的夸张描述有所批评。这些聚餐与对众缪斯的献祭有关联。阿特纳伊奥斯（Athenaeus）继续说："因为柏拉图和斯彪西波设立这些聚餐活动并不是为了让人们从一大早就沉迷于餐饮之乐或者让人们酩酊大醉，而是为了人们可以崇敬神明，彼此之间以高雅的方式交往，尤其是为了让人可以放松和交谈。"从这里看起来，每月的缪斯宴会是阿卡德米学园的一个常例，我们或许可以把这些与关于提谟修斯（Timotheus）将军的著名故事联系起来，据说，这个人在与柏拉图共餐之后，说，"有了这些伙伴，一个人就不需要害怕明天的头疼事了。"（Plut. *De sanitate tuenda* 9, p.127；*Quaest. conv.* vi., *proem. Athen.* x, 419 c. Aelian. *V. H.* ii. 18, 来自同一出处。）不管怎样，Athen. *loc. cit.* 以好像众所周知的方式说 τὸ ἐν Ἀκαδημίᾳ συμπόσιον（在阿卡德米中的聚餐），而且在 i.4 E 又说，ἐν τῷ Πλάτωνος συσσιτίῳ（在柏拉图的宴会中）。但是，他在第二个文本中说宾客的数量通常是 28 位（4 乘 7），他没有告

收费问题的强烈反感可以断定，[1] 他的授课是完全免费的；即使在某些场
合他从一些富有的朋友中收取一些赠礼，[2] 我们也没有理由认为这些自愿
的奉献在阿卡德米学园的弟子中是一种常规现象。

　　柏拉图的工作领域似乎局限在这种智性活动和教育活动方面，随着
他的经历不断丰富，他越来越相信，在当时雅典的状况下涉足政治跟他
持有的哲学原则无法兼容。[3] 然而，从政的愿望在他心中依然是强烈的，[4]
他仍然期盼以某种方式在某个地方实现这种愿望，而他的两部伟大的政
治性著作也证明了这一点；这些著作不仅是为了思想层面上的理想而创
作，而且旨在对现实政治起到某种范导性作用。因而，尽管他与其导师
苏格拉底一样不太希望成为政治家，但是都把塑造政治家当作自己明确
的目标。[5] 尽管在一些场合中，他对政治活动表示拒斥并把它视为毫无

29
30
31

　　诉我们是哪位新毕达哥拉斯学派的人告诉他的。

1　在这点上，请对照 Part i.888。

2　据说，安尼凯里为柏拉图购买了阿卡德米的花园，狄翁为他支付了购买菲洛劳斯
　　著作的费用以及歌队赞助费（参考第 19 页注释 1；第 15 页注释 6；第 4 页注释 2）。
　　这些说法没有一个可以被充分证实，前两项只有很弱的佐证。柏拉图《第十三封信》
　　361A sq. 的说法没多大价值。

3　Cf. p.13。在那里给出的阐明，这里只需要引述其中最相关的内容，即《理想国》
　　vi.496C。柏拉图说，在现存的社会条件下，没有那个城邦成功地致力于哲学并且
　　忠诚于她。"已经成为这些少数派的人品尝到了哲学是多么甜蜜、多么幸福，同时
　　他们也看到了群众的疯狂，意识到在政治事务中没有什么健康的东西，而且没有一
　　个出来支援正义之士的盟友可以幸存，相反只会在对城邦和朋友做出贡献之前就丧
　　命，从而于己于人都成为无益的——正如一个落入兽群里的人，既不愿意与之合伙
　　去行不义之事，又不足以独自对抗普遍的野蛮。他们对于这些做出衡量之后，就会
　　保持静默并且独善其身，就像某些躲在墙后避开随风而来的尘暴或冰雹的人。看到
　　其他人无法无天，哲学家（爱智者）如果能够以某种方式免于以不正义和不敬虔的
　　方式过日子，并且带着希望、安详和满足而离世，就感到满足了。"

4　Loc. cit.，回答者说，"他在离世之前要成就的可不是一件小事啊。"对此，苏格
　　拉底回应道，"但是也不是最大的事，因为他并不碰巧处于一个合适的政制中。在
　　一个合适的政制中，他自己会得到更完满的发展，可以在保全自己的同时保全共同
　　体。"参考《理想国》v.474C sq.。

5　据可靠说法，有一批在政治领域干得非常出色的人出自于柏拉图的学园。但
　　是，即使在古代，对于这个学园的政治品格就有很不同的意见；像普鲁塔克（adv.
　　Col. 32, 6, sqq. p.1126）这样的柏拉图推崇者，他们会把柏拉图时代许多伟大的政治
　　家都当作他的弟子来看待，常常越出了历史事实，而像 Athenaeus（xi.508, d. sqq.）

及其传人这样的反对者而言，他们会提供细致的证据来表明柏拉图的多数弟子是 τυραννικοί τινες καὶ διάβολοι（一些僭主和恶棍）。据普鲁塔克（ loc. cit. ），狄翁算是柏拉图的弟子之一，还有阿里斯托尼穆斯（Aristonymus），弗尔米奥（Phormio）（Plutarch, Praecepta. Reip. ger.10, 15），还有美涅得谟（Menedemus），此人分别给阿卡迪亚人、爱利亚人和皮拉人（Pyrrhaerns）立法（在 Athenaeus, 59, d，美涅得谟与柏拉图、斯彪西波一道被他同时代的喜剧家厄庇克拉底（Epicrates）所提及，而在 Plutarch, Sto. Rep.20, 6, p.1043，他与色诺克拉底一道被提及）。此外还有德里乌斯（Delius of Ephesus）（在 Phiostratus 的 Vit. Soph.1, 3, p. 485 被误写为 Δίας），此人在 Philip 和 Alenander 笔下是积极倡议远征波斯的人；还有来自埃诺斯（Aenos）的皮托（Pytho）和赫拉克利德（Heraclides），这两人是色雷斯国王科提斯（Cotys）的刺杀者（Arist. Polit. v.10, 1311 b.20 提及的是帕隆（Parrhon）和赫拉克利德，而这两人显然与皮托有交往），前者被说成是马其顿王腓力（King Philip）的传言人和代理人（cf. Steinhart, Plat. Leben 195, 322, 16）；这两人都被 Diogenes（iii. 46）引述为柏拉图主义者。据 Diogenes, v.89，德米特里（Demetrius of Magnesia）把刺杀那位僭主的人说成是本都人赫拉克利德（Heraclides Ponticus），这应该是把他与前面提到的那位同名的埃诺斯人赫拉克利德搞混了。除了这些人，我们还知道基奥（Chio）（被认为是 Epist. Socrat.〔《苏格拉底书信》〕中一封书信的作者）；列奥尼德斯（Leonides），此人在刺杀僭主克莱阿尔库斯（Clearchus of Heraclea）时丧命了（Justin xvi.5；Suidas, Κλέαρχος，他加上了第三个人安提泰乌（Antitheus）；Memnon ap. Phot. Cod.224, p. 225, a.10 sq. 反对这个说法，说是吕西马库斯（Lysimachus）刺杀了那个人及其兄弟，因为他们杀害了其母亲）；欧弗拉乌斯（Euphraeus of Oreos）（Suid. Εὐφρ.），他对佩狄卡（Perdiccas）的宫廷有影响（柏拉图《第五封信》中把欧弗拉乌斯举荐给了佩狄卡），尽管 Athenaeus（loc. cit. cf.506 E）根据卡里司图斯人安提贡努斯的看法而表达了对他的极大反感，但是我们从 Demosth. Philipp. iii. p.206 sqq.（阿特纳伊奥斯据此对他的死亡的记述是准确的）那里知道他是为希腊的自由而献身的殉道者；勒奥（Leo），他作为一位政治家和将领，抵抗腓力（Philip）而保卫其祖国拜占庭。（Plut. Phoc.14, Philostr. Vit. Soph.1, 2。Suidas Λέων）阿塔纽斯（Atarneus）的王子赫尔米亚斯（Hermias），也是亚里士多德的知名朋友（Diog. v.3, 5 sq.；Strabo xiii.1, 59, p.610；Diodor. xvi.52；Dionys. ep. ad. Arum.1, 5；Suidas Ἑρμίας；Part ii. b.16 sq., 2nd edition）。除了这些人之外，Diog. iii.46 还提到了欧埃翁（Euaeon of Lampsacus）和提谟劳（Timolaus of Cyzicus），按照阿特纳伊奥斯的说法，这两人在试图夺取各自城邦的僭主权力时都失败了；阿特纳伊奥斯还在他们之外加上了卡荣（Charon of Pellene），作为出自柏拉图和色诺克拉底的学园的那些穷奢极欲的僭主之一，但是，我们不晓得阿特纳伊奥斯的论断是否公正。据 Athenaeus, loc. cit., Diog. iii.46，还有卡里普斯（Callppus），刺杀狄翁的人，也是出自柏拉图学园的人，但是这个说法被柏拉图《第七封信》333C 和 Plut. Dion, 34 所反驳。据 Suidas Κλέαρχος，上述那位克莱阿尔库斯参加学园只有很短的一段时间。卡布里亚斯（Chabrias）是学园弟子的可能性非常小（Plut. adv.Col.32, 6, cf. Pseudo-Ammon, vita Arist. p.10, West.，后者认为这人与柏拉图没有关系）。在对他的审判中只有柏拉图支持他，这个说法（在 Diog. iii.23 sq. 中的 λόγος）没有什

32　希望，[1]但是他的哲学信念当中并没有一条原则可以阻挡他从事政治——只要现实中出现某种有利于实现其政治理想的机会。[2]在老狄奥尼修斯

么历史真实性，因为亚里士多德在 *Rhetor*. iii.10, 1411 就提到了另一位为卡布里亚斯辩护的人；而第欧根尼著作中被归于柏拉图之口的辩护显然是从《申辩》28E 来的。提谟修斯（Timotheus）（据 Aelian, *Varia Hist*. ii.10，参见第 21 页注释 4）被正确地证明为柏拉图的一个朋友，而一定不是他的弟子；他与柏拉图的关系根本不可能有 Ps.-Ammon（*loc. cit*.）所说的那么亲密。弗基翁（Phocion）在他年轻时可能听过柏拉图的讲课，后来听过色诺克拉底的讲课（Plut. *Phocion*, 4, *adv.Col*.32, 6）；就色诺克拉底的讲课而言，他应该只是偶尔听过一些。尽管卡麦莱翁（Chamaeleon）和波勒莫在 Diog. iii.46 中把希佩里德斯（Hyperides）和莱库古士（Pseudo-Plutarch *vitae decem. Orat*. vii. p.841 对此人也做出同样的断言）说成是柏拉图的弟子，但他们的讲演稿并没有显示出受到柏拉图思想和表达方式影响的迹象（如 Steinhart, *Plat. Leben* 174 sq. 指出的）。我们更不能说埃斯基涅是柏拉图的弟子（同意 Aesch. *de falsa legat*. i. 的注释者，此人引据 Demetrius Phalereus，参见 Apollon. *Vit. Aesch*. p.14）；尽管他的主要政敌德摩斯提尼以不同方式（时而明确时而不那么明确）被说成曾经是柏拉图的弟子，但是在他的演说辞中没有看到柏拉图哲学影响的迹象，如果有的话，柏拉图对他的影响最重要是在文体方面。（Plut. *Demosth*. 5, 据 Hermippus, *vitae X orat*. viii.3, p.844 中的某个佚名作者。Mnesistratus in Diog. iii.47；Cic. *de Orat*. i.20, 89；*Brut*.31, 121；*Orat*. iv.15；*Off*. i.4；*Quintil*. xii.2, 22, 10, 24；Lucian, *Encomium Demosthenis*, 12, 47；*Schol. in Demosth. contra Androt*.40；Olympiod. *in Gorg*.166。）归在德摩斯提尼名下的第五封信并没有让他看起来像一位柏拉图主义者在说话，只是表现了他对于柏拉图学派的良好看法，他显然没有把自己归在这个学派里面。参考 Steinhart, *loc. cit*.175 sq.；Schäfer, *Demosth*. i, 280 sq.；除了上面提到的材料之外，尤其参考 Hermann, *Plat*.74 sq., 119 sq.；Steinhart, 171–189。至于伊索克拉底与柏拉图的关系，我们将在后面谈论（p.345, 2, 2nd edition）。没有人把伊索克拉底说成柏拉图的弟子，因为他比柏拉图大八九岁，而他们只是在早年通过各自的写作建立了朋友关系，如 Diog. iii.8 中所说的。

1　据 Plutarch, *Ad principem ineruditum*, i. p.779, *Lucullus*, C 2，Aelian, *V. H*. xii.30，居勒尼人民——另据 Diog. iii.23 和 Aelian. *V. H*. ii.42，还有阿卡迪亚人和忒拜人在建立麦加洛波利斯（Megalopolis）的时候——请柏拉图给他们提供法律草案；但是柏拉图都拒绝了，因为他觉得居勒尼太奢靡了，而对阿卡迪亚和忒拜而言，他晓得"他们不愿意实行财产平等"，而且"他不相信他们会尊崇平等政制"。后面这个说法是很不可能的，因为柏拉图无疑会给他们提供某种跟他们自己制定的制度同样缺乏民主的体制；此外下面这点也是不可信的，即：埃帕米农达斯（Epaminondas）（他在留克特拉〔Leuctra〕会战胜利之后推动为保卫阿卡迪亚而建立麦加波利斯城）会邀请一位雅典人，特别是像柏拉图那样自称亲近斯巴达体制的人，给他们制定新的政体。柏拉图《第十一封信》很荒谬，不能被视为有历史价值的佐证。

2　柏拉图本人（《理想国》i, 347C.；vii, 519C sqq.）把这点看作必要的，即，哲学家不能回避政治，而哲学家的相应义务是因哲学自身带来的。如果说这个义务应该只限于他自己的国家，那么这很难被认为是像柏拉图这样充满政治理想的人的准则。

去世后，他似乎认为出现了这种机会，[1]当时，在狄翁的鼓动下，小狄奥尼修斯恳切邀请柏拉图去叙拉古。[2]如果这位霸主确实被哲学和柏拉图的政治信念所归化，这不仅将给他自己的王国叙拉古而且将给整个西西里和南意大利地区乃至整个希腊各邦都带来极其重要的影响（柏拉图，某种意义上还有狄翁，想必都沉迷于这个愿景）。[3]然而没过多久，真实情况就表明这个愿景是多么不切实际。当柏拉图抵达叙拉古，年轻的君主非常礼貌地接待了他，起初表现了对哲学家及其事业的浓厚兴趣；[4]但是，他很快就对这些严肃探讨感到厌倦。他对狄翁的嫉妒（这并非毫无理由）导致跟这位政治家公开决裂并最终流放了他。柏拉图必定很庆幸当时能够摆脱他的尴尬处境辗转回到雅典。[5]不过，若干年后，在朋友

33

34

1　这发生在第 103 届奥林匹亚赛会第 1 年的初冬，也就是公元前 368 年。Diodor. xv, 73 sq.。柏拉图的成行应该被认为在第二年，按照 Cic. de Sen. 12., 41（关于这点，cf. Part i. p.244, 3）所说的时间，或者至少按照 Fin. v.29, 87 的说法，第一次西西里之行的时间是罗马建城纪年 405 年，这是无需反驳的。

2　柏拉图《第七封信》327B sq.，《第二封信》311E，《第三封信》316C sq.；普鲁塔克（Plut. Dion, 10 sq., cf. c. princ. Phil. 4, 6, p.779）还补充说，在意大利的毕达哥拉斯学派跟狄翁一道提出请求。Cf. Corn. Nep., Dion, C 3, etc.。柏拉图《第七封信》当然不足信任，沿用其说的材料也都一样。普鲁塔克还有什么其他材料，我们不知道。但是，柏拉图的确有第二次和第三次西西里之行，这是不能怀疑的。关于这点的证言是一致的；如果这些旅行没有发生，《第七封信》的作者没有什么理由在这点上为他辩护。柏拉图去西西里的那些动机很可能就是别人所描写的那样，而且整个政治情形使得更有可能如此。这得到了《法律》iv. 709E sq. 的证实；Hermann（p. 69）在其中正确地辨认出了一处文本，柏拉图在那里表达了一些希望，它们导致他去往叙拉古。他后来一直保有这些希望，不认为其总体基础有错，即使它们在这个特定境遇中没有得到实现。

3　Diogenes, iii. 21 的反面说法是，他向狄奥尼修斯要土地和人民来实现他的理想国，这当然是虚假的。Apul. dogm. Pl.4 是一处误解。

4　更详细的信息（但属于可疑材料）可以参见 Plut. Dion 13；Timol.15；adul. et am.7, p.52, 26, p. 67；Pliny, Natural History, vii. 30；Aelian, V. H. iv.18；Nepos, loc. cit.。据说的柏拉图与阿里斯底波在叙拉古的相聚已经在前面讨论过了，见 Part i. pp.291, 2；312, 3。

5　柏拉图《第七封信》327B sq.，《第二封信》311E，《第三封信》316C sq.；Plut. Dion 14, 16；Diog. iii. 21 sq.。后者（第欧根尼）按照更可靠的佐证把这次旅行所发生的事情看作是第三次西西里之行；因此他在第一次西西里之行中摆进了一次意外，而普鲁塔克把这个当成是第二次西西里之行的事情。参考 Stobaeus, Florilegium, 13, 36，不过，他把这个事情跟通常谈及狄奥尼修斯和阿里斯底波的情况搅在一起了。

们以及这位僭主的恳求下，柏拉图再次动身前往西西里。他的直接目标无疑是试图调和狄翁跟狄奥尼修斯之间的关系，[1]这两人由于新的政治愿望而保持某种疏远的联系。但是，柏拉图的这次行动非常不顺利，那位性情暴躁的君主对他失去信任，[2]使他陷入极度危险之中，幸亏当时担任塔兰托城邦（Tarentine state）领袖的毕达哥拉斯学派人士出面斡旋才得以脱险。柏拉图返回雅典后是否支持狄翁对狄奥尼修斯的征伐，[3]这点我们不得而知。[4]但是他本人在这次事件之后已经到了古稀之年，他不再主动跟政治有任何瓜葛了。[5]他的智性生活一直持续，获得了同胞和

35

1　据 Plutarch, *Dion* 17，狄翁（在柏拉图前两次西西里之行中作为他的仰慕者而出现）在雅典逗留期间与柏拉图变得更加亲密了，而且在这期间他也变成了斯彪西波的亲密朋友。

2　柏拉图《第三封信》316D sq.；《第七封信》330B；333D；337E sq.；以及基于这些材料的 Plutarch, *Dion* 18–20；Maximus Tyrius, *Dissertationes* xxi. 9；Diog. 23。一些细节是不确定的；见于 Diog. 22 的阿尔基塔的书信肯定是伪造的。按照 Plut. c.22（参考柏拉图《第二封信》314D），斯彪西波陪同柏拉图去叙拉古；按照第欧根尼的说法，陪同的人是色诺克拉底。据说他在离开雅典期间把学园的管理权交给了赫拉克利德（Suidas, voc. Ἡρακλείδης）。由 Ast（*Pl. Leben u. Schr.* p.30）引述，而它又被 Brandis（*Gr.-röm. Phil.* ii. a.145）引述的赫拉克利德的那些书信并不存在。这个引述归咎于对 Tennemann（*Plat. Phil.* i.54）的话的误解："Suidas in Heraclides Epistol.(Platonicae sc.) ii. p.73"（Bipont Editions）。

3　根据《第七封信》350B（cf. p.345D）这必须认定为公元前 360 年的春天，因为他被说成在奥林匹亚赛会上遇到狄翁（只能是上述年份）并且把叙拉古的情况告知了他。那么他的成行会是在公元前 361 年。Cf. Herm. p. 66.

4　Plutarch. *Adv. Col.* 32, 6, p.1126；Cic. *de Orat.* iii.34, 139；以及 Aelian, *V. H.* iii.17，把这个事情的动因说成是来自柏拉图。但是这源自于对柏拉图《第七封信》326E 的夸大的推论。参考《第四封信》。狄翁从斯彪西波和其他一些柏拉图弟子中得到热情支持，见 Plut. *Dio.* 22, 17。他的同伴（后来成为敌人）卡里普斯被说明为一位柏拉图的弟子（vide p.31）。

5　Athenaeus, xi.506 确实说，柏拉图与马其顿的阿凯劳斯（Archelaus）相熟，后来为腓力（Philip）的霸业开辟了道路：这样我们或许可以推论出他对马其顿方面总体上有好感。但是，就阿凯劳斯而言，这个说法不符合年代要求，也跟《高尔吉亚》470D 不符；所谓的对腓力的支持这个说法自身站不住脚，即使按照阿特纳伊奥斯自己的引述，其中说，柏拉图派学者欧弗拉乌斯为腓力从佩狄卡那里挣到了一块领土，而这位腓力把这块土地用于实现更宏大的意图。任何关于柏拉图与腓力的个人交往的说法看起来都不符合史实。Aelian, *V. H.* iv.19，他肯定地说，腓力对柏拉图表示尊敬，就像对其他有学问的人一样；但是，按照斯彪西波（见 Athen. *loc. cit.*，Diog. 40），腓力本人以不亲善的方式谈及柏拉图。

外邦人的崇敬,[1]死后仍不衰减;[2]他度过了一段快乐安详的晚年时光;[3]据说,他在一次婚礼的宴会上溘然长逝。[4]

早在古代就有关于柏拉图人品问题的许多流言蜚语。[5]喜剧诗人们
流传下来的一些嘲讽[6]实际上没有什么太坏的影响,这些嘲讽更多不是针对柏拉图本人的,而是针对"哲学家"这个头衔的。但是,还有其他一些对柏拉图的责难,对此,虽然塞涅卡辩护说,[7]哲学家的生活不可能完全与他的学说相符合,不过这个辩护显然是不充分的。一方面,他被指责与某些男人和女人有性关系,如果这属实的话会给他的形象蒙上阴影;[8]另一方面,他还被认为对他的几位学友有不友好甚至敌对

1　在前面引述的材料(第 24 页注释 1)以及关于柏拉图与狄翁、狄奥尼修斯之间关系的描述之外,还可参考 Diogenes, 25,以及后面关于柏拉图学园派传承范围的论述。

2　对于他的文字作品而言这点是有明确佐证的(vid. supr. p.3,以及 Diog. 37;Dionys. *comp. verb.* p.208;Quint, viii. 6, 64;另一方面可参考 Susemihl, *Gen. Ent.* 11, 90 sq.)。我们可以可靠地得出结论说,他在教学方面的活动也是如此。所谓的他的工作被亚里士多德打断,这会在以后涉及后面这位哲学家生平的时候加以讨论。

3　Cicero, *de Senect.* 5, 13.

4　Hermippus ap. Diog. iii. 2;Augustine, *Civ. D.* viii. 2.;Suid. voc. Πλάτ.。西塞罗(*loc. cit.*)的 *scribens est mortuus*(到死还在写作)与这后者没什么冲突,如果我们想到它不需要从字面上来理解的话。按照 Diog. 40,有一位斐洛(Philo)已经使用了 Πλάτωνος φθεῖρες(柏拉图的虱子)这样的成语;米隆尼安努斯(Myronianus)从这里得出结论说,柏拉图死于 φθειρίασις(虱病),就像费瑞库德斯(Pherecydes)和其他人也被说成如此。这当然是假的。可能这个成语本来源自于《智者》227B;或者这段文字至少给了这个故事一个由头。关于柏拉图的埋葬、墓碑和遗嘱,vide Diog. iii. 25, 44 sq.;Olymp. 6;Pausan. i, 30, 3;Herm. p.125, 197。

5　柏拉图的其中一个批评者是洛克利人蒂迈欧(Timaeus the Locrian),见 Plut. Nic. 1;还有两个是伊索克拉底的弟子,阿里斯托克塞努斯和塞奥庞普斯,他们以这种方式报复柏拉图及其学派对伊索克拉底和修辞学的攻击:cf. Dion. *Hal. ep. ad Pomp.* p.757;*De praec. Hist.* 782;Athen. xi. 508 c;Epict. *Diss.* ii, 17, 5。

6　Ap. Diog. iii. 26 sqq.;Athen. ii. 59 c sq.;xi. 509 c.

7　*Vita beata*, 18, 1.

8　Vide Diog. 29;Aelian, *V. H.* iv. 21;Athen. xiii. 589 c 以及第 7 页注释 1。甚至狄翁在这里被称为柏拉图所宠爱的人;有一段铭文被引述说,柏拉图在 73 岁时还写信向一位至少 60 岁的朋友求爱。安提司泰尼在他题为 Σάθων 的作品中暗指了柏拉图的一些性事,这完全是无端猜测。狄凯亚尔库(Dicaearchus)的责难(ap. Cic. *Tusc.* iv. 34, 71)不是针对柏拉图的人品,而是针对他的哲学。另一方面,Suidas(Πλάτ. p.295)断定柏拉图从来没跟别人有性关系。但是,这也只能算是从后世某些学派

37　的举动。[1] 他还被指责为吹毛求疵和自恋；[2] 甚至还有说法称，在苏格拉底死后他有背叛行为。[3] 他与叙拉古王室的关系很早[4] 就成为种种指控

的禁欲主义中引申出来的无实据的虚构。

1　但是，唯一能得到佐证的敌意是在安提司泰尼和柏拉图之间的；vide Part i. 255，以及本书第 14 页注释 1。安提司泰尼很可能是挑衅的一方，他总是表现得更为刚烈和情绪化。有人说柏拉图对埃斯基涅有恶意对待，这已经在前面讨论过了，见 Part i. p.167, 6；204, 3；所谓柏拉图在西西里不理睬他，这已经被反驳了，见 Plut. de Adul. C.26, p.67。柏拉图肯定对阿里斯底波有责难，vide Part i. p. 242；但这是有道理的，而且我们很可以相信他们之间没有失去友谊，即使关于他们在叙拉古相聚的传闻（vide Part i. p.291, 2）没有告诉我们太多内容，而某位 Hegesander（据 Athen. xi. 507b）所说的东西更少。无论如何，我们确实知道的材料不能够给柏拉图带来太多不利。我们反复听说柏拉图和色诺芬之间有一种敌意（Diog. iii.34；Gell. N. A. xiv.3；Athen. xi.504e）。但是 Böckh 已经表明（de simultate qua Platoni cum Xenophonte intercepisse fertur, Berlin, 1811），从这两人的著作中几乎看不出有什么根据能够支持这一看法，而他们的著作是仅有的佐证材料。整个故事很可能是虚构的。Cf. Steinhart, Plat. Leben 93 sq.

2　Dionysius ad Pompeium, p.775 sq.；Athen. xi.506a sq.；Antisthenes and Diogenes ap. Diog. vi.7, 20；Aristides, de quatuorviris。这个指责主要基于柏拉图的著作，而这其实不能得到合理辩护，尽管他的判断有许多是一面之词。在某些地方，柏拉图有意识的优越感（对此他是堪当的）可能有点过分了，甚至有时候对其他人有伤害。参考亚里士多德的转述，Part i. p.289, 2。但是，这也不能够带来上述这种指责。对于 Plutarch, de Adul. c.32, p. 70 以及 Aelian, V. H. xiv.33（Diog. vi. 40）提到的两种传闻，前者是不切主题的，后者肯定是不合史实的；而据 Athen. xi.505d，赫尔米普斯记载的传闻看起来也不是事实。据 Diog. xi.40，阿里斯托克塞努斯指控柏拉图像闹小孩脾气一样把德谟克利特的著作全都买光然后统统毁掉。但是，对此我们可以毫不犹豫地为柏拉图辩白。阿里斯托克塞努斯是一位不可靠的证人；我们至少可以相信柏拉图很清楚一种广泛流传的思想形态是不可能通过烧掉几本书就可以被消除的。他本人厌恶和鄙视唯物主义可能是他从来没有提及这位阿布德拉自然哲学家的缘由。

3　Hegesander ap. Athen. xi. 507a sq.；这些说法的荒谬性对于读过《斐多》和《会饮》的人来说是不言而喻的。该处材料提到的苏格拉底的梦乃是对前述内容（第 8 页注释 2）的恶意模仿。

4　柏拉图《第七封信》是对这些指控的一个反驳。根据 Diog. iii.34; vi.25，这些指控甚至在柏拉图在世时就已经被公开提出来了。

的把柄，例如耽于享乐、[1] 贪图钱财、[2] 对僭主阿谀奉承；[3] 他的政治品格尤其被那些不能领会其思想的人所攻击。[4] 最后，如果我们相信那些指控者，那么柏拉图不仅对他的前人做了许多错误论断，[5] 而且对前人作品随意引用，以致他的作品有相当一部分是从前人那里剽窃来的。[6] 但

1　参见第 18 页注释 1。

2　Philpstr. *v. Apoll.* i, 35；Diog. iii.9。在 *Arson. Violet,* ed. Katz, 508 以及 Florilegium Monacense (*Stob. Flor.* ed. Meineke, T. iv.285)，No.227 中提到一位无名氏的论断，说柏拉图在晚年变得贪财好利，这属于同一类论调。Seneca, v.6, 27, 5 表示，柏拉图因收受钱财而受到非议。其他人则说（v. supr. Part i. p.312, 3：Diog. ii.81）他甚至在叙拉古也没有这么做。《第七封信》没有表明他需要为这类指控提供辩护。

3　Diog. vi. 58。不需要提及 Plut. *Dion* 13, 19 以及第 18 页注释 3 引述的内容就可以反驳这种说法。

4　Athenaeus, xi.506e sqq., 508d sqq. 所引述的内容没有什么重要性。有一些是虚假的（参见第 26 页注释 5），或者是一些误解；其余的说法，哪怕是真的，也没有多少是针对柏拉图本人的。另一方面，我们从已经引述的文献（见第 22 页注释 3，第 25 页注释 2）也能发现，柏拉图在一些场合解释了他不介入政治以及他与小狄奥尼修斯的关系。我们可以想见这两点都会招致讥讽，就像他的政治理想主义以及他偏好贤人政制必然招致攻击一样。还可参考《理想国》v. 472A，473C，E。

5　参考 Athenaeus, v. c. 55, 57–61 中列举的各种攻击；我们没必要花时间去纠正它们，包括那些对于柏拉图通过苏格拉底和其他人之口说出的虚构言论的毫无道理的指责：*Dems.* xi.505e, 507c.；Diog.35。

6　据说柏拉图的《蒂迈欧》是他从菲洛劳斯的作品中抄袭来的（参见第 15 页注释 6），而他的《理想国》则抄袭了普罗泰戈拉的作品（Aristox. and Phav. ap. Diog. iii.37, 57）。按照 Porphyry ap. Euseb. *Praeparatio Evangelica*, x.3, 24，柏拉图对于爱利亚学派的反驳也是从普罗泰戈拉那里得来的。阿尔基塔斯（ap. Diog. iii.9 sq.）批评柏拉图说，他的学说体系的基础是从埃庇哈尔穆斯那里得来的；塞奥庞普斯（Theopompus ap. Athen. xi.508 c）说，他的多数对话录都是抄袭自阿里斯底波、安提司泰尼和布里梭。就埃庇哈尔穆斯而言，那个论断是没有根据的，就像 Vol.i.428 sq. 所表明的那样。就阿里斯托克塞努斯和塞奥庞普斯的那些说法而言，凡知道这两位作者不靠谱的人不会给予其多少重视。前者的说法显然没有可能性（他关于苏格拉底的论断在前面已经得到充分描述，参见德文版 p. 51 sq., 48；54, 6；59, 5）；如果说有什么正确说法的话，只能是涉及一些琐细之处。塞奥庞普斯的记述也是一样不可靠（参见本书第 27 页注释 5），除了说柏拉图对话录也具有同样的苏格拉底式要素之外——而这点柏拉图无须抄袭任何人。波菲利的说法或许有一些真实依据；但是这很难得出柏拉图缺乏信誉的结论。最后，如果说柏拉图的《蒂迈欧》关于诸元素的建构以及其他自然科学的细节，以及《斐莱布》关于"界限"和"未限定者"的推演，果真是从菲洛劳斯那里得来的，我们从其本身也不能对柏拉图有什么责难；在这两处文本中他已经充分指明了他的思想渊源，也就是都泛泛地提及了毕达哥拉斯学派，哪怕没有点明菲劳斯的名字。

39　是，所有这些指责，如果我们对之加以检验，就会显得毫无根据，几乎没有多少经得起仔细推敲，[1]另一些则证据微弱，并不损害这位哲学家的可敬品格，而且仔细品读其作品也可以获知其品格的高洁。如果可以从著作来判断一个人的话，对柏拉图的品格只能有最高的认定。但是，恰当地评价他还需要考虑到他的自然性情和历史处境等因素。柏拉图是一位希腊人，他对这点感到自豪。他从属于一个社会阶层和一个家族，这给他带来了一些偏见，也给他带来了一些他乐于享有的优越条件。他生活的年代是希腊民族生命力达到顶峰并逐渐丧失其政治势力的时期。他的禀性是理想主义的，更适应于文学创作和理论研究而不是实际行动，他的整个生命历程、苏格拉底学派的强烈影响以及他本人的政治经历都增强并巩固了这一倾向。这个品性和这些影响

40　可以造就一位君子的诸多德性并造就一位哲学家，却很难造就一位政治家。柏拉图也许非常希望自己的祖国变得尽善尽美，可以为之牺牲他的一切，除了他的信念之外，但是，如果他投身于实在不适合于自己的那种动荡的政治生活，那么他会把他的心力都花在维护某种体制上，可是他认为这种体制的基础已经坍塌；[2]他会用各种途径阻止相反的命运，可是他认为这些途径并无用处；他会像德摩斯提尼一样在希腊式自由的废墟中维持毫无前途的希望；然而，所有这些实在是不堪设想。他的职分是对城邦的种种问题及其解决方案进行考察，而这些方案的实现则交给别人去完成。于是，内在的性格和外在的环境都把他导向哲学而不是政治技艺。不过，他的哲学应该跟苏格拉底的哲学区别对待，他的生活习惯也与苏格拉底的不完全相同。他希望与苏格拉底的教育方式大体上保持一致，而决不愿意回到智者派所采用的那种教育方式。[3]但是，他的目标确实在于建立并传播一种包罗万象的理

1　参见上注。

2　参见本书第 22 页注释 3；cf. Ritter ii. 171 sq.。

3　他不仅在自己的教学中不收取学费（Diog. iv. 2；*Proleg.* c. 5，参考德文版 p. 364; 373, 2），强烈不认可智者在这方面的做法（vide Vol. i. p. 888 sq.），而且还谴责智者

论体系，所以，受制于众多偶然环境的那种劝诫式对话对他来说是不够的；他需要更丰富的设施，学院式的工作，以及智性生活的宁静；他需要能够投入全部时间追随他从事研究的听众；他的哲学自身要求从市井中抽离出来并且转向学院。[1]

43 41

这里已经有许多东西与苏格拉底的生活方式相去甚远，有许多东西出自柏拉图自己的秉性和偏好，并且与苏格拉底相反。朴素和节制的确是他的哲学原则所要求的，[2]也是公认他所具备的；[3]但是，苏格拉底所达到的对得失的完全超脱与柏拉图所受的教育和环境并不适应。柏拉图富有艺术品位，[4]他不可能拒绝任何有助于点缀生活的东西；由于他把自己的哲学研究毫无保留地延伸到一切实在领域，在日常生活中，他很难像苏格拉底那种满足于道德内省的人一样对外部世界无动于衷。尽管苏格拉底有反民主的政治倾向，但是他本性上是平民中的一员，可是，柏拉图的品格与他的哲学一样具有更鲜明的贵族烙印。柏拉图喜欢把自己封

42

闭在自己的圈子里面，拒绝庸俗和琐细的东西；他的兴趣和热心完全不在平庸之辈身上，而仅仅或主要放在少数精选的人身上，这些人能够分享他的教化、知识和人生观。知识精英是柏拉图理想国仰赖的基础，而这也深深扎根在柏拉图本人的人格特征中。但是，他的伟大和完美恰好归功于这个环境，正是它使得他的人格成为独一无二的。柏拉图是这样一位哲学家，他有能力把最大胆的理想主义与罕见的思想敏锐性结合起

派学说得到传播的那种形式（《普罗泰戈拉》328 sq., 334C sq.；《高尔吉亚》449B sq.；《小希庇亚》373A。参考本书第 20 页注释 2）。

1　Cf. Diog. iii.40:"据一些人说，他本人与大众保持距离。" Olymp. c. 6.

2　尤其参考《理想国》iii.403E sq.；《高尔吉亚》464D。

3　参见第 21 页注释 4 引述的那些文献出处；以及 Diog.39。在这方面我们或许可以留意斯托拜乌（Stobaeus）记述的可疑传说（Flor.17, 36，此传说被 *Flor. Monac.*231 归在毕达哥拉斯身上），即，他为了修养自我克制，把水泼掉以示浇灭他的口渴。

4　确实有记载说柏拉图没有放弃在家庭生活中的某种程度的奢侈（Diog. vi.26）；他的一些弟子在华美着装和高傲行为方面被同时代的喜剧作家所嘲讽（Athenaeus, xi.509；xii.544 sq.）。另一方面，塞涅卡（*ad Helv.*12, 4）说，柏拉图只有三个奴隶；而据 Diog. iii. 42，他的遗嘱提到有五个奴隶。

来，把抽象的辩证探究品性与清新的文学创作品性结合起来，以这种方式，他把道德原则的严苛性[1]与对于美的敏感性结合起来，把思想的高贵庄严与感情的细腻结合起来，把激情与克制结合起来，[2]把对理想的热情与哲学上的冷静结合起来，把严肃认真与亲切随和结合起来，[3]把大度和仁慈结合起来，[4]把威严[5]和优雅结合起来。他是伟大的，因为他知道如何把这些看起来相互冲突的特性结合为一体，让相反的东西相辅相成，把各方面的才能发展成一个完美的和谐状态，[6]而不致让自己迷失在这多样性之中。作为一位纯正的希腊人，柏拉图把整个生命在道德方面的美和健全看作高于一切，[7]如果他的作品的确反映了他的品格，那么他的人格达到了典型的完善。[8]他的外表也与他的内在非常匹配，历史上特别记载他的身体强健而英俊。[9]但是，这位哲学家最引人瞩目的特别

1　载于 Diog. iii.43 的一则铭文把他说成"因品格上的节制与正义而堪称人中俊杰"。

2　有一个著名故事就是关于这点的，说柏拉图另请一位朋友去惩罚他的奴隶，因为他自己处于愤怒之中。另一个故事版本是，他自己对奴隶说，"你很幸运，我在生气；不然你就要挨鞭子了。"Plut. *de educatione puerorum*, 14, p.10；*de sera numinis vindicta*, 5, p.551；Sen. *de Ira* iii.12, 5；Diog. 38 sq.；Stob. *Flor*.20, 43, 57；*Flor. Mon*.234。Themistius, *Or*.2, 30d 把柏拉图树立为温雅之典范的时候提到的故事很可能就是这个。

3　参考 Part i. p.286, 9 的引述。

4　Aelian, *V. H*. iv.9 提供了一个很好的例子。

5　Heraclides ap. Diog.26 告诉我们说，柏拉图年轻时从不容许自己放肆地发笑；Aelian, *V. H*. iii.35 说，发笑在老学园中是被禁止的。我们不需要从字面上理解这些说法，不过它们表明柏拉图被看作性格颇为严肃。另一个例子见于 Seneca, *de Ira* ii. 21, 10。

6　Olympiodorus（c.6）提及柏拉图与荷马，"两位的灵魂据说是完全和谐的"。

7　例如《理想国》iii.401B sq.；403C；《斐莱布》64C sq.，66A。

8　还可参考 Panaetius ap. Cic. *Tusc*.I, 32, 79 以及（ii.9，2，第 2 版）引述的亚里士多德诗篇。

9　Epict. *Diss*. i.8, 13："柏拉图是英俊且强健的"。关于柏拉图的体格和武艺，还可参考 Apul. *Dogm. Plat*.1，以及前面的引述（德文版 339, 1；242, 2）。柏拉图的那些肖像（参见 Visconti, *Iconographie grecque*, i.169 [228] sq.），以及 Jahn 根据 Braun, *Mon. Ined. d. Instit*. iii.7 所画的那件小塑像的素描，被附印在他编辑的《会饮》版本中（原件已经遗失），是唯一带有他的名字并可能像他本人样子的。其他那些所谓柏拉图的半身塑像呈现的是阿斯克勒庇俄斯（Asclepius）或蓄胡子的狄奥尼索斯（Dionysus）。Phavorinus in Diog. iii.25 提及他的墓地上有西拉尼昂（Silanion）所雕塑的塑像。按照 Plut. *adul. et amor*. c.9, p.53 的说法，柏拉图双肩偏高，受到追捧者的模仿；另外根据 Diog.5，他的声音清晰而偏细。

之处在于他的个性与他从苏格拉底那里继承而来的哲学追求紧密结合起来了。他的道德成就植根于他在知识上的觉悟；正是知识之光驱散了其心灵迷雾，也正因为这点，他的作品散发出一种奥林匹斯式的清新宁静气息。总之，柏拉图有着阿波罗神一样的品性，他本人给其同时代人这样的印象，他的作品也给后世人这样的印象，这就不难理解许多传说故事把他（就像把毕达哥拉斯）与阿波罗神紧密地联系在一起，而这位神明因其本质上的明晰性被希腊人认为是高尚、合度与和谐的典范。[1]

44

---

[1] 这个观点影响到了对他的生日的庆祝，甚至影响到了归为其生日的具体日子：参见本书第 2 页注释 1。我们从 Diog.2（Olymp. 1.；Prol.1），Plut. *Qu. conv.* viii.1,2,4, Apul. *dogm. Pl.*1, Ael. *V. H.* x.21 中看到，甚至在斯彪西波的时代，就已经有这样的传说：柏拉图是阿波罗之子。在说明这些故事的起源时，Steihart（*Plat. Leben* 8, 36, 282）提到了希腊人的英雄文化，尤其是关于亚历山大的相似故事；他实际上猜测，由于这些同样的故事，人们希望把柏拉图当作精神上的英雄置于这位神格化的世界霸主之旁；因为我们不能相信这个传说在斯彪西波的时代就已经出现。我认为我们不能否认这种可能性；尤其是因为关于毕达哥拉斯的那些故事比关于亚历山大的那些故事与柏拉图的更为相近（cf. Vol. i.265 sq.）。但是，说这个故事的详细版本甚至为斯彪西波所知，这是不能得到证实的，按照其中一个版本，阿里斯通（Ariston）在其第一个小孩出生之前未能碰他的妻子。据说，在苏格拉底人生遇到最重大危机的时候，他梦见柏拉图作为阿波罗的天鹅被引荐给他，参见第 8 页注释 2。柏拉图本人在去世前夕梦到自己变成了天鹅（据 Olymp.6；*Proleg.*2）。我们可以在《斐多》85B 中看到所有这些故事的主题。后世一些作家把他当作"灵魂的医生"与阿波罗的另一位儿子、作为"身体的医生"的阿斯克勒庇俄斯（Asclepius）相提并论。（Diog.45，这个想法不可能是他自己的；Olymp.6 把柏拉图的一句格言当作他的墓志铭；*Proleg.*6 则把这句格言做了点补充并当成一个神谕。）一个有趣的故事（见 Cic. *Div.* I, 36, 78；Valer. Max. I, 6, ext.3；Olymp.1）说，伊米托斯（Hymettus）山上的蜜蜂用自己的蜜喂养童年的柏拉图，这被 *Proleg.* c.2 联系到给予牧神阿波罗的献祭。不过，这个阿波罗神话很可能有自己特殊的产生缘由，它象征从这样一个人的口唇中，就像从涅斯托尔（Nestor）的口唇中，"流出的言辞比蜜还要甜。"

第 二 章

柏拉图的著作

对柏拉图著作集之完整性和纯正性的考察

45 　　柏拉图本人的著作是其精神的最具说服力的碑铭，也是我们了解这位哲学家学说的最主要材料。[1]他的写作活动贯穿其一生的大部分岁月，长达五十多年，[2]而且因命运之神的眷顾，他公开发表的
46 作品一篇都没有遗失。我们完全可以得出这个推论，因为没有可靠的记载显示柏拉图的某篇著作没有传到我们手上。传闻当中所谓

1　Schleiermacher, *Plat. Werke*, 6 Bde. 1804 (2nd edition 1816)；Ast, *Platon's Leben und Schriften*, 1816；Socher, *Ueber Platon's Schriften*, 1820；Hermann, *Geschichte und System des Platonismus* (1839) p.343 sqq.；Ritter, *Geschichte der Phil*. vol. ii.181–211；Brandis, *Griech.-Röm. Phil*. ii. a.151–182；Stallbaum, in his *Einleitungen*；Steinhart, in the *Introduction to Plato's Works*, translated by Müller, 1850；Suckow, *die Wissenschaftliche und Künstlerische Form der Platonischen Schriften*, 1855；Munk, *Die Natürliche Ordnung der Plat. Schriften*, 1857；Susemihl, *Die Genetische Entwickelung der Plat. Phil.*, 1855；Uebebweg, *Untersuchungen üb. d. Echtheit und Zeitfolge Plat. Schriften*, 1861；H. v. Stein, *Sieb. Bücher z. Gesch. d. Plat.* vol.1–2, 1862–1864；Schaarschmidt, *die Sammlung d. Plat. Schrift*.1866；Bonitz, *Plat. Studien*, 1858；Grote, *Plato*, 3 vols., 1865；Ribbing, *Genet. Entw. d. plat. Ideenlehre*, Part ii.

2　我们将会发现他的著作中有好几篇很可能是在苏格拉底去世后不久写成，有的甚至可能在乃师去世之前写成；古代有大量证言表明他笔耕不辍，直至临终（vide p.3；第 27 页注释 2）。据说《法律》在其去世时仍未完成（Diog. iii.37），且有著作内部证据表明该作品是他的最后一部（vide subter）。

遗失了的那些对话录 [1] 肯定是捏造的，[2] 还有一些可能被侈定为属于柏拉图的一些著作，如 "诸分类"（διαιϱέσεις）[3]、"论哲学"、"论 47

1　Ap. Diog. iii.62：Μίδων, Φαίακες, Χελιδῶν, Ἑβδόμη, Ἐπιμενίδης, ap. Athen. xi.506, d.；Κίμων, ap. Doxopater in Aphthon., *Rhet. Graec.* ed. Walz. ii.130, cf. Simpl. *in Categ.*4 ζ, Bas.；Θεμιστόκλης（如果这不是 Cimon〔Κίμων〕的另一个标题的话；根据阿特纳伊奥斯的记载，在这篇作品中塞米司托克勒（Themistocles）受到了严厉抨击；我们不能跟 Hermann 一样揣测它是 "Theaetetus" 而不是 "Themistocles"，或者猜想阿特纳伊奥斯把 "Cimon" 和 "Gorgias" 搞混了）。另一些杜撰出来的作品由 Casiri's *Biblioth. Arab.* i.302 中的那位阿拉伯人所提供，此人自称引述自塞俄（Theo）。

2　Diog. *loc. cit.* 提及上述篇目以及其他所谓 νοθεύονται ὁμολογουμένως（公认为伪作）的一些对话录。如果我们考虑到亚历山大里亚时期的学者有多么愿意把一套著作接受为柏拉图的作品，那么我们就很难不怀疑这些著作的杜撰性，而且我们只能下结论说，那些被一致排斥的著作必定有着非常明显的杜撰特征，而且必定是在相对较晚的时期才出现的。

3　亚里士多德多次提到柏拉图的 "διαιϱέσεις"（诸分类／分类集），参见《论生成与消灭》ii.3, 330b15；那些设定只有两种本原的人，把其余的东西视为这两个本原的混合物；"那些认为有三种本原的人也是一样，犹如柏拉图在 '诸分类' 中所做的那样，因为他使（ποιεῖ）'中间' 成了混合物。"《论动物部分》i, 2.642b10：我们不应该依据动物体肢的不同构造来划分动物的种类，"例如，把一些鸟分为一类，把另一些鸟分到别的类上去，正如某些写下来的诸分类那样，其中有些鸟被分到水栖动物那里，另一些被分到别的类型里。"这两处文本的第一处不会是指涉《斐莱布》16E，也不会是指涉《蒂迈欧》27D, 48E sq., 或者 31B sq., 53A sq.；因为 "诸分类" 不能切合上述这些文本，而且这些文本也没有一处带有这里所引述的 "诸分类"。前面四处并不是论及物质元素，也就是亚里士多德所谓的 ἁπλᾶ σώματα（尽管 Ueberweg, *Unters, Plat. Schr.*155 sq. 就此有所争论）；《蒂迈欧》31B sq., 53A sq. 的确论及这个方面，但是这两处文本都不能被冠以 "诸分类" 之名，而且这两处都说到四元素，而不是亚里士多德在 "诸分类" 中发现的三元素说，而且，由两端的元素之混合得以说明的中间两个元素（依据其立体几何意义上的联结）实际上只与其中一个元素相关，而与另一个元素处于对立的关系中。但是，我们不能认为它只是指柏拉图口头讲过的学说（Ueberweg, *loc. cit.*；Susemihl, *Genet. Entw.* ii. 548），因为，按照亚里士多德一贯的风格，在这个地方，如果提到的是口头讲论，他会用过去时而不是现在时的 ποιεῖ，而且一个口头讲论无疑会得到更进一步的提示。所以，这里提到的 "诸分类" 必定是没有被收入我们的柏拉图著作集的一篇著作，要么是柏拉图本人所写，要么是关于柏拉图学说的一个阐释。在第二个文本中（《论动物部分》），亚里士多德所谓 "写下来的 '诸分类'"（γεγραμμέναι διαιϱέσεις）只能是指一篇论著，而且也不能被认为是我们现有的任何一篇柏拉图著作，因为把其中任何一篇作品或一个段落冠以这个名称都会显得特别奇怪；而且亚里士多德引述的内容把一部分鸟跟水栖动物归为一类，又把一部分鸟归为另外一类，这在我们最可能联系上的柏拉图文本（《智者》220A sq.；《政治家》264D sq.）中也无法找到（认为指涉前一个文本的有 Hermann, *Plat.* 594；Susemihl, 同上；Pilger, *über die Athetese d. plat. Soph.* 6；而认为指涉后一个文本的有 Ueberweg, *loc. cit.*, 153 sq.）。反过来说，这里未提及 "诸分类" 跟柏拉图有关系，而且《论动物部分》的这段文本 "就其本身" 而言跟 Suckow 的如下设想不冲突（*Form d. Plat. Schr.* 97 sq.），即："写下来的'诸分类'"既不是柏拉图的一篇论著，也不是一篇关于柏拉图学说的阐释。（Suckow 说，因为这里没有提到柏拉图的名字，所以它并不指涉柏拉图，他这么说是完全不对的；正如我们将会看到，亚里士多德经常提及柏拉图而没有说出其名字。）但是，如果我们依据《论生成与消灭》的文本确信，亚里士多德手头上实际上有一篇关于柏拉图的诸分类的阐释，那么最自然的结论是，他在《论动物部分》中提及的是同一本书。不过这不能说明，这是直接出自柏拉图本人的论著或者至少被当作他的著作，因为那样的话，亚里士多德的表达方式会有所不同，而且可以肯定这篇论著本身或者关于其存在的更加可靠的线索会被保存下来，而不仅仅是在柏拉图《第八封信》360B 中声称被传递给了狄奥尼修斯。后面这个文本提及的 "诸分类" 似乎是 Alexander apud Philoponum *in Arist. De Gen. et Corr.* 50 b., med. 提及的在他的时代以柏拉图的名义流传的那些伪作之一，不过 Philoponus 本人对这些伪作并无了解。亚里士多德提及的 "诸分类" 是一篇在柏拉图学园中被使用的、基于柏拉图学说阐述之上的关于世间存在者的分类。题为 "诸分类" 的作品曾被归于斯彪西波名下（Diog. iv. 5），被归于色诺克拉底名下（Ib. 13）以及亚里士多德名下（Diog. v. 23；Simpl. *Categ. Schol. in Arist.* 47b. 40：Arabian ap. Rose, *Arist. Fragm.* in 5th vol. *Berl. Acad. Arist.* 1471, 52），这说明了这篇作品确实存在。Hermodorus ap. Simpl. *Phys.* 54 b.（抄录于我的 *Diatribe de Hermodoro*, p. 20 以及 Susemihl's *Genet. Entw.* ii. 522）似乎提到了柏拉图的一些谈话，其中就有这样的一些分类。有一个假说认为（Alberti, *Geist und Ordn. d. Plat. Schrf.* 37, 64），亚里士多德本人才是他提及的 "诸分类" 的作者，这从其得到引述和批评的方式看来是非常不可能的；如果后世的论者归于亚里士多德的 "诸分类" 与 Diog. iii. 80–109 所说内容之原始出处（多次提及亚里士多德对柏拉图 "诸分类" 的谈论）是同一个，它们就要么不会（像 Suckow 所认为的那样，*loc. cit.* 96）是亚里士多德的著作，要么不会是他所使用的著作，而纯粹是一篇后世的作品。同样，我们也不能把 "诸分类" 看作亚里士多德提及的柏拉图关于善的讲论（像 Brandis, *De perd. Arist. libris* 12 那样）。（关于这些讲论，参考 Part ii. b. 48, 2, 2nd edit.）我们即将会看到提及 "未成文学说"（ἄγραφα δόγματα）的地方（vide p. 382, 2），Philop. *loc. cit.*；Karsten, *de Plato. epist.* 218；Schaarschmidt, *Samml. D. Pla. Schr.* 104；不同的称呼也会让我们设想不同的著作。不管怎样，我们不能把亚里士多德提及的这个 "诸分类" 视为一篇柏拉图的作品或者一篇亚里士多德的作品。以这两个哲学家的名义流传开来的 "诸分类" 只能被视为一篇亚里士多德之后的人的杜撰或者是对早先作品的某种重构。

善"，[1]以及"未成文学说"[2]，从一开始就从来没有被视为柏拉图的作品。[3]　48

没有根据表明，历史上有过比现在更完备的柏拉图著作集。[4]　49

　　不过，关于柏拉图著作集的纯正性，命运之神的眷顾就稍差一些。古代希腊的博学人士曾经把几篇归于柏拉图名下的著作视为伪作。[5]而

1　参考第 20 页注释 4、5、以及 Part ii. b.48, 2, 2nd edition。

2　《物理学》iv.2, 209b13。亚里士多德在提到《蒂迈欧》中关于空间的一些界定之后说，"他在那里关于分有所做的说明与他在所谓未成文学说中讲的不一样；不过，他的确把位置和空间表明为同一个东西。"显然，这些"未成文学说"（ἄγραφα δόγματα）不会是指任何柏拉图的书写作品；但是，这个名称要说是指一次口头讲论本身也不合适；所以，我们只能把它理解为柏拉图这类观点的一系列记录，在那个时候还是"未成文的"（ἄγραφα），它们体现在柏拉图讲论的内容当中。但是，这个提及方式不容许我们设想，亚里士多德本人是这一系列记录的作者（如Philop. ib., *Schol. in Ar.*371b. 25, 以及《论生成和毁灭》50b 所认为的那样）；而且，尽管 Simplicius（*Phys.*126 a. m.127 a. o. *Schol. in Ar.*371 b.3.372 a.21）把 ἄγραφα δόγματα（未成文学说）说成柏拉图的 ἄγραφοι συνουσίαι（未成文讲论）是正确的，但是他把它们理解为特别是关于"善"的 συνουσίαι（讲论）却很难得到证实。塞米斯修斯在讨论这段话时（p.259, Speng.）只是基于（他自己或某另一个人的）揣测说，在"未成文学说"中，柏拉图认为物质不是 κατὰ μέθεξιν（根据分有）而分有诸理念，如《蒂迈欧》所说，而是 καθ' ὁμοίωσιν（根据相似）：亚里士多德在称呼"接纳者自身"（des Aufnehmenden selbst）的时候提及的是'物质"的不同说法。

3　亚里士多德《论题篇》vi.2, 140 a.3 当作柏拉图的话来引述的那些说法不是出于遗失的著作，而是出自口头讲论；在 Timaeus 的《柏拉图辞典》中出现的那些跟柏拉图著作格格不入的说法，总体上都不是出自柏拉图，而是出自后世的论者；vide Hermann, *Plat.*, 556。关于中世纪一位晦涩的神话故事作者（此人诉诸一位所谓"哲学家"柏拉图来支持一个非常"非柏拉图"的关于神明信仰之起源的观点）提到的那个引人注目的说法（载于 *A. Mai's Auct. Class.*183），参考 Schaarschmidt, *Samml. d. Plat. Schr.*89。

4　因为，从 Menander（π. ἐπιδεικτ. p.143 W.337 Sp.）的如下说法："柏拉图在《克里底亚》中把《蒂迈欧》称为'宇宙颂'（ὕμνον τοῦ Παντὸς）"，我们不能得出结论说，这位修辞家所拥有的《克里底亚》比我们现存的版本更完备。如果是那样的话，会有更多关于这方面的线索保留下来；然而我们从 Plut. Solon, 32 中看到，在普鲁塔克的年代，这篇作品就只有导言和叙述的开端部分存留；Menander 的话看起来更像是一种不精确的表达，意思是说《蒂迈欧》的主题在《克里底亚》的开头被当作对"科斯摩斯"（Cosmos/ 宇宙）的一篇颂赞，因为蒂迈欧在此向其构造已经得到描述的这位"神"祈祷：万一自己说到任何"不着调之处"（παρὰ μέλος），这位神可以"使不着调的人回到调子上来"（τὸν πλημμελοῦντα ἐμμελῆ ποιεῖν）。

5　所有佚失的对话录（参见第 35 页注释 1），以及一些在各个版本中被标记为 *Dialogi nothi*（假冒对话录）的作品，除了《克利托丰》之外，都被视为伪作（vide Hermann, pp.424, 594, 225, etc.）。甚至在古代，《厄庇诺米》就已经被许多人归在

50　我们当代人，有时大家意见一致，有时多数人认可，把更多的篇章排除在外；还有一些人仍然在进行试验，就像之前的阿斯特（Ast）[1]和索赫尔（Socher）[2]那样，尝试剔除一篇以上的作品并且发现这样会极大地影响我们对柏拉图哲学的理解。虽然花费过多精力研究这个主题会超出本著作的范围，但是我们对此在某种程度上还是要有所考察，并且提出我们的判断所依据的基本立场。首先来看外部的证据，这是这类研究必须优先考虑的，而其中最主要的是亚里士多德提供的证据。如果把这点抛开，从柏拉图所在或其后的一个世纪的古代作者那里流传到我们手上的

51　关于柏拉图著作的评论就极少了；[3]而这些评论所指涉的作品也几乎全部

奥普斯的菲力普斯名下（Diog. iii.37；Suidas, φιλόσοφος；Prolegg. in Plat. c.25，以及 Proclus），《阿尔基比亚德后篇》被归在色诺芬的名下（这肯定不对），《情敌》和《希帕库》被视为可疑的（Thrasylus, ap. Diog. ix.37，以及 Aelian, V. H. viii.2）。另一方面，下面的说法是不可信的，即，帕奈修斯为了解除在柏拉图权威下关于灵魂不朽的信念，居然把《斐多》斥为伪作（Asclepius, Schol. in Ar. 576 a.39；Anthol. Graec. ix.358；据 David, Schol. in Ar.30 b.8 Syrian，晚出的"隽语"写在《斐德罗》上——文本就是这样显示的，不过这里的《斐德罗》显然应该被读作《斐多》才对）；这个说法似乎起源于对帕奈修斯关于《斐多》之纯正性的怀疑的误解，以及对他关于柏拉图灵魂不朽学说的反驳的误解（Cic. Tusc. i.32, 79）。如果帕奈修斯确实基于上述理由把《斐多》断为伪作，他就不需要费时间去做这个反驳了。

1　*Platon's Leben und Schriften*, 1816.

2　*Ueber Platon's Schriften*, 1820.

3　伊索克拉底所提及的下述内容看起来确定是关于柏拉图的那些政治论著的（Philippic 13，写于公元前 346 年）：νόμοις καὶ πολιτείαις ταῖς ὑπὸ τῶν σοφιστῶν γεγραμμέναις（那些智者们所撰著的法律篇与政制篇）。如果从这个文本自身来看，它不能证明柏拉图是唯一或最早著书讨论法律和政制问题的人；我们还了解到，在伊索克拉底之前，除了柏拉图的这些著作之外还有其他一些相似的著作：普罗泰戈拉的 Πολιτεία（论政制），安提司泰尼的 π. νόμου ἢ π. πολιτείας（论法律或论政制）（Diog. vi.16），帕雷亚（Phaleas）和希波达穆斯（Hippodamus）的著作（参见亚里士多德《政治学》ii.7, 8，他在 1267b37 和 1268a6 还提到了后者，明确提及其主张是关于 νόμοι〔法律〕方面的），而且，在《政治学》i, 6, 1255a7，亚里士多德还谈到了 πολλοὶ τῶν ἐν τοῖς νόμοις（许多论及法律的人），这些人关于把战俘当作奴隶是否正当有所争论。我们更不能像 Suckow 那样（*Form. d. Plat. Schr.*103 sq.），从 σοφιστῶν（智者们）的复数形式出发推论说，伊索克拉底把《法律》和《理想国》（希腊文标题直译为《政制》——中译注）归属于不同的作者；Cf. Ueberweg, *Plat. Schr.*184 sq.。从塞奥庞普斯（Theopompus）的说法当中（引述见于 p.38, 94），我们不能推断出他见到的柏拉图著作有哪些。另一方面，从 Plut. *An. Procr.*3, 1; Alex.

被亚里士多德归于柏拉图的名下。我们从第欧根尼·拉尔修的《名哲言行录》第 3 卷第 61 节中得知，直到公元 3 世纪末，拜占庭的阿里斯托芬才第一次把柏拉图著作的一部分编排成五组三联剧，[1] 而整整两百年后，塞拉绪罗（Thrasylus）编排了一个九组四联剧的目录，[2] 这个目录，除了极少数例外，包含了我们现有柏拉图作品集中的所有作品。[3] 格罗特（Grote）[4] 认为，我们可以完全信任阿里斯托芬的论断，甚至包括塞拉绪罗的目录。他争论说，我们难以设想，在雅典学园从创办起就一直没有中断的情况下，学园对其创始人的著作没有充分和准确的了解。相　52

---

on *Metaph*.1091 a.27; 参考亚里士多德《论天》i.10, 279 b.32 以及后面还要提到的一些可靠材料看来，色诺克拉底提到了《蒂迈欧》；据 Suidas, Ξενϰϱ.，他还撰有 περὶ τῆς Πλάτωνος πολιτείας（《论柏拉图的〈政制〉》；此处的《政制》即通常所说的《理想国》——中译注）；但是，Diog. iv. 82 只提及 περὶ πολιτείας（论政制）这一篇论著。塞奥弗拉斯特提到了《蒂迈欧》（*Fragm*.28, 34—49 Wimm.），还提到《法律》（xi.915D）。参见 Fr. 97, 5（Stobaeus, Florilegium 44, 22, end）。欧德谟斯的《欧德谟斯伦理学》vii.14, 1247, b.15 应该提及的是《欧叙德谟》（279D sq.，281B），因为这里被引述为苏格拉底所说的内容能且只能在该处被找到。《欧德谟斯伦理学》vii.13, 1246, b.34 似乎提及的是《普罗泰戈拉》352B, C；而《欧德谟斯伦理学》iii.1, 1229a15 提到的是《普罗泰戈拉》360D；《欧德谟斯伦理学》vii.5, 6, 1239, b.13, 1240, b.17 似乎与《吕西斯》214C sq. 有关联，因为这里欧德谟斯的文本与柏拉图的对话录更为接近而不是与亚里士多德《尼各马可伦理学》1159b7 的类似文本更接近。Aristoxenus（参见第 29 页注释 6）谈到了柏拉图的《理想国》；狄凯亚尔库谈到了《斐德罗》（ap. Diog. iii.38）；蒂蒙（Timon）谈到了《蒂迈欧》（参见第 15 页注释 6）；最早关于《蒂迈欧》的评注由克朗托撰写（supra, p.696 d, 第 2 版）；公元前 260—前 250 年，斯多亚学派的培尔塞乌斯（Persaeus）写了反驳柏拉图《法律》的论著（Diog. vii.36）。

1　第一组：《理想国》《蒂迈欧》和《克里底亚》；第二组：《智者》《政治家》和《克拉底鲁》；第三组：《法律》《米诺斯》和《厄庇诺米》；第四组：《泰阿泰德》《欧绪弗洛》和《申辩》；第五组：《克里托》《斐多》和《书信集》；"其余作品都为单独形式，没有一定次序（τὰ δ’ ἄλλα ϰαθ’ ἓν ϰαὶ ἀτάϰτως）"。Suckow（*Form. d. Plat. Schr*.163）否认这种三联剧划分方式真属于阿里斯托芬，但我认为 Suckow 这个看法不对。

2　Ap. Diog. iii.56 sq..

3　除了第 35 页注释 3 提到的那些对话录之外，这个目录只缺少两则短篇对话录《论正义》和《论德性》，《定义集》，以及"书信"第 14 封至 19 封，它们最早被 Hermann 承认并收入他编辑的柏拉图著作集。

4　*Plato and the other Companions of Socrates*, i.132 sq..

反，柏拉图的手稿一定被慎重地保存在那里，而且学园成员肯定会向外界提供关于某篇柏拉图作品文稿及其纯正性方面的最可靠信息。德米特里（Demetrius Phalereus）及其后继者在创办亚历山大里亚图书馆的时候也一定不会错过这个机会。他们要么会设法得到柏拉图原始手稿的副本，要么会就其所收录作品的真实性向雅典提出询问，对所有没有疑问的作品也会列出目录。阿里斯托芬必定，塞拉绪罗也可能，延续了亚历山大里亚图书馆的传统目录，他们的论断应该说具有相当的可靠性。然而，格罗特的主张完全基于一系列并不确定的假设。柏拉图的原始手稿或者他本人使用的著作抄本被保存在学园里，这是有可能的，尽管这点没有什么历史证据；但是，即使这样，谁能保证不仅柏拉图的亲炙弟子，而且后世继承人也对柏拉图著作集的完整性有同样的信心，对其纯粹性保持同样的高度警惕，以至于能够把那些被认为是柏拉图的、但不包含在目录之中的所有篇章都排除在外？更不用说，还有许多可以设想的情况，包括拥有手稿集的学园也会需要补全柏拉图的真作。[1] 即使阿卡德米学园从来没有把任何伪作收入柏拉图著作集，我们怎么能够确定亚历山大里亚图书馆可以一样谨慎呢？如果按照前面的假设，他们当然可能在雅典咨询到被学园承认为真作的篇章，但是，我们怎么知道他们确实这么做了呢？这个主张没有一点儿确证，相反，有记载说，亚历山大里亚和帕伽马（Pergamus）的图书馆高价收购著作，这大大刺激了造假现象，[2] 特别是出现了不少伪造成亚里士多德作品的书，以便托勒密二

53

54

---

1 如果我们设想柏拉图的书信集确实曾经存在，那么这些书信的抄本也不一定能够出现在他所保留下来的著作集当中；假如斯彪西波和色诺克拉底的书库遇到过任何事故——在学园传承人为了保卫雅典的自治而进行抗争之际很容易出现这种情况，或者，假如这些藏书的某些部分丢失了，那么除了无中生有之外没有办法留下这些内容。但是我们不能去考虑这些可能性，正如前面说过的：对于柏拉图著作在他的学园中是如何得以保存的，以及有哪些措施被用于保持这个作品集的纯正性，我们一无所知。

2 Galen *in Hippocr. denat. hom.* i, 42, xv.105, K："因为在亚历山大与帕伽马的君主们变得如此热衷于（φιλοτιμηθέντας）占有古籍之前，还没有过伪造著作之事。但是，一些收藏古代作家著作的人从这些君主那里换得回报之后，他们就立即搜罗

世（Ptolemy Philadelphus）去购买它们。[1] 当我们进一步考虑后亚里士多德时期的一些文本校勘，我们就更没有理由相信亚历山大里亚图书馆的人对名家作品之真实性的验证确如格罗特设想的那样仔细和精确。所以，阿里斯托芬和塞拉绪罗的目录只能表明那些作品在这些文法学家生活的年代被认为是柏拉图的著作。至于它们是否属于柏拉图，这点只能根据一般的评判原则，通过对每一篇著作本身的具体考察来判定。

亚里士多德的记载提供了更为可靠的判断标准；[2] 但是即便如此，情况也没有设想的那样简单。首先，提及柏拉图主张的某些段落实际上是否来自亚里士多德，这点有时候是值得怀疑的；这种怀疑破坏或弱化了一些引用的论证力度。[3] 尽管亚里士多德明显提及柏拉图著作的一些文

55

了许多伪造书籍"。（与此类似的说法可以参考 Simpl. *in Categ.* 2 e. *Schol. in Ar.* 28, a. *infra.*）盖伦在这里设想，在这两家重要图书馆建立之前没有出现过伪造书籍的事情，这显然说过头了；而且我们更不能同意格罗特的结论（*loc. cit.* 155），即，这两家图书馆的竞争最早给了这类伪造图书以可乘之机，而且帕伽马的图书馆直到公元前 230 年才得以建立，所以我们不能设想在此之前存在任何伪造书籍。盖伦并没有提到这里所设想的两家图书馆之间的竞争；φιλοτιμηθέντας 只是表示追求某一方面的名声或荣誉，热衷于某个事情；辛普里丘所使用的词是 σπουδάζειν。

1　Cf. Part ii. b. 87, 6, 2nd edition.

2　Trendlenburg（*Plat. de id. et num. doctr.* 13 sq.）以及随后我本人（*Plat. Stud.* 201 sq.）尝试汇总了所有亚里士多德指涉柏拉图著作的文本。再后来，Suckow（*Form. d. Plat. Schr.* 40 sq.）、Ueberweg（*Unters. Plat. Schr.* 131 sq.）和 Schaarschmidt（*Samml. d. Plat. Schr.* 90 sq.）详细考察了这些文本证据。Bonitz 在他的《亚里士多德索引》（*Index Aristotelicus*, 598 sq.）给出了最为详尽的一个列表。我们接下来会谈到对于这些对话录的指涉，不过在这里先不讨论亚里士多德所引述内容的细节。

3　例如，在伪作《论宇宙》的末尾（p. 401）中对《法律》（iv. 715E sq.）的引述；在《论植物》（1, 815 a 21）中对《蒂迈欧》（77B）的引述；在《欧德谟斯伦理学》中对《欧叙德谟》（279D sq.）的引述（参见第 38 页注释 3）。此外，Bekker 版《形而上学》xi. 8, 1064b29 中对《智者》的引述也可能属于这种情况，因为不仅这一卷的第二部分肯定是伪作，而且该卷第一部分的纯正性也没能得到确认（c. 1–8, 1065a26）。经过反复考察，我（以及 Brandis, *Abh. d. Berl. Akad.* 1834；*Hist. -phil. Kl.* p. 72；Bonitz, *Arist. Metaph.* ii, 15；Schwegler, *Arist. Metaph.* iv, 209）认为这一部分更有可能是一篇较早的纲要，或许是亚里士多德为了讲演而准备的一份提纲，而不是对《形而上学》iii、iv 和 vi 的后期概括。《修辞学》iii 中对《申辩》和《美涅克塞努》的引述有更为可疑的理由。尽管这一卷的内容作为整体看起来属于亚里士多德的风格，但是仍有这样的疑问，我们手头上有的这个篇章是否属于亚里士多德《修辞学》的原本内容，或者说是不是某位后世者加在前面两卷之后的——或许基于亚里士

56 本是完全可靠的，但是这种提及并非总能表明它具体指的是哪一篇著
作。如果亚里士多德不仅提及著作的篇名而且提及作者的名字，譬如他
说"柏拉图在《蒂迈欧》（或《理想国》等等）中主张"，如此这般，[1]那
么我们对他的意思不会有任何疑问。但是，亚里士多德著作中常常是这
样，即提及一些引用的文本，但是没有提及作者的名字；或者相反，有
些说法和观点被归到柏拉图名下，但是完全没有提及这些说法或观点出
现在哪篇著作里；或者还有一种情况，亚里士多德提到的一些学说或表
述出现在我们所知道的柏拉图著作中，但是他既没有提到柏拉图的名字

多德的一些笔记或一份讲演稿。要支持后面这个设想，除了其他一些佐证之外，或
许可以提到这个事情，即，据《修辞学》iii.1，尤其1054b16 sq.，如下这点是可疑
的，即亚里士多德总体上会不会在他的《修辞学》中处理在卷 iii 中讨论的那些主
题；此外，在 iii.17 讨论又回到了 πίστεις（说服性论证）的问题，而这是在前两卷
已经得到彻底论述的主题。卷 iii 还有许多这样的例子，这些尤其让我们怀疑它出
自另一个人之手；关于这点，值得一提的是，那些已经在卷 i 和卷 ii 出现的引述在
卷 iii 以更完备的方式再次出现了。在 i.9,1367b8 简短地提及了苏格拉底本人的一
个说法（"就像苏格拉底说过的，在一个雅典人面前赞扬雅典人并不困难"），而在
iii.14,1415b30，我们看到了以更详细的方式从《美涅克塞努》（235B，236A）中引
述的内容："正如苏格拉底在'悼词'中说的，这点是对的，在雅典人当中赞扬雅典
人并不困难，但在斯巴达人当中就困难了"。在 ii.23,1398a15，作为 ἐξ ὁρισμοῦ（通
过定义）来证明的一个例子，接下来引述了这样的内容："什么是精灵呢，它要么是
神，要么是神的作品"，而在 iii.18,1419a8，我们看到了从柏拉图《申辩》27B–D
中引述而来的四行内容。在 ii.23,1399b28 中从塞奥狄克特斯（Theodectes）引述来
的内容在 iii.15 又出现了，而且内容变得更长；从 1416b1–3，我们看到了索福克勒
斯的《透克洛斯》（Teucer）中一段话的细节（1398a4）以简短的方式被提及。还有，
在 iii.14，《美涅克塞努》被说成 ὁ ἐπιτάφιος（悼词），而在 iii.10,1411a31，同样
的称呼被用来指吕西阿斯（Lysias）的《悼词》。这些情况肯定为我们的如下怀疑提
供了一些根据，即，《修辞学》卷 iii 中对《申辩》和《美涅克塞努》的引述是不是
由亚里士多德本人提供的。另一方面，我不能同意 Schaarschmidt（*Samml. d. Plat.
Schr*.383）的观点，他从《形而上学》v.29,1025a6 中的一处文本（联系到《小希庇
亚》）得出评论说，几乎不可能是亚里士多德本人发表了《修辞学》卷 iii 的内容（尤
其是以我们现在看到的这个样子）。《形而上学》卷 vi 无疑是被亚里士多德本人证实
为真作的（参考 Part ii. b 58, 2nd edition，以及《论生成和毁灭》ii.10,336b29，参
考《形而上学》v.7）——可能不是这部著作的一部分，但无论如何是亚里士多德
的一篇独立论著——完全没有理由认为我们所看到的只是后来人重塑过的内容。

1　这些引述在 Bonitz 的《亚里士多德索引》中被冠以前缀 a。

也没有说明引自哪篇著作。[1] 还有一些情况是这样：亚里士多德明确说明从某篇对话录中引用了某个说法，但是它被归到苏格拉底而不是柏拉图的名下。[2] 在所有这些情况下，我们到底能不能说亚里士多德向我们提供了相关著作系出自柏拉图的明确证据，这点是有疑问的；不过其中多数情况用不着特别怀疑。如果亚里士多德提及了对话录的名称，并且说到，"苏格拉底在此主张某某"，那么他一定表示，柏拉图在这篇对话录中通过苏格拉底之口说出了这种主张。他在那些特别提到柏拉图著作的其他场合中就是以这样的口吻来表达的，[3] 而且他所引述的苏格拉底的观点或说法没有一处是超出我们所拥有的柏拉图著作集之外的，尽管他肯定也了解色诺芬、埃斯基涅和安提司泰尼所写的苏格拉底对话录。[4] 实际上，他所引述的苏格拉底的说法与柏拉图的著作如此一致，以致他甚至把《法律》也表达为苏格拉底的对话，[5] 尽管苏格拉底根本不出现在《法律》中，而且"雅典客人"也未必指苏格拉底。亚里士多德把那些完全属于柏拉图原创的但以苏格拉底之口说出来的观点直接看成苏格拉底的观点，[6] 并不在柏拉图和苏格拉底本人的观点之间进行甄别。因此，

57

58

1　Bonitz 通过 b、c、d 标识了三处文本。

2　例如，《论生成和毁灭》ii.9, 335b9："有些人认为，诸形式（诸理念）之本性就足以解释生成了，正如苏格拉底在《斐多》中"。Bonitz 把这些情况归为第一类，与那些提及柏拉图连同苏格拉底一起的情况区别开来。

3　就像他在《政治学》ii, 1 - c.6. 1065b1（此处德文与英文本有误，很可能指《政治学》ii.1, 1261a6 或 ii. 6, 1264b28 sq.——中译注）对柏拉图《理想国》的批评；Ibid. iv.4, 1291a11（"因为苏格拉底说"）；viii. 7, 1342a33, b23；v. 12, 1316a1 sq.（"据《理想国》中苏格拉底所说"，等等）；《论生成和毁灭》ii, 9，参见上注。与此类似，《政治学》ii.4, 1262b11，在提到苏格拉底希望国家拥有最大可能的统一性之后，出现了这样的话："正如我们知道，阿里斯托芬在情爱讨论中所说的"，在这里提及的是柏拉图《会饮》。

4　亚里士多德以过去时态（Σωϰϱ. ῴετο, ἐζήτει, 等等）提到关于苏格拉底的许多事情，这些可能是从色诺芬或其他一些记载中转述而来的；但是他以现在时态引述苏格拉底（Σωϰϱ. φησί, 等等）的任何言论无不出现在柏拉图对话录里面。在过去时态引述中，只有一处确定是引自色诺芬的《回忆苏格拉底》（i.2, 54），见于《欧德谟斯伦理学》vii.1.1235a37。

5　《政治学》ii.6, 1265a10（提及《法律》）："全部苏格拉底的讨论都是超凡脱俗的"。在之前的文本中，"εἴϱηϰεν"的语法主语也是"苏格拉底"。

6　参考《政治学》ii.3, 1261b19–21："苏格拉底认为……苏格拉底希望达到"。

如果我们手头上的某一篇对话录是被亚里士多德以这种方式来对待的，那么我们可以确定他认为该作品是柏拉图的。[1] 这点对于那些在被引用时苏格拉底和柏拉图的名字均未被提及的对话录而言也是同样成立的。[2] 这类引述只以这点为前提：所引述著作对于读者而言是熟悉的，不会被误会为其他著作；我们发现这点也适用于其他那些广为人知的著作；[3] 但是，在亚里士多德以这种方式提到的哲学作品当中，没有一篇不属于我们手头拥有的柏拉图著作集；正如前面所说，亚里士多德提到的苏格拉

59

---

c.4.1262b6："由于这点，苏格拉底认为有必要设立这些关于儿童与妇女的规章"。c.5.1263b29："苏格拉底的错误之原因必须被认为是他的基本预设是不正确的"。《政治学》viii.7, 1342b23："所以一些懂音乐的人也正确地批评了苏格拉底（即《理想国》中的苏格拉底）"。

1　Ueberweg 争论说，《修辞学》iii.14, 1415b30 中的《美涅克塞努》不是作为柏拉图著作而被引述；他对此处文本的实情太过疏忽。如果这个引述真属于亚里士多德（参考第 41 页注释 3），我们只能得出结论说，按照亚里士多德的一贯做法，这里应该指的是柏拉图的作品，就好像《理想国》《斐多》和《会饮》的那些情况一样（转引于第 43 页注释 2）。

2　如《蒂迈欧》，见《论天》iii.2, 300b17："正如《蒂迈欧》中所写的"。《论灵魂》i.3, 406b26："《蒂迈欧》以同样的方式（如同德谟克利特）做出自然方面的解释"，还有多处引用（参见 Bonitz 的《亚里士多德索引》）；《斐多》，见《气象学》ii.2, 355b32："但是《斐多》中关于河流和海洋的描述是不可能的"（我必须收回我在 Plat. Stud. 207 中关于这段文本之可靠性的怀疑）；《斐德罗》，见《修辞学》iii.7, 1408b20："就像《高尔吉亚》的做法以及《斐多》中的那些内容"；《美诺》，见《后分析篇》71a29："不然的话，《美诺》中的难题就会出现"；《前分析篇》ii.21, 67a21："以同样的方式，《美诺》中的论证，即学习就是回忆……"；《高尔吉亚》，见《辩谬篇》12, 173a7："就像《高尔吉亚》所描述的卡里克勒所主张的"；《小希庇亚》，见《形而上学》v.29, 1025a6："由于这点，《希庇亚》中的那个论证是误导人的"，等等。Schaarschmidt（Samml. d. Plat. Schr. 383）关于后面这个引述有这个说法："对话录的作者在这里以某种贬损的语气被提及，这让我们很难设想亚里士多德所指的是柏拉图。"但是，要衡量这个论断的准确性，只要参考第 43 页注释 5 中转引的《政治学》ii.5 和 viii.7 的文本就可以了。此外，Schaarschmidt 本人也对这个文本有这样的评论："亚里士多德对目前这篇对话录的非难就其本身而言不能佐证他没有把柏拉图当成其作者。"对该说法的进一步反驳，参见第 41 页注释 3。

3　例如《伊利亚特》与《奥德赛》，以及索福克勒斯和欧里庇得斯的许多文本；参考《亚里士多德索引》的 Ἰλιάς、Ὀδυσσεία、Σοφοκλῆς、Εὐριπίδης 等条目。甚至 Lysias 的葬礼演说（60 节）在《修辞学》iii.10, 1411a31 中也只是以这样的话来引述：οἷον ἐν τῷ ἐπιταφίῳ，还有 Alcidamas 的 Μεσσηνιακός，在《修辞学》i.13, 1373b18 一度被引述过之后，在 ii.23, 1397a11 中同样以没有提及作者名字的方式被提及。

底学派著作全部都是指柏拉图的著作。这种情况让如下这点变得极有可能：亚里士多德以这种方式引用的所有著作都被他看作属于柏拉图，否则的话，我们就有理由去想，他认为是伪作的著作不会以不提示其实情的方式得到介绍，尤其假如它们在风格和论述方式上可以声称属于柏拉图的话。因为亚里士多德不会假定他的读者必然对实情有所了解。[1]

有些引述被说成柏拉图或苏格拉底的理论或说法，而且与柏拉图的著作吻合，但是没有提及著作的篇名，对于这种情况，亚里士多德常常会使用现在时态来让我们确定他所表示的是柏拉图的著作，譬如，"柏拉图主张"（Plato maintains）、"苏格拉底说"（Socrates says），等等。[2] 当他以这种方式来表述的时候，可以确定他心里想的是那些写在著作中的苏格拉底的或柏拉图的话语。[3] 当我们发现这些话语出现在某篇传统认为属于柏拉图的著作中时，我们不太可能怀疑这篇著作就是亚里士多德所提及的著作。所以，如果这些条件是完全可得到的，那么通过这类苏格拉底或柏拉图的话语而得到的证据就与那些直接提及具体著作篇名的材料具有同等的证明力。然而，另一方面，我们不能得出结论说，当亚里士多德使用过去时态提及苏格拉底或柏拉图的学说的时候，他只是间接地指涉或者根本不指涉这些学说所出现的著作。[4] 这里需要区分几

60

1　因此，Schaarschmidt（*Plat. Schr.*342, 383）否认亚里士多德把《美诺》和《小希庇亚》归于柏拉图，我认为是不对的。

2　如 xii.6, 1071b32："（留基伯与柏拉图）说运动永远存在"（据《论天》iii.2, 300b16，这段话来自《蒂迈欧》30A）。Ibid. 37："但是柏拉图甚至不能解释他有时候视为运动之起源的东西，也就是那个自身推动自身的东西（见《斐德罗》245C sq.，《法律》x.895E sq.），是什么；因为据他说，灵魂是后在的，与宇宙同时出现（见《蒂迈欧》30B sq.）。"《物理学》viii.1, 251b17："只有柏拉图设定时间的产生，因为他说时间与宇宙同时出现（见《蒂迈欧》37D sq.）。"《形而上学》iii.5, 1010b12："正如柏拉图说（见《泰阿泰德》171E, 178C）。"《论题篇》iv.2, 122b26："正如柏拉图把位移（φοϱάν）界定为位置上的变化（《泰阿泰德》181C；同一句话也出现在《巴门尼德》138B sq.）。"《尼各马可伦理学》x.2, 1172b28："通过这样的论证，柏拉图证明善不是快乐（见《斐莱布》22A, 60C sq.）。"

3　通常来说，在著作名称被提及时，引述用语出现为现在时态；参考《亚里士多德索引》中标识为 a 的那些引述。

4　如 Ueberweg 认为的那样（*Plat. Schr.*140 sq.）。另一方面，参考 Bernays apud

种情况。首先，亚里士多德从某篇著作中引用柏拉图或"苏格拉底"的
说法的时候，可以正当被采用而且也是最普遍被采用的是完成时态。[1]这
种时态与"叙事性时态"（未完成时和不定过去时）有某些不同之处。
就苏格拉底而言，后面两种时态只被运用于某些学说属于苏格拉底本人
的情况，它意味着亚里士多德通过特定著作了解到这点。[2]因为关于柏
拉图作品中的"苏格拉底"可以相当确切地说，他"主张"（现在时态）
某个观点，或某个观点是他"说过的"（完成时态），这并不表示他曾经
说过某个观点，因为作为一个文学角色他的存在只是对于柏拉图作品的
读者而言，而这读者总处于"现在"；离开读者而只属于过去的那个人
物不存在。然而，如果亚里士多德提及柏拉图本人曾经说过或主张某个
观点，上面这种想法就不再成立了。柏拉图所表达的不仅仅是他的著作
中向我们呈现的话语，而且还有撰写这些著作的行动。所以，在这种情

Schaarschmidt, *Rhein. Mus. N. F.*xviii., 3 sq., Albert, *Geist u. Ordn. d. Plat. Schr.* 54。

[1] 例如，《政治学》ii.5, 1264a12："苏格拉底（指柏拉图《理想国》中的）并不是说"。
Ibid. b24："苏格拉底所描述的那种政制"。c.6, 1264b28—36："在《理想国》中苏
格拉底总共才界定了少数几个问题而已……但是苏格拉底没有界定这些"。1266a1：
"在《法律》中得到主张的是"。c.9, 1271a41："还可以对这种立法原则提出一种批评，
如柏拉图在《法律》中提出的批评"。《论题篇》vi.3, 140b3："正如柏拉图所界定的"。
《辩谬篇》12, 173a8："《高尔吉亚》中描述的卡里克勒所主张的"。《物理学》iv.2,
210a1："正如《蒂迈欧》中所写的"。类似的还有《论生成和毁灭》i.8, 325b24："正
如在《蒂迈欧》中柏拉图所写的"，以及其他多处。

[2] 例如，《尼各马可伦理学》vii.3, 1145b23 sq.："正如苏格拉底认为的……苏格拉底
其实曾经完全对抗这个论证，etc."。参考《普罗泰戈拉》352B sq.。《政治学》i.13,
1260a21："男人与女人的德性不是同样的东西，如苏格拉底认为的那样"。参考《美
诺》73A sq.。《尼各马可伦理学》iii.11, 1116b3 对苏格拉底的引述也出现在《普罗
塔戈拉》349E sq.。360C sq. 的内容由过去时态的 ῴήθη 引出（在《欧德谟斯伦理学》
iii.1, 1229a15 的类同文本中由 ἔφη 引出）。《修辞学》iii.18, 1419a8 sq.，苏格拉底
和美勒托的对话（柏拉图《申辩》27B sq. 的叙述）由过去时态的 εἴρηκεν、ἤρετο、
ἔφη 等等引述为事实性记载，而《修辞学》ii.9, 1367b8 中的说法（在雅典赞扬雅典
人是容易的）通过"正如苏格拉底说过的"（ὥσπερ γὰρ ὁ Σωκράτης ἔλεγεν）这样
的引导语而被归于苏格拉底本人；《修辞学》iii.14, 1415b30 中，同样的说法从《美
涅克塞努》中引述而来，其措辞颇合亚里士多德的风格："在《悼词》中苏格拉底观
点说"。另一方面，在《论生成和毁灭》ii.9, 335b9（"有些人认为，诸形式之本性
就足以解释生成了，正如苏格拉底在《斐多》中"），我们应该为"正如……"补上
现在时的动词 οἴεται（认为）。

况下，在引用它们的时候可能采用叙事性时态也可能采用现在时态。有时候这两种时态混在一起，[1]尽管这种情况不是经常出现，我们不能因为亚里士多德在引述柏拉图话语的时候使用了过去时态而得出结论说，这个引述不是来自于他的任何书写作品。[2]

　　在亚里士多德著作中，还有一些段落既没有提及柏拉图的名字也没有提及他的任何对话录篇名，但是其中有内证表明亚里士多德在写这些文字时肯定想着柏拉图的特定作品，它们常常暗指这些作品，[3]尽管不是

1　《尼各马可伦理学》i.2, 1095a32（"εὖ γὰρ καὶ Πλάτων ἠπόρει τοῦτο καὶ ἐζήτει〔柏拉图提出这个疑问并进行探究是对的〕"）在这里没必要拿来讨论，因为此处引述似乎指的是口头讲论（除了《理想国》vi.511B之外）。但是，上述提到的过去时态在《论生成和毁灭》ii.5, 332a29确实出现了："正如在《蒂迈欧》中柏拉图写的（ἔγραψεν）"。《物理学》iv.2, 209b15：（柏拉图在《蒂迈欧》52A sq.）"把位置和空间表明为（ἀπεφήνατο）同一个东西"。《政治学》ii.7, 1266b5："柏拉图在写作《法律》时认为（ᾤετο）"。还有《论生成和毁灭》i.2, 315a29："关于生成与毁灭柏拉图只是考察了（ἐσκέψατο），etc."这些文字指的是《蒂迈欧》，正如我们在接下来可以看到的（315b30；316a2 sq.）。《论感觉及其对象》（443b30）使用了类似说法来表示斯特拉底斯（Strattis）对《腓尼基妇女》（Phoenissae）中一句诗的指涉：ἀληθὲς γὰρ ὅπερ Εὐριπίδην σκώπτων εἶπε Στράττις（斯特拉底斯在嘲笑欧里庇得斯时所说的话是正确的）。

2　如Ueberweg（Plat. Schr. 153 sq.）对《形而上学》vi.2, 1026b14和xi.8, 1064b29所作的说明（vide p.399, 2），这两处中使用的过去时态ἔταξεν和εἴρηκε φήσας（据前面的论述，后面这个表述不能被考虑进来——除了作为完成式这点）所指的是口头讲论。

3　亚里士多德这里使用的那些表述方式几乎都有同样的效果，《物理学》iv.7, 214a13："由于这点，一些人把虚空说成是有形体事物的质料"（《蒂迈欧》52A sq.）；《论灵魂》ii.2, 413b27："灵魂的其他部分并非是可分离的——如某些人说的那样"（《蒂迈欧》69C，尽管所指究竟是哪一段文本是有疑问的）；《政治学》vii.7, 1327b38："因为正如有些人关于护卫者应该有的品性所说的"（《理想国》ii.375A sq.）；《政治学》vii.10, 1329b41："因为我们不认为财产应该共有，像有些人说的那样"（《理想国》iii.416D）；《论灵魂》i.5, 411b5："有些人认为，它〔灵魂〕是可分的……"（《理想国》iv.436 sq.）；《论动物的部分》ii.6 beginn.，"髓也是……，不像某些人认为的那样，是产生精子的能力"（《蒂迈欧》86C？）；《论天》iii.1, 298b33；"还有一些人认为，所有的物体都是从诸平面合成的并且分解而复归于诸平面"（《蒂迈欧》53C sq.）；《论天》ii.3, 286b27："即使那些把物体划分为诸平面并且从诸平面中构建诸物体的人也似乎同意这种观点"（《蒂迈欧》，同上）；《论天》ii.13, 293b30："还有一些人说，尽管大地……，但是它旋转"，类似的有Ibid. i.10, 280a28："……正如《蒂迈欧》中所写的（40B）"；《论动物的部分》iv.2, 676b22："那些说胆汁为了

63　　直接的，但是不会让人搞错。这些段落的说服力只能按照每种情况通过文本校勘的常规法则来进行确定。亚里士多德著作中的段落与某篇柏拉

64　图对话录的相应段落之间的一致性越是明显，我们越是没有理由设想该篇对话录的作者借用了亚里士多德著作中的论述，那么我们就越是可以肯定该篇对话录是为亚里士多德所了解的，而且，该篇对话录——就像以相似方式得到引述和使用的柏拉图作品集中的其他著作一样——被亚里士多德承认为真作的可能性就越大。

　　在那些以柏拉图名义流传下来的著作当中，亚里士多德评论最多而且总是同时提及作者和篇名的是三篇重要的阐述性著作：《理想国》《蒂迈欧》和《法律》。除了这三篇之外，被亚里士多德以直白的方式说成柏拉图著作的就只有《斐多》。[1]《斐德罗》的篇名被提到一次[2]，其中关于灵魂的定义有两次被引述为柏拉图的观点。[3] 亚里士多德对《会

感觉活动而存在的人说得并不正确。他们说……"（《蒂迈欧》71A–D）；《政治学》vii.17, 1336a34："《法律》中的立法者禁止儿童阵发性哭叫，这种禁令是不正确的"（《法律》vii.791E sq.）。这些例子让我们对《政治学》iv.2, 1289b5（其中提到了柏拉图）产生的一些在引述方式上的疑虑现在被打消了。亚里士多德在该处说："前辈中的某人对此做过这样的阐明，不过他的视野跟我们不一样。因为他做出的判断是，所有的〔政体〕都有好的类型，……民主制在其中是最差的，但是对于那些坏的类型而言是最好的"。Schaarschmidt（*Sind. Soph. u. Polit. echt*, etc. *Rhein. Mus. N. F.* xix. p.2）认为，亚里士多德可能希望我们明白他不知道《政治家》的作者，或者他不认为其作者是柏拉图。"就我所知，亚里士多德从来没有以这种方式或相似的方式引述柏拉图。"同样，Ueberweg（*Zeitschr. f. Philos. N. F.* lvii. 84）说，《智者》和《政治家》都没有被亚里士多德证实为柏拉图的著作，而只是属于 τὶς τῶν πρότερον（前辈中的某人），而且 Suckow（*Form. d. Plat. Schr.* 87）详细论证，如果亚里士多德知道而且认可《政治家》属于柏拉图著作，他不可能在这段文本中不提到柏拉图的名字。甚至 Steinhart（*Ztschr. f. Philos.* lviii, 47）也认为《政治学》中不提柏拉图的名字是难以解释的，以至于他倾向于把目前这段文本归于对某位未知作者的引述，而柏拉图又熟悉这位作者的观点。但是，实际上这里引述《政治家》文本的方式只是在如下这个方面不同于引述《理想国》《蒂迈欧》和《法律》的方式，即，这篇对话录的作者不是被说成 τινὲς（某些人）或 ἔνιοι（一些人），而是被说成单数形式的 τὶς（某人），换言之，亚里士多德所想到的这个人比其他场合更为清楚明确。

1　《形而上学》i.9, 991b3, xiii.5, 1080a2,《论生成和毁灭》ii.9, 335b9（这三处指涉《斐多》100B sq.）。更多的指涉可参见《亚里士多德索引》。

2　《修辞学》iii.7（vide p.58, 31），这段文本不会引起 p.55 提及的那些顾虑。

3　《论题篇》vii.3, 140b3；《形而上学》xii.6, 1071b37。这两处关于这个定义的说法更

饮》中阿里斯托芬言论的处理方式预设了该篇对话的纯正性。[1] 这种推
论也可以扩展到《高尔吉亚》《美诺》和《小希庇亚》。[2]《泰阿泰德》的
篇名没有被提及，但是其中一些段落被当作柏拉图作品加以引用（这
些段落只出现于该篇对话录中）。[3] 同样，亚里士多德也没有提及《斐
莱布》的篇名，但是从其《尼各马可伦理学》的某些段落中明显能看
出他了解该篇对话录，[4] 在《尼各马可伦理学》的某个段落里，他明显
地引用了柏拉图的看法，因为那些论断只出现在《斐莱布》中。[5] 因

接近于《斐德罗》245C，而不是《法律》x.896A；这两处引述是从同一个出处中得
来的，这点从《形而上学》文本中使用现在时态的 οἴεται 可以看出来。Cf. p. 59 sq.

1　《政治学》ii.4, 1262b11："正如我们知道，阿里斯托芬在情爱讨论中所说的。"此
前已经提及柏拉图《理想国》的一个主张；这不能必然得出结论说，《会饮》也被归
于柏拉图；但是从 p.58 sq. 的论述中可以清楚看到真相就是如此。

2　参考第 44 页注释 1，第 45 页注释 1；关于《美诺》，还可以参考第 46 页注释 1。
另一方面，在 Bonitz, Ind. Arist.598, b32 sq. 引用的指涉《高尔吉亚》的更多类似
文本中，没有一处能充分证明这篇对话录得到了利用。《尼各马可伦理学》vii. 12,
1152b8 所指的与其说是《高尔吉亚》495 sq.，不如说是斯彪西波（参见 663, 5, 2nd
edition 对他的讨论），因为这里不是断言"没有任何"快乐是好事物，而只是否认"每
一个"快乐都是好事物。

3　参见第 45 页注释 2。

4　《尼各马可伦理学》vii.13, 1153a13 不会是指涉《斐莱布》53C，因为那里的重要措
辞 αἰσθητὴ γένεσις 在这里没有出现。另一方面，在此前的文本，Z.8（ἕτερόν τι ...
τῆς γενέσεως），他提及了《斐莱布》54B sq.。这段文本是否出自亚里士多德之手
不好确定（cf. Part ii. b. 72, 1, 2nd edition）；不过它如果出自欧德谟斯，这个证据也
是一样值得考虑。更多说明请看我的 Plat. Stud.281 sq.。

5　《尼各马可伦理学》x.2, 1172b28："由于这样的论证，柏拉图证明，善不是快乐；他
论证，快乐的生活伴随明智比不伴随更为可欲，而如果混合的生活是更好的，那
么快乐不是善；因为善不能通过被加上某个东西而变得更为可欲"。这里从柏拉图那
里引述的内容，尤其从 ἀναιρεῖ 这个词看起来，乃是从柏拉图著作中逐句照抄过来
的，甚至细节上的措辞也与《斐莱布》(20E–22A，60B–61A) 一致。Schaarschmidt
(Samml. d. Plat. Schr.278 sq.) 的假设是完全不可接受的（如 Georg ii, Jahrb. f.
Philol.1868, Vol. 97, 300 sq. 清楚表明的那样）。他把亚里士多德的引述关联于《普
罗泰戈拉》353C–358C，而不是《斐莱布》，然后通过设想《斐莱布》的作者利用
了亚里士多德的文本来解释了他们的一致性。《普罗泰戈拉》中的文本不仅措辞
不一样——那里没有提及《斐莱布》中出现的 φρόνησις（明智），αἱρετὸν（可欲
的），混合的生活，快乐与知识的分离（χωρὶς）——而且，那里根本就没有亚里士
多德所引用的柏拉图文本。《普罗泰戈拉》通过说明带有知识的快乐比单纯的快乐
更好，并没有反驳善（好）与快乐的等同；但是，它从善由快乐所构成这个预设出

66　此，我们不能怀疑他熟悉这些对话录并且承认它们的纯正性。亚里士
67　多德著作中还有许多或孤立或相互联系的迹象 [1] 可以明确证明《智者》[2]

发（这个预设之正确性值得怀疑，这在 358B 中实际上已经得到了暗示，不过苏格拉底本人做出了这个预设而且没有对之进行抨击），阐明了每个人都从自己预期的对自己最快乐和最少痛苦的东西出发而行事；所以，由于被快乐所胜过而违背自己更占优势的知识，这是不可能的——这个原则在亚里士多德上述文本中没有提及。

1　亚里士多德的佐证之价值实际上因此而大大得到了强化。在时间跨度很大的各篇著作中的一系列文本里，亚里士多德跟我们手头上的柏拉图著作集中的两篇作品有一种契合（由于它们相互指涉〔参考《智者》217A 和《政治家》开端〕，所以要么都属于柏拉图，要么都不是），不仅在思想上一致，而且在措辞上一致，这不可能仅仅被说成碰巧。他在这些文本中有一处（也许两处）明确提到柏拉图，而另一处（《形而上学》xiv.2；参考上注）清楚指向一篇柏拉图的书写作品，在第三处（《政治学》iv.2，参见第 47 页注释 2）提到 τὶς τῶν πρότερον（前辈中的某人），在其余场合提到一些他没有说出名字的人的观点和主张，这些观点他已经从多个材料中了解到了。如果亚里士多德从来不知道《智者》与《政治家》，或者他不把这些作品看作属于柏拉图，那么怎么解释这些情况呢？（Schaarschmidt, *loc. cit.* 98 sq., 237 sq. 没有清楚地区分开这两种情况。）亚里士多德明确而且反复暗指其观点在这里得到关注的那些前人，这就排除了上述第一种假设；因为下面两个设想都没有什么可能性：（1）亚里士多德收集并且兜售口传学说或失传著作，而这些都能在这两篇对话录中被看到；（2）这些对话录的作者只是以补录的方式收集了这些零散的内容，要么从与亚里士多德所依据的材料同样的材料中，要么从亚里士多德本人的著作中。另一方面，如果我们假设《智者》和《政治家》实际上是亚里士多德所采用的材料，但是不承认它们是柏拉图的著作，那么我们就根本不可能解释如下情况：在《形而上学》vi.2（xi.8），他把一个文本引述为柏拉图的，而这个文本竟然会出现在他认为不属于柏拉图的对话录中；而且我们也不能解释这个情况：《形而上学》xiv.2，在论述那些深远影响柏拉图学说特征的那些理由时，针对一些相同主题，他采纳了可认为属于柏拉图著作里头的思想和措辞；此外还有一个情况：他多次对这第二篇"伪"柏拉图对话录表示赞许——但我们可以认定他不会认为一部伪书值得这样重视。鉴于在我们见到的柏拉图著作集里面的内容之外，他基本没有引述苏格拉底的对话（cf. p.57），所以我们必须得出结论说，他引述的只会是被他看作属于柏拉图的文本。

2　下面一些文本似乎指涉《智者》：（1）《形而上学》vi.2, 1026b14："因此，当柏拉图说智者技艺考察'非是'的时候，他在某种意义上不算错"。如果亚里士多德这里指涉一篇柏拉图对话录，那么它只能是《智者》，在本篇对话录 254A 中有这样的内容：智者"逃匿于'非是'的极端黑暗之中，把工夫全花在这里面"，从而很难被看见；而 Schaarschmidt（*Samml. d. Plat. Schr.* 190）把这个文本关联于《理想国》vi. 492A–494B 而不是《智者》，这是完全搞错了，因为在那里根本没有提到智者跟 μὴ ὄν（非是）的关系。（2）《形而上学》xi.8, 1064b29 中出现了下面的文本，它只是对 vi.2 的一个重述："因此，柏拉图在说智者把工夫花在'非是'上面的时候不算说错"。这里对《智者》的引述是如此明显，甚至 Schaarschmidt（*Samml. d. Plat. Schr.* 101）也承认了；甚至，假如《形而上学》的这段文本不是亚里士多德本人的，它对于上述

提及的这个指涉本身而言也是重要的证据。但是，根本用不着这个证据，一个只出现在作为柏拉图著作被传承下来的这一篇对话录中的判断，会被亚里士多德引述为柏拉图的但又不是出自这篇对话录，这本身就是非常不可能的事。（关于 ἔταξε〔考察〕的过去时态，参考第46页注释2）。如果仅仅有这个文本，我们可能还会有疑问。但是我们在亚里士多德的著作中还发现了更多的对《智者》的指涉。（3）在《形而上学》xiv. 2, 1088b35，在讨论到诸理念与诸数是不是由某些 στοιχεῖα（元素）复合而成这个问题的时候，亚里士多德评论说："有许多原因让他们转向这些解释，最主要的原因是，他们以古老的方式看待这个困难。因为他们认为，所有是的东西会是一个，即，是者自身，除非他们抵制并反驳巴门尼德的说法：'这点永远不能得到确证：不是的东西是'，即，他们认为这必须确证不是的东西是；因为如果'多个东西是'的话，那么诸多是的东西会由是的东西和某个别的东西组成"。Cf 1089a19："什么样的'是者'和'非是者'让'诸是者'成为多个呢？他所说与'是者'一起让'诸是者'变成多个的'非是者'的意思是，'假'以及具有假之本性的东西……"亚里士多德在这段文本里不单要我们想到柏拉图的弟子们（如 Schaarschmidt, *Rhein. Mus.* xviii. 7; *Samml. d. Plat. Schr.* 105 希望表明的那样），更主要的是柏拉图本人，这从一开头就很清楚，在其中他的目标是表明最初提出诸理念之元素的那个假设的根据；因为这个假设无疑最初是由柏拉图提出来的，而 Schaarschmidt（*loc. cit.*）错误地认为，这里不能是对柏拉图的指涉，因为亚里士多德《形而上学》xiii. 4, 1078b12, i. 6, 987a29 中的理念论是从苏格拉底和赫拉克利特学说中推导而来的，然而，实际上这段文本（以及另一段文本，显示为：πολλὰ μὲν οὖν τὰ αἴτια）中的 ἔνιοι（一些人）的观点是从《巴门尼德》中推导而来的。那里的问题是关于诸理念的，而这里的问题是关于诸元素、一、大与小。此外，目前这段文本对于柏拉图的指涉是由单数的 βούλεται 和 λέγει（据亚历山大的读法）引出的；但是这同样的措辞表明（cf. p. 59），亚里士多德在这里是指涉柏拉图的某篇书写作品，而这除了《智者》之外没有别的，因为只有在《智者》中出现了我们这里看到的内容。还有，尽管亚里士多德跟平常一样没有逐字逐句地引述，而只是以较准确的方式重述柏拉图所说的东西，符合他的意思（βούλεται），而且进一步（1089a21）附加了一些来自讲演或口头讨论的内容（关于这点，参见 Bonitz, ad loc.；Ueberweg, *Plat. Schr.* 157 sq.）；还有对于《智者》237A，241D，242A 和 258D，E 一些暗指也不能被忽略（如 Pilger 在他的 *Programm üb. d. Athetese des plat. Soph. Berl.* 1869, p. 7 sq. 所充分证明的）。（4）《形而上学》vii. 4, 1030a25；《修辞学》24, 1402a4；《辩谬篇》25, 180ε32 这些地方是不是特别指涉《智者》（258E，260C）中关于 μὴ ὄν（非是）的论述，这尚且不能确定；*De Interpr.* ii. 21a32（说作为意见对象的"不是者"是某个"是者"，这是不对的）和《辩谬篇》167a1（如果"不是者"是意见对象，那么"不是者"是）中的文本非常可能（尽管不能严格得到证实）暗指《智者》240D–241B；因为就这段文本中明确得到强调的论点而言（即，如果我们不断言"假在诸判断和诸陈述之中存在"的话，就不能使用诸如 ψευδῆ δοξάζειν〔做出假判断〕这样的措辞，也不能把 ὄν〔是者〕归附于 μὴ ὄν〔不是者〕），《泰阿泰德》189A，《理想国》476E，478B 中类似的文本不能这么严密地与之对应。（5）《论题篇》vi. 7, 146a22 sq. 对《智者》247D 的指涉是更为确定的：前一段文本是其中一种可能的可供反驳的定义的例子，其中有这样的话：

68　和《政治家》[1] 被他看作是柏拉图的作品；由于《政治家》在《法律》中

69　被明显地提及，[2] 它比与《智者》相关的证据显得还要充分一些。从《修

"是者是能够起作用或被作用的东西"；而在《智者》247D 中我们看到这样的文字："我的意思是任何具有能力的东西。这种东西在本性上要么倾向于对他者起作用，要么倾向于受作用，甚至承受最细微的东西最小程度上的作用，即使只出现一次——所有这些东西真地存在（是）"，这话在 248C 再次出现，并且表明这个定义也适用于超感性对象。这个定义如此有特点，无法相信它是其他更早的哲学家提出来的，不如说这是《智者》的作者第一次提出来的，为了解决那里提出的相关问题，而且它在 247D 中实际上是作为其对手当时还不知道的某个新观点被提出来的。

1　亚里士多德《政治学》中的一处文本谈到他的前人对于民主制的看法，这在前面已经被引述（见第 47 页注释 2）。如果我们把这段话与柏拉图《政治家》303A（διὸ γέγονε … βελτίστη）进行对照，会发现它们在思想上是一致的，甚至在措辞上都是一致的（由于凭记忆引述而出现的细微偏差是可理解的），这就使得很难设想亚里士多德心里想到的是另一个文本。《政治学》iii. 1286a7, 1287a33 两处文本也是一样明确的。第一处提出这样的问题："究竟由最卓越的人统治更好还是由最卓越的法律统治最好"，并且论述说，"那些相信接受君王统治有利的人认为，法律只说明一般的原则，而没有给出办法来指导具体处境；所以在任何一门技艺中，由写下来的法则来主宰都是愚蠢的"；第二处在批评这个观点时特别提到了后面这点："但是各门技艺的类比看起来是不对的，因为它表明按照成规行医是坏事"。这里得到反对的论断在《政治家》294A sq. 得到了详细展开，那里可以看到："最好的事情不是法律做主，而是拥有明智的君王来做主"，而这得到下面这个论证的支持，即，法律为所有人和所有情况设定条例，不管各种具体的情境，即，它是一个"总是简单的东西，却针对永远也不简单的事情"；在这个立场的进一步阐明中出现了（295B，之前还有 293A）与医生的对照，这些人没有严格把自己与他们的技术之原则绑在一起，有时候其技术本身向他们表明，在某些特定环境下，偏离某个原则是明智的。我们必须得出结论说，这个对照实际上是亚里士多德（同上）所暗指的内容，尽管我们不清楚他手头上是不是有《政治家》：因为在这么一个典型的思想方面出现偶然的巧合是有可能的；但是，无法相信的是，《政治家》的作者把自己如此一贯的理论（从苏格拉底—柏拉图的那些预设中以这么准确和恰当的方式引发出来）仅仅建立在亚里士多德著作中那些文本的基础上，更不可相信的是，他在这么做的时候会不试图消除亚里士多德的那些反驳。既然实际上是亚里士多德遇到了他与之论战的那些观点，那么，除了《政治家》这篇对话录之外，他从哪里找到这些观点呢？不然我们就必须设想在《政治家》之外还有对应的论著，同样属于柏拉图学派，内容与之相当，甚至在思想和阐释方式的细节方面都是如此。此外，亚里士多德《政治学》i.1, 1252a7 与之论战的主张："政治家、君王、家长和主人是同样的"，以及其理由"既然一个大家庭与一个小城邦没有什么不同"，几乎逐字逐句都出现于《政治家》259B、C 之中。同样的主张在亚里士多德《政治学》i. 3, 1253b18, c.7 beginn., vii.3, 1325a27 中反复被谈到。更多类似的文本可见《亚里士多德索引》，不过其证据力度比上述这些要弱一些。

2　这从《法律》iv. 713C sq.（论黄金时代）与《政治家》271D sq. 的比照中可以得出。但是，Schaarschmidt（*Samml. d. Plat. Schr.*）认为，《法律》的文本在《政治家》

辞学》中可以明显看出，《申辩》被亚里士多德承认为柏拉图作品，而　　70
《美涅克塞努》则尚存某些疑点。[1] 他从来没有提及《巴门尼德》这个篇
名，只有一处不太明显的地方有可能引用了该篇对话录。[2] 但是，如果
《斐莱布》确实指涉《巴门尼德》，[3] 那么关于其中一篇对话录的证据就可
以间接地适用于另一篇对话录。《普罗泰戈拉》也没有被特别提到，但
是亚里士多德显然知道这篇对话录，[4] 而且将其视为具有史实性的文本。[5]　　71
他似乎还了解《吕西斯》《卡尔米德》和《拉凯斯》，尽管这点不如《普
罗泰戈拉》的情况那么明显。[6] 有两个段落是否指涉《克拉底鲁》和[7]《大

中得到模仿。在我看来，《政治家》中的阐释具有明确的原创性，所以要证明其为
伪作必须有很强的根据，不然的话，我们把《法律》中更宽泛的扩充看作来源于《政
治家》就是有道理的，而甚至在《法律》713E 中也明显包含一处对《理想国》（473C
sq.）的指涉。

1　我们这里关注的这段文本在 p. 54 中得到了转引，在那里还指明了，为什么《修辞
学》卷 iii 中的那些引述是有问题的。但是，除了这些之外，《修辞学》ii. 23 证实了
对于《申辩》的利用；尽管在《修辞学》i. 9 中苏格拉底的说法得到了引述，但是
"Σωκράτης ἔλεγεν"（苏格拉底说过）这个说法（如我们在 p. 60 中说过的）可能是
亚里士多德从其他场合引述而来的，例如，从《美涅克塞努》中。

2　在第 45 页注释 2 中提到的文本既可能是从《巴门尼德》也可能是从《泰阿泰德》
那里引述而来。

3　我在我的 Plat. Stud. 194 中已经支持了这样的观点，所借助的论证是，《巴门尼德》
的第一部分（129B sq., 130E sq.）在《斐莱布》（14C, 15B）中差不多得到了直
接引述，而这个理由我现在仍然觉得是很有效的。Schaarschmidt（Samml. d. Plat.
Schr. 277）也同意我的看法，但是，他以与上面很不同的方式利用这个假设，从
《巴门尼德》为杜撰作品出发（他认为这是无可争辩的），得出结论说，《斐莱布》
也同样不是柏拉图的真作。

4　Bonitz 的《亚里士多德索引》所引述的文本提供了佐证，《论动物的部分》iv. 10,
687a24：有人抱怨"人类的构造是不好的，比其他动物都糟糕，这种说法是不对的。
其根据是人类跣足、裸体、缺少自卫的武器"。参考《普罗泰戈拉》321C（普罗泰
戈拉的神话）："他看见其他动物配备了各种东西，而人类却是裸体的、跣足的、没
有巢穴、没有装备"。

5　例如，《普罗泰戈拉》352B sq. 是《尼各马可伦理学》vii. 3 ad init. 关于苏格拉底的
论述的材料来源，而《尼各马可伦理学》x. 1, 1164a24 中关于普罗泰戈拉的提示所
指的是《普罗泰戈拉》328B sq.。《尼各马可伦理学》iii. 9, 1115a9 更接近《普罗泰
戈拉》358D 而不是《拉凯斯》198B。

6　参考 Bonitz 的《亚里士多德索引》599a 和前注中的那些指涉。

7　《论灵魂》i. 2, 405b27："因此，他们追随名称的指引；那些把灵魂（τὴν ψυχὴν）
与热（τὸ θερμὸν）等同起来的人论证说，'生命'（ζῆν）是从'沸腾'（ζεῖν）衍生

希庇亚》,[1] 其可疑程度更大。《欧叙德谟》在《欧德谟斯伦理学》中的确被提到了,[2] 但是,亚里士多德引述的智者派人物欧叙德谟的谬论[3] 并没有出现在柏拉图的《欧叙德谟》中;如果我们假设该篇对话录是柏拉图真作,那么我们应该会看到亚里士多德在考察谬论的时候用到它(这个考察会让他经常跟它打交道),[4] 但是这两处论述的关联性并不足以当作证明《欧叙德谟》属于真作的证据。

如果我们手头上的柏拉图著作集中任何一篇对话录被亚里士多德直接说成柏拉图的作品,或者他在利用某篇作品的时候预设它是真作,那么,这种情况大大有助于证明其纯正性。因为在柏拉图去世前 20 年,亚里士多德就已经在雅典成为柏拉图学园中的一员,在柏拉图去世后他离开了雅典,但是在 12 或 13 年后他又回到了雅典并且在那里度过余生。柏拉图在世时,几乎不可能有任何著作被已经充分领会相关主题的弟子错误地当成其老师的作品,也基本没有机会让这样的事情发生。柏拉图去世后,斯彪西波和色诺克拉底主持阿卡德米学园的这段时期,包括亚里士多德和其他柏拉图亲炙弟子住在雅典的时期,这种情况也只可能在

的,而那些把灵魂与冷(τὸ ψυχρόν)等同起来的人说,灵魂这个名称是源自于呼吸与冷凝过程"。《克拉底鲁》399D:在 ψυχή 这个名称中得到考虑的似乎是:"当它出现在身体中,它是身体之生命(τοῦ ζῆν)的原因,提供呼吸的能力并且使之恢复生机"。

1 《大希庇亚》298A,苏格拉底尝试性地提出定义,随后表明它是无用的,"美是借由听觉和视觉而让人快乐的东西"。同样的定义也在亚里士多德《论题篇》vi.7,146a21 中作为一个错误定义的例子被提及("例如把美定义为借由视觉和听觉而让人快乐的东西")。但是,亚里士多德没有说他从哪里获得这个定义,我们不妨设想,它最初出现在某位智者派人物(如,普罗迪科或高尔吉亚)或者我们不知道的某个人的作品里,然后被亚里士多德在没有接触到《大希庇亚》的情况下看到;或者,这篇作品在阿卡德米学园中流传(基于《斐莱布》51B sq.,或者某个相应的口头讨论),所以以被亚里士多德了解,也一样被《大希庇亚》的作者了解(如果说这个作者不是柏拉图的话)。亚里士多德作品中关于这个定义的措辞与《大希庇亚》的措辞颇有不同,而且据《形而上学》v.29(参见德文版第 392 页注释 3),亚里士多德似乎只了解一篇《希庇亚》,也就是《小希庇亚》。

2 参考第 38 页注释 3。

3 《辩谬篇》20, 177b12 sq.;《修辞学》ii, 24, 1401a26;cf. Vol. i.914, 4, 3rd edition。

4 Cf. Part i. 910 sq..

极其特殊的条件下才能发生，而且程度会非常有限。某些没那么重要的对话录在柏拉图去世后被某些隔代弟子在不熟悉的情况下当作受到忽略的早期作品或遗稿收录到柏拉图对话集中，这确实是可以设想的。这种情况在我们当代也会出现，尽管我们在占有材料方面比古人更丰富，在文本评判方面也比古人有更多经验。更有可能出现的情况是，柏拉图的一个未完成的草稿，在他死后经过某个弟子修订完成，被完全当成柏拉图真作，而没有把原稿和后来掺进来的因素严格区分开来。但是，难以相信这种事情在柏拉图死后的第一代继承人那里会经常出现。柏拉图的那些名篇只要一度存在，由于它们的重要性在柏拉图在世时就已经得到学园的承认，因而很难相信它们在他死后才冒出来并得到普遍承认。如果说亚里士多德关于柏拉图作品的那些清楚无疑的证词不能绝对保证这些作品的纯正性，那么至少这些证词是非常有利的证据，只有非常有分量的内部证据才能抵消它的证明力。如果某个关于柏拉图作品集的批评从某些假设出发，而这些假设需要排斥许多被亚里士多德承认的作品，那么这种情况就足以证明这些假设是错误的。

　　在亚里士多德所引述的那些著作方面，他的证言具有重要地位，然而，对于他丝毫没有提及的那些著作，我们能确定地得出结论说它们是伪作吗？没有人会不加限制地主张这点。亚里士多德不是作为一位文学史家对柏拉图著作进行评判，他没必要提供一个完整的目录，报告他所知道的全部作品。他也不是像现代哲学史家那样来对待柏拉图著作；他的目标不是把这些著作的全部哲学内容汇总起来以再现柏拉图的学说。他只是在特定场合才提及它们，要么是在表述自己观点的时候，要么是在批评或反对柏拉图和苏格拉底观点的时候。因此，我们不能指望亚里士多德提及所有他所了解的柏拉图著作，相反，只有这些著作对于他恰好准备探讨的哲学问题而言是必要的或适切的，他才会提起。不过，这样一条原则也必须小心运用。对于我们而言，柏拉图的著作是仅有的或首要的了解其哲学体系的材料：我们不可能不借助于它们来谈论柏拉图哲学。对于亚里士多德而言，情况则有所不同。他首先通过口头交流

73

74

和直接交往得到关于柏拉图学说的认识，而柏拉图的著作则是第二位的。这些著作对于亚里士多德而言是一些辅助材料。他在阐明自己学说的时候，有时引述它们作为对已经从柏拉图口头讨论中得知的东西的进一步确证；除非某些主题在口头讲授中没有被深入探讨过，否则他没有太大必要深入这些著作内容。在这些主题当中，最重要的似乎是哲学原理在解释自然和政治体制方面的应用，于是我们看到许多引述出自《理想国》《蒂迈欧》和《法律》。的确，柏拉图学说体系的形而上学基础常常受到亚里士多德的尖锐批评，不过，柏拉图口头传授的许多内容，包括知识概念、真正的德性、政治技艺、爱、正确的理论方法及其与智者派学说的对立，这些方面很少被提及。我们从中了解到理念论的许多段落，只有一处[1]被亚里士多德引述。他并没有提及《理想国》《蒂迈欧》《会饮》《斐德罗》和《泰阿泰德》中关于这个主题所说的内容，也没有提及《智者》《巴门尼德》和《斐莱布》中的阐释，尽管他有许多机会可以这么做。即使《理想国》中关于"善"的著名讨论也只能在一个不太确定的暗示中隐约见到[2]，尽管有许多场合适于引述该主题。如果我们留意那些纯正性从未受到质疑的那些对话录，我们会发现《普罗泰戈拉》（如前面所说[3]）在有些场合显然被亚里士多德引述了，但是篇名从来没有被提及，其引述内容也没有被说成是柏拉图的观点。《泰阿泰德》被提到两次，《高尔吉亚》和《会饮》被提到一次，这些引述都与这些对话录的主要内容无关——亚里士多德不过是偶然想起其中包含的某些特定观点，他对这些对话录的留意似乎完全是偶然的。考虑到所有这些，我们就不会轻易得出结论说，亚里士多德没有提及的柏拉图作品就是他所不知道的作品。[4]更不用说，我们并不占有整个亚里士多德的作

---

1 《斐多》100B sq.，引文参见第 43 页注释 1，第 48 页注释 1。
2 《尼各马可伦理学》i, 2, 1095a26 是对《理想国》vi. 507A 和 vii. 517C 的一个回顾。
3 p. 70.
4 就像《巴门尼德》的情况；Ueberweg, *Plat. Schr.* 176 sq. ; Schaarschmidt, *Samml. d. Plat. Schr.* 164。

品，有些轶著或者残篇很可能包含对柏拉图对话录的引述，对此我们现
在没有什么证据了。亚里士多德竟然说，柏拉图从来没有探究事物以何
种方式分有理念，这当然是让人感到惊讶的；[1] 因为在《巴门尼德》（133e
以下）中，这个理论所面临的困难得到了清楚的指明。但是，最奇怪的
是，亚里士多德用这样的提问来攻击理念论："谁按照理念的样式构造
可感事物呢？"[2]——尽管这在《蒂迈欧》（28c 以下）显然已经得到表达，
即宇宙构造者通过观看永恒的范型来构造事物。[3] 同样奇怪的是，虽然
在《斐多》中已经有明显的解释，[4] 而且《理想国》中有关于善是世界的
绝对目的的学说，但是亚里士多德还是说，"诸理念"不触及目的因。[5]
如果亚里士多德熟悉《巴门尼德》，那么在批评柏拉图"第三人"（τρίτος
ἄνθρωπος）论证的时候，[6] 我们本应该看到他会指出在该篇对话录中已
经提及同样的批评。他提出这样的责难："柏拉图应该假定各种人造物
的理念，各种关系的理念，诸如此类，但是他没有这样做"，[7] 在此之后
我们岂不是应该看到这样的论评："在他的著作中，他确实谈到了这样

1　《形而上学》i. 987b13："但是，对于诸理念的分有与模仿会是什么意思，他们（柏
　　拉图和毕达哥拉斯学派）留待大家去探究"。

2　《形而上学》i. 9, 991a20："说它们（理念）是一些模型，……是说空话和比喻性说法；
　　因为照着理念而造成的产品又是什么呢"；同上，992a24。xii.10, 1075b19。在我的
　　*Plat. Stud.*215，我已经提到了一处相似的例子，其中，亚里士多德（偶然地）否认
　　柏拉图考察了他实际考了的东西（《论生成和毁灭》i. 2, 315a29 sq.)；参考《蒂迈欧》
　　58D sq.，70B sq.，73–81。

3　或者，亚里士多德的看法在下面这个情况下是可以成立的，即，"造物主"（Demi-
　　urgus）不是一个学理上的解释，所以有可能已经被亚里士多德排除在考虑范围之外
　　了，这样的话，他也会搁置《巴门尼德》的那些困难，因为其中没有给出关于我们
　　如何理解事物对于诸理念的分有的正面说明。

4　关于这点，参见第 48 页注释 1。

5　《形而上学》i. 9, 992a29："对于我们能够在各种科学（ἐπιστήμας）（Alex. and
　　Cod. Ab 行文如此；但是，ἐπιστήμας〔科学〕可能应该是 ποιήσεις〔制作〕才对）中
　　看为原因的，即借由它每一个心灵和每一个实在物起作用的，……诸理念也跟它没
　　有什么干系"。

6　关于这点，参见 Part ii. b. 220, 1, 2nd edition. *Plat. Stud.* 257。

7　Cf. Part ii. b. 217 sq.，2nd edition，以及本卷 p.113 sq.。

的理念"？此外，在讨论到柏拉图关于宇宙灵魂的学说的时候，[1]我们是不是也可以期待亚里士多德提及《法律》中关于恶的灵魂的段落[2]——既然那里有许多把柄可供批评？如果我们做这样的假设，即柏拉图的著作对亚里士多德和对我们有相同的意义，他和我们以相同的方式把柏拉图作品当作其学说的资料来源，那么，除了这些例子之外，我们还可以找出更多的例子来。但是，我们没有理由做这样的假设；而且，亚里士多德没有提及某篇著作绝不足以证明他不了解这篇著作，或者他不承认它是柏拉图的作品。

通过亚里士多德的证言，辅以其他一些证据，[3]我们就能够非常确定地把相当数量的作品归到柏拉图名下。[4]这些作品让我们了解到其作者的理论特质和文学特质，从而让我们获得一个标准以检验那些没有足够外部证据支持的或者其形式和内容都受到质疑的其他作品或者作品片段。然而，这个标准的设定和应用必须非常小心；在有些情况下，哪怕对正反两方面意见给予最细心的衡量，还是不能让我们得到绝对的确定性。[5]首先，我们必须判断，我们关于柏拉图著作的标准应该建立在亚里士多德明确提及的哪些对话录的基础之上。如果我们把范围限定在他明确归给柏拉图的那些对话录之内，那么我们就只有《理想国》《蒂迈欧》《斐多》和《法律》；这些作品尽管很重要，但是，它们是否能够完全体现有着多面性的柏拉图的理论和文学个性，并且足以说明在这些风格之外的所有文风都是"非柏拉图的"，这点是有疑问的。另一方面，如果我们把亚里士多德从中引述但没有指明其作者名字的著作或者他从中引述柏拉图的说法但没有指明篇名的那些著作也考虑进来，那么我们就会发现，《斐莱布》和《泰阿泰德》具有同等的纯正性，《智

---

1 《论灵魂》i. 3, 406b25；cf. p.635 sq., 2nd edition。
2 《法律》x. 896, 897。
3 参见 p.50。
4 这在多大程度上可行已经在 p. 72 sq. 得到了讨论。
5 关于下面的内容，参考 Steinhart, *Ztschr. f. Phil.* lviii. 55 sq. 这篇富有价值的文章。

者》《政治家》《美诺》和《小希庇亚》的纯正性一样，《高尔吉亚》和
《会饮》的纯正性一样；而所有这些著作都比《普罗泰戈拉》的纯正性
更高，而后面这篇著作没有受到任何人的怀疑。在这种情况下，我们
承认的柏拉图著作评判标准就比于贝韦格（Ueberweg）和沙尔施密特
（Schaarschmidt）承认的评判标准要宽泛得多。此外不能这样设想：一
篇对话录中出现的、对于被视为标准作品的每一处偏离都必然证明它是
伪作；这些标准作品本身就呈现出许多彼此歧异之处，而它们与构成相
反判断之基础的许多证据具有同等的重要性。如果《斐莱布》被贬斥为
缺乏戏剧方面的生动性和对话演进方面的流畅性，那么，《普罗泰戈拉》
会被指责为在学术内容方面比较贫弱，完全没有提到理念论，整个讨论
的结果明显比较空泛，在讨论西蒙尼德诗句方面浪费过多精力。如果
说，概念之间的对立发展专属于《巴门尼德》，详细的划分法专属于《智
者》和《政治家》，那么，《蒂迈欧》不仅在造物主、创世前的物质、元
素的数学构造、算术上的分类和灵魂在空间中的分布等方面，而且在关
于物理学的整个主题的细微处理方面都是特别的，没有任何其他对话录
提供了这些方面的线索。《法律》跟《理想国》以及其他标准作品之间
的疏离，比它跟《政治家》之间的疏离还要大一些，而且从文学的角度
看，它比那些辩证性对话录有更多可以批评的地方；通过亚里士多德而
为我们所知的柏拉图哲学的晚期形态比《法律》中的逻辑学和形而上学
表述具有更抽象和更形式化的特征。我们确实不能像格罗特那样走得太
远[1]，他有时候似乎表示，柏拉图从来没有在自己的任何著作中考虑已经
写下的那些著作，而且根本不在意以明显的方式说出自相矛盾的话，哪
怕是在同一篇对话录里面。另一方面，我们也别忘了，柏拉图的思想非
常丰富，它不会让自身的表达局限于某个单一形式；一篇对话录的主旨
可能让它必须强调某些重点而在其他方面一带而过；作品主题本身或者
其目标读者群的设定可能会要求在修辞上或繁或简，或通俗或专业；许

79

80

---

[1]　*Plato* i. 349, 360, 439, 559 ; ii. 89, 125 ; iii. 163, 463, 521, 1.

多我们看上去难以理解的东西或许可以通过一些特别情境和人物关系来加以解释；我们没理由要求柏拉图向我们提供的作品全都是同样完善和重要的；哪怕没有什么证据支持，我们也可以设想，在柏拉图 60 年左右的写作生涯里，他的哲学和他的文学方法经历很大的改变；哪怕仅仅基于这点，从他的部分作品中推导出的一个标准也不能毫无条件或毫无限定地应用于他的所有作品。这些考虑当然会让断定柏拉图作品的真伪（如果它要基于内部证据的话）变得非常困难和复杂。仅仅拿一篇对话录来跟其他对话录进行比较是不够的，我们还必须研究，从那些可靠作品中我们了解到的这位柏拉图，他是否可以被认为在某个特定时期和特定环境创作了我们所考察的这篇作品。这当然不可能总是得到同样确定的回答，不管是肯定的还是否定的。有时候，我们很难精确地把高仿作品跟柏拉图的次要作品区别开来，或者把非柏拉图的作品跟柏拉图的未完成作品或暮年作品区别开来。所以，我们难免遇到这样的情况：在一些可以确保为柏拉图的或非柏拉图的对话录当中，会有例外的情况混于其中，对此我们只能有某种程度的或然性判断。然而，我们关于柏拉图哲学的认识和评价所主要依赖的那些著作，仍然可以为任何公允的研究提供坚实基础。与此同时，我们对于柏拉图学说的一般看法不会受到某几篇不太重要的对话录的真伪性问题的太大影响。

　　我们在此处不可能对本主题做更仔细的探讨，也不可能详细讨论每一篇作品是否属于柏拉图的那些具体理由。但是，似乎有必要指明我们赖以阐明柏拉图哲学的那些作品的纯正性，即使决定这些著作之真伪性的根据不能够立即得到解释而只能在后面得到部分的提示。

　　除了那些在古代就被承认为伪作的对话录之外[1]，我们手头上的柏拉图著作集包含有 35 篇对话录、13 封书信[2]，还有一篇主要涉及伦理学方面的《定义集》。在这些作品之中，有一些作品，包括《普罗泰

1　参考第 37 页注释 5。
2　关于 Hermann 承认的其他 6 封书信，参考第 39 页注释 3。

戈拉》《斐德罗》《会饮》《高尔吉亚》《泰阿泰德》和《理想国》，它们
的纯正性从来就没有被怀疑过；《斐多》曾经受到帕奈修斯（Panaetius）　82
的怀疑（如果这怀疑的确存在的话[1]），正如《蒂迈欧》一度受到谢林
（Schelling）的怀疑，[2] 但是这些怀疑对其纯正性没什么影响。上述这些
作品的纯正性可以被认为是完全确定的。除了这些作品之外，还有几篇
重要的对话录，包括《斐莱布》《智者》《政治家》《巴门尼德》和《克
拉底鲁》，它们虽然在我们这个时代一再受到质疑，[3] 但是肯定也应该被
认为是柏拉图的作品——不仅由于亚里士多德为其中多数作品提供的证
词的证明力，[4] 而且还由于具有决定性的内证。[5]《法律》的真伪性将放在　83

1　关于这点，参考第 37 页注释 5。

2　谢林本人实际上撤回了他对这篇对话录的否认（*Philos. u. Rel. WW.*1. Abth. vi. 36，
此后在 *WW. Abth.* vii. 374）；不过更早已经由 Böckh（*Stud. v. Daub. u. Creuzer*
iii. 28）做出过回应了。有些作者仍然在重复这个看法，如，Weisse（*z. Arist. Physik*
274, 350, 470 ; *Idee d. Gotth*.97），不过这在今天不会让人陷入误区。这个观点的公
开反对者有 Hermann, *Plat.* 669，以及 Steinhart, vi.68 sq.。

3　Socher（*Pl. Schr.*258–294）最早把《智者》《政治家》和《巴门尼德》当作伪作
加以排斥，但是他并没找到什么证据；后来的 Suckow（*Form. d. Plat. Schr.*1855，
p. 78 sq., 86 sq.）试图排斥《政治家》，而 Ueberweg（*Unters. Plat. Schr.*1861, p.176
sq. ; *Jahrb. f. Philol.*lxxxv.1863, p.97 sq.）试图排斥《巴门尼德》；Schaarschmidt
（*Samml. d. Plat. Schr.*1866, p.160 sq.，以及之前在 *Rhein. Mus. f. Philol.* Vol. xviii.1;
xix.63 sq.; xx.321 sq.）把这种排斥从《巴门尼德》扩展到《智者》《政治家》《克
拉底鲁》和《斐莱布》，而 Ueberweg（*Gesch. d. Phil.* i. 3rd edition, 1867, p.116 ;
*Philos. Monastschr.*1869, p.473 sq.）同意 Schaarschmidt 把所有这些对话录当成
伪作，有些确定一些，有些没那么确定；但是，后来（第 4 版的 *Gesch. d. Phil.*,
p.124 ; *Zeitschr. f. Philos.* Lvii. 84），他撤回了他的意见，承认《克拉底鲁》和《斐
莱布》是真作，而把《智者》和《政治家》看作他人依据柏拉图口传学说写成的。
Hayduck、Alberti、Deussen、Peipers 和 Pilger 的那些论著把《智者》辩护为柏拉图
著作（Hayduck 还承认《政治家》和《克拉底鲁》），Georgii 承认《斐莱布》，Al-
berti、Benfey、Lehrs、Suckow 和 Dreykorn 承认《克拉底鲁》，Deuschle、Neumann、
Susemihl 和 Schramm 承认《巴门尼德》，这些都在 Ueberweg 的 *Grundriss*, i.117, 4th
edition 有所提及；更多细节可参考 Steinhart, *Pl. St. Ztschr. f. Philos.* lviii. 32 sq., 193
sq. ; K. Planck 关于《巴门尼德》的论文，载于 *Jahrb. f. Philol.*cv. 433 sq., 529 sq.。

4　参见 p. 64 sq.。

5　我们后面在讨论这些著作中包含的学说时还有机会更详细地考察被宣称为"非柏
拉图"文本的个别细节：要讨论所有这类细节上的反驳在目前这本著作的篇幅中是
不可能的。我在这里只想指出下面这种可能性是极低的：如此有价值并且以如此高

后面再讨论。没有什么理由让我们质疑《克里底亚》,[1] 因为从现有的文本来看,它的内容完全和《蒂迈欧》的开端部分相呼应。《美诺》[2] 的纯正性由《斐多》中一个明确指涉所担保,[3] 也为亚里士多德的引述所支持;尽管它不是柏拉图最完善的对话录之一,但是没有什么理由可以质疑它的真实性。《欧叙德谟》至少被欧德谟斯(Eudemus)引述过,[4] 尽管它经常受到质疑,[5] 但是,如果我们明白这篇对话录的本来目标,[6] 而且在其

84

超的辩证能力写成的这些著作——不管我们能对它们提出多少的反驳,有可能是老学园派中的任何一个人(如我们从亚里士多德和其他记载中所得知的那些人)所写的,这个设想本身只能是费解的猜想而已。对这些著作进行更深层次考察之后应该被接受的那些观点,在 p.77 sq. 已经得到了讨论。

1　如 Socher 369 sqq. ; Suckow 158 sq., 反对他的意见参考 Susemihl, *Jahrb. f. Philol.* lxxi. 703 ; Ueberweg, *Plat. Schr.* 186 sq.。

2　《美诺》被 Ast, *Pl. L. und Schr.* 394 sqq. 和 Schaarschmidt 342 sqq. 当成伪作,而被 Ueberweg, *Grundriss* i.123, 4th edition 当成疑作。

3　《斐多》72E sq.。克贝在此处说,灵魂的前世存在和"不朽"还"依据你惯常提出的那个理论"可以推导出来,即,"学习"无非就是"回忆";他不仅借助前面的那些论述("有一个最好的论证,etc.")来证实这点,而且通过在《美诺》中详细阐释的事实来佐证这点(即,通过以恰当的方式提出问题,我们可以从一个人内部引导出所有观点,例如那个几何学图形方面的对答实例)。这里指涉一篇更早的著作,而它只能是《美诺》。这里是对读者已知内容的简短暗指,而 73B sq. 则是对更深层理由的长篇阐述(此处用如此长篇进行说明无疑是因为此前的对话录中从未讨论过),两相对比,这点就看得更加清楚了。

4　参考第 38 页注释 3。Schaarschmidt, p.341 持相反观点,即《欧叙德谟》的作者利用了亚里士多德的《辩谬篇》。但是他未能证明这点,因为他所引述的两处作品中多处诡辩实例的一致性并不是确然无疑的。据他的假定,非常奇怪的是,亚里士多德归于欧叙德谟的谬论并不出现在《欧叙德谟》之中(参见第 54 页注释 3)。但是,我们如果采纳这个假定,而且同时断定《欧叙德谟》在《政治家》中得到了利用(Schaarschmidt, 326),我们就不能不面对这个疑问:究竟是亚里士多德利用了《政治家》,还是《政治家》的作者借鉴了亚里士多德的著作。(可是,Schaarschmidt 的确这么做了,p.237 sq.)

5　Ast, 414 sq. ; Schaarschmidt, 326 sq..

6　《欧叙德谟》的目标(关于这点,Bonitz, *Plat. Stud.* ii, 28 sq. 特别值得参考)是展现苏格拉底和智者派在培养和教育青年方面的价值观对立;这种对立的呈现不是借助于理论的烦琐叙述,而是借助于戏剧形式或者说借助于某种讽刺喜剧的形式让两派人物直接出场。在这个呈现中,柏拉图不仅要处理早期智者派的观点以及后来的发展,而且要对付安提司泰尼(这是有可能的,Part i. p.255, 2 ; 256, 1 ; cf. 248, 4 ; 253, 1 ; 254, 1),此人在柏拉图看来以真正智者派的方式破坏了知识的所有可能性,把苏格拉底的主张跟智者派观点混为一谈,此外,柏拉图还要对付伊索克拉底

严肃意思和夸张的讽刺之间加以充分辨别，那么它的真实性或许不难辩护;[1]我们不能基于某些微不足道的理由而拒绝把这样一篇迷人的、充满喜剧性和幽默感的描写归于柏拉图。《申辩》是为亚里士多德所了解的作品,[2]它与《克里托》一样实际上没什么可疑之处[3]:如果我们把前者视为大体上对史实的描写,[4]把后者视为对苏格拉底没有越狱的动机的略微随性的表达,那么,这两篇作品都是非常好理解的。我们可以把《吕

85

式的在语言方面吹毛求疵的人（柏拉图在 305 B sq. 有这个意图，这点已经得到确证，参考 Spengel, *Abh. d. philos. philol. Kl.*，载于 *Acad. of Baireuth*, vii. 764 sq.)，这些人不知道如何在苏格拉底的观点和智者派观点之间做出区分，当真正的哲学家瓦解了智者派的信用之时，他们却希望摆脱真正哲学家的对抗性。正是由于这个目标，《欧绪德谟》对智者派观点没有提出学理性反驳（除了少量暗指之外）；而苏格拉底哲学也只是以最简单的实践形式得到呈现——没有什么新东西被提出来，也没有什么思辨性观点得到阐释；这可能会妨碍人们把它看作一篇柏拉图著作，在缺乏哲学训练的读者看来甚至会带有诡辩的表象。如果柏拉图在已经确然形成了理念论的时候有意不透露这种理论(《欧叙德谟》300E sq.)，那么他肯定是有其特别的动机；而目前的解释可以充分说明这个情况。

1 《欧叙德谟》的支持者和反对者几乎都注意到这个区分。例如，Schaarschmidt, p.339，除了许多其他质疑理由（这些在我看来是不清楚的），还提出一个理由，即，在 303A（Dionysodorus 的滑稽达到高峰之时）克泰西普斯以"我放弃战斗! 这两人是不可战胜的!"这样的说法给出了进一步反驳，但是，此处的反讽语气非常明显。在我看来更加不明智的是，他在 p. 334 断言，把伊索克拉底说成一个学派的领袖(《欧叙德谟》305B) 是犯了明显的年代错误，所以我们不能把它看作柏拉图的作品。如果说这里出现的年代错误不能归给柏拉图，那么，Schaarschmidt 怎么解释《会饮》《高尔吉亚》《普罗泰戈拉》《法律》等对话录中出现的年代错误呢？（参考我讨论柏拉图对话录中年代错误的论文，载于 *Abh. d. Berl. Akad.*1873. *Hist.-phil. Kl.*79 sq. ）他对这些年代错误可是毫不犹豫都正确地接受了的。实际上，《欧叙德谟》不仅没有把伊索克拉底说成一个学派的领袖，而且根本就没有提到这个人；苏格拉底在这里仅仅描绘了一个理论上的人物，是读者自己把此人物等同于伊索克拉底。这人物指伊索克拉底是可能的，也不存在年代错误的问题，就跟 Schaarschmidt 设想《泰阿泰德》某处文本指涉安提司泰尼一样。Grote（*Plato*, i.559）没有怀疑《欧叙德谟》的纯正性，他说，《欧叙德谟》是一篇体现了真正的哲学和辩证法的著作，尽管这与他的前文所说有明显冲突。实际上，柏拉图说的不是那些意思，他的意思只是: 有些人把智者派（τοὺς ἀμφὶ Εὐθύδημον〔欧叙德谟一派的人〕）看作自己的对手，却意图毁谤哲学家（因为他们把智者和真正的哲学家搞混了）。

2 参考第 53 页注释 1。

3 Ast, 474 sq., 492 sq., 以其一贯的自信作此论断；而 Schaarschmidt 没有给出任何明确意见。

4 Vide Part i. p.163, 1, 以及 Ueberweg, *Plat. Schr.* 237 sq..

西斯》《卡尔米德》和《拉凯斯》——亚里士多德似乎对它们都有所了
解——视为柏拉图年轻时期的作品，那时候他还没有根本上超出苏格
拉底的思想立场。《小希庇亚》拥有亚里士多德提供的决定性证据，表
明它属于柏拉图最初的创作阶段。《欧叙弗洛》是一篇随意性较大的作
品，[1] 行文显得比较急促轻率。另一方面，许多有分量的内证不支持《美
涅克塞努》，尽管亚里士多德在《修辞术》中有一些段落似乎对其有利，[2]
但是很难让人相信这篇作品属于柏拉图；如果亚里士多德在那里的意思
真是支持了它的真实性，我们可以设想，在这个例子中，亚里士多德被
柏拉图去世后的一篇假冒作品蒙蔽了。[3]《伊翁》很可能是伪作，《大希
庇亚》和《阿尔基比亚德前篇》更有可能是伪作。[4] 其余的那些对话录，
《阿尔基比亚德后篇》《塞亚革》《情敌》《希帕库》《米诺斯》《克利托丰》
和《厄庇诺米》，它们几乎受到除格罗特之外所有现代批评者的一致拒
斥。把《定义集》视为柏拉图真作是万万不可能的。卡斯滕（Karsten）[5]

———————————

1　我因循 Hermann、Brandis 和 Steinhart 的先例（在《小希庇亚》方面与我的 *Plat. Stud.* 150 不同），在 *Ztschr. f. Alterthumsw.*, 1851, p. 251 中已经努力证实了这点。同样的观点也被 Susemihl 和 Munk 在他们各自的、这里经常引述的论著中所采纳，也被 Stein（*Gesch. d. Plat.* i. 80 sq.）和 Ueberweg（*Gesch. d. Phil.* 4th edition, i. 121 sq.）所接受。与此相反，Ribbing, *Genet. Darst. d. Plat. Ideenl.* ii. 129 sq., 103 sq. 认为《欧叙弗洛》《拉凯斯》《卡尔米德》和《吕西斯》是真作，而《小希庇亚》是伪作。Schaarschmidt, *Samml. d. Plat. Schr.* 382 sq. 认为这五篇都是伪作。Bonitz 在一篇详尽的论文 *Zur Erkl. plat. Dialoge*（*Hermes* v.），429 sq. 中对 Schaarschmidt 的观点进行了反驳，尤其涉及《拉凯斯》。关于亚里士多德的佐证，可参见第 58 页注释 31，以及 p. 70；关于《欧叙弗洛》，参见 Part i. p. 161, 1。

2　关于这点，参考 p. 54。

3　关于《美涅克塞努》的这个判断，我已经在我的 *Plat. Stud.* 144 sq. 提出过；大多数讨论这个问题的人（除了 Grote）遵循了 Ast 的判断，表达了一致的主张。这个问题在 Steinhart（*Plat. W. W.* vi. 272 sq.）有特别周详的讨论。我在这里不准备详细讨论，尤其因为《美涅克塞努》对于柏拉图哲学而言不是一份不可或缺的材料。这篇对话录对于我们考察柏拉图对待修辞术的态度也起不到决定作用；实际上，即使它是一篇真作，也只能根据我们对其他对话录的诠释来考虑它的意义。

4　Cf. *Ztschr. f. Alterthumsw.*, 1851, p. 256 sq.。我在 Munk 的论著中也没有发现与此冲突的观点。

5　*Commentatio critica de Platonis quae feruntur epistolis.* Utr. 1864.

和施泰因哈特（Steinhart）[1] 遵循迈纳斯（Meiners）、赫尔曼（Hermann）和其他一些人的做法，以决定性的论证表明，《书信集》是不同时期的人伪造出来的赝品，正如历史上经常发生类似的情况。

　　即使是柏拉图的那些确定无疑的作品，它们是否呈现了柏拉图思想体系的真实图景，这点也是有争议的。有些解释者认为，柏拉图一方面为了强化自己的重要地位，另一方面也出于小心谨慎，在自己的著作中刻意掩盖其学说的真实意思和关联性，只将其以隐秘的方式传授给他的亲炙弟子。[2] 然而，这种观点从施莱尔马赫[3] 以来就几乎全盘被合理地抛弃了。[4] 这种看法既不能从柏拉图也不能从亚里士多德那里 88

1　*Pl. Werke*, viii.279 sqq., *Pl. Leben*, 9 sqq.。前一个文本以及 Karsten 的《导论》中给出了对早期文献的评论。

2　这是前辈学者的普遍意见。我们只提及 Brucker, i, 659 sq., 他给出了关于这种思想隐藏及其手法的一个全面而有启发的考察；还有 Tennemann, *System d. Plat*. i, 128 sq., 264, iii, 126, 129。Ast, *Plat. Leb. u. Schr*. 511, 给出了更详细的考察。

3　*Plato's Werke*, i, 1, 11 sq.；参考 Ritter, ii, 178 sq., 以及 Socher, *Pl. Schr*. 392 sq.。

4　那个观点的最后支持者之一是 Weisse，参见他翻译的亚里士多德《物理学》（271 sq.；313，329 sq.；403 sq.；437 sq.；445 sq.；471 sq.）以及《论灵魂》（pp.123–143）的那些注释。Hermann（*Ueber Plato's Schrifstell Motive. Ges. Abh*. 281 sq.）说，我们不应该在柏拉图著作中寻找其学说的内核，而且柏拉图的写作活动根本不在于建构有机的哲学体系，这时候，Hermann 的观点与此非常接近。Hermann 肯定不会说，柏拉图将其所有的哲学观念都搁在书写作品之外。但是，按照他的观点，柏拉图著作只包含了其哲学体系（超越的理念论）之真正原理的某些偶然线索。这些著作给出的是这些原理应用于现象世界而出现的各种问题和情况；而对这些原理本身的阐明只在口头讲论中得到传授。但是，如果《泰阿泰德》中关于知识概念的探究，《智者》《巴门尼德》《斐莱布》《会饮》《斐多》《理想国》和《蒂迈欧》关于诸概念之本质的讨论，计划在所谓《哲学家》中进行阐释的内容，以及所有那些我们从中能够构建相当完备的理念论的文本——如果这些都不是旨在阐明并建立这个体系的基本原理，那么我们就很难对它们做出合理解释。这些文本或许有时候与某些外在的问题搅和在一起，但是如果从这里得出结论说，这些内容只是以偶然的方式出现在那里，那么说这话的人对于柏拉图的文学技巧就可谓毫不了解。而且，柏拉图（参考《斐德罗》274B sq.）在这些原理与其应用之间并没有做出划分。实际上，一方面说他通过其著作把哲学原理的应用传递给了学派之外的所有人，另一方面又说他把这些原理本身的传授局限在学派内部（若没有这些原理，其应用肯定要被误解），这是荒谬的。Ueberweg（*Unters. d. Plat. Schr*. 65）在支持 Hermann 观点时提出这个情况，即《蒂迈欧》和其他一些著作只是给出了关于许多非常重要的论题的简要提示。但是他又补充说，柏拉图在这些提示性文本中隐去的内容不是理念论，而是关

89　　得到证据：[1]那些把毕达哥拉斯主义神秘学说那一套观念套到柏拉图头上的后世作者，[2]他们的论断实际上最终不能证明任何东西。再说，像

于理念世界之诸元素的学说和关于灵魂的学说。但是，我们怎么知道在他写作这些著作之时（必须记住，《法律》的写作年代是没什么疑问的），后面这些学说已经得到充分发展呢？ Hermann 最终发现不得不在很大程度上限制自己的论点；实际上他前面的那些主张后来几乎都消隐了。例如，在 p. 298，他承认《智者》和《政治家》是讨论哲学原理的；但是，他又试图通过把这两篇著作置于《斐德罗》之前来解释这点。这是可反驳的；无论如何，哲学原理在柏拉图著作中只是偶然被触及，这个说法本身得不到任何合理辩护。在 p. 300，他做出了更多让步：所谓中期对话录（包含《智者》等）"是直接以理论教导为旨趣写成的，其目标是系统地阐释作者的基本观点"。最后，他满足于这样的说法："我们不能期望以清楚明白的方式在这里（即在其作品里）发现他的最高哲学原理"（任何明智的研究者都不会有这类期望），"这类阐明只出现在他的口头讲论中"（这在我看来很不可能）。Hermann 接着说："但是，这些哲学原理在对话录中留下了这样的印记，因而凡是明眼人都不会错过任何真正的重点；故而对话录可以被看作其哲学体系的可靠材料。"这些话给出了我们想听到的一切。

1　《斐德罗》274B sq. 不能被引来作为支持。柏拉图在那里只是表明，书写的东西就其本身而言没有什么价值，只是就其作为帮助我们回忆说出的东西而言有它的价值。他不是说，口头上讲的东西不应该被写下来，相反，他的意思是，只应该写下那些在个人交流中得到讨论的东西。《蒂迈欧》28C 的相关性也不大；因为，假定除了跟有知识的专家之外不可能讨论任何主题，也不能推论出，这种讨论不应该出现在著作中。书写作品也可以为了懂行的专家而写，从而只有他们能够理解。在柏拉图《第七封信》341B sq.，《第二封信》312D sq.，我们第一次看到了某种所谓隐秘性，其中提到没有真正的哲学家把他的真实思想托付于书写作品。但是，这只是另一条支持这些书信系伪作的证据罢了，而且还需要许多东西才能支持《第七封信》与柏拉图所记载的苏格拉底言谈一样具有可靠性（cf. Hermann, *loc. cit.*）。至于说亚里士多德多次引述柏拉图的口头讲论（见下文，以及第 35 页注释 3），本身就存在以下几个疑问。首先，柏拉图的口头讲论与他的著作内容之间有多大的差异？第二，这些差异应该被归于柏拉图本人，还是由转述人带来的？第三，这种差异难道不可以通过设想柏拉图的思想方式或者教导出现实质性改变来进行解释？我们后面对这些问题还会有更多讨论。

2　例如，上注中提到柏拉图的那些书信，其笨拙的夸张措辞本身就透露出其伪造性。《第二封信》把柏拉图著作说成是年轻时期的苏格拉底的作品。还有一处例子是 Numenius apud Eusebium, *Preparatio Evangelica*, xiv. 5, 7（cf. xiii. 5），他说柏拉图出于小心翼翼的考虑而故意以晦涩风格写作；Simpl., *De Anim.* 7, *loc. cit.*（柏拉图及其弟子们）"以秘密的方式把哲学只传授给那些配得上的人，而借助于数学上的表述把哲学透露给其他人"；参考 Cicero, *De Universo*, 2，他认为柏拉图（在《蒂迈欧》28C 中）说，公开谈论神明是不安全的；Josephus, *contra Apionem*, ii. 31, cf. Krische, *Forschungen*, 183 sq.。

柏拉图这样一位大半生都在写作的哲学家竟然有意不在其作品中传达 90
自己的观点而是隐藏它们，这是完全不可相信的；要实现这样一个目
的，沉默显然是更有效和更简单的办法。此外，当柏拉图意在让书
写文字成为口头谈话的备忘录的时候，他本人认可两者具有相同的内
容。[1]亚里士多德并没有注意到柏拉图的口传学说和成文学说之间有任
何本质区别，否则，他在解释和批评柏拉图的时候就不会以同等的方
式从这两者中取材，也不会不特别指出那些著作的真实意思只有借助
于其作者的口头论述才能明确。亚里士多德也没有从字面上来看待柏
拉图著作中寓言或准寓言的部分，这只能说明他从来不认为有一种隐
秘的学说渗透在其中。[2]柏拉图的确常常不直白地陈述自己的观点，而
是习惯于迂回暗示和逐步表明它们；他的写作也常常会出现离题，带
有一些随意性，甚至有点捉摸不透；他在许多篇对话录的结论中都没
有给出确定的论断，而是坦白对问题的无知或者存疑；他在处理某些
哲学主题的时候还习惯于为它们披上寓言或神话的面纱，但是，所有
这些特点都跟秘传学说没什么联系。诚然，柏拉图著作中存在这些现
象，这种写作方法的理由随后会自己得到说明。对于那些领会了这些 91
作品的目标和宗旨、知道怎么借助全部作品整体来考察个别作品并且
让它们在相互关联中得到解释的人而言，对话录这种写作形式不会在
理解上造成什么不可逾越的障碍。这种写作形式也不会弱化我们这个
判断，[3]即，我们可以把柏拉图的著作看作其哲学的值得信赖的记录。
最后，如果我们发现这些作品除了哲学探究之外还包含了许多历史性
描述和戏剧性想象的成分，那么，在有些情况下我们很容易辨别这些
因素，在另一些情况下我们也不难把其中蕴含的哲学内核识别出来。

1　《斐德罗》276D；参考上注。
2　关于这点，参考我的 *Plat. Stud.* p. 201 sq.。
3　还可参考 Hegel, *Gesch. d. Phil.* ii. 157 sq., 161 sq.。

第 三 章

柏拉图著作的次序

92　　如果我们知道柏拉图某几篇著作的确切写作时间，以及影响或者促成这些著作的那些历史环境，那么这将大大有助于我们关于柏拉图哲学的历史性理解。那样的话，我们将不仅能够理解某些对话录中不太被注意到的或者神秘难解的内容，更好地领会这些作品的主旨和写作方式，而且，我们也能以更确定的方式来判断某些著作之间的相互关系，以及体现在这些作品中的柏拉图思想体系逐步发展的过程。

　　然而，非常遗憾的是，我们没有太多手段可以用来充分实现这点。古代作者偶尔提及某些作品的写作时间和主旨，但是，有时候这些说法
93　没有什么可信度，不足以让我们引为证据，[1]另一些时候他们提及的东西是我们自己也能够从柏拉图作品中推导出来的东西。[2]我们从柏拉图作品中能够获得的关于写作年代、主旨和相互关联的信息是非常有限的。

1　譬如下面这些：有个说法提到苏格拉底听过某人朗读《吕西斯》（Diog. iii. 35，以 φασὶ 引入）；亚里士多德（Ibid. 37，据 Phavorinus）听过某人朗读《斐多》（或许在其最初发表时）；还有 Diog. iii. 38（参考 Ibid. 62）和 Olympiod. v. Plat. 3 设想《斐德罗》是柏拉图最早的书写作品（但是，Cicero, Orat. 13, 42 把它归为较晚的作品）；Athenaeus（xi. 505E）说《高尔吉亚》出现的时候高尔吉亚本人还活着；Gelius（N. A. xiv. 3, 3）提及色诺芬写作《居鲁士的教育》是要反对《理想国》的头两卷；Plutarch（Sol. 32）说柏拉图的去世使得《克里底亚》未能完成。参考 Ueberweg, Plat. Schr. 210 sq.。
2　例如，亚里士多德《政治学》ii. 6 beginn. 以及 1265a–b 提到，《法律》写于《理想国》之后，而且柏拉图曾希望在其中描绘这样一个城邦，它与实际存在的诸城邦更切近一些，可是这篇著作到后面逐渐又绕回了《理想国》中那个理想城邦。

尽管它们呈现为苏格拉底的谈话记录，但是我们看到，关于这些"对话"的时间和场合既有直接也有间接给出的，而且这些对话自身的写作时间只字未提。我们在某些情况下只能通过某篇对话录的背景设定，或者通过柏拉图为了文学需要而容许自己犯下的某处年代错误，来探究该篇对话录最早可以被定在什么时期，以及它有可能撰写于什么年份。[1] 此外，对话录的戏剧形式还带来这样的结果：角色之间的交谈常常发生在明显属于随机的情境之中，没有设定任何特定的主题；就算有某个主题，我们也难以确定它就是这个对话录的唯一目标或者终极目标——借由这个目标我们可以考察它和其他作品的关系；因为对于这个主要问题的回答常常会卷入更多重要而宏大的论题，而它们不可能仅仅被看作解答最初提出来的局部问题的辅助论题。[2] 当对某个探究做出解答的所有努力都

1　《泰阿泰德》的开篇表明，这篇对话录不会早于雅典攻打科林斯的那场战役，而且泰阿泰德参与了这一战役。但是我们并不了解这场战役究竟是怎样的（参见第14页注释1）。《美诺》（据90A）的撰写不可能早于公元前395年，《会饮》（据193A）的撰写不可能早于公元前385年。因为，正如Susemihl在 *Jahrb. f. Philol.* lxxvii. 854 中认为的那样，《美诺》那段文本几乎不可能不指 Xen. *Hell.* iii.5 中提及的著名事件而指另一件我们不知道的事。我们不能设想这个事件（显然引起了很大的关注）在短短几年里会出现两次；此外，在阿戈西劳斯（Agesilaus）的成功进攻之前，波斯当局不可能做出这样的牺牲来换取忒拜党派领袖的善意；这两篇对话录似乎都距离这些年份不远。如果《美涅克塞努》是柏拉图的真作，它的写作年代必定是在安塔基达斯和约（Peace of Antalcidas）之后，而无论如何不能置于这个时间之前；《巴门尼德》126B 以下预设了这点，即，柏拉图的同母异父兄弟安提丰（Antiphon）（原著误写为柏拉图继父的名字皮里兰佩〔Pyrilampes〕——中译注）在这篇对话录写作之时已经不是很年轻了，因而柏拉图本人也该是如此。《申辩》《克里托》和《斐多》不可能写于苏格拉底去世以前，这从其内容就可以得知；《欧叙弗洛》《泰阿泰德》《美诺》（据94E）、高尔吉亚（521C）和《政治家》（299B）也不可能写于苏格拉底被指控以前；但是，这些作品（除了《美诺》以外）是在此事件之后多久所写，则在对话录内容本身包含的历史线索中找不到判断依据。《理想国》ix.577A以下，这段文本表明这篇对话录在相当程度上可能早于柏拉图第一次西西里之行，哪怕没有其他根据可以支持这个假说。从《理想国》i.336A 中可以推出，至少该卷 i 的撰写不能早于伊斯美尼亚（Ismenias）被处死，即公元前382年（Ueberweg, *Plat. Schr.* 221），同样不能在佩狄卡和薛西斯（Xerxes）去世之前。参考 Ueberweg 上述著作中的论点，pp.217–265。

2　例如（除了《智者》《政治家》和《斐莱布》之外），《理想国》中所论述的内容远远超出该书 ii. 367E，所提出的问题。

归于失败的时候,[1]最终结果似乎也并不总是否定的。我们不能像格罗特那样,[2]从这里得出结论说:柏拉图的意图仅仅限于辩驳各种教条并且阐明这种辩驳的方法——通过该方法苏格拉底使自以为有知识的对谈者陷入困惑,而且,柏拉图的批判主义和辩证法既不建立在正面的信念上,甚至也并不导向任何正面的信念。[3]其实,正面观点(这对于成全批判性讨论而言是不可或缺的)并非总是那么明显从而可能被人错过。此外,如果一篇对话录提及后苏格拉底时期发生的现象,而且该作品可能部分地缘起于这些现象,那么,柏拉图只能在极少数情况下[4]让他的苏格拉底角色谈及这些现象,而且只限于一些暗示,这些暗示对于柏拉图的第一批读者中的多数人而言可能是很好理解的,但是可能很容易被我们忽略或者误读。[5]关于某些对话录的相互关联,可能也存在这种情况。除非对话角色同时出现在两篇对话录中,否则没有什么直接的线索把它们关联起来;[6]在不出现这种情况的那些对话录中,后写的对话录能

1　参考《普罗泰戈拉》361A;《卡尔米德》175A 以下;《拉凯斯》199E;《吕西斯》233B;《小希庇亚》376C;《美诺》100B;《泰阿泰德》210A 以下;《巴门尼德》166C。

2　*Plato*, i. 246, 269 以下; 292, 515; ii. 278, 387 以下; 500, 550 以下。

3　像柏拉图这样创造了如此完备体系的哲学家,在撰写一系列作品、批评各种观点的同时,没有试图建立自己的正面学说,这本身就难以相信。格罗特论断说(*Plato*, i. 269, 292, ii. 563 sq.),柏拉图思辨的肯定方面与否定方面是完全相互独立的,各有自己的脉络,在正面学说中他跟苏格拉底一样很少关注困难与矛盾,而在论战性讨论中他详细阐述这些困难与矛盾——格罗特自己的前提就蕴含了这个推论,但是它完全不符合心理上的可能性。仔细考虑就会发现,在一篇对话录中抛出来的许多犹豫想法在另一篇对话录中得到符合柏拉图立场的解答;如果说这种事并没有一直发生,如果说柏拉图反对其他人的许多反驳也可以拿来反对他自己,那么,这种现象其实在亚里士多德和其他许多人身上也出现,因为提出批评总体上比做出改进要容易一些,即揭露困难总体上比解决困难要容易一些;这不能推出,柏拉图在辩证讨论中并不以正面的结论为目标。

4　在《斐德罗》278E,关于伊索克拉底;在《泰阿泰德》的开头,关于泰阿泰德。

5　参考 Part i. 214 sq.。我们发现下面这些是很可能的:柏拉图在《智者》中指涉麦加拉学派,见 Part i.p.248, 4, 252 以下;在《泰阿泰德》《智者》《欧叙德谟》中指涉安提司泰尼,见 Part i. 303, 1;在《斐莱布》中指涉阿里斯底波,见第62页注释4;在《欧叙德谟》中指涉伊索克拉底。或许有许多这类暗示存在于柏拉图著作中。

6　例如,在《泰阿泰德》《智者》和《政治家》之中,或者,在《理想国》《蒂迈欧》和《克里底亚》之中。

够指向先写的对话录的唯一方式是通过简要总结先写的对话的结论，从而说明该问题已经被考虑过了。[1]但是我们也很容易出错：要么，我们可能忽略两篇对话录之间存在的关联性，要么，我们可能把没有特定关联性的两篇对话录设想成存在关联性。哪怕可以断定两篇对话录有关联性，但是究竟孰早孰晚有时仍难以断定。还有许许多多的这类困难，以致我们不仅对某些对话录的动机、目的和纲要，[2]而且对它们的次序、写作时间和相互关联性都难以作出判断。这些对话录究竟是紧密联系从而形成一个或多个系列，还是说，它们纯粹是一些孤立的作品，柏拉图只是出于偶然的契机或者以零散的方式阐发他的思想体系的某些片段，把他关于人生和世界的学说纳入到各式各样的主题之中，甚至有时候纳入那些与他的哲学并不直接相关的主题之中？[3]假设前一种情况属实，那么，这些著作的关联性是筹划和设计的结果吗？还是说，它是随着作者生活和思想发展过程自然而然形成的？还是说，所有这些原因同时起作用，所以，柏拉图著作的产生和次序应该部分归因于这位哲学家的思想成长，部分归因于文学上的设计，部分归于偶然的情境？这些因素总体上起着怎样的作用，而对特定作品又起着什么作用？最后，基于上述几种前提，我们怎么判定某些著作的写作年代及其相继关系？众所周知，关于所有这些问题，各种意见分歧颇大。许多古代文法家和评注家依据柏拉图作品在形式或内容上的亲近性把它们划分为若干组或者若干类；[4]

97

98

1　以这种方式，非常可能的是，柏拉图在《斐多》中指涉《美诺》(参见第 62 页注释 1)，在《斐莱布》中指涉《巴门尼德》(参考第 53 页注释 3)，在《理想国》vi.505B，指涉《斐莱布》x.611A 以下，指涉《斐多》(见 p.532，第 2 版)，vi.506C，指涉《美诺》(97A，D 以下)，在《蒂迈欧》(51B 以下) 以及《会饮》(202A) 指涉《美诺》(97 以下) 和《泰阿泰德》(200E 以下)，在《法律》(v.739B 以下；iv.713E 以下；参考《理想国》v.473C) 指涉《政治家》(参见第 52 页注释 2)。

2　对于这个问题，我在这里不能进行讨论。

3　后面这个观点属于 Socher (p.43 以下)，尤其属于 Ast (p.38 以下)，更不用说某些前辈学者，例如 Tennemann, *Plat. Phil.* i.137，264。

4　我们在 Diog. iii.49 以下和 *Proleg.*17 看到按照形式的划分：把对话录划分为戏剧体、叙述体和混合体三个类型。第欧根尼本人 (*loc. cit.*) 赞成按照主题的划分；我们在 Albinus, *Isagoge in Plat. dial.* c.3, 6 中看到了这种划分方式。Albinus 把教导性在这么做的时候，他们的意思显然是，他们（至少部分地）遵循了柏拉图本人所承认的次序。[1]但是，他们的设想是武断的；他们对单篇作品的主旨和深层意蕴缺乏理解，把伪作和真作混在一起谈论——他们从一些与柏拉图相悖的观点出发来整合柏拉图的学说，使得对这些著作进行99次序梳理的最初尝试与其说是鼓舞人心的不如说是令人沮丧的；[2]同样的

对话录与探究性对话录区分开来，又把教导性对话录分为理论性和实践性两类，把探究性对话录分为训练性和争论性两类。这些门类又被再做进一步细分，理论性对话录分为物理的和逻辑的，实践性对话录分为伦理的和政治的。训练性对话录里面又有助产式的和试验性的著作；争论性对话录又有证明性的和反驳性的著作。第欧根尼也把对话录划分为教导的和探究的，但是把探究性著作再划分为三类，即物理的、伦理的（包含政治的）和逻辑的（根据 διδασκαλία〔教导〕, πραξις〔实践〕, ἀπόδειξις〔证明〕这样的格局），又把教义性著作划分为训练性（含试验性和助产式）、辩驳性和争论性三类。阿里斯托芬在把部分柏拉图对话录分为若干三联剧之时（参见第 39 页注释 1），响应柏拉图本人赋予某些对话录的关联性（阿里斯托芬的第一组三联剧是关于《理想国》的，这一组似乎成为他的整个分组的基本范式），似乎部分地受到对话录内容之间的关联性的指引，部分地考虑到对话录可能的发表时间。然而，前一种因素是塞拉绪罗分组的唯一出发点。这位文法学家（关于这个人的细节情况参考 Part iii. a.542, 3, 2nd edition，还有那里引述的材料）从某个方面讲与第欧根尼一样，把对话录（据 Diog. iii. 56 以下，Albin. *Isag.* 4）划分为物理的、逻辑的、伦理的、政治的、助产术的、试验的、证明的和反驳的。这个划分，以及某些对话录的双重标题，是从著作内容中引申而来（例如，《斐多》或"论灵魂"，等等）；他要么是从别人那里借用来的，要么是自己首先引入的；但是，他又进一步把全部柏拉图对话录划分为九组四联剧：（1）《欧叙弗洛》《申辩》《克里托》《斐多》；（2）《克拉底鲁》《泰阿泰德》《智者》《政治家》；（3）《巴门尼德》《斐莱布》《会饮》《斐德罗》；（4）《阿尔基比亚德前篇》《阿尔基比亚德后篇》《希帕库》《情敌》；（5）《塞亚革》《卡尔米德》《拉凯斯》《吕西斯》；（6）《欧叙德谟》《普罗泰戈拉》《高尔吉亚》《美诺》；（7）《大西庇亚》《小希庇亚》《伊翁》《美涅克塞努》；（8）《克利托丰》《理想国》《蒂迈欧》《克里底亚》；（9）《米诺斯》《法律》《厄庇诺米》《书信集》。这个分组的标准显然是著作内容；只有第一组四联剧的编排看起来更多考虑到的是苏格拉底的个人命运而不是哲学旨趣。有许多不同的关于柏拉图著作的分组方式（如尼采所论，载于 *Beitr. z. Quellenkunde d. Diog. Laert.*, Basel, 1870, 13 sq.），这点由这样一个事实所证明，即，Diog. iii. 62 提到还有不少于 9 篇对话录被别的作者置于其目录的开头，其中有《理想国》和《欧叙弗洛》，阿里斯托芬和塞拉绪罗的目录就是各自以它们为开头的。

1　据第欧根尼，塞拉绪罗提到柏拉图本人以四联剧形式发表对话录。令人惊讶的是，充满争议的对话录应该如何排序的问题本身蕴含一个假设，即这些对话录是按照一个明确计划来安排的。参考 Diog. 62, Albin. C4 以下。

2　近年对那些为塞拉绪罗的四联剧编排做辩护的人的反驳，参考 Hermann, *De Thyra-*

说法也适用于那些追随塞拉绪罗和阿尔比努斯（Albinus）步伐的现代尝试。[1] 甚至邓尼曼（Tennemann）对于柏拉图著作年代次序的考察[2] 总体上也是肤浅的，缺乏任何稳固和确定的立场，尽管在当时来说起到了一定作用。基于对话录的内在关联性之上来进行次序梳理的观念最早在施莱尔马赫的杰作中以充分和令人满意的方式被提出来。按照施莱尔马赫的观点，[3]柏拉图既然把书写教导看得比口头教导要逊色，[4]但是他仍然坚持写作以至晚年也笔耕不辍，因而他必定尽可能让自己的著作与口头谈话相似。正如柏拉图本人提示的，书写教导的弱点在于：它始终不确定读者是不是真正领会了作者的思想；作者没有机会对一些反驳提出辩护，或者消除各种误解。为了尽可能挽救这种缺陷，柏拉图必须在著作中把这点当作法则，也就是说，在从事和筹划每一个探究的时候，要么催促读者去形成所需的思想，要么让读者清楚地意识自己缺乏所需的思想；既然每一篇单独的对话录清楚地表明了这种设计，那么对话录总体上就出现了一种自然的承继性和必要的相互指涉。柏拉图在一篇对话录中如果不是以之前的对话录中已经达成的东西作为前提，那么他就不会有任何进步；所以，在一篇对话录中作为结论的东西必定在另一篇对话录中作为开端和前提。柏拉图不是把各个哲学门类看作孤立的，而是看作根本上统一的和不可分离的，由此就不是得出柏拉图对话录有多个并行的、独立的序列，而是只有一个涵盖全部的序列。施莱尔马赫把这个序列进一步划分为三类：[5]基础性探究的对话录、间接探究的对话录，以及阐释性或建构性的对话录。他没有坚持说，这些作品的年代次序必定

100

---

syllo (*Ind. lect. Gott.* 1852/3) 13 以下。

1　例如，Serranus，Petit，Sydenham，Eberhard 和 Geddes。对于这些人的主张，只需参考 Schleiermacher, *Pl. W.* i.1, 24 sq.；Ast, 49 sq.；Hermann, 562。

2　*Syst. d. palt. Phil.* i.115 以下。Ueberweg, *Unters. d. Plat. Schr.* 7–11 中提到了从他开始直至 Hermann 的这一派。

3　同上，p. 17 以下。

4　《斐德罗》274B 以下。参考《普罗泰戈拉》329A。

5　同上，p. 44 以下。

与这种内容方面的关联性严格相对应，也没有说，思想上在先的作品不
会由于某个偶然的因素在时间上出现得更靠后。他只是主张，这个次序
应该总体上与年代上的次序相吻合。[1]他容许重要性方面相对较弱的次
要作品与那些重要的对话录混在一起，而且还给那些在哲学方面不太重
要的随机作品保留了自己的位置。[2]但是，这些让步对他提供的正典目
录没有影响。[3]

101　　　阿斯特在把对话录划分为三组这点上同意施莱尔马赫；[4]但是在划分
的总体原则上，在把特定对话录归到哪一组这点上，在对这些对话录之
真伪性的判断上，阿斯特与后者有很大差别。施莱尔马赫在对话录的年
代次序方面受到了索赫尔[5]和斯塔尔鲍姆（Stallbaum）[6]更坚决的反对，[7]

1　《斐德罗》，p. 27 以下。

2　p. 38 以下。

3　施莱尔马赫认为，在第一组柏拉图著作中，《斐德罗》《普罗泰戈拉》和《巴门尼
德》是主要作品；《吕西斯》《拉凯斯》《卡尔米德》和《欧叙弗洛》是次要作品；《申
辩》和《克里托》是偶然的作品，主要价值在历史方面，而其他一些短篇作品很可
能是伪作。在第二组中，施莱尔马赫归入了《高尔吉亚》和《泰阿泰德》，而《美诺》
被看作附属作品，《欧叙德谟》和《克拉底鲁》隔了一段时间后出现，然后才出现《智
者》《政治家》《会饮》《斐多》和《斐莱布》。有些作品被当作伪作或至少是疑作而
被略过。第三组包含《理想国》《蒂迈欧》和《克里底亚》；而《法律》被看作这一
组的附属作品。

4　首先是"苏格拉底式"对话录，其中文学戏剧因素占主导；例如《普罗泰戈拉》《斐
德罗》《高尔吉亚》和《斐多》；然后是辩证的或麦加拉主义的对话录，其中文学因
素作为背景出现，如《泰阿泰德》《智者》《政治家》《巴门尼德》和《克拉底鲁》；
最后是完全理论性的对话录，或者"苏格拉底—柏拉图"主义的对话录，其中文学
因素和辩证法因素相互渗透，如《斐莱布》《会饮》《理想国》《蒂迈欧》和《克里
底亚》。其余所有作品都被他视为伪作。参考 Brandis, i. a.163 对这个主张的批评。

5　*Loc. cit.* p. 41 sqq., etc.

6　*De Platonis vita, ingenio et scriptis*（*Dialogi selecti*, 1827, Tom. i.2 A；*Opera*, 1833,
Tom. i.）提出这种反对意见，又在各单篇对话录的"导言"以及多篇论文中对这些
意见做了一些修订。

7　Socher 假定柏拉图著作分为四个时期。1. 从最早到苏格拉底受审和去世：包含《塞
亚革》《拉凯斯》《小希庇亚》《阿尔基比亚德前篇》《论德性》《美诺》《克拉底鲁》《欧
叙弗洛》《申辩》《克里托》和《斐多》。2. 从苏格拉底去世到阿卡德米学园的建立：
包含《伊翁》《欧叙德谟》《大希庇亚》《普罗泰戈拉》《泰阿泰德》《高尔吉亚》和《斐
莱布》。3. 从阿卡德米学园建立到柏拉图差不多 55 至 60 岁这段时间：包含《斐德
罗》《美涅克塞努》《会饮》《理想国》和《蒂迈欧》。4. 晚年时期：包含《法律》诸

但是，这两个人也都没有确立这种次序，或者在这方面达成确定的原则。
赫尔曼最早提出新观点来反驳施莱尔马赫的结论，他的立论基础是关于
柏拉图著作如何起源的一个明确观点；[1] 他的先驱赫尔巴特（Herbart）在
试图借助对话录来证明理念论演变过程的时候，[2] 还没有把这个观点应用
于全部对话录。跟施莱尔马赫一样，赫尔曼相信柏拉图著作总体上呈现
为一个生长着的、有机的发展过程；但是他并非从这些著作的作者的设
计或筹划这点来解释这个现象的原因，而是从作者的思想成长这点来解
释。在他看来，这些作品并不仅仅是就哲学方面的发展为他人提供说
明，而其实是柏拉图个人成长的直接结果。他认为，柏拉图只能是逐步
走向成熟，并且受到其时代的各种影响；柏拉图思想发展的各个阶段通

卷。Stallbaum 则将其分为三个时期。第一，从最早到苏格拉底死后不久，包含《吕
西斯》《大希庇亚》《小希庇亚》《卡尔米德》《拉凯斯》《欧叙德谟》《克力底鲁》《阿
尔基比亚德前篇》《美诺》《普罗泰戈拉》《欧叙弗洛》《伊翁》《申辩》《克里托》和
《高尔吉亚》。他把《卡尔米德》的年代定在大约公元前 405 年，而且《拉凯斯》在
其后不久（*Plat. Opp.* v.1.1834, p.86, vi. 2, 1836, p.142）；把《欧叙德谟》定在公元
前 403 年（同上，vi.1, 63 以下），即，第 94 届奥林比亚赛会第 1 年；把《克拉底鲁》
定在第 94 届奥林匹亚赛会第 2 年（同上，v.2, 26）；把《阿尔基比亚德前篇》定在
阿尼图斯开始对苏格拉底提出诉讼的时候（同上，vi. 1, 187）；把《美诺》定在第 94
届奥林匹亚赛会第 3 年（同上，vi.2, 20）；把《普罗泰戈拉》定在第 94 届奥林匹亚
赛会第 3 年或第 4 年（*Dial. Sel.* ii.2, 16；*Opp.* vi.2, 142）；把《欧叙弗洛》定在第
95 届奥林匹亚赛会第 1 年，即公元前 399 年，也就是控告苏格拉底的年份（同上）；
把《伊翁》和其余三篇作品定在这同一个时期（同上，iv. 2, 289），第 95 届奥林匹
亚赛会第 1 年，苏格拉底死后不久（*Dial. Sel.* ii.1, 24）。第二个时期是在第一次和
第二次西西里之行的中间，包含《泰阿泰德》《智者》《政治家》和《巴门尼德》，
所有这四篇都写于公元前 399 年和 388 年之间，并且随后立即发表（参考 Stallbaum
编辑的 *Plat. Polit.* pp. 28–45；此前，在他的论文 *De arg. et artisq.* *Theaet.* 12 sqq. 和
Plat. Parm. 290 sqq.，Stallbaum 把这两篇对话录的时间定在更迟的两年中；紧接着
这两篇的是《斐德罗》，然后是《会饮》，它们写于公元前 385 年后不久（*Dial. Sel.*
iv.1, xx. sqq. ）；然后是《斐多》《斐莱布》和《理想国》，写于第 99 至 100 届奥林匹
亚赛会期间（*Dial. Sel.* iii.1, lxii. sq. ）。第三个时期是在第二次西西里之行以后到柏
拉图去世，包含《法律》和《克里底亚》；后者在《法律》之前就开始写了，本该在
之后完成。（参考 *Opp.* vii.377）

1　*Loc. cit.*；尤其参考 346 页以下，384 页以下，489 页以下。

2　在论文 *De Plat. Systematis fundamento* v. J.1808 (Wks. xii.61 sqq.)，尤其在"附录"
　　中（*Ibid.* 88 sqq.；参考 Ueberweg, *loc. cit.* 38 sq.）。

过不同类别的对话录得到标记。在赫尔曼看来，柏拉图思想成长过程中有两个事件起了最重要的作用，一个是苏格拉底之死，其直接后果是柏拉图避居麦加拉；另一个是第一次远游，这让他了解到毕达哥拉斯学派的学说。[1] 这些事件标识了柏拉图精神生活和写作活动的主要阶段，也把对话录分成了三个类别："苏格拉底式"对话录或者"基础性"对话录；"辩证式"或"调和性"对话录；"阐述式"或"建构性"对话录。第一类对话录出现在苏格拉底去世前和刚刚去世不久，具有零散的特点，以及纯然的辩驳和规劝特征，几乎全部局限在苏格拉底的讨论风格范围之内，而对哲学基本问题涉足不深。第二类对话录文风较为枯燥，少一些生动性和对于文学形式的斟酌，通过这些对话录探索对于"麦加拉—爱利亚学派"的评论（有时是赞许，有时是反对），它们是柏拉图在麦加拉逗留时期完成的。在第三个时期，一方面，写作风格回到了第一时期的鲜活与丰满；[2] 另一方面，由于在麦加拉时期的探究，在列邦的游历，尤其由于他在那里获得的对于毕达哥拉斯学派哲学的认识，他的视野得到了拓展；从所有这些因素的融合当中，我们看到了柏拉图哲学体系的最完备阐述，在其中，苏格拉底式对话录这个形式获得了最深刻的内容，从而达到了其最高的理想典范。[3] 现代各论者在此问题上的观

1　赫尔曼本人说的是（p. 384）："他回到祖国，在阿卡德米学园开始他作为教师的生涯"。但是，在后文中他实际上把柏拉图在游历中获得的对于毕达哥拉斯主义的了解当作其哲学发展的决定性因素。

2　赫尔曼（p. 397）对这点的解释是这样的："只有当他回到祖国，回想起他的青春年华，才能够在他的心中再次产生出这些。"这些外部处境对于个性像柏拉图这样的人而言当然会有重大影响；但是，很难说它们的影响比赫尔曼（*Ibid.*）所猜想的另一个处境对他的影响更为显著，也就是，当他离开希腊的文雅之都（雅典）而身处他乡时，创作出了枯燥的麦加拉时期对话录。

3　赫尔曼对《吕西斯》进行了充分讨论，把它看作第一组的例子，这一组还包括《小希庇亚》《伊翁》《阿尔基比亚德前篇》《卡尔米德》《拉凯斯》，以《普罗泰戈拉》和《欧叙德谟》为其终结。《申辩》《克里托》和《高尔吉亚》是向第二组的过渡，《欧叙弗洛》《美诺》和《大希庇亚》紧接其后；不过第二组的真正代表作品是《泰阿泰德》《智者》《政治家》和《巴门尼德》。第三组以《斐德罗》为开头，作为柏拉图开办阿卡德米学园的"开讲词"。Socher（307 sq.）和 Stallbaum（*Introd. Phaed.* iv. 1, xx. sq.）已经把《斐德罗》定为这一时期的作品。《美涅克塞努》是附属于这一组的，《会

点大多在施莱尔马赫与赫尔曼之间波动。例如，里特尔（Ritter）[1]和布兰迪斯（Brandis）[2]，以及更晚近的里宾（Ribbing）[3]，主要追随施莱尔马赫；施韦格勒（Schwegler）[4]和施泰因哈特则站在赫尔曼一边；[5]苏色米尔

105

106

饮》《斐多》和《斐德罗》是这一时期更成熟的作品，而《理想国》《蒂迈欧》和《克里底亚》则是这一组的终结篇。《法律》最后出现，它的撰写受到最后一次西西里之行的那些遭际的促发。

1　Ritter, *Gesch. d. Phil.* ii.186，认为对柏拉图著作次序的探究只具有次要价值，因为他否认这些对话录中的学说存在任何重要的差异，并且不认为有理由可以承认，柏拉图的写作生涯当中有一个纯粹的苏格拉底时期。他不承认现存的各种观点具有任何确定性，而倾向于认为（同意施莱尔马赫的三阶段说）：《斐德罗》早于《普罗泰戈拉》（对照《斐德罗》275 sqq. 和《普罗泰戈拉》329A 得出这一推论，但是在我看来这不具有决定性），在这两篇的前后还有《小希庇亚》《吕西斯》《拉凯斯》和《卡尔米德》；然后是《申辩》《克里托》《欧叙弗洛》；接下来是《高尔吉亚》《巴门尼德》《泰阿泰德》《智者》《政治家》；或许属于同一时期的有《欧叙德谟》《美诺》《克拉底鲁》；再往后是《斐多》《斐莱布》和《会饮》；最后是《理想国》《蒂迈欧》《克里底亚》和《法律》。

2　Brandis, ii.152 sqq. 以更强的说服力和敏锐性捍卫施莱尔马赫的观点，抵制赫尔曼的那些攻击，虽然他也没有在细节上完全维持施莱尔马赫的分期次序。他把《巴门尼德》归入第二阶段，而且不是把《美诺》《欧叙德谟》和《克拉底鲁》置于《泰阿泰德》和《智者》之间。不过，他跟施莱尔马赫一样把《斐德罗》归入最早的一组，其后是《吕西斯》《普罗泰戈拉》《卡尔米德》《拉凯斯》和《欧叙弗洛》；而且总体上同意施莱尔马赫关于分组的基本主张。

3　Ribbing 的著作（*Genet. Darstellung der plat. Ideenlehre*, Leipz., 1863）第二部分致力于考察柏拉图著作的真伪性和次序，在其中他提出这个假说：柏拉图著作的分组标准必须是它们的理论内容和理论形式，从这个立场出发得出的次序必定与它们本来的时间次序一致。按照这种假说，他跟施莱尔马赫一样，分出了三组对话录，其中的具体分组是这样的：（1）苏格拉底式对话录，也就是与苏格拉底哲学方法尤其保持一致、作为柏拉图学说之预备性材料的那些对话录：《斐德罗》《普罗泰戈拉》《卡尔米德》（还有《吕西斯》，据 p.131 sq.），《拉凯斯》《欧叙弗洛》《申辩》和《克里托》，以及作为向第二组过渡的《高尔吉亚》。（2）"辩证的—理论的"对话录：《泰阿泰德》《美诺》《欧叙德谟》《克拉底鲁》《智者》《政治家》和《巴门尼德》。（3）综合的、高阶的对话录：《会饮》《斐多》《斐莱布》和《理想国》，还有与之关联的《蒂迈欧》（p.117 sq.）、《克里底亚》和可能存在的《赫谟克拉底》，尽管从某些观点的阐述来看，这种关联不是特别紧密。其余的著作，包括《法律》，都被 Ribbing 认为是伪作。

4　*Hist. of Phil.*, 3rd edition, p. 43 sq.

5　Steinhart 关于对话录的分组是这样的：第一组，纯苏格拉底式对话录：《伊翁》《大希庇亚》《小希庇亚》《阿尔基比亚德前篇》（在公元前 406 年阿尔基比亚德第二次被放逐之前）、《吕西斯》《卡尔米德》（在公元前 404 年三十僭主统治开始时期）、《拉

（Susemihl）试图调和两边，[1] 于贝韦格（Ueberweg）也是一样，[2] 他们持这样的主张：一方面，柏拉图著作是他的哲学逐步发展的体现；另一方面，有一种系统的设计决定了著作的次序，这两方面的原则是在某种程度上相互限制而在某种程度上又相互补充的。于贝韦格最终更明显地倒向施莱尔马赫一边，不过把柏拉图写作生涯的开端定得比后者所定的晚得多，而且在好几篇对话录的次序方面与所有他的先驱都有很大差异。[3]

凯斯》《普罗泰戈拉》。向理念论过渡的时期：《欧叙德谟》，公元前 402 年；《美诺》，公元前 399 年；《欧叙弗洛》《申辩》和《克里托》，同一年；《高尔吉亚》，旅居麦加拉初期；《克拉底鲁》，稍晚一点。第二组，辩证式对话录：《泰阿泰德》，公元前 393 年，可能撰写于居勒尼；《巴门尼德》，可能写于埃及之行与西西里之行的间隔期；《智者》与《政治家》，同一时期，或者可能在意大利之行期间。第三组，柏拉图思想成熟期的作品，写于游历意大利之后，更准确地说是在熟悉毕达哥拉斯学派的学说之后：《斐德罗》，公元前 388 年；《会饮》，公元前 385 年；《斐多》《斐莱布》《理想国》，大约公元前 367 年；《蒂迈欧》《法律》。但是，在他的《柏拉图生平》（301, 2；232 sq.），《美诺》被置于苏格拉底去世之后；而且《斐莱布》被置于柏拉图的最后阶段（跟 Ueberweg 一样），处于《蒂迈欧》和《法律》之间。

1　他同意赫尔曼的主张，认为柏拉图在写作生涯开始的时候对自己的整个体系并没有总体构想。但是，他不同意赫尔曼的进一步主张，即，柏拉图在苏格拉底活着的时候对希腊早期哲学并不了解，因而可以把他对于爱利亚学派和毕达哥拉斯学派学说的了解算作确定某篇作品写作年代的一个决定性标准。于是，他的分组与其前辈的分组稍微有所不同：第一组包含苏格拉底式对话录，即预备性的、伦理方面的对话录：《小希庇亚》《吕西斯》《卡尔米德》《拉凯斯》《普罗泰戈拉》和《美诺》（公元前 399 年），《申辩》《克里托》《高尔吉亚》（苏格拉底死后不久），《欧叙弗洛》（稍晚一点）。第二组是辩证式对话录，涉及间接的教导：《欧叙德谟》《克拉底鲁》（两篇都可能写于麦加拉），《泰阿泰德》（晚于公元前 394 年和居勒尼之行），《斐德罗》（公元前 389—前 388 年）、《智者》《政治家》《巴门尼德》《会饮》（公元前 384—前 383 年）、《斐多》。第三组是建构性对话录：《斐莱布》《理想国》（在公元前 380 至 370 年之间）、《蒂迈欧》《克里底亚》和《法律》。

2　*Unters. Plat. Schr.* 89–111. 74 sq. 81.

3　在于贝韦格的上述著作中（p.100 sq., 293），关于《普罗泰戈拉》《小希庇亚》《吕西斯》《卡尔米德》和《拉凯斯》，他认为很有可能是这样：这些对话录在苏格拉底还活着的时候已经写了，而《申辩》和《克里托》（p. 246 sq.）是在苏格拉底去世后不久写的。他认为《高尔吉亚》必定属于同一时期（p. 249）；反之《斐德罗》应定在公元前 387 至前 385 年之间（p. 252 sq., 101）；《会饮》必定写于公元前 385—前 384 年（p.219 sq.），在《斐德罗》之后不久；《欧叙德谟》（p. 258, 265）处于《斐德罗》和《斐多》之间，《理想国》和《蒂迈欧》之间，而且《美诺》比《斐多》更早（p. 281 sq.）。于贝韦格把《泰阿泰德》置于公元前 368 年或者该年前后；《智者》《政治家》和《斐莱布》（p.204 sq., 275, 171, 290 sq.），包括《法律》，属于柏拉图最

蒙克（Munk）和魏瑟（Weisse）的那些主张几乎完全是孤立的。施莱
尔马赫以来的许多评注者基本上把柏拉图著作次序的考究建立在著作
内容的基础上，而这两位则主要关心著作的形式；蒙克确定对话录或
早些或晚些的标准是基于每一篇对话录内部涉及的特定年代，[1] 而魏瑟
的标准来自于对话录中出现的直接对话与间接叙述之间的差别。[2] 还有

后的若干年（p. 221, 171）。他认为《巴门尼德》是伪作（参考第 61 页注释 1）。这些
观点在论文 *"Ueber den Gegensatz zwischen Methodikern und Genetikern"*（载于 *Ztschr. f.
Philos. N. F.* cvii.1870, p.55 sq.）中得到了修正，cf. *Grundr.* i.121, 4th edition（除了关
于《智者》《政治家》和《美诺》的一些论断之外，参考第 61 页注释 1 和第 61 页注
释 5 的引述）。于贝韦格后来认为，柏拉图的那些著作有可能总体上是在阿卡德米学
园建立后才写的；而这个假说使得他进一步认为，所有著作无一例外都属于一个整体
的精心构思；与此相应，他最终把《普罗泰戈拉》和同类的对话录置于《会饮》和《理
想国》之间。

1　蒙克在他的《柏拉图著作的自然次序》论文中设想（尤其参考 p. 25 sq.），柏拉图
　　在著作的主体部分（"苏格拉底之圆环"）主要希望为苏格拉底这位真正哲学家的
　　生活提供完整、详细和理想化的描绘，而不是阐发他自己的思想体系；而且他按照
　　一个预先想好的计划来确定各篇对话录的外围情境，这样这些著作的发表时间就
　　是柏拉图希望它们被人阅读的次序，这总体上也是它们的写作次序。蒙克尤其让
　　属于"苏格拉底之圆环"的那些对话录彼此相继，分为三组：（1）《巴门尼德》《普
　　罗泰戈拉》《卡尔米德》《拉凯斯》《高尔吉亚》《伊翁》《大希庇亚》《克拉底鲁》《欧
　　叙德谟》和《会饮》；（2）《斐德罗》《斐莱布》《理想国》《蒂迈欧》和《克里底亚》；
　　（3）《美诺》《泰阿泰德》《智者》《政治家》《欧叙弗洛》《申辩》《克里托》和《斐
　　多》。在这个圆环之外，还有在苏格拉底去世前写的对话录，例如《阿尔基比亚德》
　　《吕西斯》和《小希庇亚》，还有因某些特别契机而写的，如《法律》和《美涅克塞努》。

2　Schöne 在他的《论柏拉图的〈普罗泰戈拉〉》，1862，p. 8 sq. 希望把这点看作考察
　　柏拉图著作年代次序的基础。他诉诸《理想国》（iii. 392C 以下），在其中，柏拉图
　　禁止直接扮演的戏剧体以及抒情体诗歌出现在理想城邦中，而只容许间接的叙述体
　　诗歌，甚至对后者也有所限制。Schöne 把这些观点跟写作风格联系起来，并且拿来
　　当作判断年代次序的标准，因为单篇对话录的风格相对于它的内容而言是更具普遍
　　意义和更为可靠的判断著作真伪和年代的标准，而且风格上的相似性与作品的创作
　　年代会有密切关系。他说，按照这个观点，柏拉图的著作大致可以这样分组：（1）
　　《法律》《克拉底鲁》《泰阿泰德》《智者》《斐莱布》《蒂迈欧》《克里底亚》《美诺》
　　和《斐德罗》；（2）《美涅克塞努》《申辩》《克里托》《高尔吉亚》《拉凯斯》《卡尔
　　米德》《普罗泰戈拉》《会饮》《巴门尼德》《理想国》和《斐多》。所谓"直接的"
　　对话，包括：《高尔吉亚》《克拉底鲁》《克里底亚》《克里托》《拉凯斯》《美诺》《法
　　律》《斐德罗》《斐莱布》《政治家》《智者》《泰阿泰德》和《蒂迈欧》；所谓"间接的"
　　对话，包括：《卡尔米德》《巴门尼德》《斐多》《普罗泰戈拉》《理想国》和《会饮》。
　　《申辩》与"直接对话"相关，《美涅克塞努》与"间接对话"相关。这里没有被提

108 一些作者，没有明确地尝试建立自己在这方面的主张，[1]在这里只能简单提及。

109 　　如果说我们在这方面的探究能够有一个可靠标准的话，那些对话表面上提及的年代以及苏格拉底个人在其中出现的历史顺序就不能被考虑进来；因为我们根本没有证据可以证明，这方面的年代次序就是这些对话录实际被写成的年代次序，或者，柏拉图试图以一种连续的、传记式的方式来描绘他的老师。实际上，这种假设不仅被若干著作中关于它们何时被写成的某些提示所反驳，[2]而且也被柏拉图笔下苏格拉底在老年与青年时期以相同方式谈论哲学的情况所反驳。[3]苏格拉底生命中最后几

到的著作在 Schöne 看来显然不是柏拉图的作品。但是，他在其著作前言里说，他关于柏拉图问题的基本观念以及著作中的许多细节都得益于魏瑟的讲演。

1　Suckow（*Form. d. Plat. Schrift.* p.508 sq.）跟施莱尔马赫一样认为"柏拉图对话录的分组和次序出自于有意识的构思和计划"。但是，他的分组跟施莱尔马赫有较大不同，如下：(1)《巴门尼德》《普罗泰戈拉》《会饮》和《斐德罗》；(2)《理想国》和《蒂迈欧》；(3)《斐莱布》《泰阿泰德》《智者》《申辩》和《斐多》。(他把《政治家》和《法律》都当成伪作，而对于其余作品他没有给出看法。) Stein（*Sieb. Bücher z. Gesch. d. Plat.* i. 80 sq.）把柏拉图对话录分为三组：(1)导论性的（《吕西斯》《斐德罗》和《会饮》）；(2)表述柏拉图思想体系之基本要素的，道德学说（《美诺》《普罗泰戈拉》《卡尔米德》《拉凯斯》《欧叙弗洛》和《欧叙德谟》），知识论（《泰阿泰德》），关于善的学说（《高尔吉亚》和《斐莱布》），理念论（《巴门尼德》《智者》和《政治家》），灵魂学说（《斐多》）；(3)建构国家和自然体系的对话录（《理想国》《蒂迈欧》《克里底亚》和《法律》）。他把《申辩》《克里托》《美涅克塞努》《大希庇亚》《小希庇亚》《伊翁》《阿尔基比亚德前篇》和《克拉底鲁》看作附属性作品。他没有解释这种分组方式跟作品写作时间之间的关联性。Rose（*De Arist. libr. ord.* 25）提出了下面这种次序排列：《申辩》《克里托》《阿尔基比亚德前篇》《欧叙弗洛》《拉凯斯》《吕西斯》《卡尔米德》、两篇《希庇亚》《伊翁》《美涅克塞努》《普罗泰戈拉》《欧叙德谟》《高尔吉亚》《美诺》《泰阿泰德》《智者》《克拉底鲁》《巴门尼德》《政治家》《斐德罗》《会饮》《斐多》《理想国》《蒂迈欧》《克里底亚》《斐莱布》《法律》《厄庇诺米》，而且他把柏拉图最后的作品看作是我们现存的《第七封信》和《第八封信》，写于第107届奥林匹亚赛会第一年。《阿尔基比亚德后篇》和《塞亚革》如果是真作，则处于《普罗泰戈拉》之前。

2　据此，《美诺》，很可能还有《泰阿泰德》，必须早于《会饮》和《蒂迈欧》；参见第69页注释1；第71页注释1。据 Munk 的观点，它们晚于后两者。

3　例如，在《欧叙德谟》272B，苏格拉底是 ἤδη πρεσβύτερος（已经老了），他的哲学方法与《普罗泰戈拉》中的方法相似，而在后一篇对话录中苏格拉底还是年轻人；在《欧叙弗洛》中，苏格拉底去世前不久，他的哲学方法却与《卡尔米德》中的苏

年从事的那些探究构成了柏拉图对话录中的基础性作品，而它们显然是早期作品。[1] 柏拉图在《泰阿泰德》中明确表示选择直接对话的戏剧形式而避免间接复述带来的某些不便，[2] 而且他在其他地方不止一次以公开或者明确提示的方式把一篇直接对话和在先的一篇间接报告联系起来，[3] 这本身就足以反驳魏瑟的观点；因为必然违背这个证据的那些假设[4] 走得太远了，甚至当作单纯猜测也不行。除了对于达成所需目标而言非常重要的那些情况——也就是需要以细微方式描绘对话的角色、动机和所处环境的情况，我们没理由假设柏拉图对于转述性对话有绝对的偏好；[5] 柏拉图在整个写作生涯中肯定都运用了这两种形式，视不同情况而定。还有其他更多的重要线索在某个程度上可以用来判断那些著作的年代次序，以及这个次序是否源自于有意识的计划。这就是在各篇对话录中出现的对于柏拉图生活年代中所发生事件的提及：不过它们在数量上

110

111

格拉底（公元前 432 年）和《拉凯斯》中的苏格拉底（公元前 420 年）的方法相似；参考 Grote, i. p.191。

1　参考，例如《泰阿泰德》跟《巴门尼德》的关系，《理想国》跟《蒂迈欧》的关系，《政治家》《高尔吉亚》《美诺》与《欧叙弗洛》跟《理想国》的关系，《斐德罗》跟《会饮》的关系。Munk 以非常不令人满意的方式搞乱了这些关系。还可以参考 Susemihl 对于 Munk 作品的全面批评。*Jahrb. für Philol.* lxxvii.829 sq.。

2　《泰阿泰德》143B 以下，这段文本只能通过这样一个假说来解释，即《泰阿泰德》晚于其他间接叙述性对话录（如《吕西斯》《阿尔米德》和《普罗泰戈拉》）。

3　把《蒂迈欧》和《法律》跟《理想国》联系起来，把《斐莱布》（见第 53 页注释 3）跟《巴门尼德》联系起来。

4　如，《泰阿泰德》的导言部分是伪作；《理想国》更早的修订稿以直接对话的形式出现；《法律》的撰写早于《理想国》（无视上面提及的那些证据和证明，第 68 页注释 2 ；第 71 页注释 1），不过在柏拉图死后才被承认是他的作品；Schöne, p.6 sq.。

5　《理想国》中只提及戏剧体、叙事体和抒情体三种诗体的那段文本，不能被拿来推论以证明柏拉图自己著作的先后顺序，因为柏拉图的著作服务于很不同的目标：哲学上的教导。在这里，主要问题不在于对不同角色的模仿，而在于哲学观点的阐述。如果那个推理可行的话，我们就无法理解，间接转述的对话录在这方面相比于直接对话有什么优势，因为智者派之类的人（他们的出场可能意味着接受攻击）的说辞在两种形式的对话录中都以直接引语的方式出现，从而是 διὰ μιμήσεως（通过模仿）而不是 ἁπλῇ διηγήσει（单纯转述）（《理想国》392D）。柏拉图以直接方式呈现的最卑劣的品性，例如欧叙德谟和狄奥尼索多洛的顽固和滑稽，也一样通过苏格拉底的转述得到呈现，例如特拉叙马科的大胆无耻（《理想国》i. 336B）。

不多，而且只能指向一篇对话录被写作之前而不是之后的年代。[1] 所以，尽管我们可以从中得到许多这类有用的信息，但是它们不足以让我们确定所有对话录的年代次序。还有一个标准也许可以从柏拉图文学技巧的发展这方面来寻找。尽管，一般而言，最初的写作可能会表露出更多的不熟练，但是这不能得出，一个作者的作品在文学品质上随着他的年岁增长而同步提高。因为对于多数人而言，人物的模仿性描绘和戏剧情节这些方面的生动性，甚至包括品味的精细性以及文风方面的敏感性，随着年岁的增长会变弱；即使在这之前，严格的理论探究之紧迫性也会把文学形式变成次要的因素；一个作者的心态、他的写作环境以及写作特定著作的目标，都会影响到投入的注意力和著作的完备程度，因而这些因素不足以成为我们判断其年代早晚的理由；还有，柏拉图面向其周围弟子这个较小的圈子所写的东西，可能比为了在更广泛读者圈中激发起理论兴趣并把他们引入哲学的那些著作，在修辞的华丽方面会弱一些。[2]

112　同样道理，不是每一篇后来的著作在理论方法上都比之前的著作更完满，尽管总体上这些起伏可能不会太大而且可以有稳定和连续的进步。所以，尽管在考虑两篇对话录的相互关系的时候，这方面的观点不能被忽略，但是，在许多情况下也不能单凭这点就作出判断。不同著作的哲学内容是更为可靠的检验根据。但是，我们必须首先考虑这些内容方面的差异在多大程度上以及在什么条件下可以佐证对话录的相对年代次序；还应该考虑，有一些特征究竟是表明某个思想阐释属于作者的早期

1　参考第 69 页注释 1。

2　前面 p. 80 关于这点的说明（针对柏拉图著作的真伪性）也可以相应地用来说明柏拉图著作的写作次序。即使就诗人和艺术家而言，设想他们最完善的那些作品一定是他们最晚期的作品也会常常导致错误；尽管实际上就多数人而言，其发展的不同时期会体现在不同的风格特征上面，但是在很多情况下我们仍然很难去精确地界划这些阶段，把他们的每个作品划归于特定阶段；柏拉图情况也是这样，我们保有的仅仅是这些作品本身，根本没有关于它们的创作时间的任何可靠记载。当一位作家不是把作品的艺术形式当作一个独立的目标，而只是用它来服务于其他目标（这个目标本身会限制艺术形式的应用范围和方向），那么通过艺术风格来确定作品所属时期就显得更为困难。

阶段，还是表明作者故意没有进一步展开讨论。在这点上，柏拉图自己
的说法没有给我们什么提示。在《斐德罗》（247C 以下）那段广受议论
的文本中，柏拉图对书写作品有所批判，因为它们不限于被那些能理解
它们的人所利用，而是人人都可以得到它们，从而有可能以各种方式被
误解和滥用；柏拉图把书写作品看作只不过是一种消遣，对于曾经认识
而多年后可能忘记的内容而言它们是有用的备忘录，但是其价值远不如
亲身交谈，而这种交谈使他人在知识上得到教育，并且把人们引向正确
的道德信念。这段文本在其他方面的确很重要，但是它不能帮助我们判
断柏拉图著作的次序、年代和相互关联性。我们不能像施莱尔马赫那样
从这段文本中得出结论说，柏拉图在每一篇对话录中都必定以另一篇更
早的对话录为前提——除非已经先行表明在这些对话录中存在着某种单
向的关联秩序；因为某些对话录很可能是对于某个口头讨论以及由此激
发出来的思想的记录，即使在它们当中没有这类关联性。我们也不能像
索赫尔[1] 和他的追随者那样，假定柏拉图只有在他已经或即将创办阿卡
德米学园的时候才能以这种方式表达自己的想法；因为，即使在学园的
正规教学设立之前，也没什么东西妨碍他对他人施加精神上的影响——
也就是在适合的灵魂中播下言辞的种子，这也是他在此处谈及的话题；
其次，在这段话中，柏拉图很可能并不是要把他的写作活动与他事实上
应用的那类教导方式对立起来，而是把写作活动与他所追求的、以苏格
拉底为典范的那种理想类型的教育活动对立起来。[2]《斐德罗》中引述的
内容更加不能用来支持这个主张，即所有对话录著作的编纂都是跟柏拉
图在阿卡德米学园的教学绑在一起的；[3] 因为，正如我们可以理解的，这
段话只表达了作者在特定时期的一个想法，而且我们不知道这个想法在

1　*Platon's Schriften* 307。同样还有 Stallbaum、Hermann、Steinhart、Susemihl（Genet. Entwick. i. 286；以及更多出处）和 Ueberweg（*Plat. Schr.* 252, 123）。

2　在《普罗泰戈拉》347E、329A 中（很多评论者正确地把这篇对话录置于更早的时期，公元前 387 年），他把诗人们的诗歌（以及总体而言的书写作品）跟亲身谈话进行对举。还可以参考《斐德罗》。

3　Ueberweg, *Ztschr. f. Philos.* lvii.64.

多早的时候出现，也不知道它被作者坚持了多长时间。至少在那些更为兼容并包的作品里面，他处理了在其口头教学中要么忽略要么更少关注的那些主题，这是很有可能的，而且在亚里士多德的引述中也得到了确认。[1] 但是，假如我们（即使是从这段文本中）不可能发现柏拉图在安排自己著作方面的原则，或者发现那些作品的写作年代，那么，这些著作的理论性内容本身包含的证据就是我们赖以区分作品早晚的依据——它们有时相对确定而有时不那么确定。我们不可能期望柏拉图在每一篇作品里阐释他的全部体系，相反，非常清楚的是，柏拉图常常从他自己确信的前提出发进行某种初步的、试验性的探究。但是，在所有那些严密的哲学著作里透露出了他自己在学理上的确信：有时候，他有意识地把某个探究限定在一个分支问题范围内并且停留在预备性阶段，通过某些孤立的线索对它进行直接阐述；另一些时候，他以间接的方式进行说明以便论证的整个过程可以通达更高层次上的目标，并且借助其学说的基本精神来为某些难题的解答提供铺垫。所以，如果我们在某些作品中看不到柏拉图主义的某些基本学说，甚至它们也不以间接的方式出现，而在另一些著作中关于这些基本学说的描述显然存在，那么我们就必须断定，写作前一类作品时柏拉图心中尚未明确这些基本观点，或者至少不如他在写作后一类作品时那么明确。此外，如果两篇著作根本上以同一个理论观点作为前提，但是在其中一篇里得到更明确表述和更充分展开；如果这个理论观点在其中一篇只是以间接的方式有所准备，或者只是一般性地得到确立，而在另一篇当中以直截了当的方式得到主张并且在细节上得到展开，那么，那篇准备性的、尚未得到进一步阐发的作品就可以说是先于那篇更完备和更具系统性的作品。这点也适用于柏拉图对前苏格拉底的各种学说的指涉。柏拉图可能实际上多多少少对这些学说有所了解而没有直截了当地讨论这些学说；但是，在他的大多数著作中，我们发现他要么公开关注其中最主要的学说，要么至少明显指向这

1　参考 p. 74。

些学说，而在另一些著作中，他对这些学说保持沉默；于是这点至少是很有可能的：在某个时间之前，柏拉图没有把很多注意力放在前苏格拉底时期的各种学说上，或者他受这些学说的影响要比后来小得多。即使我们假定他有意不提这些学说，在缺乏相反内证的情况下，我们仍然必须把不提及这些学说的那些著作视为更早期的作品；因为在这种情况下，最有可能的假设是，他不提及这些学说是为了在把读者引向前苏格拉底的学问之前，让他们充分具备苏格拉底派教导的基础。

最后，非常值得重视的是一篇对话录对于另一篇的暗指。如前所述，[1]这种暗指很少会是一种直接引述；但是，常常有一些明显的迹象表明，作者有意把其中一篇著作与另一篇紧密联系起来。如果一篇对话录中所要开展的探究正好是另一篇对话录中被中断了的；如果某些思想在一篇对话录中以难题的方式被谈及或者以模糊的方式被论述，而在另一篇对话录中以确定的方式被宣告而且以理论的方式被建立；或者反过来，如果某些概念和论断在一篇对话录中是经过漫长探究才得到的，而在另一篇对话录被当作已知的东西来对待，那么就非常有理由认为，后者的时间比前者要晚一些，而且后者应该被看作利用了前者的成果。作者要么在写作前一篇对话录的时候就已经心里想着后一篇著作了，要么他只是在间隔一段时间之后才获得更进一步的观点。在某些情况下，究竟一个讨论是作为另一个讨论的预备性基础还是作为后来的补全，这点可能还会存在疑问；不过总体而言，更进一步的考察会帮我们作出裁断。

如果我们尝试把这些原则应用到我们目前的问题，我们会看到，如所预见，我们刚才考虑的所有这些设想都不能得到严格贯彻；柏拉图著作的次序不能说完全取决于设计或者筹划，从而排除所有外在环境和柏拉图本人思想发展的影响，也不能说全然取决于柏拉图思想的逐步发展，从而排除任何长远的计划；更不能说，这个次序完全取决于柏拉图

116

117

1　参考 pp. 95–96。

的某些心境、具体场合和冲动。我们不能把施莱尔马赫的那些假定推到这样的地步，从而认为，柏拉图的整个哲学体系和一系列著作从他的写作生涯开始的时候起就已经完备地存在于他的头脑中，并且保持不变，而在五十年乃至更长的时间里，他的写作活动只是贯彻他在青年时期就已经形成的计划。即使施莱尔马赫在这点上也没有走到这么极端；虽然他常常太过强调柏拉图著作的次序出自于有意识的计划，但是如果我们设想，在柏拉图开始投身写作的时候，他确实很清楚自己思想的基本要点，并且在总体上设想了一个将要在若干著作中把它呈现出来的计划，那么，这个设想不会太过偏离施莱尔马赫的真实意思；但是，这个计划并非一开始就在细节上达到完备，它最初只是一个大致的架构，后来逐渐得到充实；又或许，有时候随着一些特殊环境的变化，随着他的见识增长以及对于理论上的特定需求的自觉，这个计划会被改变和扩充。[1]另一方面，赫尔曼的观点并不蕴含这样的结论（尽管他本人似乎得出这点），即，柏拉图是以外在、机械的方式零散地凑成自己的体系，在著作当中以越走越远的方式对之进行阐发，并且这个过程伴随着他对早期各个学派的逐渐了解。但是，同样的解释模式也一样可以建立在这个假定之上，即：柏拉图从苏格拉底学说内部出发对其进行发展，而且并不是说，他对于另一套哲学学说的了解使得他的哲学发展到另一个阶段，而是说，他自己哲学观点的发展引起了他对于前辈们更多的关注。最后，在解释柏拉图著作的起因和次序的时候，即使我们主要依赖于外在环境和个人心态，[2]也不必要像格罗特[3]那样主张这整个问题的解决是没有希望的，我们还是可以探究，若干著作的内容究竟是不能够佐证作者观点的逐渐变化，还是不能够佐证一篇对话录与另一篇之间的关联性。

---

1 Brandis（i. a.160）把赫尔曼反驳施莱尔马赫的那些观点（p.351）说得更为明确："在最初的阶段，柏拉图就以其带有清晰性和确定性的创新精神，从苏格拉底的教导出发，建构了他未来学说体系的基本框架，而其内在赋有的力量使之获得渐进的、合乎自然的发展。"

2 Cf. p. 96.

3 *Plato*, i. 186 sq..

然而，这整个问题都不能基于某种抽象的理由而只能基于对柏拉图著作本身的详细考察来裁断。

在柏拉图著作集中，确实有几篇不仅偶然提及当时发生的社会现象，而且只有从特定历史事件中才能得到理解。《申辩》的主要目标是提供苏格拉底自己的辩护词；《克里托》的目标是说明苏格拉底拒绝越狱的理由；[1]《欧叙弗洛》看起来与苏格拉底遭指控这件事相关，连带触及另一件同时发生的事故。[2]《欧叙德谟》跟安提司泰尼和伊索克拉底以及这两人对柏拉图的指责有些关联。[3]但是，即使在这样一些作品里，也就是严格说来应该被视为偶然出现的作品里，作者的观点如此清楚，以致我们可以毫无困难地把它们归到其生平的某个特定阶段。然而，大多数对话录的主要目标（不管其外在动机是什么）都是呈现和构建柏拉图的哲学体系：所以，更值得期待的是我们应该某种程度上能够从中探明，柏拉图写作这些对话录之际在自己思想体系的形成方面已经走到什么程度，或者他当时希望传达给读者的要点是什么，并且他基于什么理由假定读者有可能已经从更早的某些著作了解到他的学说。如今我们从其中一部分著作中能够发现，它们向我们传达的观点本质上没有超出苏格拉底的立场。在《小希庇亚》《吕西斯》《卡尔米德》《拉凯斯》《普罗泰戈拉》《欧叙弗洛》《申辩》和《克里托》中，尚且没有出现什么线索透露出那种标志着柏拉图和苏格拉底的"概念哲学"（Begriffsphilosophie）之间的根本差异的学说：诸理念在现象界之外和之上独立存在的学说。[4]

1　同时针对 44B 中暗示的那些谣言为苏格拉底进行辩护。

2　Part i. 161, 1.

3　参考第 62 页注释 4。

4　在《欧绪弗洛》5D、6D 中苏格拉底希望听到的回答不单纯是'敬虔'的个例，而是"那个理念自身（αὐτὸ τὸ εἶδος），凭借它一切敬虔者是敬虔的"，以及他的解释"凭借单一理念（μᾷ ἰδέᾳ），不敬虔者是不敬虔的，而敬虔者是敬虔的"（cf. Ritter, ii.208；Steinhart, ii.195；Susemihl, i.122），这些文本不能被拿来证明它们证明不了的观点。苏格拉底确实已经主张普遍概念是确定不变的，但是，《欧绪弗洛》并没有暗示存在着跟个例相分离的"类"。鉴于在色诺芬的著作中，普遍概念被称为 γένη（类），故我们不能从 εἶδος 和 ἰδέα 这些词出发做过多推论。柏拉图可以在苏这些对话录也没有包含关于自然哲学或者人类学方面的任何讨论;[1]《申辩》中的确涉及灵魂不死的观念,但仍是含糊的;[2]《克里托》(54B)只是假定了关于冥界(Hades)的一些流行观念,没有触及更深的哲学观念,也没有触及毕达哥拉斯学派的神话,而这些在后来涉及来世报应的著作中得到了清楚明白的阐发。在所有这些对话录中,苏格拉底都没有超出道德探究的范围,而按照历史记载,苏格拉底本人把全部精力都花在了这个方面;而且在所有这些著作中,苏格拉底都没有表现出对前辈学说的熟知;此外,除了那些实际上反对他的人(也就是智者们)以外,这些对话录也没有应付其他的对手。关于德性的学说还是带有苏格拉底原有的烙印:唯有哲人的德性才被看成是德性,全部具体德性都被归结为知识,在哲学德性之外不承认某种非哲学的德性,也不承认德性具有多样性——这种承认是后来才出现的。[3]在这些对话录中可以明显看到一种朴素的方法。[4]大量的戏剧成分跟贫乏的哲学内容之间不成比例:戏剧性描绘是生动的,而理论性交谈进展费力,间杂着一些最基本的说明。哪怕是《普罗泰戈拉》,虽然它在文学技巧上很出色,但是也没有摆脱冗长而累人的讨论,而且关于西蒙尼得诗篇的解释(338E以下)尤其损害了其主旨的明晰性,看起来更像是一段年轻人的卖弄辞章。最后,如果我们把《高尔吉亚》中对于"善好"等同于"快乐"这个观点的反驳跟《普罗泰戈拉》(351B以下)中对这个等同的反驳(在其中,这个等同还只被看作一个假设)进行对比,就会清楚看到,后者

格拉底的意谓上表达 εἶδος 或 ἰδέα,而它原本只表示类型或形式。柏拉图的确站在苏格拉底概念论的门槛边上了,但是还没有踏出跨越性的一步。从《吕西斯》(217C以下)更加不能做出这个推论;即使我们同意 Steinhart, i. 232 sq. 的说法,在这里可以发现关于分离性理念的学说的萌芽,我们仍然必须承认(正如大家一致理解的那样),这段文本并没有越出苏格拉底学说的界限。

1 例如,我不能同意 Ritter 的这个说法:柏拉图的灵魂划分学说在《普罗泰戈拉》(352B)已经有所暗示。

2 参见 Part i. 149。

3 关于哲学德性跟日常德性之间的区分,参考《美诺》96D 以下。

4 只有《申辩》和《克里托》除外,它们不是哲学探究方面的作品。

比前者要更早一些，从而比所有那些在《高尔吉亚》之后的对话录都更早。[1] 所有这些迹象单独说起来都不具有决定性。但是整合起来讲，它们就使得这一看法得到确保，即，在柏拉图写作上述这些作品的时候，就理论形式而言，他在概念建构方面的技艺还不够纯熟；就思想内容而言，他根本上还受限于苏格拉底教导的领域及其成果。[2] 这无疑是因为他此时还处于苏格拉底的个人影响之下，所以我们可以倾向于把所有这些对话录都定在苏格拉底去世前或者刚去世不久这个时期。[3] 但是，这

122

123

1　Schöne（*Plat.Prot.* 88 sq.）持相反的观点。他希望证明《普罗泰戈拉》是更为成熟的一篇作品。他说，《高尔吉亚》把 ἀγαθὸν（善／好）和 ὠφέλιμον（利益）等同起来，而后者不过就是《普罗泰戈拉》中的 εὖ βιῶναι（生活得好）的延续表述，而且《高尔吉亚》只是满足于在 ἀγαθὸν（善）和 ἡδύ（快乐）之间做出表面的区分；《普罗泰戈拉》则取消了这个表面的东西，从苏格拉底的立场出发提出了明确的幸福主义。但是，假如这种幸福主义真是苏格拉底立场的结果（我们在 Part i.124 以下考察过了），那么我们要认为柏拉图承认这个立场吗？根据我们接下来对其伦理学的了解，柏拉图显然不承认该立场。《高尔吉亚》把"利益"（等同于"善"）单纯看作等同于《普罗泰戈拉》（351B）中的"生活得好"（εὖ ζῆν，即 ἡδέως βιῶναι〔快乐地生活〕直到生命终结），这个说法是正确的吗？《高尔吉亚》474C 以下，苏洛拉底与波卢斯（Polus）的讨论必定反驳了这个假说；因为，尽管它表明正义实际上不是比不正义更让人感到快乐，而是更有益处，但是它只是在"灵魂健全"的意义上寻求这种益处（477A sqq.）。此外，《高尔吉亚》495A，快乐和善是一回事，所有快乐本身就是善的（好的），这个立场是受到反驳的；从而，《普罗泰戈拉》351C 中苏格拉底整个论证所贯彻的那个假说本身从根本上是受到反驳的。我不能相信，让苏格拉底在这个文本（以及《理想国》《斐莱布》和其他地方）以这么确定的方式反驳了这个原则之后，柏拉图在后来的对话录里会不做任何修正就重提这个原则。我认为在《斐莱布》中更是这个情况——而 Schöne（遵循 Weisse 的观点，参见本书第 79 页注释2）也认为《斐莱布》晚于《普罗泰戈拉》。

2　如果我们假设，《普罗泰戈拉》和同类对话录的目标更多不在于阐明哲学理论而在于刻画苏格拉底的个性，上述说法也能成立。即使在这种情况下（暂且把《申辩》和《克里托》搁在一边）问题也不在于历史描写的准确性而在于对苏格拉底的理想刻画，因而我们必须追问，为什么就哲学信念而言同样的一个人，在这些对话录里呈现的样子会在许多方面不同于《会饮》和《斐多》中呈现的样子；如果作为哲学家的柏拉图本人在这两处采取了同一个立场，那么就没有什么充分的理由可以解释这点。真相在于，描绘一位真正的哲学家和阐明一个哲学体系，这两个方面在柏拉图这里是不能割裂的：他以这样一种方式为我们描绘苏格拉底，也就是说，他让苏格拉底发展出他自己认为属于苏格拉底的东西，即真正的哲学。

3　这么主张的人有 Hermann, Steinhart 和 Susemihl；Ueberweg（supra, pp.105, 106）定的时间更早。

个假设不能推广到过多的著作中，免得设想青年柏拉图在刚开始运用哲学对话这种形式的时候就拥有过分成熟的创作技巧；而且，即使我们把这个假设限制在刚才提到的这些作品范围内，仍然存在这样的问题：[1]当他的老师仍然在世而且每个听过其谈话的人也还在世的时候，柏拉图是否会把属于他自己的新想法安到苏格拉底的口里。然而，并不排除这种可能性：柏拉图甚至在苏格拉底在世时就已经开始尝试创作苏格拉底式对话录，也许已经写下来了，但是只让他最亲密的几位朋友看到；[2]不过非常不可能的是，他在那个时候就已经创作了像《普罗泰戈拉》这样精心构思的作品，而它的整个构思设计显然是面向公众的。这篇作品，连同《申辩》与《克里托》，[3]更应该被归在苏格拉底去世之后和柏拉图前往埃及以前这段时期；[4]它们连同《拉凯斯》《卡尔米德》和《吕西斯》

124

125

---

1 参考 Schöne, *Pl. Protag.* 72；Grote, *Plato* i.196 sq.（他的观点跟我的一样，不过提供的根据更弱）；Ueberweg 在这后面同意他的看法，参见第 78 页注释 3。

2 《希庇亚》可能就是这样一篇早期的试验作品；参考 pp.85–86。

3 《申辩》有可能在苏格拉底死后不久就发表了，也许在他死前柏拉图就写下来了，作为苏格拉底在法庭所做演说的忠实记录，因为在柏拉图记忆里越是新鲜，就越容易写出来。实际上，在那个时候他通过陈述事实而纠正其同胞关于其老师的看法的吁求最为紧迫。后面这个理由会让我们把《克里托》的时间定得不要太晚，因为这篇作品本身透露了这样的旨趣，即为苏格拉底的朋友们看似完全没有努力救助他而提供辩护。如果柏拉图在苏格拉底死后没多久就谈论为苏格拉底的逃脱所做的那些准备，这很可能给卷入这件事情的那些人带来危险。但是，下面这些情况也是有疑问的：一个没有实施的计划的泄露会不会导致控告，还有，是不是在《克里托》出现之前这个计划就已经为人所知了；再有，我们不知道克里托在苏格拉底死后还活了多久，是不是柏拉图替这位死去的人抗辩那些对他不利的论断，而且，如果克里托已经不在人世，那么柏拉图在提及这个人时会有更多的自由；不过，除了克里托之外，他没有提及其他所涉人物的名字（《克里托》45B），例如忒拜人西米亚斯和克贝，这两人无疑已经回家乡去了。

4 不可能有更为精确的次序编排，因为柏拉图这段时间的生活细节是未知的。如果他在麦加拉逗留的时间稍长一些，他可能已经写下了这里提及的这些对话录。但是，在 p.17 sq. 已经谈到，我们没有理由做这个假设，而且，如果像赫尔曼那样认为有一个麦加拉时期和麦加拉特征的对话录，这会与可靠史料出入很大。Ueberweg（*Zeitschr. f. Phil.* lvii., 1870, p.76 sq. 参见第 78 页注释 3）希望把《普罗泰戈拉》和同组对话录前置到公元前 387 年，而且他认为自己为这个年代安排找到了一个很强的外部证据，即，苏格拉底死后六年，伊索克拉底指责演说家 Polycrates：“你把阿尔基比亚德算作他（苏格拉底）的学生，可是任何人都看得出来，此人没有受过苏可能都旨在描绘苏格拉底及其哲学；这些作品尽管充满文学构想上的自由，但其主要内容还是忠实地反映苏格拉底，所以才可能被亚里士多德当成具有史实性的材料来使用。[1]《欧叙弗洛》的写作大致在同一时期，但比《申辩》要早一点，其主旨也是类似的——如果它不是果真写于苏格拉底受审期间的话。[2]

与上述这些对话录不同的是《高尔吉亚》《美诺》《泰珂泰德》和《欧叙德谟》。这四篇对话录，从它们对当时历史事件的指涉来看，不仅必定晚于《普罗泰戈拉》和苏格拉底去世，而且大概要晚好些年；[3]从理论内容上讲，这几篇对话录也明显指向这样一个时期，那时候柏拉图在他

格拉底的教育"，这些话在《普罗泰戈拉》出现之后就不可能被说出来。但是，这个论断如果不是纯粹的想象（在《博斯赫斯》〔*Busiris*〕中肯定是这样，它对于历史事实不太关心，伊索克拉底这个人让我们有理由这样看），它也不表示阿尔基比亚德与苏格拉底交往的可能性被排除，它所排除的只能是色诺芬在《回忆苏格拉底》卷1章2节12中驳斥了的，阿尔基比亚德的观念和行为是由苏格拉底的教导所激发的。另一方面，阿尔基比亚德与苏格拉底有过长时间交往，这点无论是谁都可以从色诺芬的记载中看出来的（*loc. cit.*）。但是，这个结果也可以从《普罗泰戈拉》中得出来：阿尔基比亚德在这里没有被呈现为"受到苏格拉底教育的人"。

1　参考 p.85。

2　但是，上面提出的关于柏拉图写作活动的看法——他最早写的不是一些具有重大意义的作品（即让人能够对后来全部作品有所预见的那些对话录），而是理论价值较低的作品（Ribbing反对这点，见 *Plat. Ideenl*. ii. 76 sq.）——不能被看作对柏拉图有什么伤害。康德、莱布尼茨、谢林和其他许多人（那些伟大的诗人就不用说了）都是这种情况。在柏拉图找到理念论作为他的学说体系的独特原则（这只能在长期准备之后才能发生）之前，他必定只限于详细阐述苏格拉底的哲学。柏拉图在最初运用对话录这种文学形式时需要一些练习，这不应让我们感到奇怪；不过，在最初的一些尝试之后不久，他就已经能够创作出像《普罗泰戈拉》这样富有艺术性的作品了，所以，哪怕在这个阶段我们也没有理由看不到他的出色才华；另一方面，我们难以想象，在《斐德罗》之后柏拉图怎么还会写出像《吕西斯》《拉凯斯》和《卡尔米德》这样的作品，而且，他在《普罗泰戈拉》中怎么会完全没有提及那些让他的立场与苏格拉底的立场区别开来的那些学说。

3　在第69页注释1，第14页注释1以及 pp.83, 84 中已经表明，《美诺》的撰写不可能早于公元前398年，《泰阿泰德》的撰写不可能早于公元前394年；《欧叙德谟》佐证了安提司泰尼在雅典的活动，以及他对柏拉图的攻击，还有伊索克拉底对智者派的攻击（关于这点，参考第96页注释1）。哪怕不考虑《高尔吉亚》486A、508C以下和521B以下这些明显的指涉，我们仍必须假定《高尔吉亚》的写作不会早于苏格拉底之死；不过，这对于我们的帮助不太大。

的理念论方面已经奠定了基础,[1] 而且他已经吸取了毕达哥拉斯学派关于
灵魂转世和死后报应的观念,[2] 还借助回忆说把这些观念跟理念论关联起
来了;[3] 他的理念论与他所理解的关于灵魂不死的整个观念缠在一起, 从

127

1　在《欧叙德谟》301A 以下, "诸多美的事物"(καλὰ πράγματα) 是 "不同于美本身的,
　　尽管有某种美出现在它们每一个当中"(ἕτερα ἔφην αὐτοῦ γε τοῦ καλοῦ· πάρεστιν
　　μέντοι ἑκάστῳ αὐτῶν κάλλος τι). 在这些话中, 我不单像 Steinhart 一样看到了
　　"非常接近于理念论" 的意思, 而是看到了对于理念论的实际阐述。那个 "美本身"
　　(αὐτοκαλὸν) 或理想的美, 乃是与美的个例相分离的; 前者临在于后者之中, 从而
　　赋予后者以美的性质, 它实际上就是 "美" 之 "理念"(ἰδέα)。这个阐述随即受到
　　一种反驳, 这就是安提司泰尼曾经用来反对 "事物" 分有 "理念" 的那个反驳。参
　　见 Part i. p. 255, 2。《泰阿泰德》176E 中的这些话更为清楚: "在现实中确立了两个
　　模型"(παραδειγμάτων ἐν τῷ ὄντι ἑστώτων)——参考 175C, 这明显是理念论的
　　一个表述, 在《巴门尼德》132D 中几乎以同样的措辞出现。在《泰阿泰德》176A
　　中提到, "此处" 作为恶的栖居地而 "彼处" 作为我们应该逃往的地方, 这也是一
　　个明确的例子, 表明柏拉图的理念论已经成型。

2　毕达哥拉斯学派的这些学说不仅清楚地出现在《美诺》中 (参考下注), 而且出现
　　在《高尔吉亚》中。《高尔吉亚》508A 显示其作者了解毕达哥拉斯主义 (参考 Vol.
　　i. 380, 3)。在《高尔吉亚》493A、D, 柏拉图借用了菲洛劳斯在 σῶμα (身体) 与
　　σῆμα (坟墓) 之间所做的对比 (参见 Vol. i.388, 5), 并且用这样的话指明其来源:
　　"一个聪明人, 可能是西西里人, 或者意大利人"(κομψὸς ἀνὴρ ἴσως Σικελός τις ἢ
　　Ἰταλικός)。Σικελός (西西里人) 是 Timocreon 的著名歌曲的开头, 见 Bergk 的 Po-
　　etae Lyrici, p. 941; Ἰταλικός (意大利人) 指涉意大利哲学家, 尤其是塔伦同的菲洛
　　劳斯。523A sqq.的指涉不是太清楚, 那里提到了死者的审判官、福岛和冥界。不过,
　　灵魂不朽的信念在这里明确出现了, 就像在《泰阿泰德》177A 中, 而 524B 的内容
　　跟后来出现于《斐多》64C、80C 的相同思想是联系在一起的。《高尔吉亚》525B
　　sqq. 在可以救治的罪恶跟无可救药的罪恶之间做出划分, 在死后世界中暂时的受罚
　　跟永恒的惩罚之间做出区分, 这如同后来在《理想国》x.615D sq. 中所作的区分一
　　样, 是延续了毕达哥拉斯学派的学说。所以, 我们不能怀疑, 柏拉图在写作《高尔
　　吉亚》之时已经基本形成了他的末世论思想。

3　参见《美诺》81A 以下的著名段落, 在后面还要提及这段文本。这里非常明显指
　　涉毕达哥拉斯学派的灵魂转世学说, 尽管柏拉图只是提及品达和俄耳甫斯传统 (菲
　　劳斯也是如此, 参考 Part i. 327, 1); 非常明显的证据是这里展示了毕达哥拉斯学
　　派的数学原理 (数学是毕达哥拉斯学派的基本理论)。而且, 我认为这点也是同样
　　清楚的, 即回忆说以理念论为其前提。回忆的对象只能是一些普遍概念 (ἀλήθεια
　　τῶν ὄντων〔诸事物之真相〕)——我们在个别事物中可以感觉到它们的影像——而
　　不是我们在前世经验到的那些个别表象 (见《美诺》86A; 参考《斐多》99E)。柏
　　拉图的措辞听上去像是后面那个意思, 但这不过是因为他采用了别处也出现过的
　　那种神话式表述。他在《斐多》72E sqq. 提及的必定是《美诺》, 他希望我们以这
　　种方式来理解。我跟 Ribbing (Pl. Ideenl. i. 173 sqq.) 和 Steger (Pl. Stud. i. 43)一

而必定是几乎同时产生的。[1] 这些对话录以不合比例的方式对某些最普　128
遍的道德原则进行基础性探究，其中涉及德性的统一性和可传授性，还
涉及知识概念，等等；这方面的理由只能是，柏拉图根本上超出了苏格
拉底的观点以及他本人最早的学说——这必定是基于方法论上的考量而
得到的结果。作者在这里有意把自己限制在最基本的问题范围内，因为
他知道只有周全地奠定这些基本学说，从而夯实其理论大厦的地基，然
后才能往上继续构建。他在《克拉底鲁》《智者》《政治家》和《巴门尼
德》中提出的那些方法也应该从这方面去评判。这些对话录无疑预设了
理念论：[2] 在《政治家》中，柏拉图除了建立了国家治理学说之外，还表

样不同意 Steinhart（ *loc. cit.* 11, 96; iv.85, 383, 416 ）和 Susemihl（ *Genet. Entw.* I, 85
sq. ）的观点，即《美诺》的"回忆说"比《斐德罗》的"回忆说"更早、更不成熟；
我也不同意 Schaarschmidt（ *Samml. d. Plat. Schr.* 365 sq. ）的观点，他拿这段话来佐
证《美诺》是伪作。《美诺》81C 说，灵魂学习了一切东西，因为它已经看见了"此
间和冥界中的一切事物"（ καὶ τὰ ἐνθαδε καὶ τὰ ἐν Ἄδου καὶ πάντα χρήματα ）。同
样的内容出现在《理想国》和《蒂迈欧》中；在《理想国》614E，诸灵魂在上界或
下界游荡一番之后彼此叙述在其中看见的东西；在《蒂迈欧》41D，每个灵魂在进
入人体之前处于某个行星上，它随着行星的转动而观览宇宙；《斐德罗》跟后面这个
描述基本一致，尽管其中说灵魂环绕世界的过程中看见的是诸理念。《美诺》（81C,
82A sq. ）也把道德真理和数学真理看作灵魂从前世存在中认识到的东西。我们还遇
到了这个谬论（ 85E sq. ）：如果灵魂"在作为人以及还未成为人的时间里"（ ὄν τ' ἂν
ἢ χρόνον καὶ ὂν ἂν μὴ ᾖ ἄνθρωπος ）拥有知识，那么它必定始终拥有知识。我这里
不对这个结论的有效性进行辩护。相反，我会问，使灵魂的前世存在得以证实的那
个有效结论会是什么呢，例如，《斐多》（ 70C sq. ）的证明方法是不是比《美诺》此
处的证明方式更为有效？实际上，我们所谓"谬论"在《斐多》（ 72E ）中作为苏格
拉底支持灵魂不朽的一个著名证据而明确被提到。

1　柏拉图本人在《斐多》76D 以下给出了他关于这个关联性的看法。他说，如果存
在"美"和"善"，泛泛地说，如果存在诸理念，那么灵魂必定在生前就已经存在；
如果我们否认前者，就不能承认后者。他在说这点的时候是跟"回忆"问题相关的，
也就是关于诸理念的回忆。后面提出的关于灵魂不朽的那些证明（《斐多》100B 以
下）也同样表明这种关联性；正如自始至终他坚持灵魂跟"生命"之理念处于关联
之中一样。《斐德罗》中作为"运动之起源"（ ἀρχὴ κινήσεως ）的灵魂概念，始终
以永恒本质跟外在表象的分离作为其前提，而且柏拉图把它跟诸理念具有绝对实在
性的学说紧密结合在一起：灵魂的高级要素以对于诸理念的洞见作为其滋养（247D、
248B ）。

2　后面将会表明，《智者》和《巴门尼德》如何建立并贯彻了这个学说。就《克拉底
鲁》而言，参考 439C 以下（其中 ὀνειρώττειν〔梦到〕这个措辞最多只能表示这个

达了他关于自然哲学的几个重要主张，[1]在这些地方不仅透露出毕达哥拉斯学派的影响，而且还有对其他早期学派更多的明显指涉。[2]由此说来，我们不能认为，在写作这些对话录的阶段，他在其哲学原理上还没有达到完备，或者说他还没有与毕达哥拉斯学派打交道；尽管，在内容和方法上，柏拉图在此最主要还是与爱利亚—麦加拉学派的哲学靠得最近，但是这只表明他希望从这个出发点来引领读者，而并不表明他本人还没有超出他们的立场。

考虑到《斐德罗》中明显出现了理念论以及关于灵魂转世的学说，所以我们不应该把这篇对话录视为比《智者》《政治家》和《巴门尼德》早很多，[3]甚至比《高尔吉亚》《美诺》《欧叙德谟》《克拉底鲁》和《泰阿泰德》早很多。[4]不过也有可能柏拉图在这里以神话故事的形式预先表达了他在写作那些对话录时早就想到的东西，但是，为了其学说的渐进发展，他此时暂且把它们搁置了；于是，《斐德罗》可能是一系列著作的导引，它的作用是为读者提供关于最终目标的一种预览，而后来当他通过冗长费力的方法论探究来达成此目标的时候，这个目标不时从他

学说对于读者来说是新鲜的，不意味着它对于柏拉图本人而言是首次触及），386D，389B、D，390E，423E；就《政治家》而言，参考285E 以下，269D。

1　在《政治家》269D 以下，我们看到不变的神圣存在跟变化的物质世界之间的对立，以及由此得出的关于尘世事物有着周期性变化的假定。与此相关，我们在 272D sq. 和 271B sq. 看到这样的学说，每个灵魂在每个尘世生活周期必定经历一定数量的地上物体，除非它提前过渡到一种更高的命运。在《政治家》273B、D，《蒂迈欧》中关于物质的学说显然已经有所预示。

2　在《克拉底鲁》400B 以下，我们看到菲洛劳斯的 σῶμα（身体）与 σῆμα（坟墓）之间的对比，这在《高尔吉亚》已经出现过。我们还看到，此生是灵魂净化自身的条件。在 405D 我们看到了毕达哥拉斯主义的"宇宙和谐"；在 403E 出现了柏拉图的灵魂不朽学说——这也涉及毕达哥拉斯主义。《智者》252B 提出了毕达哥拉斯主义的"有限"与"无限"的对立，而这在《巴门尼德》137D、143D sq.、144E、158B sqq. 再次出现，还增加了奇数与偶数的对立，一与多的对立；还有，在 143D，诸数的派生过程也让我们联想到毕达哥拉斯学派。在《政治家》我们看到毕达哥拉斯学派关于"中道"的教义（284 以下），以及关于"无限"的学说（273D）。

3　如 Hermann 和 Steinhart 认为的那样；参见 pp.103, 104，以及第 77 页注释 5。

4　如 Susemihl 认为的那样；vide supra。Deuschle（d. plat. Politikus, p. 4）把《斐德罗》定得更早，处于《欧叙德谟》和《克拉底鲁》之间。

的视野中消隐了。如果我们考虑到其他人已经注意到的《斐德罗》中那些透露出青春气息的种种迹象;[1] 如果我们注意到,就像筭一眼就能发现的,理念论的一些要点存在于这篇著作中,但是仍然缺乏柏拉图后来才感到必须给出的更细致的说明;[2] 如果我们注意到,《斐德罗》第二部分中,哲学方法的构成要素似乎是第一次得到确立,而且在《欧叙德谟》中[3] 已经为我们所了解的"辩证法"这个名称和概念在这里被赋予了某种新的含义;[4] 如果我们把《斐德罗》中关于修辞术的论述跟《高尔吉亚》

131

1　在 Diog. iii. 38, Olympiodorus 3(参见第 68 页注释 1),《斐德罗》被说成是柏拉图最早的书写作品,理由在于其主题的"μειρακιῶδες",也就是年轻气盛的特征。施莱尔马赫(*Pl. W.* 1 a. 69 sq.)对《斐德罗》"整个形式与格调"的年轻气盛特征给出了更详尽的阐述。施莱尔马赫让人们留意这里有一种自我炫耀和显示作者本人优越地位的倾向,而且此倾向随处可见;他还让人们留意到了某种浮夸的材料堆砌,这体现在作者让第二套说辞反驳第一套,又让第三套说辞反驳第二套,而最后却宣告这整个说辞和文学创作都只不过是戏说。作者利用铺张的笔法挫败修辞家。在谈话的每个停顿之处都有全新的华丽辞藻涌出来,或者插入不必要的严肃语气。类似这些方面是施莱尔马赫注意到的;在这些之外,我们或许可以加上:《斐德罗》中那个著名神话也缺乏柏拉图神话总体上具有的那种明晰性。这篇作品整体上年轻气盛的特征无休无止,而柏拉图其他对话录里只用它来谈论那些最崇高的三题;它确实与《会饮》那种成熟的流畅性有很大不同,所以,我们很难认为这两篇对话录相隔没几年。

2　意气和欲望——按照《蒂迈欧》42A、69C 以下(参考《政治家》309C,《理想国》611B sqq.)——构成了灵魂的可朽部分,它们只是在与身体相结合时才产生,然而在《斐德罗》246A 以下,它们出现在灵魂进入身体之前的状态中,而且在 249D 以下,我们看到《斐德罗》的主要论题"爱"只是泛泛地被视为在美之唤醒作用下对于"理想实在"(the Ideal)的追求。我们只有到了《会饮》才看到这样的补充说法,即"爱"关乎于美的事物之生殖繁衍。

3　《欧叙德谟》290C;还有《克拉底鲁》390C;《智者》253D 以下;《政治家》285D,287A。

4　《斐德罗》265C sqq.。辩证法在这里只是从形式逻辑的方面得到描述;而且,我不能同意 Steinhart(*Pl. W.* iii. 459)的观点,他认为《斐德罗》关于辩证法的描述比《智者》中的描述更为成熟,在《智者》253D 以下,辩证法的逻辑问题建基于诸概念相互结合的学说。Stallbaum(*De Art. Dial. in Phaedo doctr.* Lpzg. 1853, p. 13)试图把《斐德罗》中关于辩证法的基础性描述跟后来的详细阐明调和起来,这个尝试不能让我满意。他说,《斐德罗》只是希望把辩证法表述为真正"爱"的技艺。即使情况是这样,也不能推论说,辩证法在这里被看作某种新东匚,它的名称第一次得到确立。这篇对话录本身没有给出什么理由可以让我们将其第二部分的主旨看得这么狭窄。

132 中关于修辞术的论述 [1] 进行比较，再把其中对伊索克拉底的论断跟《欧叙德谟》中的论断 [2] 加以比较——那么，前面提到的这个单纯的可能性就会变成非常可能。所以，这个观点似乎是可以得到合理辩护的，即，

---

1 《斐德罗》260E 以下几页表明，修辞术根本不是一门技艺，而只是一种 τριβή ἄτεχνος（非技艺性的熟练活），我们在《高尔吉亚》463A sqq. 中也看到同样的说法。但是，前者不仅把修辞术看作毫无例外地只有说服的作用（不管柏拉图本人的观点与此有多么不同），而且把这个说法当成其论证的前提。后者（458E、504D sqq.）明显与此相抵牾，它赋予修辞家更高层次的目标，即，矫正和教导其听众。因为修辞术不能实现这些要求，所以在《泰阿泰德》201A，《政治家》304C，它跟哲学相比只被赋予了相对次要的价值；不过《斐德罗》没有明确区分修辞术和哲学各自的方法。面对这些情况（Ueberweg 的论述也没能从别的方面作出澄清，见 Plat. Schr. 294），我既不能过分看重《斐德罗》对于某些修辞家及其学说的批评（如 Steinhart, iv. 43），也不能过分看重只有 Hermann 一个人看作很关键的情况，即《斐德罗》270A 对伯里克利的评价比《高尔吉亚》515C sq. 和 519A 的评价高很多。前者称赞伯里克利是有才华的和具有理论教养的演说家，后者却把他当作政客来谴责。这些称赞和批评实际上是可以兼容的（如 Krische 所说，见 Plat. Phaedr. 114 sq.），就像柏拉图对荷马和其他诗人的称赞（例如，《会饮》209D）跟对他们的批评（《高尔吉亚》502B sq.，《理想国》ii. 377C sq.，x. 598D sq.）是兼容的；即使不是这样，那么，批评性内容是早一些还是晚一些，也仍然是有疑问的：首先，《高尔吉亚》的论断在《政治家》303B 以下被再次提及；其次，既然柏拉图始终把民主制视为不好的，我们很难明白他对于这位为民主制奠定重要基石的政治家怎么会得出不同的看法。

2 在《欧叙德谟》中虽然没有直接提伊索克拉底的名字，但是明显对他有指涉，他对哲学家的指摘（他把他们称为"争论家"或者"智者"）显然得到了驳斥，而且他本人追求的处于哲学家和政治家之间的位置被表明为站不住脚的。相反，《斐德罗》（278E sq.）让苏格拉底表达这样一个希望，即，伊索克拉底凭借其心中存有的哲学倾向不仅会把所有其他演说家（修辞家）甩在后面，而且自己还可能转向哲学。Spengel（Isocrates u. Platon. Abh. d. Münchner Akad. philos. -philol. Kl. vii. 1855, p. 729–769；cf. espec. 762 sq.）在如下看法上肯定是对的：在写作《斐德罗》的时候，伊索克拉底的个性还没有朝着柏拉图在《欧叙德谟》中力图抵制的那个方向上发展成熟，也就是说，他还有希望被哲学这边所争取，或者，这个时候伊索克拉底应该还没有发表那一系列攻击同时代哲学家（包括柏拉图，尽管没有任何人被点名）的言论——这些言论出现在他攻击智者们的演说中（Hel. 1–7, Panath. 26–32, π. ἀντιδόσ. 195, 258 sq. Philipp. 12）。由于伊索克拉底出生于公元前 436 年，如果假定《斐德罗》写于公元前 387 至前 385 年，那么在这个时候他已经过了发生上述情况的年纪了。Steinhart（Plat. Leben, 181 sq.）的说法意在满足这个结论，却不能为这点提出有说服力的证据，因为他只是用下面这个纯粹假设来支持他的立场，即，柏拉图在《欧叙德谟》中并没有指涉伊索克拉底，而伊索克拉底在攻击智者们的演说中也没有指涉柏拉图。

柏拉图一直到苏格拉底去世时总体上忠实于苏格拉底的哲学，因而那个
时期的著作没有从根本上超出其老师的立场；但是，在他的老师去世后
的若干年，他把理念论和灵魂不死的信仰确立为自己学说体系的核心，
从那以后，如《斐德罗》所宣告的，他开始以系统的方式逐渐发展他的
观点。这些观点随着时间的推进而变得更为明确和清晰；柏拉图的视野
逐渐扩展，他的表达方法和形式也在某种程度上发生改变；他跟前苏格
拉底各学派的关系也并非一成不变；这时候他的政治学说还远远没有在
细节上达到完备，而自然哲学更没有达到完备。所有这些都是我们很可
能看到的，哪怕在其著作中透露出来的这些发展线索要少于实际存在的
那些迹象；但是，他的学说的根本立场和总体框架从《斐德罗》《高尔
吉亚》《美诺》《泰阿泰德》所标识的时期起就应该是确定的了。

133

几乎不可怀疑的是，《会饮》和《斐多》比《斐德罗》要晚一些，
它们出现在柏拉图的哲学以及他的文学才能完全成熟的时期；[1]《斐莱布》
也不能被归为较早时期的作品。但是这些对话录彼此之间的次序以及它
们各自的确切年代要得到判定是非常困难的，因此，假如评论家们的观
点在这些问题上分歧很大，是不足为奇的。在那些明确提出理念论和灵
魂不死的对话录与那些不出现这些学说的对话录之间，必定存在一个相
当长时间的间隔；如果后者总体上是在苏格拉底去世之后才被写出，我
们就不能冒失地把前者出现的时间定在该事件之后不久。

134

我们或许可以合理地假定，那些主要致力于描绘苏格拉底和苏格拉
底哲学（如柏拉图当时所理解的那样）的对话录，可能部分是写于麦加
拉，部分写于他返回雅典之后；然后，他前往埃及和居勒尼；在此期间
或者随后不久，他形成了使得他的立场明显超出苏格拉底的那些观点，
当然最初他还是通过他的老师之口来宣告这些观点；于是这第二阶段的
写作活动可能开始于苏格拉底去世后四五年的样子。但是，所有这些只

1　Ast 和 Socher 把《斐多》放在苏格拉底死后不久（参见第 74 页注释 4、7），但是，
这个设想已经被充分驳斥了，见上文。

是揣测，而且不可能得到确证。

属于这个阶段的著作当中，《斐德罗》可能是最早的一篇。[1]《高尔吉亚》和《美诺》可能紧随其后；这两篇对话录的主题和处理方式都让它们与《普罗泰戈拉》更为亲近，超出这一组对话录中的其他任何一篇。[2] 从《美诺》出现的众所周知的年代错误看来，[3] 这篇作品的写作时间不会比公元前 495 年晚太多。[4]《泰阿泰德》的主题与《美诺》相关联；《美诺》（89C 以下，96D 以下）把德性之可传授性问题还原为"德性是知识吗？"这个基础问题，但是同时又承认有德性的行为可能出自于正确信念；《泰阿泰德》探究了"知识"这个概念，以及知识与正确信念的关系。在写作年代方面，《泰阿泰德》似乎也与《美诺》趋近。因为，如果这篇对话录不是写在科林斯战役之时，我们也不能把它定为比公元前 368 年早很多。[5] 不过柏拉图在非常晚的时候还认为有必要探究这么基本的问题，这也非常不可能，因为我们在其他某些对话录中 [6] 发现他把知识和信念的区分看作被普遍接受的，而只需稍微提醒一下他的读者就足够了。但是，另一方面，如果我们把《泰阿泰德》定在比公元前 368 年还晚，那么柏拉图的那些最兼容并包和最重要的著作就必须被挤进其人生的最后二十年：这本身是不太可能的，而且当我们想到在这二十年里他还有过两次西西里之行，还出现了亚里士多德所提到的柏拉图哲学上的改变，那么这就变得更加不可能了；亚里士多德所说的这

135

1　我自己支持这个假定的那些论证可以参见 p.130 以下，另参考 p.112 以下。

2　略过《欧叙德谟》，理由可见 p.84。

3　参考第 69 页注释 1。

4　一方面，伊斯美尼亚（Ismenias）明确被说成"不久前刚获得波吕克拉底的财富"（ὁ νῦν νεωστὶ εἰληφὼς τὰ Πολυκράτους χρήματα），在这里它只能是从作者的立场上来说的，而不是从苏格拉底的立场上来说的；另一方面，如果那个事件还是新近的，柏拉图对它的愤慨仍属新发，那么就很容易想象他怎么会表达出这个明显的年代错误。

5　参考第 14 页注释 1。

6　《蒂迈欧》51D sq.；《理想国》v. 477A, E；vii. 533E；《会饮》202A；还有《巴门尼德》155D，δόξα（信念 / 意见）和 αἴσθησις（感觉）这两个概念跟 ἐπιστήμη（知识）一起出现，它们与知识的区分是《泰阿泰德》的探究主题。

点在柏拉图著作中完全无迹可循，因而我们只能把它算在更晚的时期。[1]
所以，几乎可以确定的是，《泰阿泰德》应该是在《美诺》之后不久撰
写的；最有可能的是在公元前 392 年与 390 年之间。[2]《智者》与《泰阿
泰德》联系在一起——柏拉图不仅在前一篇对话录中公开提及后一篇，
而且在《泰阿泰德》的结尾处为进一步探究相似主题的做了铺垫。[3]《政
治家》也是直接后承《智者》的；[4]这两篇对话录都提及要针对哲学家的
定义进行第三场讨论；由于某种我们不知道的缘故，柏拉图没有实现他
的这个承诺。如果这还不能够充分证实，所有这几篇对话录都是以直接
相承的次序写成的，并没有被其他作品间隔开来，那么至少以下这点是
清楚的：柏拉图在写作《智者》的时候已经计划写作《政治家》，而且
他不会让自己在实施这个计划方面出现太长时间的耽搁。我们关于《泰
阿泰德》就不是那么确定；但是在它与《智者》之间有许多年的间隔，
这也不太可能；所以我们某种程度上有理由相信，《智者》和《政治家》
也是在第一次西西里之行以前或者大概在那个时候得以撰写。[5]《巴门尼

[136] [137] [138]

1　《法律》诸卷是一个例外：从它们的总体态度看起来，我们很难设想它们会触及柏
　拉图后期学说中的形而上学。

2　Ueberweg（*Plat. Schrift.* 227 sqq.）为了支持他自己和 Munk 的假设而强调《泰阿
　泰德》写于公元前 368 年之前，这在我看起来太缺乏确定性而不能证明任何东西。
　但是，它符合一个通常的看法，即，因为欧几里德和塞奥多洛在《泰阿泰德》中扮
　演一定的角色，所以在《泰阿泰德》写作之前不太久的这段时间里，柏拉图与他们
　二人有过友好的交往。参考第 14 页注释 1。

3　在《泰阿泰德》中，在关于知识的几种定义（知识作为感觉，知识作为真信念，
　知识作为带有 λόγος 的真信念）全部都被表明为不能让人满意之后，苏格拉底在结
　尾处说，他现在必须去法庭；"塞奥多洛，明天早晨让我们再回到这里"。在《智者》
　的开头，塞奥多洛用这样的话指涉前面这点："按照昨天的合议，苏格拉底呀，我们
　来了"。确实，《泰阿泰德》结尾处的话并没有以确定的方式提出将要在别的对话录
　中继续讨论什么问题（Bonitz, *Plat. Stud.* ii. 41 把它与《拉凯斯》和《普罗泰戈拉》
　的结尾联系起来）；但是，如果柏拉图用这样的续篇把它们连接起来，那么我们可以
　肯定地认为他在续篇中指涉前面的对话录；还有，如果《智者》与《泰阿泰德》的
　分隔时间很长，中间有一系列其他对话录，那么《智者》的开头就会是难以理解的。

4　《政治家》的开头部分；《智者》216C sq. 。

5　Ueberweg（以 Munk 为范例，见 *Plat. Schrift.* 275 sq.）把《泰阿泰德》三联剧的写
　作时间定得更晚。他的主要证据在于这样的观察，即，《智者》关于诸理念可以运
　动这样的主张（关于这点，参考第 79 页注释 1）必定属于后期学说，比诸理念绝对

德》提及《智者》,[1]《斐莱布》提及《巴门尼德》;[2]《斐莱布》和《政治家》[3]都为《理想国》提供了铺垫。[4] 所以，这些对话录都应该按照上述次序前后相承。[5] 每一篇作品的确切年份，以及《欧叙德谟》和《克拉底鲁》

不可运动这种观点更晚出现，后者在《智者》中是得到批评的。但是，这点仍然有疑问：在《智者》这里被攻击的观点是不是柏拉图在《斐多》《蒂迈欧》等著作中（参考 p.215 sq.）传达的那种观点；而且，把诸理念看作运动的、有生命的这样一个观点，是不是在与《智者》同组的其他对话录中退到了幕后（它不是完全缺失，*loc. cit.* 对此有所说明），因为柏拉图还没有想得非常清楚，或者，因为它偏离了柏拉图思想的主导性倾向，而把它跟其他更重要的思想立场融贯起来实在太困难了而无法得到贯彻；或者，我们在《智者》中实际上看到的是理念论的更晚期形态，而不仅仅是一次把运动纳入"理念"概念之中的尝试（后来可以被放弃）。后面这个假设很快就可以被表明为站不住脚，因为不仅一些理由支持《智者》早于《巴门尼德》,《政治家》早于《理想国》，而且亚里士多德关于理念论的说明中运动这个特性始终是缺乏的，并且这个缺陷明确引发了对该理论的反驳（cf. Part ii. b. 220, 2nd edition）。这样，《智者》不能被视为关于理念论最后版本的阐述，而只能被看作向最后版本的过渡。Ueberweg（p. 290 sq.）进一步认为，他在《政治家》（以及《斐多》）中发现了一些人类学方面的观点，它们必定晚于《蒂迈欧》的那些观点。这个论述之不正确在后面将会得到证明（见第 8 章）。最后，Schaarschmidt（*Samml. d. plat. Schrift.* 239 sq.）致力于指出《政治家》中有一系列对于《法律》的模仿，但是我从他引述的这些段落中找不到一处这种例子可以反对这样的假设，即《政治家》是一篇早于《法律》的柏拉图著作。

1　我已经通过在《巴门尼德》128E sq. 与《智者》253D、251A 之间的对比，在《巴门尼德》143A、B、145A 与《智者》244B sq.、254D sq. 之间的对比尽力表明了这种可能性，见 *Plat. Stud.* 186 sq., 192 sq. 。

2　参见第 53 页注释 3。

3　就后者而言，我只需要提到 Susemihl, *Genet. Entw.* ii. 303 sqq. 和该卷第 8 章；还有，在我看来没有理由可以揣测，我们所看到的文本不是原始的样子而是经他人修饰过的（Alberti, *Jahrb. f. Philol. Suppl. N. F.* i, 166 sqq. .）。

4　《理想国》vi. 505B："但是，你还知道这点，大众认为快乐是善，而那些更聪明的人认为知识（φρόνησις）是善"，构成《斐莱布》主题的那个问题在这里得到讨论，就好像它是为人熟知的问题，而在《斐莱布》中得到详细批评的两个主张在这里通过简短论述就打发掉了，我们不可能看不到，在《理想国》这里对于《斐莱布》有某种暗指，就好像我们从上面转引的文本中看到对于《巴门尼德》的暗指；从《斐多》72E 中（见上文，第 62 页注释 1）看到对于《美诺》的暗指；在《法律》v. 739B sq.（参考 *Plat. Stud.* 16 sq.）看到对于《理想国》的暗指。

5　Ueberweg（p. 204 sq.）正确地看到，在《智者》中，尤其在《斐莱布》中，存在许多跟亚里士多德所表述的柏拉图晚期理念论相吻合的内容。但是这不能得出，这些对话录比那些没有以这种方式出现吻合的对话录要更晚一些。只要理念论达到某种完备的程度，它肯定也会包含那些与晚期形态的理念论相关联的观点，但是，只

在它们当中如何安置，则是难以探明的；《会饮》很可能写于公元前 384　139
年，[1] 但是这个事情对于我们弄清其他对话录的年代没有太大帮助，因为
我们不能对《会饮》在柏拉图著作中的位置做出明确判定。柏拉图没能
完成以《智者》开头的三联剧，[2] 这可能是被第一次西西里之行耽误了，
而且在《巴门尼德》这篇费劲的辩证性对话之后，他可能搁置了本来计
划要进行的对于哲学家之本质的考察，取而代之的是《会饮》和《斐多》
中那些非凡描绘，在前一篇里是哲人享受生活的方式，而在后一篇里则
是哲人的临死。[3]《斐莱布》为《理想国》和《蒂迈欧》提供了最直接的
准备，所以我们也可以设想在时间方面它也先于后面这两篇。后两篇对
话录必须被定为柏拉图成熟时期的作品：[4] 若说我们能够对它们的年代做

有当理念论本身被提出来作为辩证讨论的目标，柏拉图才有机会把这些观点强调出
来；而在《理想国》和《蒂迈欧》这样的论述中，其主要目标是把理念论应用于道
德领域和物理领域，因而它们可以不被提及。但是，Ueberweg 本人说，《蒂迈欧》
中宇宙灵魂的建构与《智者》和《斐莱布》中的那些建构遵循的是同一种思路。参
考第 99 页注释 3。

1　其中提及阿卡迪亚人的"分散"（《会饮》193A）——据 Diodor xv.12，发生在第
　　98 届奥林匹亚赛会第 4 年（公元前 385 年）——很可能应该这么解释，即，柏拉图
　　刚刚受那个事件的影响，所以容许出现一个年代错误，不过这是借阿里斯托芬之口
　　说出的，因为他有特别的幽默影响力。

2　Supra, p.137.

3　后面（第 9 章）将会表明，我们没有理由像 Ueberweg 那样认为，《斐多》比《蒂迈欧》
　　更晚。

4　柏拉图《第七封信》（参见第 13 页注释 2）的一些说法听起来确实像是他在第一
　　次西西里之行以前就写了《理想国》。近世有许多著名学者支持如下假说：阿里斯
　　托芬在《公民大会妇女》（公元前 391 年）讽刺了柏拉图式的理想国，他从《理想
　　国》或者从口传教义中获得其思想材料。我们可以说出像 Morgenstern、Spengel、
　　Bergke、Meineke、Tchorzewski 等人的名字；参见 Schnitzer（Aristoph. Werke x.1264
　　sq.）的一些引述，还有 Susemihl，同上，ii.296。但是，像《第七封信》这样可疑
　　的材料不能被看得这么重要；而就阿里斯托芬而言，我只能同意 Susemihl（我乐意
　　引述他的著作，因为他详细介绍了前人的观点），即《公民大会妇女》没有指涉柏拉
　　图的《理想国》。如果其中的攻击是针对某个具体人物，那么，为了让听众明白
　　自己的意思，这位诗人无疑会点明该人是谁（尽管新的法律反对在舞台上嘲弄人，
　　但是这不妨碍他人可以中伤柏拉图，参考第 27 页注释 5），正如他对别人已经做过
　　了许多次。阿里斯托芬没有这么做；在第 578 行，他明确说，"这些事项（引者按：
　　这被认为是嘲讽柏拉图）从来就没有开始实施"。这部戏剧的内容没有一处让我们
　　必然联想到柏拉图；泛泛地说，正如诗人多次表达而不可能让人误解的，它的主题

140 比较接近的估计，那么只能是通过这样一个事实，即，《克里底亚》不仅以未完成的样子传到我们手上，而且显然在最初它就只是断篇。[1] 这个现象说明了有某件外在的事情妨碍了这篇作品的完成，这就让我们想

141 到了柏拉图的最后两次西西里之行以及他遭遇的那些麻烦。[2] 哪怕不考虑这个因素，我们也很难把《理想国》和《蒂迈欧》放在比这些麻烦出现的年份更晚的时期；不然的话，柏拉图就没有时间去写作《法律》以及如亚里士多德所说的那样去改变他的学说。假定《理想国》是在第二次西西里之行（公元前 370—前 368 年）以前完成的，而且《克里底亚》是被第三次西西里之行（公元前 361—前 362 年）打断的，[3] 那么，就有足够长的时间留给像《理想国》这样一篇包罗万象、深思熟虑和富有文学技巧的作品；因为《蒂迈欧》所需要的那些预备研究（尽管其中在自然哲学上有其诸多不完善之处，而且还从菲洛劳斯和其他前人那里得到了帮助）必定占用一段相当长的时间；[4] 而且，这样的话也能够合理解释

是关注与《武士》《黄蜂》《利西翠妲》（Lysistrata）和《地母节妇女》一样的道德与政治处境，这些处境从塞拉绪布罗重获权力之后就没有改变过。女人与财产的共有作为民主派极端想法，而不是作为贵族派的空谈玄想，被搬上舞台。在我看来（跟 Susemihl, ii. 297 的观点不一样），其中某些内容跟柏拉图的说法相似这并无特别之处，他们可以从当时希腊的文化土壤中独立地提出这些想法。这样一些例子不能被看得太重要，不然我们最后还会把《公民大会妇女》670 中的 "ἢν δ᾽ ἀποδύη γ᾽ αὐτὸς δώσει"（如果有人要脱走你的衣服，你就自己给他）跟福音书中的类似教训联系起来。另一个假设是阿里斯托芬心里想到的是柏拉图的口传教义，对这个假设也没什么可说的，因为在这种情况下我们还要期待有一些东西可以表明，普拉克萨戈拉（Praxagora）的知识受益于柏拉图，或者至少受益于哲学家们（如果阿里斯托芬突然变得太谨慎而不敢冒其他人冒过而且没多大危险的风险）；此外，不太可能的是，柏拉图在那个时候已经发展出了共妻以及女人参与战争与政治这样的国家学说。此外还有一点，Ueberweg（loc. cit. 128）认为当时柏拉图以教师身份活动有 3 至 4 年，就其最早来说都要晚于《公民大会妇女》的上演。再次，《理想国》v. 452B、451A、456C 也完全没有暗示喜剧家针对他的提议可能编出来的有关笑话。

1　参考第 37 页注释 4。

2　Susemihl, *Genet. Entw.* ii. 503，跟这个看法一致。

3　关于年代方面，参考 p. 32 sqq.。

4　在写作《理想国》之前，柏拉图不可能已经探究了这些问题，至少那个时候还没有形成《蒂迈欧》的写作计划；从如下这点看起来显得很可能就是如此：《理想国》没有提及出现在《蒂迈欧》开端的那些人物，也没有提及后面这篇对话。

为什么《理想国》和《蒂迈欧》这两篇对话录在语气和风格上有如此大的差异——这个差异并不完全取决于它们各自内容的不同，[1] 而需要加上另外的解释，而柏拉图的年岁增大会是一个可以接受的解释。[2]

柏拉图在叙拉古的那些遭遇可能使他放弃在《克里底亚》的开头提及的、设想在《赫谟克拉底》将要进行的关于理想城邦的进一步阐述；在实践方面的可行性遭受失败之后，取而代之的是，在《法律》中他为自己和世人解释了在可行性方面为哲人提供指引的一些基本原则，并且还研究了在现存社会环境中有哪些手段可以得到运用。《法律》比《理想国》更晚一些，而且它属于柏拉图的晚年时期，这点是毋庸置疑的；[3] 他在这篇作品中花费了大量时间也是很显然的，不仅鉴于它的篇幅宏大，是其所有作品中最长的，而且鉴于它包含了立法方面的大量细节。《理想国》也可能花费了他好几年时间，而且其中各个部分可能曾经单独出现过，不过这方面的假设缺乏可靠的证据支持。[4] 没有什么证据或者可能性可以让我们说，柏拉图对这篇对话录进行了第二次重写。[5] 某

142

143

1　Susemihl 在这里可能诉诸的参考材料就只有这些。

2　《蒂迈欧》的那种严肃的教导性语气，有一部分关系到对于辩证忙讨论的有意避免，也有一部分关系到对于毕达哥拉斯学派的物理学以及菲洛劳斯的著作的接受。然而，我们不能认为这些理由使得更为明晰的阐述不可能出现；而且，尽管《法律》在主题上与之有所不同，但是我们从中看到了一些相似的特征，我们可以猜测，它们在某种程度上至少都属于柏拉图的晚年时期，而且愈发倾向于毕达哥拉斯学派的理论。

3　我们在后面（第 11 章）会更详细地谈论这点。就目前而言，除了第 100 页注释 4；第 68 页注释 2 引述的那些说法之外，我们可以对比这样一个说法（见 Diog. iii. 37；Suid. Φιλόσοφος. Προλεγόμενα τ. Πλάτ. Φιλος. c. 24），即，奥普斯的菲力普斯基于柏拉图的草稿而写作并发表了《法律》。

4　这方面的唯一史料是第 68 页注释 1 提及的，据 Gellius 记载，色诺芬写作《居鲁士的教育》是要反对《理想国》的头两卷。但是，这个不知道出自谁的说法不仅缺乏可靠性，而且自身就不能成立。《理想国》第 2 卷末尾，或者说从第 1 卷开头到第 3 卷结尾之间，没有任何一处文本可以证实这个假说，即其中有一个部分完成后被单独发表，以致色诺芬看到后激发他去写作《居鲁士的教育》；实际上，Gellius 公开支持我们目前看到的这种卷次划分，而且塞拉绪罗也了解这个卷次划分（Diog. iii. 57）。关于这些问题，参阅 Susemihl（*Genet. Entw.* ii. 88 sq.），他的论断比 Ueberweg（*Plat. Schr.* 212）更加正确。

5　根据 Diog. iii. 37，欧佛里翁（Euphorio）和帕奈修斯（Panaetius）记载："有人

些现代评论者试图把第一卷和最后一卷跟这部作品的主体部分分离开来，但是没有什么历史记载和可靠内证支持这种假设；整部作品所呈现出来的文学构思和实质内容的统一性是持这种假设的人无法克服的障碍。[1]

发现《理想国》的开头被修改过好多次"。Dionys. *De Comp. verb.* p. 208 f. R 以及 Quintil. viii. 6, 64 说得更为确切：在柏拉图去世后被发现的一块蜡板上，《理想国》的头四个词（按照 Dion 的说法是头八个词）以许多不同的次序写在上面。但是，从这里我们不能像 Dionsysius 那样过度解释，说柏拉图到临死前一直都在修订他的那些著作；我们只能说，这篇著作在发表之前作者做了尝试，想看看开篇的几个词以不同次序出现效果怎么样。我们更不能夸大这种文风上的调整，把它看作是整篇作品的彻底修订。

1　众所周知，正是 Hermann（*Plat.* i. 537 sq.）提出这样的论断，即《理想国》第 1 卷原本是柏拉图第一阶段或苏格拉底阶段的一篇独立作品，后来被用作《理想国》的一个导论，而且第 10 卷是经过很长一段时间之后才附加上去的。还有，第 5、6、7 卷也是作为增补而添加到第 4 卷和第 8 卷之间的。但是，他没有给这个笼统的论断提供充分的论证。我这里不准备讨论其中的细节，因为 Hermann 的假说，尤其就《理想国》第 1 卷而言，已经遭到 Steinhart（*Pl. W.* v. 67 sq.）、Susemihl（*Genet. Entw.* ii. 65 sqq.）的挑战。我只想指出，《理想国》末尾（x. 608C sq.）在著作的导论部分（i. 330D）已经有所预备。柏拉图把整个伦理学和政治学都纳入到关于"正义"的讨论中，它肇始于如下论述：只有正义的人有望在来世得享安宁；经过中间种种问题的讨论，著作末尾返回到了这个起点，其最终结语是关于来世报应的沉思。这个构架表明，我们必须把它当作一篇统一的作品来对待，尽管在具体细节上充满了自由发挥，在阐发过程中也可能有许多增补，但它仍然有一个明确的总体构思。

第 四 章

柏拉图哲学的特征、方法及其构成部分

柏拉图哲学一方面是苏格拉底哲学的补充，另一方面也是它的扩展和推进。苏格拉底的哲学探究不仅关乎理智而且关乎道德，对他而言，正确行为与正确认知是密不可分的，哲学与道德、宗教是密不可分的，它们实际都是同一回事情——对于柏拉图而言也是如此。对于苏格拉底而言，哲学的目标是把理智和行为建立在概念性知识的基础之上，对于柏拉图而言，所有行为和所有信念的衡量标准是关于普遍概念的沉思。可见，柏拉图关于哲学问题和原则的看法完全建立在苏格拉底教导的基础之上。但是，在苏格拉底那里只是一般准则的东西在柏拉图那里被发展成了思想体系；在苏格拉底那里只是知识论原理的东西在柏拉图那里被表达为形而上学原理。苏格拉底需要并且探寻概念性知识，但是他只是在特定实例中考虑各种行为和各种现象。他从来没有尝试把诸概念以科学的方式联结起来形成一个整体，从而去解释全部实在。他把自己主要限定在道德探究的领域内，即使在这个领域，他也不是以系统的方式而仅仅是以归纳的方式进行探究。柏拉图最早把苏格拉底的哲学扩展为一个体系，把他的伦理学和希腊早期自然哲学结合起来，并把两者都建立在辩证法或纯粹的概念科学（der reinen Begriffswissenschaft）的基础之上。在这里，明显出现了这样一种必要性，就是必须有一个原则，它不仅能够在科学探究的方法上为思想提供指导，而且也能够解释诸事物的存在和本质。柏拉图在超越苏格拉底伦理学的同时也超越了他对概念

144

145

性知识的满足。苏格拉底已经说过，对于各个理念的认识是所有真知和正确行为的条件。所以，柏拉图得出这样的判断：只有概念性思维（das begriffliche Denken）才是真知。所有其他认知方式——感性直观和表象（die Vorstellung）——都不能提供科学层面上的确信。关于概念的知识才是真知，这是因为，在柏拉图看来，唯有它才是关于实在的知识（das Wissen des Wirklichen）；因为真正的实在（das wahrhaftes Sein）只属于呈现在概念（Begriff）中的诸事物之本质，而其他东西只是就其分有概念而言才分有一定程度的实在。在苏格拉底那里，概念的理想化还只是逻辑上的设定和理论上的手段，充当辩证动力和辩证技艺，而到了柏拉图这里，它被提升为关于世界的客观洞见，并被整合为一个体系。

146 然而，如果没有在智性活动和道德活动之间做出更明显的区分，这种研究是不可能的。苏格拉底所要求的知识和道德的直接与无条件的统一性只有在如下情况才能维持，即他关于两者交互作用的一般看法没有得到突破。要么，我们集中考察理论性思维的种种状况，把思想引向那些并无直接道德意涵的领域；要么，我们把注意力更坚定地放在道德活动及其种种类型上面——只要我们深入到这些具体方面，我们就不能不注意到知识和行为两者之间不但具有关联性而且有着差异性。我们在后面将看到，这种差异性也在柏拉图这里起作用，不过就他的整体哲学观念而言，他跟苏格拉底之间的分野远远不及亚里士多德跟他之间的分野。柏拉图比苏格拉底更突出地在道德方面的意志导向跟纯粹理论认知之间做出区分，但是，他还不像亚里士多德那样，把哲学完全视为理论性活动。柏拉图在苏格拉底的伦理学之外补充了辩证法和自然哲学方面的研究，不过后者没有在他那里得到充分发展，不管他在自然科学方面有什么贡献，可以肯定的是，他在这方面的才华和热情远不如亚里士多德，而且他在这方面的成就没法跟他的这位弟子相比——无论是在知识的广度、观察的敏锐性、解释的准确性方面，还是在成果的丰富性方面。他把诸概念设定为"诸理念"，唯有它们才是实在的，而物质性事物就自身而言是"缺乏本质的东西"（das Wesenlose）和"非实在"（das

147

Nichtseiende），于是他就使得关于现象世界的解释成为不可能的。他把概念哲学发展为一个体系，但是不像他的后继者那样去追求更深入地解释特殊的事物，对他来说，只有"理念"才是思想的真正对象，个别现象是无关紧要的。个别事物的确可以被他用来发现其所分有的那个理念，不过，他并不关注亚里士多德通过经验材料来进行探究的那种彻底的完备性。对特殊事物的研究在他看来顶多算是一种智性的消遣，他偶尔也会关注这方面的东西，但是一旦感到厌烦，他便又回到对纯粹概念的沉思了。在这方面，柏拉图也处于苏格拉底和亚里士多德之间，苏格拉底最早教导说要从"表象"（der Vorstellung）推进到"概念"，而亚里士多德比任何其他希腊思想家都更充分地将这点贯彻到"实在"的全部领域。

　　然而，柏拉图要在多大程度上超越苏格拉底，他就必然要在多大程度上回归到前苏格拉底哲学家的学说上去，就像苏格拉底的其他弟子试图用前苏格拉底的理论来完善苏格拉底的学说一样。柏拉图在多大程度上做到了这两点，这是众所周知的。柏拉图是第一位不仅理解和借助于前辈的学说而且让他们的原则相互补充并把它们综合到一个更高原则之上的希腊哲学家。苏格拉底关于知识概念的教导，巴门尼德、赫拉克利特、麦加拉学派和居勒尼学派关于知识区别于意见的教导，赫拉克利特、芝诺和智者派关于感觉之主观性的教导——柏拉图把所有这些构建成关于知识的更完备的学说。爱利亚学派的"存在（是）"和赫拉克利特学派的"变易"，以及关于"一"和"多"的学说，都在柏拉图的理念论中被混合而又对置起来，同时，他又通过阿那克萨哥拉的"心灵"（精神）概念、麦加拉学派与苏格拉底的"善"概念以及理想化了的毕达哥拉斯学派的"诸数"来完善其理念论。后面这些概念，作为理念和可感世界的居间要素，出现在"宇宙灵魂"的学说以及那些数学法则当中。其中一个要素，即"未限定者"，被加以绝对化并且与赫拉克利特关于可感世界的看法结合在一起，产生了柏拉图的"物质"（der Materie）定义。毕达哥拉斯学派的宇宙论在柏拉图关于宇宙的思考中

148

反复出现；恩培多克勒、阿那克萨哥拉以及稍微疏远一点的原子论者和早期伊奥尼亚学派的自然哲学，则在柏拉图的元素理论和独特的物理学理论中都有所再现。柏拉图的灵魂学说受到阿那克萨哥拉关于"心灵"之非物质性以及毕达哥拉斯关于"灵魂不朽"的学说的强烈影响。毋庸置疑，在柏拉图的伦理学中，苏格拉底的学说起着基础性作用，而在他的政治学说中，毕达哥拉斯学派的贤人政制对他最有吸引力。不过，柏拉图既不是诽谤者所说的嫉妒并且照搬别人观点的人，也不是毫无主见的折中主义者，仅仅得益于机缘巧合而把前人那些零散学说统合成一个和谐的整体。我们可以更准确地说，把先前彼此隔绝的思想源流整合到一起是柏拉图的创造性成就及其哲学原则的成果。苏格拉底的概念哲学本来就导向对事物每一个方面的综观，把由于不稳定和片面的对事物整体的领会所得出的多种界定以辩证的方式综合在一起，也就是把经验的多样性归结为它们的内在根据。[1] 柏拉图普遍地应用这个方法，不仅将它应用于对道德活动之本质的探索上，而且应用于对"实在"之本质的探索上。这样，他就不得不转向前辈们的一些假设，这些假设都是从某些正确的领会出发而提出来的；不过，既然这些假设彼此排斥，柏拉图的理论原则就要求他把这些假设融合为更高层次的、更普遍的世界观。柏拉图关于早期希腊哲学的认识对于苏格拉底学说的进一步拓展起到了最重要的推动作用，反之，也只有这种拓展才使他能够把其他哲学家的成就融合到他自己的体系之中。柏拉图把苏格拉底的概念哲学移植到早期自然哲学的肥沃土壤之中，从中获取了各种各样的养分；他让早期哲学家的思辨渗透进苏格拉底的精神，并通过辩证法使之净化和变革（这种辩证法自身扩展为形而上学的思辨）；他让自然哲学为伦理学提供补充，同时让伦理学为自然哲学提供补充；以这种方式，柏拉图成功创造了人类有史以来最伟大的理智性成果之一。但是，哲学不能以当时所获得的那个形式永远停止不变。亚里士多德很快就对其老师的那些理论进

---

1 Cf. Part i, p. 33, 95 sq.

行根本性变革。老学园派自身也不能维持这些理论的纯粹性，而后来出现的那些自认为再现了柏拉图体系的学说不过是自欺欺人。但是，这恰好是柏拉图的伟大之处，他大大地刺激了哲学向前推进，不仅仅在他自己体系的范围内作出贡献，而且也以非凡的能量、清新的青春热情宣告了一切纯正思辨的最内在的原则，即，思想的"观念论"（Idealismus），因而，尽管他有着种种理论上的不足，却始终能赢得那些在哲学事业上把该原则放在心上的人们的尊敬。

　　在柏拉图的理论方法中我们也能看到苏格拉底哲学的深化、纯粹化和推进。从概念性知识的原则中直接产生了苏格拉底的辩证法。[1] 但是，苏格拉底满足于从单纯表象中发展出概念，而柏拉图却进一步要求概念性科学通过系统分类而成为一个体系。在建构概念时，苏格拉底总是从特定场合的偶然状况出发并且从来没有超出具体事物，而柏拉图则要求思想通过连续的分析从相对的东西上升到绝对，从现象上升到理念，从特殊的理念上升到最高的和最普遍的理念。苏格拉底辩证法的目标只是获得正确的思考方式以直接应用于对个别事物的思考，把各种表象提纯为概念，因此辩证法训练同时也就是教化（Erziehung）。智性活动和道德活动是合二为一的，正如苏格拉底的工作本身与对他人的影响也是合二为一的。柏拉图辩证法服务于其学说体系的构造，因此相比于苏格拉底的辩证法而言它具有更大的范围和更稳固的形态。对于苏格拉底而言属于亲自训导的事情，在柏拉图那里变成了对于诉诸普遍准则的方法的自觉。苏格拉底的目标在于通过正确的概念来教育个别的人，柏拉图则寻求诸概念的本性及其相互关联性，他不仅考察道德行为和道德难题，而且考察"实在"之本质，还把关于宇宙的理论性描绘当作自己的目标。但是，柏拉图在这个方向上没有走得像亚里士多德那么远，他还没有像后者那样构造出一套逻辑上的技术性手段并且形成一套精确而周详的理

1　芝诺与智者派的辩证法跟苏格拉底辩证法的不同之处在于，它们只关注辩驳；而苏格拉底把辩证法用作界定概念的正面手段。

152　论，他也没有为了诸概念的推衍或体系化应用而诉诸大量的经验材料。把理论知识以同构的方式扩展到所有的门类，这是亚里士多德的目标，柏拉图远没有这方面的诉求，他更关注对理念自身的洞见。他把经验领域一方面看作领会理念的辅助（像梯子一样供我们登上思想之高峰然后可以舍弃），另一方面看作理念之本性与内在力量的印记，如同一个影像世界，而哲学家只是临时下降到这个世界，并随时要返回光明或纯粹实在的领域。[1] 就这样，苏格拉底基本上局限于对诸概念的寻求，而对他来说关于诸概念的认识与道德教育是密不可分的；亚里士多德纯粹出于科学的兴趣而对所有"实在"展开归纳和证明；而柏拉图的特别之处在于，道德教化、智性教导以及科学自身中的概念建构和概念衍生，在他那里都内在关联着（尽管也有某种程度的分离），由共同的目标联结在一起，都导向对于理念的静观（Anschauung），而这同时是生活在理念之中。[2] 这种立场实际上也不是一成不变的。我们看到，在那些对话录中，最初苏格拉底式的归纳法绝对压倒建构性因素，然后两者相互混合，最后归纳推理让位于系统演绎；与此相应，柏拉图作品还出现了从

153　交谈形式向独白的逐渐过渡。但是，柏拉图方法的基本特征从来没有丧失；他可能有时候会去讨论具体事物，但是他的终极目标总是尽可能清楚和直接地展现那个借助于现象得以显明的"理念"，指明理念在有限事物中的呈现，不仅让人的理智而且让整个人都为理念之光所照亮。

　　柏拉图哲学的这种特殊性很好地解释了他为什么选择对话录这种形式来传达思想。为了造就这种哲学，某种艺术天赋是不可或缺的，反过来说，这种哲学也必然要求通过艺术的方式来得以传达。现象，由于被置于与理念的直接关联之中，变成了美的现象；在现象中对理念的感知就变成了一种艺术的感知。[3] 理论知识和生命在柏拉图这里以如

1　尤其参见《理想国》vi.511A sq.；vii.514A sqq.。

2　参考我的 Plat. Stud. p.23 sq.。

3　正是以这样的方式（柏拉图本人在《斐德罗》250B、D；《会饮》206D 说），哲学上的理念最初进入到意识之中。

此紧密的方式相互渗透，因而理论知识只能以富有生命的描绘来展现自身；由于传达的中介总是理想化的，因而这种描绘也必然是诗意的（dichterische）。与此同时，如果理论阐述要和概念哲学的主题相适应的话，那么这种阐释必须是辩证的（dialektische）。柏拉图在哲学对话录中满足了所有这些要求，通过这种方式，他在苏格拉底的亲身谈话和亚里士多德独白式的纯粹科学阐述之间找到了一个居间位置。[1] 在这里，苏格拉底式交谈是经过理想化处理的，其动机和行为的偶然性受到某种严格方法的矫正——个人的缺点通过艺术处理加以掩盖。但是，口头交谈的特殊性以及思想的相互碰撞仍旧得到了保留。哲学不仅被表达为一套理论，而且被表达为一种内在于真正哲学家之中的活生生的力量，于是就产生了一种道德和审美上的效果，这种效果是单纯的科学研究不可能产生的。独白式的陈述显然更适合于科学研究；柏拉图本人也表明了这点，他在科学讨论的深度和广度上有多大程度上的收获，对话的角色就在多大程度上丧失了交谈的自由。在早期作品中，这种交谈的自由并不经常受到逻辑清晰性的干扰，而到了辩证意味更强的中期对话录，交谈就越来越受限于思想的逻辑发展。在晚期对话录中，交谈的形式实际上变成了一种习惯的方式，主要用在引导性讨论和角色刻画方面；[2] 就柏拉图哲学体系的阐明而言，交谈就仅仅沦为一种形式，在《蒂迈欧》刚开始的部分就被放弃掉了。[3] 我们没必要像赫尔曼那样从这里得出结论说，[4] 对话录的形式对于柏拉图而言纯粹只有外在的意义，它就像某种受欢迎的、传统的服装样式那样从他的前辈那里继承而来，在他

154

155

1　亚里士多德只是为了大众写作才选择对话录的形式，而且显然不是在柏拉图学园时期。

2　例如，在《会饮》《斐多》和《理想国》头两卷。

3　关于柏拉图的口传教导，参考第 1 章，pp.25–26，以及 Hermann, *Plat*.352。Steinhart（*Plat. W.* vi.44）就《蒂迈欧》和《克里底亚》中对话形式的消隐作出解释说，其中的主题不适合以对话形式进行阐述。这与上述我们的考察并不矛盾。即使在全然运用对话形式的作品里，这种形式在一些场合也显得不太合宜。

4　*Loc. cit.*352，354 sq.；*Ges. Abhdl.*285 sqq.

还是苏格拉底学生的时候就开始尝试，然后由于某种虔诚或忠诚才坚持这种形式。柏拉图选择这种夫子谈话的形式以及戏剧性的文学处理方式肯定有一种外在的动机，尤其在谈及反思、道德品格与行为举止时，就像埃庇哈尔穆斯（Epicharmus），[1] 索佛隆（Sophron）[2] 与欧里庇得斯的作品也是这样的情况。但是，人们并不能证明，[3] 对话录在柏拉图之前已经被广泛应用于哲学阐释了。即使情况是那样，我们也可以肯定：具有很强独立性、创造性和艺术感受力的柏拉图，决不会仅仅因为某些外在的原因而在整个一生中都坚守这种写作形式，哪怕在他对这种形式感到非常厌倦的时候；除非这种写作形式和他的整个哲学观念之间有着密切的内在联系，否则无论是传统还是习惯都不会决定柏拉图选择这种形式并保持不变。当柏拉图在《斐德罗》（275d）中批评书写作品（相对于口头言说）的时候，他自己实际上已经指出了这种内在联系，[4] 也就是说，书写作品不能为自己提供辩护，并且面临各种各样的攻击和误解；如果

1　Vide Vol. i, p. 362 sqq.

2　参考第 7 页注释 4。

3　芝诺（Zeno）、索佛隆和阿里克萨美努斯（Alexamenus of Teos）被说是柏拉图的先驱。但是，芝诺使用对话录形式的可能性极小（vide Vol. i, p.494）;*Prolegomena*, c. 5 end：这显然是由于柏拉图的《巴门尼德》而添加上去的。关于索佛隆，第欧根尼（iii.18）说柏拉图模仿此人，而亚里士多德评论说（《诗学》, c.1, 1447b9）："因为我们没有通用名称来称呼索佛隆和克塞那库斯的拟剧（mimes）以及苏格拉底的谈话"。这些拟剧或许其实是以散文形式写的（*Arist. ap. Athen*. xi.505C），不能算作哲学式对话录存在的证据。最后，阿里克萨美努斯可能写了一些"苏格拉底对话"，但是它们必定与柏拉图的对话录非常不同，因为亚里士多德把它们与索佛隆的拟剧归在一起算作散文体故事，λόγοι καὶ μιμήσεις（关于这段文本，cf. Suckow, *Form. d. Plat. Schr*. p. 50 sq. ）。对话录形式在柏拉图之前得到应用的这个孤例几乎不被我们所了解，而且太不重要，很难被用来佐证说，通过对话形式表述哲学内容在柏拉图之前就已经"得到确立并且非常流行"。实际上，这个情况是由苏格拉底学派促成的，在其中对话形式已经相当常见。（ Vide Part i. pp.198, 1 ; 204, 3 ; 205, 8 ; 206, 1 ; 207, 2 ; 242, 7 ; 此外当然还有《回忆苏格拉底》。关于阿里斯底波的《讽刺集》（ *Diatribes* ），我们不知道它是不是以对话录形式写成的；我们也不知道他撰有 25 篇对话录是真是假：vide p. 298 ）。显然，苏格拉底学派中对话形式的主导地位应归因于其导师。不过，当柏拉图写作最早几篇对话录时，许多苏格拉底对话录有可能还没出现。色诺芬的《回忆苏格拉底》（vi.3, 2）不能用来充当反证。

4　Cf. Schleiermacher, *Plat. W*. i. a.17 sqq.; Brandis, *Gr.-röm. Phil*. vi. a.154, 158 sqq.

这种对书写作品的总体批评是有效的，柏拉图一定也注意到，哪怕他的对话录也不能完全避免这点。但是，他对口头言说之优势的信任会让他尽可能把这种优势纳入到自己的书写作品，即"活的和有灵魂的话语之影像"；[1] 如果在柏拉图看来这些优势有赖于哲学对话这种形式，[2] 那么我们就不难理解他自己对这种形式的应用。对话录这种形式本身的特殊性毫无疑问旨在要求读者自己形成独立的思想。"为什么在其中经常发现，通过本质上属于苏格拉底的辩驳方法把自以为是的知识消解掉之后，只剩下一些零散的探究线索？为什么其他人看不到其中一些探究线索？为什么论证最终以明显矛盾的方式结束？这只能是因为柏拉图假定他的读者能够通过自己的主动参与从而补足某个特定探究中缺失的东西并且发现在该探究中的核心意旨，还能够把其他所有内容都归结到此核心意旨上——他假定只有这样一位读者才足以确信自己对该探究有完全理解。"[3] 上述这些特征对于理论上的系统和客观表述而言是不利的。既然柏拉图以极其高超的技巧和极其深刻的意图应用了这种表述方式，他必定有自己的特殊理由，也就是说，他认为客观表述从总体上讲是有缺陷的，只能寻求其他某种方式，它能够刺激读者把获取知识当作一种"自我探索"的事业，在其中客观的传授必须以主观的教化为先决条件。如

1　《斐德罗》276A。

2　《斐德罗》276E："但是我想，关于它们的严肃讨论是更高尚得多的，也就是当一个人应用辩证技艺把带有知识的言论种植和撒播在一个合适的灵魂里的时候"。辩证法最初只被柏拉图界定为形成逻辑概念和进行划分的方法（《斐德罗》266B）。它的最合适形式是对话，正如我们从"διαλεκτικὴ"（辩证法）被解释为进行科学问答的技艺这点可以看出（《理想国》vii.531E、534B、D；《克拉底鲁》390C），从《斐德罗》57E、《理想国》532A、511B（从色诺芬《回忆苏格拉底》iv.5, 12 推导出的对立观点不能证明什么）的词源学说明中可以看出，从《斐德罗》(loc. cit.)中辩证法与修辞术的对立中也可以看出。这点在《普罗泰戈拉》328E sqq. 也得到直截了当的确认，在其中，如果一个人只会进行连续演说是要受批评的，因为他像书本一样不能回答也不能提出问题，因而缺乏《斐德罗》认为口传教导专有的那些优越性（赫尔曼的不合宜揣测，οὐχ ὥσπερ βιβλία〔不像书本一样〕，完全搞错了文本的含义）。于是，对话被推崇为最佳的教导手段（348C），而且对话形式始终被看作跟智者派的独白演说相对立的形式（参考 334C sqq.）。

3　引自 Brandis, loc. cit. 159 sqq.，我完全同意这点。

果这就是柏拉图的意图，而且他同时认为对话录的形式比独白式阐述更适于这个意图，那么很自然他会选择对话录这种形式来进行写作。对于柏拉图而言，思维是灵魂与自身的谈话；[1]哲学谈话就是让真理在另一个人的灵魂中产生出来；所以，逻辑的（das logische）本质上就是对话的（dialogisches）。他的著作在最初筹划的时候可能并不面向公众，[2]而是面向那些曾经接受过他本人教导的朋友们。这些著作是为了让那些朋友们记住他经常跟他们交谈过的那些理论主题，或者是为了充当交谈的替代物。[3]还有什么别的方式比这种平常交流的方式，也就是苏格拉底式的对话，更合乎自然呢？[4]后来，更严格的理论在很大意义上背离了这种说话方式；但是，对于柏拉图而言，对话是合乎自然的。无论与前人还是后人相比，他在所有哲学对话录的作者当中是超然卓绝的，因为其他作者都达不到他的对话录由以产生的那些条件，也就是说，在个性上集理智与文艺天才于一身，在哲学上熔思辨与实践为一炉、融哲学式爱欲和辩证法为一体。

対话录的聚焦点是苏格拉底。这不仅因为苏格拉底在多数对话录中以主导者的身份出现，而在其余对话录中也以重要的倾听者和插话者的身份出现，更因为其人物性格是把这些篇章以艺术的方式统一起来的明显纽带；若干最有影响力和最受欢迎的对话录恰好是在阐述理论思想的同时致力于描绘这种个性。[5]这个特征是柏拉图向他的恩师表达感恩和

1　《智者》263E："思维和陈述岂不是同一个东西？只不过，一方面，灵魂内部发生的不出声的自我交谈被我们命名为'思维'……另一方面，从灵魂出发并通过口腔流出的有声气流被称为'陈述'"。参考《泰阿泰德》189E。

2　当时并不存在我们现代意义上的书籍销售，不过似乎有一点发端了。让一部著作为人所知的通常方式是诵读，而这个方式柏拉图可能使用过（参见第21页注释1）。柏拉图的著作是否在他去世前就已经流传到他自己的学园之外，这点是有疑问的。柏拉图去世后，据载赫尔谟多洛斯出售过柏拉图的著作；参考第14章所引的文本。

3　Vide p. 112.

4　柏拉图在其对话录中随性地采用他熟悉的人物作为对话录角色，例如，他在《理想国》和《巴门尼德》中用他的几个兄弟作为对话录的角色，这部分地说明了这种写作形式的最初用意。

5　苏格拉底只在柏拉图最后的著作《法律》中不出现，这是个特例。

尊敬的明证。柏拉图自觉意识到他的精神生命中最珍贵的因素得益于苏格拉底，凭此信念，他在自己著作中把领受的思想种子所结出的最美的果实还给了苏格拉底。考虑到文学因素，苏格拉底也应该被安排为对话录的主角；因为没有其他方式能够比通过同一个人物把各篇作品联系起来更能传达柏拉图学说的统一性以及所有这类著作的紧密关联；而苏格拉底的人格比任何其他人都更为合适。毫无疑问，柏拉图把自己的观点通过苏格拉底之口说出来，而不是自己阐述出来，由此产生了一幅更高雅、更可爱、也更理想化的图像。柏拉图的写作进路无疑有其他更深的考虑，这是由他的思想方式所决定的。按照柏拉图的观念，哲学不仅仅是一套学说，更是整个精神生命的完善过程，理论也不仅仅是完成了的、可以传授的体系，更重要的是个人自己的行动和心灵的成长；真正的哲学只能体现在完美的哲学家的生命中，体现在苏格拉底的个性、语言和行为举止之中。[1]

160

　　这种关于哲学的看法与柏拉图著作的另一个特征紧密相关，这个特征清楚地表明了柏拉图的文学个性。这个特征就是他对于寓言或神话（die Mythen）的应用，他喜欢把神话与哲学探究结合起来，尤其喜欢通过这个方式开始或结束一场讨论。[2]在这里有另一种动机在起作用。

161

1　参考 Baur 在他的《苏格拉底与基督》中令人惊叹的观察，载于《图宾根学刊》（*Tüb. Zeitschrift*），1837 年第 3 期，第 97—121 页。

2　为了方便起见，我把这类文本出处辑录于下：《普罗泰戈拉》320C sqq.，论普罗米修斯和厄庇墨透斯以及政治德性的起源，可能源自普罗泰戈拉的某篇著作，参见 Vol. i, p.575 sq.；《政治家》269C sqq.，世界时代的更替：参考《法律》iv.713B sqq.，该处有简短的对于黄金时代的神话式描绘；《蒂迈欧》21A sq. 和《克里底亚》，宇宙的周期变换，亚特兰蒂斯人与雅典人；《会饮》189D sq.，阿里斯托芬关于两性之起源的荒诞故事；《会饮》203A sq.，爱神厄洛斯的出生；《理想国》iii.414D sqq.，人类的三个层次划分；《斐德罗》246A sqq.、《斐多》110B sqq.、《理想国》x.614B sq. 和《蒂迈欧》41A sqq.，关于灵魂，灵魂的前世存在、经历、后世状况，它对前世认知的回忆。《蒂迈欧》的整个叙述也是一个神话式叙述：创世工匠，低层次的诸神，创世的历史过程；《克拉底鲁》的"造名者"与此类似。我在后面具体论述的时候还会对这些神话有更详细的讨论。关于蝉和塞乌斯（Theuth）的简短叙述（《斐德罗》259A sq.，274C sq.）在哲学上没有什么深奥含义。《理想国》ii.359D sq. 古革斯（Gyges）戒指的传说被柏拉图用来阐明某个观点而不是作为关于这个人本身一方面，神话是柏拉图哲学的宗教和文学特征的表现。[1] 柏拉图使用传统的大众信仰和秘传教义（这些神话故事被赋予了更深层的意义）来艺术地表达自己的观念；他还通过原创性构思扩充了这些神话，这些构思也就是把哲学观念通过人格化的方式表现出来，从而让这些观念获得丰富而生动的描述。另一方面，神话也不仅仅是把原先就存在的单纯理论内容遮掩起来的外衣；在许多情况下，神话对于柏拉图而言是一种必要的东西；他对神话的运用非常纯熟，因为他不是先有了一个思想然后回过头来给这个思想寻找一个情境，而是从一开始就像富有创造性的文学家一样在情境之中思想：神话并不重复他在别处以辩证的方式表达过的内容，而是为这个内容本身所召唤和期待的，用以补全逻辑表述所缺乏的东西。简言之，柏拉图的神话几乎总是指向理论知识的空隙：神话的引入乃是因为有些东西需要得到展现，而这些东西实际上是柏拉图承认为真的东西，但是他没有办法通过理论的方式来确立这些东西。[2] 这主要发生在两种情况下：（1）需要对具体事物的起源进行解释，而它按照柏拉图思想体系的基本预设不可能以辩证的方式推导出来；[3]（2）需要描述某些情境，而它们不能通过我们的日常经验来类比，也不能得到更精确地描绘。第一种情况出现在《蒂迈欧》的神话式宇宙生成论之中；[4] 第二种情况出现在关于人的前世和来生的描述中；后面这个描述的根本目

162

的故事而提出来。《理想国》vii.514 sqq. 是一个比喻，从中可以构建一个神话故事，但其叙述形式本身不是神话。

1　关于柏拉图的这些神话故事的总结意涵，cf. Baur, *loc. cit.*99 sqq. ;《神学研究与批评》，1837 年第 3 期，第 552 页以下。

2　柏拉图本人在那些末世论神话中透露出这点:《斐多》114D、《高尔吉亚》523A、527A，还有《蒂迈欧》29D、59C，他在其中提到 εἰκὼς μῦθος（或然的神话故事）。Stumpf（*Verh. d. plat. Gott. z. Idee d. Guten.* 37）以寓意方式解释这个神话，他主张（尽管后来他后来撤回了这个主张）:"神话排除了或然性，因为，如果它从字面上来理解就会是假的，但是如果它按一般含义来理解就只能是真的"。不能从柏拉图的话里面得出这个论断，而且它本身也是错的。神话故事的意涵只能是作者希望通过它来表达的东西，但是难道它必须总是真的？

3　我在恰当的地方会表明这点。

4　《克拉底鲁》的"造名者"和《理想国》（597B sqq.）中的"φυτουργὸς τῆς κλίνης"（床之本性的制造者），也属于这一情况。

标仍然是确定一个状态，在其中人类社会以变换过的、理想的状况出现。当柏拉图在这些情况下运用神话的表现方式，这时候他间接承认其通常的表述方式无法起作用。因此，他的那些神话不仅是他的文学天才的证明，以及他的哲学和诗艺之间紧密关联的结果，而且更透露出了他的辩证性思维的某些界限。所以，不管这些神话多么让人钦佩，从哲学的观点看，它们是论证之虚弱而非强有力的标志：这些神话表明在某些地方，柏拉图仍然不能够完完全全作为一位哲学家而存在，因为他在很大程度上仍然是一位诗人。[1]

163

1　参考黑格尔在《哲学史讲演录》ii.163 sqq. 中的评论。A. Jahn（*Dissertatio Platonica. Bern* 1839. p.20 sqq.）巩固而不是反驳了黑格尔的立场，尽管他的那些蹩脚的哲学假设很大程度上模糊了对于这个情况的简单理解；例如，把那些神话以武断和不让人满意的方式划分为神学的、心理学的、宇宙论的和物理学的（*Ibid*.31 sq.），这个划分方式让我们想起 Sallust 的 *de Mundo*, c.4。Deuschle（*Plat. Sprachphil.*38 sqq.; *Ueber Plat. Mythen* 3 sqq.）在论述柏拉图神话的本性及其意义方面更令人满意得多；而 Susemihl（*Genet. Entw. d. Plat. Phil.*i, 228, 283 sq.）和 Steinhart（*Pl. W.* vi, 73 sq.）基本上同意他的观点。他表明，柏拉图的世界观及其阐发的方式本质上不是"生成论的"而是"存在论的"；而且，柏拉图的哲学并不关注于对实在之生成的解释（假如它能够做到的话）。但是，"生成"自身要求得到考虑；于是，必须寻求某种能够承载玄想性内容的形式，通过它的非哲学特征把经验性载体的虚无性暗示出来。这个形式就是神话，"它的价值和魅力在于实在与生成的神秘结合，而这是通过认知无法达到的，只能通过想象和体验"（如 Steinhart 所说，*loc. cit.*）；神话的关键意义是"把理念向现象的过渡通过形象的方式带入直观，而以纯粹思维无法实现这点。"所以，"凡是在柏拉图的学说涉及实在与生成过程之间的难题的地方——'实在'在概念性研究当中，而'生成过程'在直观中找到对应的呈现形式"（Deuschle, *Plat. M.*10），我们就可能会遇到某种神话式叙述。在承认上述概括确有洞见的同时，也有某些理由妨碍了我对这个理论的完全接纳。首先，我不能同意，柏拉图"仅仅"在他必须解释生成过程的时候才使用神话式叙述。因为（即使忽略《斐德罗》259A sq., 274C sq., 247C, 250B；《理想国》597B，其中诸理念本身以神话方式得到描述）《会饮》和《政治家》（如后面会继续表明的）的那些神话并不关乎"生成"方面的解释；《会饮》中的目标是要给出关于厄洛斯的一个描述（它是通过诸概念给出的界定），而这个描述同样可以通过纯粹辩证的方式给出。但是，某些审美上的考虑让柏拉图为他的思想披上了一件闪闪发光的神话外衣。在《政治家》中，他只不过提出了这样的立场，即把政治技艺归结为牧养技艺最多适合于黄金时代，而应用于我们的时代是错误的——它意味着忽视了两个时代之间的差别。就其直接的目标而言，政治家神话中包含的所有哲学思想似乎都是非必要的。此外，《理想国》卷 3 的神话并不充当解释的作用。我不能同意 Deuschle（*Plat. M.*12）对这点的说明，即，神话就像在《会饮》里的情况一样必然具有某些哲学上的根据，尽管

164 　　柏拉图关于哲学的更全面和更系统的发展必然要求他对哲学体系的若干分支做出比前辈哲学家更加清楚的区分。但是，这种区分在他的著作里并不像在亚里士多德的著作里显得那么清晰。各个分支的精确边界也不是那么固定。[1] 现代学者常常把某种关于哲学的门类划分归到柏拉图名下，但是柏拉图本人其实并不了解这些分类。[2] 前面提到的那些早

165 期文法学家试图[3] 把他的著作按照其内容进行分组，这也不是柏拉图本人的做法。尽管有利的外部证据不太充分，[4] 但是柏拉图把哲学的整个体系划分为三个部分这种说法还是有一些道理的，这三个部分就是：辩证

　　我完全同意神话具有审美方面的适切性。总而言之，我们最好不要赋予神话过多的哲学含义，不要过于看轻其诗性想象的方面。就柏拉图那些神话在知识方面的价值而言，我的判断与之前的评论（*Plat. Sprachphil.*38）一样没有被推翻，即这种澄清对于柏拉图本人而言是必要的。这就是我要证明的：柏拉图哲学方法的缺陷正好体现为这种对于神话式叙述的依赖，而这个说法并不自相矛盾。Deuschle（*Plat. M.*4）实际上也认同这点。对于柏拉图神话的更充分探究，可以参见 Alb. Fischer 的 *De Mythis Plat.*（Königsb.1865），27 sq.；Ueberweg, *Grundr*. i.129。除此之外还要加上 Volquardsen 的 *Ueber die Mythen bei Pl. Schlesw.*1871。Fischer 把神话分成诗性的和哲学的（*loc. cit.*），这是不精确的，因为如果我们把前者理解为纯粹诗性的（因为总体上都是诗性的，要不然就不会是神话），这个类型就只能局限于《斐德罗》259（关于蝉的寓言）；《斐德罗》274C sq.（关于 Theuth）是一则说教性的叙述，并无任何哲学上的内涵。对于 Fischer 归入此类型的那些神话的例子，如《理想国》359D sq. 的那个，它根本不是神话，而《普罗泰戈拉》230C sqq. 和《会饮》189D sqq. 表达了某些哲学上的假设。他把哲学的神话又再分为存在论的、方法论的、宇宙论的、心理学的和政治的，这也是没用的和不准确的，因为这些要素即使在同一个神话中也常常同时出现。

1　后面的内容，参考 Ritter, ii.244 sqq.。

2　例如，把哲学分成一般哲学与应用哲学（Marbach, *Gesch. d. Phil*. i.215，他又把应用哲学再划分为物理学和伦理学；Schleiermacher, *Gesch. d. Phil*.98 做了同样的分类，他提到"关于'一'和'全'的双重认识维度，而后者指物理学和伦理学"，并且把辩证法、物理学和伦理学这样的三重划分归给柏拉图本人）；但是这种分类在柏拉图著作中实际没有出现。我们也没有发现在理论哲学和实践哲学之间所做的划分；（Krug, *Gesch. d. alt. Phil*.209；Buhle, *Gesch. d. Phil*. ii.70 sq.；而 Tennemami, *Plat. Phil*. i.240 sqq. 增加了逻辑学或辩证法作为第三个分支，不过他们把这个分支仅仅理解为知识论）。Van Hensde 划分了论美、论真理和论正义这三方面的哲学，但是这完全属于现代分类，不是柏拉图的分类方式。

3　参考第 71 页注释 4。

4　参见上注。折中主义者安提俄库斯（Antiochus）在柏拉图哲学方面不是一个原始资料来源；对于基督纪元的第二、三世纪的那些作家来说都是如此。

法（或逻辑）、物理学和伦理学。[1] 这种划分方式不仅是亚里士多德的预设[2] 并且得到色诺克拉底的应用，[3] 而且柏拉图最主要的那些对话录在主题方面也的确分为三个相应的类别，尽管一篇对话录完全只包含其中一个分支的情况也极少见。《蒂迈欧》（如果人类学可以归到物理学之下的话）和《斐多》在内容上是关于物理的，《理想国》《政治家》《斐莱布》和《高尔吉亚》是关于伦理的，《泰阿泰德》《智者》和《巴门尼德》是关于辩证法的。因此，我们也许可以从柏拉图那里大胆地推导出这种划分，尽管这点从来没有在他的著作中被明确提出过，[4] 当然也不能认为他在口头授课时做了这种划分。无论这种划分方式多么合适，它其实不能穷尽这些对话录的所有哲学内容。已经有人指出，在这些对话录中，苏格拉底式的归纳法（关于理论预备和道德教育的讨论）是与学说的体系化发展结合在一起的，它在最初甚至扩展到了更大的范围。那么，这些苏格拉底式论证应该被置于什么地位呢？那些对大众意见和流行道德的辩驳，对智者派和他们的快乐主义学说的辩驳，那些讨论到知识的概念和方法、德性的统一性、知识和道德行为的关联性、哲学式爱欲及其上升阶梯的段落——所有这些应该被划分到哪个分支之中呢？通常的做法

1　西塞罗（*Acad*. i.5, 19）在这个例子上延续了安提俄库斯的做法（c.4, 14，cf. *Fin*. v.3, 8, 4, 9）。据 Diog. iii.56，苏格拉底在物理学之外增加了伦理学，而柏拉图增加了辩证法（更准确地说，据 *Dogm. Plat*.3，他从苏格拉底那里学到了伦理学和辩证法）。Attikus（据 Euseb. *pr. ev.* xi, 2, 2, sqq.）以及 Eusebius（据 *loc. cit.*）两人都表明他们的说法不值得重视，因为他们把神学和理念论归入物理学；还有，Aristocles（据 Euseb. *loc. cit.*3, 6 以及 Alcinous, *Isag*. c.7）提到辩证的哲学、理论哲学和实践哲学这种三分法。Sextus（*Math*. vii.16）在详述哲学的三个分支之后更为谨慎地说："关于这种分类，柏拉图实际上是奠基人……但是以最直白的方式采用这种分类的是色诺克拉底、漫步学派，还有斯多亚学派。"

2　《论题篇》i.14, 105b19；参考《后分析篇》i.33, end。

3　参见本页注释 1。

4　柏拉图用"辩证法"来指一般意义上的"哲学"，这在后面会得到更充分说明。他只承认针对纯粹概念的领域才存在严格意义上的哲学方法；所以，辩证法的适用范围仅限于真正的实存，这并不违背柏拉图的观点。柏拉图并不知道"物理学""伦理学"这样的名称。就"伦理学"而言，他的说法毋宁是"政治学"：参考《政治家》303E、305E、259B，以及《欧叙德谟》291C sqq.，《高尔吉亚》464B。

是把其中一部分划归辩证法，把另一部分划归伦理学。但是按照这个做
法，要么，对于这些学科的内在一贯的阐述会被一些细节的讨论——柏
拉图即使引入它们也是将其放在末位——所打断，要么，关于真知和正
确行为的探讨——在他那里总是紧密结合在一起的——被迫相互隔离。
完全放弃在文本阐释的基础上做出清晰的分类，仅仅把对话录进行某种
猜测性的分组，[1]这似乎也是不可取的。因为即使我们以这种方式能够再
现柏拉图表达其若干思想的次序的真实图景，我们也不能得到它们内在
的关联性；而且，由于相隔很远的一些对话录常常讨论同一个思想，从
中明显可见这两方面的次序不是全然重合的。既然他的这种阐述方式不
可避免带来系统性和清晰性方面的不足，那么，在考虑集中讨论某个学
说的对话录之时，我们必须从其他对话录中举出相应的例子，这样才可
以追随他重复论述的内容。但是，如果在这个过程中这些著作的次序有
一次被放弃，我们就没有任何其他理由继续坚持它，那么问题就会变成
怎么让我们进入到柏拉图体系的内核，并且通过这个内核重新把体系中
的各个要素按照作者所想的内在联系组织起来。[2]在这个问题上，柏拉
图本人（《理想国》511b）给了我们一个富有意义的提示。他说，关于
思想世界和哲学的本己主题的最高层次的划分是"理性本身通过辩证的
能力而达到的东西，即把预设不当成一些本原，而仅仅当作一些预设，
就像是一些垫脚石和出发点，[3]以便从这些预设过渡到无条件的东西，即
一切事物的本原；把握到它之后，就可以把握从中推导出来的东西，最

167

168

---

1 这种做法的首例可以参见 Brandis（cf. *loc. cit.* p. 182, 192）；不过，他后来返回到一
  种客观的、与通常做法一致的分组方式。

2 通过这些评论我并没有贬低考察柏拉图对话录先后次序和相互关联性的价值，也
  不是去附和黑格尔对于这种研究的彻底拒斥（《哲学史讲演录》xi. 156）——他的观
  点在 Marbach 的《哲学史》（i. 198）以肤浅方式得到重申。这些研究就其本身而言
  具有很高的价值，但是对于诠释柏拉图的哲学体系而言，单纯文学上的问题必须被
  看作哲学问题的附属。

3 字面上说是 ὁρμαί（发端／开始），但是这个词与其说指实际上的"发端／开始"，
  不如说指"出发点"。类似的说法可以参考《会饮》211C："犹如〔把许多美的事物〕
  用作阶梯"。

终下降到最后的步骤；这样，理性无须使用任何的可感对象，而完全地从诸理念出发，经由诸理念，到达诸理念。"在这段话中，还有在亚里士多德的值得一提的某段话中，[1]思想的某种双向道路清楚地得到了描绘：一条道路是从下往上，另一条是从上往下，也就是说，一方面，通过归纳而上升到理念，并且通过对最后预设的取消而得以完成，另一方面，从理念出发以体系的方式下降到个别事物。现在，我们已经知道这两条道路对应于柏拉图学说中的两个要素，它们既是整合为一的，也是在具体描述中彼此界限分明的。所以，我们遵循这种提示，并且在后面 169 的论述中考察，首先是柏拉图学说的入门基础，然后是它的体系性建构。后者又可以划分为辩证法、物理学和伦理学。[2]

1　《尼各马可伦理学》i.1095a32："因为，柏拉图提问并且考察这点是恰当的：我们究竟是在从本原出发还是在通往本原的道路上，这正如在跑道上是离开裁判跑向端点还是往回跑。"这个表达似乎指涉柏拉图在口头讲论中的方法。"提问并且考察"这个话既与《理想国》中的文本也与《斐多》101D 中相应的（尽管不是一致的）文本不相匹配。参考后面（德文第 2 版，p.390）从《斐德罗》265D sqq. 中引述的内容。

2　不用什么证据就可以看出，这种三分法只能按照这个先后顺序来安排；而 Freis（*Gesch. d. Phil.* i.58 节以下）采取了相反的次序，这个做法跟他的如下主张一样不太值得一驳（*loc. cit.* p.288），他说，柏拉图作为纯正的苏格拉底门徒完全只关注实践哲学，而他的方法除了归纳法之外再无别的。

第 五 章

柏拉图学说的入门基础

170　　总体上说，柏拉图学说的入门基础在于对非哲学的观点进行批评和消解，并且阐明纯正哲学的必要性。具体来说，这个过程大体可分为三个步骤。日常观念构成了基本出发点。接下来，被日常观念视为基本真理的那些预设经过辩证的分析，我们就得到了智者派的负面结果。[1] 当这点被超越的时候，哲学的本质和使命才以正面的方式得到发展。

　　柏拉图不仅在理论而且在实践层面上拒斥日常观念。在理论上，日常观念总体上可以界定为"表象意识"（Vorstellendes Bewusstsein），而如果更精确地区分其构成要素的话，那么它对于真理的领会一部分是通过"感觉"（der Wahrnehmung），一部分是通过狭义的"表象"（der

171　Vorstellung），即"意见/信念"（der Meinung/δόξα）。[2]

　　与此相反，柏拉图在《泰阿泰德》中表明"知识"（ἐπιστήμη）是某种不同于"感觉"（αἴσθησις）和"正确意见"的东西。感觉不是知识，因为感觉仅仅是事物向我们表现出来的方式（φαντασία）。所以，如果知识在于感觉的话，就会导致对于每个人表现为真的东西对于他而言就是真的——这也就是智者派的原则。我们接着来考虑柏拉图对它的驳斥。"感觉"把同一个对象以极端矛盾的方式向我们表现出来：时

1　格罗特的那些反驳（Plato, i.259 sq.）已经在 Part i.p.157 得到回应。

2　参考《理想国》v.475E sqq.，以及下面引述的那些段落。

而大时而小，时而硬时而软，时而直时而曲：思想（作为消除这些矛盾的能力）怎么能把它们视为同等为真呢？[1] 甚至"正确意见"也不是知识，因为知识应该在灵魂自身的活动中去寻找，而不应该让我们屈从于外在的印象[2]——意见不足以解决知识之难题。如果正确意见（通过间接证据表明）确实是知识，那么就难以解释错误意见是如何可能的。因为，首先错误意见既不关乎认识的东西也不关乎不认识的东西，对于前者我们拥有正确意见，对于后者我们完全没有意见（如果知识与意见确实是同一的）。[3] 进一步说，如果我们把错误意见设想为不关乎任何对象的，这就要求我们设想"非是者"（das Nichtseiende）；但这是不可能的，因为每个观念都是关于某个"是者"（das Seiende）的观念。如果错误意见在于把一个观念误认为另一个观念（ἀλλοδοξία），那就会出现这种情况，即一个人恰恰由于他的知识而把他认识的东西认作另一个他认识的东西，或者甚至认作他不认识的东西，这同样是不可设想的。[4] 换言之，知识和正确意见不能是同一的，因为正确意见并不排除错误的可

172

1　《理想国》vii.523E sqq.，x.602C sq.。

2　《泰阿泰德》187A："尽管如此，我们总算进展到了这一步，也就是说，完全不要在感觉当中寻找它〔知识〕，而应该在那个东西中寻找，也就是当灵魂以自在的方式跟那些'是的东西'打交道的时候所出现的情况，无论名称叫什么。"

3　《泰阿泰德》187C sqq.。

4　《泰阿泰德》189B–200D；尤其是这一节的末尾。简言之，其总体要旨（尤其在灵魂跟蜡板的类比以及灵魂跟鸟笼的类比中出现的详细描述）是要表明，如果假定"知识"等同于"正确意见"，可能存在一个意见跟一个感觉的错误结合，而不是诸概念本身出现了混淆；所以，这种假定是不正确的。在反驳"假"（错误）之时，柏拉图总体上提示了"真"（正确）；我们在他的证明过程中可以发现一系列敏锐而重要的评论，譬如，现实的知识与潜在的知识之间存在区分（这点后来在亚里士多德那里得到了进一步引申）；"错误"并不存在于我们关于事物的特定意见或感觉中，而是存在于这些东西的相互联结之中；而在可感事物这里，错误则存在于我们的记忆图像与直接感觉的联结之中（190B sq.）。Steinhart（*Pl. W.*iii.44, 93 sq.）非常强调这篇对话录的正面论述，从而断定其中已经包含"关于思维过程的发生学叙述"，并且认为其中不仅反驳了错误观点，而且对"知识"之本质做出了正面描述。我在这方面不能同意他的观点：其中并没有关于"知识"之发生过程的探究，而且哪怕是知识之本质，也只是在把知识区别于感觉与意见的时候以间接方式得到提示。

173 能性，而知识排除这种可能性。[1] 意见可以是正确的或者错误的，而知识只能是正确的（真的）：我们不可能错误地知道，而只能知道或者不知道。[2] 这种不同也可以通过经验得到证实，因为知识只能通过教导而得到，而正确意见常常可以通过说服（就像被演说家说服一样）而得到（《泰阿泰德》200E sqq.）。所以，知识不可能存在于意见的领域，而必定属于某种与之完全不同的认知活动。[3] 出于同样的原因，知识也不能被界定为[4] 正确意见加上解释（Erklärung/λόγος），因为不管解释中包含有什么，如果它不是源自于知识，而仅仅源自于正确意见，那么这种

174 附加不可能把意见转变为知识。[5]《美诺》告诉我们[6] 这两者的区别所在：

1　另一方面，Bonitz（*Plat. Stud.* i.69 sq.）认为，在 187B、200C 中的问题并不是讨论错误之可能性，而是讨论灵魂在出错的时候发生什么状况。在我看来，问题的关键在于要澄清，如果真意见与知识等同的话，假意见就会是无法解释的；因此，把知识界定为真意见是通过反证法得到驳斥的。在我看来，这个观点有这样的事实支持，即，只有这么看才能把这段文本以融贯的方式置于整篇对话录的主题之中。不这么看的话，这段文本就会变成过分冗长而旨趣不明的插话，中断了对于“知识”概念的探究。后续文本也支持我的这个解释。对假意见进行解释所要面对的那些难题最终回到这样一个矛盾：“我所认识的，同时必定不认识，或者必定与别的东西搞混了”，参考 199C sq.、196C，等等。但是，如果 187C 的假设（即，作为假意见之对立面的真意见等同于知识）被放弃，这个矛盾就会消失。真意见可能会变为谬误（如《美诺》97E，《蒂迈欧》51E 所说）；而知识不可能这样。

2　这点在《高尔吉亚》454D 中得到了直接阐明：“会不会有假的和真的‘信念’（πίστις）？我想你会说有。——对。——那么，会不会有假知识和真知识？——完全不会。——所以它们（信念和知识）不是同一的。”Πίστις（信念）在这里等同于其他文本中的 δόξα（信念 / 意见）；参考《理想国》534A sq.（第 125 页注释 2），在那里，δόξα 的一个部分，也就是关联于事物本身而不是关联于事物之单纯影像的部分，被称为 πίστις；还有《理想国》477E：“你同意知识和 δόξα 不是一个东西吧。——他说，只要一个人有理智，怎么会把不会错的东西和并非不会错的东西当成同一个呢？”

3　Cf. Schleiermacher, *Platon's Werke*, ii.1, 176.

4　关于安提司泰尼，参见 Part i. p.252 sq.。

5　参见 201C–210。我在这里不能详细讨论这个论证。参见 Susemihl, i.199 sq.；Steinhart, ii.81 sq.。Hermann 的观点（Plat.498, 659, 由 Alberti 重述，见 *z. Dialektik d. Pl.*, *Jahn's Jahrb. Suppl.*, New Series, i.123，而且得到 Susemihl, p.207 和 Steinhart, p.85 的支持），即，表面上被反驳了的观点实际上包含了柏拉图自己的观点，这与文本的直白意思相矛盾。在柏拉图看来，真意见变成知识，不是通过安提司泰尼意义上的某种“解释”，而是通过对于原因的认识（《美诺》98A：αἰτίας λογισμῷ）。

6　97 sq.；参考《会饮》202A；《理想国》506C。同样把 τέχνη（技艺）与 ἐμπειρία（熟

意见缺乏对事物之必然性的理智性洞见，因此，即使它是正确的，也是不稳固和变化不定的。只有知识可以弥补这种不足，确保对真理的稳固认识。《蒂迈欧》（51E）综合了前面所有的讨论，主张知识是通过教导而意见是通过说服被我们得到的。[1]知识始终伴随着"真的理由"（die wahren Gründe），而意见是没有理由的。知识不可以被说服所改变，而意见则可以。最后，我们可以说每个人都分有正确意见，但是只有诸神和极少人分有"理性"（der Vernunft）。《理想国》[2]以更客观的方式表明意见只有低等的价值，因为知识的对象是"是者"，意见的对象是"是者"和"非是者"之间的居间者，故而意见本身是知识和无知之间的居间者。这个阐述在某种程度上已经预设了知识和意见的区分，并且在某种程度上有赖于柏拉图学说进一步发展出来的那些原则。

理论层面上意见和知识的对立在实践层面上变成了肩俗德性和哲学德性的对立。[3]普通德性严格上说是不够的，因为它仅仅是习惯层面上的东西，缺乏清晰的理解，而且是由意见而不是由知识来指引的。于是，普通德性变成了复杂多样的个人实践方式，没有内在的统一性把它们整合起来，甚至其中有时候还会出现相互矛盾。它在内涵上也是有缺陷的，因为它的目标有善也有恶，即使其目标为善，也不是由于善本身而是基于某些外在的东西。柏拉图认为必须在所有这些关联性当中找到一个更高层次的道德观念。

普通德性是从习惯中产生出来的，它是一种行为方式，但是缺乏对

练活／熟习）区分开来的情况，参见《高尔吉亚》465A。

1　《高尔吉亚》454E。

2　参见 476D–478D。参考《会饮》202A；《斐莱布》59A sq.。相似的情况见《理想国》509D sq.、533E sq.，可见领域、流变领域被归于意见，而可思领域、实在领域被归于知识。Δόξα（意见）被再次划分为关于真实事物的意见（πίστις）与关于纯粹影像的信念（εἰϰασία），这对应于理性知识的两个细分，也就是纯粹知识与表征性知识（参见 510D）。在别的地方，柏拉图把 αἴσθησις（感觉）跟 δόξα（意见）并举，例如在《巴门尼德》155D，《蒂迈欧》28B，37B，以及《泰阿泰德》。参考亚里士多德《论灵魂》404b21。

3　参考下注。

这种行为方式之原因的理解；[1] 它建立在正确意见而非知识的基础之上；[2]
由此显然可以推论说，拥有这种德性的人并没有能力将它传授给他人；
按照通常的观点，或者至少在通常的实践上，人们并不认为在德性方面
有专门的教师 [3]——因为那些号称教师的人（智者）既没有被柏拉图也
没有被公众舆论所认可。[4] 出于同样的原因，这种德性自身也不能保证
其持久性，它的产生和维持都依赖机遇和环境。满足于普通德性的人，
包括雅典历史上著名的政治家们，只是由于"神赐"才成为有德性的，
换言之，他们的德性是出于偶然而得到的；[5] 他们所处的层次并不高于占

---

1 《美诺》99A sq. et al.；《斐多》82A："那些践行流俗的、普通的德性——也就是所谓节制和正义——的人们，乃是出于习惯和习成，而缺乏哲学与理性"。《理想国》619C（论到某人在选择下一世生活的时候因不明智而给自己带来不幸）："他是从天上下来的一位，前世曾经生活在某个秩序良好的政制之中，通过习惯而不是哲学而分有德性"。参考《理想国》402A、522A。

2 《美诺》97 sq.；尤其是 99A–C；《理想国》vii.534C。

3 《普罗泰戈拉》319B sqq.；《美诺》87B sqq.；93sqq.。

4 《美诺》91B sqq.，其中阿尼图斯代表了具有"普通德性"（δημοτικὴ ἀρετή）的人。

5 这种关于"θεία μοῖρα"（其字面含义为"神的分配"，姑且译为"神赐"；策勒的德文翻译是"göttlicher Schickung"——中译注）的观点得到 Ritter（ii.472）的阐释，而受到 Hermann（*Jahn's Archiv* 1840, p.56 sq.；cf. Plat.484）、Susemihl（*Genet. Ent.* i.71）、Fenerlein（*Sittenl. d. Alterth.* 82）、Schaarschmidt（*Samml. d. Plat. Sch.* 350）和 Stallbaum（*Vind. Loci leg. Plat.* 22 sq.）的反驳。这个观点可以很容易得到解释和支持。这个表述（亦即 θεία μοῖρα）可以表示任何"神的安排或分配"，既可以指外部环境之安置，也可以指给予人的各种自然禀赋乃至个人内在的各种动机。我们看到苏格拉底这样来提及前一种（《斐多》58E）："他并非不带着'神赐'（θείας μοίρας）而进入冥界，而是会在抵达那里的时候过得很好"；而又在《理想国》vi.492E 提及了后一种，其中说到，在目前这种政制腐败的情况下，没有一个人可以凭借平庸的人类天性而被哲学拣选，而"如果有什么天性在现行的政制状况下得到保全并且成为其所应当的样子，那么，说'神赐'（θεοῦ μοῖραν）保全了它就是个很好的说法"。（Schaarschmidt 对此给出了不准确的解释，他说，柏拉图认为，如果有德性的人真地出现在世上，那么唯有通过神的帮助才可能；其实此处的问题不在于泛指"世上"，而只是就现存的 κατάστασις τῶν πολιτειῶν〔政制状况〕而言。）"神赐"在这里包含了两方面的帮助：赐予个人的超常天性，以及将他安置于防止受到腐败政制之坏影响的那种有利的外部环境之中；参考《理想国》vi.496 B sq.。同样，在柏拉图的《申辩》33C（参见 Part i.49, 5），促使苏格拉底致力于哲学的那些梦与神谕都可算作"θεία μοῖρα"（神赐）。在别的某些文本中，这个表述被用于表示自然禀赋或者任何类型的自然才能，"θεία μοῖρα"本来是指在人里面的神性，由于某人与神相亲近而获得神赐的才能（例如，《普罗泰戈拉》322A；《斐德罗》230A）。在此意义

上，那种通过超凡的神赐而获得正确的实践性知识（ἐπιστήμη）并且学会遵此而行的真正统治者被说成是"θεία μοίρα γεννηθείς（由神赐而生）"（《法律》ix.875C）。关于"神赐"的相同或相似表述也出现在色诺芬《回忆苏格拉底》ii.3, 18；亚里士多德《尼各马可伦理学》1179b21，如 Hermann, *loc. cit.* p.56 指出的；参考《厄庇诺米》985A。在所有这些例子中，θεία μοίρα（神赐）都用于表示神所造成的某种事情，又没有排除有意识的人类行动，因而知识本身最终也可以被归于神赐，如《理想国》492E，《法律》875C。在其他地方，"θεία μοίρα"（神赐）与"ἐπιστήμη"（知识）相对而言，这时候，一件事情被说成只归因于自然安排、环境或者其他难以明确说明的某种灵感，而不是归因于由知识所引领的有意识的人类行动。这种例子可以参见《理想国》366C，"θεία φύσει"（本质上等同于"θεία μοίρα"）与"ἐπιστήμη"在如下表述中被对立起来了：所有人都爱不正义，"除非一个内在赋有神性的人（τις θεία φύσει）难以接受不义，或者他拥有知识，因知识而避免不义"。同样，在《法律》642C，"θεία μοίρα"与"αὐτοφυῶς"（自己的天性）并举，而与"ἀνάγκη"（必然性/强制）对举，其中说道：在雅典中的义人必定是真实无伪的义人，因为并没有法律或规章的强制使他这样，他必定只是遵循他自己的天性之命令。在《理想国》492E 这里（如前所述），"θεία μοίρα"必定指一个处于恶劣政制中的个人之德性，它只能归因于一种特殊的神赐。《斐德罗》244C sq. 中也有这种对立的类似提法，这就是作为"θεία μοίρα"结果的褒义上的先知灵感与"ζήτησις τὸν ἐμφρόνων"（有理性的人的探究）之间的对举；同样的对立出现在《伊翁》534B，涉及诗性灵感：诗人说话"不是凭借专家知识而是凭借神赐（θεία μοίρα）"；我们可以把《申辩》22C 的说法（"他们不是凭借智慧创作其所创作的，而是凭借某种天才和灵感〔φύσει τινὶ καὶ ἐνθουσιάζοντες〕"）和《法律》682A 的说法进行比较。在《美诺》中，"θεία μοίρα"所表示的东西跟知识与立足于知识的德性之间的对立，是很明显的；我们在 99 B sq. 读到，早年那些伟大政治家成就其事业只是凭借"良好意见（εὐδοξία），而不像有智慧的人是凭借某种智慧"：他们的智慧则相当于占卜师之类的人，这些人常常无意识地说对了真话。德性出现在那些不能通过教导而把德性传递给别人的人身上，他们具有德性乃是 θεία μοίρα ἄνευ νοῦ（凭借神赐而不是理性）；能够做到这点的人可以比得上提瑞西阿斯（Tiresias），"他是唯一有灵慧的；其余都是飘忽的影子"。适合这些说法的德性现在还是比哲学德性更低的，如果柏拉图在《美诺》中还是从 θεία μοίρα（神赐）中寻找德性之来源，"那么他自己心中还不可能很清楚德性之来源"（参见 Feuerlein, *loc. cit.*）。而 Hermann 主张（*loc. cit.* p.61 sq），柏拉图这里所说的这种人，其普通德性的不完善将在神的帮助下变为完善，"这样，如果一个人得到神的指引，就表明他在践行某事时跟那些以理性为指引的人有同等的坚定"，他的这个主张完全站不住脚。他引述来支持其观点的《政治家》中的文本（309C）并不切题；它并不处理《美诺》中所讨论的德性，而是讨论哲学德性；如果在正当与不正当方面的真意见（ἀληθὴς δόξα）得到合理确证（μετὰ βεβαιώσεως）从而为灵魂所接纳，那么，（据《政治家》）灵魂的那些道德能力就会由一种神性纽带绑在一起。正是由于这种绑定（δεσμὸς），依据《美诺》97E sq.，真意见变成知识。最后，我也不认为 Steinhart（*Pl. W.* ii.118）给出了关于柏拉图观点的充分说明。按他的观点，柏拉图会说，在实践生活中，哪怕认知出错或者不完全的情况下，人里面的神

178 卜家、诗人和所有那些通过"灵感"（μανία, ἐνθουσιασμός）而做出美好与正确之事的人。[1] 出于这个考虑，柏拉图说（《理想国》x.619D），那些通过非哲学德性而获得属天福祉的人下辈子不能重新返回人间。而

179 在《斐多》（82A）中，柏拉图以挖苦的口吻说，他们可以愉快地期待转世为蜜蜂、黄蜂、蚂蚁或其他秩序井然的物种——甚至可能再次转世为温良公民这个等级。从这个偶然性领域中赢得德性的唯一方式是让德性建立在知识的基础上。唯有关于道德的理论性洞见才是道德实践的根据；每个人都欲求善，即使当他们欲求恶的时候，也仅仅是因为他们把恶误认为善。因此，如果对什么是善的和有益的东西拥有正确认识，就必然会有道德的意志，因为难以设想一个人在有知识的情况下故意追求对自己有害的东西。所有的恶行都起源于无知，所有的正当行为都来源于对"正当"的认知；[2] 没有人自愿成为恶人。[3] 所以，当人们拿缺乏知识来充当恶行之借口的时候，柏拉图并不认可这个意见，毋宁说他跟苏格拉底一样主张，有意作恶比无意作恶要更好一点，[4] 例如，无意说谎或

性要素与经验给予的正确实践性判断相结合就可以产生稳固和确定的道德行为，它本身是值得褒扬的，与更高层次的德性一样都植根于神性生命。但是，柏拉图（同上）否认任何不植根于知识的德性可以稳固地带来道德行为；不过，当他从神赐中寻找俗常德性之来源的时候也没有什么矛盾可言，我们也不需要从这个表述中读出反讽语气来（如 Morgenstern, Stallbaum 和其他人那样；cf. Hermann, *loc. cit.* p. 52 A, 4）；柏拉图从德性并没有从世上消失这点出发承认某种"神赐"，而人们却不留心去维护这种德性，如《理想国》492E，他把腐败政制中出现的某些真正的哲学家归于上天的恩慈。俗常德性，虽说并不全然是运气方面的东西，但对于拥有它的人而言就像是凭运气而得来的，因为他们并不能通过理论的方法在他人身上造就或者保全这种德性（《美诺》97E sq.；100A）；只在这个意义上，我在这里（以及我的《柏拉图研究》，p. 109）说，"θεία μοῖρα"（神赐）终究是与"运气"接近的东西。

1 《美诺》，从 96D 到结尾；参考《申辩》21B sq.。

2 《普罗泰戈拉》353–357, 358C；《高尔吉亚》466D–468E；《美诺》77B sqq.；《泰阿泰德》176C sq.；《欧绪德谟》279D sq.，其中 εὐτυχία（好运气）被还原为智慧。这些文本中隐含的快乐主义预设必须被看作 κατ' ἄνθρωπος（依据人的立场的 / 流俗的）；当柏拉图说明他自己观点的时候，这种把道德建立在快乐主义基础上的观念就被彻底拒斥了。

3 《蒂迈欧》86D；参见下一章开头。

4 我们在《小希庇亚》那里看到对这点的充分说明，这个论断在那里构成了讨论的主题；不过，这点在其他某些地方也能清楚看到，参见前注与后面两个注释，以及

自欺比有意欺骗他人要更坏，而且对于只避免有意犯错而不更加避免无意出错的人而言，他通达真理的任何官能都丧失了。[1] 因而进一步的推论就是，有知识的人犯错不是真正意义上的犯错，而只是对俗常道德准则的违背，但是它在更高的立场上是可以得到辩护的。[2]

　　普通德性缺乏自觉性，它把德性看作多种多样的特殊实践，而不是看作同一个原则在各个不同方面的体现。与此相反，柏拉图（和苏格拉底一样）主张各种德性的统一性（德性可以归结为知识，由此自然推出这点）；而且他通过这样一个论证来维护这个立场，即各种德性既不能由于具有这些德性的人彼此不同而出现冲突——因为使得德性成为德性的东西必须是共通的，[3] 也不能由于这些德性各自的内涵不同而出现冲突，因为德性的内涵只在于理论或理解的层面上关于善的认识。[4] 尽管

180

181

Part i. p.123, 1。

1　《理想国》vii. 535D。Cf. *Ibid.* ii. 382。

2　参见 Part i. p.123；以及《小希庇亚》376B。

3　《美诺》71D sqq.。

4　柏拉图在他的早期对话录（尤其《普罗泰戈拉》）中反复提及这个苏格拉底原则。正义（δικαιοσύνη）、节制（σωφροσύνη）、虔敬（ὁσιότης）、智慧（σοφία）与勇敢（ἀνδρεία）是德性之若干构成部分的主张在《普罗泰戈拉》329C–333B 中得到多方面反驳，这些反驳很巧妙但未必有足够说服力，不过它们就是柏拉图的意思。然后在 349B 中，问题得到重新处理；当普罗泰戈拉承认上述前四种德性是相似的，但是勇敢与它们全然不同，这时候柏拉图试图表明（358C 以下）：（1）没有人会选择他自己认为坏的东西而不选择好的东西；（2）恐惧是对于坏东西的预期；（3）所以，没有人会选择在他看来可怕的东西；（4）这样，勇敢与怯懦之间的区分就变成了对于什么可怕、什么不可怕这点有知识的人跟对此无知识的人之间的区分；因此，勇敢就是"关于可怕的事物与不可怕的事物的智慧"。跟这相同的定义（参 Part i.p.120, 3）在《拉凯斯》198A sq. 中受到苏格拉底的挑战。但是，这里提出的反驳是，如此定义的勇敢并不能与德性的其他部分并列而成为德性的一个部分，因为我们在不认识什么是真正的好与真正的坏的情况下不会认识什么是可怕的、什么是不可怕的；而这样一种知识是包含一切德性的。这个反驳显然不等于把那个定义驳斥为无用的：这里所阐明的关键点在于，不同德性并不是一系列互不关联的品质，而只是作为整体的德性之不同形式，而德性之本质，按照著名的苏格拉底学说，在于对"善"的认识。同样，在《卡尔米德》173A sq.，当被看作"自知"（从而是关于知识的知识）的"σωφροσύνη"之用处受到怀疑的时候，并不真地意味着反对把"σωφροσύνη"归结为知识；那里只是表明，知识与幸福之关系要求得到比当前给出的说明更进一步的阐述。

柏拉图假定各种德性有所区别，但是没有否认它们本质上的统一性，这点将在后面得到说明；不过，他可能只是后来在自己学说得到进一步发展的时候才作出这个明确表述（只出现在《理想国》中[1]）。

182　　如果说，普通德性因为缺乏对其自身本质的理解并且其各部分没有内在一致性，从而它是不完善的，那么，它在内涵与动机方面也是不完善的。对朋友为善而对敌人作恶，这个普遍被人接受的原则不仅使得为善是合乎德性的，而且作恶也是合乎德性的；[2]人们选择德性的动机通常不是德性自身，而是外在的因素，即为了利益或快乐等外在目的。[3]但是，真正的德性是不允许出现这些情况的。真正有德性的人不会对任何人作恶，因为善人只能行善；[4]而且这样一个人行善也不会是为了获得外在利益，不论当前的还是未来的利益。出于害怕而勇敢，出于放纵而节

1　Bonitz（*Hermes* v.444 sq.）认为，《拉凯斯》中关于勇敢的定义实际上与后来《理想国》中的定义是一致的。他认为，把 192D 的定义（勇敢是 φρόνιμος καρτερία〔明智的坚忍〕）和 194E 与 199B sq. 的描述（其中说德性在于对"好"的认识）放在一起，我们就能够得到"勇敢"概念，它相当于基于道德知识之上的坚忍。但是，这种读法在我看来是对于对话录中实际意思的过度诠释。在 192D sqq.，苏格拉底并不是单纯挑战这样一个观念，即一种缺乏理智的鲁莽称得上勇敢，而是进一步表明，把这样的东西界定为 φρόνιμος καρτερία（明智的坚忍）本身是不正确的。他用来证明这点的那些论证可能不是不可反驳的——甚至从苏格拉底/柏拉图的立场出发来看，但是这并不表明这些论证不是以严肃方式提出的。勇敢被证明为既不是 φρόνιμος καρτερία（明智的坚忍）也不是 ἄφρων καρτέρησις（不明智的坚忍）：我们只能得出结论说，勇敢的本质根本不是 καρτερία（坚忍）。另一方面，尼西阿斯（Nicias）提出的定义（实际上也是苏格拉底的定义，如有人指出的），并不是被无条件地驳斥了；它被表明为与"勇敢只是德性的一个部分"这个预设相冲突，但是文本并没有说明问题是出在这个预设上，还是出在尼西阿斯的定义上。从柏拉图在《普罗泰戈拉》中采纳的观点来判断，我认为前者才是柏拉图的意思；所以，问题的积极方面（《拉凯斯》表面无结论的讨论所暗示的）是通过苏格拉底的原则被提出的，也就是说，勇敢与其他德性一样可以归结为知识——关于"善"（好）的知识。

2　《美诺》71E；《克里托》49B sq.；《理想国》i.334B。参考 Part i. p.142 sq.。

3　《斐多》68D sq.；82C；《理想国》ii.362E sq.。正义只是由于从诸神与人们那里赢得的奖赏而受到赞成，而不是因为其本身的缘故得到肯定；实际上，不义之人的幸福是为人所褒扬与嫉妒的，甚至诸神也被认为并不一定憎恶不义之人的献祭。

4　《理想国》334B sq.；《克里托》49 B sq.。只有出于一般常识才会认为，柏拉图（《斐莱布》49D）认为对敌人的不幸感到快乐是可容许的（cf.Susemihl, ii.38）；他在这里再次提出了一个苏格拉底式定义，参见 Part i. p.142, 3。

制，这意味着出于恶的缘故而喜欢德性。这只是伪装拥有真正的德性，它是一种奴性的、毫不纯正和健全的德性——这种正义在其核心上是自私自利的，常常会因软弱而受阻而最终不免公然行恶。[1] 与此相反，真正的德性在于一个人摆脱了所有这些外在的动机，而把知识或明智本身看作"金币"，一切其他事物都必须兑换成它。[2]

183

柏拉图对俗常观点的不满在于它总体上对于其行为缺乏自觉，而且经常与它所推导出来的东西相矛盾；它满足于包含错误的真理，包含恶的善。智者派已经把这种矛盾指出来了，而且用来扰惑大众的良知；他们不是进一步走向对于知识和道德的更彻底的建设，却停留在这个消极的结果上，并且只是设定主观意见和主观意愿之绝对有效性。我们在前面已经表明，柏拉图的哲学建立在非常不同的基础之上，并且追求非常不同的目标。我们接下来考虑柏拉图如何提出针对智者派的理论性驳斥。

我们仍然可以把理论的方面和实践的方面区分开来。智者派的原则大体可以表达为这一命题："人是一切事物的尺度"。理论层面上讲，这个命题的意义在于："对于每一个人显得为真的东西对他而言就是真的"；实践层面上讲，"对于每一个人显得正当的东西对他而言就是正当的"。这两个原则都受到柏拉图的驳斥。

184

在驳斥智者派理论性原则的时候，柏拉图首先引证[3]这样的经验性事实，即，关于"未来事物"的各个判断一定是常常不为真的，即使对于做出判断的人自己而言也是这样；不过在柏拉图看来，最关键的证

---

1 柏拉图指出（《理想国》ii.365A sq.），最大胆的自私自利是促成正义的那些动机的逻辑后果；在《理想国》vi.492A sq.，他指出，在政治集会上的群众统治着国家，而政治家是一些最大的智者、真正蛊惑青年的人，通常所谓智者只是追随这些人去研究和迎合这些人的偏好。在柏拉图看来，智者派伦理学只不过是流俗道德观念的派生物。

2 《斐多》68B sq.；82C；83E；《理想国》x.612A。尤其是这些文本的第一处，是柏拉图写的最纯净、最美的文字。人们非常乐意引述类似这样的文本；我或许可以提及 Spinoza, *Eth. Pr.* 41；*Ep.* 34, p. 503。

3 《泰阿泰德》170A、172B、177C–187A；《克拉底鲁》386A sq.、439C sq.。

据是，这一原则会使得知识根本上成为不可能的。如果对于每个人显得为真的东西都是真的，那么就根本不会有"真"可言；因为对于任何命题（包括前面这个命题与其他所有命题）而言，相反的命题会同样为真：于是就无法在知识和无知之间，在智慧和愚蠢之间，在善和恶之间，做出区分；一切东西都会像赫拉克利特的学说讲的那样，处于持续流变之中，因而，所有的性质，以及这些性质的对立面，[1] 同时可以用来表述同一个个体。更为关键的是，如果接受这个假设，那么，对于构成知识之真正对象的那种东西（事物的本质，即 οὐσία）而言，人们必定不可能认识它，因为它是不能被感觉所通达的，而普罗泰戈拉认为我们完全局限在感觉范围内；而且，不可能存在那种自在自为的和固定不变的实存，没有任何东西自在地是美的、真的和善的；所以，没有关于"真"的认识。然而，只有灵魂在真正的实在这个领域进行纯粹运作的时候，而不是通过感觉经验来寻求的时候，才谈得上"真"和"知识"（Wissenschaft）。

185　　柏拉图就智者派的道德原则说得更为详细，而居勒尼学派的快乐学说是一个供论战的好靶子。这种道德原则与智者派的修辞术一起在《高尔吉亚》中 [2] 首先受到批评。在智者派看来，最大的幸福在于有权力做自己喜欢做的事情，这个幸福也是我们行为的自然目标；因为自然权利（自然正当性）只是强者的权利。相反，柏拉图笔下的苏格拉底表明，做自己喜欢的事（ἃ δοκεῖ τινι）本身不是幸福，而做自己愿意的事（ἃ βούλεται）才是：只有这个事情才真正有益于行为者，因为所有人都意愿"善好"。但是，如果高尚的东西与令人快乐的东西被剥离开来，可耻的东西与不令人快乐的东西被剥离开来，那么，善好并不是快乐，如

1　与此相似，亚里士多德（《形而上学》iv. 4, 5）反驳赫拉克利特与普罗泰戈拉的学说，认为它们否认了矛盾律。

2　尤其参考 466C–479E、488B–508C。如我在 Vol. i. p. 922, 6 指出的，与政治家卡里克勒斯（Callicles）的谈话属于对智者派原则的批判。在柏拉图看来，智者派道德原则只是对于世俗所习惯的一般原则的阐述，而没有对它进行检讨；参见第 131 页注释 1。Cf. Part i. p. 23。

大众意见认为的那样。事情的本性有这样的要求；因为善与恶是相互排斥的，而快乐与痛苦两者却互为前提；快乐和痛苦同等地属于好人和坏人，善和恶本身却并不如此。于是，快乐远远不是最高的善，追求快乐也远远不是普遍的正当性，相反，遭受不义比行不义更好，通过接受惩罚而净化罪恶比不接受惩罚更好；因为只有正义的东西才能是善好的。[1]

　　《斐莱布》中的论证[2]以更详细的方式确立了同样的结论，不过这个说明本身更加属于柏拉图学说的客观部分。在这里得到讨论的问题是，最高的善究竟是快乐还是知识（die Einsicht）？前者是智者派的原则，后者是苏格拉底的原则，更明确地说是麦加拉学派和犬儒学派的原则。后一个回答（最高的善是知识）含有这样的意思：对于完满的幸福而言，知识和快乐两者都是需要的，但是知识远远高于快乐，它与绝对的善的关系更近一些。论证这个命题的主要思路在于如下考察：快乐从属于变易（生成）的领域；[3]而善（好）则相反，它必须是自在自为的、本质性的实在：一切变易（Werden）都以实在（Sein）为其目标，而善本身是最高的目标；快乐更像是未限定的东西（质料），而知识更像是作为主宰性和塑造性原因的"神圣理性"（der göttlichen Vernunft）。柏拉图进一步把注意力引向这样的情况，即快乐与痛苦常常只不过建立在可见的幻象基础上，而且快乐在多数情况下只出现在与其对立面（痛苦）相伴随的场合，[4]就是说，对于快乐的最强感受源自于身体上或心灵

1　参考《泰阿泰德》176D sq.。关于《普罗泰戈拉》中明显不同的阐述，参见第135页注释1。

2　尤其是23B–55C。

3　参考《理想国》ix. 583E："快乐与痛苦在灵魂中出现都是作为一种运动"。《蒂迈欧》64。

4　Wehrmann（*Plat. de. summ. bon. doctr.* p. 49 sq.）认为，柏拉图在这里说的不可能是快乐本身，而是把 ἡδονὴ（快乐）理解为"欲望"。在柏拉图的表述中没有这种暗示；而实际上在《斐莱布》（27E，41D），ἡδονὴ（快乐）明白无误地被表明为 λύπη（痛苦）的对立面。它是缺乏界限的（无限定的），因为它始终与其对立面关联在一起（参见前文，以及《斐多》60B，《斐德罗》258E），它随着脱离其对立面的程度而可以连续增长。

187　上的疾病。就算不考虑这点，那种纯粹快乐也只是对于感性之美的沉思式欣赏，而柏拉图在其他场合宣称（《蒂迈欧》47A sq.），它的真正价值只在于它构成了思想的必要基础，而且，即使在《斐莱布》中，他也明确将其置于知识之后。最后，在《理想国》中，我们看到与《斐莱布》中的讨论一致的观点，而且在对快乐学说进行评论时有一处（vi.505C）明显提及了这些讨论。即使快乐学说的支持者也不得不承认，存在一些恶的（坏的）快乐，但是他们却又坚持快乐是善：这跟主张善与恶是同一回事没什么区别。同样，在另一处文本 [1]——"只有哲学家具有真正的幸福，因为只有他的快乐是由某种真实的东西构成的；这是仅有的纯粹快乐，不受任何痛苦的限制。正义是否比不正义更为有益的问题是荒谬的问题，因为这好比提这样的问题：疾病比健康哪一个更好？" [2]

　　《理想国》中 [3] 智者派的主张（即，正义是统治者的利益）通过排除从政治技艺中赢得报酬而得到了驳斥，这个驳斥只是在相对的善与绝对的善之间做出区分的一个特别应用；因为这显然建立在这个普遍预设的基础上：道德活动的目的必须内在于而不是外在于其自身。最后，正义
188　比不正义优越借由如下论证得到证明，[4] 即正义的人只试图胜过不正义的人，而不正义的人试图胜过正义的和不正义的人，并且没有正义就没有社会政治秩序，也不可能有共同行动（因为即使一伙强盗如果完全没有德性也不能做成任何事），于是智者派的实践原则就如同前面那个理论原则一样被驳斥了。假如不是只有事物的普遍概念为真，而是各人的意见都为真，那么就不可能有知识，同样道理，如果个人的意愿和利益变成了法律而不是服从于普遍有效的法律，那么就不可能有任何合理的与

1　《理想国》ix. 583B、587A，以及之前从 376E 以下所引述的内容。

2　《理想国》iv. 445A sq.。

3　《理想国》i. 339–347。

4　《理想国》i. 348B sq.，不过，此处思想的清晰性由于 πλεονεκτεῖν（胜过 / 取得优势）这个词的含混用法而受到影响，而就这段文字的意旨而言，我不能同意 Susemihl（ii.101）的观点。

合乎终极目标的行为。[1]

　　智者派伦理学中的根本缺陷在于这点：它借助于快乐学说，并且用
流变的东西取代恒久的东西，用假象取代本质，用相对的从而总是变为
其对立面的那些目标取代那一个绝对的、自身持存的目标。针对他们的
理论性原则所做的论战正好把这些都倒转过来了。所以，他们的学说总
体上被柏拉图看作对正确世界观的直接颠倒，也就是假象全面地取代了
本质；伪知识（Scheinwissen）取代了真知识；受制于有限目标的那种庸
俗功利主义取代了道德行动；据《智者》结论处所下的定义，智者技艺
是借助于诡辩性争论给出知识之假象的技艺，缺乏真正的知识以及对此
缺陷的自觉；这样，修辞术作为智者技艺之主要应用就是一种在公众集

1　上述诠释似乎与《普罗泰戈拉》中关于伦理学问题的表述有某种冲突。苏格拉
　　底为了支持把勇敢界定为"关于可怕的事物与不可怕的事物的智慧"（360D），他
　　主张说（350B），ἡδέως ζῆν（快乐地活）与 εὖ ζῆν（活得好）或者 ἀγαθὸν（善/
　　好）是一致的，而 ἀηδῶς ζῆν（不快乐地活）与 κακόν（恶/坏）是一致的。普罗
　　泰戈拉反驳说，并非每一种 ἡδὺ（快乐）都是一种 ἀγαθὸν（善好），也并非每一种
　　ἀνιαρὸν（悲痛）都是一种 κακόν（恶坏）。在 353C sqq.，对这点的回应是，让人
　　快乐的东西只有当造成更大的不快乐时才是坏东西，而让人不快乐的东西只有当造
　　成更大的快乐时才是好东西；生活的艺术就在于正确判断从我们的行为中得到快乐
　　与痛苦之间的比例关系——不仅仅考虑到现在而且要考虑到将来。如果按照格罗特
　　的说法（Plato, ii. 78 sq., 120, 559；i. 540），我们把这里的正面表达承认为柏拉图自
　　己的看法，那么我们就必须承认在《普罗泰戈拉》与其他诸篇对话录（尤其《高尔
　　吉亚》）之间存在不可调和的矛盾。但是，我们或许应该避免把这种矛盾归于柏拉
　　图，即使我们同意格罗特的看法，即《普罗泰戈拉》的感觉主义理论就其本身而言
　　是正确的。《克里托》和《申辩》（几乎不会比《普罗泰戈拉》更早，早也早不了多少）
　　阐述了与格罗特对于该对话的诠释（cf. p. 128）不一致的观点。柏立图表明，《普
　　罗泰戈拉》中借苏格拉底说出来的那些理论不是他的最终观点，其中多次提及"多
　　数人"（πολλοί, 351C, 353E），也就是这里要对付的人——向他们表明，他们没有
　　理由认为可以在有知识的情况下作恶，因为恶最终对人是有害的。但是，为什么情
　　况是这样却没有得到说明：构成善（好）之标准的"快乐"是感官快乐（《斐莱布》
　　中所指的 ἡδονή 只限于此）还是灵魂之健全所产生的更高层次的满足，这点没有得
　　到判明。这个问题直到《高尔吉亚》以及它后面的对话录才得到讨论；关于与"快乐"
　　明确相区分的"善/好"也是如此（参考第88页注释5）。因此，我们可以看到柏
　　拉图伦理学有某种演进，这跟他在纯理智探究方面的情况并无不同。格罗特归给柏
　　拉图的那种快乐主义，甚至在《普罗泰戈拉》中也是不能发现的。

会中造成迷惑的技艺，而智者派也利用这种技艺来迷惑单个人。[1] 或者，如果我们把两者放在一起，那么，智者派的技艺就在于对作为"怪兽"的民众[2] 之各种脾气秉性的研究和狡猾利用。

190　　　　智者既不理解也不拥有德性：[3] 他并没有比商贩和匠人好多少，都是胡乱吹捧自己的货品，不管这些东西是怎么弄出来的；[4] 而演说家（修辞家）不是做民众的领导者，而是沦为他们的奴隶。[5] 他们不是对无知的人进行教导（如果他们有知识就应该这样做），改善被忽视的、沦丧的道德，而是利用无知（尽管自己也是无知者）来进行说服，低三下四地取悦愚蠢和贪婪的民众。[6] 所以，智术和修辞术两者远不是什么真正的技艺，而更应该被说成只是两种窍门（ἐμπειρίαι），或者更准确说，只是作为伪技艺的奉承术的两个部分，分别是假冒的立法技艺和假冒的施行正义的技艺，就好像美容是假冒的健身术，而烹调是假冒的医术。[7] 只有一处例外的表达，就是柏拉图在《智者》（231B sqq.）中留意到智术可能有筛选和净化的效果，不过他即时撤回了这个看法，以免给智术过高的荣誉。

191　　　　如果这就是对通常被误认为哲学的东西（智术）的澄清，而且"非哲学意识"的俗常观点不能令人满意，那么，我们在哪里寻找跟这两样东西都对立的那种真正的"哲学"呢？

1　参见《智者》268B；《斐德罗》261A sq.；《高尔吉亚》455A；462B–466A。《欧绪德谟》是对于智者派诡辩术的一种讽刺。参考 Vol. i.885, 910 sq.。

2　《理想国》vi. 493。

3　《美诺》96A sq.；关于这点，参考所有那些把智者派与苏格拉底之间的德性学说对立起来的对话录：例如，《小希庇亚》《普罗泰戈拉》《高尔吉亚》以及《理想国》第1卷，还有《理想国》vi. 495C sqq.。

4　《普罗泰戈拉》313C sqq.；《智者》223B–226A；《理想国》vi. 495C sq.。

5　《高尔吉亚》517B sq.。据《高尔吉亚》515C sqq.，这个判断同样适用于那些最著名的雅典政治家。

6　《高尔吉亚》485E sq.，463A sq.，504D sq.。参考《泰阿泰德》201A sq.；《政治家》304C。

7　《高尔吉亚》462B sq.。鼓动民众的演说术跟烹饪术进行类比，见于 Aristophanes, *Equites*, 215 sq.。

我们已经表明，柏拉图赋予"哲学"一个比我们今天通常所熟悉的更为宽泛得多的含义：我们只是把"哲学"理解为一种特定的思想方式，而对柏拉图而言哲学几乎等同于一种生活方式；而且，这种实践性因素是首要的、普遍的基础，没有这点，柏拉图根本不能设想哲学的理论性因素。因此，柏拉图跟苏格拉底非常相近，其哲学整个与他的人格是吻合的；尽管柏拉图超越了苏格拉底观点的狭窄性以便把理念发展成为一个体系，但是他本人从来没有像亚里士多德那样把哲学完全视为一种理论性活动。[1] 因此，如果我们要理解柏拉图关于哲学之本质和使命的那些说明，我们就必须考虑它如何源自于实践上的必要性，以及他关于哲学冲动的描述。哲学的理论形式或哲学方法是第二位的。从前两者出发我们得到第三位的东西，就是柏拉图关于哲学的综合观点以及关于人的教化方面的内容。

哲学的普遍基础是"哲学冲动"（der philosophische Trieb）。但是，与苏格拉底的情况一样，这个冲动从来都不单纯具有认知冲动这样的理论形态，而是同时意味着对于能够为别人也带来知识与德性的那种知识的探求；这样，对柏拉图而言，它根本上关系到真理在实践上的贯彻，因此更准确地说应该被界定为生殖冲动或"爱欲"（Eros，音译：厄洛斯）。在柏拉图看来，哲学，如同一切高层次的生活方式，都是出自于"迷狂"（μανία）。[2] 当灵魂看到那些属天的原型在地上的摹本，这时候它就极度兴奋而处于出神的状态；[3] 在理念与现象的对立被克服之际，就产生出柏拉图称之为哲学之开端的那种"惊讶"：[4] 每个高贵灵魂在最初

192

1　参考 pp.144, 146。

2　宗教与文艺上的灵感在希腊人那里都被说成迷狂。参考 Vol. i. 651, 1 和 759, 3 的引述；Heraclitus apud Plut. *Pyth. orac.* c. 6, p. 397。

3　《斐德罗》244 A sq.，249D；《伊翁》251B。前一处文本中对于灵感的无条件褒扬是为了跟那段演讲的青春洋溢气息保持一致；但是这点在其他地方得到了实质性的改正，如，《申辩》22C，《美诺》99B sq.，《蒂迈欧》71E sq.（参考《伊翁》534B），还有《斐德罗》本身（248D）。

4　《泰阿泰德》155D；参考亚里士多德《形而上学》982b12。这种惊讶是因为觉察到无所不在的日常观念中的各种矛盾。恰好在这些地方，"理念"以间接的方式表达出来。

意识到比自身更高贵的事物时都会感受到的困惑与苦恼，[1] 以及面对俗世事务中种种荒谬与庸俗而感到的苦恼[2]。这种理想的热情以"爱欲"的形式出现，这在《斐德罗》（250B、D）中被说成源自于把"美"之可见摹本与其他理念之可见摹本区分开来的那种光辉，因而它在灵魂中造成最深刻的印象。在《会饮》中，这个现象更准确地被解释为可朽存在者对于不朽性的追求：由于可朽存在者不具有属神的不变性，因而它感到需要通过持续的自我繁殖来维持自身的生命。这个繁殖的冲动就是爱欲。[3] 爱欲一方面是出自于更高的领域，以神圣方式与人性相关联[4]——这就是渴慕变成不朽者。但是另一方面，它只能是一种渴慕，不会拥有；于是，它的前提就是某种贫乏，并且它只属于有限者，而不属于完满的"神圣实在"。[5] 于是，爱欲是拥有与缺乏之间的居间者，是从一者到另一者的过渡；"厄洛斯"（Eros）是"贫乏"（Penia）和"供应"（Poros）的儿子。[6] 这个渴慕的目标泛泛地说就是"善"；或者更确切说是对于"善"的拥有，也就是对于"幸福"的拥有，因为幸福是所有人所欲求的。这样，它所欲求的就是不朽，因为对于幸福的欲求直接带出这个希望，即对于"善"的拥有可以是永恒的。[7] 这样，泛泛地说，爱欲就是有限者自身延伸为无限者这样一种努力，就是产生某种恒久的东西这样一种努

1 《斐德罗》251A sq.；《会饮》215D sq.（参见 Part i. p.153），218A sq.；《泰阿泰德》149A，151A；《理想国》vii. 515E；《美诺》80A。

2 《泰阿泰德》173C sqq.，175B，E；《理想国》vii. 516E–517D。我们在苏格拉底这里得知这类"哲学怪异性"（philosophischen Atopie）：他具有完全的哲学爱欲，实际上是人格化了的"哲学爱欲"本身；参见《会饮》215A sq.，221D sq.，以及我的翻译，Part i. p. 86。参考 Schwegler, *über die Composition des plat. Symp.*, p. 9 sqq.；Steinhart, *Pl. W.* iv. 258, etc.。

3 《会饮》206B sq.；参考《法律》773E，721B sq.。

4 厄洛斯（Eros/ 爱欲）的父亲 Poros（供应）被说成是 Metis（谋思）的儿子；参见第 139 页注释 2。

5 《会饮》，202B sq.，203E sq.。

6 《会饮》，199C–204B。（Penia 和 Poros 字面意思大致可理解为"贫乏"与"供应 /亨通"。——中译注）

7 《会饮》，204E–206A。

力。爱欲存在的外部条件就是"美"之存在，[1] 因为只有内在和谐的"美"本身与我们内在的欲求一致，唤醒了我们对于无限者的欲求。[2] 但是，"爱欲"与"美"一样在种类和程度上有所分别：它并不是一开始就充分和完满地展现它自身，而是从不完满到完满一步步上升，并且在一系列递进的阶段中成全自身。第一步是对于美的形体的爱，先是爱单个美的形体，然后是爱一切美的形体；更进一步是爱美的灵魂，这是借助于道德方面的言行，借助于教育、艺术和立法方面的事业而得到开展；接下来第三步是爱美的各门知识，也就是对美的探寻，无论这美出现在哪个领域；最后的顶点是对于纯粹、非形体、永恒和不变的"美"的爱，这个"美"是不掺杂任何有限的或物质的因素，乃是"美"之理念，它带来真正的知识和德性，也只有它抵达了"爱欲"的最终目标，即"不

194

195

1　《会饮》，206C sq. -209B；参考《斐德罗》250B，D。

2　上述内容或许可以用于解释《会饮》203 的那个神话。厄洛斯〔Eros〕是一位 δαίμων（神灵），位于可朽者（凡人）与不朽者（诸神）之间，起着中介作用。于是，他一时贫乏一时富足，是丑的却又全力追求美，一无所知而全心追求知识；他把极端相反的性质联结为一，因为我们的本性之有限方面与无限方面在"爱欲"中找到其统一性。他是 Penia（贫乏）和 Poros（供应）的儿子，因为"爱欲"一方面从人的需要中产生，另一方面来自比人更高的力量，后者使人能够获得所需的东西；（Poros 不是"富足"，而是"获取""勤勉"。）厄洛斯的父亲被说成是 Metis（谋思）的儿子，因为所有"获取"都是聪明或计谋的成果，而且这种对于更高层次的善的获取发源于人的理性与精神层面。厄洛斯是在阿芙洛狄忒生日那天出生的，因为"美"的显现最初唤醒了"爱欲"，让人性中低层次的、有限的和贫乏的要素服务于人性中高层次的部分，并且在追求"善"的过程中把它们统一起来（cf. 203C，206C sq.）。这些是这个学说的基本特征，它们在这个神话中得到了清楚体现。到此为止，诠释者的观点基本一致（参见 Susemihl, i. 393 sq.，有他的一些引述；以及 Deuschle, *Plat. Myth.* p.13），只有在某些细节上存在不太重要的不同诠释。越出这些而作出的更多诠释在我看来是诗意的装点；在这方面我不能同意 Susemihl（*loc. cit.*）对于宙斯的花园以及 Poros 的沉醉之含义的解释。我更加不能接受 Jahn（他部分赞同 Brandis, ii. a. 422 sq.）在他的 *Dissertationes Platonicae*, 64 sq., 249 sq. 中给出的诠释，后面这段内容实际上是凭借他自己的博学和勤奋而转向了某种新柏拉图主义的阐释（p.136 sq.）。（参考 Steinhart, *Plat. W.* iv. 388 sq.）。在 Jahn 看来，Metis 表示神的理性，Poros 和 Aphrodite 表示"善"理念与"美之理念"，Penia 表示"物质"，而 Eros 表示人类灵魂。这个诠释显然是不正确的，因为对话录中之前与之后都是以不带比喻的方式对 Eros 进行明确阐述。

朽"。[1] 如果这是"爱欲"所追求的东西的充分成全，那么，显然它从一开始就没有以任何别的东西为目标；它在之前的不同阶段的满足都是对于"美"之理念的不完满与不确定的把握，也就是只把握到它的一些摹本。[2] 所以，"厄洛斯"（爱欲）的本性是哲学冲动，也就是追求对于"美"本身的洞见，通过思辨性认知和一种哲学式生活使"有限者"努力窥见"理念"；所有对于具体的美的欣赏都只能被视为这种哲学冲动自身实现的一个环节。[3]

196

---

1 《会饮》208 E–212A。在《斐德罗》249D sq. 中相对不那么详细的阐述中，这个区分只是得到暗示，而哲学"爱欲"仍然处于与褒义的恋童癖的直接关联之中。

2 这个情况被 Deuschle（*Plat. Myth.* 30）所忽视，他不同意 Eros 与哲学冲动之间的对应关系，不认为爱欲只有在其最高层次的成全中才与"美"之理念相遇。在柏拉图看来，"爱欲"的本己对象主要是"美"本身、"永恒"本身、"理念"；这首先只能在其感性的、有限的摹本中得到领会，而"爱者"只能在一定程度上看见其追求的目标与领域。但是，这不能改变这个事实，即爱欲的低层次形式只是向真正的哲学冲动攀登的最初步骤（《会饮》211B sq.），或者进一步说，它们是对于真正哲学冲动的一些误解。准确地说，每个事物都始终追求"善"，并且处于获得"善"的过程之中（《会饮》205D sq. ;《斐德罗》249D sq. ）。"不朽"自身（柏拉图认为它是一切爱欲的目标，甚至是感性爱欲的目标）只是通过哲学式生活才能够赢得（《斐德罗》248E，256A sq.，《会饮》212A，etc.）。柏拉图并不把哲学单纯理解为理智性探究，而是理解为方方面面的人类活动，就其具有某种与"真"与"实在"的关联性而言。

3 除了《斐德罗》与《会饮》之外，《吕西斯》在此也值得一提；参考第 2 章，p. 99。关于 φίλος（友好者／朋友）概念的探究结果是，"既不恶也不善的东西是善之朋友，由于恶的和敌对的东西，为了善的与友好的东西之缘故"（219A）。这个表述完全符合《会饮》中关于"爱欲"（Eros）的学说。根据《会饮》的说法，"爱欲"源自于不完善与缺乏（διὰ τὸ κακόν〔由于恶的东西〕，或者按照《吕西斯》218C 更精确的说法，διὰ κακοῦ παρουσίαν〔由于恶的东西之出现〕），为了绝对善与神性（ἕνεκα τοῦ ἀγαθοῦ〔为了善的东西之缘故〕），而在有限的生命中追求"美"（τοῦ ἀγαθοῦ φίλον〔成为善之朋友〕），但是其自身仅仅属于"有限"与"无限"的居间者（τὸ οὔτε κακὸν οὔτε ἀγαθὸν〔既不恶也不善的东西〕）。在《吕西斯》218A，我们读到《会饮》203E 以下的经典表述，即，诸神，或者一般意义上的"有智慧者"，并不从事哲学探究，而完全无知的人也是如此，只有那些处于这两者之间的人才从事哲学探究——这个表达几乎使用了同样的措辞。如果我们不去假定，柏拉图在写作《吕西斯》的时候已经确立了后来学说体系的主要思想，那么下面这点就仍然只是一个假设，即，作为后来阐述之基础的灵魂分析在那个时候已经让他从苏格拉底的原则出发得出了这个观点，但是关于这些灵魂现象的形而上学阐明后来才出现。这个观点或许可以从如下事实得某种确证，即《会饮》199C sq. 让苏格拉底只讲述我们在于是，哲学冲动首先是追求对真理的拥有；但是如果我们进一步探究达到真理之手段的话，柏拉图会这样回答说（这在某种意义上出乎他的普通追随者的意料之外），它就是"辩证方法"。[1] 所有其他的道德和精神方面的训练（《会饮》已经提及了这整个预备过程，而且《理想国》更详细地说明了这点），都只是把人们带到哲学之门槛；只有辩证法才能带领我们穿越哲学的本己领域。《斐德罗》最早表示，在哲学冲动之外应该加上辩证法，这篇对话录的前面部分是对于"厄洛斯"（爱欲）的描述，而后面部分是对于言谈技艺的探究。[2] 尽管言谈方法之必要性一开始仅仅建立在外在根据之上（261C），若没有这个根据，修辞术的目标，也就是对灵魂的引导，就不能实现；但是，在论证的过程中，这个外在的观点后来被放弃了（266B、270D）。《智者》更加深入地探讨了这个问题（251A–253E），并且表明，有些理念允许而另一些理念不允许相互结合，于是必须有一种关于诸理念之结合的学问，这就是"辩证法"。《斐莱布》把这门学问（16B sqq.）说成是诸神的最高级礼物，是真正的普罗米修斯之火，没有这个东西就不可能有关于任何领域的技艺或技术。关于"辩证法"的本性，我们必须事先说明的是，它的对象只能是诸理念；辩证法乃是这样一种手段，借助它，纯粹概念从一切感性样式和处境中摆脱出来并得以展开。[3] 所以，它是哲学家所特有

197

《吕西斯》中看到的话，而在《会饮》中超出这点的内容都是让狄奥提玛（Diotima）来讲述的。但是，这一情况不能过分引申。

1　Steger, *Die Platonische Dialetik*（*Plat. Stud.* i. Instr. 1869, p. 33 sq.），其中充分给出了支持此论点的柏拉图文本出处。

2　参见 Schleiermacher, *Introd. to the Phaedrus*，尤其是 p. 65 sq.。

3　《理想国》vi. 511B（vide supra, 167）："那么请你也晓得这点：可知者的另一个部分，我的意思是理性自身（αὐτὸς ὁ λόγος）通过辩证的能力所把握到的东西，它不把预设当成本原而当成预设本身，就好像垫脚石或跳板，以便上升到无预设的一切之本原，在把握了这个本原之后，反过来把握依赖于本原的东西，以此方式下降到最后的终点，完全不运用感觉对象，而只通过理念自身，从理念进展到理念，最终归结于理念。"《理想国》vii. 532A："当一个人凭借辩证讨论尝试只用推理而不要任何感觉以求达到每个是的东西自身，并且坚持不懈直到通过理解力而把握到善本身，他就达到了可知领域的极限，……你不把这个过程称为辩证过程吗？"《理想国》vii. 533C："辩证法岂不是仅有的以这种方式进行的一种探究方法，它去除各种

198 的;[1] 只有哲学家认识到自在的实在，即诸事物的本质和概念,[2]而且他通过这种认识能够建立起其他一切科学和技艺。[3]辩证法具有双重的任务，συναγωγὴ 与 διαίρεσις，也就是"概念建构"（die Begriffsbildung）与"划分/分类"（die Eintheilung）。[4]前者把经验方面的"杂多"归约为"属"（类属），而后者把"属"按有机的方式划分为各个"种"，并且不破坏它的那些自然关节，也不错过实际上存在的某一个分支。如果一个人能够从杂多与分离的东西中认识到那个涵盖了它们的单一概念，并且反过来，能够把握到单一概念以体系的方式从包含下级分支的整个谱系一直

199 下降到个别的东西，从而确立各个概念之间的关联性，以及它们之间结合的可能性与不可能性，那么他就是辩证法方面的真正行家。[5]

预设，直接从初始原则开始……"《斐莱布》58A，辩证法是"关于是的东西、真实的东西以及永远自身维持自身的东西的知识"。参考下注。

1　《智者》253E："我想，除了纯洁而正当地从事哲学的人，你不会把辩证法归给别人"。参考《斐德罗》278D。

2　《理想国》v. end；vi. 484B。

3　《斐莱布》58A。辩证法是 ἡ πᾶσαν τήν γε νῦν λεγομένην γνοίη（认识到刚才所说的每一种知识〔指算术、几何，等等〕的）科学。（策勒的读法有别于当今通行读法 "ἡ πᾶς ἂν τήν …"〔每个人都知道我现在指的这门科学〕——中译注）《欧绪德谟》290B sq.："几何学家、天文学家、算术家……要把自己的发现提交给辩证法家去使用，而所有这些交出自己发现的人不是完全不明智的。"《克拉底鲁》390C：辩证法家必须监督"立法者"（此处等于"名称创作者"）的活动。《政治家》305B sq. 认为政治家的技艺与所有其他实践技艺的关系也处于同一种关系之中；但是由于《理想国》（见 473C，及其他多处）把真正的统治者等同于真正的哲学家，我们也可以把关于"政治技艺"的这个说法转到"哲学"上。

4　Heyder（《亚里士多德辩证法与黑格尔辩证法之比较》，i.49 sqq.）把"概念联结"（Begriffsverknüpfung）当作辩证法的第三要素，这个增补是错误的。从《斐德罗》《斐莱布》和《智者》中引述的这些文本只是表明，柏拉图把"概念界定"与"划分"看作辩证法的任务。《智者》尤其表明，关于诸概念之普遍性的知识是在"划分"中体现出来的。如下说法并不符合柏拉图的观点："划分"把概念从其他所有概念中界划出来，而"概念联结"才给各个概念确定合适的关联性。《智者》告诉我们，这种关联性体现在诸概念在多大程度上相同或相异，即，诸概念的领域在多大程度上相互限制而彼此分离。

5　《斐德罗》265D sq.（参考 261E，尤其 273D、277B）；论说技艺有两方面的本质要素："把四处分散的东西统观为一个理念，通过对每一个东西进行界定从而澄明凡是我们希望解释的东西"，而且"又能够按照类型（κατ᾽ εἴδη）分开事物，沿着自然的关节，而不像糟糕的屠夫那样破坏任何部分……而那些能够做到这点的人，不管

辩证法的这两个要素中的一个，即"概念建构"，在苏格拉底那里已经得到采用，而且他在哲学上的贡献根本上就在于这点。柏拉图总体上以苏格拉底的这种归纳法为其基本预设，而且他自己与老师的不同之处只在于更加技术性和更加自觉地运用这个方法。事物应该在其"概念"，即事物的"什么"（das Was）这个方面得到规定，不是通过任意的某个性质来进行规定，而是通过把这个事物从其他所有事物中区别开来的那些特征来进行规定；[1] 不是通过偶然存在于其中的东西来规定，而是通过本质性的东西来规定；[2] 因为只有这种东西才是"科学"

这个称呼对不对——神才知道，我会把他们称为辩证法家。"《智者》253B sq.："我们已经同意诸理念也以同一方式相互结合，对于那些想要正确地表明哪些理念相互兼容哪些理念相互排斥的人而言，他必须依据某种知识并通过论理来进行讨论，对吗？他尤其需要知道是否有贯通一切并把它们聚集起来的理念，以使它们能够结合起来，反过来说，当它们分离的时候，是否有某些理念贯穿整体，成为它们分离的原因。……按照理念进行划分，不把相同的理念认作相异，也不把相异的理念认作相同，我们岂不将其认作辩证法的知识吗？……如果一个人有能力做到这点，那么他就能辨识出那个以各种方式贯穿于多个理念（其中每一个理念都与其他理念分离）的单一理念；他也能辨识出多个彼此相异的理念被单一理念从外面包含，或者，多个'整体'结合为一个而形成单一理念，又或者，多个理念被完全界划开来；这也就是知道怎样按照理念进行划分，知道各个理念怎么可以结合，又怎么不可以结合。"《政治家》285A；《斐莱布》16C sq.；参见下文，第 148 页注释 4。这里与辩证法概念联系在一起的诸要素中只有一个在《理想国》vii. 537C 中得到突出强调。其中，我们看到，具有辩证法禀赋的人拥有这样的能力，即把诸多特殊的东西置于单一概念之下——"能够进行综观的人（ὁ συνοπτικὸς）是辩证法家，不能做到这点的人不是"——而在 x. 596A 中，辩证法的开展过程之特征被描述为寻求一个可以容纳杂多事物的普遍概念。参考《理想国》vii. 531E、534B、D；《克拉底鲁》390C。辩证法家是这样的人，他可以在问答过程中为他自己的信念给出说理，而他的能力源自于 λόγον ἑκαστων λαμβάνειν τῆς οὐσίας（把握到了每个事物的本质之说理）。

1　《泰阿泰德》208D；《政治家》285A。

2　参见，例如《美诺》71B："当我不认识它是什么，怎么会认识它是什么样的？"《欧绪弗洛》11A："欧绪德谟啊，当你被问到敬虔是什么的时候，恐怕你不想向我澄清它的本质（οὐσίαν），而是谈论某种出现在它上面的状况或属性（πάθος）"。《高尔吉亚》448B sqq.，在这里，当波卢斯被问到高尔吉亚是什么人，他回答其技艺是最卓越的技艺，这时他被告知，问题并不是"高尔吉亚的技艺是什么样的，而是：它是什么"。

（die Wissenschaft）所关注的东西。[1]但是，事物之本质只存在于某类事物中的所有个体都共通的地方，也就是存在于共性或普遍属性之中。这样，概念之规定性就完全不同于对于概念中所包含杂多个例的单纯列举；它必须关乎那种同等地出现在所有特殊者与个别者之中的东西，也就是关乎"普遍者"，若没有这个普遍的东西，任何特殊的东西也就无法被理解，因为每个特殊者都包含了普遍者，而且以它为前提。[2]简言之，概念一定是通过确立"类属"的独特性而规定事物之本质。为了这个目标，柏拉图追随其老师，尽可能从已知的东西和普遍被承认的东西出发。他不仅要表达真理，而且要以别人能够信服的方式来表达；[3]所以，他需要让知识之进阶通过一些范例得到说明，这样我们就可以通过已知的东西来理解未知的东西，借助某些我们所熟悉的特性而认识到未

1　参见前文，p. 175 sq.。关于这点，以及"本质性实在"之本性，可以在对理念论
　　的阐述中看到更详细的内容。
2　《美诺》71D sq.。苏格拉底问德性是什么。美诺回答说，男人的德性是如此这
　　般，女人的德性是如此那般，等等，可是苏格拉底说他所追问的不是"一大群的
　　德性"，而是"唯一的德性"，不是"某个"德性，而是"德性"本身（73E）；换言
　　之（72E），他追问的是男人、女人等都无差别地拥有的德性。同样，在《泰阿泰
　　德》146C sqq.，在回答苏格拉底关于"知识是什么"这个问题的时候，泰阿泰德
　　最初通过列举各种各样的知识门类来作答，而苏格拉底回应说，他所问的"不是知
　　识属于什么，也不是有多少种；因为我们刚才提问的时候，并不希望数算它们，而
　　是希望认识'知识本身'究竟是什么"；关于特定门类的知识之观念始终以"知识"
　　之普遍概念作为其前提，如，"制鞋术"（σκυτική）是"属于制作鞋子方面的知识"
　　（ἐπιστήμην ὑποδημάτων）；没有普遍的"知识"（ἐπιστήμη）概念，就不会有"制
　　鞋知识"（σκυτικὴ ἐπιστήμη）的概念。参考《欧绪弗洛》5D、6D（该处的探究是"始
　　终保持与自身相同的那单一理念"，"凭借这个理念自身，一切敬虔者是敬虔的"），
　　《拉凯斯》191D sq.，以及前文，p. 198。
3　《美诺》75D："应该用更温和、更合乎辩证的方式做出回答。或许，更合乎辩证
　　的方式是不仅回答出真相，还要借助于提问者承认已知的东西。现在我尝试以这个
　　方式来回答你。"参考我在论述苏格拉底的时候给出的那些引述，Part i. pp. 102, 1；
　　109。

知事物的特性。[1] 这个过程在柏拉图这里是很常见的。[2] 这会带来苏格拉底已经注意到的某种危险。当我们从一些个别观察和一些范例出发的时候，也就是从个人经验出发的时候，我们一定要小心，别让所要考察的理念只呈现出一些特别的方面，而不是其本质的整体。苏格拉底试图通过借助于对于不同例子之间的辩证对比来避免这种危险，在这点上，我们已经注意到了他的方法的一个最重要的特点。柏拉图在这种辩证法方面的熟练也是众所周知的，甚至，他的早期著作表明他在这方面是苏格拉底的优秀弟子。但是，由于他赋予苏格拉底哲学整体上更为体系化的形式，因而在这点上他尤其要求一种更为严格的讨论方式。概念的定义之真理性不仅受到个别例子的检验，而这些例子的选择总是带有一定的任意性，而且每一个假设都要在其所有正面和反面的维度上进行推论，从而证明其可接受性和必然性：一方面是从其自身，另一方面是从其对立面，推导出一切可能的结论，由此我们才去断定它是否与我们在其他地方已经承认为真的东西保持融贯，从而是后者所要求的。这就是柏拉图特别强调为辩证训练的那种"假设性概念讨论"（hypothetische Begriffserörterung），因为唯有通过这种方式，那些先行假设的东西的正确性才能得到充分检验。[3] 这个方法似乎不仅由苏格拉底的教导而且由

202

203

1　《政治家》277E sqq.；正如儿童在学习念出复杂语词的时候可能把相同的字母念错，而在念简单语词的时候会更容易一些，同样地，我们面对 στοιχεῖα τῶν πάντων（万物之基本元素）的时候也是如此：我们必须采取语文教学时采取的办法，"首先把这些字母放到他们对之有正确了解的那些音节中，然后再把这些字母跟他们还不认识的音节放在一起进行对比，这样就可以澄明在两方面的联结之中它们所具有的相似性"，这些例子的用处是，通过把相关联的情况放在一起，我们可以把未知的东西辨认为跟已知的东西相同的东西。

2　如《高尔吉亚》448B sq.、449D；《美诺》73E sqq.；《泰阿泰德》146D sqq.；《政治家》279A sqq.。

3　值得引用的主要文本是《巴门尼德》135C sqq.。苏格拉底已经因理念论受到驳斥而出现困惑，而巴门尼德对他说："苏格拉底啊，这是因为你在得到恰当训练以前，就过早地试图分辨美、正义、善以及每一个理念……你要知道，你对于论理的冲动是美好的和神圣的，但是在你还年轻的时候，你要在看起来没用的而且被大众称为饶舌的这个方面下功夫训练自己，不然的话，真理就会逃离你。——他（苏格拉底）说，巴门尼德啊，这个训练方法是什么呢？——他说，就是你从芝诺那里听到的。"

芝诺所提出的爱利亚主义的辩证法所激发;[1] 不过,芝诺的目标只在于通过推理而驳斥日常观念;柏拉图作为纯正的苏格拉底派门徒,其终极目标在于某种积极的结论,也就是一种周全的概念界定。他坚持说,每一个假设的对立面也应当按照这个方式得到彻底考察;在这个方法得到全面贯彻的地方,如在《巴门尼德》中,它呈现的形式是一种二律背反式的阐明,其终极目标是通过驳斥那些片面的前提,从而确立那些为真的东西。但是,不管柏拉图多么看重这种假设性概念推演,它仍然只是一种预备性的东西,如柏拉图自己所说,或者说只是辩证方法的一个环节,也就是亚里士多德称为"归纳法"的部分;因为其目标是探究诸概

204

(通过推导出其推论来间接地证明一个假设),"如果此外你还必须做以下一事,倘若你要得到进一步训练的话,你必须不仅考虑,如若每一个'存在 / 是',以研究由这个假设得出的那些结果,而且也要考虑,如果同一个东西'不存在 / 不是',会得出那些结果"。关于这点,《巴门尼德》第二部分整体给出了详细的演示。参考《斐多》101D:"如果某个人攻击你的预设(假设),你不要理会他也不要回答他,直到你考察过那些推论,它们是相互吻合还是相互冲突;而当你要为这个预设(假设)做出说明,你可以通过同样的方式,做出另一个在你看来在更高层次的预设中最好的预设,直到抵达某个充分的预设。你不会像争论家那样把两个东西搅在一起,同时去讨论预设及其推论,如果你希望发现任何真实的东西的话"。(《斐多》100A 不是探讨对于"预设"(假设)的证明,而是探讨预设在特殊场合中的应用)《美诺》86E:"请允许从假设出发来进行考察,德性是可传授的还是别样的。'从假设出发',我的意思是,就像几何学家面对某人提问的时候常常这样考察,例如关于一个特定平面(矩形),它是否可能像一个圆里面的三角形那样被内切,他们当中有人会说:'我不知道情况是不是这样',但是我认为,我有一个假设有助于解答这个难题,这就是:如果这个平面是这样的,当它〔作为矩形〕与〔圆中的〕给定的线段(指直径)进行比较,它达不到与被用来比较的那个平面相似的平面,那么我认为会得出其中一个结果,而如果不能够出现这个情况,就会得出另一个结果。"参考《理想国》vii. 534B 以下。只有在《克拉底鲁》436C sq. 中出现了一个明显的矛盾,其中,以下这个论述"有一个最关键的证据说明设立名称的人是不会错失真相的,他给出的名称是完全彼此协调的",得到了这样的回应:"但是,克拉底鲁,这是不可辩护的。设立名称的人可能一开始就弄错了,然后强迫其他名称与之协调。这不是奇怪的事……因此,每个人都应该充分思考任何东西的原理,彻底考察它,看假定它成立是对还是不对。因为如果它们得到了充分考察,其余的东西就可以清楚地推导出来。"因为之后表明,克拉底鲁的片面假设与它所推导出来的东西陷入矛盾——因为"原理"(ἀρχή)不会有真正的证明。

1 柏拉图在《巴门尼德》的导言和开头部分表明了这点:对话的整个过程让我们不得不想到芝诺的论证方法。参考 Vol. i. 494, 496 sqq.。

念的真理性，并使得它们的正确定义得以可能。如果某些缺乏哲学反思的假设得到这样的处理，那么它们就会被驳斥并且在"理念"中被扬弃；如果这个推理过程处理的是哲学命题，如在《巴门尼德》中，它们就会获得辩证上的确立以及更为精确的规定性；但是，如果我们通过这个过程已经达到作为"无条件者"的"理念"，那么，间接的思想过程就必须让位于直接的，分析的进路就必须让位于综合的进路。[1]

我们之前已经提过，就柏拉图而言，综合方法的特别之处就在于"划分"或"分类"。正如"概念"在众多事物的共通性中得到表达，同样，"划分"在一个"属"所由以分为"种"的这些差异性中得到表达。[2] 所以，要做出正确划分的人就不应该随便引入事物的各种差异，而必须

205

1　Brandis（*Gr.-röm. Phil.* ii. a. 264）把这种"从假设出发的考察"（ἐξ ὑποθέσεως σκοπεῖν）说成是辩证法的高层次阶段，构成了划分法的补充。他对柏拉图辩证法的这个方面的解释总体上是清楚无误的，但是就上述这点而言我不能同意。这里的目标不是补正"划分法"的不足，而是说明"预设"或"假设"（ὑποθέσεις）的真相，即，在探究活动开展的过程中以正确方式把握到"概念"，而这个探究过程在《美诺》和《巴门尼德》这里得到了示范，在它们之前，在《普罗泰戈拉》329C sqq. 中也有所示范。此外，这种"从假设出发的考察"在我看来本质上不是与上述"辩证法"（概念建构和划分法）分离的东西，实际上它从属于"概念建构"，作为对归纳法是否得到正确应用进行批判的、辩证的检验。我也不能同意 Heyder（《亚里士多德辩证法与黑格尔辩证法之比较》，i. 99 sqq., 113 sqq.）的观点，他认为，假设性辩证过程的目标主要在于引入与验证特定的"概念联结"，而非"概念解释"和"概念界定"。这个观点除了不符合我上面考察的内容之外（第 142 页注释 4），也不符合柏拉图自己的说明，即，假设性辩证过程整体上仅仅是要检验"预设"（ὑποθέσεις），也就是所探讨"概念"之正确性。Heyder 不能引述亚里士多德《形而上学》1078b25 作为其证据，也没什么理由把柏拉图《巴门尼德》中的论证过程当作证据，因为该处文本显然关注的是对"一"与"是"这两个概念的考察。

2　《斐德罗》265E；《政治家》285A："但是人们还不习惯于通过依据种类（κατ’ εἴδη）进行划分来考察事物，他们草率地把事物聚合在一起，不管它们之间有多么大的差异，却认为它们是相似的；然后他们又做相反的事情，并不按照部分（κατὰ μέρη）来划分另一些事物。其实应该这样：当一个人看到许多事物的共同点，他应该继续看到存在于这个种类中（ἐν εἴδεσι）的所有差异性；反之，当看到大量的事物之中存在各种各样的不相似性，他不应该丧失信心乃至放弃去把所有彼此相关联的事物聚集到一个相似性之下并且借由本质（οὐσία）而把它们涵括到某个类属（γένους τινὸς）之下。"

去发现那些内在于事物之中的差异，也就是"属"的一些自然可分点。[1]
为了这个目标，我们需要注意两个事情：划分必须按照真正的"种类"
差异而不能仅仅依据"数量"差异来进行，而且不能跳过低层次种类与
高层次种类之间的那些"居间概念"（die Mittelbegriffe）。[2] 前者是必须
的，假如我们要获得一种合乎逻辑的而不是单纯外在的划分；[3] 后者也是
必须的，因为只有这样我们才能正确判断诸概念之间的关联性，并且学
会把"属"的统一性与被其所包含的事物之多样性结合起来。[4] 前者受

206

1　这就是柏拉图常常主张的"沿着关节点进行分割"（τέμνειν κατ' ἄρθρα，《斐德
罗》265E）；同上，272D（应作273E——中译注）："能够按照种类（κατ' εἴδη）划
分诸事物，并且通过单一类型（μιᾷ ἰδέᾳ）涵括每一个事物"。277B："能够依据其
自身而界定每个事物，在界定之后，还能够依据种类（κατ' εἴδη）划分它们一直抵
达不可划分者"。《政治家》287C："让我们像划分献祭的动物一样沿着关节点（κατὰ
μέλη）划分它们"。《理想国》454A：诡辩术之错误的主要根据在于"不能够对所说
的东西按照种类（κατ' εἴδη）进行划分从而进行考察，实际上，他们只是就语词本
身在所说的东西中寻找自相矛盾，并且进行诡辩，而不是彼此进行辩证讨论。"参
考，第148页注释4。

2　《政治家》262A："我们不能把一小部分拎出来跟大部分对举，也不能脱离种类
（εἴδους χωρίς）来划分，相反，分出来的部分必须也是种类（εἶδος）"。

3　参考前注，以及《政治家》263A sqq.："我们怎么能够更清楚地认识到类属和
部分（γένος καὶ μέρος），并且看到它们不是同一的而是相异的……种类和部分
（Εἶδός τε καὶ μέρος）是彼此相异的……但凡存在某种类的东西（εἶδος ... του），
它就必定是被说成是一个种类的那个东西的部分，但是，部分未必是一个种类
（εἶδος）"。我们在《普罗泰戈拉》329D中得到了这个划分的暗示（这为亚里士多德
在 ὁμοιομερὲς 与 ἀνομοιομερὲς 之间做出区分提供了铺垫），其中问到，所谓的德
性之各个部分究竟是像脸的各部分一样，还是仅仅"像金子的部分一样，其中一些
跟另一些没有区别，不仅各部分彼此没有区别，而且部分跟整体也没有区别，除了
在大小方面之外"。

4　《斐莱布》16C：它是一个最重大的发现，普罗米修斯为知识提供的真正的火，"所
有被说成由'一'和'多'构成的那些事物，都内在赋有界限与无限性（πέρας δὲ
καὶ ἀπειρίαν）。因为这就是这些事物构成的方式，我们必须始终假定，每个事物
在每个情况中都始终存在单一理念（类型），而且我们必须探寻它，因为我们终将
发现它存在于其中。一旦我们把握到它，我们必须探寻'二'，如果存在'二'；而
如果不存在'二'，就探寻'三'或者其他的数。我们必须以同样的方式处理其中
每个单一者（καὶ τῶν ἐν ἐκείνων ἕκαστον，我们应该要么按 Stallbaum, ad loc. 读
作 τῶν ἐν ἐκείνῳ ἕκ.，要么读作 καὶ ἐν ἐκείνων ἕκαστον），直到我们不仅仅看到最
初的'一'是'一'、'多'和'无限'，而且看到它究竟是多少。因为我们不应该
把'无限'之理念赋予'多'，除非我们已经知道了在'无限'和'一'之间的总

到后者的制约；因为只有遵循从普遍到特殊的连续性过渡，我们才能确定各个"种"得到了正确界定而不是把泛泛的"集合"（Collectivbegriffe）跟"种"（Artbegriffen）搞混。[1]这个任务根本上在于对各个"种"与"亚种"，即"属"下面包含的整个谱系，进行全面、系统的列举，追踪一个概念的全部分支概念，一直抵达概念之常规分支结构终结而现象之无限杂多性开始的那个节点。通过这个方法，可以表明诸概念究竟是同一还是相异，在什么意义上它们隶属或者不隶属于同一个上级概念；其次，它们在多大程度上是协调的或者对立的，是能够相互结合的还是彼此排斥的；总而言之，它们的相互关联性得到确立。通过这种知识，我们能够在"概念世界"（der Begriffswelt）的范围内从最高的普遍者以系统的方式下降到特殊者。[2]但是，在主张居间环节的整全性以及逐级过渡之连

207

数，只有这时候我们才容许每个单一者过渡到'无限'并且放过它。"这得到诸神的启示："但是当今的聪明人以太过草率的方式对待'一'和'多'，要么过于快，要么过于慢；他们从'一'直接过渡到'多'而忽略了那些居间者。但是，这正是我们在彼此讨论中究竟是致力于辩证还是致力于争论的区别所在。"（后一段见《斐莱布》15D〔应作 17A——中译注〕；参考《斐德罗》261D；《理想国》vii. 539B）。Schaarschmidt, *Samml. d. Plat. Schr.* 298 sq. 试图在这个地方提出一种对于亚里士多德关于理念之元素的说法的错误理解，从而证明《斐莱布》是一篇伪作。但是，我们已经指出了（p. 398 sq.），亚里士多德利用《斐莱布》的时候认为它就是柏拉图著作；Schaarschmidt 的反驳实际是基于对这段文字的不正确诠释。我们在这里遇到的问题不是关乎事物的最终形而上学要素的问题（更不是 Schaarschmidt 说的物质性事物的最终形而上学要素的问题），而仅仅是这种逻辑上的洞察，即在一切"实在"中都有"一"与"多"，一方面，每一类存在者都可以被归结到一个类属，另一方面，它又可以呈现为许多个体。这种"多"不仅仅是一种无限的多，而是一种有限的多，也就是说，类属自身并不直接分解为无限数量的个体，而是最初分解为特定数量的种和亚种，只是在这个概念划分的最底层，也就是在没有种差而只有个体差异性的时候，才出现个体的"无限多"。我在这里没有发现任何不属于柏拉图思想的东西。

1　《政治家》262B（参考 264A）：一种过于草率的划分进程会带来错误；"但是，朋友，直接进入细节（λεπτουργεῖν）是不保险的，更保险的做法是从中间分割，以这种方式我们更有可能发现种类（类型）。这在各种研究当中是意义重大的。"一个错误划分进程的例子就是，把人类划分为希腊人和外族人，在这里，从最普遍到最特殊之间只走了一个步骤，而错误就在于把其实是多个种族的非希腊人当成一个种族了。

2　参见前文，第 148 页注释 4，第 141 页注释 3。柏拉图在这个文本和相关文本中都没有固定的措辞来表达"属"与"种"之间的区分：γένος（不常用）和 εἶδος 在

续性的同时，柏拉图始终强调，我们应该从最简单的那些划分开始。因此，他更偏好的是"二分法"，当两种划分原则交错的时候，[1] 就变成"四分法"；不过，当这样一种划分法行不通的时候，别的划分方式应该得到采用，而这种划分方式也要尽可能接近"二分法"。[2]

208 　　在柏拉图这里并没有一个完备的逻辑学体系；从他自己的方法进行推导，或者把他的零散的表述汇总起来，都不足以让我们得到这个逻辑学体系。问题的要点在于，他在多大程度上澄明了各个"思维法则"（这是他与每一个进行理性思维的人一样都必须遵守的），将其以"逻辑律"的形式表达出来，并且把偶然被他考虑到的那些关乎思维之诸形式与诸条件的零散发现进行体系化，从而建立起一种清晰的"理论"？就此而言，他只是在前面刚刚提及的那两点上做了工作。至于其余部分，他的著作的确包含了后世逻辑学的某些隐含的萌芽，但是没有得到整合与发展。他有时候说，我们的全部确信必须是融贯的；[3] 对立的规定性不能同时属于又不属于同一个事物；[4] 如果关于同一个事物在同一维度上，相反的命题也可以得到肯定，那么这就证明该命题是错误的。[5] 他还断言，

他这里是同义的（例如《智者》253D；《政治家》262D sq. ；263A；参见前文，第148 页注释 3），而在《蒂迈欧》57C sq.，他完全用 εἶδος 表示"种"，用 γένος 表示"属"：τὰν τοῖς εἴδεσιν γένη。

1　κατὰπλάτος（横向）和 κατὰμῆκος（纵向）。参见《智者》266A。

2　《斐莱布》，同上；《政治家》287C："让我们沿着关节点……对之进行划分，如果不能对半切割；因为我们必须始终将其划分为尽可能接近〔二〕的数"。《智者》（218D–231E，235B sqq., 264C sqq.）给出了许多"二分法"得到贯彻的例子；参考《政治家》258B–267C，279C sqq.。

3　例如《斐多》100A；《法律》v. 746C。

4　《理想国》iv. 436B："很显然，同一个东西永远不会在同一时间针对同一事物在同一个维度上做出或者承受相反的事情。这样，如果我们在其中发现有这样的事情发生，我们就会知道，其中不止有一个东西而是多个东西"。《斐多》162D，103C；《泰阿泰德》190B。在现象世界，相反的性质被看作一个主体中得到结合；但是，在柏拉图看来，正如我们即将要阐述的，这些性质并不同时属于一个事物，它们在"流变"的过程中被附加于事物，而主体本身不是单纯的而是复合的实存；所以严格说来，这些性质并不出现在"同一个体"之上。参考《理想国》，同上；《斐多》102D sqq. ；《巴门尼德》128E sqq. ；《智者》258E sqq.。

5　《智者》230B；《理想国》x. 602E。

只在我们意识到我们所预设的东西的那些理由的情况下，才有知识可　209
言。[1] 在这里，尽管我们可以辨认出现代逻辑学的两个法则，矛盾律与
充足理由律，[2] 但是，柏拉图从来没有说，所有的思维法则都可以归约为
这样两个原理。他的确表达了这两点，但是并没有把它们当作普遍原则
置于"思维理论"（der Denklehre）的顶点。此外，当他探究诸概念之
本性，"一"与"多"在同一概念中的结合，这种结合的可能性，它们
之间的兼容性与不兼容性，"属"与"种"的关联性，——这时候，他
并不把这些概念视为我们思维的产物，而是视为某种独立存在的、不依
赖于思维的东西，也就是说："逻辑学"还披着"形而上学"的面纱；于是，
这些探究以及其他相关的那些关于真与假（正确与错误）之诸条件的探
究，我们必须将其放到别的位置。对于这样一些论述，如，一切陈述都
是一个谓词与一个主词的联结[3]，思维作为不出声的陈述不外乎是肯定或
否定，[4] 我们只能把它们看作关于判断的理论的最初开端，尽管是非常重　210
要的开端。从柏拉图隐约提及的东西当中我们更加难以得出"三段论"
这样的学说；[5] 尽管，在柏拉图的划分法当中已经出现了演绎推理的一些
征兆——也就是亚里士多德用来从普遍者推演出特殊者的演绎论证——
但是我们必须注意，在这个划分法的开展过程中，三段论式的居间项仍

1　参考 p.174 和《蒂迈欧》28A。
2　Tennemann, *Syst. d. Plat. Phil*. ii. 217 sqq. ; Brandis, ii. a. 266 sq.。
3　《智者》259E：如果"概念联结"是不可能的（如安提司泰尼所主张），那么陈述（语
　言）的可能性也就被取消了："因为陈述向我们呈现为种类与种类之间的结合物"。
　同上，262B：单纯的名词堆砌，如，狮、鹿、马，或者单纯的动词堆砌，如，走、
　跑、睡，都不能完成一个有意义的句子，它只有通过把表示"实在"（οὐσία）的名
　词或主词（ὄνομα）与表示作为或不作为的动词或谓词（ῥῆμα）结合起来才能得到
　表达。
4　《泰阿泰德》189E："关于思考（τὸ δὲ διανοεῖσθαι），你的意思跟我的一样吗……
　就是灵魂就某个关注对象自己跟自己的谈话，……自问自答，做出肯定或者否定。"
　还有《智者》263E（见前文第114页注释1），以及接下来的这段话，"我们知道在
　各个陈述中有……肯定和否定"——意见或信念（δόξα）是没有说出口的一个肯定
　或否定。
5　例如，第124页注释6所引述的那些文本；参考《政治家》280A；《克拉底鲁》
　412A；《斐莱布》11B。

然是缺失的。[1] 所以，总体上讲，尽管我们在柏拉图这里能够辨认出亚里士多德逻辑学的基本要素，但是如果从这些东西出发，脱离其原始语境而用后来的逻辑学模型来建构柏拉图逻辑学，这会是错误的做法。[2]

　　与哲学方法相关，柏拉图还探究了"语言"对于哲学的意义。柏拉图从好几个方面开启了这方面的讨论。[3] 在早期哲学家当中，赫拉克利特尤其重视语言表达。[4] 总体上说，机智而又能说会道的希腊人很喜欢俏皮话和词源解释。[5] 后来许多智者尽管致力于考察一些哲学问题，[6] 但同时智者派的争论术也要求一种对于言说形式以及言语与思想之关系的较为详细的考察。[7] 与此同时，德谟克利特对于"语言"的探究也已经出现。[8] 从柏拉图的《克拉底鲁》可以清楚看出，在赫拉克利特学派中，这样的原则——每个事物都具有其自然名称，从名称中可以完全无误地认识到事物之本性[9]——已经导致了对于许多语词之词源的无休止的

211

1　亚里士多德清楚说明了这两种方法的区别，见《前分析篇》i. 31；《后分析篇》ii. 5。他把划分法说成"好像弱的三段论"，并且指出其缺陷在于小前提没有得到证明就被接受（如，"人是动物，故人是步行的"）。所以，他才能够说（《辩谬篇》183b34），《论题篇》中处理的那些主题（在那里处于第一位的结论，在这里只表示"或然性结论"）在以前还从来没有得到系统讨论，而且这么说的时候并没有贬低柏拉图的划分法。

2　Tennemann（loc.cit. pp. 214—259）犯了这个错误；尽管他正确注意到，我们不应该在解释柏拉图逻辑学的时候认为所有的逻辑学法则都得到了柏拉图的实际遵循（就像 Engel 在他的 *Versuch einer Methode, die Vernunftlehre aus plat. Dialogen zu entwick- eln* 中所做的那样）。Prantl（*Gesch. d. Log.* i, 59 sqq.）的阐释方式显得准确得多。

3　关于接下来的讨论，参考 Classen, *de grammaticae gr. primordiis*（Bonn 1829），p.15 sqq.。Lersch, *Sprachphilosophie der Alten*, i, 10 sqq.；Steinhart, *Pl. WW*. ii. 535, sq.；Steinthal, *Gesch. d. Sprach wissensch. bei Gr. u. Rom*. 72 sqq.。

4　但是，我们不能找到赫拉克利特关于语言的真正系统性阐释（参考 Vol. i. 588, 2），即使 Schuster（Heracl. 318 sq.）在这点上也没有得出太多东西。哪怕赫拉克利特的确说过，语言是诸神给人的礼物，或者偶然提到，名称指示了事物之本质，这两个说法虽然都是可能的，但是不足以让我们有理由把某种关于语言的理论归给他。这样一种理论更加不能在毕达哥拉斯或其学派中被找到；cf. *loc. cit.* 410, 1。

5　参考 Lersch, iii. 3 sqq. 从诗人们那里引述来的某些例子。

6　参考 Vol. i. 932 sq.。

7　参见 *loc. cit.* 913 sq.；参考 p. 903。

8　参考 Vol. i. 745, 1, 以及 Diog. ix.48, 他提到德谟克利特某些讨论语言表达的作品。

9　《克拉底鲁》383A, 428E sqq., 435D, 438A, 440C；Lersch, i.30；以及 Lassalle,

和武断的猜想。这种情况在阿那克萨戈拉学派中似乎也一样存在。[1] 在苏格拉底学派中，安提司泰尼已经撰有关于名称与语言的著作（与他的辩证法学说相关联）。[2] 且不说这些先驱，对于像柏拉图这样明确主张在语言与思想之间有紧密亲缘性的哲学家而言，当然有必要就语言对于知识的重要意义这一点形成自己的观点。[3] 探明语词有什么价值，在多大程度上语词可以胜任对事物的正确模仿，这对于他的概念哲学而言具有非常重要的意义。但是，柏拉图的最终结论只是这点，即"哲学"必须独立于"语文学"而走自己的道路。在《克拉底鲁》，[4] 柏拉图表明，语言决不能被看作一种任意设定的产物，并非每个人都可以对其进行任意更改，因为，如果存在真理，并且如果每个事物都有其确定本质，那么，只有那些符合事物之本性而将其本质传达给我们的那些名称（语词）才能是正确的；[5] 换言之，只有这样的名称才正确地模仿了事物。言说的难题在于：它要给我们提供一个图像，而这个图像不能是关于外在

Heracl. ii. 394；对照 Hippocr. *de Arte*, ii. b. i. 7 K："因为诸名称的设立是合乎自然的"。但是我们不能从这里引申出什么来作为赫拉克利特的学说；如 Steinthal, *loc. cit*.90，所说的那样。Hippocrates 接下来写到，"诸理念（诸类型／τὰ εἴδεα）不是被设立的，而是自然生成的"；他知道理念论，而且跟柏拉图一样，把关于"概念"的认识看得比关于"名称"的认识重要得多。我们没有理由推论说，Hippocrates 受赫拉克利特影响而说了后面这些话，因为《克拉底鲁》才是他的更明显的材料来源。

1 《克拉底鲁》412C sqq.。柏拉图在这里说，δίϰαιον（正义／公正）这个名称被支持万物皆流变的人以这个方式来解释；有某种东西遍及流变的东西，ἐπιτϱοπεύει τὰ ἄλλα πάντα διαϊόν（它贯通一切并统辖它们）；而 Δία 的得名也与此相关。如果我们问这个东西是什么，有人会回答是"太阳"，另一个人会说是"火"，第三个人会说是"内在于火中的热"（τὸ θεϱμὸν ἐν τῷ πυϱὶ ἐνόν）而不是"火"本身，第四个人会使得前几个都成为可笑的，也就是把 δίϰαιον 等同于阿那克萨戈拉的 νοῦς（理性／心灵）。参考 Part. i. 804, 1。柏拉图似乎看到过某些关于这些词源说法的论述；因为 Hermogenes 说（413D），"我认为，苏格拉底呀，你一定是从某人那里听来的而不是自己即兴说的。"

2 参考 Part i. p. 250, 7。

3 参见前文，第 114 页注释 1，以及第 151 页注释 4。

4 关于这篇对话录的诠释，参考 Schleiermacher, *Pl. W*. ii. 2, 1 sqq.；Brandis，ii. A 284 sqq.；Steinhardt, *Pl. W*.ii. 543 sqq.；尤其是 Deuschle, *Die Plat. Sprachphil.*（Marb. 1852），他的观点几乎被 Susemihl（*Genet. Entw.* 144 sqq.）全然沿用。

5 参见 385E–390A。

213 现象的，而要关乎事物的本质；[1]它通过在声音中表达事物之属性来达成这点，而这要求说话的器官具有与之对应的状态和动作。[2]但是，另一方面，如柏拉图所说，我们不要忘了，一幅图像永远不能完全再现其原物，就像在绘画中，而在其他模仿技艺中，会有好的和差的艺术创作者，同样语词创作者也可能犯错，而且这种错误还可能在一整套语言中普遍存在。[3]这就让我们明白，为什么特定语词并不总是合逻辑地构造的，[4]也不总是表征同一个观念，例如，一个词会有多个词源含义——这点也是赫拉克利特的万物皆流变学说的依据；[5]不过对此其他人也可以同样强有力地支持相反的观点。[6]因此，我们就必须承认在语言中存在着任意性、习惯和约定俗成，[7]从而我们必须放弃在语词本身当中寻求关于事物的知识。[8]正如最初的命名是以对于所命名的事物的知识为前提的，[9]我们也必须像最初的语词创作者一样，把我们的注意力转向事物自身，而不是语词（名称），[10]并且认可辩证法家是更高层次的评判者，应该对

214 语词创作者的工作进行监察，对所构造的语词之正确与不正确进行判断。[11]唯有辩证法是统辖与成全其他一切技艺的，而语文学探究只提供关于这种真理的另一种确认。[12]

---

1 422C–424A；430A、E。

2 例如，R 要求运动，L 要求静止，A 要求规模（大小），等等，pp. 424A–427D。

3 428D–433B；436B–D。

4 434C sq.。

5 我们在一些有意夸大、夸张的词源说明当中看到了某种对于赫拉克利特说话风格的戏仿，这种戏仿渐次增加，并且在 391D–421E 以及 426C 中发展到毫无道理的长篇大论。

6 436E–437D。

7 434E–435C。

8 435D–436B；438C sq.。

9 437E sqq.。

10 439A sq.；440C sq.。

11 389A–390E。

12 Deuschle（*loc. cit.* pp. 8–20）指出了这些哲学讨论之外的关于纯粹语法学方面的内容，有些是柏拉图从前人那里沿用来的，有些是他自己的。其中有 ὄνομα〔名词／主词〕与 ῥῆμα〔动词／谓词〕的区分（《智者》259E, 261E sqq.；参见第 151 页注释 3；《泰阿泰德》206D；《克拉底鲁》399B, 425A, 431B 以及其他多处。参考

我们已经分别考虑了哲学事业的两个条件，即，哲学冲动与哲学方法。剩下来的事情是要表明，在这两者的联结中，"哲学"作为整体在人自身中的发展。在《会饮》中不完全和部分的暗示之后，[1] 柏拉图在《理想国》中对这个发展过程进行了充分描述。在这里，一切文化和教育的入门基础被说成是"文艺"（希腊人用 Musik 这个词表示的不仅仅是音乐）和"体育"（健身）；这两者以和谐方式结合起来会让灵魂变得温和、端正，并且脱离懦弱和粗野。[2] 不过，主要或直接为哲学提供预备的是"文艺"。一切文艺方面的教育之终极目标是让在良好道德氛围中成长起来的儿童得到所有美好和高尚的事物的熏陶，并且让他们习惯于践行此道。[3] 文艺教育必须造就对于美的热爱，这种美是纯粹的、未受感性层面上的混合物玷污的。[4]（在这里，厄洛斯或"爱欲"同样是哲学之开端。）不过，这种教育还没有涉及理性（λόγος），而只是单纯习惯方面的事情；[5] 这种教育的成就最初只是在"正确意见"指引下的普通德性，而不是由严格的"知识"所范导的哲学德性。[6] 为了实现后面这点，在文艺教育之外必须增加"科学教育"（die wissenschaftliche Bildung）。但是，科学（der Wissenschaft）的最高对象是"善"理念；对这个理念

215

Eudemus ap. Simpl. *Phys.* 21b。Deuschle 指出，ῥῆμα 不单纯是在"时间"意义上的动词，而表示谓词；同上，p. 8 sq. ；还可参考 Classen, *loc. cit.* p. 45 sq. ；"ἐπωνυμία"〔沿用名称〕概念（《巴门尼德》131A；《斐多》103B，以及其他多处）；各个字母分为元音、半元音与哑音（《斐莱布》18B sq. ；《克拉底鲁》424C ；参考《泰阿泰德》203B）；语词的"数"（《智者》237E）；动词的时态（《巴门尼德》151E–155D ；141D，及其他地方）；主动态与被动态（《智者》219B ；《斐莱布》26E）。

1　参见前文，193 sq. 。

2　《理想国》ii. 376E sqq. ，尤其是 iii. 410B sqq. ；参考《蒂迈欧》87C sqq. 。

3　"这样，就像居住在有益健康的地区一样，我们的年轻人可以在各个方面得益，那些高尚作品对眼睛和耳朵产生的影响，就像从干净卫生的地区吹出的微风，从他们小时候起就不知不觉地把他们引向对于美好理性（τῷ καλῷ λόγῳ）的相似、亲近与契合。"（《理想国》iii. 401C）

4　《理想国》iii. 402D sqq. ，403C ："它要终止在应当终止之处，因为在文艺方面的训练肯定应当以对于美的热爱为其终点"。

5　参考本页注释 3 ；《理想国》iii. 402A ；vii. 522A（文艺教育是"通过习惯而领教的……而不是知识……学问在其中并不存在"）。

6　参考《会饮》202A，以及前文，p. 175 sq. 。

的探求是灵魂的最高使命。心灵之眼转向真正的实在，这在一开始是痛苦的，正如一个居住在黑暗洞穴中的人最初用肉眼看到太阳的光辉一样。另一方面，习惯于沉思实在领域的人，在现象领域的微光中，一开始只能以不明确的方式进行摸索，从而在某段时间里反倒被那些习惯了昏暗洞穴的人看成是无知的废人。由此得出的结论不是说，不应该努力转向完满的真理，而是说，这个事情应该以合乎自然的方式一步步来进行。[1] 这些步骤由各门科学所构成，这些科学表明思想自身也以感性的形式出现，同时也让人明白感性知觉的局限性和矛盾之处。按照柏拉图的说法，例如，各门数学（包括力学、天文学与和声学）是居间的科学，处于感性知觉或意见跟纯粹科学之间，正如它们各自的对象处于"现象"与"理念"之间一样。数学与"意见"被区别开来，因为它们处理的对象是事物的本质，它在诸多不同的、矛盾的感觉内容之下作为其共同的、不变的基础。但是数学又跟狭义的纯粹科学有区别，因为数学在感官对象中而非以纯粹的方式在理念自身中把握"理念"；因此，数学仍然受制于某种独断的前提，而不是以辩证的方式对这些前提进行说明，并且在无前提的第一原则中消除这些独断的前提。[2] 如果数学确实要提供这种用途，它必须以某种跟通常方式不同的方式得到探究。这就是说，不仅仅是为了实践性目标将数学应用于物质性事物，而是要把从感觉过渡到思想作为其本己的目标。对于"数""量"（大小）之类的东西的纯粹沉思必须成为数学的根本旨趣；总而言之，数学必须以哲学的方式而不是以经验的方式得到运用。[3] 在这种情况下，数学必定导向"辩证法"，后者是最高的和最卓越的科学，它是其他所有科学的"拱顶石"；唯有辩证法才涵盖了其他一切科学，并且指导各门科学的正确应用。[4]

---

1 《理想国》vi. 504E sqq.，vii. 514A–519B；参考《泰阿泰德》173C sq.；175B sq.。

2 《理想国》vi. 510B sq.；vii. 523A–533E；以及《会饮》210C sq.，211C。

3 《理想国》vii.525 sqq.；527A，529，531B；《斐莱布》56D sq.（参见后文，第160 页注释 3），62A；参考《蒂迈欧》91D；《斐多》100B sqq.。关于作为数学家的柏拉图，参见我的 *Plat. Stud.* 357。

4 参见第 141 页注释 3，第 160 页注释 4。

在这整个阐述中，理论和实践两方面（它们共同构成了“哲学”之本质）的统一性与内在关联性以超乎寻常的程度得到强调。在别的场合，“哲学”一时被看作“爱欲”，一时被看作“辩证法”，但是在《理想国》这里以最肯定的方式断定，单纯有对美的热爱而缺乏科学教育是不够的，而科学教育在缺乏前者的情况下也是不可能的；它们相互关联，作为同一个过程的两个阶段。哲学冲动在科学沉思中成全自身。[1] 另一方面，科学也不仅仅是认知方面的事情，其本性就是实践的，它不仅仅致力于经验性知识的外在积累，而且关注心灵之眼睛乃至整个人转向理念世界。[2] 由于这两方面在最深层的根基上是同一个，[3] 所以它们最终在实现自身的过程中融为一体。在《会饮》中，[4] 哲学上的分娩之痛被说成是哲学冲动的后果；而在《理想国》中它呈现为向“理念”辩证上升的一个结果。在《斐德罗》中，哲学冲动被描绘为一种“迷狂”（μανία）；而《理想国》这里提到献身于“辩证法”时实际上说了同样的意思：“辩证法”首先让人意识到自己不适合于从事俗世事务；而“迷狂”的本质正好就是因领略到“理想实在”（die Ideale，指“诸理念”）而陶醉，从而 218

1　参见前文，p. 69 sq. 与《会饮》209E sq.；其中，关于纯粹理念的沉思作为“爱之技艺”的完成而得到讨论。

2　《理想国》vii. 518B ：“如果这是真的，那么关于这些我们应该这么来想：教育并不是像有些人宣称的是那样的情形。他们声称自己能够把知识放到缺乏知识的灵魂里面，就像把视力放到瞎了的眼睛里一样。……现在的论证……表明学习的能力是内在于灵魂中的，我们每个人用来学习的工具也是一样：这就像，如果整个身子不转过来，那么眼睛不能从黑暗转向光明，同样这个工具也必须随着整个灵魂从生成变化的领域中转离，直到它能够承受去观看实在（τὸ ὂν）以及最明亮的实在（τοῦ ὄντος τὸ φανότατον）——也就是我们所谓的‘善’。”问题不在于‘把视力塞到里面，而是假定情形是这样，视力在里面，尽管并没有转向正确的方向，或者看它所应该看的地方，而这需要得到矫正。”533C ：“辩证法岂不是仅有的以这种方式进行的一种探究方法，它去除各种预设，直接从初始原则开始，以便得到稳固的奠基。当灵魂的眼睛真的被蛮荒的泥沼掩埋，辩证法轻轻地把它拉出来并向上牵引，运用我们曾详细描述为辅助和帮手和这些技艺或学问”。参考《理想国》514A sq.，517B；《泰阿泰德》175B sq.，《智者》254A。

3　在柏拉图看来，“科学”（die Wissenschaft）（在后面的人类学论述中将会表明）本质上不过是对于“理念”的回忆；而“Eros”（哲学爱欲）也是一样（参考前文）。

4　215E sqq. ；参见 Part i. 153。

脱离那些有限的处境和关联物。[1] 这样，理论和实践是完全结合在一起的：只有达到哲学认知层次的人才懂得可感事物的实际缺陷；[2]《理想国》（x. 611D sqq.）则反过来把哲学描述为人从感官之海洋中爬出来，除去那些长在灵魂上的贝壳和水草；在《斐多》中（64 sqq.），哲学被描述为灵魂从肉体的辖制中完全解放出来，也就是"内在的人"的赴死；思想被确立为这种解放的手段，因为我们借助思想而超脱出各种感性印象。

　　这样，在"哲学"中不再有理论和实践的任何对立，而且不同类型的理论性活动也合成了一个整体。各种不同的认知形式——感觉、表象（die Vorstellung/ 信念 / 意见）和理智性反思（die verständige Reflexion）——最终都只是哲学知识或"理性知识"（der Vernunfterkenntniss）的先行环节。[3] 所以，这些认知形式跟理性知识处

219

1　参考前文，p.191。

2　参考《理想国》vii. 519A sq.。

3　亚里士多德在《论灵魂》i. 2, 404b22 以这个方式列出了柏拉图提出的"理论性意识"（theoretische Bewusstsein）之不同阶段："（柏拉图说）理智是'一'，知识是'二'（因为两点之间只有一条直线）；意见是平面的数目（即'三'），感觉是立体的数目（即'四'）"。关于这个文本的更详细讨论，参见第 241 页注释 2，以及我的 Plat. Stud. 227 sq.。所以，在柏拉图对话录中，感觉与信念（意见）被归为"非科学意识"，针对现象世界（参见前文，p. 70 sq.）；而各门科学（ἐπιστῆμαι）被说成是"纯思"或"辩证法"的预备性阶段（《会饮》210C；《斐莱布》66B；参考《理想国》ix. 585C）；最高的阶段被说成是 νοῦς（纯思 / 理性）（《蒂迈欧》51D），或者说成 νοῦς καὶ φρόνησις（纯思与理性）（《斐莱布》，同上）。在《会饮》210C, 211C，它被表达为 ἐπιστήμη（知识）或 μάθημα（学问 / 知识）；但是，柏拉图在 ἐπιστήμη（知识 / 科学本身）和 ἐπιστῆμαι（各门科学）之间作出了清楚的区分，前者针对纯粹理念，而后者仅仅是预备性阶段。跟亚里士多德阐释最为接近的文本出现在《蒂迈欧》37B：δόξα 和 πίστεις（意见和信念）在那里对应于可感事物与可变事物（πίστις 只在 29C 出现一次），而 νοῦς 和 ἐπιστήμη（ἀλήθεια, 29C）对应于理智对象和不变的东西。《理想国》vi. 509D sq.，vii. 533E sq. 与此只有部分的差异，在这里，ἐπιστήμη 是第一位的（与 νοῦς 或 νόησις 是同义词），διάνοια（思维 / 理智）是第二位的，πίστις（信念）处于第三位，εἰκασία（猜想）处于第四位。前两者处理不可见的对象，都被归入 νόησις〔理性〕的名下；后两者处理可见的东西，被归入 δόξα〔意见 / 信念〕的名下。柏拉图本人告诉我们，ἐπιστήμη 在这里等于其他地方所说的 νοῦς（如《会饮》，loc. cit.，以及《斐多》247C）。Διάνοια 与亚里士多德哲学中的 ἐπιστήμη 相对应，正如《理想国》533D, 510B sqq. 和 511D sq. 清楚表明的那样。这里的划分与其他地方的划分有点混淆之处，不过这在柏拉图看来是不

于一种双重关系之中。一方面，如果要达到"真知"（wahren Wissen），这些认知形式都要被超越。洞见到真正实在的人一定会从身体中解放出来；他必须从诸感官中撤离，因为这些感官总是使我们远离纯粹的沉思，并且在心灵和真理之间带来昏暗的东西；[1] 所以，他必须把眼睛从阴影移开，直接转向真正的实在，[2] 必须让自己从缺乏理性的信念提升到"理性"（Vernunft）；[3] 他必须认识到，眼睛与耳朵不是为了让我们沉醉在感性的可见物与声音中，而是通过对天体运动与声音和谐的感知，让我们的灵魂的运动也成为有序、和谐的。[4] 我们不应该止步于有条件的、数学上的思维，它是建立在一些假设之上的，而没有考察这些假设本身。[5] 不过，另一方面，感性现象至少是"理念"的"摹本"（Abbild），从而对于我们回忆起"理念"有所帮助：[6] 正确信念与知识之间的差别只在于，前者缺乏辩证的根据。[7] 在柏拉图看来，数学对于辩证法而言是最直接与不可或缺的预备；因为数学把哲学家所纯粹沉思的那些概念以感性形式表达出来。[8] 所以，不同形式的认知活动需要从事的是同一件事情，只不过这件事情不是以同样完满与纯粹的方式被这些认知形式所把握。在感性直观、信念与反思性思维中出现为真实的东西被整合到作

220

那么重要的，参见第 125 页注释 2。柏拉图仅仅用 διάνοια 或 ἐπιστήμη 表示数学学科（如 Brandis 注意到的）。这在《理想国》vi. 510B sq.，511C sq. 得到了明确表达，也是他的学说的自然推论：数学法则在他看来是在理念与现象之间充当中介的唯一要素（参见后文）；所以，只有关于这些法则的认识才能在信念与关于理念的科学之间起中介作用。在上述那样的列举当中，柏拉图自己不是那么在意措辞，如同《斐莱布》66B 中我们看到的那样（包括上面引述的文本）。措辞或术语方面的问题是不重要的。《理想国》vii. 533D。

1　《斐多》65A–67B，67D；《理想国》vii. 532A。
2　《理想国》vii. 514 sq.。
3　《蒂迈欧》28A，51D sq.；参考前文，p.174。
4　《蒂迈欧》47A sq.。
5　《理想国》vi. 510B sq.，vii. 533C；参考第 141 页注释 3，p. 215 sq.。
6　《斐德罗》250D sq.；《会饮》210A；《斐多》75A sq.。
7　Vide supra, 174，由于这种关联性，正确信念实际上与知识并举而得到肯定；例如，《泰阿泰德》202D，《斐莱布》66B，《理想国》ix. 585C，《法律》x. 896。
8　参考 p. 215 sq.。

221　　为"纯思"（das reine Denken）的哲学之中：它把"理念"领会为整全和纯粹的东西，而关于理念的片面和混淆的领会是对于"真实"的相对分有，从而被当作低层次的认知形式。[1] 于是，哲学不是与其他科学相并列的一门科学，而是"科学本身"（die Wissenschaft schlechthin），是唯一完备的认识方式；其他一切具体科学[2] 如果要得到正确对待就必须归属于这种认识方式。这样，这些科学都是"哲学"的预备性阶段，[3] 并且以"辩证法"为其终结；这些科学越是不被辩证法家所利用，就越是缺乏价值。[4] 甚至在《理想国》中被鄙视的那些手工技艺，[5] 不管柏拉图

222　实际上怎样轻视其价值，它们就其在别处得到承认的对于"真"之分有而言，同样属于"哲学"的一些初级阶段。[6]

　　总而言之，哲学是把所有零散分布于人类信念与行为中的真理综合

1　在后面几节中将会得到证明。

2　在柏拉图这里，如我们已经注意到的，这只限于数学的各门分支。

3　《理想国》vii. 525B：护卫者们被劝导"去学习并且掌握算术，不是像普通人那样，而是深入下去，直到抵达这样的程度，即通过理性自身而洞见到各种数的本性"；他们不再是（525D）"处理那些跟可见的或可触摸的物体结合在一起的那些数"，而是"把'一'看作每一个跟任何另一个都完全等同的，没有任何不同之处，在其里面也没有任何部分"。得到正确研究的天文学只应把星体之运动轨迹看作 τῶν ἀληθινῶν（真实的事物）的例子，也就是"那些真正是快的与是慢的东西，以真正的数为度量，构成真正的几何图形，并且彼此关联地运动着的东西"的例子。《斐莱布》56D："因为有些数学家计算不相等的单元的总数，例如，两支军队，两头牛，或者两个非常小或异常大的单元；而另一些人并不愿意按照他们的做法来计算，除非无数单元中的每一个被确定为跟另外每一个单元都没有任何不同之处。"——得到如此看待的各门数学分支是"出于真正哲学的冲动而产生的〔数学〕"。同上，57C。关于更详细的内容，参见前文。

4　《理想国》vii. 534E："你是不是认为，辩证知识对于我们而言就像所有知识的拱顶石一样处于最高端……"同上，531C："我认为，如果我们提到过的这种探究一切学问的方法抵达了它们共同点和密切关联性，推导出它们的亲缘性，那么，它对于我们所希望的目标会有所贡献，而不会徒劳无功，不然就是枉然的"。参考第 142 页注释 3。Ribbing 认为，柏拉图这里把数学"等同于"辩证法，这个观点在我看来已经被前面的论述充分反驳了。在柏拉图那里，数学仅仅是辩证法的一个预备阶段，不是辩证法本身；各门数学分支处理相似的主题——数、量、运动，等等——但是在探究程序方面是各自不同的。

5　vii. 522B；vi. 495D。

6　《会饮》209A；《斐莱布》55C sqq.；参考 Ritter, Gesch. d. Phil. ii. 237。

为"一"的焦点;[1] 它是普遍意义上的精神生活之巅峰,也就是苏格拉底在《欧绪德谟》中[2] 寻求的那种王者技艺,在其中,制作性知识和使用所制作的东西的知识是融合为一的。

但是,柏拉图也明白,"哲学"在现实中永远不会得到充分实现。早在《斐德罗》我们就看到,柏拉图认为,没有人可以被称为"有智慧者",而最多能被称为"爱智者",因为唯有神才是有智慧的。[3] 因此在《巴门尼德》(134C),柏拉图断言,唯有神才拥有完满的知识;基于这个理由,柏拉图在《泰阿泰德》的著名段落中(176B)没有主张人与神一样具有神性,而只是认为人可以尽可能像神。柏拉图夏加不认为,在尘世生活中,灵魂在身体的不停干扰下可以获得关于真理的纯粹洞见;[4] 哪怕对于智慧的渴慕或者哲学冲动,也不是单纯来自于人对智慧的追求,而是来自于对无知的感受;[5] 柏拉图承认,知识之最高对象,"善"或者"神",只能通过困难的方式抵达,而且只能在特别合宜的契机中被领会。[6] 但是从这点不能推论说:他本人称为"哲学"的东西对他而言是一个不可实现的理想,只有神的知识才具有崇高价值与无限广大的范围,而人类知识不过是与其他有益的各种活动并列的一种精神生活方式罢了。人类知识,起源于哲学冲动,通过一系列手段,确实被认为可以得到发展从而抵达《会饮》和《理想国》中所描绘的非常崇高的地步;他为这种知识的产生过程提供了详细的指导性说明;他把理想国家的整个运作机制都建立在这点上;而这种知识作为统治能力,唯有它可以终结人类的苦难。我们这个时代的哲学式冷静与谦逊——且不管是由什么

223

1　参考《理想国》v. 473B :"我们说,爱智者(哲学家)是欲求智慧的人,不是欲求一部分,不欲求另一部分,而是欲求全部"。

2　289B ; 291B。

3　278D ; 参考《会饮》203E :"没有一位神会去爱智慧或者欲求成为有智慧的,因为他就是有智慧的。"

4　《斐多》66B sqq. 。

5　参见前文,pp.192–193。

6　《理想国》vi. 506E ; vii. 517B ;《蒂迈欧》28C ;《斐德罗》248A。

引起的——对于柏拉图来说是陌生的。在他看来，"哲学"是一切精神活动发展到圆满状态的全部，是有理性的人的充分成全，是其他一切领域所服务的女王，而只有得到她的封赏才可能分有某种"真理"。这个观点是否得到了完满论证，柏拉图是否足够清晰地考虑了这种关于"哲学"的观念，他是否高估了人类理智能力的范围，或者恰当刻画了各种精神活动以及不同生活领域之局限性——这些问题在本章暂不探究。

　　就柏拉图学说体系的进一步展开而言，按照之前的考察，可以分为"辩证法"或"理念论"，"物理学"或关于理念在自然中显现的学说，以及"伦理学"或理念在人类行为中体现的学说。柏拉图哲学跟"宗教"与"艺术"的关系问题最后将以附带方式得到讨论。

第 六 章

辩证法，或理念论

前面已经说明，柏拉图认为哲学之真正和根本的内容是"诸理念"，因为只有它们是真正的实在，即事物的"本质"。狭义的辩证法就是关于理念的研究，它在柏拉图建构自己学说体系的时候必须首先得到奠基，只有在这个基础上才能建构起一套关于自然和人生的哲学观点。关于理念的研究有三个层次：（1）理念的获取；（2）理念的一般内涵；（3）诸理念扩展为有秩序的整体，即"理念的世界"。

一、理念论的奠基

理念论首先与苏格拉底—柏拉图关于知识之本性的学说有关。唯有诸概念才能提供真正的知识。柏拉图和其他哲学家一样从如下假设出发：[1]我们的观念有多大程度的真实性，其对象就必须有多大程度的实在性，反之亦然。可知的东西"是"（ist，有时也译为"实在"，以下不再 226 说明），不可知的东西"不是"（ist nicht）。一个东西在多大程度上"是"，它就在多大程度上是可知的；"完全是的东西"（das schlechthin Seiende）

1　巴门尼德已经说过，"不是者"不能被思考和表达；只有"是者"可以被思考（参考 Vol. i.470, 1）。这个原则经常被智者派所利用，为了证明假信念是不可能的（参考 Vol. i.905, 3, 4）。与此类似，参考所谓的 Hippocr. *De Arte*, c. i. b. i. 7, Kühn："永恒是者乃是可见的和可认识的，而不是者既不可见也不可认识。"

是完全可知的，"完全不是的东西"（das schlechthin Nichtseiende）是完全不可知的。[1] 在自身中既包含"是"又包含"不是"的东西处于"绝对实在"（schlechthin Wirklichen）和"绝对非实在"（schlechthin Unwirklichen）之间，必须有一种认知方式（也就是处于"知识"和"无知"之间的居间者）与之相对应。这个领域不是"知识"的领地而是"意见"的领地。[2] 所以，知识是某种与意见有别的东西，[3] 知识的对象也必须是与意见的对象有别的东西：前者是绝对实在的东西，后者是既"是"又"不是"的东西。如果意见涉及的是"可感事物"，那么，我们的概念只能涉及"非可感的东西"；只有这些东西具有完全和真正的实在性。[4]

227 这样，柏拉图公开表明了"知识"和"正确意见"的区别，这实际上是理念之实在性得以确立的基础。如果知识和正确意见是同一个东西，那么我们只能把物质性事物当作实在的；但是，如果它们是不同的，我们就必须把实在性归于那些非派生的、不变的和不灭的"概念"，它不是通过感官而只是通过理性得以领会，具有绝对的和独立的实在性。[5] 在

1　我们在后面讨论物质问题时会发现这点。

2　《理想国》v. 476E sq.；vi. 511E。Cf. supra, p. 175 sq.。柏拉图清楚表达了他同意这个基本立场，即，不可能思考"不是者"（loc. cit. 478B："难道它认信（δοξάζει）'不是的东西'？还是说，认信'不是的东西'是不可能的？请思考：认信者（ὁ δοξάζων）岂不是让其信念或意见（τὴν δόξαν）针对某个东西？不然，难道有可能既做出认信，又无所认信"；等等。类似的文本还有《泰阿泰德》188D sqq.，参考《巴门尼德》132B，142A，164A），而且他对于刚才提及的智者派结论的攻击并不针对上述大前提；他承认不可以有关于"不是者"的思想，不过他否认把"谬误"等同于关于"绝对不是者"的观念。他认为"谬误"指的是关于"相对不是者"或者"他者/异"的观念，也就是诸观念的混淆和不正确联结。《泰阿泰德》189B sq.；《智者》261A sq.；详细讨论见后文。

3　参考第 158 页注释 3，以及 p. 170 sqq.。

4　《理想国》v. 477B："我们岂不说存在'意见'这种东西？——的确。——它与知识是不同的还是同一种能力？——不同。——那么，意见针对一种东西，而知识针对另一种东西，各自依据其自身不同的能力？——是这样。——知识本性上针对'是的东西'，认识是的东西怎么是，对吗？"；另一方面，意见属于某种同时是又不是的东西，即处于"纯然是的东西"（εἰλικρινῶς ὄν）与"完全不是的东西"（παντελῶς μὴ ὄν）之间的东西。

5　《蒂迈欧》51B：问题是："有没有种绝对的'火'本身这样一种东西？有没有我们一直所说的绝对自在的各个东西？或者，只有我们看见的东西或者我们通过身体而

柏拉图看来，理念的实在性可以从苏格拉底的概念哲学直接而必然地推导出来。知识只能以"实在"为对象，以无色、无形、非物质的"本质"为对象，这种对象只能为思想所把握。[1]如果确实有"知识'的话，那么同时必须有一种固定不变的东西作为知识的对象——它不仅对于我们和我们的理性而言存在，而且是独立自在的东西。只有不变的东西能够被认识。我们不能把任何性质归于那种持续变化的东西。[2]所以，否认理念的实在性就是完全消除科学探究的可能性。[3]

228

这里从"知识"概念推论出来的结论，柏拉图也通过对"实在"的考察推导出来；理念论一方面是苏格拉底哲学的结果，另一方面也是赫拉克利特和爱利亚学派哲学的理论结果。知识领域中概念跟意见（表象）的关系，就好比实在领域中本质跟现象的关系、非可感事物跟可感事物的关系。感性事物是变易的东西，但是变易的终点是"实在"。[4]感

感觉到的其他东西才存在，才拥有这一类真实性？除此之外再别的东西在任何地方以任何方式存在？我们岂不是在瞎说：当我们说存在各个可理知的理念，但实际上它们除了言辞之外什么也不是？"这个问题不会在这里得到更充分的讨论，"但是，如果要用简短的话语来做一个重大的界定的话，这会最适合我们现在的需要。所以，下面就是我自己为自己做的论断。如果'理解'（νοῦς）和'真意见'（δόξα ἀληθής）是两个类，那么当然存在'绝对自在'的东西，也就是不可被我们感觉到而只可被我们理知到的诸理念。但是，如果——如某些人认为的——真意见并不以任何方式区别于理解，那么，我们通过身体上的感官感知到的所有东西就必须被视为最为确定的东西。但是，我们的确应该说它们是两类东西……（此处接着的是p. 495 所引述的内容）……既然情况是这样，我们必须同意，那个自身保持同一的、没有产生和消灭的，不从任何地方往自身之中接纳入任何东西，自身也不进入到任何地方的任何东西当中去的，这是一类。它是不可见的，也不能被其他感觉所感知，考察它是'理性'（νόησις）的本分。第二类是沿用前者之名称的，是它的相似者，它是可以感知的，被产生出来的，永远在过程之中，一时在某处产生而又在那消灭，它被伴随感觉的意见所领会。"

1　《斐德罗》247C。

2　《克拉底鲁》386D；439C sq.；《智者》249B sq.；《斐莱布》58A。参考 p.174 关于正确意见的可变性与知识之不可变性的论述，以及 Vol. i. 602，关于《克拉底鲁》中一切事物皆流变的学说推导出来的那些推论。

3　《巴门尼德》135B sq.。

4　《斐莱布》54B："我认为，药物和所有工具和材料全部都是用于'生成'（γενέσεως），但是每一种生成都是为了某个'实在'（οὐσίας），而生成总体而言是为了生成作为总体的实在。"流变学说与可感事物只有部分实在性的问题在下一章开头将会得到

性事物是杂多的，这些东西只有通过其中的共性才变成其所是的东西；这个共性必须与特殊的东西不同，关于共性的观念也不能从个体中抽象出来，因为这些个体不会向我们显现出共性本身，它只是共性的一个不完美的摹本。[1]个体不可能完全呈现其本质，它会拥有自己的各种性质，这些性质都伴随着自己的对立面。各种正义的事物也是不正义的，各种美的东西也是丑的，如此这般。这些具体事物的总体被看作"实在"（是者）和"非实在"（非是者）之间的居间者。纯粹和完全的实在只能被视为绝对自身同一的东西，如"正义"本身或"美"本身，它超越了所有的对立面和限制。[2]我们必须把永远实在而从不变易的东西和永远变化而从不实在的东西区分开来（《蒂迈欧》27D）。前者始终保持自身同一，只能被理性所把握，后者生灭变化，永不以真实的方式存在，只能是缺乏知识的意见和感觉之对象。前者是原型，后者是摹本。关于自然的考察让我们领会到这些原型，因为宇宙是完善和美的，它是按照一个永恒不变的范型而构造出来的。[3]各种事物只有在与它们的终极目标相关联的时候才能被我们理解；他们的真正原因是那些让它们变得美好的东西，因为它们分有美和善本身，它们也就分有"绝对实在"。[4]我们的道德生活也以各个道德原型为前提，对于这些原型的领会指引着我们，使得我们的行为可以通往正确的目标。[5]简言之，世上的所有东西都把

更详细讨论。

1　《巴门尼德》132A；《斐多》74A sqq.。

2　《理想国》v. 479 sq.；vii. 524C；《斐多》78D sq.；103B。

3　《蒂迈欧》28A–29A；30C。

4　参考后面将要提及的《斐多》（100B–E）与《蒂迈欧》（46C sq.，68E）的文本。

5　《斐德罗》247D；250B sq.，柏拉图在概述其理念世界的时候，明确地突出了"正义""节制""知识"以及"美"之理念。《泰阿泰德》176E，他提到了"在实在之中确立了两个模型，一个是属神的，最为有福，另一个是渎神的，最为不幸"；《巴门尼德》130B；《斐多》65D；《理想国》v. 476A，提到"正义""美"与"善"之理念，等等；如我们将看到的，一切理念之最高理念在柏拉图看来是"善"之理念。不过我们不能得出结论说（如 Ribbing, *Pl. Ideenl.* i. 316 sq.），唯有实践方面的理念（或者它们比其他理念更为优先）构成理念论的出发点。在《巴门尼德》（同上）与《斐多》（78D；101A sqq.），"相似""相等""一""多""二""大"，等等，与"正义"一起被提及，甚至优先于"正义"被提及。而且从上一个注释所引述的文本中我们

我们引向理念，每个东西存在的根据及其本己的成全都在于理念。关于
这种理念论的必要性的辩证阐述出现在《智者》中，更完整的阐述出现
在《巴门尼德》中。《智者》从"实在"本身（"是"本身）这个概念出
发，通过反对"诸实在"（诸是者）的多元性，证明"全"（就其包含"实
在"而言）也就是"一"。[1] 它从道德和心灵状况的事实出发反对唯物主
义，并且证明必定存在某种与可感事物不同的其他"实在"。[2]《巴门尼
德》以更一般的和逻辑的方式再次探讨了这个问题，分别从"'一'实在"
和"'一'不实在"这两个假设出发，考察它们各自的推论。如果"一"

231

可以看到，柏拉图的目的论对于理念论之形成的影响有多大。理念论的提出不是
仅仅基于预先设定的某类概念，而是基于这个普遍信念，即，就所有存在与变易而
言，唯有在"概念"中思考到的东西才是根本的和真实的东西。

1　243D，柏拉图质问那些认为有两种本原（热与冷，诸如此类）的人："在断言两者
　　和各自'是'的时候，你们在这两个情况下究竟要表述什么？我们该把你们的这个
　　'是'当成什么？难道在这两个东西之外有一个第三者，我们该设定'一切'为'三
　　个东西'而并非如你们所设定的'两个东西'？"（情况不是如此，这点没有得到明
　　确证明；柏拉图也不需要任何证明，因为实存的三元性直接与这种二元性冲突，而
　　且实存本身仅仅是一个，尽管它是与这两个元素并举的第三者。）"因为当你们将两
　　者中的一个或另一个称为'是者'的时候（仅仅把其中一个说成是者，如同巴门尼
　　德和原子论者们那样；参考 Part i.479 sq.；687 sqq.），你们并不说两者以相同的方
　　式'是'。因为，在两个情况下（即，不管我们把其中一个还是另一个单独称为是
　　者）它们都会是'一个东西'，而非'两个东西'。——说得正确。——那么，你想
　　把两者都称为'是者'？——也许。——我们会说，但是，朋友呀，那样的话很显
　　然又把两个东西说成了一个东西。——说得非常正确。"通过这个说明，上述观点
　　在我看来完全得到了证明。确实可能有人会反驳说（Bonitz, *Plat. Stud.* ii. 51），柏拉
　　图上述文本所提到的可能性——"是者"本身跟它的两个构成要素相区分——被忽
　　略了。这个可能的设定确实没有受到柏拉图的公开反驳，其原因前面已经提到了。
　　但是，柏拉图提及这点的目的只能是表明，任何关于"是者/实在"（das Seiende）
　　之二元性的主张都是不能成立的。在目前这个例子中，柏拉图通过如下说法表明了
　　这点，即，这个假设会陷入矛盾（实际需要设定三个"是者"而不是两个）。同样
　　的论证以同等力度反驳了"是者"之三元性或四元性或更多元的假设；我们在这里
　　实际上得到了一个间接说法，即在另外两个例子中以直接方式说出的，"原初是者"
　　（das ursprünglich Seiende）就其作为"是者"而言只能是"一"。

2　246E sq.；参考《泰阿泰德》155E，在这里，那些不承认任何东西真正实在的人，
　　即认为"除了能用双手紧握住的东西之外没有任何东西存在，而且不承认各种行为、
　　各种变易过程乃至整个不可见的领域也属于'实在'（οὐσία）之构成部分"的人，
　　得到了彻底蔑视。

实在，那么会出现带有条件的矛盾；如果"一"不实在，那么会出现绝对的矛盾。这就证明，如果"一"不实在，既不可能有关于"一"的思想，也不可能有"多"之实在；爱利亚学派关于"一"实在的观点是不充分的，我们必须把这种排斥"多"的绝对"一"提升为"理念"的"统一性"。[1]柏拉图学说的脉络在另一些阐述中有更清晰的标识。

总的说来，柏拉图理念论以这样两个主要观点为基础：如果理念不存在，真正的知识是不可能的，而且真正的实在也是不可能的。这两个观点是重叠的，在柏拉图的阐述中也是交错在一起的。如果没有理念则知识不可能，其理由如下：可感存在者缺乏持存性和自身一贯性，而知识不可能没有这些前提。物质性现象不具有真正的"实在"，因为不可能在概念中把握它。如果我们熟悉亚里士多德关于理念的论述，[2]那么我们可以看见这个柏拉图式的论证在亚里士多德著作中同样也有所论及。[3]第一，"λόγοι ἐκ τῶν ἐπιστημῶν"（从知识方面所做的论证）与我们的上述论证——所有知识都指涉永恒的、自身同一的概念——是同一回事。第二，"τὸ ἓν ἐπὶ πολλῶν"（多上之一）建立在这个命题的基础上，即，呈现在同一个属里面的所有个体之中的"普遍者"自身必须与这些个体不同。第三，"τὸ νοεῖν τι φθαρέντων"（思考可灭事物），与第二点紧密相关，即使现象消灭了，普遍概念也存留于心灵之中，由此来论证诸理念的独立存在。亚历山大曾经引述了另外两个证明，即，由相同谓词来表述的若干事物必定有着同一个原型，而彼此相似的事物只能因为分有一个"普遍者"才会相似，这跟《巴门尼德》132 和《斐多》74两处说法是一致的。所以，理念论最终建立在这样一个观念上，即"实在性"不属于自相矛盾和变化不定的"现象"而属于"一"和事物之不

1　这种关于《巴门尼德》的观点是我在 *Plat. Stud.* 159 sqq. 中最初提出并且在本著作第一版（Part i. p. 346 sqq.）中进行辩护的，我不能在这个地方提供更详细的讨论；在前面提及的那些论著之外，还可参考 Susemihl, *Genet. Entw.* i. 341 sqq. ; Ribbing, *loc. cit.* 221 sqq.。

2　参考我的 *Plat. Stud.* p. 232 sq.，以及 Schwegler and Bonitz, ad loc. Arist.。

3　亚里士多德《形而上学》i. 990b8 sqq. 22，以及 Alex. ad locum。

变的"本质"，不属于可感对象而属于理智对象。

　　经过这样的推导之后，我们还可以发现对诸理念的设定与柏拉图的　　233
历史处境相关。除了他与苏格拉底的关系之外，亚里士多德还告诉我们
柏拉图受到了赫拉克利特哲学的影响，此外还受到毕达哥拉斯学派和爱
利亚学派哲学的影响。亚里士多德说，[1]"紧随这些体系的是柏拉图的研
究，它在很多方面实际上与毕达哥拉斯学派的哲学相似。不过在某些特
定方面与意大利哲学有所分歧。他在年轻的时候赞同克拉底鲁与赫拉
克利特，认为一切可感事物是永远流变的，关于这些东西不可能有知
识；他一直没有放弃这个学说。然而，他又接受了苏格拉底哲学，这种
哲学完全致力于道德研究而不顾自然研究，在其中寻找普遍的东西，最
主要是寻找概念的规定性；于是柏拉图得出结论，这个探究必须指向某
种感觉之外的东西，因为可感事物不能得到普遍界定，它永远处于变化
之中。他把这样一类存在者叫作'理念'；至于可感事物，他认为这些
东西与'理念'并存，按照'理念'得到命名，因为与'理念'具有同
一个名称的'多'由于分有理念而得到这个名称。这样一种界定只是毕
达哥拉斯派原则（即事物是数目的摹本）的另一种表达罢了。"亚里士
多德在该章结尾处又说，"而且，他又将他的两个元素（'一'和'物　　234
质'）分别当作善与恶的原因；像恩培多克勒和阿那克萨哥拉这些更早
的哲学家已经有所尝试那样。"这段话几乎总结了柏拉图理念论历史渊
源的各个要素；不过，爱利亚学派和麦加拉学派可能应该更为明显地被
提及。苏格拉底对概念性知识的追求必定成为了柏拉图理念论的出发
点；不过，柏拉图通过利用早期希腊哲学提供的各种要素，沿着自己的
思想路线，拓展了这个基础。他的伟大之处就在于能够整合前人的思想
成果，从已有的若干要素出发造就全新的成果。苏格拉底宣称所有真正
的知识必须建立在正确概念的基础上：他把这种概念性知识看作一切行
为的准则；他表明"自然"本身只能通过"目的"概念来得到解释。柏

1　《形而上学》i. 6，开端部分。参考 xiii. 9, 1086a35 sqq.。

拉图在这些方面遵从他的老师，并且把这些学说跟早期哲学家——巴门尼德、赫拉克利特、恩培多克勒和德谟克利特——教导的关于感觉的不确定性，关于理性认识和意见的区别，[1] 以及阿那克萨哥拉关于构造宇宙的"心灵"（精神）以及万物都具有理智性因素的学说结合起来了。[2] 对于早期哲学家而言，他们关于知识的观点只是他们的形而上学的一个延伸结论；但是，柏拉图恰恰相反，他通过苏格拉底在理论性方法上的那些原则引申出与此相适应的形而上学观念。他追问，如果只有概念性思维才能获得关于"实在"的真正认识，那么，我们应该怎样来考虑"实在"？对于这个问题，巴门尼德已经给出了回答；只有一个永恒不变的"本质"能够被看作"实在"。柏拉图的学友欧几里德也给出了相似的答案，此人可能对柏拉图形成自己的体系有所铺垫。[3] 柏拉图继承多方面因素而形成了统一的观点。首先，在他看来，苏格拉底的概念性知识的学说有一个直接的后果，即"真实的东西"必须跟我们的概念相一致，这就意味着，在实在领域中它超越了所有其他东西，如同在真理领域中，真知（das Wissen）超越了其他所有的认识方式。[4] 同样，这点也变得清楚了，即我们思想的对象一定不能在现象中被找到。[5] 然而，从赫拉克利特一切皆流变的学说中产生了更具有决定性的结果；因为我们的概念所指向的恒常要素不能出现在绝对变化的领域之中。[6] 无论如何，爱利亚学派反对"多"和"变"的论证也是被柏拉图承认的，所以他把不规则的运动和无限定的"多"排除在真正的实在之外，这种"多"在他看来是可感世界提供出来的东西，它不能在概念的"统一性"中得到

---

1 参见上文，p.170 sqq.，另参照 Vol. i. p.476 sq.；583 sq.；651；741 sq.。
2 在《斐多》97B sqq.（参见 Vol. i.811），《斐莱布》28C sqq.，柏拉图本人告诉我们他赋予这个学说什么重要意义，他从中得出了什么样的一些结论，同时他对于阿那克萨戈拉没有把这点进一步阐发出来有多么遗憾。
3 Vide Part i, p.218 sq.
4 *Ibid.* p.225 sq.
5 *Ibid.* p.226.
6 *Ibid.* p.228.

理解，不能通过固定的种差来分解为"多样性"。[1] 巴门尼德已经由于这
些缘故把所有感觉性质都排除在"实在"之外，毕达哥拉斯学派关于
"数"的学说实际也表明了，感觉上不能直接感知到的东西是事物的本
质 [2]——柏拉图或许更加倾向于主张这种非可感事物构成了我们的概念
之内容。最后，我们也不能低估审美观方面的影响，这对于富有艺术气
质的柏拉图而言始终是很重要的。古希腊人普遍喜欢清楚的界限、稳固
的外部形式、确定性和可视性，如同在神话中把道德生活和自然生命的
整个内容都体现在雕塑形体之中——柏拉图也感到有必要把他的思想从
抽象的概念形式转译为一种具体的理想性直观。他不单是要求我们的理
性把体现在事物中的诸规定性区分开来，也就是把诸规定性从我们对它
们有所感知的关联性中分离出来，而是要求这些规定性还必须与这种关
联性分离而自身存在；它们必须聚合为独立的本质，概念必须变成"理
念"。于是，理念论就成为了真正希腊式的成果，更具体地说，它是苏
格拉底哲学和前苏格拉底哲学在柏拉图兼容并蓄的思想中得到融会贯通
的成果。诸理念就是苏格拉底的诸概念，它们从认识论本原被提升为形
而上学本原，并且被用来思辨地考察实存之本质与诸根据。[3]

1　Vide *loc. cit.*，以及第 148 页注释 4。更详细的内容将在讨论"物质"的章节中给出。

2　我们在后面将会有机会继续讨论柏拉图对毕达哥拉斯学派关于数的学说的重视。亚
　　里士多德在《形而上学》i. 6 的开端说，柏拉图在大多数方面都追随毕达哥拉斯学派，
　　这说得太过头了。Asclepius（ad. loc. *Metaph.*）纠正了亚里士多德，但是当他说"他
　　还不如说'在所有方面'，因为柏拉图曾是一个彻底的毕达哥拉斯主义者"的时候，
　　也是不对的。这个说法在新毕达哥拉斯学派和新柏拉图主义学派中经常出现。

3　接下来将会给出关于理念论与希腊早期哲学学说之间的关联性的更详细说明。
　　Schleiermacher, *Gesch. d. Phil.*104，挑战上述亚里士多德的解释，试图把理念的起
　　源说成是赫拉克利特与阿那克萨戈拉学说的某种结合——某种对于"同质体"（ho-
　　moeomeria）学说的重塑。这个说法完全没有历史证据。Herbart（在他的仍值得细读
　　的论著 *De Plat. Systematis fundamento Werke*, xii. 63 sq. 中）的说法是更正确的，他
　　认为理念论源自于爱利亚主义与赫拉克利特主义两方面因素的结合，但是他完全略
　　去了苏格拉底的概念哲学这个主要方面。他在其中对他的核心观点做了这样的总
　　结："赫拉克利特的'变易'通过巴门尼德的'实在'分割开，就得到了柏拉图的'诸
　　理念'"（对此我们也可以反过来说，"巴门尼德的'实在'通过赫拉克利特的'变易'
　　分割开，就得到了柏拉图的'诸理念'"——且不管 Ueberweg, *Unters. Plat. Schr.* 40
　　的说法），这个表述更适合描述原子论学说而不是理念论；vide Vol. i. 687 sqq.。

二、"理念"的概念

如果我们要从总体上弄清楚"理念"的概念与本质，那么从前面的讨论中首先得出的是，它们作为绝对的"实在"，是不会出现变化的，也不会如"现象"那样有部分的不实在，它们作为统一的、自身同一的东西，不会有具体存在物那样的多样性和对立面。[1]柏拉图把这种恒常和自身同一的要素看作是"普遍者"或"种类（属）"（如"der Ideen"这个名称所表明的那样[2]）——也就是我们所谓的"普遍概念"。在《泰

238

---

1 柏拉图把理念称为 οὐσία（恒是 / 实在 / 本质），（《斐德罗》247C；《克拉底鲁》386D；《斐多》78D；《巴门尼德》135A；ἀΐδιος οὐσία（永恒本质 / 永恒实在）（《蒂迈欧》37E；ἀεὶ ὄν〔永恒是者 / 永恒实在〕（同上，27D）；ὄντως ὄν，ὄντως ὄντα（真正的东西 / 真正的实在）（《斐德罗》247C，E；《理想国》x. 597D）；παντελῶς ὄν（完全是的东西 / 完全的实在）（《智者》248E；《理想国》v.477A；κατὰ ταὐτὰ ὄν（以自身为根据的实在），ὡσαύτως ὄν（维持自身同一的实在），ἀεὶ κατὰ ταὐτὰ ἔχον ἀκινήτως（永远维持自身而不变的实在）（《蒂迈欧》35A、38A；《斐多》78D；参考《智者》248B）；形容词 αὐτός（自身同一的）或 αὐτὸ ὅ ἐστι（所是的东西自身）（《斐德罗》247D，《泰阿泰德》175C，《克拉底鲁》389D，《智者》225C，《巴门尼德》130B、133D、134D，《斐多》65D sq.、78D、100C，《斐莱布》62A，《理想国》vi. 507B、493E，《蒂迈欧》51B）；这些都是同义的用语。参考亚里士多德《形而上学》iii. 2, 997b8；vii.16, 1040b32；《尼各马可伦理学》i.4, 1096b34。其他一些文本可以参见 Ind. Aristot.124 b. 52 sqq.。《巴门尼德》132C 中诸理念被描述为 ἕν（一）；在《斐莱布》15A sq. 被描述为 ἑνάδες（独一者）或 μονάδες（单一者）。

2 εἶδος 和 ἰδέα（在《斐多》103E、104D 与《斐莱布》12C 中使用了 μορφή〔形 / 形式〕）在柏拉图这里泛指任何"形式"或"外形"，但是有时候特指"种"或"属"（这两者还没有被加以区别，见第 149 页注释 2），而从主观的方面看，表示"普遍概念"，例如，《欧绪弗洛》6D，《高尔吉亚》454E，《泰阿泰德》148D，《美诺》72C，《斐德罗》249B、265D，《智者》253D，《巴门尼德》129C、132A–D，《会饮》205B、210B，《理想国》v. 454A，vi. 507B，viii. 544D，《斐莱布》15D、23D、52D；参考 Ast, *Lex. Plat.*；Brandis, *Gr.-röm. Phil.* ii. 221 sqq.。据亚里士多德《形而上学》i. 6（supra, p.233），柏拉图似乎已经确立了这个用法。古今都有人试图对这两个语词的含义进行区分，但都徒劳无功。例如，塞涅卡断言（当然不是他的原创说法），ἰδέα 是 *exemplar*，εἶδος 是 *forma ab exemplari sumta*：分别表示"原型"与"摹本"。对这点的进一步发展出现于新柏拉图主义者 Johannes Diaconus, *Alleg. in Hes. Theog.* 452 Ox.，此人的知识来源于 Proclus。他说，带有单纯 ι 的 ἰδέα 表示完全单纯的东西，αὐτοὲν（绝对的一），αὐτοδυάς（绝对的二），等等，而带有双元音的 εἶδος 表示"从灵魂和身体，或从形式与质料，结合而来的东西"（τὰ σύνθετα ἐκ ψυχῆς τε καὶ σώματος ἢ μορφῆς〔补充 καὶ ὕλης〕）。这些说法当然都是虚构出来的。我不能同意 Richter（*De*

阿泰德》中，只有这样一种东西被看作事物的本质，而且被看作"科
学知识"（Wissenschaft）的唯一对象；[1] 按照《斐德罗》中的说法，一切　　239
真知（Wissen）是从探究这种东西开始的；[2] 而它也就是巴门尼德所谓唯
一真正的实在；[3] 且不说还有前面反复提及的那些明确解释（德文版 544
页以下）。所以，柏拉图[4] 直截了当地把"理念"界定为具有相同名称的
多个东西的共通性；亚里士多德[5] 同样把它界定为"多上之一"（ἒν ἐπὶ

Id. Plat. 28 sq.）和 Schleiermacher（Gesch. d. Phil.104），他们让 εἶδος 表示"属（类）"，
而 ἰδέα 表示"原型"；我也不能同意 Deuschle（Plat. Sprachphil. 73）和 Susemihl
（Genet. Entw. 122）的观点，即我们应该把 εἶδος 理解为主观概念，而把 ἰδέα 理解为
客观的基本形式（Steinhart 引入这种区分，但是他承认 ἰδέα 和 εἶδος 这两个语词的
含义本质上是相同的）。对前述文本与其他某些文本的对照阅读表明，就这两个语词
的哲学含义而言，柏拉图根本没有做出区分；cf. e.g.《巴门尼德》132A sq.、135B。

1　《泰阿泰德》185B，在提到几个概念之后："那么，关于这两者，你经由什么而思
考到所有这些东西呢？因为你既不能经由听觉也不能经由视觉而把握到这两者的共
性。"同上，C："经由什么官能，让你明白这些东西乃至于一切东西的共性"；186D（提
及这个文本）"知识并不在 τοῖς παθήμασιν〔策勒按：感觉印象〕之中，而在对它们
的反思之中。看来，在反思当中能够把握到'所是'和'真'，而在经验当中不能
够把握到"。

2　《斐德罗》265D（vide p.199，那里有更多的证明）；Ibid. 249B。

3　例如 132C，εἶδος 在该处用来表示"那个'一'，即思想所认为遍布所有〔个例〕
的，也就是某单一理念（ἰδέαν）"，以及"那个'一'，即在所有个例中永远是同一
的"。135A："对每个东西而言都有某个类型（γένος），即独立自在的本质（οὐσία）"。
参考《理想国》vi. 507B："我们说许多美的东西、善的东西和其他如此这般的东西
'是'，以此方式我们在话语中区分它们……我们还说到了美自身，善自身。对于我
们刚才确立为'多'的那所有个例，我们又转而为它们每一个确立单一理念，作为
单一的东西，并且称它为每一个东西的'所是'（ὃ ἔστιν）……而我们说，前一种
东西可以被看见而不可以被理知，而诸理念可以被思考却不可以被看见。"《蒂迈欧》
31A 从同样的预设出发，即，所有的"多"必定都预设了一个'理念'作为"一"。

4　《理想国》x. 596A："我们习惯上针对每组'多'确立某一理念，并且赋予这些'多'
以同一名称"。Ritter（ii. 306；cf. 303 A 3）是这样翻译这段文字的："一个理念指这
样一个东西，即凡我们用同一个名称表示多个东西时所意谓的那个东西"，而且他
推论说，由于不仅每一个体，而且每一属性，每一状况，每一关系，甚至每个可变
者，都可以用名称加以称谓，而每一个名称都表示一个理念，所以"理念"不能仅
仅表达普遍概念。但是，最主要的方面在这里被忽视了，即，"理念"所对应的那
个 ὄνομα（名称）是许多个例所共享的。

5　《形而上学》i. 9, 990b6（cf. xiii. 4, 1079a2）："对应于每个东西有一个同名的东西，
与诸实体（亚里士多德意义上的实体）分离，而就其他东西而言（? cf. Bonitz ad
loc.）则有'多上之一'（ἒν ἐπὶ πολλῶν）"。因而接下来"多上之一"作为柏拉图对

πολλῶν），并且在此基础上提出了自己的反驳，即把"普遍者"看作"实体"是矛盾的，这就如同是把普遍者看作特殊的东西。[1] 现代有一种

240　批评是这么说的：[2] 理念的内涵不仅包括我们所谓的普遍者，而且包括个体；这种批评既不能得到证明，还与柏拉图的明确界定截然相反。他认为"普遍者"，即"理念"，是与现象世界相分离的，是独立存在的"实体"（Substanz）。[3] 理念存在于超世界的或属神的领域，"真实"只存在于这个领域之中，诸神和纯粹灵魂在这个领域中洞见到无色、无形、非

241　物质的实在；[4] 正义本身、节制本身和纯粹知识超越了一切"变易"，它们互不依存，而有着自己的纯粹本质。真正的"美"并不属于地上、天

理念论的说明被提及，vide p. 232。参考《形而上学》xiii. 4, 1078b30："苏格拉底没有把普遍者和定义当成分离的（独立的），但是他们却将其分离开来，并且把这一类东西称呼为'诸理念'（ἰδέας）"。同上，1079a9, 32；《后分析篇》i. 11，开端部分。

1　《形而上学》vii. 16, 1040b26 sqq. ; xiii. 9, 1086a31 sqq.。

2　Ritter, *loc. cit.* ; Volquardsen（*Plat. Idee. d. pers. Geist.* 17 sq.）同意 Ritter 的观点，但没有引入任何新内容。Ritter 提出了如下论据来支持自己的观点：（1）第 173 页注释 4 中提到的那个已经被我们反驳了的观点；（2）在《克拉底鲁》386D 和其他地方，不仅事物而且各种行为或活动，都被认为可以有恒久本质。但是，从这里不能得出，这些活动作为单个活动而言——就其与它们的普遍概念不同而言——可以构成相应理念的内容。（3）在柏拉图看来，灵魂是不可感事物而且是不可灭坏的。但是，这并不是对于灵魂是一个理念的证明。（4）据《泰阿泰德》184D，个体灵魂被视为一个理念，而（《斐多》102B）西米亚斯的所是与苏格拉底的所是不同于它们两者之所是。但是，后面这段文本其实跟 Ritter 的主张是相反的，因为西米亚斯的所是与苏格拉底的所是，即他们的个体存在，是与"理念"或他们共同分有的要素相分离的东西。在前一个文本（《泰阿泰德》184D），论证无疑是，单个感觉经验与"某个统一体，无论我们应该叫它'灵魂'还是别的什么"相应；但是后面的限定语只能表明，我们在这个例子中没有面对 ἰδέα 或 εἶδος 的更具哲学意味的用法。这个词以不明确的含义出现，如同《蒂迈欧》28A、49A、52A（在那里物质被说成一种 εἶδος）、59C、69C、70C、71A，《理想国》vi. 507E，等等，还有《泰阿泰德》157C 中的文本（被 Ritter 错误地引述来支持其观点）。有明确的说法表示（《斐多》103E、104C、105C sq.），灵魂不是严格意义上的一个"理念"。参见下文。

3　这个词在亚里士多德哲学那里泛指任何自身持存的东西，不构成任何其他东西的部分或属性，而且除了其自身外不需要任何其他东西作为基质或载体。当然，如果我们把"实体"理解为那种包含多个可变换的性质（在这些性质的变换过程中其自身保持不变）的东西（如 Herbat 那样，loc. cit. Werke, xii. 76），那么我们有充分理由反对说，柏拉图主张诸理念是一些实体。

4　《斐德罗》247C sq.。

上或任何地方的生命体，而是 αὐτὸ καθ' αὑτὸ μεθ' αὑτοῦ μονοειδὲς ἀεὶ ὄν（始终自在自为的单一形式的东西），不会由于分有它的东西的变化而发生改变。[1]事物的本质绝对独立自在，独一无二，恒常不变。[2]各个理念就是诸存在者的永恒"原型"——所有其他东西都是它们的摹本。[3]理念是独立自在的（αὐτὰ καθ' αὑτά），与分有者枘分离（χωρὶς），它们属于理智的领域（τόπος νοητὸς），不能用肉眼观看到，只能通过思想来领会；[4]可见的事物只是理念的"影像"；[5]换言之，它们是相对的，而只有理念是绝对的。[6]简言之，用亚里士多德的话来说，诸理念

242

---

1 《会饮》211A。Steinhart（*Pl. WW.* iii. 424, 441；iv. 254, 641）追随新柏拉图主义的观点（参考 Vol. iii. b. 695；723, 3，第 2 版）说："理念不能跟普遍的知性概念混为一谈"——"在《会饮》(*loc. cit.*)，理念以最明确的方式与'属'概念区别开来了"——"'种'概念只有在它分有完满的'属'概念才变成一个'理念'"。我与Bonitz（*Plat. Stud.* ii. 75 sq.）以及其他人一样反对上面这些观点。理念之内容由普遍概念所给出（这点由柏拉图预设），在理想的概念跟其他概念之间没有做出什么区分：除了"最低层次的种"之外，所有的"种"都可以被看作"属'。进一步参考《理想国》vi. 511C（vide supra, p. 168），《巴门尼德》130C sq.，《斐莱布》16C（参见第148 页注释 4），以及后面关于理念世界之范围的论述。

2 《斐多》78D："其中每个东西一直所是的东西，独一无二的（μονοειδὲς），绝对自在的东西，永远在各个方面都自身维持同一而绝对不容许任何改变"。《斐莱布》15B，《蒂迈欧》51B，参见第 164 页注释 5。

3 《蒂迈欧》28A，《巴门尼德》132D，《泰阿泰德》176E。

4 参见 Part i. p. 556，《巴门尼德》128E、130B sq.、135A，《斐多》100B，《理想国》vi. 507B（参见第 173 页注释 3）。

5 在著名的洞穴譬喻中就是这样叙述的，见《理想国》vii. 514B sq、516E、517D。

6 柏拉图在 καθ' αὑτὸ（绝对的 / 就自身而言的）与 πρός τι（相对的 / 对于他者而言的）之间做了逻辑学意义上的区分；参考《智者》255C："我想你会承认：是的东西当中有一些被说成绝对的（αὐτὰ καθ' αὑτά），另一些则永远被说成相对的（πρὸς ἄλλα）"；还有《巴门尼德》133C；《理想国》iv. 438A。Hermodorus, ap. Simpl. *Phys.* 54b 说，"〔柏拉图说〕是的东西有些是就自身而言的（καθ' αὑτά），如，人、马，而另一些是相当于他者而言的（πρὸς ἕτερα），而这其中有些是相对于对立面而言的（πρὸς ἐναντία），如，善之于恶，另一些则是相对于任意某个东西而言的（πρός τι）。"尽管这个逻辑学划分本身在两个世界（可感世界与理念世界）中都起作用（关于"关系"理念，参见第 199 页注释 1），但是，在形而上学意义上只有"理念"才是"绝对者"。正如柏拉图告诉我们说，"理念"是"绝对自在的"（αὐτὸ καθ' αὑτὸ）；而可感现象则"总是像另一个东西的幻影一样掠过，通过附属于另一个东西而出现"（ἑτέρου δέ τινος ἀεὶ φέρεται φάντασμα, διὰ ταῦτα ἐν ἑτέρῳ προσήκει τινὶ γίγνεσθαι，《蒂迈欧》52C）。可感现象是一种相对的东西，只是理念的摹本——

是 "χωρισταί"（分离者 / 独立者），[1] 也就是说，它们的 "实在" 完全独立于、并且不同于事物之实在：它们是自足的本质性实在。[2] 所以，那些把柏拉图的理念跟可感实体、假设性虚构（理想性存在）混为一谈或者把它们跟 "主观概念" 混为一谈的各种理论，没有一个是正确的。第一种观点 [3] 现在已经被普遍放弃了，也已经被前面我们从《斐德罗》《会饮》和《理想国》中引述的内容驳倒了——我们还可以提及《蒂迈欧》（52B sq.）的论断，即只有理念的摹本，也就是 "变易"，而非真正存在的东西，才处于空间之中；另外亚里士多德的相应证词也驳倒了这种观点。[4] 也许可以说柏拉图谈论的是 "超世界的领域"（überweltlichen Ort），而他的弟子把理念描述为 "αἰσθητὰ ἀίδια"（永恒的可感物）。[5] 但是，前者的比喻性太明显了，不能充当一个证据；亚里士多德的评论也不是为了传达柏拉图本人的观点，而是通过其推出的结果来反驳它。[6] 另一种看法，即柏拉图的诸理念是主观思想，这被更多人接受。现在几乎没有人把诸理念看作只是 "人类" 理性的诸概念；[7] 但是，直至最近还有人主张，诸理念并非自身独立存在的东西，而只是 "神" 的诸思想（die

243

它只有在这个关系中并且通过这个关系而存在。

1　《形而上学》i. 9, 991b2；xiii. 9, 1086a31sq.；xiii. 4；参见第 173 页注释 5；《物理学》ii. 2, 193b35；参考《后分析篇》i. 77a5；《形而上学》i. 6, 987b8, 29；以及我的 *Plat. Stud*. 230。

2　如亚里士多德所说的 "οὐσίαι"（诸实体）；参考《形而上学》990b30、991b1、1002b29、1040b26。这个界定怎么跟另一个界定（事物只在理念中并且通过理念而存在）协调一致，这点将在后面得到讨论。

3　Tiedemann, *Geist. d. spek. Phil*. ii. 91 sq., 其中，"诸实体" 被理解为 "诸可感实体"；参考 Van Heusde, *Init. Phil. Plat*. ii. 3, 30, 40。

4　《物理学》iv. 1, 209b33："柏拉图应该告诉我们……为什么诸理念……不在空间里"。iii. 4, 203a8："柏拉图认为，在天外没有什么物体，诸理念也不在天外，因为它们哪个地方也不在。"

5　亚里士多德《形而上学》iii. 2, 997b5 sq.；cf. vii. 16, 1040b30。

6　Cf. *Plat. Stud*. p. 231。

7　Melanchthon, *Opp*. ed. Bretsch. xiii. 520；Buhle, *Gesch. d. Phil*. ii. 96 sq.；Tennemann, *Syst. d. Plat. Phil*. ii. 118 sq.（cf. *Gesch. d. Phil*. ii. 296 sqq.），他把诸理念当成 "诸观念 / Vorstellungen"（从事物之原型的维度看），又当成 "神的作品"（从人的心灵的维度看）。Plat. ii. 125, iii. 11 sq., 155 sqq.；*Gesch. d. Phil*. ii. 369 sqq.。

Gedanken）。[1] 这个理论跟别的理论一样都是错误的，完全缺乏证据。柏 244
拉图曾经通过关于知识之本性的研究而得出理念论，但是这证明不了什
么；其实，这跟诸理念的客观起源更为吻合。[2] 把诸理念描述为"原型"，
神的理性按照这些原型构造宇宙，[3] 或者，把诸理念描述为人类理性沉思
的对象，[4] 这并不会让诸理念仅仅成为神的理性或人类理性的"产物"。
在这里，诸理念以理性的活动为前提，这就好比外在事物以感知它们的
感官的活动为前提一样。《斐莱布》（28D sq.、30C sq.）中的段落也不
能推导出这个观点，在那里，宙斯的超凡理智被说成主宰和统领一切的
力量。宙斯在这里代表宇宙灵魂，他所主宰的是宇宙[5]；而理性——如我
们说过的——通过超越了他的"原因"（即，理念）归属于他，这就是
说，理念没有被看作创造物，而是被看作运思着的理性之条件。[6]《巴门
尼德》（134C）的论断，即"神"自身拥有知识，也没有提供更多的论

1　这个学说在古代晚期柏拉图主义者（尤其在新柏拉图主义者）那里可以看到（cf.
　　Vol. iii. a. 726；b. 105；411 sq.；469；571, 5；694；723, 3，第2版）。但是，在那
　　里，这个学说是与相信诸理念之实体性这个观点结合在一起的，而且这两个学说没
　　有被看作矛盾的。这种关于理念论的观点在中世纪柏拉图化的实在论者那里是很常
　　见的。就现代学者而言，cf. Meiners, *Gesch. d. Wissensch.* ii. 803；Stallbaum, *Plat.
　　Tim.* 40；*Parm.* 269 sqq.；Richter, *De Id. Plat.* 21 sq., 66 sqq.；Trendelenburg, *De
　　Philebi Cons.* 17 sqq.。后者说，诸理念是"从造物主的心灵产生的诸形式"（*formae
　　a mente artifice susceptae*），即，神的理性之创造物，"他通过思想而产生出这些理
　　念，因为它们如其所是而被思想"（*quae cogitando ita ideas gignat, ut sint, quia cogi-
　　tentur*）；当它们被描述为绝对的和 χωρισταὶ（分离的），其意思仅仅是说，它们在独
　　立于变化不定的现象之外的"神"之思想中存在。同类的说法，参考 Rettig, Αἰτία
　　in the Philebus, etc.（Bern, 1866），24 sq.；Volquardsen, *loc. cit.* p. 16 sq.，他为了支
　　持自己的观点，从《理想国》435 中引述了某些说法，但该处文本根本没有这些说
　　法。Kühn, *De Dialectica Plat.* p. 9, 47 sq.，表达了相似的观点，认为诸理念（如新
　　柏拉图主义者所主张的）在"神"里面作为最完满的实在而存在，同时为他的诸思
　　想所理解。与此类似的还有 Ebben, *Plat. id. doctr.* 78 sqq.。

2　Vide supra, p. 228 sq.

3　《蒂迈欧》28A；《理想国》x. 596A sq.；《斐德罗》247A。

4　《蒂迈欧》52A，其他多处。

5　"这个所谓的'大全'"，即，"寰宇、太阳、月亮、众星辰乃至整个天球"，"年、
　　季节、月"。

6　我后面会回到这个问题上。

据；因为这种"拥有"明显被描述为"分有"，而且"诸神"而不是"神"
被说成知识的拥有者。[1] 从这段文本中不可能推论说，知识之理念本身
只存在于神的思想之中。最后，尽管在《理想国》(x.597B sqq.)中"神"
被称为"制作者"(ποιητὴς)或"创造者"(φυτουργὸς)，它创造"床
本身"，即"床之理念"；从这里也决不能推出，这个理念仅仅是"神"
的一个思想，在神的思想之外并不存在。[2] 我们必须注意到，《理想国》
的这个说法并不是专门为了给理念的来源提供严格的哲学解释；[3] 而且，
在柏拉图看来，神与最高的理念是同义的。那些派生性理念可以被称为
神的创造物，而不必认为理念仅仅在思想中存在，是由一个与其自身不
同的"人格"(位格)所思想到的东西。[4]

理念的"实体性"不仅被亚里士多德的证词所确认，而且被上面引
述的柏拉图文本所确认。绝对存在的理念不存在于其他东西之中，而是
纯粹自在的，永远是事物的"原型"，它是不被生成也不可消灭的，甚
至神的理性也按照诸理念来运作；诸理念不可能同时是这种仰赖其得以
维持的理性之创造物，[5] 从而它们的存在仅仅归属于这个理性。理念之

1　"如若其他某个东西分有知识自身，你岂不要讲，没有另一个比神更可有最精确的
　　知识？……这样，如若……这个最精确的知识属于神，……他们所是神……也不能
　　认识关于人的事件。"

2　当我们说，"神"构造了世界（宇宙），我们并不表示，世界（宇宙）仅仅是"神"
　　的思想。

3　希腊人与其他许多民族一样，把凡不是人所造的东西（从而包括整个自然之产物）
　　都归于"神"。在这里，κλίνη ἐν τῇ φύσει οὖσα（存在于自然中的床）本身是由"神"
　　所造的。但是，这只是大众宗教的解释方式，那些明确拒绝把 ποιεῖν（创作）归给
　　"神"的人很容易找到不同说法，如亚里士多德（参考《论天》i.4, 271 a.33；《尼各
　　马可伦理学》x. 9, 1179a24；i.10, 1099b11；另一方面可见 Vol. ii. b. 276 sq.，第 2 版）
　　引述的内容；故而我们不能把这当成真正意义上的学理性观点。对目前这个例子而
　　言尤其是这样；因为出于对称的考虑，对应于三种不同的 κλίναι（床）就必须存在
　　三种不同的 κλινοποιοὶ（造床者）。

4　所以，Hermann 声称在这段文本中发现了理念论的全新发展，以及能够表明《理
　　想国》卷 10 是后来补遗的证据（Plat.540, 695），这是没道理的；参考 Susemihl,
　　Genet. Entw. ii. 262 sq. ；Steinhart, iv. 258。

5　参考，例如，《会饮》211A 中的文本。柏拉图会不会是这样主张的："美"之理念
　　以绝对的方式不在任何他者中存在？如果他的看法是它存在于某个他者中，那么它

"恒常性"是最受柏拉图强调的，被看作它的最根本的特性，通过这点
它与现象得以区分。[1] 这样的话，理念怎么可能像思想一样呢（既然思
想来源于思考着的灵魂）？理念从神的心灵中产生出来，即使说这点不
从时间上来考虑，这个困难也没有得到消解，[2] 因为柏拉图不仅否认理念
在时间上有起始，而且否认它在任何方面有起始。[3] 此外，柏拉图本人
提到过这种设想，即理念可能仅仅是思想，在灵魂之外并不存在，而他
在经过考虑之后放弃了这个设想；因为如果那样的话，每个分有理念的
东西都必须是一个思考着的主体；[4] 他说，独立自在的实在本身不能存在
于我们之中，这是自明的道理。[5] 在另一场合，[6] 他明确反对这样一种想
法，即"美之理念"是某种"言语或知识"。亚里士多德也没有认为，
柏拉图的理念是关于事物之本质的思想，而不是本质自身。他从来没有
表示，理念只处于人或神的思想之中，[7] 相反，他以尽可能清晰的方式把

247

就只能存在于神的理性之中。

1 例如《蒂迈欧》27D："按我的看法，首先我们必须做出如下区分：何谓永远是
 而不出现变易的东西，何谓永远变易而永不是的东西，etc."。同上，28C；《会
 饮》210E。亚里士多德常常把诸理念描述为永恒的；例如《形而上学》i. 9, 990b33,
 991a26, iii.2, 997b5 sqq.。

2 Trendelenburg, *loc. cit.* 20；Stumpf, *Verh. d. plat. Gott. zur Idee d. Guten*, 78 sq.。

3 例如，《蒂迈欧》28C："让我们回头来进一步考察这个，这位匠师按照两个模型中
 的哪一个来建构它，究竟是按照那个永远自身维持自身的东西，还是按照那个变易
 的东西"。所以，接下来：宇宙创造者只是注视"永恒的东西"（πρὸς τὸ ἀίδιον）而
 不注视"变易的东西"（πρὸς τὸ γεγονός）。我们只是看到，一方面永恒与不变的"实
 在"，另一方面"变易"，在柏拉图那里是完全对立的两方面。认为某种被生成的东
 西又可以是永恒与不变的，这个想法（如 Trendelenburg 关于"理念"的想法）完全
 超出了柏拉图的视域。参考《斐莱布》15B："每个理念都是'一'，永远是其自身，
 不容生成与毁坏"。更多细节参考前文，第 164 页注释 5, p. 228 sq.。

4 《巴门尼德》132B；参考《蒂迈欧》51C。在 Part. i. p. 254, 1, end 已经提到，柏拉
 图在这里想到的是安提司泰尼的唯名论。

5 《巴门尼德》133C："我认为你或其他任何主张有绝对自在的'是'的人首先会同意，
 它们没有一个存在于我们中间。——不，否则它怎么会是绝对自在的呢？"

6 《会饮》211A。

7 亚里士多德没有在任何地方把"诸理念"仅仅描述为"诸思想"，或者描述为"神"
 的"诸思想"；相反，如我们所注意到的，他明确把诸理念表述为一些永恒实体。假
 如他知道我们上面讨论的这个观点，那么我们怎么能设想他不去反驳这种对于理念
 论的相反解释呢？

248　理念描述为独立自存的实体；[1]在这个前提下他对理念展开批评，而如果他把理念看作某种我们从事物中抽象出来的概念，或者看作先行存在于神的创造性理智中的原型，那么他的批评就会是缺乏根据的。[2]同样明显的是，亚里士多德也不知道那种把理念看作神的"创造物"的观点。[3]所以，我们可以非常合理地说，柏拉图既没有把理念看作人的思想，也没有把它看作神的思想。[4]

　　但是，如果作为思想之对象的"实在"（das Wirkliche）必须是一个"实体"，那么根据上述说法，它就不能像爱利亚学派那样被思考为排斥

1　从上面（第 176 页注释 1、2）引述的文本出发，实际上从 χωριστὸς（分离者）这一个措辞出发，来解释 Trendelenburg 提出的那个论点（参见第页 177 注释 1），这是绝对不可能的，这从亚里士多德对这个词的用法以及它被用于描述柏拉图"理念"的语境就可以知道。参考，例如，《形而上学》1040b26 sq.，1086a31 sqq.（且不引 Ind. Arist.860a35 sq. 所列举的全部文本），其中，亚里士多德批评理念论有一个矛盾之处，即，诸理念作为诸概念必须是普遍的，而作为 χωρισταὶ（诸分离者）又必须是个别的。按照 Trendelenburg 对 χωριστὸς（分离者）的诠释，这个批评会变成无的放矢：因为先于个别实在的神的"诸思想"中的"诸原型"只能是一些普遍概念。

2　就这里设想的第一个情况（即，诸理念是人类理智的一些概念）而言，这点会立即得到承认。而对于第二个情况，则不可能有任何这方面的怀疑。关于亚里士多德对理念论的所有驳斥（对这些驳斥的一个评论可参见 Part i. b.216 sq. 第 2 版），只要我们不将柏拉图的"理念"理解为实体性和自身持存的概念，而是视为表达了特定事物之本质的神的"思想"，那么这些驳斥统统都会失效。

3　这种看法既没有出现在他关于理念论的说明中，也没有出现在他对理念论的批评中；这个问题是很明显的（他曾经注意到这点）——诸理念的"产生"怎么能与它们的"永恒"相协调呢？（亚里士多德尤其强调其"永恒"）。柏拉图在那些亚里士多德曾聆听到的专题讨论中似乎从来没有把"神"当成将诸理念复制到事物中的行动者（参见第 57 页注释 2）；柏拉图更加不会为了解释诸理念本身的起源而这样做（诸理念被说成永恒的、没有起源的）。

4　如果我们跟 Stallbaum（Parm. 269, cf. 272; Tim. 41）一起说，"诸理念是神的永恒思想，在其中有事物的内在本质，其他事物通过这些本质而得到思考，即使它们自在自为地存在……在诸理念中包含真正的本体性（οὐσία）"，那么立即会引起一个问题：诸理念仅仅是把事物之本质作为自己的内容与对象，因而它们本身与主观的东西和客观的东西都不同，或者它们实际上是事物的本体性？如果它们是神的"思想"，那么怎么会是这种情况呢？难道我们不应该完全承认那个论证（即柏拉图用来反驳"诸理念仅仅是诸思想"的那个假设性论证）："难道每个东西都由思想构成，一切东西都在思考吗，还是说，作为被思想的东西，它们是不进行思考的呢"？（《巴门尼德》132C）。

"多"的"一"，排斥"运动"的"恒常"。如果"一切"被设定为"一"，   249
没有任何东西可以表述它（如《智者》所示[1]）；因为只要我们把一个谓
词跟一个主词联系在一起，把一个名称跟一个事物联系右一起，我们就
立即引入了某种"多"。如果我们说"'一'是"（das Eins ist，或译作"'一'
存在"），我们就把"一"和"是"（das Sein）说成了两个东西；如果我
们给"一"或"是者"（das Seiende，或译作"在者"，下同）命名，我
们就区分了这个名称和所命名的东西。"是者"也不能是"整体"，[2]因为"整
体"概念包含了"部分"概念；"整体"不是"纯粹的一"，而是一个"多"，
整体的各个部分跟"一"保持某种关系。如果"一"作为一个谓词来表
述"是者"，那么，"是者"就变成"整体"，于是"一"就与"是"区
别开来了；于是我们就得到了两个而非一个"是者"："一"和"是者"。
如果"一"不属于"是者"，那么"是者"就不是"整体"，于是，如果"整
体"概念有实际意谓（整体自身"是/存在"），那么"是者"就会缺乏"是"，
从而沦为"非是者"。如果根本没有"整体"，那么，"是者"就被剥夺
了"数量"，它既不能"是"也不能"生成为"任何东西。[3]但是，把"一切"
仅仅视为"多"也是不可行的。[4]恰当的考虑是同时包容"一"和"多"。
"一"和"多"是如何兼容的呢？如前所述（德文版251页以下），唯有
借助于概念结合的理论。如果不可能有诸概念的结合，那么任何事物都   250
不能被它自身之外的其他谓词所表述。[5]所以，我们关于"是者"只能说，
它"是"，它跟"不是"没有任何关系；进一步推论就必然得出一切"是者"
是"一"。然而，如果言说和认知总体上是可能的，那么上述预设必定

1　244B–245E.
2　据《巴门尼德》，情况应该是这样。Vide Part i. 471, 1；473。
3　关于上述段落的思想推衍，参考 Ribbing, *Plat. Ideenl.* i. 196 sq.；Petersen, *De Soph.*
　　Plat. Ord. (Kiel .1871), p. 9 sq., 38 sq.；以及其中引述的文本。我在此处不可能详
　　细展开论述。
4　vide p. 228 sq..
5　安提司泰尼的主张，参见 Part i. p. 252。

是不正确的。[1] 更进一步的考察让我们相信，有些概念相互排斥，有些概念相互兼容，甚至相互包含。例如，"是"（实在）这个概念，它跟所有表达了"是"（实在）的某个规定性的概念都是兼容的，即使这些概念本身相互排斥，譬如"静止"和"运动"。就这些概念可以结合而言，其中一个概念所表示的"是／实在"可以归属于另一个概念。就这些概念是相异的或相互排斥的而言，其中一个所表示的"是／实在"就不属于另一个概念；于是，其中一个的"是／实在"（das Sein）就是另一个的"非是／非实在"（das Nichtsein）。[2] 每个概念可以与许多其他概念相结合，不过，作为一个概念，它又与所有其他概念相异，所以它在许多方面属于"是"，而在无限多个方面又从属于"非是"。[3] 所以，"非是者"与"是者"一样"是"；因为"非是者"自身是一个"是者"，亦即"他者／相异者"（所以它不是绝对的而是相对的"非是"，亦即一个有限的是者之否定），因而对于每个"是"而言都有一个"非是"，即"异"。[4]

　　这就是说："真正的是者"（das wahrhaft Seiende）不是"纯粹的是者"而是"有限的是者"，并非只有"一个"是者，而有"多个"；这些是者彼此依存，以各种方式处于同一和差异的关系之中，处于排斥和兼容的关系之中。[5]

251

1　259 D sq.；251B sq..

2　例如，"运动"可以与"是"（das Sein）结合，因为它"是"（ist）；但它同时也"与'是'相异"（ἕτερον τοῦ ὄντος），因为"运动"概念不同于"是"概念："这岂不很清楚：'运动'真地是'非是'；但它又是'是'，因为它分有'是'。"《智者》256D、254D。

3　《智者》256D：所以，"非是"必定"是"，无论是对于运动而言，还是对于其他各个理念而言都如此；因为"异"的本性在使得各个理念异于"是"的时候把它们变成了"不是"；我们以同样的方式也可以正确地说它们每一个"不是"。另一方面，由于它们分有"是"，我们也说它们"是"。

4　关于这点，尤其参考《智者》256E–259B、260C。

5　把"κοινωνία τῶν γενῶν"的学说（"理念结合论"，旧译为"通种论"——中译注）归结为"某个东西与另一些东西在个体实在中进行关联的可能性"（如 Stumpf 在 *Verh. d. plat. Gott. z. Idee d. Guten.* 48 sq. 中的说法），这与柏拉图直截了当表达的意思是矛盾的。这里提出的问题（p. 521D）不是一个事物能同时分有多个理念，而是 οὐσία（是）、κίνησις（运动）、στάσις（静止）这些理念本身能够彼此进行结合。我们看到，如果"运动"与"静止"绝对不能分有"是"，其后果是，它们就"不

　　《巴门尼德》以更抽象和彻底的辩证讨论得出同样的结论。[1] 这篇对话录的第二部分提出两个基本预设，即"一是"和"一不是"，它们断定的东西跟《智者》中的两个预设是一样的，即"一切是一"和"一切是多"。这些预设通过一系列矛盾推衍最终被归为谬误；其推论是，真正的是者必须被界定为在自身中包含"多"的"一"。迤过反证法这种方式推导出"是"之概念（der Begriff des Seins），以及从其中引发的各个矛盾，这些都说明，这个真正的"是/实在"（wahrhafte Sein）本质上不同于经验性的"是/实在"，后者被时间和空间所限定，没有真正的统一性。

252

　　这个说明与《斐莱布》[2]（14C–17A）中的说明具有紧密的联系，后者明白地指涉了前者。前面的那些考察在《斐莱布》中被简单地总结为这样的论断，即"一是多"，"多是一"；这不仅对于那些有生有灭的东西（τὸ γιγνόμενον καὶ ἀπολλύμενον）而言成立，而且对于纯粹概念而言也成立——这些概念也是"一"与"多"的结合，其中包含"有限"和"无限"。于是，同一个东西对于思想而言有时是"一"有时是"多"。[3] 所以，柏拉图宣称真正的是者（实在）是"永恒的""自身同一

是"；如果它们绝对分有"是"，那么，（并非如我们所设想的，任何"运动中的事物"同时会是静止的，而是）"'运动本身'就会完全静止，而'静止本身'又会运动"，而各处文本都是这个意思，如，254B sq.、254D；"运动"和"静止"是"彼此不可结合的"（ἀμίκτω πρὸς ἀλλήλω），反之，"是"则"与两者都可结合；因为两者肯定都'是'"；255A sq.："运动"与"静止"都不是"同"或"异"。255E sq.："运动"是"异于静止的"：它分有"是""同"与"异"，而又与它们都不同；它"是"，它是一个"同/自身"或者一个"异/他者"；等等。

1　关于这点，参考第 168 页注释 1。

2　参见第 53 页注释 3。

3　《斐莱布》15B：问题不是一个主体能否在自身中把多个属性统一起来，或者一个整体能够在自身中把多个部分统一起来——在这点上人们已经有共识——毋宁说，关于单一的概念自身而言，"第一个问题是，我们是否应该认为这样的'单元'（μονάδας）存在；第二个问题是：以何种方式，这些'单元'——每一个是'一'并且始终是同一的、不容生成与毁坏的——以最确定的方式维持为同一个，但是又出现在无数变易的事物中；我们究竟应该把它当作分离的从而变成'多'，还是说，它完全从自身中分离（这是绝对不可能的），作为同一的东西，却同时是'一'又是'多'。"参考第 148 页注释 4 的引述。

的""不在空间中的"和"不可分的";另一方面,他又跟爱利亚学派不一样,不认为它是一个整全的实体,而认为是多个实体,其中每一个都不会因为在自身中结合了"多"个属性和关系而有损其"统一性"。[1] 这是理念论的起源所要求的;作为理念之逻辑基因的苏格拉底式概念乃是通过把事物的不同方面和性质辩证综合为一而得到的。这样一种"界定"对于柏拉图而言是不可或缺的;诸事物对于理念的分有以及诸概念之间的结合都不会出现——假如它们都仅仅被视为无差异的"一"的话。[2] 这就是柏拉图的形而上学最明显地区别于爱利亚学派形而上学的分界点,并且表明它的目标不在于否认而是解释"实际存在者"(des Gegebenen/被给予者)。

　　"一"和"多"在理念中的结合也通过把理念描述为"数"的而得

1　无须反驳 Ribbing 的观点(*Plat. Ideenl*. i. 336),即,每一个理念"也是一个具体实存","具体"在这里有其真正的含义,不是指"可感实在"或者"个别实存",而是指"以普遍方式规定了的东西"(如黑格尔所说的"具体概念")。但是,我看不出 Ribbing 有什么必要从历史的立场出发反对我的论断,即,柏拉图的理念是普遍者,而且在对于该问题的详细讨论中(*loc. cit*.p. 325 sq., 355 sq.)我也看不到任何解释。我们说理念是普遍者,意思是每个理念都包含那种以同等方式出现在许多个例中的东西;这些个例或个别事物可多可少,而据此各理念的覆盖面有大有小。这点已经被柏拉图本人毫无争议地表明为是他自己的学说(p. 237 sq.);Ribbing 其实也没有挑战它,*loc. cit*. 374。所以,他在说下面这些话的时候是自相矛盾的(*Ibid*.):"柏拉图并不想把诸理念界定为普遍者,正如他不想把个别的东西界定为真正的实存;他只是希望表明必须有一种持存的实在作为与变易区别的东西。"后面这点是柏拉图的想法是毫无疑问的;但是(柏拉图最明确的那些解释已经表明了)他知道,这种持存的实在只能出现在"类"这种普遍性存在之中。他预设了这种普遍者;如我们将会看到的,他甚至把"理性"与"生命",从而总体上把我们习惯上只归给个体事物的那些属性都归给了这种普遍者。但是,我们不能说,柏拉图仍然不明确理念是否为普遍者,而只能说,对他来说,这些属性并没有被看作跟"类"概念的本性不兼容。

2　柏拉图本人强调了这个立场。在上面引述的《智者》段落,柏拉图证明,诸概念的结合与在概念中承认某种"多"是互为条件的,而且在《斐莱布》中(*loc. cit*.),他找到了一个方案来解决将"现象"之"多"包含在内的单一概念这个难题,也就是说,"实在"既包含"一"也包含"多",既包含"界限"也包含"未限定性"。在《巴门尼德》中,当考察了事物对于理念的分有之后(130E sq.),我们看到,作为其结果而接续的辩证讨论是(vide p. 251)从爱利亚学派的纯粹"实在"过渡到那种扩展了的、多样的"理念"。后面将会对此有更详细讨论。

到表达。[1] 这个观点应该属于柏拉图晚期的发展：在其著作中没有出现。我们可以区别他关于数的纯理论考察和经验性考察，以及他关于一般意义上的数学的考察；[2] 但是，他的纯数学首先是辩证法的预备阶段，其中涉及的数还不是理想的数，而是数学上的数，它不等于理念，而是理念和可感事物的居间者。[3] 除了数之外，数的理念也被讨论到了，[4] 但它们之间的关系，与事物相对于理念的关系，是在同一个意义上说的；这样，数的理念也处于理念的总体领域之中——并非理念总体上由数来代表，或者每个理念本身同时意味着一个数。亚里士多德同样指出，理念论在其起源上独立于数的理论。[5] 柏拉图后期观点的某些基因或许可以在某些对话录的文本中被发现。《斐莱布》宣称毕达哥拉斯学派关于"一"与"多"、"有限"与"无限"普遍结合的学说是辩证法的要旨；[6] 所以，这篇对话录致力于把毕达哥拉斯学派已经在数方面证明了的法则应用到概念方面。柏拉图进一步[7] 通过"数"和"数学上的关系"（den mathematischen Verhältnissen）来理解理念和现象之间的关联性。"数"把理念呈现给我们，就好像有形的物体和处于空间中的东西的"尺度"一样。如果必须应用象征性表达而不是纯粹的逻辑表达，那么理念及其

255

1　参考我的著作 *Plat. Stud.* p. 239 sqq. 236 note；Trendelenburg, *Plat. de. id. et numeris doctrina ex Arist. illustr.* p. 71 sqq.；*Comm. in Arist. De An.* p. 232；Brandis in *Rhein. Mus.* ii. (1828) 562 sqq. *Gr.-röm. Phil.* ii. a. 315 sqq.。Ravaisson, *Essai sur la Métaphysique d'Aristotle*, i. 176 sqq.。Schwegler and Bonitz, ad loc. *Metaph.*（xiii. 6 sqq.；Susemihl, *Genet. Entw.* ii. 525 sqq.）。

2　vide p. 216.

3　在这里（《斐莱布》56D），这些所谓"数"，不像"单位"（如两支军队或者两头牛那样可以相加的数），而是"可见或可触摸物体具有的数"（ἀριθμοὶ ὁρατὰ ἢ ἁπτὰ σώματα ἔχοντες，《理想国》vii. 525D）；也就是亚里士多德所说的"可感的数"（ἀριθμοὶ αἰσθητοί），见《形而上学》i. 8, end；xiv. 3, 1090b36；cf. 1092b22（ἀρ. σωματικοί）。

4　《理想国》v. 479B；《斐多》101C。

5　《形而上学》xiii. 4, 1078b9："但是，关于诸理念，我们必须首先考虑跟理念相关的观点本身，而完全不要跟诸数的本性问题搅和在一起，要按照最早主张诸理念存在的那些人一开始做出解释的那种方式来讨论"。

6　参见第 148 页注释 4。

7　如后面在第 7 章中所表明的。

规定性可以很好地在算术公式中得到表达。这两方面的融合是亚里士多

256 德最早告诉我们的。根据他的表述，柏拉图的理念无非就是数，[1]而且当柏拉图说事物通过分有理念而是其所是，这时候他跟毕达哥拉斯学派的不同之处只在于"理念数"和数学上的数之间的区别，[2]而且他把理念数跟可感事物分离开来了。[3]这两类数更准确的区分是这样：数学上的数由同质的单元构成，因而可以相加，而理念数不能如此相加，[4]其结果是，前者只表达了量上的规定性，而后者表达了概念上的规定性。对于前者，每个数在种类上是相同的，只是在量方面有所不同；对于后者，每个数都与另一个数有质上的（种类上的）差别。但是，某个数列也被认为包含诸数的概念性区分。正如低阶概念以高阶概念为前提，数方面的情况也是一样；表达最普遍和最基本理念的数必须优先于所有其他数。所以，与数学上的数不同，理念数具有这种特殊性，即其中有"先"

257 有"后"，[5]也就是说，有确定的先后次序。尽管这个学说受到老学园派

---

1 例如，《形而上学》i. 6, 987b20 sq.；c. 8 end；c. 9, 991b9 sqq.；xiii. 6 sq.。更详细内容参见下注，以及 *Plat. Stud.* 239。Theophrastus, *Metaph.* 313 Br.（Fragm. 12, 13, Wimm.），提及了这同一种学说："柏拉图……把不可触摸者当作诸理念，又把这些东西当作诸数，它们构成了诸本原。"

2 ἀριθμοὶ εἰδητικοὶ（理念数），《形而上学》xiii. 9, 1086a5；xiv. 2, 1088b34, 1090b35；ἀρ. τῶν εἰδῶν（诸理念的数），ibid. 1078a21, 1083b3, 1090b33；ἀρ. νοητοὶ（理智性的数），ibid. i. 8 end；πρῶτοι ἀρ.（原初的数），ibid. xiii. 6, 1080b22, 1081a21 sqq., xiv. 4, beginn.。而在 i. 6, 987b34 的那个措辞是有问题的。

3 《形而上学》i. 6；尤其 987a29, b22 sq.。

4 亚里士多德明确做了这种区分，参见《形而上学》xiii. 6–8；即：c. 6 beginn., c. 8, 1083a31。参考 *Plat. Stud.* 240 sq.。

5 在我的 *Plat. Stud.* p. 243 sq.，我跟 Trendelenburg 一样认为这个表达方式指数学上的数，从而同意他的猜测，即，《形而上学》1080b11（"有些人认为，两类数都存在，具有〔τὸν μὲν ἔχοντα〕在先与在后的数与理念是相同的，而数学上的数不同于理念"）这句话中有一个 μὴ（不）在 ἔχοντα（具有）之前漏掉了。但是，我现在必须同意 Brandis（正如 Trendelenburg 也同意），这个猜测是不可接受的，不仅仅因为抄本与评注家们没有表明这点，而且是因为"在先"与"在后"用于称谓理念数而不是数学上的数。在《形而上学》1080a16，从这个前提，"它（数）有某个最初的，还有其次的，每一个都在类型上不同"，我们看到了这个结论："这直接符合'单元'（τῶν μονάδων）的情况，每一单元与另一单元都是不可累加的或异质的（ἀσύμβλητος）"；因此那些数是"异质的"，由于它们在概念上的异质性，它

们一个在先，另一个在后。所以我们在 1081a17 中发现：如果一切单元都是"异质的"，那么不仅不可能有数学上的数，而且不可能有理念数："因为这样就不会有最初的'二'，……也不会有接下来的诸数"。因此，"在先"与"在后"是在理念数中得到预设的。在接下来的文本以及 Z. 35 sqq. 中这点就更为玥显了，在两个场合中 μονάδες πρότεραι καὶ ὕστεραι（在先与在后的单元）都被用来替换 μονάδες ἀσύμβλητοι（不可累加的数）（另参考 1083a33）。还有 1081b28，在那里，论到 πρώτη δυὰς（最初的"二"）等等时提出了这样的问题："以何种方式可以让在先与在后的单元得到相加"；此外，1082a26 sq. 这里也是非常清楚；亚里士多德（对柏拉图理念数学说）反驳说，不仅所有数之整体，而且其中的一部分，必须处于"先"与"后"的关系之中；所以，它们必须是一些理念，于是一个理念必须由多个理念合成（如，理念"八"由两个理念"四"合成）。此外，我们还在 1082b19 sq. 中读到：如果存在"第一位的数，以及第二位的数"（ἀριθμὸς πρῶτος καὶ δεύτερος），那么在"三本身"中的那些单元不能与"二本身"中的那些单元是"同质的"（ἀδιάφοροι = σύμβλητοι），而且在 1083a6 中读到，理念数中的那些单元是"异质的"（διάφοροι = ἀσύμβλητοι）这个想法就会遇到这样的问题：它们是在量方面还是质方面不同，而且如果是后者的话，"那些最初的〔单元〕是更大些还是更小些呢，而在后的那些〔单元〕是加大了还是相反呢"；最后，在 1083b32，其中推论说，正如"一"先于"二"，所以，（根据柏拉图的学说）"一"必须是"二"之理念，而且在此诸理念之间处于"先"与"后"的关系之中。从这些文本可以清楚看到，对于亚里士多德来说，"在先与在后"（πρότερον καὶ ὕστερον）标记了各个理念数的特殊性，同时这里也让这个表达方式的含义更清楚了。从中得出另一个数的那个数是在先的；如，数"2"在数"4"之先，数"4"在数"8"之先；因为理念"四"从理念"二"和"未限定的二"（δυὰς ἀόριστος）中得出来，而从这些当中得出"八"（《形而上学》1081b21，1082a33），只是并不"通过相加"（κατὰ πρόσθεσιν，cf. Arist. Ibid.），好像"二"包含在"四"中一样，而是通过"产生"（γέννησις，不管这个神秘的措辞究竟是什么意思），这样，一个数可以产生出另一个数来。所以，"在先"和"在后"表示"要素"与"产物"之间的关系，就好像"条件"与"被制约者"之间的关系。在支持这种诠释的时候，Trendelenburg, *Plat. de. Id. et Numeris doctrina ex Arist. illustr.* p.81）正确地提及了《形而上学》1019a1："有些东西是以这个方式被称为在先与在后，还有些东西是就本性或实体方面来说的，这些东西不需要别的东西可以存在，别的东西没有它们则不能存在。（参考《物理学》260b17；《欧德谟斯伦理学》i.8；Theophr. *Metaph.* ii. p. 308, 12 Br.，其中，ἀρχαί〔诸本原〕对应于 πρότερα〔在先者〕，而 τὰ ὑπὸ τὰς ἀρχὰς〔后于本原的〕对应于 ὕστερα〔在后者〕）柏拉图就利用过这种区别。"还可参考《范畴篇》c. 12, 14a26："一个东西有四种方式被说成先于另一个东西。首先也是最严格意义上，是依据时间……第二，在存在次序方面不可以逆转的东西，例如，1 先于 2，因为如果有 2，立即得出有 1，而如果有 1，未必得出有 2。"柏拉图《巴门尼德》153B："所以，'一'是所有具有数的东西中第一个出现的……我认为，由于它第一个出现，它就在先出现，其他东西在后出现"。让这点存疑的前述考虑，即，据《形而上学》999a12，在"个别者"（ἄτομα）中没有"在先"与"在后"，我不再认为有什么重要性。尽管"个别实存"受到其他个别实存的制约，但是在它们当中（最低层次的"种"最终消融为这些个别实存，而唯有这些是亚里士多德正在考虑的东西，参考 p. 998b14 sqq.）我们不是看到"条件"与"受制约者"之间的关系，"高层次概念"与"低层次概念"之间的关系，而是一种逻辑上并行协调的关系。但是，这个关于"在先"与"在后"的观点怎么能与如下这个表述兼容呢？这就是说，柏拉图及其弟子们认为"在其中有在先与在后的事物"不存在"理念"（《形而上学》999a6；《尼各马可伦理学》1096a17；《欧德谟斯伦理学》1218a；参考我的 *Plat. Stud.* p. 243 sq.）。Brandis只是把这段文本中的"在先与在后"读作不同于前面引述段落中的含义，即在这里表示数方面的先后，而在《形而上学》卷 13 中表示概念的次序；我不同意他的这个看法，而必须再次表达我的反驳（Susemihl 对他的反驳并不成功，*loc. cit.* ii.527），即，像"在先与在后"这样的术语，在同一作者这里以同一方式在类似语境中使用，不可能表达相反的含义。到此为止的所有论述足够说明，"在其中有在先与在后的事物"这个用语是柏拉图学派表达某个数之特性的固定说法。这个用语怎么会被用来表示具有相反特性的其他类型的事物呢？摆在我们面前的难题不能那样来理解。如果我们问，为什么理念没有被设定为在其中有在先与在后的东西呢，亚里士多德会回答：因为在"种"方面有分别但是处于一个特定关联次序中的事物，因而这样的事物，即，其中一个始终是第一位的，另一个是第二位的，等等，不能被还原为普遍概念。这个理由在《政治学》1275a34 sqq. 中得到了表述："我们不应该忽略在基础性原则方面就有种类上的区别的事物，有些是第一位的，有些是第二位的，如此类推，它们完全没有共性，就算有，也非常勉强"。这就是在国家政制中的情况：它们是"彼此在种类上有区别的"（εἴδει διαφέρουσαι ἀλλήλων）；不过同时又是"有些在后，有些在先"（αἱ μὲν ὕστεραι αἱ δὲ πρότεραι）；因为败坏的政制必定在良好的政制之后，也就是从好政制的堕落中产生出来。所以，关于"政制"（原文 πολίτης 疑应为 πολιτεία——中译注）概念的问题不能通过提供任何充分的定义来回答，因为没有什么特征对所有政制都成立。按照同样的理由，亚里士多德在《尼各马可伦理学》（同上）中提出了对于善之理念的驳斥。他说，理念论的提出者们"并不把诸理念置于他们认为有在先与在后的领域中，这就是为什么他们不构建出诸数之理念来"（1096a16 sq.）。据此，他们不应该认为有"善"理念；因为"善"在所有的范畴中都出现；有实体性的善（"神"和"努斯"），质方面的善，有量方面的善，有关系的善，等等；所以，"善"会落入"在先"与"在后"的规定性之中，"这样就不可能有在所有这些善之上的共通的理念（1096a22 sq.）"（或者可以按下面的方式来说："善显然不会是所有个例共通的，也不会是'一'"〔1096a27 sq.〕）。以同样的理由，如果各个数在"在先"与"在后"的关系中保持概念上的差异，那么各个数都不能被归结为普遍概念，从而不能被归结为"理念"。但是，各个"理念数"恰好处于这种关系之中，而且唯有理念数是这样。其结果是，并不存在把所有理念数都包含在自身中的理念。每个理念都是独立自在的理念（参考《形而上学》1036b15），其中，下面这个说法被放到提出理念论的人的口中："因为在有些场合他们说，理念与关于它有理念的东西是同一的，例如，'二'（δυάδα，即，αὐτοδυάς）和'二之理念'，是同一的"，它在自身中包含了众多同质的事物（如，理念上的"二"，αὐτοδυάς，包含所有数学上的二元性），但是并没有理念总体上处于它们之上，因为它们不能被置于某个普遍概念之下。这种理念上的二、三、四，等等，是尤其不同的；它们不像处于相互并列的"种"那样并行，而是有在先和在后、决定和被决定之分；所以，它们不能被单纯看作一个理念（也就是数之理念）的各个不同表述。《欧德谟斯伦理学》i. 8, 1218a1 sq. 也提及了理念数学说："还有，在那些具有在先与在后的东西中，在它们之外没有共通的东西，与它们分离，因为如果那样的话，就会有某个东西先于第一个；因为共通的和分离的东西会是在先的；如果它毁坏了，第一个也会毁坏；例如，如果两倍是多倍中的第一个，那么多倍性不能是分离的，不然它会先于两倍——如果共通的因素是理念的话"。在"两倍……"这些话中，欧德谟斯无疑提及了柏拉图关于"未限定的二"的学说，尽管"未限定的二"与"一"相关，但是从其中产生出来的第一个实际的数必定是 πρώτη δυάς（第一个"二"）（《形而上学》1081a14, 1081b1 sqq.）。唯一特别之处在于，为了证明不可能存在其中有在先与在后的理念，他强调了诸理念之预设的独立存在。在《形而上学》iii. 3，这个关于柏拉图理念数的表述在我看来是有效的：尽管 Bonitz（*Arist. Metaph.* ii.153 sq.251）在总体上同意上述解释的同时在此处以及 v. 11（*Ibid.*）表示否定，跟 Bonghi（*Metafisica d'Arist.*115 sq. ; 253 sq.）和 Susemihl 一样。亚里士多德提出疑问说，究竟"γένη"（类属）还是"ἐνυπάρχοντα"（事物的物质性要素），应该被认为是"ἀρχαί"（本原）；而且他在提出其他驳斥的同时，对于把"类属"看作"本原"提出了这样的评论（999a6 sq.）："此外，其中有在先与在后之分的东西中，表述它们的东西不能在它们之外而存在。例如，如果 2 是第一个数，那么，在诸数的类属之外就不会还有一个数，同样，在几何形状之类属之外不会还有几何形状"。在其他各种情况里，"类属"更不会"在各个'种'（τὰ εἴδη）之外，因为它们看起来最是'类属'（γένη）"。对于那些有好也有坏的东西，不可能有"类属"（γένος），因为较好的永远是在先的。亚里士多德的说法是泛指，但是在他引述的这个例子中（"例如，如果'二'是诸数中的第一个"），似乎想到的是 πρώτη δυάς（第一个"二"）（《形而上学》1081a23, b4），只有它有资格成为那种在其中有在先与在后的东西的例子，而这被认为只存在于理念数之中。但是，关于这些文字的诠释对于目前的论证而言不太重要。我不能同意 Susemihl（*loc. cit.*）的观点，即."欧德谟斯和亚里士多德都没有公证证明关于各个理念数之理念的不可能性，因为这个不可能性是自明的。"在《欧德谟斯伦理学》i. 8 和《形而上学》iii. 3 都没有证明，不存在关于各个理念数的理念。前一处文本表明，其中有在先与在后的事物并不存在理念，而且诸数只是被看作一些例子，而不是唯一的例子。在后一个文本中根本就没有证明；它被当作某种已经承认的东西而被设定下来，而且只是通过举例的方式借助于诸数得到澄清。在那里，不存在关于各个理念的理念，这点远不是自明的；实际上，亚里士多德（《形而上学》991a29 sq., 1079b3）论述说，存在关于各个理念的理念乃是理念论得出的必然推论。我更不能同意 Susemihl 的观点，即我关于《尼各马可伦理学》i. 4 那处文本的观点是不可接受的。Susemihl 认为，正如"善"，关于它的理念是"善"理念，它自身不能是这个理念，同样，关于某个柏拉图认为没有理念的东西的那些数，自身也不能是理念数。但是，不同类型的"善"，也就是被柏拉图归结为单一理念的那些东西，它们自身并不是理念，我们不能挂论说，他没有将其归结为单一理念的那些数，同样不是理念。实际上，在把不同类型的"善"跟各个

258
259
260
261

的欢迎，而且尽管关于数和理念的关系有许多诡辩和学究气的讨论，[1]但是它在柏拉图的原始学说体系中只具有次要的地位，否则它就会在柏拉图自己的著作中留下更多关于它的细节线索。对于柏拉图而言，要点是在数的理论下面起铺垫作用的这个思想，即，就"实在"而言，"一"和"多"必须本原地结合在一起。

柏拉图反对爱利亚学派把实存看作不可分的"一"，同样他也反对把实存看作不动和不变的；在这方面，他与他的朋友欧几里德出现了冲突，后者似乎承认"实在"（das Seiende）之"多"，但是否认它具有任何运动或能动性。[2]柏拉图说，这种看法会使得"实在"不能被我们认识，而且会把实在自身当成缺乏生命和缺乏理性的东西。如果我们要与"实在"发生关系，我们必须作用于它，或者被它作用；如果我们要认识"实在"，它就要有受作用的可能，相应于我们的认识能力，但是

262

如果没有运动就不可能存在"受作用"。[3]如果实在的东西并非没有心灵和理性，那么它必定也有生命、灵魂和运动。[4]如果知识要成为可能的，

数进行比照的时候，要点不是说，一个数或另一个数是不是理念，而是说，在它们之中可以发现"在先"与"在后"。亚里士多德说，不管什么东西处于在先与在后的关系中，在柏拉图看来，都不会有理念。但是，不仅诸数处于这种关系之中（如柏拉图所设想的），而且，各个不同类型的"善"也是如此。所以，在柏拉图看来，不存在关于不同种类的"善"的理念，也不存在关于各个数的理念。不管柏拉图说的是理念数还是数学上的数，如下结论都是有效的，即，它们处于在先与在后的关系之中，所以它们不能被归结为理念。

1　关于这点的具体说明见下文。

2　参考 Part i. p. 218 sq.。

3　《智者》248A sqq.。格罗特（Plato, ii. 439 sqq.）证明柏拉图在此把诸理念表述为某种相对的东西（只存在于与认识着的主体的关联之中）并且他回到了《泰阿泰德》中所反驳的普罗泰戈拉的观点，这时候格罗特误读了柏拉图的意思。柏拉图不是说，诸理念的存在是由我们关于它们的知识所制约，他的意思只是说，诸理念在拥有其他某些属性之外还拥有可以被我们认识这样的属性。如果我们接受格罗特的观点，我们就必须认为，在说到关于"绝对者"或"神"的知识的时候，我们同时把它们变成了某种相对的东西。

4　《智者》248E："对宙斯发誓，我们可以这么容易就相信运动、生命、灵魂和思维不出现在'绝对是者'之中吗？它既无生命也不思考，而是庄严、肃穆、没有理智、静止不动的东西？——如果这样，客人呀，我们就认同了可怕的说法。——那么，我们会说，它有理智而没有生命吗？——当然不会。——如果我们说它包

那么我们也不能否认"实在"之恒常性；不过，我们不要把"实在"看作绝对不动的，[1] 而是看作具有理性、生命和能动性。"实在"概念必须被归结为"能力"或"力"的概念。[2] 在《斐多》中，理念被描述为某种具有作用力的东西，在那里，理念被视为事物本己的和仅有的真正动力

263

含两者，那么我们会否认它是在灵魂中包含这两者吗？——怎么可能有别的方式呢？——如果它具有理智、生命和灵魂，那么，这个有灵魂的东西会完全保持静止不动吗？——在我看来，这完全是不合理的。"不能像 Hermann 那样把这段文本理解为，理智与运动被断定为"一个"真正的实在，而没有被归于"所有"真正的实在。

1 《智者》249B sq.："泰阿泰德呀，由此推出，如果诸是者是不运动的，那么任何地方、任何东西都不会有理智……爱智者……必须拒绝'一切是静止的'这个说法，无论这说法是来自主张'一'的人还是主张'多个理念'的人……"

2 《智者》247D，柏拉图在基本立场上与唯物主义者相遇："我的意思是任何具有能力的东西。这种东西在本性上要么倾向于对他者起作用（主动），要么倾向于受作用（被动），甚至承受最细微的东西最小程度上的作用，即使只出现一次——所有这些东西都真地'是'（实在）。我给'诸是者'（诸实在）做个界定，它无非就是'δύναμις'（能力）。"我们在 248C 中看到，即使这个立场也没有被麦加拉学派接受，因为作用与被作用只是属于"变易"，而且，由于上述情况就对方的立场而言也可以成立，那么，"'诸是者'（诸实在）无外乎是'δύναμις'"这样一个界定就会被证明为对于所有真正的实在而言都普遍有效。我不能同意 Deuschle（*Plat. Sprachphil.*35），他说，我们不能把 δύναμις 理解为"（能）力"（die Kraft），而是与其他任何东西形成关系的"可能性"（die Möglichkeit）。首先我们不能相信柏拉图把"ὄντως ὄν"（真正的是者/真正的实在）界定为"可能性"，这个概念被亚里士多德归给柏拉图的"μὴ ὄν"（非是者/非实在），也就是"质料"。其次，没有文本可以表明柏拉图用 δύναμις 来表示"可能性"；凡是它出现在与这个讨论类似的语境中，它始终表示"力"或"能力"（Kraft oder Vermögen）。最后，柏拉图自己以明确方式解释了他用该词指什么意思，见《理想国》v.477C："我们会说，'δυνάμεις'是诸实在的一个种类，凭借它，我们能够做我们所能做的，而其他每个东西能够做它所能做的，例如，视觉和听觉就是一些能力……"这些"δυνάμεις"都不是某种有颜色、形状的东西，泛泛地说，不是某种可感对象，只有在其起作用的时候被认识到，总之，就是"能力"。Stumpf（*Verh. d. plat. Gott. z. Idee d Guten*.19, 30）认为柏拉图从来没有在哪个地方把诸理念说成是动力因或作用因；《智者》248D sq. 只是把"被认识到"这种被动性而不是使得其他事物运动这样一种"效能"赋予诸理念。但是，后面这个文本是不相干的，因为柏拉图尽管证明，诸理念就其被认识到而言承受作用或者说是被动的、被推动，但是没有排除诸理念在被动能力之外还有主动能力这种可能性。Stumpf 为了支持其观点，不得不歪曲《斐多》（见下注引文）中的清楚说明以及亚里士多德的明确表述；对于《智者》，他必须主张，灵魂只是"在宽泛意义上"——作为自身运动的东西，而并不是作为那种可以作用于其他东西的能力——被归属于诸理念。但是，即使这个自身运动也是一种"能动性"，预设了主动的能力。

264
265

因。[1] 更为明确的是，在《斐莱布》中，柏拉图把"最高原因"（我们只能把它理解为事物的理想性根据）[2] 描述为智慧和理性；由此派生出世界

---

1 95E，苏格拉底接下来提及理念论的时候这么说道：我们现在"已经详细研究了生成与毁坏的原因"。在他年轻的时候他热衷于自然哲学，探究事物的诸原因，"每个东西因何生成，因何毁坏，因何持存（ἔστι）"；但是他没能获得满意答案，就放弃了。因此，他对阿那克萨戈拉的"努斯"（Nous）充满期待。既然塑造宇宙的"理性"必定为了"最好"而规范每个事物，他希望从阿那克萨戈拉那里听到一切事物的"终极因"（目的因）。但是，这个希望很不幸地落空了；阿那克萨戈拉没有提及理智性原因，而只提及那些物质性原因。但是，实际上后者只不过是一些必要条件（"没有它原因就不会成为原因的东西"，99B）；真正起作用的原因是那些终极因（"但是，他们没有探寻那种使得处于现在位置的事物（按：这里说到的是诸天体）最好处于该位置的能力，他们也没有认为它具有某种神性力量……实际上他们并没有考虑到'善'和把它们捆绑、聚集起来的纽带"，99C）。既然没有人证明事物中有这类原因，他就只好自己在"诸理念"中来寻找它们，从而设定，由于"理念"（如，καλόν αὐτὸ〔美本身〕，etc.）出现在一个事物中，使得一个事物是其所是。在这整个解释中，不仅在本质因、动力因和终极因之间没有做出区分，而且这三方面实际上明显被当作同一个来说明。诸理念，或者按照亚里士多德的术语，本质因或者形式因，所起的作用就是柏拉图在阿那克萨戈拉那里没有找到的东西的作用，也就是，导致 ἄριστον 与 βέλιστον（最好与最佳）；它们与终极因是融为一体的。柏拉图表示，他不愿意在这些东西之外再设定任何其他原因（100D："我不管那些东西，因为所有这些都让我迷惑，我只是单纯直白甚至可能幼稚地坚持这点，即，没有别的东西使一个东西是美的，除了美本身的临在——或者你也可以称为'参与'；我不会执着于具体措辞，不过我的确坚持认为，由于美，所有美的东西会美的"）。这些对他来说就足够了，他不认为还需要寻找别的本原；如亚里士多德在我们提及的文本中所说（第48页注释1），这些东西就是"存在和变易的原因，生成和毁灭的原因"。

2 柏拉图（《斐莱布》23C sqq.；cf.16C）做了一个四重区分："有限定者"、"未限定者"、这两者的结合物、这个结合物的"原因"。他对于"未限定者"的描述，我们只能把它理解为所谓柏拉图的"物质"。他所说的"结合物"指的是可感世界，就其受到有限比例的规范而言，它是"那些借助'有限定者'而达成的'诸比例'所造成的'生成'（γένεσις）"（26D）。Brandis（*Gr.-röm. Phil.* ii. a. 332），Steinhart（*Pl. W.* iv.641），Susemihl（*Genet. Entw.* ii.13），以及 Rettig（Αἰτία *in the Philebus*, etc. Bern.1866, p.13 sq.）把"有限定者"解读为"理念"；第四种本原，"原因"，在他们看来，必须表示"神"——要么等同于"善"理念，要么（如 Rettig 的想法）表示"善"理念与其他一切理念的创造者。但是，对于这第一种设想而言：柏拉图在其他地方都是把理念世界看作一个整体与现象世界相对立，他会在此处在最高理念与派生理念之间做出这种截然划分吗——这就好像把它们置于两个不同的类型中，如理念与现象之间的关系那样？如果，一方面，如果我们把"原因"（αἰτία）理解为"神"，作为诸理念的创造者，与"善"理念不同，那么，这个观点不仅与所有那些支持"善"与"神"实际等同的理由相抵触，而且迫使我们把"善"归入"有限定者"（πέρας）的领域，而据《理想国》508E sqq.，"善"是凌驾于一切实在与

知识之上的，是"知识与真之原因"（αἰτίας ἐπιστήμης καὶ ἀληθείας）。在《斐莱布》（64C sqq.），"原因"（αἰτία）清楚地被描述为"结合者"的"原因"；甚至"善"的产物，νοῦς 和 ἐπιστήμη（28C sqq.；31A），也都被归为"原因"一类。柏拉图关于"有限定者"（πέρας）的描述也并不适合于诸理念。属于"有限定者"的乃是所有不"容许"（δέχεσθαι）有较多或较少而只容许有相反规定性的东西（25A、D），"首先是'相等'与'不相等'，其次是'两倍'，以及表达此数与彼数之关系或者此比例与彼比例之关系的所有表述"，换言之，所有能够得到数方面和比例方面精确界定的东西。这样，数学关系这个领域可以得到精确表达，而理念世界则只能得到很不完满的描述，因为诸理念的领域大大超出了数和比例方面的规定性。我们不大可能说，这个观点只是强调"（理念）与'未限定者'（ἄπειρον）相对立的方面，而没有排除理念的其他各种规定性"（Brandis, loc. cit.），因为柏拉图的意思很清楚，就是针对我们认为属于各种不同本原的东西给出某种精确和普遍有效的解释。还有，正如 νοῦς（理性）和 ἐπιστήμη（知识）没有被归入 πέρας（有限定者）的领域，而是被归入第四种本原，即 αἰτία（原因）一类（见前文），而且根据广为人知的柏拉图主义原则（supra, p.225 sq.），即知识之价值与真理性取决于其对象（诸理念）的本性（这些对象是 νοῦς（理性）所沉思的最高对象，而且通过对于理念的把握才产生出知识），诸理念也不能被置于一个更低的层次，也就是"有限定者"的领域。最后，27D sqq.，快乐与知识相结合的生活得到褒扬，因为这种生活属于"第三个类型；……它得自于用'有限定者'把所有'未限定者'绑定下来"。这种把混合者置于"有限定者"之上的说法也与如下设想不吻合，即，我们应该认为诸理念属于"有限定者"的领域。柏拉图在其他地方（《斐多》74A sqq.；78D；100D sqq.；《理想国》v. 479A sqq.）用"等""倍"等例子来说明"理念"与"理念出现于其中的事物"之间的区别（Rettig, p.15），这个情况与这里讨论的问题不相干；柏拉图在类似的文本中也使用其他理念（"正义""美""大""小"，等等）作为例子，这与目前的问题也没有关系。Rettig 的如下说法也是错的（p.19），他说"πέρας 不能表示数学上的 πέρας，因为据 23E，πέρας 有不同的类型，而设若只有'数量'的话是不足以确立种类差异的。"后面的说法明显说错了：在数方面的 πέρας 不同于在形状上的 πέρας，而且在语音或动作方面的 πέρας 也是不同的。柏拉图（23E、26C sq.）并不是说，"未限定者"与"有限定者"，而是说，"未限定者"与"混合者"，以多个方式被分离开来而且有所区别，而"有限定者，我们也别钻牛角尖：它要么不具有'多'，要么也不是真正意义上的'一'"。Rettig（p.16）——这里只提他反对我的许多段落中的一段——认为 Aristox. Harm. El.11, 30 Meib.（参见第 208 页注释 2）中那段广为人知的文本支持了他的观点，因为这里提到的 πέρας 跟柏拉图在别处论述辩证法或理念论的时候所说的话相吻合；但是，我不明白他是怎么理解这些话的："καὶ τὸ πέρας ὅτι ἀγαθόν ἐστιν ἕν"。"τὸ πέρας"在这里显然是状语，表示"最后"，而 Rettig 似乎把它看作一句话的主语（在这里完全不能有这个含义）。我仍不能放弃我在 Plat. Stud. 248 sqq. 中试图确立的观点，而其他人也同意这点（e.g. Siebeck, Unters. z. Phil. d. Gr. 89 sqq.；Schneider, d. mat. Princ. d. Plat. Phil. 14），也就是说，目前这个文本中并非"πέρας"而是"αἴτιον"（原因）充当了别处由"诸理念"所表达的意思；如果它被描述为构造宇宙的"理性"，这只能证明，柏拉图的"νοῦς"

266
267

之合目的性的体系建构。[1] 我们还可以发现，"善"理念同时是最高的动力因，也是无限的理性，而且从亚里士多德的作品来看，他也不知道在理念之上或之外，他的老师还把别的什么东西看作动力因。[2] 我们不能怀疑，柏拉图不仅把理念设定为所有真实存在者的原型和本质，而且设定为能动的"力"；他把理念看作有生命的和能动的，有理智的和能思考的。即使他通过神话的或通俗的语言把动力因与理念区分开，上述观

（理性）和"理念"在后一种含义上（即在"原因"的意义上——中译注）重合了；而"每个东西都是'理性'（νοῦς）的产物"和"每个东西都由于'理念'而是其所是"这两个句子表示同一个意思。这在前面关于《斐多》的论述中可以明确看到。我的观点可以直接消除 Schaarschmidt 关于《斐莱布》所做的否认（*Samml. d. Plat. Schr.* 294 sqq.），他说在那里没有提及诸理念。他还反驳说，"有限定者"与"未限定者"的混合是不可能的，因为 πέρας 在进入 ἄπειρον 的时候会被破坏。此反驳源自一个误解：《斐莱布》说（*loc. cit.*），ἄπειρον 容许"较多"与"较少"，等等，相反，πέρας 只容许相反者（这个 δέχεσθαι〔容许〕的含义参见《蒂迈欧》52A）。"有限定者"与"未限定者"不能在诸事物之中共存，这个说法跟柏拉图所说的截然相反（参见第 148 页注释 4）。最后，Schaarschmidt（*ibid.* 295）认为 γένος（类属）这个表述可以用来指 ἄπειρον（未限定者），等等，但是这与柏拉图的用法不符，反倒表明"它们在对话录作者看来并非某些构造宇宙的'能力'，而只是主观的'思想图像'"，其观点受到了 Schneider 的合理反驳（*loc. cit.* p. 4，诉诸《蒂迈欧》48E sq.、50C、52A）。

1　在 p. 26E sqq.，αἰτία（原因）也被称为 ποιοῦν（起作用者）或者 δημιουργοῦν（造就者），它在 p. 30A sqq. 被描述为"规定和安排年时、季节和月份的东西，可以至为公允地称为'智慧'（σοφία）与'理性'（νοῦς）"。（在 28C sqq.，cf. 22C，文本表明 νοῦς 范导宇宙并且仍在规范它。）它存在于一切事物中，它居于我们的灵魂中，而我们的灵魂必定起源于宇宙灵魂，正如我们的身体源自于宇宙躯体，而且从 νοῦς 中产生出一切知识；通过它，宇宙本身获得其灵魂与理性，30D："你会说，在宙斯的本性中，借由原因之能力而内在赋有君王的灵魂，君王的理性，而在别的神灵中则有别的高尚品性"。参考下文，第 209 页注释 4。

2　亚里士多德多次反驳理念论，说它没有提出动力因。例如，《论生成和毁灭》ii. 9，335b7 sqq.："还必须存在第三个原因，也就是所有前人都隐约想象到的，但是没有一个人说明过。相反，有些人认为形式（理念）方面的本性就足以说明生成之原因了，正如苏格拉底在《斐多》中说的"。《形而上学》991a19 sq.（1079b23）：诸理念不能是事物之原因，"说它们是模型而其他东西分有它们，这是说空话，说些诗意的比喻。因为按照诸理念做出来的作品又是什么东西呢？"同上，992a24 sqq.；1045b7；1071b14。值得注意的是，亚里士多德没有注意《蒂迈欧》中的说明——可能由于这篇对话录的神话特征而让他没有看重其哲学意义。他的表述很可能表明，柏拉图在口头传授中从来没有把动力因跟诸理念关联起来。关于这点参考 p. 76。

点也仍然成立。[1] 这是他的思想体系的一个必然结果：如果诸理念是仅　268
有的根本和真正的实存，那么就不可能在它们之外还有同样根本的动力
因。诸理念是把"实在性"赋予诸事物的动力，而由于这个类型的"实在"
只能由合目的的理性活动来解释，因而"理性"必定被容纳于其中。这
个观点当然是会受到批评的。把各个"类属"（die Gattungen）看作自
身持存的实体，这是一个大难题；但是，下面这些是更大的难题，也就
是：赋予这些不变的本质性实在以运动、生命和思想；把它们看作运动
的，却又看作不变的、不会出现"变易"[2]；把它们看成一些"自为的存
在者"（Fürsichseins/ 自足的存在者），却又看作在事物中起作用的"力"。
在《智者》中柏拉图把"灵魂"赋予"绝对实在"，后来，他又把"灵
魂"置于可感世界和理念世界的中间。这两种观点是有冲突的，不过在　269
柏拉图这里，存在论上的考虑必定压倒了动力论上的考虑。他的整个哲

1　众所周知，柏拉图常常提及"神"及其在宇宙中的活动；他把"神"称为一切善
　　的东西而且仅仅是善的东西的作者（《理想国》379A sqq.）；他说，一切事物，包括
　　无生命的和有生命的，都必定由"神"所造成，而不是由一种盲目与无意识的自然
　　力量所造成（《智者》265C；参考《斐莱布》28C sqq.）；他赞颂"神"或"诸神"
　　对于人类的关心，神对于宇宙的治理是公正的（《斐多》62B，D；《理想国》612E
　　sq.；《法律》899D sqq.；715E, etc.）；他说，模仿"神"是人类的最高目标（《泰
　　阿泰德》176B，以及后面）。但是，这些通俗说法不能说明太多问题，他在学理性
　　思想中如何考虑"神"才是真正重要的。"神"实际上是与"理念"并列的第二种
　　原因，还是仅仅关于"理念"之"原因性"的另一种表达？"神"被称为诸理念之"作
　　者"，这个表述也不重要，如 p. 245 所说明的。《蒂迈欧》的说明，即，宇宙构造者
　　以诸理念为模型构造宇宙，这从各个方面看都太偏于神话而不能从中得出任何学理
　　性结论，如我们后面将看到的。《斐德罗》247D 的 θεός 仅仅被说成"某一位"神，
　　也说明不了什么；《巴门尼德》134C sqq. 也是如此。
2　Deuschle（*Jahn's Jahrbb. B.*lxxi. p.176 sqq.）非常正确地关注到了如下问题引起的
　　困难，即诸理念怎么能够分有"运动"而不分有"变易"，而且灵魂怎么能是绝对
　　运动的东西而同时具有永恒的本质。这个问题，如 Deuschle 正确看到的，需要通过
　　这个情况来回答，即，对于柏拉图而言，"运动"这个理念是高于"变易"的，所
　　以一切"变易"都应该视为"运动"，但并非一切"运动"都是"变易"。如果柏拉
　　图在一些孤立的文本（《泰阿泰德》181C sq.；《巴门尼德》1383，其中 αλλοίωσις
　　和 φορά 被区分为两种不同的运动）设想了一个根本不能应用于"诸理念"的运动
　　概念，而且这概念也不能恰当地应用于灵魂，那么，我们就必须接受某种表述上的
　　不精确性，而它通过更精确的界定可以得到纠正。但是，设想一个不带变化的运动
　　概念，这个实际困难并没有被消除。

学从总体上说主要是对"实在"的沉思，而不是对"生成"（变易）的解释；在理念中得到设定的"概念"主要是在变化不定中恒常不变的东西，而不是这种变化不定的"原因"。如果柏拉图把"理念"看作一种有生命的"力"，这只是他在自然和精神生命的事实面前被迫做出的让步。但是，就他的哲学体系的主要方面而言，这是有冲突的，而且不能跟他在"理念"方面的其他理论相兼容。我们很容易理解，他试图建立一种有完全包容性的理念论，因而不能把这方面的思想排除掉。这种解释是从理念论的普遍预设中自然得出的结果；因而，正如有人已经指出的那样，我们在《智者》之外的其他对话录中也能找到一些线索。[1] 但

270

1　Schaarschmidt（*loc. cit.* 204 sq.）在上述讨论中发现了一个明显表明《智者》为伪作的证据。但这只是考虑到了问题的一方面。把"运动""生命"等等归于诸理念，而且同时（如 p. 241 sq. 文本所提及）断言它们不能有任何类型的"变化"，这当然是一个矛盾。但是，柏拉图只要试图调和两个关于理念论的基本界说，他就会陷入这个矛盾；这两个界说就是，诸理念一方面并不涉及可变性、部分性以及可感事物之不完满性，但是另一方面它们是仅有的"原初实在"而且是派生性事物之一切实在性的根据。这正如目的论方面的难题，它常常使得最伟大的思想家们陷入糟糕的矛盾之中，即怎样设想"神"既是创造性的理性，而同时又是超越一切不完满性和可变性之上的绝对存在者。在柏拉图的表述中有上述矛盾是不能否认的，但是我们不能说，他基于自己的那些预设本来可以回避这个矛盾。这个矛盾的出现不能用来否认《智者》出自于柏拉图之手；这篇对话录带有许多柏拉图哲学的明显迹象，并且亚里士多德，甚至柏拉图本人（间接地），提供了明显的证据支持它出自柏拉图之手。在《理想国》vii. 529D，柏拉图提到了"真正快的东西和真正慢的东西所处的那些运动"（φοραὶ ἃς τὸ ὂν τάχος καὶ ἡ οὖσα βϱαδυτὴς φέϱεται）；即使 ὂν τάχος 是"快"之理念，也不能推论说，其他一切理念是运动的；但是，确实可以推论说，柏拉图没有认为"运动"与 ὂν（是者／实在）之不可变性是不可兼容的。此外，柏拉图把"运动"归给了 νοῦς（《蒂迈欧》47B；89A；34A；77B；《法律》x. 897C；898A），尽管他的意思不会指前一个注释中描述的两种"运动"中的任何一种，或者把 νοῦς 的运动视为跟可感事物（与诸理念相对）的运动是同一回事。我们应该如何进一步理解这种 νοῦς 的"运动"，柏拉图没有说明。然而，我们终究还是要把 248C sq. 明显而不可否认的错误论证归给柏拉图（即，如果 οὐσία〔实在〕被认识，它就 πάσχει〔受作用〕，因为认识是一个 ποιεῖν〔作用〕，被认识就是一个 πάσχειν〔受作用〕），它其实是我们在他的著作中遇到的众多困难之一；其他的困难之处还有，例如，"我们不能设想 μὴ ὂν"这个说法（《泰阿泰德》189A；《理想国》478B；《智者》240D sq.），或者《理想国》i. 349B sqq. 建立在"πλέον ἔχειν"这个表达的歧义性之基础上的论证，还有《蒂迈欧》31B sq. 关于诸元素之派生的论证，等等。

是，它陷入的困难非常大，以致在这个维度上难以有太大的进展。[1] 所以，尽管我们必须不仅把理念看作"原型"，而且要看作"动力因"，但是，他在这方面的考虑始终存在阻碍，不能真正得到展开；他更倾向于通过那些难以填补理论裂缝的神话叙述来解释现象世界。对于柏拉图的体系而言，更富有建设性的是另一方面的主张，即"一"与"多"在理念中得到结合。只有这点让他能够在爱利亚学派的"抽象的一"中建立起苏格拉底式概念的"具体的一"，以辩证的方式联结各个概念，并且让它们与现象建立起正面的关系，而不是原来那种负面的关系。现象的"多"通过概念的"一"得以承载和容纳。只有当他承认在概念的"一"中有"多"，他才有理由主张，不仅只有"一个理念"，而且有逻辑上嵌为一体的多个理念，即"理念世界"。

271

三、理念世界

柏拉图几乎从不谈论单数的"理念"，而总是谈论复数的"诸理念"。[2]柏拉图本人可能不会允许我们这么说，[3]不过，从苏格拉底式概念发展出来的"诸理念"，跟这些概念一样是从经验中抽象出来的。它们首先代

1　关于这个情况或许可以这么来解释：柏拉图在此用来表述诸理念的这些谓词并不以其他对话录那样明确的方式被用来表述诸理念。《智者》中的这个阐述并不是向我们表明了柏拉图理念论的晚期形态——如 Ueberweg 认为的那样（*Unters. Plat. Schr.*275 sq. ；参见第 78 页注释 3）——而是表明，尽管柏拉图没有完全放弃诸理念拥有运动与生命（能动的力量）这样一个想法，但是也没有朝这个方向进一步往前走。从亚里士多德告诉我们的理念论之晚期形态中可以看到的是，这个想法完全被取消了。我们在 p.136 sq. 已经证明，从其他材料中得到的所有证据都不容许我们把《智者》列入柏拉图最晚期的著作。

2　正如 Ritter 正确提示的那样（*Gött. Ant.*1840, 20 ；*St. S.*188）；只是从这里不能推出，在解释柏拉图学说的时候，我们不可以用单数的"der Idee"（Idea/ 理念）来泛泛地表达 εἶδος 或 ἰδέα 这个词所蕴含的概念，正如亚里士多德有时候也使用单数形式，例如，《形而上学》xii.4, 1079b9。柏拉图本人不仅在考虑某个特定理念的时候，而且在泛泛地考虑 εἶδος 这个概念的时候，都提及 "τὸ εἶδος"：《政治家》263B ；参考《会饮》210B ；《斐德罗》249B。

3　关于这点参考 p.228。

272 表了一个特殊的东西，而思想只能逐步从这个特殊的东西上升到普遍的东西，从低阶的概念上升到高阶的概念。就这些得到设定的概念而言，其中特殊的东西并不能在普遍者中被扬弃掉，以致这些集合概念最终会被归结为一个至高本原或者若干这类本原，而且这些概念的全部内涵作为其逻辑发展的诸环节将会从这些本原中推导出来。每一个概念都是某种绝对独立的东西；诸概念之间的相互关联（就像概念和现象的相互联系一样，目前被视为）只以分有和结合的方式出现。[1] 柏拉图的目标不在于某种纯粹的"先验"建构，而仅仅在于建立诸理念之完备的逻辑秩序；而这点他本人通过"归纳法"，或者我们也可以换个说法，通过在感觉领域中运作的"回忆法"，已经发现了。[2]

这些理念在数量上是无限的。[3] 因为在柏拉图看来，每个"属"概念或"种"概念都是某种实存的东西，是一个"理念"，于是，有多少"属"和"种"，必定就有多少理念。[4] 由于只有理念是"实在"，一切事物由于它才是其所是，所以，没有任何东西，或者说，不能设想任何东西，不从属于理念；因为不从属于理念的东西什么也"不是"，而"绝对非是者"（das absolut Nichtseiende）是不可以被设想的。[5] 所以，在柏

273 拉图看来，拒绝把理念归给任何东西，哪怕最没有价值的东西，这是哲学上不够成熟的表现。[6] 柏拉图把理念不仅归给重大的东西，而且归给

---

1 Vide supra, p. 249 sq.

2 Cf. p. 204 sqq.

3 亚里士多德《形而上学》i. 9, init.：“但是，那些把诸理念设定为诸原因的人，在寻求把握周遭事物的原因之时，构造了数量上跟这些事物一样多的其他东西，etc.。”

4 Vide supra, p. 237 sq.

5 Vide supra, p. 225 sq.

6 参见《巴门尼德》那个为人熟知的段落，130B sqq.。在苏格拉底提到"相似""一""多""正义""美""善"等理念的之后，巴门尼德问他，是否他承认有一个自身持存的"人"之理念，或者"火""水"之理念，而且，是否他承认有头发、污泥之理念，等等。对前一个问题苏格拉底已经感到尴尬难答，对后一个问题他觉得必须做出否定回答。但是，巴门尼德以告诫的口吻跟他说："因为你还年轻，苏格拉底，哲学还没有紧抓住你，我认为它将来会抓住你。那时候你不会轻视这些东西。而现在你因年龄的缘故还要顾及大众的看法。"（130E）

卑微的东西，不仅归给实体，而且归给性质和关系概念，还归给各种活动和各种生活方式，数学图形和语法形式。他承认关于头发和污秽，桌子和床，大和小，相似和不相似，双倍，等等，这些东西都有理念；他还承认"名词"之理念，"非是者"（非实在）之理念，以及其本性与理念直接对立的东西（"坏"或"恶"）的理念。[1] 概言之，没有任何东西

---

1 除了前面引述过的文本之外，下面这些段落中还有某些证据（多数都由 Ritter, ii. 302 sqq. 提及）：《蒂迈欧》51B（καθ' αὐτὸ〔自在的〕火，与可见的各种火不同；其他几种元素也是如此）；《理想国》x. 596A；697C sq.（关于"床"的理念，κλίνη ὄντως οὖσα〔真正是床的东西〕，ἐκείνη ὃ ἔστι κλίνη〔那个床之"所是"〕；"桌子"的理念）；《克拉底鲁》389B（梭子的理念，αὐτὸ ὃ ἔστι κερκίς〔梭子之"所是"本身〕）；《巴门尼德》133C, D（αὐτὸς δεσπότης〔主人本身〕，ὃ ἔστι δεσπότης〔主人之"所是"〕，以及 αὐτὸς δοῦλος ὃ ἔστι δοῦλος〔就是奴隶的那个奴隶本身〕）；《斐多》65D（δίκαιον, καλὸν, ἀγαθὸν αὐτὸ〔正义、高尚、善本身〕，以及健康、大、力量之 οὐσία〔所是／本质〕）；Ibid. 100D sqq.（自在的"美""大""小""多""一""二"）；《理想国》v. 479A sq.（自在的"美""正义""倍""大""小""重""轻"。在 vii. 529D，所谓具有实际数目与实际形状的那些实际的快与慢之运动，正如语境所表明的，它们并不表示一些理念，而表示关于各个纯数学对象的直观，不过在这里也不能完全与相应的那些"理念"区别开来。《斐莱布》62A（"正义自身的所是……神性的曲线和球体自身"）；《斐德罗》247D（"正义、节制和知识自身"，以及"关于真正是其所是的东西的知识"〔ἐν τῷ ὅ ἐστιν ὂν ὄντως ἐπιστήμη οὖσα〕）；《克拉底鲁》389D；390E（"名称之所是本身……那个本性上是名称的"〔αὐτὸ ἐκεῖνο, ὃ ἔστιν ὄνομα … τὸ τῇ φύσει ὂν ὄνομα〕）；Ibid. 423E（颜色与声音的 οὐσία〔所是／本质〕）；同上，386D（一切事物，因而一切活动，都有一种 οὐσία βέβαιος〔稳定的所是〕）；《泰阿泰德》176E（"朋友呀，在现实中确立了两个'模型' παραδειγμάτων），一个是属神的，最为有福，另一个是非神的，最为不幸"，关于"生活的模型"（παραδείγματα βίων），参考《理想国》x. 617D, 618A，由于神话式的描述，这些段落本身很难证明什么）；《智者》254C sqq.（最普遍的 εἴδη〔种类／理念〕，即 ὄν〔是／实在〕，στάσις〔静止〕，κίνησις〔运动〕，ταὐτὸν〔同／自身〕，θάτερον〔异／他者〕）；Ibid. 258C（"应该勇敢地说，'非是者'无疑也是有其自身本性的东西……应当算作众多'是者'中的一个类型"；参考 254D："'非是者'真的是'非是者'"）；《理想国》v. 476A："关于正义、不正义、善、恶乃至一切理念，都是这同一个道理，每一个自身都是'一'……"；cf. Ibid. iii. 402C："除非我们能够认识到节制、勇敢、慷慨、大度和所有同类的东西的'理念'，以及把它们全面包围起来的相反者"；还有《泰阿泰德》186A："相似""不相似""同""异"καλὸν（美／高尚）、"αἰσχρὸν"（丑／可耻）、"ἀγαθὸν"（善／好）、"κακόν"（恶／坏）属于灵魂不用感官帮助而自己沉思的诸对象。Susemihl（Genet. Entw. ii. 197）认为，不仅关于"恶／坏"的理念，而且关于各种德性的理念，都仅仅是一种临时的假设，因为后者仅仅属于现象领域，而"恶"之理念会与"神"仅仅是"善"之原因这个学说直接冲突。

274
275

不具有理念。只要证明某处存在若干现象的统一特性，那么，其中就有一个理念。唯当这个统一特性不再存在，这个概念的统一性和持存才分裂为缺乏概念的"多"和绝对不停止的"变易"——在这里，理念世界遇到了其界限。[1] 就理念论的这些逻辑推论来看，柏拉图似乎在某种意义上出现了困惑。按照亚里士多德的看法，柏拉图不认为任何"人造物"具有理念，也不认为"否定的东西"和"关系"具有理念；[2] 不过原始观

> 但是，柏拉图，如我们看到的，设定了许多仅仅属于现象领域的事物之理念；而且如果"恶/坏"之理念或"非是"之理念使我们陷入矛盾的话，那么这个矛盾并不能（如亚里士多德所驳斥的其他某些观点一样）使我们有理由偏离柏拉图的明确说明——这些说明得到了其学说之逻辑后果的支持。如果相应于每个概念都存在一个"理念"，那么，对于"恶/坏""非是者"这些概念而言也不可避免地拥有相应的理念。"是者"之理念不应该比其他理念给我们造成更大的妨碍。正如 Bonitz（*Plat. Stud.* ii. 82）正确注意到的，"实在性/die Realität"本身（"是/das Sein"本身）并不从属于体现在诸理念之中的事物之所是，尽管柏拉图几乎没有做出这个区分。按照这个原初预设，相应于每个普遍概念毫无例外都有一个对应的"理念"。这个理念是该概念的内容；最普遍的概念之一就是"是"之概念。此外，柏拉图提及了 μονάς（单元/"一"）（《斐多》101C），每个事物要成为"一"就必须分有这个理念，尽管"一"是与事物的概念一起直接被给予的，正如"是"也一样。Bonitz 发现"是者"之理念是可解释的，但是他认为不需要通过理念论推导出的东西来做出这个解释。Schaarschmidt（*Samml. d. Plat. Schr.* 202）认为这里有某种不能被归到柏拉图名下的东西，但是，桌子、床、βίος ἄθεος（非神的生活方式）、"一"，等等，这些东西的理念都可以得到承认，而且实际上得到了承认，即使它们不出现在《理想国》《斐多》和《泰阿泰德》中，而出现在《智者》或《巴门尼德》中。

1　柏拉图的确承认这种界限，这点从《斐莱布》16C sqq. 可以清楚看到，更不必提其他文本；参见第 148 页注释 4。关于这点，Ritter（*loc. cit.*）正确提及《蒂迈欧》66D："谈到鼻孔的官能，其中并不包含固定形式（εἴδη）。因为气味都是夹杂不同形式的（ἡμιγενές）；没有任何单一形式具有合适的比例以可以带有气味。"这里否认了气味有种类上的差异，因为气味总是关系到某种未完成的、缺乏稳固确定性的"变易"——它（如后面所说的）只属于一种暂时的过程。

2　《形而上学》xii.3, 1070a13 sqq.；在许多东西中，如在人造物中，形式只有与质料结合在一起才能存在；唯有在自然物中才可能不是这样："因此，柏拉图说有多少种类的自然物，就有多少理念，这是不错的"（即使如 Rose, *Arist. libr. ord.* 151 很可能准确的猜想那样，柏拉图的名字原本不出现在那段文本中——这名字最早是由亚历山大加上的，情况也不会有什么不同，因为无论如何文本的意思指向了柏拉图）。*Ibid.* i.9, 991b6："有许多其他东西产生出来（如房子、戒指），而关于它们我们认为不存在形式（理念）"。*Ibid.* 990b8 sqq.：支持理念论的那些理由是：（1）无效的；（2）会导向承认那些我们（也就是柏拉图学派——亚里士多德在批评理念论的时候潜意识中与之交流的人）认定为没有理念的那些东西的理念；"因为按照从存在着各

点在这些情况中被放弃了。许多理论上的困难以这种方式躲避过去了，　276
但是同样危及其体系的另一些困难又重新出现了。

正如我们已经知道的，诸理念相互联系，不是单纯作为"多"，更
准确地说是作为一个整体的诸部分。对诸概念有效的东西，必定对诸概
念中被思想到的本质性实在同样有效。诸概念形成一个等级序列，从最
高的"属"到最低的"种"，从最普遍的东西到最特殊的东西，经过若
干自然的居间项，自上而下形成有秩序的体系，[1]它们以各种可能的方式
相互交错、结合、排斥或者分有。[2]科学（der Wissenschaft）的任务就
是充分地再现这个体系，从特殊的东西出发上升到最普遍的原则，又
从最普遍的原则出发下降到特殊的东西，并且界定所有介于其间的居
间项，探明诸概念的一切关系。[3]柏拉图并没有致力于纯粹的辩证构建，　277
而是针对若干给定的概念进行论证；[4]但是他的目标在于，通过所有集合

种知识而得出的论证，凡是关于它们存在知识的领域都有理念，（策勒按：据前面的
说明，这的确是柏拉图最初的想法），而按照'多上之一'（τὸ ἓν ἐπὶ πολλῶν）的论
证，甚至否定的东西也有理念……还有，按照更为精确的论证，有人得出'关系'
方面的理念，而对于这方面，我们认为并不存在独立自在的类属（策勒按：这只能
表示'关于这些东西不能有独立自存的类属'，即，没有'理念'——尽管 Ebben
在 Plat. id. doct. p.96 sq. 中表示反对）。" Ibid. Z. 27（xiii.4, 1079a24）。据 Proclus in
Parm.136, Cons.，色诺克拉底把"理念"界定为"始终依据自然而构成的事物之范
导性原因"（αἰτίαν παραδειγματικὴν τῶν κατὰ φύσιν ἀεὶ συνεστώτων）。由此，如
普洛克罗所说，会得出这样的推论，即没有关于人造物或者与自然相反的事物的理
念。据 Diog. iii.77，在阐述柏拉图学说时有一个相似的界定被归到柏拉图名下，这
个界定可能完全是不可靠的。这个观点在古代晚期柏拉图主义者那里是常见的，因
为很自然就被归于柏拉图；参考关于《形而上学》那段文本的古代评注，以及本著
作 Vol. iii.(2nd edition), a. 726 b. 470; 695; 723, 3，其中引述了 Alcinous、Plotinus、
Syrian 和 Proclus 的评论。还有，即使亚里士多德（在谈论"健康本身"的时候）也
提到了单纯"属性"概念的理念，见《形而上学》iii.2, 997b8："他说有人本身、马
本身和健康本身"。

1　参考 p.204 sqq.，以及从《理想国》卷 6 中引述的内容，见 pp.168, 196。
2　Vide p.248 sq.
3　《斐莱布》16C sqq.；《理想国》vi.511B；《智者》253B sqq.；vide pp.196, 205。
4　在遵循内在辩证法观念的那些阐述中都是这样，如《智者》244B sqq.，《巴门尼德》
　　142B sqq.；在这两处，"一"与"是者"被设定为分离的，进一步推论建立在这个
　　设定之上。

概念的完全列举和比较，可以得到一门理解整个理念世界的科学。

　　然而，他本人只在这个方向上做了一点点尝试。[1]他列举了一些普遍概念，如"是／实在""非是／非实在""相似""不相似""同""异""一""数""直"和"曲"。[2]他使用了"质"[3]"量"[4]和"关系"[5]这些范畴；按照赫尔谟多洛斯（Hermodorus）的说法，[6]他在这几个

1　关于后面的讨论，参考 Trendelenburg, *Hist. Beitraege zur Phil.* i. 205 sqq. ; Prantl, *Gesch. der Logik*, i. 73 sq.。

2　《泰阿泰德》184C。《巴门尼德》137 sqq. 的讨论也围绕同样的一些概念，还有如"整体"与"部分"，"运动"与"静止""有限"与"无限"等概念。参考我的著作 *Plat. Stud.* 169。

3　《泰阿泰德》182A，ποιότης（性质）被当作一个新词引入并且作者表达了某种歉意，而在《理想国》iv. 438A sqq.（参见本页注释 5），出现了 ποιόν τι（如此这般的东西）和 αὐτὸ ἕκαστον（每个东西自身）之间的区分；《克拉底鲁》432A sq. 出现了（关于数方面的）"质"和"量"的规定性的区分。《斐莱布》37C ;《智者》262E。

4　《智者》245D：每一个 ὅλον（整体）都是一个 ποσόν（定量）。《斐莱布》24C sq.：较多与较少，σφόδρα（强）与 ἠρέμα（弱），使得 ποσόν（定量）成为不可能。

5　《智者》255C："'是的东西'当中有一些被说成'绝对的'（αὐτὰ καθ' αὑτά），另一些则永远被说成'相对的'（πρὸς ἄλλα）…… '异'永远相对于他者……"《理想国》iv. 438A："当事物是关于某个东西的，在我看来，特定性质的东西（τὰ μὲν ποιὰ ἄττα）是关于该性质的东西的（ποιοῦ τινός ἐστιν），而那些仅仅是自身的就仅仅关于其自身的"。例如，科学本身只针对知识自身，而特定的科学（ποιά τις ἐπιστήμη）针对特定的知识。《巴门尼德》133C，以及从 Hermodorus 那里引述的内容，见第 175 页注释 6。

6　据 Simplicius, *Phys.* 54 b 中的文本，在第 175 页注释 6 所引述的文字之后，赫尔谟多洛斯接下来说：关于"相对于他者（πρὸς ἕτερα）的东西"，其一是"相对于相反者"（ὡς πρὸς ἐναντία），另一是"相对于任意某个东西"（ὡς πρὸς τι），而"在后者当中，有些是得到限定的东西（ὡρισμένα）与，有些是未限定的东西（ἀόριστα）"。他用下面的话来解释后一个区分（我详细在这引述，因为后面我还要返回这点）："（柏拉图认为），所有那些被说成大与小相对的东西都具有更多与更少（τὸ μᾶλλον καὶ τὸ ἧττον）。因为由于更多，它们就会是更大与更小，以至于无穷；同样，它们会是更宽和更窄，更重和更轻，而所有这样表达的东西都会走到无穷。但是被表达为相等、静止、和谐的这类东西则不具有更多与更少，它们的相反者才拥有，因为一个不相等者更甚于另一个不相等者，一个运动者更甚于另一个运动者，一个不和谐者更甚于另一个不和谐者。于是，除了单一的（非成对的）要素（πλὴν τοῦ ἑνὸς στοιχείου），所有成对的东西——它们两个——都有更多与更少。于是，这样的东西就被说成是不固定的、无限定的、缺乏形式的并且是'非是者'，'是者'的否定，而且，本原和本质（所是）都是与之不相称的，相反，它处于某种非断定状态（ἐν ἀκρασίᾳ〔策勒按：ἀκρισίᾳ 是更好的读法〕τινὶ φέρεσθαι）。"最后一句（如前面从

范畴之间做了区分。在"绝对"和"相对"之间做了区分，这是他的整个体系的逻辑基础；因为理念独立自在，而"现象"，乃至于"物质"，只相对于他者而存在。[1] 柏拉图进一步断定，在一切"实在"中，"一"与"多"，"有限"与"无限"，"同"与"异"，"是"与"不是"都是结合在一起的。[2] 他通过"起作用"和"受作用"这两个特性来界定"是"（实在）这个概念。[3] 在《智者》中，[4] 他列举了"是"（实在）、"静止"、"运动"（后来又增加了"同"和"异"）作为最重要的普遍概念，同时说明这些概念如何相互兼容，又如何相互排斥。在《理想国》中，[5] 他在认识主体和认识对象之间，在"认识"（die Erkenntniss）和"实在"（die Wirklichkeit）之间，在"知识"（das Wissen）和"是"（das Sein）之间做出了区分。尽管在这些界定或类似的其他界定中，[6] 亚里士多德范畴理论的基因已经清晰可见，但是，柏拉图没有在任何一个特定场合尝试举出这些最高概念的全部列表或者按照其内在关系把它们做一个整理。这个缺乏可能通过"数的体系"获得了不太恰当的补充，即，在把诸理念跟毕达哥拉斯的"诸数"融合起来的时候，他试图通过"一"和"未限定的二"派生出各个数[7]——即使这个派生比我们实际看到的内容更加充分地得到了实现。[8]

278

279

Dercyllides 所引述的）再次出现在 p. 56, b 中（只有不重要的一点文字差异）。这里做出的区分，也就是把"相对于他者的东西"分为"相对于相反者"与"相对于任意某个东西"，在柏拉图著作中没有出现，尽管这不必成为不信任赫尔谟多洛斯的说法的理由；而"得到限定的东西"（ὡρισμένα）与"未限定的东西"（ἀόριστα）的对立，以及对后者的更详细描述，稍后我们还会再次遇到。

1　参考第 175 页注释 6，以及后面将要引述的关于现象世界与物质问题的内容。

2　Vide p. 204 sq.；249 sq.

3　参见第 191 页注释 2。

4　254C sqq.；cf. supra, 249 sq.

5　Vide 508E sqq.；参见第 196 页注释 1。

6　例如，《蒂迈欧》37A，Plut.（*Procr. an.* 23, p. 1023）在这里看到了十范畴的雏形。

7　亚里士多德《形而上学》xiii. 7, 1081a14, 21, b 17 sqq.；31, 1082a13 b30；xiv. 3, 1091a4, i. 9, 990b19；参考我的著作 *Plat. Stud.* 220 sqq., 242。我们在讨论物质学说的时候还会谈及 ἀόριστος δυὰς（未限定的二）。

8　据亚里士多德《形而上学》xii. 8, 1073a18；xiii. 8, 1084a12；《物理学》ii. 6, 206b32,

关于实在之递进层级得以终结的终点，柏拉图说得更为清楚。全部理念中最高的是"善"之理念。在可见世界中，太阳同时给出知识和生命，因为它照亮眼睛并且揭示可见的事物，同时使万物得以生长，而在超感性的世界中，"善"是"实在"（Sein）和"知识"（Wissen）、"可认识者"和"认识"（Erkenntniss）的源泉。正如太阳超越了光和眼睛，"善"也超越了"实在"和"知识"。[1] 但是，这个界定有其困难所在。从《斐莱布》的整个讨论中，我们看到"善"只是用来表示人类活动的目标，也就是对人而言最高的"善"。[2] 正如上面引述《理想国》的段落

无论如何这只局限于前面十个数，而且可能并没有走得太远，因为亚里士多德自己没有说得特别清楚。亚里士多德反驳理念数的支持者（《形而上学》xiv.4, beginn.），说他们没有派生出第一个奇数来，这似乎仅仅指如下情况（如 Bonitz ad loc. 所设想的那样），即他们没有说明第一个奇数（"一"）的起源，然而（据目前这个文本以及 xiii.7, 1081a21）他们确实试图派生出第一个"二"。由于"一"是一切奇数的根源，对它有效的就间接地对一般的奇数都有效。据《形而上学》xiii.7，柏拉图学派把其他的奇数（例如"三"）看作是派生的。

1　《理想国》iv.508E，在太阳譬喻之后："这种把'真'（真实性 /τὴν ἀλήθειαν）赋予被认识者并把认识能力赋予认识者的东西，你必须说，它就是'善之理念'（τὴν τοῦ ἀγαθοῦ ἰδέαν）。它是'知识'和'真'之原因，它本身也要被视为可知的。'知识'和'真'都是美好的东西，但是'善'应该被视为比这两者更美好。在可知领域，光和视觉被恰当地视为'像太阳的'（ἡλιοειδῆ），但是把它们视为就是太阳则是不正确的，所以，在这里，把'知识'和'真'视为'像善的'（ἀγαθοειδῆ）是正确的，但是把它们当中任何一个视为'善'则是不正确的——因为'善'的品性还要更加尊贵一些……你会说'知识'的对象不仅从'善'那里得到可知性，而且从'善'那里得到它们自己的'是/实在'和'所是/本质'（τὸ εἶναί τε καὶ τὴν οὐσίαν），但是'善'不是'本质'，而是比'本质'更为尊贵、更有能力的东西。"

2　在一开始，问题以这种方式提出来，即其中一方面的主张是（11B）："对于所有动物而言，高兴、快乐、喜悦以及凡是跟这些相符的东西就是善；但是我们争辩说不是这些东西，而是认知、理解、记忆以及跟这类相关的，正确信念和正确推理，对于能够分有它们的人而言，比快乐要更好。"这样问题就在于（11D）"我们每人接下来要尝试证明，是灵魂的某种状态和品质让所有人拥有幸福的人生"：一个人把"快乐"（ἡδονὴ），另一个人则把"知识/明智"（φρόνησις），视为这种"状态"（ἕξις）；而且在 14B，19C 再次提出"什么是人类所拥有的东西中最好的"，20B sqq.，参考 27D，其中，一种混合了智慧与快乐的生活被说成是"善"；66A sqq.，其中完满生活的要素（首要的拥有物，第二位的拥有物，等等）得到了列举。随后，最初的问题被扩展为一个普遍的问题（64A）："究竟人类和世界中存在的什么东西是善的（好的）？"

中指涉这篇对话录的一处表达那样，[1] 这里似乎也是这个意思，即，"善"   281
理念被提出来仅仅是作为一种活动（在此处不单纯指人类活动）的目标，
即作为世界之终极目的，或者是神的理智所看见的"模型"概念（宇宙
的建构借助它而得到引导）。[2] 按照这个观点，"善"理念仍然有可能被
当作某种实在的东西和实体性的东西，[3] 但它不会是一种动力因；而且，
它必须以这种方式与"神"区别开来，"善"理念与"神"之间要么是
决定者与被决定者之间的关系，要么是被决定者与决定者之间的关系。
前一种情况意味着"善"理念是"属"，而"神"是其下面所包含的东西；[4]
后一种情况意味着，"善"理念是"神"的作品或思想，[5] 甚至是他的一
个内在的本质规定性。[6] 但是，柏拉图自己的阐述拒斥了这样的设想。   282
如果"善"理念赋予各个事物以"实在"，赋予理智以认知能力，如果
它被称作一切正确的和美的事物之原因，光之"父亲"（造就者），实在
和理性之源泉，[7] 那么它就不仅是一切实在之目的，而且是一切实在之根

1　苏格拉底提及"善"理念是知识的最高目标之后，在505B明确提到《斐莱布》
　　的观点："你一定知道，多数人认为快乐是善，而对于更文雅的人来说知识
　　（φϱόνησις）是善"；随后，在反驳了两方面的观点之后，506B，前面所阐述的那个
　　问题以这个方式得到激化："苏格拉底啊，你自己说，善究竟是知识还是快乐，还是
　　在它们之外的某个别的东西？"在这个论述中间再次出现了这样的表达，509A：苏
　　格拉底并不认为快乐是"善"。

2　Van Heusde, *Init. Phil. Plat.* ii.3, 88 sqq.；Hermann, *Ind. lect. Marb.*1822–23（in
　　Jahn's and Seebode's Archiv, i.622 sq.）；*Vindiciae Disput. de Idea boni*, Marb.1839（A.
　　u. d. T. *Vindiciae Platonicae*, Marb.1840）；Stallbaum *in Phileb. Prolegg.*（1820），
　　xxxiv. lxxxix.；*Plat. Tim.*46 sqq.；*Plat. Parm.* 272；Trendelenburg, *De Philebi Con-
　　silio*（1837），17 sq.；Wehrnann, *Plato de s. bono doctr.* 70 sq.。Martin, *Etudes sur le
　　Timée*, i. 9 sqq. 以不太明确的方式谈论了"善"理念与"神"之间的区别问题；他认
　　为柏拉图有时候把两者等同，例如，在《理想国》中。

3　如 Hermann 与 Trendelenburg。

4　Trendelenburg（*loc. cit.*）就是这样认为的，以《蒂迈欧》30A 为依据。

5　Orges, *Comparat. Plat. et Arist. libr. de rep.*（Berl.1843），23 sqq.："善"理念是"神"
　　在事物中体现自身的"能力"与"完满性"；Ebben, *Plat. idear. doctr.*（Bonn, 1849），
　　p. 65 说，"善"是"神"的一个"属性"，即，无限者在有限者中的自身呈现。

6　在泛泛地谈论"诸理念"的时候，这个设想经常出现；vide p.266 sq.。

7　《理想国》（*loc. cit.*），以及 vii.517B："这些现象以这种方式向我显现：在可知世
　　界中，最后也是最困难才被发现的是善之理念。一旦它被发现，一个人必须推导

据、动力和绝对的原因。[1] 柏拉图不可能另外考虑某种别的动力因；不然的话，在这个地方，即他具体阐述一切事物之终极根据以及知识之最高对象[2]的地方，他必定会提及这个动力因。[3] 柏拉图在《斐莱布》中清楚地说到，"神之理性"与"善"并无分别；[4] 在《蒂迈欧》中，他也是这样提及"造物主"的，为了前后观点一致，我们不能脱离诸理念来考虑他——他正是按照诸理念来仿造出宇宙的。[5] 这个预设实际上是柏拉图

283

出，它在每个事物中都是其一切正确和美的东西的原因，在可见世界中它造就光和光之来源，在可知世界中它掌管并提供真和理解；每一个要在私人和公共领域里明智地行动的人必须看见过它。"

1 正如诸理念总体上是如此，vide p. 263 sqq.。

2 这被说成是"最重大的学问"（μέγιστον μάθημα），见《理想国》vi. 505A。

3 在 p. 255 sq.，我们已经说到，他在以学理的方式讨论诸理念的时候没有提及这类原因。

4 22C。苏格拉底已经证明，快乐不会是善；但是不带有快乐的知识是不充分的；然后他接着说："我认为我们已经充分表明了斐莱布的'神'不能被视为与善是同一的。" 斐莱布回答说，"不能，但是，苏格拉底啊，你的'理性'（νοῦς）也不能；它会遭到同样的反驳。"苏格拉底又说，"斐莱布啊，我的理性或许是这样，但是，真正的理性，同时也是神的理性，情况会有所不同。"Hermann, *Vindic.* 18 错误理解了这段话，他说，这个回答只针对《斐莱布》最后部分，也就是理性与快乐的对比部分。这两者都不是"善"，只有在这个意义上，苏格拉底才同意斐莱布关于人类理性的主张。他不会同意更进一步的扩展，因为（如他在 11D 中所暗示并且在 28A sqq. 中详细说明的）在人类当中，理性比快乐更接近于"善"，这样，他对神的理性所做的否定在于，神的理性与"善"是不同的。现在，我们可以与 Wehrmann（p. 80）一起认为，"神"在这里被描述为"善"或者一切"善"之"本原"；但是，"善"没有被描述为"神"或者"理性"，"善"仅仅是"神性实在"的一个方面。如果是这样的话，"善"不能同时是一个独立自主的"理念"，如《理想国》中描述的那样；但是，柏拉图不仅说，神的理性是"善"，而且说它"与善是同一的"（ταὐτὸν καὶ τἀγαθόν）。

5 例如，《理想国》vii（参见第 205 页注释 7），"善"理念被描述为超感性世界的顶峰以及一切事物的原因，要领会它非常困难。同样，《蒂迈欧》28C，作为"原因"（αἴτιον）的"神"被这样提及："要发现这个宇宙的制作者和父亲是一件很重的任务，即使我发现了，要向每个人说明也是不可能的"；而且《蒂迈欧》37A 中，它被说成是"永恒存在的可理知者中的至善者"（τῶν νοητῶν ἀεί τε ὄντων ἄριστον，这些词应该读作这样子才对，vide Stallbaum）；在前一处没有提到"神"，正如在后一处没有提到"善"一样。此外，据《蒂迈欧》28A, C，宇宙构造者注视着原型以便把宇宙造得像原型，但他自己又作为这个原型而出现，29E, 92B（其中，宇宙被说成"一位可感觉的神，可理知者（神）之影像"。同样的表述也被用来说明"神"和"理念"，而且两者可以互换）。最后，37C，宇宙被说成"永恒的诸神之圣殿"（τῶν ἀϊδίων

整个学说的内在关联性所要求的。因为不管我们以什么方式来考虑"神"跟与之不同的理念世界的关系，我们都会遇到无法逾越的障碍。我们要把诸理念设想为"神"的思想或创造物？还是说，诸理念是"神"之本质的内在规定性？前一个设想会危及诸理念的永恒性和独立性；后一个设想会危及到诸理念的绝对自足性；[1] 这两个设想都会让柏拉图所谓"至高无上的思想对象"沦为某种派生之物；并不是理念，而是包含理念或产生理念的"神"才是"最初者"与"至上者"。但是，柏拉图没有用"理念"来称呼"神"之思想、属性或创造物；因为思想本身必须通过对理念的洞见才能出现；创造物本身必须通过对理念的模仿才能出现；属性或性质本身必须通过分有理念才能出现。[2] 那么，我们要反过来设想"神"是诸理念的产物吗？这样的话，他就不会是绝对永恒的神，而只是"被造的诸神"（gewordenen Götter）之一；"神"跟诸理念之间的关系就会变成类似星体与人的灵魂跟诸理念之间的关系。要不然，我们应该这么设想吗，[3] 即"神"作为一个特殊的、独立的本原与诸理念并列存在？"神"既不产生出诸理念，也不是由诸理念所产生；他的活动本质上在于实现诸理念与现象的结合——在他按照诸理念构造宇宙的时候？[4] 或许这个观点可以得到支持：不仅柏拉图在《蒂迈欧》中自己这么表达，而且对于他的学说体系而言这个观点有一些重要根据。尽管他自己可能不会承认，他的诸理念无疑缺乏把自己推向现象的运动原则。这种缺乏似乎是通过"神"这个概念来补充的；在《蒂迈欧》中实际上必须有一个"宇宙构造者"，因为否则的话就会没有动力因。至此，我们或许希望通过这个观点来避免某些根本困难。但是，它会给我们带来另一些棘手的难

284

285

θεῶν ἄγαλμα），而这里所谓与"生成的诸神"相区分的"永恒的诸神"，我们只能将其理解为"诸理念"；而"永恒存在的神"（ἀεὶ ὢν θεός, 34A）就等同于"最高的理念。"

1 关于这点，参考 p. 240 sq.。

2 Cf. p. 242 sqq.

3 如同 Hermann 那样。

4 参考 p. 268 sq.。更详细讨论见下文。

题。柏拉图真地会把最高的原则设定为二元并列的，而没有试图把它们结合起来？如果只有诸理念是真正的实在，在它们之外会有与之不同并且具有同等本源性的其他实在与之并列存在？为什么不能说，"神"（就像理念之外的其他事物一样），只有通过分有理念，他才是其所是？可是，这与"神"的概念是绝对不相容的。综上所述，我们或许可以说，柏拉图学说的统一性只可能基于如下设定，即柏拉图本人从来没有把动力因和概念因分离开来，没有把"神"与最高的理念（善之理念）分离开来。我们已经表明，[1]他把它们看作同一个东西，即他有时候把"能力"和起建构作用的"理性"泛泛地赋予诸理念，有时候则专门赋予最高的理念。这点得到他晚年的口头讲论的证实，即"太一"（最高的"一"）指的就是"善"，[2]而"太一"与"神"必定是同一的。据说他把"神圣理性"从"一"和"善"中分离出来，而这点也是斯彪西波与他的老师发生分歧之处。[3]当亚里士多德说，柏拉图只承认两类原因，形式因或概念因，以及质料因，这个时候他也预设了这个观点；[4]他基于这样的理由

286

1　Vide p. 281 sq., 263 sq.

2　Aristox. *Harm. Elem.* 11. beginn. p. 30, Meib.："正如亚里士多德一直说的，这是大多数听过柏拉图关于'善'的讲演的人的感受。他们每个人都带着预期去听讲，以为会听到公认为属于人类的善好事物，譬如财富、健康、强壮乃至某种神奇的整体幸福。当讲演实际表明为是关于数学的——数、几何、天文——并且总结说'善是一'，我想，这在他们看来是全然出乎意料的。"亚里士多德《形而上学》xiv. 4, 1091b13："主张有不变动的实体的人当中，有些人认为，'一'本身就是'善'本身"，这段话被 Pseudo-Alexander ad loc. 归于柏拉图。*Ibid.* i. 6, end：柏拉图认为"一"是"善"的基础，"物质"是"恶"的基础；对于这些说法，可以联系到《形而上学》985a9："一切善的东西的原因就是善本身"。塞奥弗拉斯特也承认在柏拉图那里"善"等同于"神"，据 Simplicius, *Phys.* 6 b. m.（Fragm. 48 Wunm），在提到柏拉图的时候，他说："他希望确立两个本原，一个是物质载体，他称为'接纳万物者'，另一个是驱动的原因，他称为'神'或'善'之能力"。

3　Stobaeus, *Ekl.* i. 58："斯彪西波〔主张神是〕'理性'，既不同于'一'也不同于'善'，它们各有自己的本性。"Krische, *Forsch.* i. 256 正确地指出，"既不……"这个说法表明，斯彪西波在这里必定不同意他早已熟稔的柏拉图的思路，该思路把"νοῦς"（理性）放在跟"一"与"善"同一个层面上。

4　《形而上学》i. 6, 988a8："综上所述，显然，他只应用了两种原因，一种是'所是'（τῇ τε τοῦ τί ἐστι），另一种就质料方面而言的（τῇ κατὰ τὴν ὕλην）"。塞奥弗拉斯特的说法参考上注。

抱怨说，柏拉图没有表明"谁"按照诸理念构造了诸事物。[1] 像"善"这样的目的论概念只是泛泛地得到设定，而且没有被直截了当地宣称为最高的作用力和理性，这在我们看来是完全不可理喻的。我们习惯于以人格的形式来设想"理性"，似乎它不可以被当作一个理念。但我们可以改变一下思维模式，追问一下：我们不能这么设想的事情是不是柏拉图也不可能这么设想。柏拉图心里可以把关系性规定（如"司""大""小"，等等）作为理想性实在而视为优先于具体事物（我们认为这些事物是优先的），他也同样可以设想一个自身独立的实在有其目的，而绝对原因和绝对存在也有其绝对目的或者"善"。[2] 只要承认这点，这也就不足为奇了："善"（就像其他诸理念在其各自的领域中一样）应该被赋予更多的性质，诸如"力""能动性"和"理性"，没有这些东西的话，"善"就根本不会成为"无限的实在"（unendliche Wesen）。但是，"善"与"人格性"（Persönlichkeit）之间有什么关系，这个问题柏拉图自己可能从来都没有考虑过。古人一般而言并没有明晰的人格概念，而且"理性"常常被视为泛泛的"宇宙理性"，它究竟属于人格性存在还是非人格性存在，这个界限是不清楚的。[3] 柏拉图确实说，没有灵魂的话，"理性"不能被赋予任何实在，因此他甚至让理性通过灵魂而内在于"宇宙"之中。[4] 但是，首先，我们不能从这点就得出结论说，"神圣理性"自身就

287

288

1　参见第 57 页注释 1。

2　此处的情况已经表明这会造成许多困难。例如，我们因而需要解释，前面提到的（p.280）"最高的善"与"绝对"这个形而上学概念的混合问题。"善"这个概念是从人类生活中抽象出来的；它表示对于人类有益的东西（如苏格拉底所表明的）。柏拉图把它普遍化为一个"绝对"概念，但是它的原始含义始终在起作用：这就带来一种混淆；伦理学上的"善"概念和形而上学的"善"概念被搅和在一起了。当我们问，"善"理念如何是关于可感世界的其他所有理念的原因，这时候还会出现更多的难题（参考 Brandis, ii. a. 327 sq.）。对这点的回答只能是跟我们泛泛地追问诸理念的原因是什么的时候所做出的回答相同，即，我们在这里看到了柏拉图学说体系的不完满之处，而他自己在略过这些挑战时其实是以沉默的方式间接承认了这点。

3　参见 Vol. i. p. 808 的论述，以及后面对亚里士多德的"神"之概念的考察。

4　《蒂迈欧》30B："他〔神〕推理并发现，本性上可见的东西当中，没有一个无理性的东西会比拥有理性的东西总体上是更加美好的作品；而且，理性不可能出现在除灵魂之外的任何东西之中。由于这种考虑，他在灵魂中构建理性，在身体中构建灵

作为一个灵魂而存在；无论它们如何紧密结合而不可分离，"宇宙灵魂"总是与"理性"有区别而且是从属于理性的，它只是与理性结合在一起，因为理性没有别的方式可以介入世界；[1] 其次，"人格性"在严格意义上也很难被归于"宇宙灵魂"。从柏拉图关于"神"的若干预设的逻辑推导来看，我们也不能得出"人格性"这个原则。如果原初实在只能是"普遍者"，那么"神"作为原初实在就必须是最普遍的；[2] 如果单一个体只有通过分有更高层次的实在才"是其所是"，那么，在其之上没有更高实在的"本质"就不可能是单一个体：如果"灵魂"由于它与物质世界的关联性（通过对于"未限定者"的分有）而与"理念"处于对立之中，那么灵魂不能被归于理念本身，从而不能归于"神"（等同于"最高理念"）。柏拉图从来没有明白地展开这些推论，但是，他也没有反对这种推论。他常常把"神"当作人格来谈论；我们无法认为这只是他为了适

魂，以此方式构建了宇宙。"我们必须在这段文本的启发下来解释《斐莱布》30C："在没有灵魂的情况下，智慧和理性永远不会出现。——当然不会。——那么在宙斯的本性中……"参见第 194 页注释 1。这里的问题不是针对超世界的"理性"，而是针对世界内的理性（或者像以神话方式表达的那样，是宙斯的本质）；不过，当说到"通过原因方面的作用"（διὰ τὴν αἰτιάς δύναμιν）宙斯拥有君王般的灵魂以及君王般的理性的时候，超世界的理性与世界内的理性是被区别开来的。绝对意义上的"神"不能由某种外来的原因而赋予它理性。同样的道理也适用于《蒂迈欧》37C；理性与知识只是处于灵魂之中，而在 46D："在诸实在中，唯一适合于理性坐落于其中的，我们必须说是灵魂。"这里提出的问题也不是说，"νοῦς"（理性）本身是否可以被设想为不伴随灵魂的，而是说，它是否可以存在于灵魂之外的东西中，而这里否认的只是，理性能够归属于物质性的东西。

1 《蒂迈欧》35A sqq.。柏拉图当然是以不同方式来解释这点的，参考《智者》248E sq.（见第 190 页注释 4）；但是，这个表述不能等同于《蒂迈欧》那些让人困扰的学说；这个表述只是一个不太精确的说法，后面柏拉图自己就修正了。

2 Stumpf, *Verh. d. plat. Gott. z. Idee d. Guten*. 94, 提出了一个反驳，就是说，正如诸理念是预设的，它们与事物相分离并且彼此分离，因而"善"理念必定是最具个体性的，而柏拉图所说的"神"必定是绝对超越的和个别的。但是，实体性与个体性对于柏拉图而言不是等同的，尽管它们对于亚里士多德而言是等同的。亚里士多德言之凿凿并且反复对理念论进行驳斥，说，诸理念应该是"普遍者"，也就是一些"类属"，而不应该是一些"个别者"，而它们作为 χωρισταί（分离的东西，或独立的东西）却不能这样。在 p. 237 sq. 已经表明，柏拉图所说的诸理念是预设下来的一些"属"概念。这样，最高理念本身一定要是最高的属，从而必定是最普遍的东西。

应大众宗教的观念才使用这样的语言。如前所述，为了解释现象，这样一种表述方式对于柏拉图而言是不可或缺的（由于诸理念是不运动的）；他关于"神"的完满性、神圣旨意以及诸神对人的关心的全部叙述，[1]都给我们这样的印象，即他并不是有意把一种哲学观念转换为某种他自己不熟悉的语言，而是他本人就分享这种宗教信念，并且大体认为它是有根有据的。不过，他从来没有试图更加明确地把这些宗教信念和他的学理性概念调和起来，或者论证它们之间的兼容性。所以，我们只能得出这样的结论，即他对于这个问题缺乏自觉。[2]在他关于最高原因的哲学探讨中，他把自己限定在诸理念的范围，就像在《蒂迈欧》中，当他发现必须在诸理念之外再引入"神"的时候，他没有做任何论证或清晰界定，而只是把它当作一种信仰上的预设。[3]出于这种"人格"方面的需要，[4]也出于实践方面的需要，柏拉图坚持对于"诸神"的信仰，以他的哲学之精神对其进行提炼，[5]但是没有严密地考究它与理念论之间的关系；他满足于这样的想法，即这两方面说的是同一回事，诸理念是真正神性的，最高的理念与最高的神是同一的。[6]把本质上如此不同的事物以某

290

1　参见第 195 页注释 1。

2　Ribbing, *Plat. Ideenl.* i.370 sqq. 公允地承认这点，尽管他不认为，诸理念是"普遍者"，从而不能用人格性来表述它们。究竟这个想法"对于此哲学家是可称颂的"（如 Stumpf, *loc. cit.* 反对我的时候说的），还是并非如此，历史研究者不会提这样的问题；我们只应该去揭示什么东西是可以得到证明的，或者至少是被表明为很有可能的。当然并不是没有这种可能性，即，柏拉图并没有意识到那个至普罗提诺时代仍无人注意到的那个难题，而且他也没有注意到其理念论陷入了这种困难，正如比他更切近这个困难的其他许多人同样也错过了它。

3　《蒂迈欧》28A sqq.。这里证明了宇宙必须有一个原因，因为它作为有形体的东西是生成而来的，"我们说，产生出来的东西必然是借由某个原因而产生出来的"。但是这个"原因"（αἴτιον）可以被归结为一个 ποιητὴς（制作者）、πατὴρ（父亲）、δημιουργός（工匠），这并没有得到确认；我们在这里看到的是信仰式观念和学理性思想在同一层次上混杂在一起。

4　这无疑是真正的要点，就此而言我认同 Deuschle 的论述（*Plat. Mythen* 16 sq.），即，在柏拉图的观念里，人格性的"神"具有超出单纯神话式拟人叙述的意义。但是，这不仅对于"神"是如此，对于"诸神"也是如此。

5　关于这点的更详细讨论将在后面给出。

6　但是，这样不是让柏拉图变成了一位泛神论者吗？哪怕情况是那样，也不会是多

211

291　　个方式对应起来，这个难题似乎被柏拉图忽视了，就像他之前和之后的许多哲学家同样如此。[1]

　　　　通过把最高实在界定为"善"与合目的的"理性"，柏拉图把它理解为创造性的本原，在"现象"中体现自身。由于"神"是善的，他构

292　　造了宇宙。[2] 以这种方式，理念论与宇宙观关联起来了，辩证法与物理学关联起来了。

　　　么大的不幸，更不会是对历史探究结果的有效反驳。但是这个问题不在这里讨论；而 Rettig 给他的论著所起的标题"《斐莱布》中的 Αἰτία，柏拉图的'人格神'或者柏拉图作为非泛神论者"暗含了某个模糊的泛神论观念。就算柏拉图否认神的人格性，他也不会是一位泛神论者。在柏拉图最晚期的那些原则中，他既没有取消"理念"与所谓"物质"之"二元论"，也没有取消理念与事物的分离以及诸理念之间的分离。Rettig 承认的对这些主张的批评并不能说明，柏拉图否认神的人格性，而只是说明他没有去探究人格性这个问题。

1　上面所阐发的观点，即，"善"理念等同于"神"，以细节上有所不同的方式（它们对柏拉图——且不说新柏拉图主义者——所说"神"的人格性问题有影响）也出现在下列论著中：Herbabt, *Einleit. in d. phil. WW.* i, 248；*Plat. syst. fund. ibid.* xii. 78；Schleiebmacher, *Pl. WW.* ii. C 134；Ritter, *Gesch. d. Phil.* ii, 311 sq.；Preller, *Hist. phil. gr.-röm.* 2. A. p. 249；Bonitz, *Disputatt. Plat.* 5 sqq.；Brandis, ii, a, 322 sqq.；Schwegler, *Gesch. d. Phil.* 3. A. 56；Strümpell, *Gesch. d. theor. Phil. d. Gr.* 131；Ueberweg, *Rhein. Mus.* ix, 69 sqq.；Susemihl, *Genet. Entw.* i, 360. ii, 22, 196, 202；Steinhart, *Pl. WW.* iv, 644 sq. 659. v. 214 sq. 258, 689 sq. vi. 86；Stumpf, *loc. cit.*；Ribbing, *Plat. Ideenl.* i, 370 sqq.。（其他一些重要论著，参考 Stallbaum, *Plat. Tim.* 47。）但是，由于上面提到的理由，我不能同意 Steinhart（iv. 645）的一个观点，即认为《斐莱布》30A、C 中表达了绝对意义上的"神"。在《斐德罗》246C，也是他所引述的一段话，柏拉图并不是表达他自己关于"神"的观点，而只是表达了常人意见，而且被柏拉图认为是错误的。在我看来，Steinhart 的猜测是非常不可能为真的（vi. 87 sq.），即，柏拉图在"神性实在"之中区分出了静止或恒常原则与能动原则，客观性与主观性原则，理想的方面与实际的方面，即，前者为"善"理念，后者为"心灵/精神"（Geist）。两方面的表述都可以在柏拉图的文本中找到，但是他根本没有表明关于"神"的不同方面是那样得到考虑的。Rettig 和 Volquardsen 等人对我的所有反驳，只要在我看来有其重要性的，都已经得到我的关注，不管我是否公开提及它们。

2　《蒂迈欧》29D："让我们说，借由什么样的原因，构造者构造了这个变易着的宇宙。他是善的，这位善者永远不会针对任何东西出现嫉妒。（这同一个重要观点由柏拉图在《斐德罗》247A 提出，作为对流俗所相信的"神的嫉妒"〔θεῖον φθονεϱòν〕的反驳）由于没有嫉妒，他愿意所有事物都尽可能变得像他。……神愿意尽可能让每个东西都是善的，没有一个是坏的，所以他掌管一切可见的东西——它并不止息而是以不和谐方式和无秩序的方式运动——把它从无秩序的状态带出来而进入有秩序的状态，因为他认为秩序一定比无秩序更好。"

第 七 章

物理学：现象世界的一般原因

我们用"物理学"这个名称表示所有关于自然存在这个领域的探讨；包括关于"现象世界"（与理念世界相对而言）的一般原因的探讨，关于"宇宙"及其部分的探讨，也包括关于"人"的探讨。关于现象世界的一般原因的研究有三个部分：（一）可感事物本身（即"物质"）的普遍根据；（二）可感事物与理念之间的关系；（三）理念世界与可感世界的居间者（即"宇宙灵魂"）。

一、物质

要理解柏拉图的物质学说，我们必须回顾他的理念论。柏拉图把理念看作仅有的"真正的是者"（wahrhaft Seiende/ 真正的实在）：他把感性现象看作处于"是者"（实在）和"非是者"（非实在）之间的居间者，其中只有从"是"到"非是"以及从"非是"到"是"的过渡，它只属于"变易"而不属于"是"。在现象中，理念不会纯粹地向我们显现出来，而总是与其相反者混合在一起，分散在个体的"多"之中，隐藏在"物质之幕"的背后。[1]"现象"不是一种绝对独立的"是者"（存在者），它

---

1 参见前文以及《理想国》524C，493E，476A，477A；《会饮》211E，207D；《政治家》269D。

的"是"（存在）总是因为他者、借助于他者、相对于他者和为了他者而"是"（存在）。[1] 因此，可感实存只是真正的实在的影子和摹本。真正的实在是"一"，可感事物是杂多的；前者是纯粹为了自身并依据自身的，后者是在他者中并且依据他者的，前者是"是"，后者是"变易"。但是，理念在"现象"中的这种转变是如何出现的呢？它的原因不可能在于诸理念自身；即使理念处于结合体之中，它们仍然保持各个不同，每个都保持自己的特殊本质，不会相互混合：一个理念不会与它的对立者发生融合或过渡为其对立面。[2] 所以，如果一个理念贯穿许多其他理念，把它们包含在自身之中，[3] 它们每一个必须仍然按照各自的方式保持其自身不变的同一性。[4] 一个概念只在保持其自身同一的范围内与另一个概念联结。[5] 反之，可感事物与理念不同，它们不仅能够接纳相匹配的各种性质，甚至能够接纳相反的两种性质；这点对于它们而言如此关键，以致柏拉图直接说，一切可感事物同时也是其对立面，它的"是"同时也就是它的"非是"。[6] "现象"的这种不完满性不可能源自于理念；

---

1 《会饮》211A，在这里，与现象层面的美（τὰ πολλὰ καλά）相对而言的原型层面的"美"被描述为"不是一部分美另一部分丑，也不是有时美有时不美，也不是相对于这个东西美而相对于那个东西丑，也不是在这里对于这些人就美而在那里对于另一些人就丑"。《斐莱布》54C，参见第 165 页注释 4。《蒂迈欧》52C："影像（策勒按：可感现象）没有它所指的东西所拥有的实在性，因为它是别物之幻影，处于永恒流变之中，因此它适合出现在别物之中，以某种方式依附于'实在'，不然就会完全一无所是。"参考《理想国》476A；《斐多》102B sq.；还有《克拉底鲁》386D；《泰阿泰德》160B，不过，在后面这个文本中，柏拉图不是以自己的名义说话。

2 《斐多》102D sqq.："因为在我看来，不仅大本身永远不会同时是大又是小，而且在我们当中的大也永远不会容许小……以同样的方式，在我们当中的小也永远不会变成或者是大的，其他那些相反者也不会这样"。为反对这点，苏格拉底本人已经说过，相反者出自相反者，对此又有回应说："因为我们曾经说，相反的事物从相反的事物中产生出来，而现在，我们说相反者本身永远不会从相反者中产生出来……"参考《智者》252D，255A。

3 《智者》253D；参见第 142 页注释 5。

4 《斐莱布》15B（参见第 183 页注释 3）。参考 pp.228，240。接下来就会表明，《理想国》476A 与这个观点没有矛盾。

5 《智者》255E sqq.；参见 p.249。

6 《理想国》479A（参见 p.224）；《斐多》102。

毋宁说，它证明了在"理性"之外的"必然性"也是世界（宇宙）的原因，而这种缺乏理性的原因不能完全被"理性"所克服。[1]于是，为了解释可感事物自身，必须接纳一种特殊的本原（Princip），而这种本原必须直接与理念相对立，因为"现象"和"理念"的对立必须从其中派生出来。这个本原必须包含"现象"的非实在性、可分性和可变性的根据；因为凡是真实的、统一的和永恒的东西都只能来自于理念。于是，如果理念是"绝对是者"，这个本原就会是"绝对非是者"；如果前者是统一的、不变的实在，那么后者必须是绝对分裂和绝对变易。这个本原通常被我们叫作柏拉图的"物质"（die Materie），尽管它不是柏拉图本人的用语。[2]

296

297

---

1 《蒂迈欧》48A："因为这个宇宙的生成是混合性的：它从必然性和理性的联结中产生出来；理性统辖着必然性，通过说服它把大多数生成的东西引向最佳，而必然性对于明智的说服的顺从之结果就是这个宇宙得到建构的开端。如果某人要宣称宇宙如何真正以这种方式产生，他还必须混合进来一个游移不定的原因类型——以何种方式它让事物本性上变动不居"。参考《蒂迈欧》56C，68E；《泰阿泰德》176A。

2 Ὕλη 这个词在柏拉图这里的含义跟日常语言中的含义一样，表示一段"木头""木材"，有时候表达一般的"材料"。后来的哲学用这个词来表达物质性基质这个抽象概念，而柏拉图用其他方式来表达这个概念——如果说他有这个概念的话。《蒂迈欧》69A 也属于这种情况，在那里讨论到两类原因（后面将讨论它们）之后，我们读到这样的话："现在，不同类型的原因已经得到筛选（διυλασμένα，或作διυλισμένα）并且摆在我们面前了，就像摆在木工面前的木材（ὕλη）一样"，还有《斐莱布》54B（参见第 165 页注释 4）。这个语境不能让我们把 ὕλη 理解为"一般的物质体"，如同 Susemihl, *Genet. Entw.* ii.43 与 Wohlstein, *Mat. w. Weltseele* (Marb.1836), p.7 那样，它更不是表示"原料"（类比于 φάρμακα 和 ὄργανα）。柏拉图（《蒂迈欧》48E sqq.）用以下这些措辞来表述的东西：ὑποδοχὴ γενέσεως（变易之接纳者）、φύσις τὰ πάντα σώματα δεχομένη（接纳一切物体的自然存在者）、δεξαμένη（接纳者）、ἐκμαγεῖον（可塑的质体）、ἐκεῖνο ἐν ᾧ γίγνεται（事物在其中发生的东西）、χώρα（空间）、τόπος（位置），等等，那位所谓洛克利人蒂迈欧则使用了 ὕλα（93A sqq., 97E）。Ὕλη 作为一个哲学术语最早见于亚里士多德，而且常出现在他对柏拉图学说的阐释中。但是，这不意味着他从柏拉图的口头讲论中听到这个词的这种用法；因为众所周知，亚里士多德乐于用他自己的术语来阐释先前思想家的观点。在《物理学》iv.2, 209b11, 210a1 中，他说：柏拉图在《蒂迈欧》中所说的 ὕλη（这个指涉在其中实际没有出现）在"未成文学说"中弥为 μεθεκτικὸν（分有者），也就是"大与小"。如果我们注意到，"ὕλη"这个词与《蒂迈欧》多么不相干，而它在亚里士多德这里的用法与他自己学说中的主要观念多么紧密相关，而且它与柏拉图多么不相契合（柏拉图并不像他的弟子们那样为物体寻求一种肯定意义上的

关于这个本原的描述出现在《斐莱布》和《蒂迈欧》中。[1]《斐莱布》
（24E）把可感现象的普遍基质称为"未限定者"（das Unbegrenzte），把
它描述为"可多可少、可强可弱和可以越出界限的东西"，也就是说，
"未限定者"是自身不可能有固定和精确规定性的东西，是"非概念性
存在"的要素，"变易"的要素，永远也不能达到"实在"和"恒常"。[2]《蒂
298　迈欧》（48E）的叙述更为详细。柏拉图在其中首先区分出作为原型的、
自身同一的实在，即"诸理念"。其次，他区分出了它们的摹本，"可感

"基质"）；而且，如果我们还注意到，出于前面提及的那些理由，这个词的这种用法
不可能出现在"未成文学说"中，并且塞奥弗拉斯特（在第 208 页注释 2 引述的文
本中）看起来并不知道这个术语是个柏拉图的术语，那么，柏拉图把这个词当作术
语引入哲学这件事看起来就是非常不可能的。所以，尽管我出于简洁的缘故使用了
亚里士多德的术语，但是我并不想把它视为柏拉图的用语。"Σῶμα" 可以更准确地
被看作柏拉图用来指称"物体"（die Körperliche）的普通用语，就物体的一般特征以
及与精神性的东西相区分而言。这个词以这个含义出现，见《智者》246A—248A；《政
治家》269D，273B（Schaarschmidt, *Samml. d. Plat. Schr.* 210，认为他在这里看到了
该词的"非柏拉图"用法，从而算是这篇对话录是伪作的一个证据）；还有《斐莱布》
29C，参考 64B，尤其（连同《蒂迈欧》28B 中的同义词 σωματοειδὲς）31B，34B，
35A，36D，50B。但是，σῶμα 概念并不与"物质"概念完全重合：σῶμα 是可见的
和可触摸的，而这又预设了它是由诸元素构成的（《蒂迈欧》28B，31B sqq.）；相反，
所谓"物质"是先于诸元素形态的，它自身尚且没有这些元素形态的各种规定性，
所以不是可以被诸感官所感觉到的。"πανδεχές"（接纳一切的东西）由于接纳了四
元素之形态，从而变成"σῶμα"（物体）。

1　在第 192 页注释 1 的引文中。

2　参考《蒂迈欧》27D，其中把可感的东西作为一个整体来谈论，即，它是"永远
'变易'而从不'是'的东西……是伴随缺乏理性的感觉的信念对象，它生成又毁
坏，从来不以真正的方式'是'"。Wohlstein, *loc. cit.* 3 sq. 8 sq.，把这段文本中的"永
远变易的东西"（γιγνόμενον ἀεὶ）理解为不是"宇宙"而是"物质"，而且认为后面
要提及的（28B，29A）γεννητὸν παράδειγμα 也指称物质。跟这第一个设想相反，
有语境表明，"永远变易的东西"不仅仅是可感觉的和可形成观念的而且是可以出
现生成与毁灭的。而按照柏拉图的观点（参考第 217 页注释 3），物质在这两方面都
不是这样。对这个文本的完整与准确考虑表明，这两个设想是同样站不住脚的。关
于"永远变易的东西"，得到说明的是它必须有一个创作者。于是就有个问题，创作
者在创作中使用了什么原型？按照原型得到构造的东西既不是原型也不是构成所造
之物的材料。材料与在其中得到呈现的原型也不能等同，像 Wohlstein 所说的那样。
γεννητὸν παράδειγμα 并不表示在构造宇宙之前实际上先行存在的东西；它仅仅是某
种以假定的方式设定下来的东西。柏拉图不是说"宇宙构造者在永恒原型上构造了
宇宙"，而是说，"创造者不是按照'变易者'而是按照'永恒者'来构造宇宙"。

现象"。最后，他还给出了一切变易的基础和接纳者，处于一切实体性元素和一切特定形态的物体（bestimmten Stoften）之下的共通者。这些形态在"变易"的循环中无休止地流变，而这个共通者作为恒常的基础贯通它们：它是这些形态由之而来并向之复归的东西。它从来不以纯粹的方式而只是以某个特定形态呈现出来；[1] 它是可塑的质体（ἐϰμαγεῖον），有形事物由之构成，但是正因如此，它自身没有任何性质或特定形式。柏拉图从可感事物的持续流变，也就是诸元素的彼此持续过渡，证明我们必须设定这样一个共通要素。在他看来，如果各种特定形态的物体就自身而言是某种实在的东西，即"此物"，而不仅仅是某种共通者（从而必定是某种未限定的"第三者"）之各种变形（Modifikationen），[2] 那么，这种流变与过渡就是不可能的。这个共通者被他更明确地描述为不可见的、无形状的东西，能够接纳任何形状；[3] 作为"空间"（den Raum），它

299

1　49D sq.：我们不能把任何特定形态的物质体（如火、水，等等）称为一个 τόδε 或 τοῦτο（这个/此物），而只能称为一个 τοιοῦτον（这类），因为它们总是相互转变；"因为它躲避而不接受'这个'、'那个'或任何这类表示固定的表述……在其中，它们每一个显现为始终在生成，从其出发，它们又毁坏，这有这个东西我们必须应用'这个'、'那个'这些语词来表述"。

2　49B sqq.。我们在阿波罗尼亚的第欧根尼那里已经发现某种相似的东西，Vol. i. p.219。

3　50A sqq.；例如，正如转变为各种可能形状的金子还可以叫作金子，所以自身容许成为一切物体形态的实在（φύσις）也是如此："我们必须始终听过同一个说法来表述它，因为它不会以任何方式脱离其自身的性能。它不仅始终接纳一切，而且永远不呈现为跟进入它的任何事物相似的形状。因为它从本性上就被确立为可供任何事物塑型的东西，它被进入它的事物改造和重塑；由于这些东西，它在不同时间呈现为不同的。进入和离开它的那些形状是那些永远是的东西（理念）的一些摹本，以神奇的、难以表述的方式从它们（理念）那里得到压模。"……模子所压模于其上的材料就必须是"自身没有任何形式而从外面接纳所有形式的东西"。如果它已经拥有其中某一种形式，它会以糟糕的方式印出模子。因而我们从无味的油膏中制作各种香膏，用无固定形状的蜡块来塑造东西。51A："以同样的方式，如果要经常全面而完美地从始终是的东西的全体中接受相似形式，那么这样一个东西必须本性上不拥有任何形式。这就是为什么我们不应该把生成为可见的或可以被其他感官感觉到的东西的'母亲'或'接纳者/承载者'（μητέρα ϰαὶ ὑποδοχήν）说成是'土'、'气'、'火'、'水'或者任何由它们所构成或组成的东西。而如果我们把它说成是某个不可见的和无形式的类型，可以接纳一切，以最难明白和最难捉摸的方式分有理智对象（理念），那么我们不会说错。"正确的观点很简单，就是："它的那个燃烧着的部

217

自身是永恒不灭的，它为所有的"变易"提供一个场所；作为"他者"（das Andere），变易必须在其中才能出现；而真正的实在，作为自身独立的东西，不能进入完全与其不同的领域。[1]柏拉图弟子们的说法都带有这个意思。按照亚里士多德的说法，柏拉图在他的授课中把"物质"（die Materie）归结为"未限定者"，或者像前者经常说的那样，归结为"大与小"，以便表达其特殊本质不在于固定的、自身同一的、可以在概念上得到界定的"质"，而在于外延方面或内涵方面的"量"；它能够在一个特定范围内扩大和缩小、增加和减少。[2]赫尔谟多洛斯说，柏拉图把它描述为与"大与小"有关的东西，它自身具有"更多"和"更少"方面的无穷渐变，属于非恒定、无穷尽、无形式、非实存的范畴，它本身既不能被称为"本原"也不能被称为"实在"。[3]问题在于，我们能够从这些叙述中得出柏拉图有什么样的实际想法。

人们曾经普遍认为，柏拉图主张存在一种永恒的实体性物质，或者，至少在构造宇宙之前就存在一种实体性物质。亚里士多德首先为这种观点营造了可能性，[4]尽管他自己并没有这么主张；然而这主张在后

分每时每刻都呈现为火，而它的潮湿的部分每时每刻都呈现为水"。

1　52A sq. ："我们必须同意，一种是自身维持自身的理念，不被生成与毁灭……第二种（可感实存）是与前者同名并且与之相似的……第三种是始终存在的空间（χώρας），不容毁坏，为所有生成的东西提供位置，它自身是不由感觉（μετ' ἀναισθησίας）而由某种假冒的思维（λογισμῷ τινι νόθῳ）把捉到的，很难说是信念对象；因为我们考察它的时候，我们是在猜想并且说，每个存在的东西必定是在某处、占据某个位置，而不在地上或天上任何位置的东西根本不存在，……而真相是，对于影像而言……（参见第 214 页注释 1）让这点作为我起誓要给出的论证的总结：是的东西（按：永恒持存的东西）、空间和变易的东西，作为三种不同的东西，在寰宇（按：宇宙）产生出来之前就存在。"

2　《物理学》iii.4, 203a15, c.6, 206b27 ; iv.2, 209b33, i.9, 192a11 ;《形而上学》i.6, 987b20 sqq., i.7, 988a25 ; iii.3, 988b10。这个表述在我的 *Plat. Stud.* p.217 sqq. 以及本章后面得到了更充分讨论。

3　见 Dercyllides 关于 Hermodorus 的说法（从辛普利丘的说法沿用而来），参见第 202 页注释 6 ；在我的 *Diatribe de Hermodoro*, p.20 sqq. 以及 Susemihl, *Genet. Entw.* ii.522 sqq. 中详细引述了这个说法。从欧德谟斯那里引述的内容（Vol. i.302–3, 3rd edition）跟这个说法一致。

4　参见第 206 页注释 5。

来的论者中非常普遍，并且在现代也有许多著名的支持者，[1]尽管也有少数[2]反对者。[3]有许多方面可以支持这样的论点。可感实存的基础在《蒂迈欧》中无疑被描述为一种物质性基质（Materielles Substrat）；一切特定形态的物体（Stoffe）都是从中产生出来的，并且在消解后回归于它；[4]它被拿来与艺术家塑造雕塑时的原坯相类比；它被说成 τοῦτο 与 τόδε（"这个""此物"），恒常地维持其自身之所是，有时呈现为"火"的形式，有时呈现为"水"的形式，等等；最后，它被说成某种"可见的东西"，它在构造宇宙的开端、在无规则的变动之中，将所有元素的各种形式和性质都杂糅在自身之中。[5]但是，这最后一种表述与其他几种表述明显存在矛盾。柏拉图反复表示，一切元素形式的共通基质必须是完全无形式的，而最初的若干形态都包含在它里面。在其他场合他主张所

301

302

1　Bonitz, *Disput. Platonicae*, 65 sq.；Brandis, *Gr.-röm. Phil*. ii. a.295 sqq.；Stallbaum, *Plat. Tim.* p.43，205 sqq.；Ritter, *Gesch. der Phil*. i.125；Hegel, *Gesch. der Phil*. ii.231 sq.；Strümpell, *Gesch. d. theor. Phil. d. Gr.*144 sqq.；Ueberweg, *üb. d. pl. Welts., Rhein.-Mus*. IX.57 sqq.；Volquardsen, *Idee. d. pers. Geist.*70 sq.；Schneider, *D. Mat. Princ. d. plat. Metaph* (Gera, 1872)11 sq.；Wohlstein, *Mat. u. Welts.*11 sq.，etc.

2　Böckh, *in Daub and Creuzer's Studien*, iii.26 sqq.；Ritter, *Gesch. der Phil*. ii.345 sq.；Preller, *Hist. phil. gr.-röm.*257；Schleiermacher, *Gesch. der Phil*. p.105；Steinhart, *Plat.W.* vi.115 sqq.；Susemihl, *Genet. Entw.* ii.405 sqq.；Ribbing, *Plat. Ideenl*. i.333 sq.；Siebeck, *Unters. z. Phil. d. Gr.*103 sqq.。参考我的 *Plat. Stud.*212, 225。

3　Marbach, *Gesch. der Phil*. i. p.113 sq.，以及 Sigwart, *Gesch. der Phil*. i.117 sqq.，他们的表述显得比较模糊。Ast（*über die Materie in Tim. Abhandl. der Münchener Akad*. i.45–54）关于柏拉图的意思并没有给出自己的清晰观点。

4　Vide supra, 298。《蒂迈欧》51A 中的那个表述，即"生成的东西之接纳者"（ὑποδοχὴ τοῦ γεγονότος）既不是四元素之一，"也不是由它们构成或组成的东西"，仅仅表示排除任何特定物质这个意思：个体可感事物是从诸元素中产生出来的。"从其中产生出来的东西"在这里不仅表示柏拉图所说的从几种三角形（参见第 8 章）中构成诸元素这个意思。这个表述似乎故意说得比较宽泛，以适合于任何其他把诸元素表明为派生的东西的想法；例如，原子论者与阿那克萨戈拉的学说。真正的问题不在于，诸元素是由什么东西构成的。这里的目标毋宁是避免把原初基质跟（带有特定形式和性质的）诸元素的成分搞混，无论这些成分是什么东西。

5　《蒂迈欧》30A，参见第 212 页注释 1；52D sqq.，69B；参考《政治家》269D，273B："其原因在于构成它〔宇宙〕的物质性因素，由于这个因素从初期的自然就伴随着它，在进入现存的有序宇宙之前就严重地带有无序性"。

有可见的东西都是被造的，[1]但是根据此处文本，可见的东西在构造宇宙之前就存在。[2]他认为所有物体方面的运动都来源于灵魂。无灵魂的物质被说成持续被推动的。通过区分两种物质——也就是说，[3]一种是原初物质，它是无形状、不可见的和无形体的，另一种是第二位的物质，甚至在构造宇宙之前就在某种程度上具有形式——并不能解决这个矛盾。柏拉图不仅没有暗示存在这种区分，[4]而且通过诉诸同一种基质而明确拒

303

1　《蒂迈欧》28B。

2　Stallbaum（*Plat. Tim.*205 sqq.）与 Volquardsen（*Idee. d. pers. Geist.*70 sq.）所持有的便利想法，即认为"神"首先制作了物质，然后从中构造宇宙，这是完全不可接受的。如果这是柏拉图的意思，他一定会在某处公开说出来；但是在谈论或暗示物质之创造的文本中（《蒂迈欧》52D，参考本页注释4）没有一处包含这个意思，亚里士多德也不知道有这个意思；毋宁说《蒂迈欧》把物质体之基础与所有的"变易"都区分开来了：原型是"一"，摹本是"二"，即，γένεσιν ἔχον καὶ ὁρατὸν（可以变易的和可见的），而"变易之接纳者"（ὑποδοχὴ γενέσεως）是"三"（48E）；"ἅπαν ὅσονπερ ἔχῃ γένεσιν"（49E，参见第217页注释1）仅仅是"τοιοῦτον"（这类），不是"τόδε"（这个）；"ἕδραν παρέχον ὅσα ἔχει γένεσιν πᾶσιν"（为一切生成的东西提供位置的东西）跟 αἰσθητὸν（可感事物）与 γεννητὸν（生成者／变易者）被区分开来了（52A，参见第218页注释1）。一个是由"神"构造的；另一个被说成是"神"接收过来以建构宇宙的（30A：πᾶν ὅσον ἦν ὁρατὸν παραλαβὼν. 68E："一旦所有这些东西以这种方式从必然性中自然地产生出来，……造物工匠（δημιουργὸς）……就把它们接收过来，那时候他就造成了那个自足的、最完满的神（指'宇宙'）"）。这些表述的意思不可能是，"神"为这个目标而创造了它，然后再建构它。柏拉图也不可能假定这点。如果假定宇宙中没有其本质与起源都独立于神的作用之外的要素，那么，"必然性"对神之作用的限制，νοῦς（理性）与 ἀνάγκη（必然性）的对立，这些柏拉图公开强调的观点，就会失去其基础；因为只有"善"是它的创作者施加给宇宙的（《政治家》273B），而每个不完满与恶的东西只能出自于其物质方面的本性。如果后面这个东西也是"神"的"作品"，那么，按照柏拉图的学说，宇宙中就根本没有恶这种东西。

3　Ueberweg, *Rhein. Mus.*ix.62. Siebeck, *loc. cit.* 反对他的观点。

4　《蒂迈欧》52D（参见第218页注释1结尾处）或许提示了这点；在那里，区别于 χώρα（空间）的 γένεσις（生成者／变易者）可能应该理解为第二位的物质。但是，对 50C（"我们应该考虑这样三个类型的东西：生成的东西、在其中得到生成的东西、生成的东西从中得到塑造并从中产生出来的东西"）和 52A（参见第218页注释1开头处）的文本进行比较后表明，γένεσις 指的是以诸理念为模型所塑造的东西——可感世界。它当然不先于宇宙而存在：柏拉图并没有说，τὸ γιγνόμενον（生成的东西）是在宇宙之先的，而是说，ὄν（是者／持存者），χώρα（空间）和 γένεσις（生成者／变易者）是各自区分的，而且始终如此，即它们在概念上相互区别。

斥这一区分——这种基质起初在神将其纳入秩序以前被描述为完全缺乏
性质的；而不规则运动以及原初的若干元素形式不能被认为在宇宙构造
之前就出现了。[1] 所以，这个论点属于《蒂迈欧》的众多神秘表述之一。[2]
柏拉图临时采纳了古老的"混沌"观念，而在他必须做出更明确解释的
时候就用其他东西来代替这个观念。其余几个描述更有分量，但也没有
决定性的说服力；即使处于所有特定物质形态之下的东西——作为"基
质"，也作为支撑其表面性存在的"原因"——在我们看来仅仅是"物质"，
仍然也还有一个疑问，即柏拉图是否持有这个观点。他总是表示，而且
《蒂迈欧》（27D）也反复说明，真正的"是"（Sein/实在）只属于理念；
但是，这一观点如何能够得到坚持呢——如果在"理念"之外把"物质"
设定为同样永恒的第二种实体，在各种形式的变化过程中一样保持恒常
和自身同一？然而，柏拉图在这么主张的时候，他清楚地把"物质"说
成"非是者"（das Nichtseiende/非实在）。按照《蒂迈欧》，"物质"既
不能像"理念"一样被"思想"所领会，也不能像"可感现象"一样被"感觉"
所领会。[3] 在柏拉图看来，真正的是者（das wahrhaft Seiende）是绝对可
知的，"是"与"非是"的居间者是感觉的对象，"非是者"是完全不可
知的，[4] 那么，这就得出，"物质"只能属于"非是者"。从把可感事物界

---

1 《蒂迈欧》48E，柏拉图说，除了前面两"类"（εἴδη），παραδείγματα（模型）与
μίμημα παραδείγματος（模型的摹本），还有第三类，ὑποδοχὴ（接纳者/承载者）
或 τιθήνη γενέσεως（生成之"养护者/保姆"）。在表明所有特定形态的物质体在相
互转变和过渡中预设了这样一种不可变的基质之后，他在 50C（参见前注）再次列
举了这三类，并解释说，基质不能够拥有任何一种属于自己的形式或属性；然后，
在 52A（参见第 218 页注释 1），他又回到同样的划分，而在 52D 第三次重复，并
且随后附加了这样的话："'生成之养护者'变成水一般的和火一般的，并且接受土
和气的形态，并承受随之而来的其他所有性状，对我们的视觉以各种各样的样子显
现出来。但是因为它充满了各种既不相似也不均衡的性能，etc."。显然，τιθήνη（养
护者）是前面被描述为完全无形式的基质，而它在成为那几种基本形体（按：诸元
素）之前又不可能是水一般的、火一般的，等等。
2 Böckh, *loc. cit.* 以及所有那些拒斥《蒂迈欧》中的物质学说的人都是这样认为的。
3 52A sq.；参见第 218 页注释 1。
4 Vide p.266.

定为"是"和"非是"的居间者这点也能得出同样的推论。[1] 如果所有"是"（实在）都是从分有诸理念而得来，[2] 那么，与诸理念相区分的就只有"非是者"。然而，柏拉图已经更清楚地表明："一切事物在其中出现、生成和消逝的东西，是'空间'（der Raum）。"[3] 所以，在诸理念和现象世界之余，要求有"第三者"作为现象世界的普遍基础。[4] 这个东西没有被视为充满空间的"质体"（die Masse），而是被视为"空间"本身，即"虚空"（das Leere），它可以接纳各种物体形态。这样，《蒂迈欧》根本没有把可感实存的"基础"说成事物"由之"（aus dem）生成的东西，而是把它说成"在其中"（in dem）生成的东西。[5] 亚里士多德也认可这点；他

1　《理想国》v.477A，479B sq.，x.597A。

2　《理想国》v.479，vi.509B，vii.517C sq.；《斐多》74A sq.；76D，100D；《会饮》211B；《巴门尼德》129A，130B。

3　参考《蒂迈欧》49E：（"它们每一个在其中〔ἐν ᾧ〕出现为永远生成的东西，而又出离它〔ἐκεῖθεν〕而毁灭"），以及 52A：〔可感事物〕在某个位置中（ἔν τινι τόπῳ）产生出来而又出离它（ἐκεῖθεν）而毁灭。"

4　同上："第三类是始终存在的'空间'，不容毁坏，为所有生成的东西提供位置"；参见第 218 页注释 1。《蒂迈欧》52D："让这点作为我所起誓要给出的论说的总结：是者（持存者）、空间（χώρα）和生成者（变易者）作为三种不同的东西，在宇宙生出来之前就存在……"。我们究竟是把 χώρα 翻译为"空间"（Raum），还是像 Schneider（D. Mat. Princ. d. plat. Metaph. 12）那样翻译为"位置"（Ort），这问题不重要，因为位置与空间都一样可以被想象为空的或充实的。这里的重点是，它究竟是充实的还是空的空间；这种东西，在柏拉图看来，构成了物质世界（der Körperwelt）的最初基质。但是，由于柏拉图明确把 χώρα 标记为一切"生成/变易"的场所，我们就不要把它理解为更狭义的"位置"（即，某种特定的空间），而最好理解为更一般的"空间"。按照亚里士多德的说法，柏拉图本人并不在 χώρα（空间/位置）和 τόπος（位置/地方）之间做出区分：参见第 223 页注释 3。

5　在 50A 和 53A，他说，诸元素是 ἐξ αὐτῶν（出自它们）而构造的，因为它们具有特定形态，它们是一些物质体（而 δεξαμένη〔接纳者〕并不属于这种情况；参考第 215 页注释 2 末尾），因而是事物的构成部分。关于在诸元素之先作为事物之一般基质的东西，只是有这样的说法（49E，50C—E，52A—B），即，"（生成的东西）在其中得以生成"（ἐν ᾧ γίγνεται），"全部'种类'都在其中得到接纳"（ἐκδεχόμενον πάντα γένη ἐν αὐτῷ），等等。这样的表达重复了六次，肯定不是无意的，而只能被解释为上面所讲的那个意思。那么，50A 中的表述（参见第 217 页注释 3）的意思又是什么呢：它提出了这样的类比，正如我们 ἐκ χρυσοῦ（出自金子）做出来的各种形状都是金子，因而"自身容许成为一切物体形态的实在"（φύσις τὰ πάντα σώματα δεχομένη）也是这样；它们应该全部被看作同一种东西吗？在这两种情况

的证言更加有分量，因为他倾向于把其他人的观点纳入自己的体系，这 　306
会让他更加倾向于将其老师的"物质"观念描述为与"理念"并列的一
种肯定性"本原"，从而与柏拉图原来的意思相反，而不是毫无史实根
据地去否认柏拉图持有这种观点。然而，亚里士多德明确告诉我们，柏
拉图把"未限定者"（ἄπειρον）设定为一个"本原"，它不是作为其他
基质的属性这个意义上的"未限定者"，而是"未限定者"这个"主体"
自身。[1] 他把自己的"物质"概念（这里的"物质"与通常所说的"质料"
是同一个概念，都是对"ὕλη/Materie/Matter"的翻译——中译注）与柏
拉图的物质概念区分开来；柏拉图把"物质"视为完全、绝对的"非是者"
（非实在），而他把"物质"看作相对的（κατὰ συμβεβηκός）"非实在"。
对柏拉图而言，"否定性"（στέρησις）是物质的"本质"；而对亚里士
多德而言，否定性只是物质的一个"性质"。[2] 至于柏拉图的口传学说，
亚里士多德将它讲得跟《蒂迈欧》的说法非常不同，即柏拉图避免了设
定某种肯定意义上的"物质"这样一个假象；因为他只是把"大与小"
称作接纳诸理念的东西。[3] 但是，这种观点的正确性的最重要证明是柏 　307

里"基质"都保持不变，尽管形态（形式）可以有多样性和变化；但这不能得出，
事物有时候"出自"基质而有时候在基质"之中"得以产生。

1　《物理学》iii.4, 203a3："他们都把它（未限定者）确定为实在物（τὸν ὄντων）的
某种本原（ἀρχήν τινα）。有些人，如毕达哥拉斯学派和柏拉图，把'未限定者'（τὸ
ἄπειρον）当作独立自在的东西，其自身就是实体（οὐσίαν），而不是别的东西的属
性（συμβεβηκός）。"

2　《物理学》i.9；参见我的 *Plat. Stud.* p.233 sqq.。Ebben 对于我关于这个文本的阐
释的驳斥（*De Plat. id. doctr.* 41 sqq.）不太值得给予详细考察。

3　《物理学》iv.2, 209b11–33："柏拉图在《蒂迈欧》中断言'质料'和'空间'是同一的；
因为'分有者'（τὸ μεταληπτικὸν）与'空间'是同一个。他在那里对'分有者'
所做的说明与在未成文学说中所讲的不同（策勒按：关于这点参考第 37 页注释 2），
不过他还是把'位置'和'空间'（τὸν τόπον καὶ τὴν χώραν）说明为同一的……
柏拉图应该说明，为什么诸理念和诸数不在'位置'之中，既然'分有者'是'位
置'——不管分有者是'大与小'还是'质料'，就像他在《蒂迈欧》中所写的那样。"
柏拉图在《蒂迈欧》并没有使用 ὕλη 这个术语（见第 215 页注释 2），但是他以这
样的方式来描绘可感事物的基础，以致亚里士多德把这个称呼归到柏拉图名下。如
果他在 ἄγραφα δόγματα（未成文学说）中的说法不同，那么其中的描述不会跟
《蒂迈欧》的说法相似；《形而上学》i.7, 988a25，"大与小"明确被标识为一个 ὕλη

拉图自己通过若干"元素"的数学建构而给出的。[1] 当一位哲学家设想充满空间的质体，呈现为若干不同的形式，而且这些形式转变为若干基本元素，这时他只能从一些最小形体中去寻求这些元素的终极成分。然而柏拉图认为，诸元素由若干平面组合而成，并且在诸元素彼此转变之时又分解为若干平面。这样，他认为各个"物质体"（die Körper）不是从一些先行设定的不可分者（原子）中产生出来，而是借由对"空间"的各种数学限定从若干几何形状中产生出来。[2]

ἀσώματος（非物体性的质料），而且《物理学》iv.7,214a13 中，亚里士多德说："因此有些人主张，'虚空'（τὸ κενὸν），如同'位置'（τὸν τόπον）一样，是物体的质料"，这肯定指的是柏拉图学派，而且很可能指柏拉图本人。柏拉图实际上已经把χώρα（空间）描述为一切可感事物的τόπος（位置）（在《蒂迈欧》52A sq. 的文本中，第 218 页注释 1 和第 222 页注释 3 里有引文）。

1　这点对于当前这个问题具有决定性意义，而支持柏拉图设想有一种实体性的原初物质体的人对这点考虑得太少（如 Susemihl, *loc. cit.*409 所论述的），它将在后面得到更详细讨论。

2　Teichmüller（*Stud.z. Gesch. d. Begr.*328 sq.）对于上述观点的反驳在我看来不能证明什么："在柏拉图看来，物质是运动与变化的根据；但这点不适用于空间。"对于柏拉图而言，运动的根据是灵魂；所谓物质只是"变易"的根据，也就是在相反状态之间转换的根据。为什么按照柏拉图的学说这个根据不能是这样的情况：某种有秩序和规则的东西，按照其本质规定性，当它接纳了空间形式，就变成某种无限定从而无秩序的东西。"我们关于空间不能这样说（参见第 218 页注释 1），即我们在说一切事物都必定处于一个特定位置的时候，就好像我们在梦里感知到物质一样。"可是柏拉图没有说，"我们好像在梦里感知到物质一样"；他说的是，χώρα（空间）是这样的东西，我们在提及它的时候想象（ὀνειροπολοῦμεν；字面上有"做梦"的意思，而策勒此处理解为 einbilden——中译注）每个东西必须处于某个位置之中，而真正的实在却不是这种情况。ὀνειρώττειν（做梦，可引申为想象）这个措辞并不表示，χώρα（空间）不能在清醒的状态中被领会到，而是说，我们想象那种对于感性事物而言有效的东西对于一切实在都有效。Teichmüller 的最后一个反驳是，柏拉图在其他地方关于物质的描述并不适用于空间。这在某种意义上是正确的；对于宇宙存在之前的混沌物质体的描绘不能被一成不变地搬到目前这段文本中给出的这个概念上。但是 Teichmüller 跟所有那些否认柏拉图拥有这种物质概念的人一样，强行把这个描绘应用于这个说明中的神话因素中去。另一方面，就柏拉图的表述方式而言，我看不出下面这点有什么不可能，即空间变成"水一般的"或"火一般的"（τὴν δὲ δὴ γενέσεως τιθήνην ὑγραινομένην καὶ πυρουμένην，52D）。在诸元素的形成过程中，πανδεχὲς（接纳万物者）通过某种特定的空间性建构就可以变成水、火，等等。关于柏拉图物质概念的说明必须建立在这段文本的基础上才可能是正确的，可是它却被 Teichmüller 忽略掉了。他认为（p.332 sq.），柏拉图就像亚里士多德后来出于这些理由，我们不能认为柏拉图承认某种实体性的"原初物质"。不过这不意味着里特尔（Ritter）的说法是对的，[1] 他认为，柏拉图把"感性观念"（die Sinnliche Vorstellung）仅仅看作某种"主观的"东西。里特尔认为，一切理念（除了最高理念）只属于有限的实在，于是就需要预设一种有限的认识，它不足以区分事物的纯粹本质，而只是部分地领会到理念；于是就出现了诸理念在其中相互结合的那种"实在"概念，并且诸理念的绝对实在就变成了仅仅相对的实在。然而，认知着的存在者追求完满知识；这样就出现了"变易"概念。所以，诸理念相互分离，这种不完满性导致了感性观念；感性世界只存在于与感觉主体的关系之中。于是，柏拉图的物质理论本质上与莱布尼茨的物质理论相同：感性实存只不过是一些混淆观念的产物。这种思路（正如里特尔本人承认的[2]）在柏拉图著作中只有"非常模糊的暗示"，实际上这些暗示在更进一步考察之后也都会被排除。柏拉图当然说到了诸理念的"结合"（κοινωνία）；而且，在感性观念与感性实存中诸理念是彼此混合的。[3] 但是，他从没有让诸概念的结合本身包含这种混合的"根据"。

308

309

所做的那样，把物质界定为"潜能"（δύναμις；das Vermögen）。他用来佐证自己观点的唯一证据，《蒂迈欧》50B，一点儿也不能证明其观点。那里说到的是 φύσις τὰ πάντα σώματα δεχομένη（自身容许成为一切物体形态的实在）（参见第217页注释3）："我们应该始终用同一个名称来称呼它，因为它完全不会离弃其自身的能力（δυνάμεως）"。某种特定的 δύναμις（能力）（这里等同于 φύσις〔本性〕），即某种特定属性，的确以此方式被归于它；而按照后文这是由于它是 πανδεχὲς（接纳万物者）。但是我们不能得出结论说，它在本质上就是与 δύναμις 一样的东西；不管 δύναμις 被理解为变成一切东西的"潜能"，还是被理解为产生出一切东西的"能力"。在 Teichmüller 的进一步论述中，没什么东西可以证明，"按照柏拉图的看法，物质之本质无非就是理念之'潜能'（die Potenz），或者是单纯的'可能性'（die blosse Möglichkeit）。"

1　Ritter, *Gesch. der Phil*. ii.363–378；尤其参见 p.369，374 sqq.。与此相似，Fries, *Gesch. der Phil*. i.295, 305, 306, 333, 351 以及 Maguire, *An Essay on the Platonic Idea* (Lond.1866), 102 sq.，但是，他奇怪地误解了如下表述（《蒂迈欧》52B）：τὸ δὲ μήτ᾽ ἐν γῇ, etc.。

2　*Loc.cit*. p.370.

3　例如，《理想国》vii.524C："我们说，视觉也看见大与小，不是作为分离的东西，而是作为混在一起的东西"。参考《理想国》v.479A；参见 pp.228, 295。

甚至《理想国》(476A)[1]也只是主张，在诸概念联结于物体与变易的同时，它们内部的彼此联结似乎会使得本质上是"一"的概念成为"多"。但是，这只会发生在那些对诸理念的辩证区别不熟悉的人们身上，[2]也只有不能够区分摹本和原型、分有者和被分有者的人才会出现这种情况。[3]但是这种区分是如何产生的，此处文本丝毫没有提及。如果我们从其他文本寻求帮助，可以发现，柏拉图从感性观念中推导出物质性实存，而不是从物质性事物的本性推导出感性观念。按照《斐多》，灵魂与身体的结合妨碍了我们获得纯粹的认知：[4]在我们出生的时候，由于这种结合，我们饮了"忘川"之水，忘记了诸理念。[5]在尘世生活的开始时期，灵魂在感觉的潮起潮落中失去了理性；[6]只有当这种感觉之潮消退了，灵魂内在地从身体中挣脱出来，才得以再次分有理性。[7]灵魂只有在完全摆脱这种低层次的生命而独立存在的时候，才有希望获得充分的理性。[8]这种阐述的语气和语境几乎完全是学理性的，我们不应该把它们视为神话式的或者夸张的表述，除非它们与某些明确的相反阐述相矛

310

311

---

1 "关于正义、不正义、善、恶乃至一切'理念'（τῶν εἰδῶν），都是这同一个道理，每一个自身都是'一'，由于与行为、物体结合并且相互结合，于是在各处表现出来，每一个都表现为'多'"，即，同一个概念出现在不同的地方；例如，"一"的概念不仅出现在那些极端不同的个体中，而且出现在所有那些分有"一"的概念之中；于是，"一"的"表现"会是多样的。

2 《智者》253D；《斐莱布》15D。

3 《理想国》v.476C："那个相信有美的事物而不相信有美本身，而且在某人把他引向对美本身的认识的时候不能够跟得上的人，你觉得他的生活是处于梦中还是清醒中？请考虑一下。做梦岂不就是下面这回事：不管在睡觉还是醒着，认为相像的东西不是相像的东西，而是所像的东西本身？……那么，那个与此相反的人，相信有美本身，能够洞察它本身以及分有它的那些东西，不把分有美的东西认作美本身，也不把美本身认作分有美的东西，你觉得这个人的生活是处于清醒中还是梦中？"

4 《斐多》66B sqq.；Cf. *ibid*.65A；《理想国》x.611B。

5 《斐多》76D；《理想国》x.621A。

6 《蒂迈欧》44A："由于所有这些感觉经验（τὰ παθήματα）（策勒按：也就是前面所说的 αἰσθήσεις），不仅在最初而且在如今，当一个灵魂被捆绑在可朽的身体之中，它一开始会变得毫无理智。"

7 《斐多》64A、65E、67A；《蒂迈欧》42B sq.。

8 《斐多》66E、67B。

盾。但是并不存在相反的阐述。柏拉图承认感觉是达到关于真理的知识的一个手段，但是这不能证明什么东西。[1] 感觉充当这种手段只是在这种意义上说的，即，在其中感性成分被剥离掉，并且返回到在其中理念得到揭示的东西。按照里特尔的解释，柏拉图必须从诸理念的相互结合中，以及从各个理念或者各个灵魂在此结合中呈现的方式中，推导出感性观念，随后才从后者推导出感性现象。[2] 远非如此，柏拉图本人采纳了相反的过程：从感性观念的本性来解释诸理念的结合，从可感实存的本性来解释感性观念的本性。《斐莱布》和《蒂迈欧》给出的解释就是这样，而且亚里士多德也没有提及不同说法。[3] 实际上，正如布兰迪斯恰当地指出的那样，[4] 里特尔归之于柏拉图的"主观的观念论"（subjektive Idealismus）对于古人而言完全是陌生的，从柏拉图整体思想立场来看也必定是这样；主观的观念论有一个前提，即片面而强烈地意识到主体性（主观性）的重要性，而这种意识其实是现代才产生的。

如果"普遍者"，可感实存的基础，既不是一种物质性基质，也不是主观性观念的单纯假象，那么它究竟是什么？柏拉图本人在上述引用段落中告诉了我们，而且亚里士多德也表示认同。一切物质性实存的基础是"未限定者"，即"未限定性"、"大与小"，它不是作为属性而是作为主体得到设想；不过，它没有被描述为"物质体"（Stoff）；而是被描述为"非是者"（das Nichtseiende），即"非是"（das Nichtsein/ 非实在）；[5] 也就是"虚空"（der leere Raum），作为分离与区分的条件。所以，我们必须设想单纯的"物质性"，"空间性实存"和"运动"，而不是设想一种"永恒物质"；当《蒂迈欧》谈到在构造宇宙之前有一种持续运动

312

1　Ritter, p. 350.

2　Ritter 关于诸灵魂乃是诸理念的观点，以及它的谬误，我已经提到过了（上一章）。但是，除开这个观点，他关于物质的观点稍加修改是可以采纳的，这里没有必要做出进一步强调。

3　参见我的 *Plat. Stud.* p. 216 sqq.。

4　Brandis, *Gr.-röm. Phil.* ii. a. 297.

5　因为 μὴ ὄν（非是 / 非实在）在这里不能是它自己之外的任何主词的谓词。

的"物质"，这只是表达这样的思想，即"分离"和"变易"是一切可感实存的本质形式。柏拉图会把这些形式视为某种客观的东西，体现在可感现象自身之中，而不只是体现在我们的观念之中。另一方面，"物质"自身没有实在性或实体性，因为一切实在性都属于诸理念。所以，我们只能把"物质"解释为被赋予诸理念的实在性之"否定"，作为"理念"之"非是"；如果"理念"没有把自身的"一"化为"多"，没有把自身的"永恒"化为"变易过程"，没有把自身的确定性化为扩大和缩小的无限可能性，没有把自身同一性化为一种内在的矛盾，没有将其"绝对的'是'"（绝对实在）化为"是"（实在）与"非是"（非实在）的结合，那么，理念就不可能进入"物质"之中。

　　这个观念当然是难以贯彻到底的。我们暂且不去问，排除掉空间性基质的"空间"，作为"非是者"（非实在），又在观念之外实际存在，这是否可以设想；而且我们把"非是者"在诸理念中的分有问题搁到后面再探究，也暂且不管一切从外部可能提出来的对于这部分柏拉图学说的种种反驳；——单就这个观点内部而言也还有两个问题不能被忽视。其中一个是"物质"与我们的认识的关系；另一个是"物质"与事物的关系。柏拉图主张，绝对"不是"的东西是不能被思考的；[1] 于是，如果"物质"是"绝对非是者"，那么关于它的观念也是不可能的。它不可能是感觉的对象（如他自己说的那样[2]），因为感觉只向我们表明那些特定的、成形的物质形态，而不是一切物质性事物之无形式的基础，也就是说，感觉只向我们表明"τοιοῦτον"（这类），而不是"τόδε"（这个）。同样，"物质"也不能成为思想的对象，因为思想只与真正的"是者"相关，而与"非是者"无关。如果这种基质既不能通过感觉、也不能通过思想来领会，那么我们无法知道怎样才能得到关于它的观念。在柏拉

1　参见 p.226。

2　《蒂迈欧》51A，52B（参见第 217 页注释 3 与第 218 页注释 1），在那里它被称为 ἀνόρατον, μετ' ἀναισθησίας ἁπτὸν（不可见的东西、不能通过感觉而接触到的东西），49D sq.（参见第 217 页注释 1）。

图说它通过一种假冒的思维得到领会的时候，这不过是对这一难题的遮掩；[1] 当他继续说它非常难以领会的时候，这一尴尬得到了公开的承认。[2] 事实上，当我们把感觉到的东西的所有特殊性质都抽象掉，并且寻求其共同属性的时候，我们发现它只不过是某种思想到的东西，一个普遍概念；按照柏拉图的预设，这个东西恰好不能"实在 / 是"（sein）。如果我们留意"物质"对于事物之"实在 / 是"而言的含义，得到的结果是一样的。由于"物质"是绝对"非是者"（非实在），而可感现象是"是"与"非是"的居间者，那么，与可感现象相比较而言，"物质"具有更低程度的"实在性"（Realität）；可感现象只有一半的实在性，而"物质"完全没有实在性。但是"物质"还是一个恒常的本原，它在各种感觉性质的变化之中保持为"这个东西"和"自身同一者"。[3] 它是客观的东西，是理念的影像在现象中映现自身的时候必须附着的东西，这样它才能确立，并分有实在性。[4] 当我们对作为诸理念之摹本的事物进行抽象概括，总会得到"物质"这种不合理的剩余物。且不管这个东西的实在性是多么少，它有接纳理念的能力，至少在变易过程和空间性实存的外在性方面体现了这点，[5] 此外它还是生灭变化的条件。[6] 这些特性当然远远超出

314

315

1　52B：："不是由感觉而是由某种假冒的思维而接触到的"（μετ' ἀναισθησίας ἁπτὸν λογισμῷ τινι νόθῳ）。柏拉图自己很难解释这个"假冒的思维"是怎么回事；他使用了这个奇怪的表达方式，因为他不能够把"物质"概念跟他的任何一个认识论范畴挂钩起来。Tim. Locr.94B 认为他的意思是指一种由类比性认识（"假冒的思维，也就是并非通过直接的方式〔μήπω κατ' εὐθυωρίαν〕进行思维，而是通过类比的方式〔κατ' ἀναλογίαν〕进行思维"）；Alex. Aphrod. Qu.nat. i.1, p.14 也是如此。Simplicius, Phys.49b, u.；Plotin. ii.4, 10, p.164(i.118 Kirchh.) 把这个表达方式诠释为抽象的思维（das abstrakte Denken），抽离掉一切感觉属性而得到的 ἀοριστία（未限定的状态或能力）。

2　Loc. cit.："〔空间〕很难成为确信的对象，……（参见第 218 页注释 1）"，49A："但是现在这个论证似乎迫使我们通过言辞来说明一类困难重重、模糊不清的东西"。

3　也就是 τόδε 与 τοῦτο（这个 / 此物），它们是等同的。参见第 217 页注释 1 与 3。

4　52C；参见第 214 页注释 1、2。

5　参考本章后面的论述，以及第 10 章关于理性与自然必然性之间的关系，关于后者的起源以及关于"恶"的论述。

6　参考从 Eudemus 与 Hermodorus 那里转引的内容，第 218 页注释 3，以及第 202 页注释 6。

了单纯的"空间"概念，并且让"物质"成为"实在"而不是纯粹"非实在"；就其恒常性而言，它与"理念"有一种相似性。柏拉图所举[1]的真正的"实在"之特性，即起作用和被作用的能力，也被归之于"物质"，与此同时它被描述为约束理性之运作的一种原因。[2]这或许对解释《蒂迈欧》中的一些表述有所帮助，其中不是把可感事物的基础看作单纯的空间性，而是看作空间中包含的质体。但是，我们必须与我们刚才得到的结论保持一致。柏拉图的真实看法，根据他的直白表述，倾向于拒绝把任何"实在"归于"物质"，倾向于通过单纯的"广延性"概念来取消"广延的实体"这个观念。这对于其体系的普遍原则而言是必要的。凡是与这个观点相反的看法（就它是柏拉图的实际意思而言）都必须被看作一种对于事实的不自愿的让步，而事实是不会向他的理论让步的。[3]

二、可感事物与理念的关系

上述柏拉图的"物质"观念至少在一个方面说明了这位哲学家关于可感事物与理念的关系的理论。通常认为，对于柏拉图而言，可感世界与理念世界彼此对立，作为分离的两个领域，两个本质上有区别的存在类型。亚里士多德关于理念论的批评[4]主要以这种设想为前提，而柏拉图关于理念自身存在和它作为"原型"存在的一些说法无疑会造成这种设想。但是，我们必须质疑这种设想的正确性。柏拉图本人提出这样的问题：[5]如果诸理念没有丧失其"一"和"不变性"，怎么能处于"变易"

1　参见第 191 页注释 2。

2　"游移不定的一类原因"（ τὸ τῆς πλανωμένης αἰτίας εἶδος ），《蒂迈欧》48A。

3　然而，我不能求助于由 Teichmüller（ *Stud.z. Gesch. d. Begr.*137 ）引述的这段文本（《智者》242D）作为证据来反驳柏拉图哲学的二元论特征。所引述的文本并不针对一般意义上的二元论，而是针对有两个或三个物质性本原的假设，尤其是针对费瑞库德斯（Pherecydes）与（明显属于）巴门尼德（"诗篇"第二部分）的半神话式的宇宙生成论。

4　参考 Part ii. b.216 sqq., 2nd edition。

5　《斐莱布》15B；参见第 183 页注释 3。

之中，又怎么能处于无限的"多"之中呢？他表明了这个问题有哪些困难之处。无论每个事物分有整个理念，还是每个事物只分有理念的一部分，这两种情况下理念都会受到分割。[1] 而且，如果理念论有赖于这样一个必要性，也就是为所有的"多"都设定一个共通者，那么，同样也必须为理念及其同名的可感现象假定一个共通者，这样以至于无穷。[2] 如果事物对于理念的分有在于前者对后者的模仿，那么这个困难同样会出现。[3] 最后，如果主张诸理念是独立自在地是其所是的东西，那么似乎就会是这样：它们只是彼此有所关联，而永远不可能与我们发生关系，也不可能被我们认识。[4] 如果柏拉图认为理念论会受到这些反驳的影响，那么他可能不会把这些反驳提出来。那么，从他的立场来看，他怎么寻找到解决方案呢？答案就在于他关于可感事物之本性的观点。既然他没有赋予可感事物任何特别的实在性，而是把全部实在性完全赋予理念，并且把"非实在"（非是）看作可感事物的独特本性，那么一切理论困难就以这个方式消失了。柏拉图不需要在"理念"和"现象"之间设置"第三者"，因为它们不是两种分离的"本体"（die Substanzen/实体），彼此并列存在；只有"理念"才是本体性存在。他不需要担心"理念"会因为"多"（杂多的可感事物）分有它而被分裂，因为这种"复多性"并不是真实的。他也不需要考虑，独立自在的"理念"如何同时能与"现象"发生关系；因为"现象"——如果说它实在（ist，"是"）的话——是内在于"理念"中的，正如它对于"实在/是"（das Sein）的分有仅仅是其中的理念之"实在"；所以，诸理念之"实在"以及它们的相互"关系"本身就是它们与"现象"之间的"关系"；而"现象"

317

---

1 《斐莱布》, *loc. cit.*。《巴门尼德》130E–131E。

2 《巴门尼德》131E sq.。同样的反驳（由亚里士多德多次提出）通常是以这个说法得到表达的，即，理念论有必要假定某个"第三人"（τρίτος ἄνθρωπος）。参见下文。

3 《巴门尼德》132D sqq.。参考 Alexander 从欧德谟斯那里引述的内容（*Schol. in Arist.* 566 a. 11. b. 15）。

4 《巴门尼德》133B sqq.。

之"实在"就是它与"诸理念"的"关系"。[1] 柏拉图在许多场合没机会更细致地展开他关于可感事物之本性的观点，在这些地方他依从通常观念，把诸理念描述为"诸原型"，拥有自身的实在性（Realität）并且高于与之对立的"诸摹本"，仿佛是与我们的世界并立的第二世界——实际上，他仅仅是表达在本体性存在和单纯现象性存在之间有质方面的区别。他只是在理念世界和现象世界之间做出形而上学层面的区分，并不是在这两者之间做出实际上的分离，仿佛各自有其特别的实在性，而"实在"总体被分裂为它们两者。在"理念"中被视为整全和纯粹的"实在"与在"现象"中被视为残缺和杂乱的"实在"是同一个"实在"。"单一理念"在可感事物中表现为[2]"多"。可感世界只是理念的投影[3]，是理念之光线在作为"未限定者"的黑暗空间中的多种样式的反射。但是，这个观点是否绝对可靠，上述理念论的困难通过换一种表述方式是否就不会出现，这是我们继续要讨论的下一个问题。[4]

318

1　参考我的 *Plat. Stud.* p.181。

2　《理想国》v.476A ;《斐莱布》15B。参见 p.252，第 226 页注释 1。

3　参考《理想国》vii.514 sqq.，据此处著名的洞穴譬喻，可感对象与真正的实在之间的关系就好像阴影与物体之间的关系；当我们把可感对象当作某种实在的东西，我们只是把阴影当成了事物本身。

4　上面所提出的观点实质上得到了以下这些人的接受：Susemihl, *Genet. Entw.* i.352 ; Ribbing, *Plat. Ideenl.* i.252, 262, 333, 360 sq. ; 又为 Stumpf, *Verh. d. plat.Gott. z. Idee d. Guten*, 23 sqq. 与其他人所反对。众所周知的是，柏拉图不仅赋予各个理念而且赋予各个灵魂与可感事物以某种"实在"（Sein）。我们已经看到（第 218 页注释 1），在诸理念与物质世界之外，柏拉图还把"空间"说成第三类存在者；此外他还把可感事物之生成与变化视为一种客观过程。所以，当亚里士多德（对他而言后者的实在性是当然的）把 εἴδη（理念 / 形式）表述为 χωριστά（分离者 / 独立者），也就是说成是可感世界之外的第二世界，这时候他在柏拉图学说中可以找到充分的证据。诸理念可能独立于现象并且不受到现象的影响，在现象中可能有某种东西把它与理念分离开来。但是，如前面表明的，这不能推出：现象同样具有自在自为的存在，现象的存在并不能被抬高到诸理念的层次，以至于它可以在没有诸理念的情况下存在，如同诸理念可以在没有它的情况下存在一样。我并不主张，柏拉图关于事物与诸理念之关系的观点只有一种，即其中一个内在于另一个。我只是说，这表达了该学说的一个方面，而另一个方面，即事物与诸理念相区分的一面，可感实存的分离性一面（这使得诸理念成为某种超出可感世界的东西，εἴδη χωριστά），不仅不能通过这个说明来解释，而且跟这个说明不兼容。所以，反驳者不能仅仅满足于表明后

我们前面说的只涉及"现象"与"理念"之关系的一个方面，也　319
就是消极的方面，从这方面讲，可感实存的自身独立性被取消了，"现
象"被归结到"理念"上，后者是它的"本体"。另一个方面更加有困
难。如果可感事物本身没什么实在性，如果它离开对理念的分有就可以
被看作"非实在"（非是者 /das Nichtseiende），那么，这种"非实在"（非
是 /Nichtsein）在理念之"绝对实在"之外如何是可以设想的，它又如
何可以从理念论的立场出发得到解释？对于这个问题，柏拉图的学说体
系自身没有给出回答。因为柏拉图主张实在性仅仅属于"理念"，这就　320
使得下述设想成为不可能，即在"诸理念"之外还有第二个实在的本原
为有限实存提供根据。他既不能从"诸理念"自身推导出有限实存，因
为，有什么东西能够限定"理念"从而让人承认理念的"非实在"而不
是"完全实在"，又能够将其本质的统一性分裂为空间上的分离物？实
际上，他允许在每一个概念之中有无数的"非实在"（非是）；但这并不
是"物质性存在"方面的"非实在"（非是）。在"诸理念"之中的"非
实在"（非是）只是理念彼此的"差异"，而可感事物方面的"非实在"（非
是）则是"现象"与"理念"之间的"差异"。"诸理念"通过相互关联
而成全自身，因而理念世界整体包含了所有的实在性，并且拒斥了一切
"非实在"。"非实在"（非是）是"有限者"之根本的、永久的界限，由
于它的缘故每个理念（不仅相对于其他理念，而且就自身而言）都表现

面这些说明可以在柏拉图那里被找到（我不反驳这点），而是必须证明，其他说明
不能在其中被找到，并且对于柏拉图学说的总体预设而言不是必需的。证明这点是
不可能的，只要上面引述的文本可以成立的话，只要那个反复得到解释的观点（即，
唯独诸理念才有真正的实在，才是知识之对象，而事物的一切属性——也就是它们
具有的实在性，都是通过诸理念而被赋予它们的）仍然成立的话。如果把这种矛盾
归于柏拉图是不可能的，我们就要问，柏拉图如何可能往前推进，从而在其学说的
基本预设中逃脱这个矛盾；而且，为什么这个矛盾比其他一些亚里士多德已经敏锐
地指出的那些矛盾更加不可能。我们或许可以注意到，即使斯宾诺莎（他通常以非
常严苛的程序得出自己的结论）也经常陷入相似的一些矛盾之中，把事物的多样性
与有限性既解释为某种在理性沉思中会消失的东西（*sub aternita*t*is specie*），又说成
是一种客观实在而不仅仅是在我们观念中的"所与"。

为"多"，因而在部分意义上是"非实在的"（非是的），不可避免地伴随着自身的对立面。所以，在柏拉图哲学中不可能找到现象从诸理念中派生而来的实际推导。我们可以做这种推导，但首先要弄清楚柏拉图是否曾经试图建立这样一种关联性，如果是的话，他是怎样尝试的。

321　　　我们从下面这点得到关于这个主题的第一个线索，即，"善"理念被置于整个体系的顶端，或者像《蒂迈欧》所说的，[1]"神"（由于他是善的）构造了宇宙。这个思想的充分展开会导致这样一种关于"神"的观念，即"神"在"有限者"（die Endliche）中呈现其自身乃是具有本质性意义的。然而，从前面论述中可以得出推论，柏拉图不会这样论证。他得出的唯一结论是，"神"赋予无序运动的可见物质体以秩序，其中，"物质"或者"有限者"已经得到先行预设。为了解释"物质"，《蒂迈欧》只能求助于必然性。[2]另一方面，就"神"的原因性（效能）而言，柏拉图认为其作用只在于造成"完善"或"成全"。[3]同样，《泰阿泰德》（176A）宣称："恶"永远不会消灭，因为必须始终有某种东西与"善"相对立；在"恶"这里没有"神"的位置，"神"必定超脱于可朽事物和我们的世界。《政治家》（269C sq.）关于宇宙的周期性变动（从宇宙的物质性必然推导出这点）的说法也是同样这个意思。不过，所有这些说法并没有为解决难题提供一点帮助，因为这个"必然性"只是"有限者"之本性（它在这里是预设的而不是推导出来的）的另一个说法罢了。我们无法从柏拉图的著作中找到关于这种推导的明确表述。所以，我们

322　不得不从他的学说之整体宗旨出发建构一种解释。我们已经看到里特尔如何尝试做这个工作，但是我们不能同意他的观点。亚里士多德似乎

1　29D sq.；参见第 212 页注释 2。

2　46D，56C，68D sq.，尤其是 47E sq.。

3　至少在 41C 这里可以找到这个基本立场，它在 30A 中被置于某种不同的语境："对于这位至善者而言，除了最好的事情之外，他曾经做过或正在做其他事情，都是不可能的"，这被用于表示"神"自身并不生产出可朽的物种，而且，在"理性"与"必然性"在宇宙中的作为之间做出的整个区分（后面将得到讨论）都指向这点。参考《政治家》209E sq.。后文将表明，没有任何"恶"是从"神"那里产生的（第 12 章）。

指出了另一条道路。按照他的观点，[1]"大与小"（或者"未限定者"，das Unbegrenzte）不仅仅是可感事物的"质料"而且是"诸理念"的质料：它与"一"的结合产生出诸理念或可理解的数。[2]如果我们遵从这个观点，那么，构成可感现象之特殊本性的"物质性"，可以借由可感世界对于诸理念的分有而得到解释，这样，解释物质性存在从诸理念中派生出来的难题就消解了。[3]但是，这个消解带来了更大的麻烦。在事物中包含着理念和物质元素的结合，这当然是更好理解的，但是这却让我们更难以明白，构成物质性事物的这些元素如何能从属于"理念"（即，本质上与可感事物有别的实存）？这个观点实际上是拆除了整个理念论的根

323

1　《形而上学》i.6, 987b18 sqq.（经常被引用的 ἐξἐκείνων, etc. 这句话中 τὰ εἴδη 这个词要被删除），988a8 sqq., xi.2, 1060b6, xiv.1, 1087b12；《物理学》iii.4, 203a3—16, iv.2, 209b33。据 Simplicius, *Phys.*32b. m.104, b. m. cf.117 a.m.（*Schol. in Ar.*334b25, 362a7, 368a30），其他柏拉图的弟子，如斯彪西波、色诺克拉底、赫拉克利德、赫司提埃俄，遵循柏拉图关于"善"的讲论而给出了相似的说明。关于这一章前面部分对"大与小"的讨论，以及对整个学说的讨论，参考我的 *Plat. Stud.*216 sqq., 252 sqq., 291 sqq.；Brandis, ii. a.307 sqq.。

2　参见 p.253 sqq.。"未限定的二"与"一"而不是"大与小"被说成质料性元素（Alex. *ad Metaph.* i.6, 987b33；i.9, 990b17. Idem apud Simplicius, *Phys.*32 b. m., 104 b.；Porphyr. and Simpl. *Ibid.*）。但是，柏拉图本人似乎只是在提及诸数的时候使用这个说明；数的"未限定性"或"大与小"，乃是"偶""双"（二元性），也被称为 δυὰς ἀόριστος（未限定的二），它与数目"二"是不同的（参考亚里士多德《形而上学》xiii.7, 1081a31 sqq., b17 sqq.31, 1082a13, b30, c.9.1085b7, xiv.3, 1091a4, i.9, 990b19；Alex. *ad Metaph.* i.6；Schol.551b19；Ps.-Alex. *ad Metaph.*1085b4 以及我的 *Plat. Stud.* 220 sqq., 而且 Brandis〔ii. a.310〕与 Schwegler〔*Arist. Metaph.* iii.64〕同意其中的若干结论）。另一方面，我们从 Theophrastus. *Metaph.*(Frag. xii. Wimm.)12, 13 可以看到，"未限定的二"在柏拉图学派中被用来表示跟毕达哥拉斯学派的"未限定者"（ἄπειρον）一样的意思，作为一切有限的，可感的东西的基础。我们看到的不是"大与小"这个表述，而是"多与少""更多与更少""多""不相似""异"，等等，被用来代表物质方面的要素（亚里士多德《形而上学》xiv.11, 1087b4 sqq.）。在反驳柏拉图学派观点的时候，这些说法都一并被当作柏拉图本人的说法了；关于"一"与"多"，参考《斐莱布》16C；关于"相似"与"不相似"，参考《蒂迈欧》27D sq.，《斐莱布》25A，《巴门尼德》161C sq.；关于"一"与"异"（θάτερον），参考《巴门尼德》，《蒂迈欧》35A，《智者》254E sqq.；关于"更多与更少""多与少"，参考《斐莱布》24E。

3　Stallbaum（*Procl. in Tim.*44；*Parm.* 136 sqq.）认为，柏拉图的物质概念可以被解释为等同于"无限者"（das Unendliche），也就是诸理念之质料。

基，与此同时让与理念不同的可感世界处于未解释和不可解释的状况。这个观点同样妨碍对可感世界与超感性世界之差异做出解释的尝试，[1]即"诸理念"从"一"的直接活动而产生出来，可感事物由于理念的活动从共通的物质本原中产生出来。[2]如果"一"和"未限定"在第一次结合中产生"理念"，在第二次的结合中，借助于"理念"的中介作用，产生出可感事物，那么，我们就不能理解从属于可感事物而不从属于理念的广延性（空间性）和可变性是从哪里来的。"理念"和"现象"的本质差异仍然没有得到解释。那么只有一条道路可以解决此难题，也就是跟魏瑟（Weisse）一样设想，[3]理念性实存和有限实存由同一些要素所构成，不过是以不同的关联性；也就是说，在理念方面，"一"统辖并涵括"物质"，而在可感事物方面，"一"被"物质"所压制和囊括。但是，这两个本原的原始关系的颠倒是如何产生的？我们只能将其归于一部分理念的某种不可解释的衰变。[4]但是，柏拉图和亚里士多德都没有给出关于这种衰变的任何线索。柏拉图关于灵魂沉沦到肉身中的说法或许是唯一可以用来支持这个看法的文本，但是这段文字没有宇宙论上的含义，而且物质世界的存在是先行设定了的。如果这条道路也中断了，那么再没有办法认为柏拉图有这样的学说，即作为可感实存之基础的"物质"同样出现在"理念"之中。他还必须把"变易""广延性"，以及《斐莱布》中表述"未限定者"和《蒂迈欧》中表述"接纳者"的所有东西，跟"物质"一起，都纳入到理念世界。但是，这样做的话，他

1　Brandis, *Gr.-röm. Phil.* ii. b.622；cf. i. a.307 sq..

2　亚里士多德《形而上学》i.6, 988a10（接着第 208 页注释 4 的引文）："对于其他事物而言，诸形式（诸理念）是其所是的原因，而'一'又是诸形式之所是的原因。而且，承载性质料乃是这种东西，在可感事物中它述说诸形式，而在诸理念中它述说'一'，它也就是这个'二''大与小'。"

3　*De Plat. et Arist. in constit. summ. philos. princ. differentia* (Lpz.1828), 21 sqq. 以及他关于亚里士多德《物理学》和《论灵魂》中的多处注释；参考我的 *Plat. Stud.* p.293。

4　Stallbaum（*loc. cit.*）解释说，可感事物仅仅是摹本，诸理念是原型，这说明不了任何问题；问题在于，摹本的不完满性如何可能兼容于诸理念与可感事物之中诸要素的等同。

会把设定"诸理念"以及理念与可感事物相区别的所有基础统统抛弃；并且他会直接反对下面这个命题（被亚里士多德引用），[1] 即，诸理念不在空间中存在。柏拉图在《蒂迈欧》中描述的可感事物的基础是必要的，因为没有这个基础的话，理念世界和可感世界之间的特别差异就无法解释。它应该给"变易"和物质性事物——也就是可见事物和可感事物——提供一个居所；[2] 它是理念之诸摹本的位置，而后者作为摹本而言必定处于相对关系之中；[3] 它是变易与空间广延性的根据，是理念在自然必然性中遭受抵制的原因。[4] 这样，它怎么同时可以把"一"纳入自身之中从而成为构成理念和理念数的要素呢？这样不会使得理念直接变成某种有广延的东西吗？而且，这样不会使得柏拉图明确拒斥的观点 [5]——即诸理念存在于在他者之中，即存在于空间之中——得到支持吗？从这些考虑出发，更合适的看法是认为亚里士多德误解了柏拉图的学说，而不是认为柏拉图陷入自相矛盾，彻底破坏了自己体系的内在一贯性。在提到诸理念的时候，柏拉图谈到了"未限定者"或者"大与小"，这点我们可以相信。实际上他在著作中也这么说了。在《斐莱布》（16C），他说到了一切事物，包括纯粹理念（15A），本性上就包含了"界限"（die Grenze）和"未限定者"，稍后（23C），他在提及这点的时候，把"是者"（das Seiende/ 实在）划分为"有限定者"（die Begrenzte）和"未限定者"，并且以某种方式把后者（24A 以下）描述为与"理念"不相切合，而只切合物质意义上的"未限定者"。同样，在《智者》（256E）中，柏拉图谈到存在无限多的否定判断和否定的规定性之时，提出在每个理念中

325

326

1　参见第 176 页注释 4。

2　49A，50B，51A，52A。

3　52B；参见第 218 页注释 1，第 214 页注释 1。

4　《蒂迈欧》47E sqq.。后面将有关于这点的详细讨论。

5　参见前文，p.240 sqq.，尤其参考刚才所提及的《蒂迈欧》52B 中的文本；每个东西都必须处于某个位置，这仅仅对于"真正的实在"之摹本是正确的，因为这种东西是处于某种他者之中；"真正的实在从精确的、真正的理性中得到帮助，只要一个东西与另一个不同，它们其中一个就永远不会出现在另一个之中，以致它们同时成为同一个，又成为'二'"。这是柏拉图对于物质与理念之分离性的最明确的表述。

都有众多的"是者"和无限多的"非是者"。在柏拉图的措辞中无疑有某种混淆；既然这种混淆肯定意味着思想上的混淆，我们必须承认他没有足够清楚地区分开这两者：一方面是诸理念中的"多"和"差异"这两个要素，另一方面是现象之"可分性"与"可变性"得以产生的"原因"。但是我们没有理由论断说，他把"未限定者"——在它作为可感实存之独特本性的意义上——也归到诸理念之中，或者，他甚至称之为"理念的质料"。亚里士多德没有暗示说，理念的质料和可感事物的质料之间存在差异——尽管现代评论者自以为发现了这种暗示；[1]不仅如此，这样的观点实际上被亚里士多德的总体阐释所排斥。[2]所以，在这个特定的

327

1　Ueberweg, *Rhein. Mus.* ix.64 sqq., 他不相信柏拉图把诸理念中的"未限定者"跟感性事物之质料等同起来，而且拒绝承认亚里士多德所给出的那些解释。他说，这些解释把"一"跟"大与小"称作一切事物的两个元素；但是这并不妨碍拥有这相同名称的那些元素被看作在"种"层面上是不同的，同时又承认它们在"属"层面上的等同性。在诸理念中，第一元素是最高意义上的"一"，"善"理念或"神"。第二元素是"异"（θάτερον），或者说，诸理念彼此的分离性。在数学中，第一元素是数目"一"，第二元素是算术意义上的"未限定的二"，几何意义上的"空间"；在物质性事物中，第一元素是 ἔνυλον εἶδος（确定的质），第二元素是"物质"。同样的观点得到 Stumpf（*loc. cit.*77 sq.）的支持。

2　亚里士多德常常提及 ἄπειρον（未限定者）或者 μέγα καὶ μικρὸν（大与小）作为诸理念的 ὕλη（质料）；但是，他从来没有讲过什么话从而让我们可以认为，这种"未限定者"跟可感事物中的"未限定者"是不同种类的东西，或者这种"未限定者"是与理念之质料以不同方式出现的。实际上，这同一种"未限定者"存在于两者之中。参考《物理学》iii.4, 203a9："未限定者（ἄπειρον）存在于可感事物中，也存在于那些东西（诸理念）中。"i.6, 987b18：柏拉图把诸理念的 στοιχεῖα（元素）视为一切事物的 στοιχεῖα："作为质料，'大与小'是本原，作为本质，'一'是本原"。*Ibid.*988a11；参见第 236 页注释 2。《形而上学》xi.2, 1060b6："他们……从'一'和质料中让数（即，理念数或理念）最早产生出来"。xiv.1, 1087b12：柏拉图的弟子们并没有正确界定 ἀρχὰς〔诸本原〕或者 στοιχεῖα〔诸元素〕，"有些人说，'大与小'（τὸ μέγα καὶ τὸ μικρὸν），连同'一'，这三者是诸数的'元素'，前两者是'质料'，而'一'是'形式'（τὴν μορφήν）"。Stumpf（*loc. cit.*）对此这样阐释说，按照亚里士多德的看法，ἕν（"一"）是仅仅对于诸理念而言的直接原因，而且"同样的界说也对 μέγα καὶ μικρὸν（大与小）有效"。我不能理解"大与小"如何可以被称为"仅仅对于诸理念而言的直接原因"；在可感事物中没有任何东西可以充任这个位置，如同理念在可感事物中充任"一"的位置。我也不能同意 Stumpf 的结论。更为可能的是，亚里士多德这样说（如果他的意思是，"未限定者"与可感事物的关系并不同于"未限定者"与诸理念的关系），就好像他在提及"一"的时候的确这么说了。但是，在《形而上

问题上我们只能认为，亚里士多德在某种意义上误解了柏拉图。如果这样的观点看起来对亚里士多德的阐述的历史可信度太过不敬，[1]那么我们 328 必须明白，柏拉图学说的模糊性很可能让这位每时每刻寻求确定、精准概念的人对其实际含义产生误解。整个学说体系中的物理学部分迫使柏拉图更加精确地规定"物质"概念，并且把物质上的"未限定性"与理念方面的"多"区别开来，而亚里士多德对这部分学说的了解主要是通过《蒂迈欧》如果我们从他的引证方面来判断的话。历史上存留下来的许多著作中对柏拉图《蒂迈欧》论述的更明显的一些误读可以追溯到亚里士多德。[2]亚里士多德自己表示，柏拉图把"大与小"（不同于《蒂迈欧》 329

学》i.6, 988a11（参见第 223 页注释 3），他在提到同一个 ὕλη（质料/物质），"大与小"的时候说，在诸理念中，在事物中的"一"中，"理念"被称作形式方面的规定性；而尽管在《物理学》i.4, 6, 203a15, 206b27，他把两类"未限定者'归于柏拉图名下，就柏拉图把"未限定者"拆分为"大与小"而言，这不是与他在解释柏拉图学说中"物体"之质料的时候所提到的"大与小"不同类型的"大与小"。他说，在柏拉图学院派中（甚至包括柏拉图本人），长与短，宽与窄，深与浅，乃是从长度、面积和体积中分别派生出来的，而不是把它们包含在内的"类"，即，"大与小"（《形而上学》i.9, 992a10；xiii.9, 1085a9）。但是，他从来没有说，在各种物理上的物质体之派生过程中，"大与小"被其他什么概念所取代了（如"实与空"）。相反，他向柏拉图提出了这样的问题：在"大与小"或"物质"乃是"分有者/μεθεκτικὸν（＝空间）"的情况下，诸理念怎么可能在空间之外？（《物理学》iv.2, 209b33）。在《形而上学》i.9, 992b7 中，他做了这个推理，即，如果 ὑπεροχή 与 ἔλλειψις（接纳者/承载者）（等同于"大与小"）是运动的原因，诸理念也必定被推动。《形而上学》xiv.3, 1090b32（参考 Bonitz 对此文本的意见），与柏拉图不同，亚里士多德追问数学上的数是从哪里派生出来的。如果是从"大与小"中派生出来，数学上的数就会等同于理念数。《物理学》iii.6 end，他得出结论说，如果在可感事物中，除了"未限定者"以外没有别的本原，那么，"在理智对象中，'大与小'也应该涵盖所有的理智对象"（207a29）。如果亚里士多德并不认为，"大与小"（被认为是诸理念的一个元素）等同于物体中的广延性以及运动的原因，或者，如果他了解这个"大与小"与数学上的数之"大与小"有区别，那么，这些反驳与推论就是不可能的。Stumpf 说，亚里士多德不可能谴责柏拉图陷入了这样的矛盾，也就是诸理念的质料等同于可感事物的质料，而诸理念本身却不在空间之中；他更加不会在他对于理念论的批评中对这个矛盾毫无察觉。但是，只要稍加留意就会发现，亚里士多德这两点都做了；他谴责柏拉图陷入了这个矛盾中，而且在批评理念论的时候利用了这个矛盾。

1 Brandis, *loc. cit.* p.322；Stallbaum 的论著，载于 Jahn and Seebode's *Jahrb.*1842, xxxv.1, 63。

2 参考我的 *Plat. Stud.* p.200–216，那些坚决拥护亚里士多德对柏拉图哲学之解释的的"物质")描述为理念的元素。[1] 即使亚里士多德的辩护者也不得不承认,他对柏拉图学说的理解在几个根本要旨上犯了错误。[2] 确实,柏拉图的几位弟子也都承认亚里士多德归在柏拉图名下的这个学说,[3] 但下面这点也是事实:在承认这点的时候,他们撇开了纯正的柏拉图主义,几乎完全不提理念论,而把这个学说与毕达哥拉斯主义的"数"的学说混为一谈。[4] 理念论的提出者(柏拉图)遵从某种摧毁其自身体系的原

330

人很少考虑到这个问题。

1　《物理学》iv.2；参见第 223 页注释 3；第 215 页注释 2。我不再诉诸《形而上学》i.6, 987b33,因为那里的用语 ἔξω τῶν πρώτων 在含义上太含混,而且 Bonitz(ad loc.)已经证明,我之前认为它们指理念数,这点是很不可能的。这些文字没有什么合适的含义,很可能是后来插入的。

2　Weisse *ad Arist. Phys.* p. 448:"让人惊讶的是,柏拉图没有一个学生,包括亚里士多德,理解这个(诸理念之派生的)学说的含义,以及它的完整意涵。"同上,p.472 sqq. 说,"大与小"与"空间"的等同(因而等同于《蒂迈欧》的"物质")属于亚里士多德的若干误读之一。Stallbaum(*Jahn's Jahrb.*1842, xxxv.1, 65 sq.)承认"亚里士多德或许错误理解了柏拉图学说的真正含义",亚里士多德常常"把某个跟柏拉图的意思直接相冲突的意思归给柏拉图",尤其是,诸理念的"客观实在"被错误地"转变成了 ὕλη,而且某种程度上变成了一种物质性实体",尽管同时必须承认"亚里士多德没有把毫不相干的东西强加于柏拉图,而是为我们传递了一些解释,通过这些解释,对于柏拉图理念论的理论基础的理解与部分补全就变为可能。"但是,这种"把完全与柏拉图的真实意思相反的意思归于他"不是把某种毫不相干的东西强加于柏拉图吗? Stallbaum(p.64)用这个事实来宽慰自己,即,柏拉图把"一与未限定者"这个表达方式既应用于诸理念,也应用于可感事物。但是,"他的意思毫无疑问不是指,内容或质料在一切事物中都是一样的"。"'未限定者'乃是诸理念在尚未得到规定的状态中的存在,也就是没有任何特定谓述从而不能由其自身而被思想或认识的状态"——"但是,在可感事物方面情况完全不同"——"因为在其中,'未限定者'乃是可感物质的无规则的和不确定的本原"。这整个辩护相当于亚里士多德在运用柏拉图的表达方式,如我们所看到的,但是很可能这里带进了与其真实意思完全相反的意思。这些表述在"语文"上没有毛病,但是在这里,真正要点在于以正确方式再现其"哲学思想"。Brandis 就没有走得这么远;他承认,尽管亚里士多德不可能误解柏拉图的任何基本学说,但是"他在自己的批评中没有注意到这些学说的原则和目标,没有按其本来面目来看待其中的神话外衣或补充,而是把它们看作了学理性内容的构成部分。"这话几乎说出了我们所要说的全部。

3　Brandis, i. a.322.

4　下面提供了关于这点的证据;作为预备性说明,我或许可以简单提及《形而上学》i.9, 992a33:"对于当今的人们,数学已经变成了哲学本身了,尽管他们说数学应该为了另外的目标而得到研究",以及《形而上学》xiii.9, 1086a2, xiv.2, 1088b34 中的一些表述。

则，这种可能性要远远小于他的弟子们（包括亚里士多德）以相同的方式出于相同的原因偏离了理念论的本来意思。这些原因一方面在于柏拉图学说的模糊性和不连贯性，另一方面在于他的弟子们武断地接受了其学说中不确定的和比喻性的表达。不仅斯彪西波和色诺克拉底存在这方面的问题，亚里士多德也一样，这从他在其他一些场合的论证方式中也可以看得出来。情况很可能是这样：柏拉图在晚年更清楚地认识到他的体系中"诸理念"和"现实"（die Wirklichkeit）之间的鸿沟，而且他或许尝试以更加明确的方式去填补这个鸿沟。所以，他可能已经指出，即使在理念中也存在某种无限的"多"，并且把这种"多"称为"未限定者"或"大与小"。柏拉图或许注意到，正如可感事物的秩序是按照数的比例得以构建的，那么"诸理念"在这个意义上也可以称之为"诸数"。更进一步，他或许从"一"和"多"（即，诸理念的两个普遍要素[1]）中派生出特定的一些数，而且把某些特定的概念归结为特定的数。[2] 最后，

331

332

1　参见第 203 页注释 7、8；以及第 235 页注释 2。

2　亚里士多德《论灵魂》i.2,404b18：按照相似者被相似者所认识的原则，我们得出结论说，灵魂必须由一切事物之诸元素所合成，因为不然的话他就不能认识每个事物。这是恩培多克勒的学说；而柏拉图在《蒂迈欧》中这么说，"他还在'论哲学'中做过同样的界定，认为生命体本身是从'一'的理念以及最初的长、宽、高中构成的；其他事物也是以同样的方式构成；但是他还有另一种说明，即，理性是'一'，知识是'二'（因为两点之间只有一条直线），意见是平面的数，感觉是立体的数；因为他说诸数与诸理念本身和诸本原是相同的，都是从元素中构成的。事物有时是通过理性，有时是通过知识，有时是通过意见，有时是通过感觉得到领会的，而这些数就是事物的诸事物的理念。"《形而上学》xiii.8,1084a12："但是，如果数到'十'就到头了，如有些人说的，那么理念首先就不够用了，例如，如果人自身是'三'，那么马自身会是什么数呢？"然而，这不能推出，柏拉图自己或他的一位学生把人之理念归之于数"三"；这仅仅是亚里士多德选择的一个例子，要表明柏拉图把诸理念与诸数等同起来的荒谬性。我们也不能从《论灵魂》中得出过度的结论。正如在 Vol. i.349 已经表明的，从这里和其他一些文本，柏拉图从数"二"中派生出线，从数"三"中派生出平面，从数"四"中派生出立体。他把理性类比于"一"，知识类比于"二"，等等，因而，他按照毕达哥拉斯学派的象征系统，把前者称为"一"而后者称为"二"，等等，而又赋予每一种针对可感和有形事物的认知活动一个更大的数，更加远离"一"，就是说，一种认知活动越是远离对于理念的直观而转向多样和有形的事物，它所对应的数就越大（参考第 158 页注释 3）。最终，他断言，"有生命者"本身这个理念是由"一"之理念与各种物质性事物的理念合成的，而其他那些有生命的存在者（ζῷα 应该补

他或许不再明确强调可感世界和理念世界的差异，以及在它们之间做出的类比。这些观点都是可能的，而且并不需要放弃他的主要哲学立场；在这个意义上，亚里士多德或许是把柏拉图在这些主题上的论断从字面上正确地传达给了我们。但是，我们不能相信的是，柏拉图通过这些论断是要取消空间上的"未限定者"跟理念中包含的"多"之间的区别。如果他的门徒是这么理解的，就应该受到批评，不是因为他错误传达了柏拉图的表述，而是给出了一个过于外在的、独断的、对柏拉图哲学的主旨和内在关联性缺乏洞察的观点。[1]

333　　我们必须放弃这样的希望，即在柏拉图这里发现可感事物从理念中派生出来；这意味着承认他的体系包含一种矛盾，这个矛盾不可能从其自身的立场得到解决，它在"理念"概念中已经潜在，不过只有到

上 ἄλλα)，每一种类型，都是从相应的成分中合成的。我们可以把 ἄλλα ζῷα 理解为现实的有生命存在者，或者可能更应该理解为（据《蒂迈欧》30C,39E）由"αὐτοζῷον"这个理念所涵括的互不相同的有生命存在者的那些理念。从亚里士多德的论述中大致可以得出这些结论。在这之外的所有说法都是他自己添加的。所以，我们不能断定说，柏拉图自己把"理性"类比于"一"，把"反思"（die Reflexion）类比于"二"，等等，因为他认为灵魂能够认识一切事物，仅当其自身在数方面拥有一切事物的元素。亚里士多德最早提出这个学说，并且把它跟诸数是事物之诸本原的进一步说明结合起来了。我们不能把亚里士多德的反驳用在关于 αὐτοζῷον 的那些表述上。这些想法似乎是源自于这样的考虑，即，正如有生命的存在者乃是灵魂与身体合成的，因而在"理念"中也必定有一种对应于灵魂的东西，也有一种对应于身体的东西。但是，正如亚里士多德常常从其前辈思想家的各种学说中探究最悠久的思想线索，他承认灵魂在自身中包含一切本原（它的普遍认知能力必然要求这点）这样的学说，而在这个学说中，灵魂是由事物之最一般的基本成分所构成的。（Simplicius, *De An.*7 *loc. cit.*，以及 Philoponus, *De An.*C 2, m. sqq. 关于 περὶ ψυχῆς〔论灵魂〕文本的解释不是来自于亚里士多德的论著 περὶ φιλοσοφίας〔论哲学〕，如 Simplicius 让我们了解的那样；不过，这两个人都把这篇论著看作与"论善"是同一篇论著。）——我在这里既不能更进一步讨论《论灵魂》这篇论著，也不能讨论这些解释；跟我自己的观点有些不同的观点，可以参考 Trendelenburg（*Plat. de. Id. et Numeris doctrina ex Arist. illustr.*85 sqq.；*in Arist. de an.* 220–234）；Brandis（*perd. Arist. libr.* 48–61；*Rhein. Mus.* ii.1828, 568 sqq.）；Bonitz（*Disputatt. Plat.*79 sqq.）；Stallbaum（*Plat. Parm.*280 sq.）；Susemihl（*Genet. Darst.* ii.543 sq.）。关于这个主题参考我的 *Plat. Stud.*227 sq.，271 sqq.；在目前这个阐述中没有必要讨论我不同于早先观点的一些新想法。

1　那样理解的人包括 Bonitz, *Arist.Metaph.* ii.94；Susemihl, *Genet. Entw.*541 sqq.，550 sqq.；Ribbing, *Plat. Ideenl.* i.396；以及其他一些人。

了这个阶段才充分显露出来。在柏拉图看来，理念包含了所有的实在性（Wirklichkeit），但是同时现象必须不仅具有由于理念的缘故而得到的"实在"，而且还具有一种不能从理念派生出来的"实在"。基于这个理由，理念一方面是仅有的实在性，是现象的本体；另一方面，理念又是独立自在的，不能进入众多而变化不定的可感事物之中，而且不需要后者来实现它自己。但是，如果现象不是理念自身的一个环节，如果现象具有并非根源于理念的某种"实在"（Sein），那么理念就并不包含所有"实在"；尽管把现象与理念区分开来的东西或许可以界定为"非实在"（das Nichtsein/ 非是），但它不是真正意义上的"绝对非实在"（das absolut Unwirkliche），否则的话，它就不会具有限制理念在现象中存在的能力，以及在可分性和变易中将理念分离开来的能力。现象在这种情况下也不是绝对内在于理念的，因为让它成为现象的东西不会源自于理念。在最初的构想中，柏拉图无疑希望把理念描述为仅有的实在，所有其他实在则是包含在理念之中的实在。然而，他最终未能实现这个构想：因为在这么做的时候，他得出这样的结论，即理念在现象中遇到了某种限制，也就是某种不可穿透的、外在于它自身的东西。其原因在于这种关于"理念"的抽象观点，即把理念看作独立存在的、自足的"本体"，不需要现象来成全其现实性。正因为把现象排除在自身之外，理念自身就受到了现象的限制；理念成为一个方面，而现象成为另一个方面，对两者的预设就变成了一种二元论，理念也就变成了超越的东西。这里肯定有某种矛盾，然而过错不在于我们的阐述，而在于这一主题本身。这样有缺陷的开端必然会受到其后果的反驳；而且在承认这一矛盾的时候，我们只表达了这一主题本身及其内在的历史关联性；因为亚里士多德恰恰是由于这个矛盾而把握了柏拉图的原则并且把它发展为一种新的思想形态。[1]

334

---

[1]　如果 Teichmüller（*Stud.z. Gesch. d. Begr.*280 sqq.）是正确的，即他在上述讨论中看到，最引人注意的间接证据表明，导致这种不可解决的矛盾的观点是不正确的，那么，情况当然会有所不同。他试图通过把柏拉图描绘为一个纯粹的泛神论者而避

335　　可感世界的"起源"是这种情况，它的"持存"也是一样。柏拉图没能令人满意地解释现象从理念中的起源，同样没能令人满意地解释理念和现象的协同存在。从他的立场出发很容易理解理念在现象之外还有其位置（空间），因为现象并不拥有任何独特的实在性可以让理念得到限制。但是从同样的立场出发却很难理解现象如何在理念之外有自己的位置——它应该被赋予一种什么样的实在，假如一切实在性都归于理念的话。柏拉图在此处求助于"分有"概念：事物唯有通过分有理念而

336　　是其所是。[1] 但是，正如亚里士多德抱怨的那样，[2] 柏拉图极少尝试精确

　　　　免这个矛盾。用 Teichmüller 本人更糟糕的措辞说，柏拉图必须"在亚他那修主义者的意义上，而不是在阿里乌主义者的意义上"得到理解。这就是说，唯独理智性对象构成了"变易"之内在灵魂，而宇宙是"神"（同时既是父又是子）的持续创生，因而作为现象之对立面的"理念"的超越性完全被废弃了（pp.154–166 sq.）。柏拉图的学说是"一种泛神论式的物活论和一元论"（p.254）。在面对前面所有关于柏拉图哲学的阐释的时候，我们当然可以为这样一些论断寻求证据，不仅如此，对于柏拉图自己从反面做出的阐释，我们也可以这样做。但是，Teichmüller 几乎没有给我们提供这种证据。我们只能从我们研究目前所进展的情况看到，柏拉图的学说体系中或许有一个成分，单独看起来，可以引向 Teichmüller 的立场；但是我们还看到，另外还有一个对等的立场，妨碍其成为一种主导性立场。如果我们完全采取这个立场，即，事物只通过诸理念的在场而是其所是，Teichmüller 的结论就是不可避免的。如果我们考虑到，柏拉图的理念论在"持存"与"变易"之间，在不可变的"本质"与可变的、非自身同一的"现象"之间，造成尖锐对立，而且永远也不能从前者出发来解释后者，那么我们就被迫容许事物当中存在不是源自于"理念"的"实在"之冗余物，而且，我们也被迫接受可感世界乃是第二世界，具有自身的实在性，与概念世界相对，而据理念论的原初观点，概念世界应该是仅有的实在。诸理念已经从事物之内在本质转变为某种超越的东西。努力理解这个矛盾是哲学史探究的任务，但是不要通过忽略柏拉图学说中的一半立场来取消这种矛盾。Teichmüller 所指出的"宇宙"与"神"的关系在柏拉图那里毋宁说是"宇宙"与"宇宙灵魂"的关系。"宇宙灵魂"被置于诸理念与现象世界之间，因为这样一种关系不适合于前一种关系。

1　《巴门尼德》129A，130E；《斐多》100C sqq.；《会饮》211B；《理想国》v.476A；《欧绪德谟》301A，等等。这个关系通过 μεταλαμβάνειν，μετέχειν，μέθεξις（按：前几个词都表示"分有"），παρουσία（按：出场或临现；即理念"临现"于事物之中），κοινωνία（结合）得到表达。

2　《形而上学》i.6, 987b9：按照柏拉图的观点，可感事物是沿用诸理念的名称而被命名的（即，它们从诸理念得到其属性）："通过分有，与各理念同名的众多个例才存在。"（参考我的 Plat. Stud.234；Schwegler 和 Bonitz, ad. loc.）"'分有'只不过是换一个名称罢了，因为毕达哥拉斯学派也说诸存在者通过'模仿'诸数而存在，而柏拉图说是通过'分有'，换了一个名称。但是，'分有'或对于理念的'模仿'是什么，

地界定"分有"概念；在他关于这个主题的所有叙述中都明显存在着这种困难。他确实提及了"分有"概念包含的一些困难，而且试图寻找解决方案；[1]但是主要问题——统一的本质跟完全分裂的东西，永恒的东西跟持续变化的东西，不被空间所容纳的东西跟被空间所容纳的东西，完全实在的东西跟非实在的东西，它们之间如何相联结而形成现象之统一性，而且它们如何在这种联结之中相互关联——这些都没有得到解答。很明白的一点是，即使在柏拉图最成熟的时期，不管他怎样设想事物对于理念的分有，他都没能够为此找到一种令人满意的表述方式。[2]至于把理念表述为现象所模仿的"范型"，这也不能提供一种切实的解释。[3]有一个反驳意见，[4]认为摹本与原型的相似性只能通过它们共同分有与这两者有别的某个理念，这一反驳意见可以很容易被排除；[5]然而，亚里士多德关于从理念中仿制事物的动力因的疑问[6]是更值得认真对待的。就柏拉图的那些哲学概念而言，他让我们完全陷入困境；我们看到，关于"宇宙构造者"的通俗观念取代了学理性解释，这位"宇宙构造者"像人类匠师一样构造物质体，只不过他带有"神"的某种神奇力量。按照柏拉图的实际意思，理念确实是物质性事物的原型，但是它们同时是这

337

他们却留给大家去追究。"*Ibid.* c.9, 991a20（参见第 194 页注释 2）。

1　参见前文，p.316 sq.。

2　参考《斐多》100D（参见第 192 页注释 1）。《蒂迈欧》50C（参见第 217 页注释 3）：各种形态"以某种难以言传的、神奇的方式"（τρόπον τινὰ δύσφραστον καὶ θαυμαστόν）从诸理念那里模印到物质中。*Ibid.*51A：全部特定形态的物质体的基础是一种"无形状的、接纳万物的东西，以最让人费解的方式分有理智对象"（εἶδος ἄμορφον, πανδεχές, μεταλαμβάνον δὲ ἀπορώτατά πῃ τοῦ νοητοῦ）——后面这些用语并不是说，自身独立的物质是某种意义上的"νοητὸν"（理智对象），这些话要借助 50C 的语境才能得到解释。

3　《泰阿泰德》176；《克拉底鲁》389A sq.；《巴门尼德》132C sqq.；《斐德罗》250A；《理想国》vi.500E；ix.592B；《蒂迈欧》28A sqq., 30C sqq., 48E。物质性事物之诸属性是诸理念的一些摹本，就此而言，柏拉图说（《蒂迈欧》50C, 51B）物质性事物在自身中接纳了诸理念的 μιμήματα（摹本）；而当事物本身变得与诸理念相似，它们可以直接被称为诸理念的摹本，正如《蒂迈欧》49A 所述；参考 30C。

4　《巴门尼德》，*loc. cit.*。

5　参见 p.317 sq.。

6　参见第 194 页注释 2。

些事物的本质和实在性。事物就其分有理念而言是理念的摹本。于是，如果事物对理念的"分有"没有得到解释，那么就不能通过说事物"模仿"了理念来填补这个解释。

就各个可感事物是理念之表现与摹本而言，它们必定受到理念的限定；就可感事物内在包含"物质"作为自己的特殊本原而言，它们同时受到"必然性"的限定；因为尽管宇宙是"理性"的作品，[1] 但是不能否认在宇宙的产生过程中，在理性之外还有另一种盲目起作用的原因；甚至"神"自身也不能让他的作品绝对完善，而只能是在"有限者"的本性允许的范围内尽可能"善"（好）。[2] 理性在它的运作过程中并没有比"善"

338

1　除了下注之外，参考《智者》235C sq.；《斐莱布》28C sqq.；《法律》x.897B sqq.，以及第 192 页注释 1，第 206 页注释 4，第 209 页注释 4。

2　《蒂迈欧》48A（参考第 215 页注释 1）；46C："所有这些都是一些附属原因，'神'用它们来尽可能成全'至善之理念'（τὴν τοῦ ἀρίστου … ἰδέαν）"。46E："我们必须描述这两类原因，把那些拥有理性（μετὰ νοῦ）并且造就美的东西和善的东西的原因，跟那些缺乏智慧（μονωθεῖσαι φρονήσεως），只造就偶然的和无秩序的东西的原因，区别开来"。56C, etc.；参考下注。还可以参考最后一章的那些引文，以及《政治家》273C（如果不是"神"对 ἄπειρος τόπος τῆς ἀνομοιότητος〔无尽的不相似性领域〕进行干预的话，"原初的不和谐状况"越来越占据主导，"善／好"持续消耗而"恶／坏"持续增加，最终会让宇宙毁坏）。后面将会说明，在《法律》中这一点如何引申出了一个坏的"宇宙灵魂"。普鲁塔克的观点（*Procreat. Anim. in Tim.* C 5 sqq.，被以下几位所沿用：Stallbaum, *Plat. Polit.* 100；Martin, *Etudes* i.355, 369，以及 Ueberweg, *Rhein. Mus.* ix.76, 79），即，柏拉图在较早的著作中从坏的宇宙灵魂而不是从物质中派生出坏和恶，这是不正确的；哪怕像 Stallbaum 说的那样，那独一的宇宙灵魂，"当它出现对神圣事物的漠然不顾"，就沦为坏的宇宙灵魂。《政治家》269D sq. 从物质性事物的本性中派生出宇宙的混乱状态；进而，273B，我们看到，"这个事情（宇宙中的完满性之败坏）的原因是其复合体中的物质性因素（τὸ σωματοειδες），它从最早就内属于其本性，在进入到现存有秩序的宇宙之前就带有严重的无秩序"。《蒂迈欧》没有提及坏的宇宙灵魂；但是，在 47E 我们看到，在明确提及物质性事物的时候，物质与物质性原因被说成"由于'必然性'而产生的东西"（τὰ δι᾽ ἀνάγκης γιγνόμεα），"游移不定的一类原因"（τὸ τῆς πλανωμένης εἶδος αἰτίας）；52D sq.，而且在构造宇宙之前给物质赋予了多种多样的能力和一种不规则运动；而从灵魂中派生的就只有秩序与比例。可见事物（灵魂并不从属于这个领域，据 37A）被描述为通过"神"而成为有秩序的；灵魂作为规则运动的原因不是从一个更早先的无规则的灵魂形成的，而是从理想的和物质性实体形成的。《斐德罗》245D sq.：主导宇宙的灵魂（而不是无规则的灵魂）是非生成的。所以，当亚里士多德在《物理学》i.9, 192a15 在谈到柏拉图的物质时说它是"恶之源"（κακοποιὸν），理念更高的法则；其他理念从这一最高理念中得以产生并且受其节制：物质性事物作为理性之作品，必须从"善"理念那里得到解释，即必须以目的论方式得到解释。其中不合乎这种解释的因素应该被视为机械因的结果，即"自然必然性"的产物。这两种原因不能以任何方式并列对待：物质性事物本己的和本质性的根据是"目的因"；物理上的根据只能被视为"附属原因"，或者更准确地说，它是理性向着目的运作的"手段"。[1] 不过，这些附属原因在充当理性的胁从手段的时候也不是毫无能

339

而且，当欧德谟斯（据 Plut. *loc. cit*.7, 3）指责柏拉图把同一个本原时而称为 μήτηϱ καὶ τιθήνη（母亲与养护者），时而又描述为 αἰτία καὶ ἀϱχὴ κακῶν（恶的东西之原因与本原），这时候他们没有误解柏拉图的学说。参考 Steinhart, vi.95。

1 《斐多》96A sqq.（参考第 9 页注释 1），苏格拉底责难自然哲学家们。尤其是阿那克萨戈拉，因为他们希望单纯从气、以太、风、水之类的东西出发来解释一切事物，而没有从目的论层面上澄清事物的本己理由；因为如果心智（voῦς，或理性）是宇宙创造者，它必定以最好的可能方式来安排一切事物："从这样的道理出发，对于一个人而言适合做的只能是探究，对于这个东西和其他东西而言最好的和最佳的。"（97D）他在听说了阿那克萨戈拉的 voῦς 学说之后，希望听到，例如，在大地的形成方面，包括其他一切方面，他可以"继续解释其原因和必然性，告诉我什么是更好的，它成为这样是更好的……如果他向我澄清这些事情，我就不准备再渴求别的原因类型了。"（97E sq.）但是，他的这个期望完全落空了；阿那克萨戈拉跟其他自然哲学家一样，仅仅提及一些物理性的原因，而没有提及终极因。但是，这个解释就跟下面这个说法差不多，例如，有人会说，"苏格拉底以合理性的方式做一切事"，然后提及他的肌腱和骨头作为他的行为的理由。"但是，把这些东西说成原因是非常荒谬的。如果某人说，假如我没有骨头、肌腱和其他我所拥有的，我就不能做我所认为恰当的，那么他说得没错。但是，说这些东西是我做我所做的事情的原因，我带着理智做事，但是却不选择最好的，这会是非常懒怠不慎的说法。这么说的人不能在真正的原因跟那种缺了它原因就不成为原因的东西之间做出区分。"（参考第 191 页注释 2）。《蒂迈欧》46C（参见上注）。46D："理性与知识的热爱者必须首先追寻那些跟有理智的实在相关的原因，其次追寻所有被他者推动——其自身仅仅出于必然性才推动他者——的事物之原因……"（上注）。48A（参见第 215 页注释 1），68E（在关于事物的各种物理方面的区分及其各种原因的论述结束的时候）："所有这些以这种方式通过必然性产生出来，产生出来的事物当中至美者和至善者之制造者掌管了它们，……他利用这些与之相应的辅助性原因，而他自己在所有产生的事物中构造出'好'。这就是为什么我们要区分两类原因，必然的原因与神性的原因。首先是神性的原因，如果我们要达到我们的本性所容许的最大程度的幸福，我们必须追寻这种原因，然后是必然的原因，我们要为了神性的东西之缘故而寻求它，要考虑到，没有必然的原因，我们严肃对待的那些事物不能够就它们本身而被辨别出来，从而也不能以任何别的方式领会和分享它们。"

力的。我们已经知道，"物质"尽管是"非实在"，却在现象中对理念起着妨碍与扭曲的作用；柏拉图在这里谈到了"必然性"对于"理性"的抵制这种抵制只是部分地屈服于理性的说服，从而妨碍"神"构造出一个彻底完善的作品。[1]以同样的方式，如我们即将发现的，[2]肉身妨碍人获得纯粹知识，因为它引发坏的欲望以及各种各样的道德扭曲。亚里士多德实际上直白地表达了这点，即柏拉图把"物质"看作"恶"之原因。[3]把这两种原因统归为一，即承认"自然必然性"中有理性的内在运作，而且必然性是这种运作的积极媒介（而不仅仅是限制和消极条件）——这对于柏拉图的二元论而言是不可能的。[4]不过，柏拉图的目的论大体上还保留了苏格拉底"自然观"的外在特征，尽管自然之目的不再仅仅是人类的福利，而是宇宙之"善""美""合比例"和"秩序"。[5]这样，各种自然事物和自然力量受制于它们自身以外的某些因素；[6]于是出现了某种特别的必要性，即柏拉图在提及动力因的时候不仅需要拟人化，而且需要神话式的表达。亚里士多德是最早提出内在合目的性活动这个概

1　《蒂迈欧》48A（参见第215页注释1）。*Ibid*.56C（关于诸元素的形成）："尤其是关于它们的数、运动以及其他性质的各种比例，我们必须认为，当神精确地使它们达到完满的时候，必然性就会自愿或被说服而做出让步，从而他以合乎比例的方式把它们统辖起来。"参考 Theophr. *Metaph*.33（Vol. i.314, 3）。

2　Pp. 227, 241 sq.

3　《形而上学》（i.6 end）这样说到柏拉图，"他还把这两种元素（'一'与物质）分别说成是'善/好'和'恶/坏'的原因"，以及《物理学》i.9, 192a14，亚里士多德（如前所述）说到的是柏拉图的 κακοποιὸν（"恶"之作者）意义上的物质。

4　还可以参考《理想国》ii.379C："我说，由于神是善好的，他并不如大众说的，是一切事物的原因。相反，就与人相关的事物而言，神只是其中很少事物的原因，对于其中大多数事物，神都不是其原因。因为在我们当中善好的事物比恶坏的事物少多了。对于善好的事物，我们应该归因于神而不是别的东西，而对于恶坏的事物，我们应该寻找别的原因而不是神。"（人的意志应该主要通过"神"，尽管不是完全通过它，来得到理解）。《政治家》273D："（宇宙），作为少量善好的事物和大量相反的事物混合在一起的混合物"。《泰阿泰德》176A（参考第322页注释2）。

5　参考《斐莱布》28C sq.，30A sqq.，64C sqq.；《斐多》，*loc. cit.*，《蒂迈欧》29E sq.。在别的文本中有对于人类福利更为显著的指涉；尤其是在《蒂迈欧》的最后一部分，其中的内容让我们很自然地料想到这点。

6　关于这点，参考第247页注释1中的引文，尤其是《斐多》98B sqq.。

念的人，而且即使他关于这方面的系统观点也还有许多需要完善的地方，更不用说它的应用。

尽管柏拉图没能成功克服理念与现象的二元论，不过他在预设这种二元论的时候还是尝试提出了一些居间者，借此理念与现象得以联结。他一方面在各种数学关系，另一方面在"宇宙灵魂"中寻找这种居间者。

三、宇宙灵魂[1]

《蒂迈欧》说，[2]"神"意图以最好的可能方式构建宇宙，而他认为无理性的东西总体上不可能比理性更好，而"理性"（voûς）不可能存在于没有灵魂的东西里面。故此，他把宇宙的理性置于一个灵魂之中，并且把这个灵魂置于一个身体之中。他以下面这种方式来设置灵魂。在构建若干物质元素之前，他把不可分的自身同一的实体、可分的物质性实体以及它们的"居间者"混合起来。在把"同"和"异"混合到这个实体之后，他按照和声学与天文学系统中的若干基数（den Grundzahlen）把宇宙分开，[3]从混合体中通过纵向二分的方式构建恒星圆轨和行星

342

343

1　Böckh, *über die Bildung der Weltseele im Tim.* ; *Studien v. Daub u. Creuzer*, iii, 34 sqq.（now: *Kl. Schr.* iii, 109 sqq. ）*Untersuchnngen üb. d. Kosmische System d. Platon.* (1852) p.18 sq. ; Brandis, *De perd. Arist libr.* 64. *Rhein. Mus.* ii.1828　p.579. ; *Gr.-röm. Phil.* ii, a, 361 sqq. ; Stallbaum, *Schola crit. et hist. sup. Loco Tim.* 1837 ; *Plat. Tim.* p.134 sqq. ; Ritter, ii, 365 sq.396 ; Tremdelenburg, *Plat. de id. et num. doctr.* 52.95 ; Bonitz, *Disputatt. Plat.* 47 sqq. ; Martin, *Etudes* i, 346 sqq. ; Uebbrweg, *Ueber die plat. Weltseele, Rhein. Mus. f. Phil.* ix, 37 sqq. ; Steinhart, *Pl. WW.* vi. 94-104 ; Susemihl, *Genet. Entw.* ii, 352 sq. ; Philologus, ii. Supplementb.(1863) p.219 sqq. ; Wohlstein, *Mat. und Weltseele.* Marb.1863 ; Wohlrab, *Quid Pl. de an. mund. elementis docuerit.* Dresd.1872。

2　30B；参考第 209 页注释 4。

3　35A："在不可分的和始终自身维持自身的'是/实在'，以及以物体方式出现的可分的东西之间，他合成了第三种东西，由前两者构成的一种居间的东西。以同样的方式，他在不可分者和有形体的可分者之间，把'同'和'异'混合成一种混合物。然后他把这三个东西混合起来又成为一个统一体，迫使不容易混合的'异'跟'同'达成一致。当它把这两个东西跟'是'混合起来，从这三者中造成一个混合体，他又把这个整体按其所需分成许多部分，每一个部分又是'同'、'异'和'是'

轨道。[1]

的混合体……”在文本中我保留了晚近的普遍观点，即，在这里被放在括号里的这个没有意义的 περὶ 应该被删除。另一方面，我认为我们应该保留它前面的 αὖ，也就是 Stallbaum ad loc. 改为 ὂν 的这个词，而 Bonitz, Hermann（在他的编辑本里面）以及 Susemihl 同意把它删除，不仅仅是因为这是对插入的 περὶ 的最早解释（从先行词 αὖ περὶ 出发），而且因为其中暗含着的 ταὐτον（同 / 自身）与 θάτερον（异 /他者）二者跟 ἀμέριστον（不可分者）与 μεριστὸν（可分者）二者的区别，实际上是柏拉图的意思。尽管 ταὐτον 与“不可分者”相关，而 θάτερον 与“可分者”相关，但是它们根本不重合；这两对概念有不同的意涵，在它们的结合中给出了贯穿彼此的两种分类。“同”与“异”既出现在“不可分者”也出现在“可分者”之中，既出现在“理念”也出现在“物质性事物”之中，既处于“理性认识”也处在“感性认识”之中（《蒂迈欧》37A sq. ；《智者》255C sqq.，参见 pp.250，278）。灵魂对于“理想实在”（即“理念”）的认识能力归功于 ἀμέριστον（不可分者），对于可感事物的认识能力归功于 ταὐτον（同），其领会同一关系（可感事物也好，理想实在也一样）的能力归功于“同”，领会差异关系（两方面都一样）的能力归功于“异”（关于这点，参见《蒂迈欧》loc. cit. 以及本章后面的阐释。感觉在这里被描述为是出自于 κύκλος θατέρου〔“异”之圆环〕，思维是从 κύκλος ταὐτοῦ〔“同”之圆环〕；但是，这不能证明，“异者 / 他者”等同于“可感者”，“同者 / 自身”等同于“可思者”；据 36C，“同”之圆环是恒星运转的轨道，而“异”之圆环以及其七重划分是行星运转的轨道。但是，据 35B，参考第 253 页注释 1，这些圆环当中的每一个都是由“同”“异”与“是”〔οὐσία〕作为其若干部分而构成的）。为了表达这两个概念的不同意涵，柏拉图在他的阐释中把它们分别开来讲。Ueberweg（p.41 sq.）正确地指出，宇宙灵魂之实体是由“不可分者”与“可分者”以某种方式结合而成的，也就是说，它们两者完全混合而不再以分离的方式出现。“同”与“异”的确以分离的方式出现，根据目前看到的这段文本，以及 37A。只有这两者，连同“是”（οὐσία），被说成是“宇宙灵魂”的部分，而“不可分者”与“可分者”只是“οὐσία”的要素。参考 Martin, i.358 sqq. ；Steinhart, vi.243 ；另一方面，Susemihl, Wohlrab 以及其他人与 Böckh 认为，“同”与“异”在含义上跟“可分者”与“不可分者”相同。属格的 τῆς ἀμέριστον-μεριστῆς 在我看来是基于后面的 ἐν μέσῳ，而属格的 τῆς τε ταὐτοῦ φυσ., etc. 是基于 ἐξ ；这样意思就是：在可分的实体与不可分的实体之间，他从这两者中合成了第三类东西，而进一步（αὖ）从“同”与“异”的本性中合成而来，他把这个东西置于物质体中不可分的部分与可分的部分之间。Steinhart 的读法与 Proclus in Tim.187E 的读法一致，读作 τοῦ τε ἀμεροῦς αὐτῶν，而不是 τοῦ τε ἀμεροῦς αὐτοῦ ；但是，在目前这个文本中，柏拉图并没有谈论“绝对的不可分者”。另一方面, Wohlrab, p.10, 认为 αὐτοῦ 指 τρίτον οὐσίας εἶδος（第三类实在）；但是，很难看出，这个东西怎么可以被置于“不可分者”和“可分者”之间，从而置于它自己的两个要素之间。Susemihl 的猜测（Philol. Anzeiger, v.672），即，αὐτῶν 应该被换成 αὐτὸ，这是更加不可能的。我在此不能更详细讨论对这段文本的各种诠释，这些诠释可以参考 Susemihl 的 Philologus，以及 Wohlrab 的论著。

1 关于这点的更详细讨论，见 p.212。

在这个表述中，神话和想象的因素是非常明显的。宇宙灵魂在物质体形成之前在空间中的区分与扩展，它从混合物中的起源，以及像对待物质性事物那样对待"非物质的东西"，这些从来没有被柏拉图当作严格学理上的表达。不然的话，亚里士多德对柏拉图《蒂迈欧》的所有那些指责就是合适的 [1]（很奇怪，他竟然误读了这篇对话的神话形式）。关于柏拉图的真正学理性观点，有一点是不容反驳的（《蒂迈欧》使其不容怀疑），即他认为宇宙是一个活着的生物体，并且他不仅赋予它一个灵魂，而且是最完满、最有理性的灵魂。这一主张一方面来自于对灵魂与身体的关系的一般考虑，另一方面来自于对自然与人类心灵的独特观察。如果神创造了一个宇宙，他必定让其尽可能完善，这种完善性必须属于宇宙大全，因为它包含了所有本质性存在，比自身的任何部分都更广大。[2] 然而，理性总是比无理性更完善，而除非通过灵魂，理性不能存在于任何存在者之中。所以，如果宇宙是所有创造物中最完善的，它就必须拥有最完善的理性，同时拥有最完善的灵魂。[3] 被其他东西推动的东西必须以"自我运动的东西"为前提；唯有它才是运动的开端。所有的物体都是被他者推动的，反之灵魂恰恰就是自我推动的能力本身。[4] 于是，灵魂优先于身体；灵魂所包含的东西优先于身体方面的东西。"理性"和"技艺"是比通常所谓"自然"更为本原性的；而"自然"这一名称实际上更应该用于灵魂而不是用于身体。对于"宇宙"而言也应该是同样的情况。在宇宙中，灵魂必须是首要的和主导的要素；身体是次要的和服从的要素。[5] 如果我们更仔细地考虑宇宙的构成，它的整个结

1　《论灵魂》i.2, 406b25 sqq.。

2　《蒂迈欧》30A，C sq.，37A，92 end。

3　参见第 209 页注释 4。

4　"那个能够自身推动自身的运动"（ἡ δυναμένη αὐτὴ αὑτὴν κινεῖν κίνησις）。《法律》896A。

5　《法律》x.891E–896E。这个证明的主导思想已经在《斐德罗》245C 中得到表达了："只有那个自我推动的东西（灵魂），由于它不会离弃自身，也就不会停止运动，而这也是所有其他处于运动中的东西之运动的源泉与开端'。参考《克拉底鲁》400A；《蒂迈欧》34B："神并不让灵魂成为比身体更为年幼的；因为他不容许较年

构都表明手段对于目的的全方位适应，尤其星体的运动是如此有规律，以致人们不可能怀疑其中有理性和智慧在进行主宰。可是除了宇宙的灵魂之外，这个理性还能够居留在什么地方呢？[1] 最后，这个普遍理性同样在我们的心灵中显现出来：因为我们的身体当中没有任何东西不是从宇宙身体中产生出来的，柏拉图（以及苏格拉底）这样说，[2] 所以，如果宇宙中没有灵魂的话，我们也不可能有灵魂。既然宇宙中的物质元素比我们身体中的物质元素更美、更完满、更有能力，那么宇宙灵魂在完满性上也相应地优越于我们的灵魂。[3] 总之，宇宙灵魂必然存在，因为只有通过它理性才能够传递至物质体；宇宙灵魂是理念和现象之间不可或缺的中介要素。同样，一方面，宇宙灵魂是一切规则运动的原因，也是一切发生着的构造活动的原因，另一方面，宇宙灵魂是一切精神性生命，尤其是一切认知的源泉，因为在柏拉图看来，知识是人区别于野兽的标志。[4] 以上就是他描述宇宙灵魂的基本出发点。宇宙灵魂是不可分的实在和可分的实在的混合体；也就是说，宇宙灵魂把纯粹理念和可感现象两方面的特性都结合到自身之中。[5] 它像理念一样是非物质的，但

346

老的受较年幼的主宰……神把灵魂构造为比身体更为年长的，在出生与德性方面都更为优先，因为前者是主人与主宰者，而后者是被主宰者。"

1　《斐莱布》30A sqq.（参见第 194 页注释 1）。这样，在 28D sq.，为了证明不是偶然性而是理性和智慧统辖宇宙，文本诉诸恒星及其运动。参考《蒂迈欧》47A sqq.；《智者》265C sq.；《法律》x.897B sqq.。

2　参见 Part i. p.147, 1。

3　《斐莱布》29A sqq.，以及前文，loc. cit.。

4　参考《斐德罗》249B。

5　《蒂迈欧》35A，柏拉图明确说，οὐσία ἀμέριστος（不可分的实在）表示"理想实在/理念"，οὐσία μεριστὴ（可分的实在）表示"物质性事物"；但是他多次把后者称为 περὶ τὰ σώματα μεριστὴ（可分的物质体），而跟之前（27D）一样来描述前者；之前把诸理念描述 ἀεὶ κατὰ ταὐτὰ ἐχούσης οὐσίας（永恒自身维持自身同一的实在），此处描述为 ἀεὶ κατὰ ταὐτὰ ὄν（永恒自身同一的实在）。这不能推出，诸理念本身以及可感事物本身是在"宇宙灵魂"之中的；柏拉图只是说，"宇宙灵魂"的实体是从可感事物与理想实在之实体的结合而来的。可感事物之实体与理想实在之实体是某种不同于个别理念与个别可感事物的东西（参考 Ueberweg, p.54 sq.）；它仅仅表示（如 Simplicius, De An.6, b, u 正确论述的）那种"理智对象和可感事物的分界点"（νοητὸς und αἰσθητὸς ὅρος），那种"γενικὰ στοιχεῖα τοῦ ὄντος"，理想实

同时又与物质体相关联；它作为现象之理想统一性而超越了现象之无限
多样性，而且它作为永恒的要素超越了现象的无规则变化，并且为现象
引入了恒常的比例和法则。但是，宇宙灵魂不像理念那样完全外在于现   347
象的多样性，而是像身体的灵魂那样处于空间之中，并且作为运动的最
初原因而与变化相关。"同一""差异"跟这个灵魂本体结合在一起，这
在众天体的运动中体现为规则性和不规则性的结合，[1]在认知中体现为求
同和求异的结合。[2]在恒星天的旋转和理性认识的过程中，"同一"起着
决定性作用；在诸行星的运动和感性认识的过程中，"差异"起着决定
性作用。但是，我们不能把其中每一个现象都归结为这两个要素之一，
而且也不能在这种半比喻的描述中寻求一种全面而充分的体系，或者过
分急于把这点与其他理论观点联系起来。[3]按照和声学与天文学系统的   348

在和可感事物的元素，两者的普遍本质。在一些比喻性表述的推导之后（如 Simpl.
*loc. cit.*72 b. o 实际上承认的），最终的结论是，灵魂处于可感事物与理想实在之间，
而且分有两者。在《斐多》105B sqq., et saepius, Martin, i.355 sqq. 把 μεριστὸν（可
分者）解释为尚无秩序的灵魂，而把 ἀμέριστον（不可分者）解释为从"神"那里
流溢出来的 νοῦς〔理性〕。前一个观点已经被反驳了，见第 246 页注释 2；"流溢"
（Emanation）概念完全不是柏拉图的概念。

1　36C，恒星天的运动被归之于"同"，而诸行星的运动被归之于"异"。但是，柏
　　拉图的意思不会是，在前者中不存在变易性，而在后者中不存在恒定性。没有变异
　　性就根本没有任何运动，没有恒定性也就不能设想任何的规则运动；但是（《智者》
　　255B），这些性质都被归附于"运动"，而《政治家》269D 也表明了在宇宙之运动
　　中具有变易因素；而在《蒂迈欧》35B，在划分"宇宙灵魂"的时候，得到明确说
　　明的是，它的每个部分都是由 οὐσία〔是〕、ταὐτον〔同〕与 θάτερον〔异〕构成；
　　而且在 37A sq.，关于同一与差异的知识一样被归于"同"之圆环与"异"之圆环。
　　其意思是说，在恒星领域，"同"是主导性的，而在行星领域，"异"是主导性的，
　　如 Plut.24, 6 所说的。

2　37A sqq.。

3　古代与现代的评注家都以不同方式把《蒂迈欧》中的"同"与"异"跟柏拉图学
　　说中的广为人知的另一些本原结合起来。现代诠释者通常假定"同"等同于"不
　　可分者"，"异"等同于"可分者"。尤其是 Ritter（ii.366，396），把"同"理解为
　　理念，把"异"理解为物质性事物；Stallbaum 也是这样（*Plat. Tim.*136 sq.），他
　　把"同"对应于"有限者"，把"异"对应于"未限定者"；还有其他多数评注家都
　　是如此。Tennemann（*Plat. Phil.* iii.66）把"同"理解为"一"，把"异"理解为
　　"多"或"变易性"；Böckh（*loc. cit.*34 sqq. ; cf. *Cosmic system of Pl.* p.19）把"同"
　　和"异"分别理解为"一"和"未限定的二"（它比"二"更合乎柏拉图的意思）；

349 比例关系对灵魂整体进行区分，[1]这意味着灵魂最初就包含了一切比例和

Trendelenburg（*Plat. de. Id. et Numeris doctrina ex Arist. illustr.*95），Ueberweg（54 sq.）还有 Brandis（*Gr.-röm. Phil.* ii. a.366）把"异"说成"未限定者"或"大与小"。我不能无条件同意后人关于"可分者"与"不可分者"的那些解释。这两个基本原则的混合必定清楚地代表了灵魂是诸理念与可感事物两者之居间者。但是，这不能通过这个观点来加以说明，即，把灵魂说成"一"与"二"的结合，或者把它说成"单一者"（单元）与"未限定者"的结合。"一"与"二"仅仅是数（按照晚期学说，是理念数，也是数学上的数）的两个元素；而"单一者"与"未限定者"则相反，必定存在于一切事物中，包括可感事物与理念。Ueberweg 的便利方案是设想一种三重合成的"单一者"，以及三重合成的"未限定者"（其中，只有第二重的数学上的单元，以及数学上或准确说来空间上的未限定者，被看作宇宙灵魂的元素），这个方案已经被反驳了，见 p.237 sq.。我自己的观点是，"不可分者"表示理念，而"可分者"表示物质的东西。要说这两者存在于一切事物之中（如 Plut. c.3, 3；以及 Martin, i.379 反驳的），这个说法只当我们把灵魂（可感事物借助于它而分有理念）也算在内才是正确的。我们在 p.343 已经证明，"同"与"异"并不与"不可分者"与"可分者"重合。古希腊诠释者通常（Procl. *Tim.*187C，说并非全部）把这两方面分开，例如，Xenocrates 与 Crantor ap. Plut. c.1–3；Proclus 181 C sqq.，187A sqq.；Simpl. *De An.*6 b. u.；Philop. *De An.* C 2, D 7；Tim. Locr.95 E（这些解释的细节见于这些文本本身以及 Martin, i.371 sqq.；Steinhart, vi.243）。Plutarch（c.25, 3）也赞成把它们区分开来；但是，他（c.6, Martin, i.355 sq. 也一样）并不把"可分者"理解为物质，而是理解为获得秩序的灵魂，这个"灵魂"甚至在宇宙构造之前，就推动"物质体"，从而通过它与"理性"（"不可分者"：参考第 246 页注释 2）的联合而成为"宇宙灵魂"。Timaeus of Locri（96A）通过对"同"与"异"的含义的一种独断界定而从其中得出了两种运动能力。Brandis 在两篇较早的论著中的那些观点，即，"可分者"与"不可分者"或者"同"与"异"，指的是"大与小"，以及 Stallbaum, *aup. loco Tim.* p.6 sqq. 的类似说法，即，把它们理解为"未限定的二"或"理念方面的和物质方面上的无限者"，这些都被 Bonitz（p.53）反驳了；而 Herbart（*Emil. in die Phil. W.* i.251）和 Bonitz（p.68 sqq.，参考 Martin, i.358 sqq.）的说法，即，灵魂是从"同""异"与"是"之理念合成的，这又被 Ueberweg（pp.46–54）反驳了。甚至 Plutarch（c.23）也指出，灵魂不是一个理念。

1 《蒂迈欧》35B–36B；Böckh *loc. cit.* pp.43–81（cf. *metr. Pind.*203 sqq.），沿用克朗托、欧多克索斯和普鲁塔克的观点，为这个文本给出了详尽的阐明，还有对于我们所能知道的那些古代诠释者们的观点的一个汇总。所有现代诠释者都遵循他的范例，如，Stallbaum ad loc.；Brandis, i.457 sqq.；ii. a.363 sq.；Martin, i.383 sqq.；ii.35 sq.；Müller，在他的评论中，p.263 sqq.；Steinhart, vi.99 sqq.；Susemihl, *Genet. Entw.* ii.357 sqq.；还有其他人，尽管在理解上不完全一样。简言之，柏拉图把复合性的"宇宙灵魂"划分为七个部分，彼此的关系好比 1、2、3、4、9、8 和 27 的关系，也就是说，"2"与"3"在"1"之后，然后是"2"的平方和"3"的平方，然后是"2"的立方和"3"的立方。然后，以 1：2 和 1：3 的比例递进的数列（διπλάσια 和 τριπλάσια διαστήματα〔两倍间隔数列和三倍间隔数列〕）以如下方式被补充进来，即，在这些数的每两项之间插入两个比例中项，也就是一个算术中项和一个调

和中项；算术中项是这样一个数，它以相同的值小于较大的数和大于较小的数；调和中项是这样一个数，它与较小的数的差除以较小的数得到的数，等于它与较大的数的差除以较大的数（cf. Vol. i.348, 3）。如果这个要求得到了满足，而且最小的数被设定为"1"，它让其余的整数数列的表达得以可能，那么，我们就得到了下面的图表（每个数列的第二个数给出调和中项，第三个数给出算术中项）。

（A）就"两倍间隔数列"而言，有这样的比例：

1：2）　384　　512　　576　　768
2：4）　768　　1024　　1152　　1536
4：8）　1536　　2048　　2304　　3072

（B）就"三倍间隔数列"而言，有这样的比例：

1：3）　384　　576　　768　　1152
3：9）　1152　　1728　　2304　　3456
9：27）　3456　　5184　　6912　　10368

按照这个列表，在"两倍间隔"的几个数列中，每个数列的四个数中的第一个跟第二个，第三个跟第四个的比例是3：4；第二个跟第三个的比例是8：9。在"三倍间隔"的几个数列中，第一个跟第二个，第三个跟第四个的比例是2：3，第二个跟第三个的比例是3：4。于是柏拉图（《蒂迈欧》36A sq.）提出了2：3, 3：4, 8：9这几个比例。前两个比例填满"三倍间隔数列"，第二个与第三个比例填满"两倍间隔数列"。如果我们试图把3：4归约作为其补充的8：9，就会发现这点不能实现。但是如果我们从384这个数按照8：9的比例递进，我们就得到数字432 = $9/8 \times 384$，以及486 = $9/8 \times 432$；对于剩下的，我们得到的不是8：9，而是只得到486：512= 243：256。通过8：9这个比例来归约2：3这个比例也是这样的情况；2：3比3：4大一个8：9的区间。所有建立在2：3和3：4这两个基本比例之上的那些比例都可以归约为8：9和243：256这两个比例。如果这个进程应用于上述列表中的全体数，我们就得到下面的结果：

384			2048	
432	8：9		2187	256：273³/₈
486	8：9		2304	243：256
512	243：256		2592	8：9
576	8：9		2916	8：9
648	8：9		3072	243：256
729	8：9		3456	8：9
768	243：256		3888	8：9
864	8：9		4374	8：9
972	8：9		4608	243：256
1024	243：256		5184	8：9
1152	8：9		5832	8：9
1296	8：9		6561	8：9
1458	8：9		6912	243：256
1536	243：256		7776	8：9
1728	8：9		8748	8：9
1944	8：9		9216	243：256
2048	243：256		10368	8：9

在这个由头三个数得出的数列中，柏拉图辨认出天文学与和声学体系的基本规定性。就前者而言，按照他武断的假定（《蒂迈欧》36D, cf.38D;《理想国》x.617A sq.），诸行星之间的那些距离建立在数目 2 与 3 以及它们的乘方的基础上；地球跟太阳、金星、水星、火星、木星、土星的距离分别是地球跟月亮的距离的 2、3、4、8、9 和 27 倍。在和声学体系中也是如此。八度音阶中的八个音按照全音阶划分，从最下弦到最上弦，因而音高从高到低按照如下比例进行赋值（情况不总是这样，例如亚里士多德（《形而上学》v. ii.1018, b.28; x.7, 1057, a.22）就是反过来从最上弦〔ὑπάτη〕经过中弦〔μέση〕到最下弦〔νήτη〕进行赋值），如下图所示：

νήτη	8 : 9
παρανήτη	8 : 9
τρίτη	243 : 256
παραμέση	8 : 9
μέση	8 : 9
λιχανὸς	8 : 9
παρυπάτη	243 : 256.
ὑπάτη	

如果我们根据单一衡量标准来考量所有这八个音的这些比例（就像古人的通常做法，因为，如大家知道的，在同等粗细和绷紧度的情况下发音弦的长度与音高成反比，或者因为，如 Böckh, *loc. cit.*49 所说的，较高的音在较少的时间内要求达到同样的振动次数。但是，我在 Böckh 的引文里找不到这点，而且无论如何第一种衡量标准在我看来是源始的），我们就得到如下算式：如果 νήτη（最下弦 / 最高音）确定为 = 384，那么 παρανήτη（次下弦 / 次高音）= 432，τρίτη（第三弦 / 第三音）= 486，παραμέση（近中弦 / 第四音）= 512，μέση（中弦 / 第五音）= 576，λιχανὸς（食指弦 / 第六音）= 648，παρυπάτη（次上弦 / 第七音）= 729，ὑπάτη（最上弦 / 最低音）= 768。（如果我们把较大的数赋予较高的音，把较小的数字赋予较低的音，正如我们按照振动次数来确定音高的比例那样，那么，就会得出不同的数字来。如果我们把最低音确定为 486，那么第七音是 512，第六音是 576，第五音是 648，第四音是 729，第三音是 768，次高音是 864，最高音是 972。但这显然不是柏拉图的计算方式，而且 Martin, i.395 的看法是错误的，他认为柏拉图的意思是把较大的数赋予较高的音，因为他根据《蒂迈欧》67B、80 A sq. 以及亚里士多德和其他人的看法，认为较高的音比较低的音更快速。正如 Martin 自己说的，即使是古代音乐家，也就是明白较高的音比那些较低的音包含更多的构成部分或者在空气中造成振动次数更多的音乐家，也并不总是把较大的数赋予较高的音，因为，他们按照音弦的长度来计算音高的比例。当然，确实也有其他人把较大的数赋予较高的音，例如 Arist. ap. Pluto. *Mus.*23, 5; Arist. *Problem.* xvii.23; Plut. *An. Procr.*18, 4 sq., 19, 1。关于这点的更多细节可以参见 Martin, *loc. cit.*。）上述音阶的若干基本比例，正如毕达哥拉斯学派已经指出的（参见 Vol. i.305, i, 345 sq.）有八度音程（διὰ πασῶν）或者 1 : 2（λόγος διπλάσιος），五度音程（διὰ πέντε，菲洛劳斯称为 δι' ὀξειῶν）或者 2 : 3（ἡμιόλιον），四度音程（διὰ τεσσάρων，菲洛劳斯称为 συλλαβή）或者 3 : 4（ἐπίτριτον），全音程或者 8 : 9，较小的半音程或者 243 : 256（在菲洛劳斯那里的说法是 δίεσις，之后又叫作 λεῖμμα；较大的半音程的比例是 250 : 273 × 3/8，它被称作 ἀποτομή）。

尺度：它是全部的数和比例，从中引发出宇宙中全部数方面的规定性和　350
全部比例关系：因为在柏拉图（如同毕达哥拉斯学派）看来，音乐上的　351
和谐与天体的系统是那些不可见的数及其协调性的首要揭示者。[1] 就此
而言，"宇宙灵魂"与柏拉图在《斐莱布》中称为"界限"的东西具有　352
相同的内涵和意思，而亚里士多德将其转述为"数学事物"。据说，[2] 就
"界限"而言，所有的数量关系和比例都被说成属于它；亚里士多德把
数学事物置于与《蒂迈欧》中宇宙灵魂同样的地位：它处在可感事物和
理念的中间位置。[3] 柏拉图仅仅把数学看作从感性认识到理念沉思的过
渡环节，[4] 这与上述观念恰好是吻合的；按照柏拉图的基本原理，这点是
得到先行设定的：数学本身处在感性认识和纯概念思维的居间位置，[5] 因
而它们的对象必定处于现象和理念的居间位置。但是，这两个概念（按：
宇宙灵魂和界限）就其理论出发点和含义而言肯定是不同的。"宇宙灵
魂"这个概念来自于对生命和运动的反思，被看作与人类灵魂相类似，

从最高音到第四音，从第五音到最低音，是四度音程，从最高音到第五音，从第
四音到最低音，是五度音程；特定两弦音之间的距离，一部分等于全音程，一部
分等于较小的半音程（λεῖμμα）。显然，这两个（比例数）就是构成这些数列的基
础。所有派生的音程（例如，"διὰ πασῶν καὶ διὰ πέντε"〔全音程与五度音程结合，
$1:2×2:3$〕$=1:3$，而"δὶς διὰ πασῶν"〔两倍全音程，$2×1:2$〕$=1:4$）可以从
中轻易看出来（Plat. *An. Procr.* 14, 2）；而且，它自身包含一个四个八度、一个五度
和一个全音程的体系；如果我们同意 Böckh 和 Pseudo-Timaeus 的说法，在 5843 和
6561 之间插入 6144，那么这些音的序列是正确的。这个数距离 5832 是一个较小的
半音程（λεῖμμα），距离 6561 是一个较大的半音程（ἀποτομή）。那么，剩下的就只
是一些不重要的反常情况：有两个全音程（$2048:2304$ 和 $6144:6912$）被归结为一
个半音程，而且在第四个八度音程（$3072:6144$）里，第五音先于第四音。

1　参考《理想国》vii.527 D sq.；529C sqq.；530D；《蒂迈欧》47A sqq.；以及 Vol. i.374。
2　25A；参见 p.264。
3　《形而上学》i.6, 987b14："进而，他说，在可感事物和诸理念之外，还有一类居
　　间的东西，即数学对象，在永恒与不动方面与可感事物不同，在存在相似的数学对
　　象这点上它们又与诸理念不同，因为每一个理念都是独一的"。（与此类似的更短的
　　一些暗指有，i.9, 991a4；vii.2, 1028b18；xi.1, 1059b6。）但是，"不动"这个措辞
　　是不精确的；在柏拉图这里，"宇宙灵魂"也好，数学上的本原也好（据《理想国》
　　529C sq.，参见第 160 页注释 3），都不是绝对不动的；它们只是免于变易和变化。
4　Vide p.215.
5　Cf. p.225.

根本上表达的是宇宙中的动力：数学事物表达的是事物遵照数和比例而

353 具有形式上的规定性。[1]正如在柏拉图的理念体系中，最高的动力因和最高的形式因是重合的，它们只是暂时在不精确的表述中被区分开，这里也属于这种情况。"宇宙灵魂"在自身的统一性中包含了所有的数学比例；并且它占有这样一种位置，此位置在《斐莱布》和亚里士多德那里是由数学本原所占有的。我们如果设想柏拉图公开把这两者等同起来，这恐怕得不到证实，而且，我们必须承认，在理念和现象之间找到一个居间者，此困难以不同方式出现在这两方面的学说当中（在"灵魂"概念中，居间者是从生命活力的视野来考虑的，它是运动和认知的原因；而在"数学事物"的概念中，居间者被描述为"实在"的一种特殊形态）；尽管如此，这两方面的学说最终具有相同的意旨，在柏拉图的思想体系中处于相同的位置。[2]这两者向我们表明"理念"与可感世

354 界相关联，而可感世界被一些固定的关系所涵括。理念的"一"在各种数学形式中的确分裂为"多"；但是，这些形式并不受到变化不定的感性事物的影响。[3]"灵魂"介入到物质体及其运动之中，但是灵魂本身并不是物质性的东西。[4]一切物质体都是受他者推动的，而灵魂是自动的，并且推动其他一切东西；[5]灵魂尽管不同于理念，但是所有事物都关联于它并与之保持最亲密关系。[6]严格说来，我们必须更进一步把"宇宙灵魂"

1　Plutarch（*De An. Procr.*23, 1）在此基础上反驳那种认为灵魂要么是一个数要么是一个空间的学说，"灵魂内在对可感事物作出判断的那种能力的印迹，既不在有限定者之中，也不在数之中"（μήτε τοῖς πέρασι … ἡ ψυχὴ πέφυκε κρίνειν）；思想、信念或者感觉都不是从诸点、诸线或者诸平面中派生的，参见第 259 页注释 3。

2　如，Siebeck, *Unters. z. Phil. d. Gr.*101 sq.。在《斐莱布》30A, C，"宇宙灵魂"与"有限定者"（πέρας）一起被提及，这个情况既不与我对"有限定者"的解释冲突，也不妨碍此前语境的正确性。当然，我并不认为，柏拉图明确把数学本原与宇宙灵魂等同起来；所以，我并不把 Rettig 对这个文本的引用（p.20, *Aitía in the Philebus*）看作是对"πέρας（有限定者）表示宇宙灵魂"这个假设的反驳。

3　参见第 257 页注释 3。

4　《智者》246E sqq. ;《斐多》79A sq. ;《蒂迈欧》36E et al.。

5　参见前文，p.345。

6　《斐多》79A sq., D（该处讨论的主题是人的灵魂），但是据《蒂迈欧》41D，这说法更适合于"宇宙灵魂"。《理想国》x.611E。

和"诸数学形式"说成就是"理念"本身，即物质世界的形式规定性和能动性本原。因为"物质"自身是"非实在"，灵魂中的"实在"就只能是"理念"。但是，迫使柏拉图把理念与现象划分开来的那些理由同样要求把灵魂与理念区别开来：灵魂是派生的，理念是原初的；灵魂是被造的，理念是永恒的；灵魂是个别的，理念是普遍的；[1] 灵魂只是分有绝对实在，理念本身就是绝对实在。[2] 由于诸理念是并列设置的，尽管更准确地说，低级理念被高级理念所包含，而所有理念都在最高理念之中；也由于可感世界是与诸理念并举的，尽管就它拥有实在性而言它内在属于诸理念，所以"灵魂"作为"第三者"出现在"理念"与"现象"之间，而不仅仅表示与现象对举的理念这一方；而且我们发现，尽管各个数学比例都内在于灵魂之中，但是诸数学形式在灵魂之外也保有自己的位置。[3]

355

1　与理念相关联的数学事物也是如此；参见第257页注释3中从亚里士多德文本中引述的段落。

2　参见 p.346 sq.，第174页注释2。

3　早期柏拉图主义者主要把灵魂视为数学事物；只是他们对于灵魂之本性究竟是算术上的还是几何上的，究竟是一个"数"还是一个"量"，观点并不一致。前一种是色诺克拉底的观点，我们后面会看到，他把灵魂界定为一个自身运动的"数"。亚里斯坦德（Aristander）、努美纽斯（Numenius）和其他许多人也是如此（据Proclus in Tim.187 B）；以下说法支持这种观点（Diog. iii.67），即，柏拉图把一种"算术上的本原"归给灵魂，把"几何上的本原"归给身体，但是，这跟紧接下来的说法不兼容，即，灵魂被界定为"向各个方向延展的气息的 ἰδέα（形式）"（ἰδέα τοῦ πάντη διαστατοῦ πνεύματος）。持相反观点的不仅有 Severus（如 Proclus loc. cit. 所提及的），还有斯彪西波和波塞冬纽斯（Posidonius）。斯彪西波认为灵魂的本质是空间性的（"向各个方向延展的东西的 ἰδέα（形式）"，Stob. Ekl. i.862）；波塞冬纽斯更精确地把它界定为"向各个方向延展的东西之 ἰδέα，依据把和谐比例（ἁρμονίαν）涵括在内的数而构成"（Plut. An. Procr.22, 1，但是他错误地把"向各个方向延展的东西的 ἰδέα（形式）理解成了一个"理念"，而实际上它更应该表示按照一系列和谐的数而构成的空间性事物的结构）。按照第一种观点，灵魂的两个元素，即"不可分者"与"可分者"，指的是"一"和"未限定的二"；而按照第二种观点，它们指的是"点"和"广延的空间"（Procl. loc. cit.，他关于色诺克拉底的论述将在后面得到进一步证实）。但是，波塞冬纽斯认为这两个元素指的是"理智对象"（νοητὸν）和"空间上的大小"（τὴν τῶν περάτων οὐσίαν περὶ τὰ σώματα，即，各种物质体在空间中的限定形态）。亚里士多德《论灵魂》i.3.407a2 反驳柏拉图说，在《蒂迈欧》中，柏拉图把灵魂当成了一个"量"。Ueberweg, loc. cit.56, 74 sq. 持

356　　　　灵魂的能动性（Thätigkeit）一方面在于运动，另一方面在于认知。[1]
灵魂是一切运动的最初本原，因为只有它是自身运动的东西，并且在
自身运动的同时推动身体。[2]《斐德罗》说，灵魂照管无灵魂的东西，它
使宇宙得以运转并且主宰着宇宙。[3]《蒂迈欧》中更富想象力的比喻说的

同样的观点。在 Ueberweg 看来，灵魂是一个数学上的并且几乎也是空间性的量；而
就它的诸元素而言，"同"表示数，而"异"表示空间，也就是容纳各种形状的东西；
这个空间在第二位的物质中是运动方面的本原，并且其自身是缺乏理性的灵魂（参
见第 246 页注释 2）。色诺克拉底与斯彭西波的分歧似乎表明，柏拉图本人没有明确
表达对其中一个或另一个观点的偏向。亚里士多德仅仅从《蒂迈欧》出发来考虑柏
拉图关于灵魂的学说；因为他在《论灵魂》i.2（参见本书第 241 页注释 2）引自"论
哲学"讲演的内容跟当前问题并不相干。从《蒂迈欧》中得出的可能结论是，灵魂
尽管有非物质性和不可见性，但可以被设想为弥漫在宇宙之"身体"中。对于灵魂
与身体的这种关系的设想是很难避免的，尤其在考虑有生命的东西的时候；但是我
不能相信柏拉图就像 Ueberweg 设想的那样以这么直白的方式把灵魂看作空间性的
量。所有可以被引用来支持他的观点的那些表述都带有神话和象征的朦胧色彩，使
得我们不能将其视为学理性观点。把灵魂划分为八个圆，以及与此相关的所有细节
描述，肯定没有任何人会将其从字面上看作柏拉图的实际意思；而且，那个（只在
譬喻性阐述方面得到应用的）一般性预设，即，灵魂在空间中延展并且在空间中是
可分的，也不能仅仅从字面上来理解。否则的话，我们就要被迫不仅把灵魂视为某
种有广延的东西，而且视为物质性的东西；任何具有空间广延性而又不是物质体的
东西都不能被分割并且弯曲成为一些圆，就像不能在容器中混合一样（《蒂迈欧》
41D）。从《蒂迈欧》的阐述中我们实际上不能推论出任何东西，因为我们会做出过
度推论。但是，这样的想法也是不可信的：柏拉图作为一个把"空间性"看作"物体"
之独特标志的人，会明确把这同一个性质归给非物质性的东西，也就是跟灵魂一样
接近于理念的东西。他或许曾把灵魂称为一个数；但是，既然这个界说仅仅为色诺
克拉底所引述，我们当然不能把它归到柏拉图名下。最有可能成立的观点是，柏拉
图并没有在这点上明确表达他的意思，在灵魂与数学本原的关系上保留了如我们的
文本所显示的那种不确定性。

1　参考亚里士多德《论灵魂》i.2。
2　参见第 251 页注释 5。《斐德罗》245D sq.："运动的起源必须是自身推动自身的东
　　西……有人说自身运动是灵魂的所是与定义，这么说并不丢脸……自身推动自身的
　　东西只能是灵魂而不会是别的东西"。
3　246B："灵魂整体照管所有无灵魂的东西，贯通整个寰宇，在不同时间出现为不
　　同形式。只要它的羽翼是完全的，它就乘风高飞，统领整个宇宙，而羽翼折损的
　　灵魂，etc."（πᾶσα ἡ ψυχὴ παντὸς ἐπιμελεῖται τοῦ ἀψύχου, πάντα δὲ οὐρανὸν
　　περιπολεῖ, ἄλλοτ' ἐν ἄλλοις εἴδεσι γιγνομένη. τελέα μὲν οὖν οὖσα καὶ ἐπτερωμένη
　　μετεωροπορεῖ τε καὶ πάντα τὸν κόσμον διοικεῖ, ἡ δὲ πτερορρυήσασα φέρεται,
　　etc.）。这里可能出现一个疑问，即，我们究竟要把"πᾶσα ἡ ψυχὴ"理解为整体的
　　灵魂，即"大全"的灵魂，还是（像 Susemihl, ii.399 以及其他人那样）理解为每

也是这个意思。它告诉我们，整个"宇宙灵魂"在纵向上划分为两个部 357
分；这两个部分弯成一个外环和一个内环，外环被称为"同"之圆环，
内环被称为"异"之圆环。这两个圆环以倾斜的方式套在一起，形成了
宇宙体系的基本构架："同"之圆环是恒星天球；"异"之圆环通过进一
步划分形成了七个行星圆环。灵魂在自转的同时推动这些圆环；灵魂渗
入宇宙从中心到边缘的每个地方，并且把它从外面包围起来；所有物质
体都在这些圆环中得以建构，并且灵魂还引发这些物质体的运动。[1] 就
柏拉图的实际意思而言，我们所能说的就只有这些，即，灵魂遍布整个
宇宙，凭借其本性，按照固定的法则，永不停歇地自身运动着，由此造
成各个天体中的物质的分布以及诸天体的运动，而这些星体的秩序和循
环运行彰显了灵魂的和谐与生命。《蒂迈欧》还把宇宙灵魂的运动与和
谐分布跟它的认知活动联系起来。在 37A sqq. 提到，由于灵魂的构成
方式，而且因为灵魂按照和谐比例划分和构建自身，又因为它通过圆
周运动最终回归自身，——它通过其整体生命向自身报告它在运转中 358
接触到的全部，无论是可分者还是不可分者：在什么方面它是同一个东
西，在什么方面它发生变化，它是否以及如何与"实在"或"变易"相
关联。以无声的方式在"自身运动者"的领域中传送的这种言说，造就
了"认识"。如果"感觉能力"受到它的触碰并且报告给灵魂的消息来

个单独的灵魂。有利于前一种观点的是，在 "πᾶσα ἡ ψυχὴ"（也写为 πᾶσα ψυχὴ）
后面，我们还看到"照管所有无灵魂的东西……统领整个宇宙"这些说法，因为每
个单独的灵魂只统领自己的身体，而单个灵魂的集合也只是以集合的方式统领它们
的身体，然而宇宙的灵魂，而且只有它，照管所有的无生命者，包括无机的自然
物；但是，整体灵魂在这里其实被视为包括并容纳了诸个别灵魂的集合，尽管说得
没有《蒂迈欧》中那么清楚。

[1]　34B，36B–E。这个阐述的天文学部分将在后面得到讨论。

自"异"之圆环,[1] 那么就会产生出正确观念或正确意见,[2] 如果来自"同"之圆环的消息提供给了思想,那么就会形成理性认识或带有理解的知识。在这里,直白叙述和比喻仍然是混在一起的,或许柏拉图本人并不能够明确地断定他从哪里开始应该放弃学理性表述而改用神话式表述。当他赋予宇宙以灵魂,并且赋予这个灵魂最完满的理性的时候,他无疑是严肃的;[3] 尽管很难说他把更明确的人格概念归给了这个灵魂,[4] 但是他在这一主题上说的所有话经常表明他把这个宇宙灵魂看作是与人类灵魂相似的东西。我们会提出的这个问题,即"宇宙灵魂"在多大程度上具有自我意识和意志,柏拉图几乎从未提出过。[5] 我们觉得奇怪,这个灵魂的认知活动怎么会与天体在空间中的运转相一致;理性和知识(die Wissenschaft)怎么能归于恒星的运转,意见(信念)怎么能归于行星的运转。哪怕柏拉图可能也不是从字面上来思考这种阐述的;[6] 但是他的确把认识和灵魂的运动关联起来,这必定使得他自己跟我们一样难以获得精确的解释。他把知识(das Wissen)视为一种自身回归自身的运动,

---

1　在 37B,Bekker 版中出现的多种读法中的一种,αἰσθητικὸν,应该取代 αἰσθητὸν(它作为 λογιστικὸν 的对立面表明了这点),而文本中的 αὐτοῦ τὴν ψυχὴν 指涉的就是这个东西。"αἰσθητικὸν"不应该表示感觉能力,而应该表示能够感知的主体,不过它同时又是一个能进行思维的主体,一个 λογιστικὸν。然而,更方便的做法是采用 αὐτὸν〔sc. τὸν λόγον〕的读法,这样,αἰσθητικὸν 就可能表示感觉能力,而整段文本就有了更自然的色调。所以在上面的论述中我沿用这种猜测。"περὶ τὸ αἰσθητὸν γίγνεσθαι,περὶ τὸ λογιστικὸν εἶναι"这些表述总体上指"λόγος"的诸对象(参考 Stallbaum in loc.);但是,这跟"λογιστικὸν"不太契合,因为按照这个观点,就应该是 νοητὸν 而不是 λογιστικὸν。

2　关于这些认识的阶段,参考 p.279 sq. 。

3　参见 p.325 sqq. ;第 209 页注释 4 ;第 194 页注释 1。

4　对于这种"人格",即,容纳其他无数存在者而它们自身又拥有生命与灵魂的这种"人格",我们应该怎么理解呢? 除非这个灵魂跟宇宙的所有部分都有关系,就像人的灵魂与其身体的各部分都有关系,否则它怎么会是"宇宙灵魂"呢?

5　参考 p.266。

6　如果我们把刚才那段《蒂迈欧》37B 中的引文做字面上的理解,那么结果就是,"正确意见"是通过行星圆环的运动导致的,而思想和知识是由恒星圆环的运动导致的。但是,从这里不能得出什么清晰的想法,不管我们是把思想和信念理解为人类灵魂的还是"宇宙灵魂"的思想和信念。我们不能认为,柏拉图在思想之外还把单纯的意见归给"宇宙灵魂",哪怕这意见是"正确意见"。

而且把关于"在自身之中又在宇宙之中存在的东西"的知识归给了宇宙
灵魂，因为这种在自身之中并且环绕自身的完满运动归它所有。其他一
些哲学家也以相似的方式把"认识"和"运动"联系起来，[1] 而且柏拉图
在其他地方还以这样的方式来比较它们，即，他认为这两者都受到某些
类似法则的宰制。[2] 灵魂在数学上的划分也是这种情况。正如柏拉图通
过各个数来表示认识方面的各种差别，[3] 他可能在总体上把认识和数联系
起来。正如菲洛劳斯已经教导的，[4] 未限定的"多"可以通过数和度量回
溯到确定的比例，从而变得可以理解。柏拉图从宇宙灵魂各个部分的和
谐比例以及它的构成方式和运动中推导出宇宙灵魂所拥有的"知识"，[5]
这大体上是他的实际意思。假如灵魂不按照和谐比例而把一切规定性和
秩序包含在自身之中，那么灵魂就不能认识物质性事物。正如灵魂的运
动受到数的规制，灵魂的认知也是一样；对于灵魂的运动而言，它引发
了"理念"向"现象"的过渡并使得无限多的物质性事物归附于"理念"，
同样，对于灵魂的认知而言，它把"一"与"多"关联起来了，把理性
认识和感性认知关联起来了。

360

1　例如，阿那克萨戈拉与第欧根尼；参见 Vol. i.804 sq.，220；参考亚里士多德《论
　灵魂》i.2，405a13，21。
2　《蒂迈欧》34B 提到了圆周运动是"七种运动中尤其归属于理性与思想的一种"，
　类似的还有 39C，40A。《法律》x.898A："这是最有可能与理性之运转同类与相似
　的……也就是自身围绕自身且关联于自身而在自身之中维持自身，依循单一原则和
　单一秩序运动"；以及《蒂迈欧》77B，89A，90C sq.；参考 43D，44D，47D，思想
　（思维）直接被描述为一种运动，更明确地说，是灵魂的一种圆周运动（περιφορά）。
3　参见第 158 页注释 3，以及第 186 页注释 5。
4　参见 Vol. i.294，1。
5　《蒂迈欧》37A："以合比例的方式分开而又结联在一起"。

第 八 章

物理学（续）：宇宙体系及其构成部分

361   前面的内容包含了柏拉图关于自然的一些主要思想。"宇宙"是理念在空间和时间中的"表现"（现象），即"永恒者"之可感的、变动不居的"摹本"：它是神圣理性和自然必然性、理念和物质的共同产物；而把两者关联起来的居间者，即一切秩序、运动、生命和认识的直接原因，是"灵魂"。

《蒂迈欧》表明宇宙的起源和构造如何从这些基本原因出发得到解释；为了阐述这点，它还在很大程度上讨论了现象界中的各种具体事物。然而，从柏拉图的思想特征来看，我们可以认为，这些自然科学方面的探究不太合乎他的兴趣；所以我们发现，不仅《蒂迈欧》是他的著作中唯一讨论这个主题的，而且似乎他在口头教导中也不涉及这一主题。无论如何，亚里士多德在论及柏拉图这方面学说时只是诉诸《蒂迈欧》。柏拉图自己公开表示这类讨论在价值上不如更一般的哲学探究。

362   他说，我们的"语言"是像它们描述的对象那样建构起来的。只有关于不变的"实在"的学说可以获得完满的确定性和精确性；关于"真正的实在"之"表现"（现象）的讨论，我们应该满足于或然性而不是严格真理。[1] 所以，这些讨论与其说是严肃的哲学研究，不如说是一种理

---

1 《蒂迈欧》29B sq. ；参考 44C，56C，57D，67D，68D，90E。甚至关于物质和宇宙之统一性等这些重要问题，柏拉图也采取了这个谨慎态度。在《蒂迈欧》48D（关于文本问题，参考 Böckh, *Kl. Schr.* iii.239），他谈到作为真正实在之 εἰκών（仿本）

智上的消遣。[1] 柏拉图的这些说辞或许不是那么认真，[2] 但是我们从中可以推断，柏拉图某种程度上意识到了自己在自然科学方面的不足，同时认为从这一主题的本性来看，这样的探究不太可能获得更进一步的确定性。确实，就他的哲学而言，他在这方面的探究不具有太大的重要性：其中包含的观点和论断，有些是天才的，有些是幼稚的，对于自然科学史而言无疑是有兴味的，但是对于更普遍意义上的哲学而言不太有价值，因为它们跟柏拉图的主要哲学原则关系不大。有许多观点似乎是从别人那里借用来的，特别是借自菲洛劳斯，可能还借自德谟克利特。不过，有三个要点具有更普遍的意义，它们就是：宇宙的起源、诸元素的派生以及"宇宙体系"的观念。

363

一、宇宙的起源

宇宙的起源在《蒂迈欧》中被描述为一种技艺性建构。宇宙建构者决意把整个可见世界制造得尽可能完美，他以有生命的实在作为永恒原型来构建被造者。为了这个目的，他首先合成"宇宙灵魂"，然后把它

的可感事物，关于它们只可能有 εἰκότες λόγοι（或然的论说），即，像真理的东西，但自身不是真理，正如一个"仿本"仿似一个事物，但不是这个事物自身。这个仅仅像真理的论说，即或然的论说，不仅包括一些学理上的设想，而且（如 Susemihl, *Genet. Entw.* ii.321 指出的）包括一些神话式描述。柏拉图本人在前面引过的文本（第 116 页注释 2）中已经让我们对这点有所了解；但是，他在《斐多》（114D）的末世论神话结尾处说："以强硬方式认定实际情况就是这样"，这确实会是愚蠢的，"……但是，我们的灵魂及其居留之所……就是这种情况或类似的情况……我认为，冒险去相信是合适的和值得的。"这个神话实际上不能被说成完全属实，而只是具有某种或然性；从《高尔吉亚》527A（cf.523A）得出的结论是一样的。

1　《蒂迈欧》59C："对于这类事情的其余部分，没有多少复杂的东西可以去做进一步说明了，倘若某人寻求的只是一种或然的故事（τὴν τῶν εἰκότων μύθων … ἰδέαν）。为了歇息一下，某人可以搁置关于永远是的东西的说明，转而考虑关于变易方面的或然性说明（τοὺς … εἰκότας），这样可以获得一种不必感到遗憾的快乐，从而在生命中得享一种适度的和节制的消遣（παιδιὰν）。"

2　至少在刚才引用的文本中，παιδία（消遣）让人联想到《斐德罗》265C、276D 中相应的明显夸张的表述，而柏拉图对自然方面的探究总体评价不高与《蒂迈欧》的沉抑语调是一致的。

划分为若干圆环。接着，他把混沌的、流动的物质组合为四元素的基本形态。他以这四种元素来构造整个宇宙体系——把物质建构于"宇宙灵魂"的构架上。他在各个部分中都安置了星体，充当"时间测量仪"（Zeitmesser）。最后，为了不让宇宙的完满性有任何欠缺，他构造了生物。[1]

至此，这个描述的神话特征总体上是无可怀疑的；但是不好确定的是，神话占据多大的成分。关于这一主题，我们已经论及"宇宙构造者""物质"和"灵魂"：我们现在更直接地提出这个问题：柏拉图是否以及多大程度上严肃地谈论了宇宙在时间上的开端，以及它的逐步形成。[2]一方面，宇宙作为物质性的东西必定发生变易，因为一切可感事物或物体都要变易，这不仅是《蒂迈欧》的总体描述所要求的，而且从其中的解释（28B）会更明确地得出这个结果。另一方面，这个预设会

---

1 参见《蒂迈欧》27E–57D。

2 柏拉图第一代弟子的观点在这点上是有分歧的。亚里士多德（《论天》i.10，280a28；iv.2，300b16；《物理学》viii.1，251b17；《形而上学》xii.3，1071b31，37；《论灵魂》i.3，406b25 sqq.）在批评柏拉图宇宙论的时候始终从字面上来看待《蒂迈欧》，并且把"宇宙""宇宙灵魂"以及"时间"都有时间上的起源看作柏拉图的实际意思。他甚至还说（《论生成与毁灭》ii. i，329a13），柏拉图并没有清楚地解释，"物质"是否能够以四元素之外的形式存在；而且，如果这个问题的答案是否定的，就必须否认有宇宙的开端。另外一个观点是（据亚里士多德《论天》i.10，279b32），柏拉图把宇宙构造看作一种时间性行为只是出于清晰性的缘故。我们从 Simpl. ad loc. *Schol.in Arist*.488b15（他的说法被其他人所重复，489 a.6，9），Pseudo-Alex. *ad Metaph*.1091a27，Plut. *Procr. an*.3，1 中可以看到，色诺克拉底采取了这个便利的说法；而且被 Crantor、Eudorus（Plut. *loc. cit*. 以及 c.4，1）、Taurus ap. Philop. *De aetern. mundi*.，vi.21 以及多数倾向于毕达哥拉斯主义的柏拉图学派传人（新柏拉图主义者也不例外）所沿用。另一方面，塞奥弗拉斯特（*Fragm*.28 sq.；Wim. ap. Philop. *loc. cit*. vi.8，31，27）反对这种观点——尽管不如亚里士多德那样果断，与他的观点一致的还有 Alexander ap. Philop. vi.27，以及整个漫步学派。在柏拉图学派中，Plutarch, *loc. cit*. 以及 Atticus（关于他，参见 Vol. iii. a.722，第 2 版）致力于证明，宇宙没有开端的学说跟柏拉图毫不相干。在现代学者中，Böckh（《论宇宙灵魂》，p.23 sq.）重复了 Xenocrates 的观点，沿用此观点的还有 Brandis（ii. a.356 sq.，365），Steinhart（*Plat. WW*. vi.68 sqq.，94 sq.），Susemihl（*Genet. Entw*. ii.326 sqq.）与其他人，以及我的 *Plat. Stud*.208 sqq.，还有本著作的第 1 版。宣称支持 Plutarch 观点的有 Martin，*Etudes* i.355，370 sq.，377；ii.179 sqq.；Ueberweg，*Rhein. Mus*. ix.76，79；*Plat. Schr*.287 sq.；Stumpf，*Verh. d. plat. Gott. z. Idee d. Guten*.36 sqq.。

使我们陷入一系列明显的矛盾之中。如果一切物体都必定发生变易，或者被创造，那么对于"物质"而言也是这种情况；然而"物质"被假定为在宇宙构造之前就存在，而且（30A）它在宇宙形成之前的状态就被描述为可见的。但是，如果我们要把"永恒物质"的观念算作这篇对话录中神话的部分，那么我们怎么能保证"宇宙创始"不是也属于神话的部分呢，而且怎么保证宇宙构造理论的真正含义不是有限者对于永恒者在形而上学层面上的依赖或附属呢？这些阐明的学理性形式也没有太大帮助；因为首先要得到说明的不是时间上的开端，而是宇宙的"创作者"。[1] 我们常常发现，柏拉图在一些他无法表达其实际的严肃见解的场合也采用了这种学理性的语气。[2] 确实，我们不能过分依赖从柏拉图著

365

366

1　《蒂迈欧》28B："这就是我们在研究任何主题时最初所要研究的问题，也就是，它究竟永恒'存在 / 是'而没有任何生成之开端，抑或它曾产生出来，从某个开端中获得起源。……我们说，产生出来的东西必然由某个原因所产生"。

2　例如《政治家》269C。在这里，宇宙的自身运动以及由神的作用而出现的运动（著名的宇宙论神话中的始发点）两者之间周期性变换的必要性，跟《蒂迈欧》中宇宙有一个开端的必要性，都以学说的方式严肃地得到了坚持。"物质体不可能始终保持同一。宇宙有一个身体。它必定不断地改变；这个改变构成了其运转。但是，它会持续转动其自身，这是不可能的。只有"一切运动的东西之主导者"（ἡγούμενον τῶν κινουμένων πάντων）才具有这种能力。它的本性并不容许（οὐ θέμις）这点，即，它会首先按一个方向运转，然后由于这个"主导者"（ἡγούμενον）的作用而按另一个方向运转。所以，宇宙既不可能一直推动自身，也不可能一直由神所推动。情况也不会是有两位神以相反方式推动宇宙。唯一的结论是，在一个时间里，它受神的推动，在另一个时间里，它仅仅凭借自身，朝着相反的方向运动。"这跟《蒂迈欧》中的文本一样是教导性质的，只能得出像 Stumpf（loc. cit. 38 sq.）从后面这个文本中推导出的那种简要的抽象结论。但是，我们能够从中得出如下结论吗：当柏拉图以问答方式说，当宇宙之运转方向出现改变，其中的诸事物之生命也必须出现同样的改变，这个时候，他实际上把宇宙视为一时由神所推动，而另一时由它的"内在欲望"（ἔμφυτος ἐπιθυμία）——以相反的方向并且其关联性完全逆转——所推动？再则，如果说在柏拉图学说体系中有一个要点得到了作者最清晰的解释，那么这就是：诸理念是"非被造的"。但是，如我们前面看到的（p. 245 sqq.），柏拉图把"神"看作诸理念的创作者；而且在他的讲演中以这样一种方式解释它们的起源，使得亚里士多德（关于宇宙构造问题上）把"诸数的生成"（γένεσις τῶν ἀριθμῶν）视为不仅仅是"为了思辨性说明的缘故"（τοῦ θεωρῆσαι ἕνεκεν）。（《形而上学》xiv.4, beginn.）"ἀριθμοὶ"（诸数）在这里应该被理解为理念数，而且这个文本不是单指柏拉图的弟子们，也指柏拉图本人，这点从 Alex. ad Metaph. i.6, 987b33, Schol. 551 a.38 sqq. 以及其他讨论柏拉图这个学说的重要著作中可以看出。从字面

作中推导出来的观点，或许柏拉图本人从未做出这些推导；[1] 但是，《蒂迈欧》（37D，38C）中的这个论断有所不同，即，"时间"与宇宙一起开始。这个论断是完全合乎逻辑的，假如设定宇宙有一个开端的话；因为仅有的先行存在的东西，即理念世界，是不在时间之中的，而空的时间什么也不是。但是，既然柏拉图承认（37E以下）"之前"和"之后"只有在"时间"中才是可能的，那么他怎么能一直谈论宇宙构造之前的东西，[2] 这点是更加难以理解的。[3] 柏拉图主张灵魂不是被造的而是永远存在的，[4] 这也不容许宇宙有一个开端；因为"灵魂"自身是宇宙的一个部分，并且无法设想由它构造并赋予生命的"身体"不伴随它而存在。这些矛盾之处或许不足以证明，柏拉图故意采纳了其本身并不正确的宇宙有开端的观点，而自己实际上仍相信宇宙没有开端；但是这些矛盾至

含义诠释《蒂迈欧》的宇宙生成论的人或许可以诉诸柏拉图自己的解释，如果"并非虚构的故事而是真实的叙述，才是真正重要的"（《蒂迈欧》26E）这些表述可以用来说明问题的话。确实，Stumpf（*loc. cit.*）认为，借助这些表述他的观点可以得到支持。但是，稍加留意就会发现，这些表述不是指关于宇宙构造的描绘，而是指克里底亚关于雅典人与亚特兰蒂斯人之间争斗的记载。哪怕确实有这样的记载也是"虚构的故事"（πλασθεὶς μῦθος），但是柏拉图明确说它不是。前面提及的那些歧异说法（p.301 sq.），包括对"物质"的那些表述，以及在第135页注释1中引述的《普罗泰戈拉》中的讨论，也可以被拿来表明，一段文本中表面上说教性语气难以支持我们把其中的每句话都看作柏拉图的学理性主张，而且对于目前这个问题来说，有许多理由要求我们慎重考虑那个更适合于护教神学家而不是历史研究者的主张（Ueberweg, *Plat. Schr.*287 sq.）。如果柏拉图（《蒂迈欧》28B）自己明明说宇宙是"被造的"，同时又相信它是"永恒的"（当然文本并非无条件支持这点）；"那么，"于贝格说，"我们只能通过内心羞于拿来形容他的表述来描述他的立场。他要么是不诚实的人，要么是愚蠢的人。"但是，当柏拉图写作上述《政治家》中那个段落的时候，或者当他大胆宣称关于亚特兰蒂斯人的那个寓言故事是真实历史的时候，他是这两种人中的哪一种呢？

1　例如，如果神出于善而创造了宇宙，那么，宇宙就必须如神之善性一样是永恒的。

2　《蒂迈欧》30A，34B，C，52D，53B。

3　《斐德罗》245D sqq.；《美诺》86A；《斐多》106D；《理想国》x.611A, etc.；参考《法律》vi.781E，在这里，人类没有开端与终结的想法被视为至少是可能的，甚至是很可能的。

4　并非《蒂迈欧》中描绘的"宇宙灵魂"而是《法律》中的未经规范的灵魂才是没有开端的，这个观点已经在本书第246页注释2得到驳斥。《斐德罗》明确把灵魂（被表明为是没有开端的）描述为天的推动者。

少表明，他没有以学理的方式提出这个学说，并且没有把它当作自己学说的构成部分；这可以被视为他偶然采纳的若干观点之一，而他没有觉得要为其真理性寻求某种专门研究和判定。

许多柏拉图的弟子把宇宙在时间方面的起源解释为纯粹比喻性的包装，[1] 这个事实支持了上述观点，此外《蒂迈欧》整体的叙述结构也支持此观点。因为，宇宙的构造并不是按照宇宙若干部分的时间次序来表述的——如果这样的话就会变成一种时间性叙述，而完全是按照若干概念性要素得到表述的；柏拉图首先详细谈论了"理性"在宇宙中的产物，然后（47E 以下）谈及"必然性"的产物，最后谈及作为这两种原因之共同结果的宇宙自身（69 以下）；在这第一个环节中，他谈到了物质性元素的构造，此前是"宇宙灵魂"的先行存在；我们发现后面这个主题（就像上述关于元素起源的问题）有两次重复谈论——因为它可能从两个不同立场上得到理解。从这个叙述结构本身看，它主要不是着眼于宇宙创造过程中各个事件的先后次序，而是着眼于现存宇宙的一般性原因和构成要素。所以，当需要引入某种在时间方面新出现的东西之时（30B，35B，36B，37B，41A，等等），神话的因素就变得特别重。[2]

二、诸元素的构造

为了建立一个有秩序的宇宙，首先需要四大元素，而所有物体都可以还原为这四种基本形态。[3] 但是，有两种考察元素的方式，目的论的

1　参见第 266 页注释 2。

2　亚里士多德从字面上理解柏拉图的阐述，这点不能说明什么问题。关于神话形式的错误领会在他那里是常见的；参见我的 *Plat. Stud.* p.207。在那里表达的对于气象学的那些怀疑，我现在予以撤销。

3　据 Eudemus（ap. Simplicius, *Phys.*2 a. u.；*Schol.in Arist.*322a8）以 及 Phavorinus, ap. Diog. iii.24，柏拉图是最早使用 στοιχεῖον（元素／要素）这个名称的人。他也用这同一个名称来称呼那些最普遍的原因，"一"和"大与小"（亚里士多德《形而上学》xiv.1, 1087b13）。

369　方式和物理学的方式，两者彼此对立。从目的论的立场看，《蒂迈欧》
（31B 以下）说，宇宙作为物质性的东西必须是可见的和可触的：前者
不能没有"火"，后者不能没有"土"，即一切固体事物的基础。在这两
者之间，还必须有第三种东西把它们关联起来；而由于最合适的关联是
"比例"，所以这个第三者必须与那两者保持合适的比例。如果只考虑平
面的话，一个中项就足够了，但是如果考虑到立体，那么就需要两个
370　中项。[1] 这样，我们就得到了四种元素，在它们之间形成一种比例关系；

1　柏拉图（*loc. cit.*）说明宇宙的"身体"必须由"火"与"土"构成之后，继续
写道：两个东西始终需要某个第三者作为它们的"在中间把两者联结起来的纽带"
（δεσμὸς ἐν μέσῳ ἀμφοῖν ξυναγωγός）；最美的"纽带"（δεσμός）是合乎比例的东
西，由三个数（ἀριθμοὶ），"ὄγκοι"（立方数）或"δυνάμεις"（平方数）所构成（这
里的 δυνάμεις 不表示"能力"，而表示〔数学上的〕"平方根"，就像在《泰阿泰德》
147D sqq. 中那样），第二个与第三个的关系正如第一个与第二个的关系。《蒂迈欧》
32A："如果宇宙的身体出现为平面，没有厚度，那么，一个居间项就足以把一者
与另一者联结起来；但是，既然它实际上是立体，而立体永远不是通过一个居间项
而总是通过两个居间项得到联结"，所以，神把"水"与"气"置于"火"与"土"
的中间，而且把上面提到的这种比例分配给它们。这段话不仅在整个演绎中存在
错误的虚构，还引发了某些棘手的难题。确实，如 Böckh 表明的（*De Plat. corp.
mund. fabrica*，在重印的 *Klein Schr.* iii.229—265 中有一些很有价值的增补），按照
某些我们必须承认属于柏拉图的预设，在任何两个"ἐπίπεδα"（平面数 / 平面）之
间都存在一个居间的比例项，而在任意两个立体事物之间存在两个比例项——不管
"ἐπίπεδον"（平面数 / 平面）和"στερεόν"（立体数 / 立体）这两个表述是在几何
还是算术的意义上得到理解。如果是在几何的意义上，那么显然不仅是在任意两个
相似的正方形之间而且在任意两个相似的矩形之间，存在一个居间的比例项，在任
意两个相似的立方体（正六面体）和任意两个相似的平行六面体之间，存在两个居
间的比例项。如果是在算术的意义上，那么就不仅是在任意两个平方数之间而且在
任意两个平面数（即，由两个因数构成的数）之间，存在一个合比例的有理数，此
外，不仅在任意两个立方数之间，而且在任意两个立体数（即，由三个因数构成的
数）之间，存在两个合比例的有理数，只要一个数的诸因数与第二个数的诸因数之
间具有同样的关系。（例如，在 $2 \times 2 = 4$，$3 \times 3 = 9$ 这两个平方数之间存在一个比
例数：$2 \times 3 = 6$，因为 $4 : 6 = 6 : 9$；在 $2 \times 3 = 6$，$4 \times 6 = 24$ 这两个非平方数的
平面数之间存在一个比例数：2×6 或 3×4，因为 $6 : 12 = 12 : 24$。在 $2 \times 2 \times 2 = 8$，
$3 \times 3 \times 3 = 27$ 这两个立方数之间存在两个数：$2 \times 2 \times 3 = 12$ 以及 $2 \times 3 \times 3 = 18$，因
为 $8 : 12 = 12 : 18 = 18 : 27$；在 $4 \times 6 \times 8 = 192$ 和 $6 \times 9 \times 12 = 648$ 这两个非立方
数的立体数之间存在两个数：$4 \times 6 \times 12$ 或 $4 \times 9 \times 8$ 或 $6 \times 6 \times 8 = 228$ 以及 $4 \times 9 \times 12$
或 $6 \times 9 \times 8$ 或 $6 \times 6 \times 12 = 432$，因为 $192 : 288 = 288 : 432 = 432 : 648$；同样的情
况也出现在平面与立体的那些比例关系之中。）但是，柏拉图断定，不仅在任意两

个平面和两个立体之间存在比例中项，而且两个立体决不会由一个"$\mu\epsilon\sigma\acute{o}\tau\eta\varsigma$"（中项）所联结。这个普遍概括是不正确的；就像在两个相似的平面或平面数之间，有些情况下，在一个中项之外会出现另外两个比例中项（例如，在 $2^2 = 4$ 和 $16^2 = 256$ 之间，不仅出现了 $2 \times 16 = 32$ 这个比例中项，而且还有 $4^2 = 16$ 和 $8^2 = 64$ 这两个比例中项，因为 $4 : 32 = 32 : 256$ 而且 $4 : 16 = 16 : 64 = 64 : 256$），所以在两个相似的立方与两个按比例构成的立体数之间，在两个始终存在的比例中项之外，还会有别的比例中项。如果两个立体数同时以合比例的方式构成一个平方数，那么它们之间就不仅存在两个比例中项，而且在它们之外还有一个比例中项（例如，在 $2^3 = 8$ 和 $8^3 = 512$ 之间存在两个比例中项：32 和 128，还存在一个中间项 64，因为 $8 = 1 \times 8$ 而且 $512 = 8 \times 64$，也就是在 8 和 512 之间有 8×8，或 1×64）；而且，如果两个立方数的两个根自己拥有一个比例中项，它可以表达为整数形式，那么后面这个立方数是前两者之间的比例中项。（例如，在 $4^3 = 64$ 和 $9^3 = 729$ 之间，就是这种情况；它们的比例中项不仅是 $4 \times 4 \times 9 = 144$ 和 $4 \times 9 \times 9 = 324$，而且还有 63，因为 $4 : 6 = 6 : 9$，$4^3 : 6^3 = 6^3 : 9^3$，即，$64 : 216 = 216 : 729$。同样，在 $5^3 = 125$ 和 $20^3 = 8000$ 之间有两个比例中项 500 和 2000，此外还有 1000，因为 $5 : 10 = 10 : 20$，$5^3 : 10^3 = 10^3 : 20^3$，即，$125 : 1000 = 1000 : 8000$。）我们不能认为柏拉图不了解这点。那么，在两个"立体数"之间永远不会有一个"中项"（$\mu\epsilon\sigma\acute{o}\tau\eta\varsigma$），这个断言我们怎么来解释呢？最简单的解释会是把他的话翻译为："诸立体决不会由一个'中项'（$\mu\epsilon\sigma\acute{o}\tau\eta\varsigma$）得以联结，而总是至少由两个"。而这个解释或许可以得到一些例证，如，亚里士多德《形而上学》1048a8，1050b33，1070a18，以及其他文本。但是这显得太简单了；当柏拉图（loc. cit.）希望证明，在"火"和"土"之间必须插进两个居间项，他的目标是要表明，不是至少有两项，而是不多不少就是两项，处于这两个立体之间；而且，既然在特定"平面数"之间的两个比例中项属于这样一个数列，它跟一个比例中项出现于其中的全部数所属的那个数列不同，而且在某两个"立体数"之间的一个比例中项属于这样一个数列，它跟两个比例中项所出现于其中的全部数所属的数列不同，那么，在这些比例项中我们还应该拥有柏拉图否认其存在的项。所以，对于柏拉图关于"立体数"之间实际上只拥有两个比例中项的说法，古今诠释者们以不同方式试图对它进行限定。（参考 Martin, *Etudes*, i.337 sqq. 中的评论）例如，Nicomachus（*Arithm.* ii.24, p.69）不是把它们理解为泛泛的立方数，而是特指"连续的立方数"（$\kappa\acute{u}\beta o\iota\ \sigma\upsilon\nu\epsilon\chi\epsilon\tilde{\iota}\varsigma$，如，$1^3$，$2^3$，$3^3$，etc.），而且他把平面数理解为"连续的正方形数"（$\tau\epsilon\tau\rho\acute{a}\gamma\omega\nu\alpha\ \sigma\upsilon\nu\epsilon\chi\tilde{\eta}$）。这个观点对于如下这些数当然统统都有效：在 2^2 和 3^2 之间，在 3^2 和 4^2 之间，等等，只有一个作为有理数的比例中项，在 2^3 和 3^3，3^3 和 4^3 之间，等等，只有两个作为有理数的比例中项。但是，如果柏拉图的意思只是特指这些情况，他就不会以普遍的方式来表述自己的观点，而必定会给出某些理由来说明为什么"火"和"土"只能在这种比例关系之中得到考虑。Martin 详尽地反驳了 Stallbaum 和 Cousin 的阐释（Müller, *Pl. WW.* vi.259 sqq. 不能拿进来讨论），他希望说明，"$\dot\epsilon\pi\acute{\iota}\pi\epsilon\delta\alpha$'（平面 / 平面数）的意思只是拥有两个因数的那些数，而"$\sigma\tau\epsilon\rho\epsilon\grave\alpha$"（立体数）的意思只是拥有三个质数作为其因数的那些数。Könitzer（*Ueb. d. Elementarkörper nach. Pl. Tim.* 1846, p.13 sqq.）更进一步把它们限定为由质数构成的那些平方数和立方数。Susemihl（*Genet.*

于是"火"与"气"的关系如同"气"与"水"的关系，而"气"与"水"的关系如同"水"与"土"的关系。

371
372
　　尽管柏拉图对此可能是认真的，但实际上这不过是想入非非。[1] 四元素只是以表面的方式被推导出来并置于某个秩序之中，它利用的是外在的目的论关联性以及歪曲的数学类比。这个次序是从较稀薄的和较轻的过渡到较稠密的和较重的；几何学上的比例关系不能恰当地被应用于这个次序。[2] 四元素在物理学上的衍生更值得注意。[3] 柏拉图在此重复了菲洛劳斯的理论，[4] 即火的基本形态是四面体，气的基本形态是八面体，水的基本形态是二十面体，而土的基本形态是立方体（正六面体）[5]：第五个规则几何形状，十二面体，没有与某个元素相关联。[6] 不是由物质

373

Entw. ii.347 sq.）同意这些阐释，而且 Böckh（d. Kosm. Syst. Pl.17）也让自己屈服于这个阐释。但是，Böckh 最终回到他最初的观点（Kl. Schr. iii.253 sqq.），因为发现没有什么理由可以把柏拉图的表述限定为由质数所得到的那些平面数和立体数，或者进一步限定为平方数和立方数。他诉诸这样的情形，即在两个平面或平面数之间有一个中项以外的两个比例项的情况中，以及在两个立体或立体数之间有两个中项以外的一个比例项的情况中，这后一种比例项并不是从几何或算术构造中得出的，而且，如果它们同时是相似的立体，那么两个平面数之间只能够存在两个作为有理数的比例项，此外，如果它们同时是相似的两个平面数，那么两个立体数之间只能有一个作为有理数的比例项。如果在两个"ἐπίπεδα"（平面数）之间有两个比例项，在两个"στερεά"（立体数）之间有一个比例项，那么这只是偶然的情况，而且这不能得出前面那两个是"ἐπίπεδα"（平面数），后面那两个是"στερεά"（立体数），因而柏拉图认为，这个情况可以在他关于诸元素构造的讨论中被忽略。

1　黑格尔（Gesch. d. Phil. ii.221 sqq.）对这点的惊讶是不必要的，而且他的诠释也不正确。

2　只要试图证明四元素之间存在跟四个数构成的算术比例同样的那种比例，古今评注家们都会陷入种种矛盾之中。

3　《蒂迈欧》53C sqq.；Cf. Martin, ii.234 sqq.。

4　参见 Vol. i.350 sqq.。

5　柏拉图在《蒂迈欧》55D 以下罗列了选择这种分类的几方面考虑，也就是：可运动性、大小（规模）、重量、穿透其他物体的性能之大小。

6　他在 55C 只是说："既然还有一种结构体，也就是第五种，神就将它用于整个宇宙，在它上面装点诸图形（διαζωγραφῶν）"。此处的"διαζωγραφῶν"意思是什么，而且十二面体起到什么作用呢？Susemihl, ii.413 解释说，"他用一些图形来描画宇宙"，并且这种描画指的是用星体装饰宇宙（《蒂迈欧》40A；《理想国》vii.529C），而十二面体或许作为最接近球体的东西被用于这种装饰。据《理想国》vii.529D sqq.，星体并不是完满的球体，而是像宇宙一样趋近于十二面体的形状（类比于

性的原子而是由某些平面形状组成了这些元素，[1]而这些平面最终是由某　　374

"十二块皮革围成的皮球"〔δωδεκάσκυτοι σφαῖραι〕类似，跟"地球"相对照，《斐多》110B）。我们把"διαζωγραφεῖν"（未必指用各种颜色进行绘画）视为跟宇宙在构造之前的草图或雏形相关可能更合适。宇宙和星体在形状上都是球体的，而且地球（《蒂迈欧》33B，40A）是完满的球体；十二面体属于所有规则立体中最趋近于球体的，在它的基础上球体最容易得到描述，所以，十二面体可以最便利地作为宇宙的雏形被设定下来。这段文字中的十二面体曾经被看作是以太的雏形；菲洛劳斯似乎就是持这个看法（cf. Vol. i. 350 sq. ）；柏拉图的《厄庇诺米》981C 也赞同这点；色诺克拉底（ap. Simplicius, *Phys*. 205b. *Schol. in Arist*. 427a15）把这个看法归给柏拉图。尽管后来的诠释者在这点上沿用色诺克拉底的观点（见 Martin, iii. 140 sq. ），但是我们不能同意这种学说是柏拉图著作所包含的内容。在《斐多》109B sq.，111A sq.（参考《克拉底鲁》109B），柏拉图把以太理解为处于我们的大气层之外面一层的更为纯净的气，而在《蒂迈欧》58D 他说得更为明确："有一种象气一样的最纯净的类型被我们称为 '以太'（αἰθηρ）"。以太在他那里不是第五种元素。他在自己关于元素构造的学说中并没有容许把十二面体也包含在内（如 Martin, ii. 245 sqq. 所证明的），因为它不是由三角形集结而成，而是由正五边形集结而成，而后者又不是（如 Stallbaum 所认为的，ad. loc.）由作为柏拉图两个基本形状之一的等边三角形或直角三角形所构成。那么结论是，从三角形中构造出基本立体的学说，以及通过立体之基本三角形的分离和联结来解释一种元素转变为另一种元素的学说，其原始提出者是柏拉图而不是菲洛劳斯，后者把十二面体跟其他四种基本形体归为一类。柏拉图这里出现的学说对于菲洛劳斯而言应该是陌生的，因为柏拉图把"物质"还原为单纯的空间，而菲洛劳斯不了解这点。柏拉图本人清楚地向我们表明这个学说是他自己的发现，因为他在引入关于物质性基本因素和四元素之构造的探究之时这样说道（《蒂迈欧》48B）："至今没有人解说过这四种东西如何产生。不过我们跟人们说这些，好像他们知道火，它究竟是什么，以及其他每一个究竟是什么，而且我们把它们确立为诸本原（ἀρχὰς），即宇宙的诸元素"。

1　在 53C sqq.，他说，所有的平面图形都由三角形构成，而所有三角形都由两种不同的直角三角形（等腰直角三角形与不等边直角三角形）构成；不过，在不等边直角三角形当中，对于元素之构造最好和最合适的是较短的那条直直线等于斜边之一半的那种。从六个这样的三角形中可以衍生出等边三角形，而从四个等腰直角三角形可以建构出一个正方形。从正方形中可以构成立方体，从等边三角形中可以建构出其他三种立体。（所以，《蒂迈欧》54B sq. ："从那些三角形中，诸形体得以建构而成……它从等边三角形中构造而来"。）

他在这里把正方形归结为四个而不是两个基本三角形，把等边三角形归结为六个而不是两个基本三角形，这个做法的理由是他希望把它们分解到最小的部分（cf.

些特定类型的三角形构成，并且在诸元素彼此转变的过程中，这些平面
会再次分解成为三角形；[1]以这种方式，柏拉图清楚地表明，这些元素的
基础不是充满空间的"物质体"（Stoff），而是"空间"本身。空间的特
定部分以数学的方式得到限定，并且呈现为若干确定的形状，按照这个
方式，空间构成了这些确定的形体。[2]并不是一些不可分的立体，而是
一些不可分的平面，被设想为物体的基本构成要素。[3]这些平面通过组

375

《蒂迈欧》48B）。为了这个目标，他通过垂直线对等边三角形进行划分，通过对角
线对正方形进行划分（cf. Martin, ii.239：据普鲁塔克说，毕达哥拉斯学派强调等
边三角形通过垂直线可以做三重划分是它的重要性质；参见 Vol. i.337, 2）。柏拉图
从他所假定的诸元素之结合推论出，它们当中只有一部分发生彼此间的转变；参见
下注。

1　54C：并不是所有元素，而只有较高层次的三种元素，发生彼此转变："因为这三
种〔元素〕是由同一类型的三角形构成的，所以，当较大的形体分解时，这些相同
的三角形可以构成许多小的形体，出现与它们相匹配的那些形状；反之，当许多小
的形体分解为各个三角形，它们可以再次结合而构成另一类型的单个大的形体"。
由此观点出发，该主题在 56D sqq. 得到了进一步讨论。如果一种元素分裂为另一
种更小部分构成的元素，或者后面这种元素的小形体被前面这种元素的大形体所压
碎，或者，如果更小部分构成的基本形体由于更大部分构成的基本形体的挤压而结
合起来，那么，从一份"水"中会衍生出两份"气"和一份"火"，而从一份"气"
中会衍生出两份"火"，反之亦然；一种元素向另一种元素的转变是通过构成元素之
若干基本三角形彼此发生脱离，并且按照不同数学比例通过某种新的联结构成另一
种基本形体。在 81B 以下，柏拉图关于生物的滋养、生长、衰老和死亡的说法中，
这整个观念都得到了清楚表达。

2　如果柏拉图在建构诸元素的时候预设了一种通常意义上的"物质体"（Stoff），那
么，要么他必须把它看作一种质方面均匀、量方面无差异的"质体"（Masse），从
中衍生出诸元素，因为这种质体的特定部分暂时以立方体、正四面体等基本形体的
形式出现（在这种情况下就没有理由可以解释为什么每一种元素不能从每一种别的
元素中产生出来）；要么他必须设想，在诸元素之构造过程中，质体在全部时间中都
是以物质性元素的形态出现。但是这时候，一种元素向另一种元素的任何变换都会
是不可能的——恩培多克勒认为诸元素都是这样，而德谟克利特认为众原子都是这
样，即它们或许可以混在一起，但不能彼此变换，而柏拉图认为只有"土"是这样。
在这两种情况下，柏拉图都不会像我们看到的这样去谈论诸元素可以分解为诸三角
形并且是由诸三角形构成的。

3　Martin 在其他地方的阐述是很出色的，但是在其著作第 2 卷第 241 页以下说了
一些不太正确的话（因循 Simpl. De Caelo, Schol. in Ar.510a37；Philop. Gen. et
Corr.47 a. o.）："如果他所描述的平面图形都被假定为有厚度的……就像根据他所描
述的图形裁制出的任何一种金属材质的薄片，并且假定这些薄片被集结起来以展现
他所说的四种正多面体的形状，同时让其内部完全是空的，那么所有提及的（几何）

合为特定的（几何）形状而产生出最小的立体。所以，立体不仅受到平面的"限定"，而且由这些平面所"组成"；[1] 作为物理形态而出现的那种物质体并没有得到承认。

　　这些基本立体在形状上的差异也使它们出现了量方面的种种区别。对于由同类的三角形构成的立体而言，某种立体包含的三角形之数目的多少决定着这个立体的大小。[2] 对于各种元素而言也存在这种差异性。每一类三角形（因而，由相等数目的这类三角形构成的基本立体）在大小方面也有所不同，[3] 因此，物质体在种类方面从一开始就存在多样性；这些物质体，再加上它们按照不均衡的比例混合而成的东西，就完满地解释了事物的无限多样性。

　　各种立体的基本构成方式决定了它们在空间上的分布。每一种元素在宇宙中都有其自然位置，它趋向于这个位置，并且主要聚集于这个位置里面。[4] 所以，轻和重是相对的概念，它的意义随着位置的变换

形态转换就可以完美地得到解释……所以我们认为柏拉图的三角形和正方形就像是物质性材料那样的薄片。"柏拉图并不像 Martin 所认为的那样，把"扁平体"（flache Körper）以不准确的方式称为"平面"（Flächen）；他想到的是真正的"平面"，但是却当作"扁平体"来讨论。如果说数学上的抽象对象曾经被当作某种真实存在物——比"物质"更为真实，那么这就很好解释。

1　亚里士多德在这里非常正确地理解了柏拉图的学说；《论天》iii.1, 298b33；*Ibid.* c.7, 8.305a35, 306a. sqq.；《论生成和毁灭》i.2, 315b30 sqq. ii.1, 329a21 sq.；cf. Alex. Aphr. *Quaest. nat.* ii.13, 他驳斥了许多柏拉图门徒的各种观点。

2　54C, 56A, D。在最小的物质体构成部分的大小方面，"土"与其他三种元素处在怎样的关系之中，这点在此没有得到说明；不过由于它是最重的一种元素，所以它必定拥有最大的构成部分。参考 60E。

3　57C sq.；如果我们（与 Martin, ii.254 一样）假定，"火"的最大构成部分始终不会跟"气"的最小构成部分一样大，诸如此类，那么这就跟前面所引述的内容可以兼容。

4　52D sqq., 57B sqq.。柏拉图在这里从物质的原初运动中推导出物质体在空间中的分离；其结果是，较轻的物质上升，较重的物质下降，就像簸玉米的情况一样。但是，紧接着他在 57E 以下把这个运动本身解释为纯粹物理意义上的、由诸元素的差异性本身导致。不过很难设想的是，在神把物质区分为不同的基本元素形态之前（各种特性只有从这些基本元素形态中发展出来），那些基本特性和属性怎么会进入到物质中。所以，我们或许可以把这点算作《蒂迈欧》带有寓言或神话性质的部分；参考 p.391 sq., 364 sq.。

而改变：在大地上，土元素显得更重，而在火的领域中，火元素显得更
重。[1] 各种物质体永远不可能完全分离。宇宙的外侧轨道是圆的和连续
的，它把包含在其中的那些立体聚集在一起，[2] 并且不让它们之间有任何
的真空。[3] 于是，那些较小的立体被挤进了那些较大的立体的缝隙之中，
这就导致了不同物质体的持续混合。[4] 诸元素无休止的运动和分解就是
这种混合作用的后果。只要一个基本立体处在它的同类之中，它就保
持不变；因为一个立体不会改变另一个同类的立体或反过来被改变。但
是，如果成分较少的某种元素被成分较多的另一种元素所包含，那么它

---

1 从 56B 中我们或许可以推论说，柏拉图把"重"与"轻"跟"大"与"小"等同
起来了。他说，"火"是三种上层元素中最轻的元素，因为它由最小数量的同等尺
寸的部分构成，而其他两种元素也由若干同等尺寸的部分所构成——其数量与尺
寸全都遵循一定的比例关系。这里可能蕴含进一步的想法，即，"小"只是更少量
的"大"，所以，"轻"是更少量的"重"。每个东西都趋向于居间者：拥有较大尺寸
的构成部分的东西比拥有较小尺寸的构成部分的东西更强有力地趋向于居间者。所
以，拥有较小尺寸的构成部分的东西向上升并不是出于其本性，而是由于较重的物
体的挤压。（德谟克利特也有这样的意思；参见 Vol. i.701, 713。）但是，柏拉图本人
明确拒斥如下想法（62C 以下），即一切东西本性上都向下运动，而向上运动只是
一些挤压产生的后果；因为在宇宙中，没有上与下，只有内与外。他也没有设想某
种趋向于居间者的一般趋势——更不必说一切物质之间的普遍引力。他只是说，每
种元素具有其自然位置，只有通过强力才能使其出离其自然位置；出离其自然位置
的物质之体积越大，它就产生越大的反作用力。一切物体之自然位置都是"下方"。
它们都趋向于这个位置；一个物体的"重"不过就是它与本性上相投合的东西趋于
联合（或者抵制与其分离）的这种趋势。里特尔（ii.400）从《蒂迈欧》61C 错误地
推论出，诸元素除了这种趋向力之外还有感觉能力；其实"必须存有感觉"($\alpha\check{\iota}\sigma\theta\eta\sigma\iota\nu$ $\acute{\upsilon}\pi\acute{\alpha}\rho\chi\epsilon\iota\nu$ $\delta\epsilon\hat{\iota}$）这个表达式说的是，诸元素必须是感觉能力的一种对象（Stallbaum
正确地解释了这点）。
2 Cf. Vol. i.374, 2；637（Emped. v.133）。
3 58A sqq.，60C。恩培多克勒与阿那克萨戈拉延续爱利亚学派的观点，否认存在"虚
空/真空"（参见 Vol. i.472, 2；516；620, 2；803, 1）。这对于柏拉图而言有一种
双重难题。首先，他的四种元素形体没有完全填补空间以使得完全不留下间隔（亚
里士多德《论天》iii.8, beginn.），更不必说，各种线性形状不可能完全填满球形。
当某种元素形体消解为若干基本三角形，必定每次都产生出一个"虚空"，因为在
这些基本三角形的居间处不存在任何东西（Martin, ii.255 sq.）。柏拉图要么对这些
困难置之不顾（这对于一位数学家而言会很奇怪），要么他的意思不是绝对否认虚
空，而只是断言，没有空间可以一直维持为虚空的，它终究会被某个形体所占据。
4 58A sq..

们就会受到挤压而碎裂或断裂；[1]它们的若干构成部分要么重组为强势元素的形式，要么脱离其位置而趋向于其自然位置上的同类。于是，诸元素处于无休止的消长关系之中：物质体的多样性是其持续运动的原因。[2]四种元素的总和就构成了宇宙。（《蒂迈欧》32C sqq.）

三、宇宙体系

关于宇宙的进一步描述包含了许多非常独特的内容，它与阿那克萨 379 戈拉和德谟克利特的学说不同，也跟菲洛劳斯描述的宇宙体系有所区

1　关于诸元素的这种解构的更详细内容，见 60E sqq.。

2　56C—58C（以及 57E："我们应该始终把运动归属于'多样性'（ἀνωμαλότητα）"，参考 Part i.302-3 的引述）。紧接着元素学说的是关于各种自然现象的讨论，其思想敏锐性非常出色，尽管很自然地在某些现代知识方面显得有些缺乏。他在 58C sqq. 讨论了不同类型的"火""气"，尤其是"水"——不仅包括液体（ὕδωρ ὑγρόν），也包括熔化的东西（ὕδωρ χυτόν），还讨论了各种金属，还有冰、雹、雪、霜、植物浆汁（尤其是葡萄酒）、油、蜜、ὀπός（不是鸦片膏，像 Martin, ii.262 认为的那样，而是从植物中得到的可用来凝化牛奶的某些酸性物质，在荷马那里称为 ὀπός）。在 60B sqq. 讨论了各种类型的"土"，也就是石头、砖头、泡碱、熔岩、玻璃、蜡，等等；61D sqq. 谈及暖与冷，硬与软，重与轻；64A sq. 谈到了任何可以变成愉悦感或疼痛感之对象的东西；65B sqq. 谈及通过味觉可以感觉到的诸事物之各样性质；66D sqq. 谈论各种气味，它们都通过"气"转换为"水"或者通过"水"转换为"气"而产生出来；"气"变成"水"称为"雾"（ὁμίχλη），"水"变成"气"称为"汽"（καπνός）；在 67A sqq.（cf.80A sq.）谈论了各种音调；在 67C—69A（参考《美诺》76C sq.）谈论了各种颜色。在解释这些现象的时候，柏拉图把诸元素的基本构成部分的学说当成其理论预设。他试图表明，各种物体如何由于其最小构成部分的构成方式以及内部间隔的幅度，有时候容许"气"和"火"穿透，或被"水"爆破，而有时候禁止"水"而容许"火"进入其中。他得出结论说，"气"与"火"可以被"水"所破坏，而"水"可以被"火"所破坏。他通过假定"火"与"水"的构成部分被包含在熔化的金属、水、土等等事物之中，并且从它们当中发散出来趋向其自然位置，挤压着包围这些物质的"气"，从而让它们得到压缩，以这种方式来解释熔化的金属之固体化，水之凝冻化，土浓缩为石头，等等。与此类似（79E—80C；cf. Martin, ii.342 sqq.），他试图解释闪电的向下运动，琥珀与磁石显而易见的吸引力，以及其他各种现象。他注意到，每个感知活动都依赖于引发感知的那个对象之运动；这个运动通过起中介作用的空间而传递到诸感官那里，进而传递到灵魂，等等。我在这里不能更详细讨论这篇对话录的这一部分；Martin, ii.254-294，Steinhart, vi.251 sq.，以及 Susemihl, ii.425 sq., 432 sqq. 给出了许多有价值的解释。

别，尽管其总体的旨趣与后者有很多相似之处。宇宙的形状是球形的。[1]
这个球形划分为三个部分，分别对应于毕达哥拉斯学派的三个宇宙领
域，尽管柏拉图并没有把它们相互等同。"地"（地球）作为一个圆球被
置于宇宙的中心，[2]处于宇宙的转轴上。然后，太阳、月球和五大行星处
于环绕地球的圆环上，按照和谐的间隔得到安置。恒星天作为统一的整
体形成了最外侧的圆环。[3]地球是不动的。[4]恒星天每天按赤道从东往西

380
381

1　据《蒂迈欧》33B sqq.，宇宙就是这样的，因为球体是最完满的形状，而且因为宇
宙不需要肢体。

2　40B（关于这点，参考 Böckh, *Cosm. Syst. Plat.* p.59 sqq.；*Klein. Schr.* iii.294 sqq.）；
参考 62E；《斐多》108E。据 Plut. *quaest. Plat.* viii.1, p.1006, *Numa*, c. ii.，塞奥弗
拉斯特说，柏拉图在晚年对《蒂迈欧》中把地球置于宇宙中心点这个观点表示反悔，
因为这个位置属于更优越的东西，也就是"中心火"，这个说法受到 Martin（ii.91）
和 Böckh（*Cosm. Syst. Plat.* p.144 sqq.）的合理质疑，因为（1）它只是依据一个记
载，而这样的记载很可能是毕达哥拉斯主义倾向的学园派人物加给柏拉图的（参考
亚里士多德《论天》ii.13, 293a27）；（2）哪怕柏拉图最晚期的作品也没有显示出这
个观点的倾向性；（3）《厄庇诺米》（由《法律》的编辑者所写，此人是柏拉图在天
文学方面的最忠实弟子，旨在对《法律》做天文学方面的补正）也仅仅表达了对《蒂
迈欧》中的"地心说"的了解；参见 986A sqq.，990A sq.。

3　36B sqq.，40A sq.。（关于诸行星的距离, cf. p.350）除了上面这些想法之外，
Gruppe, *Kosm. Syst. d. Gr.*125 把本轮学说和不正圆轨道学说也归于柏拉图；其反
对意见可以参考 Böckh, *Kosm. Syst.*126 sq.。有人怀疑在《斐德罗》246E 以下有
一种跟《蒂迈欧》中的学说（也就是菲洛劳斯体系）不同的学说；但是，我认为，
Susemihl, *Genet. Entw.* i.234 sq. 把菲洛劳斯的影响局限在少数某些方面是正确的。
我 不 能 同 意 Martin（ii.138 sq.，114）和 Stallbaum（*mythum Plat. de div. amoris
ortu*, cf. Susemihl in *Jahn's Jahrb.* lxxv, 589 sq.）的做法，即试图通过在"土"的
领域之外附加上"水""气"和"以太"三个领域，再加上八个星环，就构成了《斐德罗》
所说的十二位神。柏拉图不会把这些元素称为诸神，关于运动的描述并不适合它
们。《斐德罗》中所指的是大众宗教中的十二主神，而天文学上的意涵是转借给他
们的。这样我们从这段文本中不能推导出什么结论来。更详细讨论可见 Susemihl 的
著作。

4　Böckh 在他的 *De Plat. Syst. Cael. glob.* p. vi. sqq.(1810) 中已经表明这是柏拉图的
真实意思，后来在他的论文《论柏拉图的宇宙体系》（pp.14，75）和 *Kl. Schr. loc.
cit.* 中重申了这点（反对 Gruppe, *die Kosm. Syst. d. Gr.*1851, p.1 sqq., Grote, *Plato's
doctrine of the rotation of the earth*, 1860, cf. *Plato*, iii.257）。Martin, vi.86 sqq.，以及
Susemihl in *Jahn's Jahrb.* lxxv, 598 sq. 反驳了 Gruppe 的一个追随者。柏拉图在《蒂
迈欧》39B 从恒星天的运动中派生出昼与夜（这免除了地球按天运动），另外在 38C
sqq.，39B，《理想国》x.616C sqq.，他处处都把太阳算作诸行星之一（这免除了地
球按年运动），从这些情况来看，柏拉图主张地球不动是非常有可能的。不妨说我

绕宇宙中轴一周；其中包含的那几个圆环也按照同样的方向运行。但是，这些圆环又在黄道面上从西向东围绕地球以不同的周期旋转（距离地球越远周期越长）。所以，它们的轨道严格说起来不是圆形，而是螺旋形；由于周期最短的圆环以最快速度朝整体运动的反方向运动，就造成一个假象，好像它们在运动中落后最多：最快的看起来是最慢的；那些从西向东赶超其他圆环的圆环，从相反的方向看，是被其他圆环所赶超。[1]

382

们可以通过这样的设定来解释诸星座的运动，即，在天穹的按天运转以及行星的个别运动之外，还有一种地球的运转，要么从东向西，要么从西向东，但是远远不如恒星天的运转那么快速。但是，柏拉图在任何地方都没有提出这种想法，也没有基于这种设想来解释宇宙现象的任何尝试。没有什么东西可以促发他做出这种很做作和勉强的假设。《蒂迈欧》34A sq., 36B sqq., 38E sq., 40A，始终只提及两种运动，整个天球的运动和诸行星的运动，而《斐多》109A 确定无疑地把大地看作是静止的。Böckh, *Kosm. Syst.* 63 sqq. 证明，《蒂迈欧》40B 与这个观点并不矛盾：εἰλλομένην 在那里不表示"运转"而表示"形成为球体"。在《法律》vii.822，我们看到与《蒂迈欧》39A 一样的表述。亚里士多德在《论天》（ii.13，293b30）以肯定方式说："还有些人说，虽然大地处于中心，但是却围绕着整个天轴而旋转和运动（ἴλλεσθαι καὶ κινεῖσθαι），正如《蒂迈欧》中所描写的"，而 κινεῖσθαι（运动）（如 Prantl 在他的编辑本中所表明的，p.311）不能从文本中删除（像两个抄本和 Bekker 本那样），因为它在 c.14 beginn. 再次出现，这是各版本都可为证的。有许多方面都与 Böckh（*loc. cit.* 76 sqq.）的观点相抵触，他认为，《蒂迈欧》的提法（ὥσπερ … γέγο.）只是指涉 ἴλλεσθαι（旋转），而不指涉附加的 κινεῖσθαι（运动），而亚里士多德在这里的意思是把地球绕着宇宙中轴运转的观点不归于柏拉图本人，而归于其他我们不知道的一些人。从这里不能得出，柏拉图假定了地球绕着中轴运转，不管是按天还是按更长的周期。我不同意这样的猜测（Prantl, *loc. cit.*；Susemihl, *Genet. Entw.* ii.380 sq.），也就是说，柏拉图至少赋予了地球一种朝向宇宙中轴的摆动，而这是亚里士多德的 κινεῖσθαι 所指的含义。亚里士多德的意思是（如 c.14, 296a34 sq. 清楚表明的）地球相应于诸行星之个别移动的一种从西向东的运动；相反，《蒂迈欧》根本没有提及地球的运动。这样，由于这个词不能从亚里士多德的文本中删除，我们只能承认，在这个地方，亚里士多德误解了《蒂迈欧》中的那些表述，这很可能是由于受到了某些那样解读该文本的柏拉图弟子的影响。从那些表述看来，情况很可能是这样，而且如果是这样，柏拉图比我们在《气象学》ii 2，355b32 sqq. 中所看到的情况更少一些理论上的冒失。《蒂迈欧》的文本（据 Cic. *Acad.* ii.39, 123，可能来自赫拉克利德；参见 Part i. p.687, 4, 2nd edition）提及地球绕着它自己的中轴按天运转。参考 Teichmüller, *Stud. z. Gesch. d. Begriffe*, 238 sqq.，他的解释在结论上与上述观点一致，而我的观点写在他的著作出现之前。

1 《蒂迈欧》36B sqq., 39B sqq.；参考《理想国》x.617A sq.；《法律》vii.822A

诸天体的这些运动产生了"时间"，它无非就是天体运动的周期长度。[1]当所有行星圆环在运转到最后抵达它们与恒星领域由之出发的相同位置，那么就度过了一个完整的宇宙周期，或"完全年"。[2]柏拉图把这个"宇宙年"的跨度设定为 10000 年，这纯粹出于无根据的揣测，而非天文学上的计算。[3]他似乎把这个周期跟宇宙状况的周期性变化关联起来。[4]各个天体被嵌入到各自的轨道中，永远不会脱离它们在轨道中的位置：环绕宇宙中心的前进运动不是被归于这些天体自身，而是被归

383

---

sq.；另外还有《厄庇诺米》986E sq.，以及 Böckh, *Cosm. Syst. Plat.*16–59，Martin, ii.42 sq.，80 sq.。就诸行星的运转周期而言，柏拉图假定太阳、金星和水星（这个次序是柏拉图按照其距离地球的远近程度给出的）的运转周期是相同的。《蒂迈欧》36C，恒星天的运动被说成是 ἐπὶ δεξιά（向右），而诸行星的运动则被说成是 ἐπ' ἀριστερά（向左），这显然是为了让更完满的运动归于更完满的对象。柏拉图在这里一定是满足于日常说法，也就是把东方当作世界的右方，而把西方当作世界的左方。于是，从东向西的运动就是朝左的运动，从西向东的运动就是朝右的运动。参见 Böckh, p.28 sqq.，《法律》vi.760D；还有一处，《厄庇诺米》987B，在提及天文学方面的内容时，东方被看作是右方。

1　《蒂迈欧》37D–38C，39B sqq.。于是这里就出现了时间与宇宙一同被造的观念（参见 p.669）。关于无终结的时间与永恒之间的区分，参见 *Ibid.*。Maguire（*Pl. Id.*103，参见第 225 页注释 1）断言柏拉图把时间看作某种纯粹主观的东西，这是毫无根据的。

2　39D.

3　"宇宙年"的周期（《理想国》vii.546B 有所铺垫，如后面将表明的）在如下说法中得到了更为明确的表述（《斐德罗》248C，E，249B；《理想国》x.615A，C，621D），即，没有坠落的诸灵魂在一整个宇宙运转周期中免于进入身体，而其他灵魂则进入人的生命中 10 次，在作为人的生命出现 10 次之后完成 1000 年的周期（严格说来，宇宙周期会是 11000 年，但是这个不精确性是由神话这种形式带来的）。这样就有了《蒂迈欧》23D sq. 那个令人感到奇异的主张，即，最久远的历史回忆不能超过 9000 年。其他一些关于宇宙大年的算法不能被看作是柏拉图的（cf. Martin, ii.80）。柏拉图很明显是把教义性的东西和象征性的东西混在一起给出了一个完整的数，而像 Steinhart 那样把宇宙大年跟关于"昼夜平分点岁差"（die Vorrückung der Tag-und Nachtgleichen）的观察联系起来，这对于柏拉图而言根本就谈不上。Cf. Susemihl, *Phil.* xv.423 sq.；*Gen. Ent.*ii.360, 379。

4　《政治家》269C sqq.，在这里，柏拉图当然不是以严肃方式认为神时常退出对于宇宙的主宰；《蒂迈欧》22B sqq.，23D；《法律》iii.677A sqq.。

于天体所在的圆环。[1] 柏拉图赋予每个天体绕自身中轴自转的运动，[2] 不过这个假设显然不是天文学观测的结果，而是猜测的结果。[3] 各个星体 384 必定绕自身自转，因为这是理性的运动方式，[4] 而它们必定分有理性。从远处看，各个天体是死寂的质体，就像阿那克萨戈拉和德谟克利特所说的那样，但是柏拉图把它们看作有生命的存在者，它们的身体越是比我们的身体光辉和美好，它们的灵魂就越是比我们的灵魂更高级、更有神性。[5] 这里柏拉图显然受到星体之匀速、规则运动的影响，认为它们几

---

1 从《蒂迈欧》36B sqq.，38C，40A sq. 中可以清楚看到这点。但是，我们不太清楚如何看待这个圆环本身。在本书中提及的描述把诸行星的那些圆环描绘为一些被弯曲成环形的带子，而把恒星圆环描绘为同样类型的带子，只不过要宽得多；毫无疑问，柏拉图把后者想象成球状（如肉眼所见的样子），而把诸行星的那些圆环想象成线状或带状。

2 《蒂迈欧》40A：“他把两种运动分别赋予它们。第一种是在同一位置中维持自身，通过它，神始终关于同一些东西有同一些思想。而另一种运动是向前的运动，由‘同’与‘相似’的周转所主导。”柏拉图这些话说的是众恒星；关于诸行星他会不会也这么说，这是有疑问的。要支持这个观点的话，我们或许可以断定，柏拉图认为理性特有的那种运动（cf. p.358 sq.）必定也属于诸行星：因为它们是有理性的存在者或可见的诸神。而且，按照 40B（对于此处，我不同意 Susemihl 的解释，*Philol.* xv.426），诸行星也是按照众恒星的方式（κατ' ἐκεῖνα γέγονεν）得到构造的。但是，这些理由不具有决定性。诸行星也许可以按照众恒星的方式得到构造但不必在所有方面都与之一样；而且柏拉图本人（*loc. cit.*）明显指明了它们的差异性，提到恒星“永远自身维持在同一个位置旋转”（κατὰ ταὐτὰ ἐν ταὐτῷ στρεφόμενα ἀεὶ μένει），而诸行星则是“会出现转向的和游移不定的”（τρεπόμενα καὶ πλάνην ἴσχοντα），其中的意思实际是说，诸行星并没有“在自身中”（ἐν ταὐτῷ）的运动。在众恒星的情况中，理性与它们的循环运动相关；但是，即使是地球也被说成是一位神（40C），尽管它没有这样一种运动（如 Susemihl 正确论述的，*loc. cit.*）；而这对于毕达哥拉斯学派的“中心火”和《斐德罗》（247A）中的 Ἑστία 也同样成立。由于在诸行星的情况中只有两种而不是三种运动被提及（38C sqq.），我认为（与 Steinhart, vi.109, Susemihl, *loc. cit.*，以及 *Genet. Entw.* ii.385 一样），柏拉图更有可能不把在自己中轴上的运动归给诸行星，而 Martin, *Etudes*, ii.83 和 Böckh. *Kosm. Syst.*59，与 Proclus 一样，把这种运动归给了它们。诸行星并不像众恒星一样属于“同”之圆环（κύκλος ταὐτοῦ），而是属于“异”之圆环（κύκλος θατέρου），参见 p.358。

3 这些运动并不用来解释任何现象，而且柏拉图也不是从任何已知的法则推导出这些运动；而 Susemihl, *loc. cit.* 提到的众恒星的闪耀现象最多被视为这个学说的一个确认而不是真正的根据。

4 参见 p.359 sq. 和第 263 页注释 2，περὶ τ. αὐτ ... διανοομένῳ 这些说法。

5 《蒂迈欧》38E，39E sqq.：存在四种有生命的存在者；第一种是天上的，属于诸神。

乎完全遵循纯粹的数学法则。[1] 如果灵魂总体上就是运动着的本原，那么最完满的灵魂就必定存在于最完满的运动之中；如果灵魂的运动力与认识能力相伴随，那么最高级的认知必定属于这样一种灵魂，即它通过身体之完美的规则运动而体现出最高的理性。[2] 如果说"宇宙"是绝对统一与和谐的，自身绕自身运转的，因而它具有最神圣和最有理性的灵魂，那么，"宇宙"中那些在形态和运动方面最接近宇宙本身的构成部分也就最大程度上分有这种神性和理性。所以，星体是所有被造物中最高贵和最有理性的；它们是"被造的诸神"，正如宇宙整体是一个"被造的神"。[3] 人类可以通过星体之恒定运转来学习怎样去整饬自己灵魂中的不规则运动，[4] 但是人类本身在地位和完善性方面无法与之相比。自然的神格化（Naturvergötterung）在希腊是如此深入人心，哪怕对柏拉图而言也不例外，尽管这位哲学家比其他任何人都更着力于把希腊思想从丰富多彩的现象世界转向纯粹的、超越的概念世界。至于这些神的人格性以及它们是否像人那样具有自我意识的问题，柏拉图似乎从未有过

造物主（宇宙构造者）主要从"火"中构造它们——这样可以尽可能看起来美和闪亮，并且赋予其像宇宙一样的圆形，以及上面提到的那些运动方式："从这个原因产生了并非游移不定的星体（恒星）——神圣、永恒、永远维持在同一个位置旋转的那些生命体；而那些改变方向的……按照另一种方式产生出来"。参考《法律》x.886D，898D sqq.，xii.966D sqq.；《克拉底鲁》397C。

1　如柏拉图所说（《理想国》vii.530A），即使诸星体也不能以非常完满的方式符合数学法则而不出现任何偏离，因为它们毕竟是可见的，有一个身体。这样，他似乎注意到，那些宇宙现象并不完全符合他的天文学体系；不过他不是通过给出天文学的答案来解决难题（这对于他实际也不可能），而是通过单纯的猜想性假设来快刀斩乱麻。

2　Cf. p.344 sq.。因此，在《法律》x.898D sqq.（以该处发展出来的心理学为基础），其中表明诸星体是诸神。在这个文本里没有讨论到各种年、月、季节如何具有生命的问题；Teichmüller, *Stud. z. Gesch. d. Begr.* 362 从 899B 中找到这方面材料，并且说，星体具有生命不能从字面上来看待；但是这段文本只是说，（诸星体的）灵魂是"所有这些东西的原因"（πάντων τούτων αἴτιαι）。

3　"可见的和被造的那些神"（θεοὶ ὁρατοὶ καὶ γεννητοί），《蒂迈欧》40D；cf.41A sqq.，以及第 281 页注释 5。

4　《蒂迈欧》47B sq.。

考究。[1]

　　《蒂迈欧》[2] 把宇宙看作完满的"生命体"（ζῷον/ 生物），并且以 　386
这个方式结束其整个宇宙生成论。宇宙被造得像"有生命者"之理念
（αὐτοζῷον），被造者只有这样才会与"永恒者"相似，它的身体包含　　387
了所有的物体，它借助于灵魂而分有个体性的和无终结的生命，分有
神圣的理性，永远不会变老或消亡，[3] 以这种方式，它是被造物中最完美

1　Teichmüller 认为（*Stud.z. Gesch. d. Begr.*185 sq.；cf.353 sqq.），柏拉图所谓"被
造的"（gewordene）诸神仅仅是一种隐喻说法，意思是诸神之理念，就好像各个可
朽存在者之理念一样，被包含在"有生命者"之理念中。他可以提出这样一些理由，
如，只要我们试图精确界定星体灵魂方面的个别性，就会遭遇困难，而且，关于被
造的诸神的叙述明显带有神话特征（39E sq.，42A sq.）。但是，同样一些困难也出
现在许多义理性描述方面，而我们却没有理由将其当作"非柏拉图的"观念而加以
拒斥；例如，关于"宇宙灵魂"的学说，关于人类灵魂之三分学说，等等。如果说
关于众星起源的叙述跟《蒂迈欧》的整个宇宙生成论具有相同的神话特征，这不能
得出，柏拉图在谈论宇宙之理性与神性的时候不是严肃的，不仅在这里是如此，在
《法律》中也是一样。他关于宇宙构造的叙述也一样采取了神话形式，但是他并不
由此怀疑宇宙是理念之最完满的显现——被造的神。他反复以神话形式向我们描
述人类灵魂之起源与命运；但是谁能反驳说，柏拉图并不把灵魂看作人里面的神圣
者，看作理性的坐落处？柏拉图清楚地告诉我们，众星的神性根本上不同于克洛诺
斯（Chronos）、瑞亚（Rhea）之类仅属虚构的诸神的神性。在《蒂迈欧》40E sq. 的
著名段落中，他以反讽语气拒绝表达关于这些神的看法，而他刚刚表达了关于众星
的看法；Teichmüller 本人正确阐释了其中的理由，根据前述内容，这些理由促使柏
拉图（以及后来的亚里士多德和其他哲学家）假定，诸星体因赋有某种远比人的理
性高级得多的理性而具有生命。既然哲学家以非常确定的方式表达了这些原理，而
且是从他所承认的那些预设中清楚得出的，那么我们不能怀疑这些原理是柏拉图的
实际想法。柏拉图确实没有致力于为我们提供关于众星如何具有生命这方面的更精
确的想法。他没有告诉我们，他是否赋予众星一种自我意识、感受力或意志，简言
之，他把它们的生命设想为人格的还是非人格的。但是，他是否曾经对"宇宙灵魂"
或"神"做出任何这类义理性表述呢？他是否曾经对人类的自我意识做出精确分析
呢？当一位古代哲学家的学说让我们提出疑问，而我们又不能在其著作中得到解答
的时候，我们首先要探究的始终应该是，他是否曾经对自己提出过这样的疑问；而
对于眼前的这个情况，我们没有什么理由假定他提出过。

2　30C sqq.，36E，37C，39E，34A sq.，68E，92 end。参考《克里底亚》的开头。
这个阐释很大程度上可能是从菲洛劳斯那里借来的，如果我们能够信赖 Stob. *Ecl.*
i.420 中的残篇具有可靠性的话，其中的开头部分有某些方面与《蒂迈欧》32C
sqq.，37A，38C 的描述有相似之处。不过，另外参考 Vol. i.317,4；359,1。

3　宇宙自身，以及被造的诸神，不一定是不可分解消逝的，因为一切产生出来的东
西都可能消逝。但是，只有它们的创造者可以毁坏它们；而由于创造者之善性，他

的，是不朽和不可见的"神"之最完美的摹本：它自身就是有福的"神"，独一无二，自满自足。从这个描述中，我们可以看到古代宇宙观的特征。即使柏拉图也不免被"自然"的光辉深深折服，他不能将其视为"非神性"的东西，或者将其视为无灵魂的东西，从而把它排在比人类的自我意识更低的位置。对他而言，各个天体是可见的神，宇宙总体是"一位可见的神"，它涵括了所有其他被造的诸神，由于其本性上的完满性和理智性，它相当于"宙斯"的地位。[1] 在柏拉图看来，"有生命者"之理念必定包含一切有生命的存在者，所以，作为其摹本的宇宙也必然包括一切有生命的存在者。[2] 不过，有生命的存在者可分为两类：有死的和不死的。对于不死的，我们已经谈及而且会再次谈到。对于有死的，由于柏拉图把其他有死的生物全都跟"人"以某种特殊方式联系起来，所以，这就把我们带向了"人类学"。

不愿意这样做。《蒂迈欧》32C，38B，41A。参考 p.400 sq.。
1　参见第 194 页注释 1 以及第 209 页注释 4。
2　《蒂迈欧》39E，41B，69C，92 end。

第 九 章

物理学（续）：人类

　　柏拉图从神话和科学两个维度讨论了灵魂和人的本性。他以或多或 388
少带有神话性质的语言谈到了诸灵魂的起源、前世存在、死后状况以及
"回忆"（ἀνάμνησις）。他在考察灵魂的划分、精神性生命和肉体性生
命的相互依存关系的时候采用了一种更为纯粹的科学式或学理性语言。
我们首先要关注神话和半神话性质的叙述，因为那些更严格的学理性叙
述也常常从中得到更充分的阐明。不过，在此之前我们还要考察一下柏
拉图所界定的"灵魂"的一般概念。

　　《蒂迈欧》（41 sqq.）告诉我们，当宇宙构造者把"宇宙"建构为一
个整体并且在其中构造了各种不朽存在者（众星）之后，他就命令"被
造的众神"制作可朽存在者。于是它们塑造了人类的身体以及灵魂的可
朽部分。宇宙构造者自己准备了灵魂的不朽部分，置于此前他塑造"宇
宙灵魂"之时准备的同一个容器之中。人类灵魂的各种材料和结合方式
跟宇宙灵魂的是一样的，不过它在纯粹性方面稍差一些。如果我们剥离 389
掉外在的表达方式，那么它的意思其实是，人类灵魂的本质（从与身体
相分离的角度来看）与宇宙灵魂的本质是相同的，只不过前者是派生
的，后者是原初的，前者是部分，后者是整体。[1] 如果就实在整体而言，

1　《斐莱布》30A："我们岂不可以说，我们的身体有一个灵魂？——当然可以说。——
　　普鲁塔克呀，它是从哪里得来的呢，如果跟我们的身体具有同样的〔要素〕而只是
　　在各个方面更加完美的这个宇宙的身体（τό γε τοῦ παντὸς σῶμα）没有灵魂的话？"

"宇宙灵魂"是"理念"与"现象"之间的居间原则，是"理念"在"多"之中的第一种存在形式，那么，人类灵魂也应该同样属于这种情况。灵魂尽管不是理念本身，[1]但是它与理念紧密关联，从而没有理念它是不可设想的。除非借助于灵魂，不然"理性"不可能传导至任何存在者;[2] 反过来说，灵魂从本质上完全分有"生命"之理念，以至于"死亡"不可能侵入它。[3] 因而，灵魂被明确地界定为"自身运动者"。[4] 灵魂的本质以特别的方式与物质体（身体）的本质相区别，而与理念的本质相类似，唯有这样，灵魂才会是自身运动者;因为生命和运动从根本上属于"理念"，而且一切生命，哪怕派生性存在者之生命，都源自于"理念"。[5] 与可感事物的杂多性相反，理念是绝对统一的和自身同一的，而且，与可感事物的暂时性相反，理念是绝对永恒的。灵魂就其本质而言是无始无终的，与一切多样性、不均衡性和复合性无涉。[6] 关于灵魂的一般概念，我们再也无法从柏拉图那里找到比这更细致的解释了。

390

这个崇高地位只属于灵魂，倘若仅从灵魂的纯粹本质上来考虑而不涉及身体对它的干扰的话。灵魂的现存状态极少符合这种本质，以致柏拉图只能把这种情况解释为灵魂对其本原状态的脱离;除了寄希望于灵魂对这种本原状态的复归，柏拉图对于它的不完满性也找不到别的慰藉。

宇宙构造者——《蒂迈欧》41D 以下接着这样说——从太初就构造

（参考第 194 页注释 1）。人类灵魂跟宇宙灵魂一样被说成自身具有"同"与"异"两个圆环，而且按照和声学系统被划分开来（《蒂迈欧》43C sq.，42C），这个系统应该在前面所解释的那个意义上得到理解（p.346 sqq.，358 sq.）。

1 参见第 174 页注释 2。

2 参见第 209 页注释 4。

3 《斐多》105C，106D ;参考 102D sqq.。

4 参见 p.345。

5 参见 p.261 sqq.。

6 《理想国》x.611B sq. ;《斐多》78B sqq.，这个探究的结论以这样的话得到概括（80B）:"灵魂是与神圣、不朽、可理知、独一无二、不可分解、永远自身维持自身的东西最为相似的"。参考《法律》899D :"你对于诸神的相信很可能是出自于你和神之间的某种亲缘性，它把你引向你的内在属性。"

了与星体一样多的灵魂，[1]并且把每一个灵魂都安置于星体之中，[2]授命它   391
们从此要沉思宇宙大全，然后将它们植入各个身体之中。起初，所有灵
魂都以相似的样式（也就是作为男人）出世。在这个肉体性存在中能够
克服各种感官情欲的人会回归到其星体中的至福生活。没能克服各种感
官情欲的人在第二次出世的时候会出现为女人的样式；如果他出现了进
一步的恶，就会继续堕落为禽兽；[3]除非他克服了自己的早鄙秉性从而重
获其本原的完满性，否则他就永远在这些低级的存在样式中流转而不得
解脱。按照这个敕令，有些灵魂分布在大地上，有些分布在诸行星上，[4]
而且，被造的众神给他们塑造了身体以及灵魂中可朽的部分。

  这种阐述跟较早时期《斐德罗》（246以下）的阐述有所不同，如
下所述。各个灵魂进入身体，这点在《斐德罗》中从根本上被简化为各
个灵魂自身命运的沉沦，而它在《蒂迈欧》中主要被归因于一种普遍的
宇宙法则。在《斐德罗》，灵魂中可朽部分的构成要素是"意气"与"欲   392

---

1 Susemihl, *Genet. Entw*. ii.396 把这点理解为，宇宙构造者把总体的"灵魂实体"（die
Seelensubstanz）划分为跟恒星一样多的部分，并且把这些部分分配给每个恒星，然
后使各个灵魂从其中迁移到地球和诸行星中。就柏拉图的学理性观点而言，这个完
全神话性质的意思是无关紧要的。既然问题实际上被提出来了，我不同意前面引
述的这个观点。造物主构造了"与星体数目等同的灵魂"（ψυχὰς ἰσαρίθμους τοῖς
ἄστροις），给他们呈现出整个宇宙，并且宣告了它们未来生命的法则。在我看来，
这里指的不会是别的而只能是个别灵魂。数目方面不会造成什么困难；灵魂的数目
被说成是有限的（参见下文），而星体的数目则始终被视为不可数的。按照这个观
点，"每个（恒）星只会有一个有理性的居住者（灵魂）"这个情况就没有什么重要
含义。这里的问题不是关于众恒星的居住者；诸灵魂只是暂时分派到诸星体中，以
便可以从其中静观宇宙。（如《斐德罗》246E sqq.，不过该处的表达方式有所不同）。
2 不过我们只能认为这个情况属于恒星，因为每个灵魂被安置到特定星体，显然不
同于它后来被迁移到行星的情况，41E、42D（Martin, ii.151 没有注意到这点）。
3 关于这点，《蒂迈欧》90E sqq. 有进一步的阐述。
4 这个说法在柏拉图那里以相对零散的方式出现（而且被 Martin, *loc. cit*. 全然误解
了），它只能被解释为如下主张，即诸行星具有像地球所具有的那样一些居住者；因
为 42D 的表述不容许我们认为，人类灵魂首先到达诸行星，然后再到达地球。在柏
拉图之前，阿那克萨戈拉和菲洛劳斯曾经设想，月球是有人居住的（参见 Vol. i.820,
366）；柏拉图似乎沿用了他们的看法。把《理想国》ix.592B 理解为指涉其他天体的
居住者，这是很鲁莽的。

望",[1] 它在灵魂的出生前状态中就已经归属于灵魂——不然没有什么东西会致使灵魂堕落；然而，《蒂迈欧》在提到灵魂进入身体的时候只提及不朽的灵魂。[2] 在其他方面，《斐德罗》和《蒂迈欧》这两篇对话录的基本描述是一致的。如果一个灵魂克服了欲望并且追随众神之列升到超越的上界，领略到了那些纯粹的本质性实在，那么它在一万年期间（宇宙的一个运转周期）可以免于进入身体，但是，那些没有做到这点、忘却了它们至高本性的灵魂就会堕落到地上。按照《斐德罗》的叙述，这些灵魂在第一次出世的时候都被植入男性的人身，它们的"命份"（lot）或生活方式根据各自的功过有所不同。这些人死后，灵魂都要受到审判，有些要被罚在地下停留一千年，有些则领赏在天上停留一千年。当这个期限过去，每个灵魂无论好坏都要再次选择一种新的生活；在这个

1　整个描述表明，这两者应该被理解为《斐德罗》246A 中灵魂的两种马；参考 247E、253D sqq.、255E sq.。从《蒂迈欧》中拿来反对这个观点的那些材料（Hermann, *De part. an. immort. sec. Plat. Gött.* 1850–1，p.10，继承了 Hermias *in Phaedr.* p.126）不能证明任何东西，它们甚至假定这不是神话式表述。为什么不可以说柏拉图改变了他的观点呢？要把灵魂的两种马解释为等同于《蒂迈欧》中提及的灵魂的两种元素，如 Hermann 继承 Hermias 的做法，这是完全不可能的。灵魂的这些部分将在后面得到讨论。

2　我不能同意 Susemihl 的假定（*Genet. Entw.* i.232, ii.398；*Philol.* xv.417 sqq.），即柏拉图设想诸灵魂在进入地上生命之前曾经以恒星为其身体。在《蒂迈欧》41C sq.，42E，唯独诸灵魂，而且是其不朽部分，才是宇宙构造者所构造的；这些灵魂被安置到众恒星之中，而在此之后才获得身体——不是"属地身体"（earthly body），而仅仅是身体——而伴随着这个身体，灵魂的各种感觉能力才开始出现（42A：ὁπότε δὴ σώμασιν ἐμφυτευθεῖεν ἐξ ἀνάγκης … πρῶτον μὲν αἴσθησιν ἀναγκαῖον εἴη μίαν πᾶσιν ἐκ βιαίων παθημάτων σύμφυτον γίγνεσθαι, etc.）。关于"属天身体"（superterrestrial body），柏拉图不仅根本没有提及（如果他认为存在这个东西的话必定会提及），而且通过其整个阐释的特点实际上排斥了这个观念。身体必定是由第二等级的诸神构造的；而且它们的活动只在"属地身体"被造的时候才开始出现；而 αἴσθησις（感觉能力）是与其不可分离的；而且 αἴσθησις 只伴随着属地身体而产生出来。在《斐德罗》245C sqq. 中也没有关于恒星身体的描述；聚集、推动和丧失其羽翼的是灵魂自身。我们当然可能这么说，即，缺乏身体的灵魂不能在星体中存活；但是按照《斐德罗》的寓言，它们也不能在诸天徜徉，仰头朝向诸天之领域。我们不可能期待这类神话式描述在各个方面都相互融贯，并且兼容于柏拉图学说中的那些严肃描述。如果某些观点仅仅是有助于说明神话内容，那么我们没有理由把它们归给柏拉图。

选择中，人的灵魂可能过渡为禽兽的灵魂，或者禽兽的灵魂会回归到人的灵魂。只有那些连续三次以追求智慧的方式度过一生的灵魂才得以在三千年后回到超越的上界。后面这部分叙述在《理想国》中得到重申。[1] 其中提到，死后灵魂来到接受审判的地方：正义的灵魂从右边升到天上，不正义的灵魂从左边降到地下。他们都因各自的行为得到十倍的赏罚，并且度过千年的历程，不正义者充满不幸，正义者充满福祉。[2] 在千年结束之时，每个灵魂重新选择一种尘世的命份或生活方式，要么成为一个人，要么成为动物，而唯有罪大恶极者被打入"塔尔塔罗斯"（Tartarus）[3]。《政治家》[4] 也提到了灵魂按某种周期进入肉体。

《高尔吉亚》（523 以下）对这种死后审判做了详细描述，也提及了罪大恶极的无可救药者会受到永久惩罚；《斐多》（109 以下）则以带有浓厚宇宙论想象的方式同样描述了灵魂的死后处境。《斐多》（113D 以下）区分了四种不同的"命份"：俗常的良善、不可救治的罪恶、可救治的罪恶和超凡的圣洁。第一类人尽管幸福，但是还需要得到净化；第二类人受到永久惩罚；第三类人受到暂时惩罚。[5] 那些在良善方面最卓著的人获得完全的福佑，其中最高的品阶——完全从肉体中解放出来——只是真正爱智者（哲人）的命份。[6] 这段文字应该与前面的说法（《斐多》，80 以下）联系起来看，其中提到许多灵魂由于执迷于感官情欲而必然导致它们重新回到肉体生命中（作为人或者动物）。但是，《高

394

1　x.613E sqq.。在 vi.498D 中已经设想了灵魂将来返回到人的生命中。

2　这个问题在 615C 被提出来，它在后来引发了基督教教义的巨大麻烦，也就是年幼夭折的孩子的命运问题。柏拉图没有讨论这个问题。

3　此处出现的补充描述——即这样的人在地下世界之深渊中哀嚎——是对某个毕达哥拉斯主义观念的重新表述；参考 Vol. i.389,3。

4　272E；cf.271B sq.，细节方面的描述显然有所不同，不过总体观念跟别的地方是一致的。

5　Brandis, *Gr.-röm. Phil.* ii. a.448 试图在这里发现柏拉图相信存在对离世之人进行调解的力量，这是不对的。这里的想法毋宁是，作恶者受到惩罚，直到其赎罪完成并且抚慰了受害者；这跟调解没什么关系。

6　类似的关于报偿的四重状况的划分也出现在《法律》中，见 x.904B scq.，引文见 p.409。

395 尔吉亚》不仅比《斐多》更加强调俗常德性和哲学德性的区别及其对于死后灵魂处境的决定意义，而且它还包含了某种不一样的末世论。从另一些描述来看，灵魂在死后立即接受审判，而且在一千年后重回某个肉身。据说，那些执迷于感官情欲的灵魂像影子一样飘荡在坟墓边上，直到他们的欲望把他们重新引入新的肉身。[1]

柏拉图在"回忆"学说中也应用了这个方法来解释现世生命的各种现象。他说，[2] 如果未知的东西与已知的东西不是处于某种关联之中，也就是说，未知的东西是人曾经知道而又遗忘了的东西，那么，学习的可能性就是无法理解的，而且下面这个悖论也会是无法解决的：一个人不会学习已知的东西，也无法去发现未知的东西。[3] 经验表明事情确实是这样的。如果一个人从前不是潜在就知道数学和其他真理，那么他怎么能够单纯通过某人向他询问之前他从未接触过的问题而推导出这些真理呢？如果普遍概念并非不依赖于可感事物而为我们所知，那么可感事物是如何能够让我们回想起普遍概念的呢？普遍概念不可能从可感事物本身中抽象出来，因为，没有任何具体事物以精确和完全的方式呈现其本

396 质或概念。但是，如果这些概念和认识是在尚未提供任何感觉表象之前就已经被给予我们的，那么我们就不会是在此世获得它们的，而必定是在前世中就已经掌握了的。[4] "学习"与"概念性知识"这方面的事情只能通过灵魂的前世存在才能得到解释。唯有这个学说可以让"思想"（das Denken）这样一种人类的独特才能成为可理解的东西。[5]

---

1 108A 并没有实际修正这个偏差，尽管它指涉了前一处文本。

2 《斐德罗》249B sq. ;《美诺》80D sqq. ;《斐多》72E sqq. ；参考《蒂迈欧》41E。

3 参见 Vol. i.912 ; Prantl, *Gesch. d. Log.* i.23。

4 亚里士多德在《论灵魂》iii.4, 429a27 引述的那个表达尽管没有提及柏拉图的名字，而且 Philop. *De. an.* ii.5 a 在引述它的时候也只以猜测的方式指涉柏拉图，不过它很可能暗指理念的最初提出者："那些说灵魂是诸理念的处所的人说得挺好"。不过，柏拉图心里想的是更具普遍性的问题，关于这点参考第 209 页注释 4。

5 《斐德罗》249B sq. : 只有人的灵魂可以进入人的身体，因为只有它是曾经学到了真理的，"因为人应该凭借理性思维（λογισμῷ）而把许多感觉综合为'一'，从而理解按类型所说的内容（κατ' εἶδος λεγόμενον）；这就是对我们的灵魂曾经看到过

上面这些叙述在柏拉图那里并非呈现为学理性表述，而是呈现为神话式叙述，这就使他无需做出特别明确的论断[1]来进行证明；从下面这些情况我们不难看出这点：不同对话录之间乃至同一篇对话录中会出现一些矛盾，历史方面与自然方面的各种思想探索跟草率的大杂烩搅和在一起，不时还夹杂着反讽性的调侃，[2]还有些是对超出人类视界的领域的精细描述。但是他也很清楚地断定，这些神话不仅仅被他看作神话，而且被看作真理的一些线索，值得严肃对待；[3]由此他才把它们跟一些道德规劝结合起来——他不会把这些道德规劝建立在不明确的寓言故事的基础上。[4]不过，要清楚地在那些学理性和神话式表述之间做出精确区分也是困难的。关于灵魂不朽的学说就是一个典型例子，其中严格的学理性意义几乎是不可怀疑的。不仅《斐多》，而且《斐德罗》和《理想国》也是一样，灵魂不朽都是详细的哲学证明的主题。不过，这种证明直接建基于灵魂概念之上，而这个概念是由柏拉图整个学说体系的内在关联性来界定的。灵魂就其"理念"而言乃是将生命包含在内的实在：它在任何时候都不能被视为无生命的。关于灵魂不朽的这个本体论证明涵盖了《斐多》中所有孤立的证明，[5]而且在《斐德罗》中被再次提及，其中

397

398

的那些东西的回忆……"

1　《斐多》114D；《理想国》x.621B；《美诺》86B。

2　参考《斐多》82A；《蒂迈欧》91D；《理想国》x.620。

3　《高尔吉亚》523A；《斐多》114D："以强硬方式主张实际情况就是这样的，这对于有头脑的人来说是不合适的；但是，既然灵魂被表明为是不朽的，那么我们的灵魂及其居留之所就是这种情况或类似的情况，我认为，冒险去相信这点是合适的和值得的。"

4　《斐多》，loc. cit.；《高尔吉亚》526D，527B sq.；《理想国》x.618B sq.，621B。

5　《斐多》中关于灵魂不朽的详细讨论看似由一系列不同的证据和理由所构成。但是，如果我们更细致地考察就会发现，它们全部建立在同一个思想之上。关于人类灵魂的理想本质（它超越了产生与消亡）的意识在此得到展现，它已经达到了相当清晰的学理上的确定性，并且通过逐步深化和加固的推理得到确立。最终，我们看到了关于哲学事业的普遍预设（64A–69E）——关于"哲学意识"的设定——即哲学活动是从身体中把灵魂解放出来，也就是一种赴死；由此，灵魂只有从身体中摆脱出来（也就是在人死亡之后）才能抵达其目标：达到关于真理的认识。《斐多》的这个阐述是否算得上一种"证明"，我认为这点不重要；柏拉图笔下的苏格拉底在63B–E 把它用作相信死后可以有幸福生活的一种辩护理由。但是，柏拉图本人

表明，既然灵魂是永远运动的而且是一切运动的最初开端，那么它就必
定是不可毁坏的和非派生的。[1] 同样的论证也出现在《理想国》中，[2] 其
中提到一个事物的毁坏是由其自身内在的恶所导致的。然而灵魂的恶

399

在 69E 以下暗示，这个辩护理由是不充分的；因此在第二部分（70C–84B）他提出
了另外一些出自于灵魂自身之本性的证明，以此对他关于哲学式生活和事业的单纯
预设做一番论证。这些证明全都不同于最后一部分那个决定性和不容反驳的证明，
因为它们并不是从灵魂自身的概念出发，而是从某些个别类比和事实出发，通过这
些方式，灵魂不朽或许可以在某种程度的或然性层面上被推论出来，但是不能达到
柏拉图在其决定性论证中所赋予的那种不可置疑的确定性。首先得到证明的是（在
70C–72D），正如每个东西都从相反者中产生出来，因而有生命者也必定从死亡者
中产生出来，跟死亡者从有生命者中产生出来一样；于是死亡者必须一样存在。然
后得到表明的是（在 72E–77A），新观念的产生以及普遍概念的形成都只能理解为
"回忆"，从而必须从灵魂的前世存在中得到解释。而且，（据有生命者从死亡者产
生出来的学说）这个前世存在必定有一个对应的死后存在。最后（78B–81A），从
灵魂与身体的对比来看可以得到这样的结论，即，灵魂属于单纯的和不可变化的事
物——这类事物是不可分解消灭的。至此，这些证明仍然被看作是不充分的（85D,
88B sq.）。跟前面几节不同的第三部分的内容，把我们引向了柏拉图认为完满和不
可反驳的证明。这个证明是通过反驳下述观念而引入的，也就是，灵魂仅仅是其身
体的"和谐"（90C–95A）。接下来（95A–102A）表明论证的出发点只能是理念论
（前面那些讨论最终都汇聚到这点）；在此之后（102A–107B），柏拉图阐发了其最终
论证："一个概念永远不会变为其对立面，正如一个拥有特定概念为其本质的事物也
不会容纳其对立面。生命属于灵魂的本质，因而灵魂不能容纳其对立面，即死亡。
所以，灵魂是不朽的和不可毁灭的。"我在这里不能详细讨论那些关于《斐多》的
写作方式以及关于灵魂不朽的诸论证的各种不同评论。就此请参考 Schleiermacher,
Plat. WW. ii.3, 13 sq.；Baur, *Sokrates und Christus (Tüb. Ztschr.*1837, 3), 114 sq.；
Steinhart, *Plat. WW.* iv.414 sq.（不过他过分接受了 Hermann 的错误论断，即《斐多》
的各个证明展现了柏拉图在这个主题上的观点的发展过程，见 Hermann, Plat.528
sq.；相反的观点参见 Rettig, *üb. Pl. Phaedo*, Bern, 1845, p.27 sqq.）；Bonitz, *z. Erkl.
platon. Dialoge.* Hermes v.413 sqq.。更多细节参见 Ueberweg, *Gesch. d. Phil.* i.135
sq.。

1　245C："每个灵魂都是不朽的，因为始终运动的东西是不朽的，etc."。灵魂是"运
动的开端，而开端是不被生成的。因为一切生成的东西必须从开端中生成，而开端
不从任何东西中生成。因为如果开端从某个东西中生成，它就不会从开端中生成。
既然它是不被生成的，它也就是不被毁灭的；（参考前文，p.344）……既然自身推
动自身的东西被表明为是不朽的，那么，若某人说它就是灵魂的所是与定义，那么
这人不丢脸。因为每个从外面被推动的物体都是无灵魂的，而从里面自身推动自身
的，则拥有灵魂，因为这就是灵魂的本性；但是，如果情况就是这样，那么自身推
动自身的东西就会是灵魂，而不是别的，而灵魂必然是不被生成的并且是不朽的。"

2　x.608D sqq..参考《斐多》92E sq.，以及 Steinhart, v.262 sq.。

（道德意义上的恶）并不损害其生命力。柏拉图说，如果灵魂是可以毁坏的，那么邪恶就会使灵魂毁灭；但事情不是这样的，我们发现，灵魂内在就具有绝对不可毁灭的生命。总之，灵魂的本性确保其不会停止其生命：它是生命和运动的最直接原因。尽管生命和运动也许是灵魂从更高的存在者（理念）那里引入的，但是只有通过灵魂的中介作用,[1] 理念才能将自身传导至物质性的东西。[2] 所以，理念在宇宙中多大程度上体

1　参见第 209 页注释 4。

2　《斐德罗》把灵魂自身称为 ἀρχὴ κινήσεως（运动之开端），但没有说它的动力是来自于对"生命"理念与"理想原因"的分有（《斐多》105C；《斐莱布》30B sq.；参见第 192 页注释 2），也没有说灵魂属于有条件者和派生性事物，或者像《蒂迈欧》那样，把灵魂说成是与宇宙中其他事物一样由"神"创作出来的。这对于当前主题而言不太重要，不过有一点差异值得注意：《斐德罗》的阐释相对于更晚一些的对话录而言不那么精确与完备。我不能同意 Ueberweg（*Unters. Plat. Schr.* 282 sqq.）的观点，即《蒂迈欧》跟《斐多》关于灵魂之本质的观点存在差异。《蒂迈欧》41A，宇宙构造者对"被造的诸神"说："尽管所有组合的东西都是可分解的，但是，只有一个恶者愿意去分解以美好方式组合起来并且处于良好状态的事物。由于这些，而且你们是被产生的，故而你们不是完全不朽的和不可分解的，但是，你们不会以任何方式遭受分解也不会承受死亡这个命运，因为根据我的意愿，你们获得了比你们被造之时用来绑定你们的那些纽带更大和更有主宰力量的纽带"。由此 Ueberweg 得出结论说，据《蒂迈欧》，灵魂拥有起源和构成要素，而"一切合成者皆可分解"（τὸ δεθὲν πᾶν λυτὸν）这个原则必定对它也是成立的。所以，灵魂不能在本性上是不朽的，而只是由于"神"的意志才是不朽的。对照《斐德罗》和《斐多》中关于这方面的阐释，Ueberweg 说，《蒂迈欧》处于这两者之间而且构成了其中一个过渡为另一个的中间环节。《斐德罗》预设了一切有条件者的可毁灭性，所以把灵魂解释为某种无条件者，某种 ἀρχὴ（本原），以确保其不朽性。另一方面，《斐多》把灵魂视为受到"生命"理念的约束，于是放弃了"一切有条件者都是可毁灭的"这个原则；它容许本质上与"生命"理念相关联的东西免于毁灭。《蒂迈欧》一方面同意《斐德罗》关于一切有条件者皆可毁灭的观点，另一方面又同意《斐多》的那个说法，即灵魂是有条件者。这样，《蒂迈欧》否认灵魂具有任何自然方面的不可毁灭性；由于这点它可以被视为比《斐多》更早。但是，Ueberweg 在做这些关联的时候还应该关注他不太留意的《理想国》这篇对话录。处于《蒂迈欧》之前的《理想国》明显提及了《斐多》（69C–72B，以及 78B–81A）中的讨论（尤其《理想国》611A 提及《斐多》72A sq.，《理想国》611B 提及《斐多》78B sq.），此处所提及的内容如此简短仅仅是因为它在其他地方已经有过详细表述。在下面这些话中："现在这个论证和其他那些论证迫使我们承认，灵魂是不朽的"，我们清楚地被引向那些为读者所熟知的更多论证，而它们只能是《斐多》中的那些论证。在上面提及的 608D 的那个论证中显然假定了灵魂本性上是不可毁灭的，这是它的"οἰκεία πονηρία"（自有的恶）不能够毁灭它的唯一理由。再者，说"一切合成者皆可分解"这个原则在《斐

多》中被放弃了，是不正确的。这个原则在《斐多》跟在《蒂迈欧》一样得到了明确表述（《斐多》78B：“合成的东西和组成的东西本性上就该承受这个情况，怎么样被合成，就怎么样被分解；如果碰巧有某个东西是非合成的，那么，只有这个东西本性上就不该遭受其他事物会遭受的那个情况”），而且在《理想国》611B 得到了重复。与《斐多》一样，《理想国》和《蒂迈欧》都补充说，灵魂不是“σύνθετον”（复合物），而是单纯的实在，而且它们都从这种单纯性中直接证明其不朽性。《斐多》（80B：“灵魂是完全不可分解的，或接近于是这种情况”）其实也暗示说，灵魂之不可毁坏性跟“理念”之不可毁坏性是同样无条件的和本源性的。这跟《蒂迈欧》真有什么不同吗？ Θυμὸς（意气）和 ἐπιθυμία（欲望）最初在灵魂进入身体的时候与身体联合（42A，69C）；但是，它们不属于灵魂之原初的、超死亡的本质。如果要认识这个本质，我们（如《理想国》611B sq. 明确表达的）就必须把这两个东西排除在外。灵魂与它们有暂时的关联，但这意味着它变成了某种复合的东西。根据《斐德罗》246A 以下，情况也只能是如此。Ueberweg 认为《斐德罗》与《蒂迈欧》在一切有条件者皆可毁灭这点是一致的。但是，跟《斐多》与《理想国》一样，《蒂迈欧》也不是谈论有条件者，它谈论的是复合物。在《蒂迈欧》，由于灵魂在神话式叙述中被说成是由某些元素构成的，从而，灵魂应该被视为复合物吗？（参见 p.342 sq.）为支持这个观点，我们或许可以说，“一切合成者皆可分解”原则（41A）不仅是为了说明星体由物质性元素所构成才引入的（40A；cf.42E sq.），而且是先行设定的（43D）。按照那里的说法，灵魂的其中一个圆环在灵魂进入身体的时候受到大量感觉经验的彻底限制。这个圆环就是“同”之圆环（思想）。另一个圆环（意见）非常迷乱，“使得双倍数列和三倍数列的三个居间项，以及把它们连接起来的几个比例（3：2，4：3，9：8）的中项，都完全混乱了。这个搅乱并没有完全把它们分解，因为除了把它们捆绑起来的那个纽带（灵魂之和谐比例关系，参见 p.349 sq.）之外，它们不能被完全分解”。但是，如我们已经看到的，《斐多》本身提出了某种相似的限制。如果我们要用 Ueberweg 的话来说，我们就不仅要对《蒂迈欧》也要对《斐多》说这样的话，即它们没有假定灵魂的自然不可毁灭性。在《蒂迈欧》，对于人类灵魂和宇宙灵魂而言，自然不可毁灭性必定都是被否认的。不过这会超出柏拉图的实际意思。每个复合的东西都是可分解消亡的，这个原则对于柏拉图而言是一个形而上学基本原则，尤其出现在《斐多》《理想国》和《蒂迈欧》中。尽管有这个原则，也不必担心灵魂会出现分解消亡；这可以通过两个方式来加以论证。要么我们否认灵魂是复合的，要么我们可以说尽管灵魂在某种意义上是复合的，其自身是可分解消亡的，但是出于某些其他原因这个可能性永远也不可能实现。我们可以要么从形而上学的必要性，要么从道德的必要性推导出灵魂的不可毁灭性。前一种做法是《理想国》和《斐多》所贯彻的，后一个是《蒂迈欧》中所暗含的，在后面这篇对话录中，灵魂起源的学说并不容许灵魂具有像其他两篇对话录那样严格意义上的单纯性。参考《理想国》611B：“从多个东西中组合而成而又没有以最好的方式得到组合的东西，很难是永恒的，就像目前灵魂向我们呈现出来的状况”，不过这并非就灵魂的原初本质而言。其中确实考虑了这样的可能性，即灵魂实际是一个“σύνθετον”（复合物），但是灵魂以如此完美的方式得到组合，以致可以永远持存。如果说在《蒂迈欧》和《斐多》之间有什么实质区别的话，那么它只能证明

现于现象之中，作为这种体现之媒介的灵魂就在多大程度上是必须的。　401
宇宙及其运动永远不会消亡，所以灵魂也就不可能有开端或毁灭。[1] 柏　402
拉图不可能认为这只适用于宇宙灵魂，而不适用于个别灵魂。在他看
来，并不是个别灵魂在某个时刻从宇宙灵魂中流溢出来并最终复归于
它，而是像个别理念与最高理念并列存在那样，个别灵魂与宇宙灵魂并
列存在，具有自身独立的个体性。个别灵魂与宇宙灵魂有相似的本性，
它们都是同样永生不灭的。"灵魂"本身是运动的原则，与"生命"理
念密不可分，所以个别灵魂也是如此。这个论证并不全然站得住脚。[2]
从这些前提当然能推出，诸灵魂必定一直存在，但是不能推出，这些灵
魂永远是同样的灵魂。[3] 如果对柏拉图而言，灵魂不朽的坚定信念没有　403

《蒂迈欧》是较晚的而不是较早的作品。通过灵魂从其构成元素中构造而成的学说，
灵魂的单纯性在《蒂迈欧》那里（而不是在它之前）得到了修正。同样的理由也反
驳了 Ueberweg 的主张（*loc. cit.*292），他认为《政治家》必须是比《蒂迈欧》更晚
的著作，因为灵魂的更高级部分被称为"灵魂中永恒的部分"（τὸ ἀειγενὲς ὂν τῆς
ψυχῆς μέρος，309C）。如果说从这些话中能推出什么结论的话，那么就会是，《政
治家》是比《蒂迈欧》更早的作品。在《蒂迈欧》之前我们没有看到任何关于灵魂
起源的叙述，在之前所有对话录中，《斐德罗》、《美诺》（86A）、《斐多》和《理想国》
（611A，B），灵魂都是被看作没有开端的——是"永恒实在"（ἀεὶ ὄν）。考虑到《蒂
迈欧》中灵魂起源论和宇宙生成论的神话特征，我倾向于不要过分看重这些观点之
间的偏差。

1　《斐德罗》245D："这个东西（自身推动自身的东西）不能被毁灭也不能被产生，
不然全部天宇与所有生成都会终结，永远都不会再有运动的起源"。
2　《斐多》107B sq.，114C；《理想国》x.610D，613E sq.，621B；《高尔吉亚》522E，
526D sq.；《泰阿泰德》177A；《法律》xii.959A sq.。
3　不能由此得出，柏拉图认为他的证明是无效的。Teichmüller 试图证明（*Studien zur
Gesch. d. Begriffe*, pp.110–222），柏拉图并不相信个体的不朽性，而是认为个别灵魂
是可朽的，在死时就消失了。（在我的印象中 Teichmüller 是第一个公开宣称这个观
点的人。）他的观点不仅缺乏根据，而且与柏拉图最明确的说明所得出的每个结论
都相互冲突。Teichmüller 认为，如果个别灵魂不是"理念"，那么它不会是不可毁
灭的；他试图让我相信，把个别灵魂描述为具有跟宇宙灵魂一样的独立存在是"一
个明显的矛盾"（p.210），而我（p.554）也否认灵魂是理念。但是我没有发现哪里
有什么矛盾。难道柏拉图认为在诸理念之外没有"个别实在"吗？难道这些个别
实在由于不是理念而必定是可毁灭的吗？难道柏拉图没有明确说（《斐多》104B，
105D，106D sq.），不仅理念自身，而且始终关联于某个理念的事物，都与这个理
念的相反者不兼容？因而，不仅"生命"理念，而且分有这个理念的灵魂，也与
"死亡"不兼容？Teichmüller 进一步说（p.111），由于灵魂是一个生成着的或者实

404　其他根据，那么他会不会如此坚守这个信念是可以怀疑的。我们必须记住，死后报应的信念附带有强烈的道德旨趣，这在柏拉图著作中是非常明显的，[1]而且灵魂不朽的学说与他关于心灵之价值和命运的崇高设想是吻合的，[2]此外它还通过"回忆说"而支持了他的知识论。就灵魂不朽学

际存在着的事物，那么它与其他所有实际存在物一样是由"理念"与"变易"混合而成的混合物，它的一个成分（个别的东西）要消灭，而它的永恒成分返回到其永恒本性之中。但是，他没有提出、也不可能提出一些证明，来表明柏拉图认为所有实际存在的事物都是这样的情况。宇宙与宇宙灵魂，众星与众星的灵魂，不也是实际存在的事物吗？它们不也跟人类灵魂在同一个意义上属于"变易"的范畴吗？但是，我们不能推论说，它们的实在中有一个部分会消灭，另一个部分回归其永恒本性。哪怕这样的说法是正确的（p.114），即个别的东西既不存在于诸理念中也不存在于"变易"原则中，而只能存在于这两者的实际混合物之中，也不能必然推论出，柏拉图认为个别的东西"仅仅属于有起源与毁灭的事物"。还有一种可能性，即他认为"理念"与"变易"原则可以有一种持久的、不可分解的关联性，也可以有暂时的关联性。《斐多》中常常被引用的段落（103C sqq.）无疑就是这样的情况。但是我们不能无条件地说，柏拉图认为个别性出自于诸理念与变易原则的混合；——假如我们把后者（他本人明确称为 θήνη γενέσεως）理解为"物质"的话（《蒂迈欧》52D），那么至少情况就不是那样，因为"物质"并不在灵魂之中。物质性个体的确是那样产生的，但是对于精神性个体如何产生的问题，柏拉图除了关于"灵魂实体"（der Seelensubstanz）进入到个别灵魂之中这种神话意义上的分配之外没有给出什么解释（《蒂迈欧》41D）；而且，他自己能否解释清楚也不一定。柏拉图以最明确方式加以肯定的个别灵魂的永恒性"从它们的产生方式看来必定是不可设想的"——这个论断怎么能够得到证成呢？我们或许会看到，就个人灵魂在死后仍然持存而言，柏拉图提供的那些证据并没有实际说服力，或者会看到（不过这是难以证明的），这个想法跟他的学说体系的一般预设是不兼容的。但是我们接下来就只能提出这样的问题：柏拉图本人究竟抱持还是不抱持这个想法。试图通过每一处文本（例如，《斐多》63E, 67B sq., 72A, 80B, 107B sq.；《理想国》x.611A——在这个地方，诸灵魂的固定数量决不能像 Teichmüller 那样被当作一个单纯的譬喻而搁置一旁，参考《蒂迈欧》42B）向柏拉图的读者明确作出证明，这个努力只会是运猫头鹰到雅典——多此一举。来世报应学说以及回忆说都是跟这个观念成败与共的，这些是柏拉图绝对认为不可以被取消的。Teichmüller 致力于从如下说法（《斐多》107D）——"除了教育与教养之外，灵魂不会把别的任何东西带进冥界（Ἅιδου）"——得出这样的意思："我们带着什么东西进入冥界呢？"并且回答说："我们的普遍本性"。这样的虚拟内容不能让他的解释变得更受欢迎。他在引述灵魂不朽的那些证明之时（p.115），认为其中讨论的问题"明显"和"当然"不是关于个别灵魂之不朽的。他通篇都没有通过对柏拉图文本的精确分析来证实这些论断。

1　《斐多》107B sqq., 114C；《理想国》x.610D, 613E sqq., 621B；《高尔吉亚》522E, 526D sqq.；《泰阿泰德》177A；《法律》xii.959A sq.。

2　参考《斐多》64A sqq.；《理想国》x.611B sqq.；《申辩》40E sqq.。一个人只要注

说在学理方面的奠基而言，柏拉图究其根本只诉诸一点，即我们应该认识到灵魂的本质就在于它排除了其毁灭的可能性。

这个论证表明，灵魂不朽学说和灵魂前世存在学说有着紧密的内在关联。如果可以设想灵魂是无生命的，这就意味着灵魂在来世和前世也是无生命的；灵魂在今生中不能开始，正如它不能终结一样。严格说来，灵魂根本不会有开始，因为它自身就是一切运动的起源，它的运动会出自什么呢？所以，柏拉图在提及灵魂不朽时不能不涉及灵魂的前世存在，他关于这两方面的表述是同样明确的。在他看来，这两个学说成败与共，它们共同被用来解释我们精神生活的方方面面。所以我们无法怀疑，柏拉图在预设灵魂之前世存在的时候完全是严肃的。他频繁提及这种前世存在是没有开端的，[1] 哪怕《蒂迈欧》中的神话叙述也不容许有任何相反的主张。[2] 然而，我们必须承认这种可能性，即，他在晚年的时候未能严格遵守其学说体系的逻辑一贯性，也没有明确提出这样的问

405

406

意到心灵（精神）的真正本质完全只在于它的理智，而且它的真正规定性完全只在于理性的活动，而感性只起到羁绊和妨碍的作用，那么他肯定会认为，当人从感官中解放出来，他就从这种羁绊中解脱出来。

1　这在《斐德罗》中得到了最明确的解释；参考第 292 页注释 1 和第 295 页注释 1。《美诺》相对不那么确定，86A：“如果在作为人以及还未成为人的时间里，真信念（ἀληθεῖς δόξαι）始终内在于他，它们只需通过提问来唤醒而变成知识（ἐπιστῆμαι），那么，他的灵魂始终（τὸν ἀεὶ χρόνον）处在已经学习过了的状态（μεμαθηκυῖα），对吧？因为显然，在全部时间里，他要么是人，要么还不是人。”或许有人可以反驳说，这仅仅指自从有了灵魂以来的时间。但是这显然不是柏拉图在这里的意思，不然他压根儿就不会说这些话。同样的情况出现在《斐多》70C–72D，即每个有生命的事物都从死的东西中产生出来，反之亦然，而且必然是这样，否则生命就会完全终结。《理想国》x.611A 中的文本也是这个意思：同一批灵魂必定始终存在：因为不朽的东西不可能消灭；它们的数量不会增加，否则可朽的东西最后会被消耗殆尽。灵魂在《斐多》106D 被称呼为“ἀΐδιον ὂν”(恒久存在者），在《理想国》loc. cit，被称为“ἀεὶ ὂν”（永恒存在者），这些肯定都指无终结的持续存在。这些表述表明对柏拉图而言没有开端与没有终结是一致的。

2　我们已经表明柏拉图在设定宇宙开端的时候陷入了怎样的一些矛盾之中（p.369 sqq.）。在目前这个问题上就存在一个矛盾，即灵魂由造物主在一个特定时刻所构造，但是造物主自己却不能被视为没有灵魂的。不可能假定，他的灵魂是永恒的，而其余的灵魂都是被创造的；但《蒂迈欧》34B sqq. 的意思看起来确实是灵魂有最初的起源。

297

题，即灵魂是否有某个时间上的开端，或者某个更高本原将其本质派生出来。

如果这种观念圆圈的两极，即"灵魂不朽说"和"前世存在说"，得以建立，那么处于它们之间的"回忆说"就是不可避免的；如果我们进一步考虑轮回转世和死后赏罚的观念，就会发现它们是以严肃的方式被提及的。柏拉图在前面引述的文本中明确以学理方式谈论"回忆说"，而且这个学说与其整个思想体系密不可分，因而我们必须无条件地把它视为其思想体系中的学理部分。如果灵魂的前世存在得以确认，那么"回忆说"就几乎是必然的；因为灵魂在一定时期内的存在必定为其留下一些印记，尽管在我们的意识中暂时是模糊的，但是不可能永远湮没。在柏拉图看来，这是一个最重要的哲学问题的唯一解答途径，这个问题也就是如何可能探究独立于感觉之外的思想本身。我们不能对直接被给予者之外的东西有所思考，也不能对我们尚未认识的东西进行探究，甚至在发现它的时候也不能认出它就是我们所要探寻的东西——假如我们在辨认和意识到某个东西之前并不是潜在地拥有对它的认识的话；而柏拉图认为这只有在我们在出生前已经学习到但是后来忘记了的情况下才是可能的。[1] 我们无法对于隐藏在感知背后的事物之普遍本质（即，诸理念）形成概念——假如我们不是在出生前的生命中就对它们有所洞察的话。[2] 所以，有些现代研究者想要把"回忆说"从柏拉图

407

---

1 《美诺》80D sqq.，参见 p.396，那里提出了一个问题："当你完全不知道这个东西是什么（ὃ μὴ οἶδας τοπαράπαν ὅτι ἔστι），你以什么方式来探究？你要把你不知道的哪样东西设定为你的探究目标？就算你遇见它，你怎么知道这个东西就是你所不知道的那个东西？"这问题通过"回忆说"得到了回答："探究和学习只不过是回忆"（81D）。

2 《斐多》(73C sqq.) 对这个情况给予了特别关注，即事物始终处在诸理念的背后并且让我们回想起这些理念；所以，诸理念必定是在之前已经被认识到的，因为否则的话我们就不能将它们与事物进行比较并且注意到事物对于理念的偏差。这样，柏拉图宣称，灵魂之前世存在是关于诸理念的知识以及设定诸理念存在之不可或缺的条件；《斐多》76D："如果存在我们一直说的东西，即，美、善以及所有这类实在（οὐσία），也就是我们把所有可感事物都归结到其中的东西，而且我们发现其先于我们存在并且现今属于我们，那么，当我们把这些可感事物与之进行比较时难道不

体系的核心学说中驱逐出去，[1]这与柏拉图的论述中的学理性要素是完全相悖的。从我们的立场看，对于这个学说的真理性与必要性的那些论证是不难驳斥的，但是从柏拉图的立场看，它们是以严肃的方式被提出来的。[2]

"回忆说"对于柏拉图而言是出于理论上的需要，而死后报应的信仰则主要是基于他对世界的道德和宗教审视。无论他多么坚信不用提及来世也可以表明道德的绝对价值，他仍然认为，不管在此世中实际上是怎样的，假如死后善不得到奖赏而恶不得到惩罚，那么世界秩序就会出现混乱，神圣正义就会是有问题的。[3]在有些场合他出于教育或政治的理由[4]也许会很容易向一些流行观念做出让步，不过，他不仅在这样的场合主张"死后报应说"，而且在那些最严格的理论探讨中也持这一主张，[5]这在某种意义上显然是在为自己的个人见解做辩护。他的确以恰当的方式把死后报应看作灵魂不朽的一个必然逻辑后果，从而让这两个学说紧密关联起来了。[6]不过，他认为不可能对死后报应的确切性质和方式做出界定，因而他不得不满足于自觉的神话叙述，或者就像《蒂迈欧》的物理学那样满足于或然性。[7]

408

会必然得出，正如存在这些实在一样，我们的灵魂也在我们出生之前就存在"。参考第 290 页注释 5。

1　Teichmüller, *loc. cit.*208 sq.，他关于我的观点的反驳在此局限于这个问题："其中的意思是，在出生之前，灵魂看见诸理念是利用感官方面的眼睛吗？"从来没有人会把这个荒谬观点归给柏拉图，他也从来没有谈到灵魂在前世有对于诸理念的感性上的观看。实际上柏拉图甚至在神话中也反对这种观点（《斐德罗》247C）。

2　《美诺》在"回忆说"的说明方面跟其他对话录的明显偏差在前面已经提示过了。参见第 92 页注释 2。

3　《理想国》x.612A sqq.（cf. ii.357A–369B）；《法律》x.903B–905C。

4　例如，《法律》，*loc. cit.*；《高尔吉亚》523A sqq.。

5　例如，《理想国》，*loc. cit.*；《斐多》63C，95B sq.，114D；《斐德罗》248E。

6　《斐多》107B sq.，114D。

7　不过正如已经表明的，我们不能说，"承认诗性想象在某个学说的众多细节上起作用"而"又认为它总体上是其学说体系的本质性和学理性要素，乃是一个矛盾"（Teichmüller, *loc. cit.*209）。不管怎样，这不是柏拉图的看法。他在《斐多》末尾（114D）的末世论神话中如是说："以强硬方式主张实际情况就是这样的，这对于有头脑的人来说是不合适的；但是，既然灵魂被表明为是不朽的，那么我们的灵魂及

409 　　柏拉图对待"轮回转世说"总体上也是严肃的。他向我们表明了这个学说怎样与其整个思想体系相关联。既然活的东西只能出自于死的东西，而死的东西只能出自于活的东西，那么各个灵魂必定在某个时间是没有身体的，以便它们可以重新进入新的身体。[1] 所以，这个变迁只是一个循环的结果，在这个循环中，一切被造物持续运动并且在相反的两极之间往复变换。正义（公道）观念也要求这样一种变换；因为如果说脱离身体的生命高于身体中的生命，那么若不是所有灵魂都可能被迫堕落为更低级的存在并且都有机会提升为更高级的存在，就会是不公道的。[2] 在柏拉图看来，这个论证似乎还意味着，倘若不是灵魂自己犯了过错，那么分配给一个有理性的灵魂的身体和处境不会逊色于分配给另一个灵魂的身体和处境。[3] 但是另一方面，他认为下面这点也是很自然

410 的：每一个灵魂应该按照它的内在品格而被安排到相应的位置[4]并且挑选适合自己的身体。[5] 灵魂会选择某个动物的身体作为居所，这种观念

其居留之所就是这种或类似的情况，我认为，冒险去相信这点是合适的和值得的。"为什么一个哲学家不能说："我认为来世报应将会发生这点可以被证明，尽管我承认这种报应的实现方式在各个细节上是不确定的"？

1 《斐多》70C sqq.，83D；《理想国》x.611A；参考第 297 页注释 1。

2 《蒂迈欧》41E sq.。《斐德罗》中的说明有点不太一样，如我们说过的。或许柏拉图还没有发展出后来的那些观点，或者跟他的阐释最相配的是把诸灵魂的堕落看作意志方面的事情。参考 Deuschle, *Plat. Mythen*, p.21 sq.，不过对于他的论述，我不是完全同意。

3 《蒂迈欧》, *loc. cit.*；参考《斐德罗》248D。

4 《法律》x.903D, 904B："神"愿意一切事物在世界中处于这样一个位置，以使得在世界上德性取胜、邪恶失败可以得到确保。"为了这整个目标，他筹谋什么样的位置、什么样的领域可以被分配给与之相配的灵魂品格；但是特定品格产生的缘由，他留给我们每个人自己的意愿来定。因为我们对于特定处境的回应方式几乎完全取决于我们的欲望和灵魂的品质"。一切拥有灵魂的事物持续改变，"改变的缘由处于它们自身之中"，它按照这种改变的方向和程度以这样那样的方式朝大地表面运动，进入冥界（Hades），进入一个更高和更纯粹的领域或者相反的领域。《泰阿泰德》177A：正义的人与神相似，不正义的人与"非神"相似；如果不正义的人得不到矫正，"那个没有恶的纯净世界在他们死后不会接纳他们，而在这个人间，他们也永远过着跟自己现在相似的生活，罪人和罪人混在一起。所有这些在他们听起来，就是一些蠢人对聪明无比、能干之极的人说的话。"

5 《斐多》80E sqq.（参见 p.395）：如果灵魂在离开肉体的时候是纯净的，"它在离开

不仅对我们而言是难以接受的，哪怕从柏拉图的立场来看也有许多困难；[1]柏拉图过分随意地论述了这一主题，[2]以至于不难理解古今评论者都把它看作某种纯粹比喻性的描述，意思是当人沉溺于肉欲时就会堕落为兽类。[3]如果这个问题以明确的方式向柏拉图提出来，那么他很可能会认为还不值得为灵魂转世的观念建构一种学理性说明。[4]不过，如果我们认为这个在柏拉图的末世论中始终出现的观念，作为对一种道德准则的有意识的比喻，跟他关于来世的说法没有本质联系，那么我们的判断也是站不住脚的。这个观念是柏拉图从毕达哥拉斯学派那里借来的，他似乎把它看作富有意义的神话之一，并且相信它蕴含了某个基本的真理，尽管他并没有致力于明确地界定这个真理所属的范围（作为哲学家兼诗人的他可能不觉得有必要做出这个界定）。处于原初状态的灵魂，或者当充分实现自身并返回到原初状态的灵魂，被描述为完全独立于身体之外的；[5]这个学说与他的整个哲学观念密切关联，因而我们不能认为它仅仅局限于这样的意思，[6]即：完满的"非身体性"（非物质性）仅仅

411

的时候就进入与其自身相似的、不可见之处"，不然的话，"它就一直与肉体混在一起，……受其蛊惑……沉降并且再次被拖进可见境域"。这样的灵魂在地上游荡，"直到随附于其中的肉体欲望再次将其捆绑在肉体之中"。

1 问题是显然的：按照《斐德罗》249B，人类本性作为本质上能够把捉到概念的存在者，怎么会变成野兽？野兽的愚昧和纯粹感性的生命怎么堪当净化其灵魂？各种野兽的灵魂（按照《蒂迈欧》90E sq.）是全部从之前的人类灵魂那里降级而来的，因而它们就其原初本质而言是有理智的和不朽的吗，还是说（《斐德罗》, loc. cit.）只有其中一部分是这样？

2 参考 p.397。

3 例如，在古希腊的柏拉图主义者中，伪蒂迈欧，普鲁塔克（很明显），波菲利，扬布里柯，Hierocles（参见 Vol. iii. b.121, 165, 590, 641, 684, 2nd edition）；在现代学者中，Susemihl, *Genet. Entw.* i.243, ii.392, 465；Philologus, xv.430 sqq.。

4 我们在这不能引用《理想国》iv.441B。在那里说到，野兽没有理性（λογισμὸς）；但是在那之前同样说法也用来说孩子。从柏拉图的观点来看，他或许会否认孩子有理性的"运用"，但不会否认他们拥有理性因素。

5 《斐德罗》246B sq., 250C；《斐多》66E sq., 80D sq., 114C；cf.81D, 83D, 84D；《蒂迈欧》42A，D。

6 许多早期新柏拉图主义者是这样看的，关于他们，请参考 Vol. iii. b.641, 684, 698, 736（他们显然都认为从柏拉图那里发现自己持有的观点）；持同样观点的还有 Ritter, ii.427sqq.；Steinhart, iv.51；Susemihl, *Genet. Entw.* i.461；Philol. xv.417 sqq.。

是一个不可达到的理想，实际上人在结束此世之后还具有某个身体，一个更高等级而又更服从于灵魂的身体。如果一位哲学家在自己的全部努力中都有意识地、全神贯注地追求从身体中解脱出来，只要灵魂附带有这种恶就决不罢休，而且他渴求摆脱身体的各种束缚，把这种自由看作哲学式生活的最高奖赏，此外他还承认灵魂中有一种不可见的本原而且只有在这个不可见领域中才能达到其本原状态[1]——那么，这样一位哲学家必定相信，真正爱智慧的人有可能在来世中实现对于物质性事物的完全摆脱。既然这就是他的主张，并无一句与之相悖，因而我们完全没有理由怀疑这些说明。[2]我们必须从柏拉图自己的观点出发才能理解柏拉图末世论的这些主要特征。[3]他很可能还持有其他一些看法，例如，宇宙的万年运转周期，[4]各种来世居间状态的期限长短，可以救治罪恶和不可救治的罪恶的区分，等等。[5]但是，关于彼岸世界和灵魂在身体间迁移的细节说法本身充满了空幻的想象，有时只是被柏拉图以玩笑的方式谈及，所以他的这个学说在多大程度上落入细节描述，也就在多大程度上落入神话的领域。

412

413

---

1 《斐多》64A–68B，79C sq.，80D–81D，82D–84B；还可参考《蒂迈欧》81D，85E，以及第 303 页注释 1。

2 对于诸理念的本源性观看预设了灵魂的非物质性；灵魂是在进入身体之后才遗忘了这些理念；《斐多》76D；《理想国》x，621A；参考第 288 页注释 2。

3 因此，黑格尔（*Gesch. d. Phil.* ii.181, 184, 186）的如下论断是不正确的：灵魂的前世存在、坠落和"回忆"，这些学说在柏拉图本人看来并非其哲学的重要组成部分。

4 参见 p.383。这整个算法当然是纯粹臆想的。宇宙大年是百年（一个人的最长年寿）的百倍；它的构成部分是十个千年期；这样每个人再次回到生命体就有一个时间间隔，并且有了接受十倍生命长度的报应的可能性。

5 这个区分源自柏拉图关于惩罚目标的总体看法（参见下一章）。死亡者和返回生命者的数量之间的平衡（《斐多》72A sq.；《理想国》x.611A）可能被打破，最终甚至完全被破坏，如果宇宙的每一个周期中哪怕只有少量不可救药的罪犯被禁止归入可返回生命体的行列中，这种担心可以通过如下设定来解决，即关于这类人的惩罚（《高尔吉亚》525C《理想国》615C sqq.，被说成是无终结的）只持续到每个宇宙大年结束的时候。这当然不会是一种永久惩罚，但仍然是覆盖了柏拉图末世论神话所理解的整个时间段。但是，柏拉图本人是否关切这个问题，这是不确定的。因此，我看不出有什么理由可以做这样的断言（Susemihl, *Philol.* xv.433 sqq.），即，这点对柏拉图而言"不可能以严肃方式被设想"。

我们现在要探讨柏拉图关于灵魂诸部分及其与身体的关系的学说，这个学说是与上述几个观念相关联的，而且只有通过这些观念才能得到充分的理解。灵魂脱离更纯粹的生命进入身体，它与身体没有本原性和本质性的关联，因而灵魂生命中的感官情欲方面不属于它的内在本质。所以，柏拉图把灵魂在现世中的状况比作海神格劳克斯（Glaucus），[1]他身上布满了许多贝壳和海草以致相貌受损让人无法辨认。柏拉图说，当灵魂置于身体之中，就会产生感官情欲；[2]于是他区分了灵魂的可朽部分和不朽部分，也就是无理性部分和有理性部分。[3]有理性的部分是单纯的，而无理性部分又分为高贵的部分和低贱的部分。[4]高贵的部分在《斐德罗》中被描述为骏马，它是"意气"或"轩昂意气"（ὁ θυμὸς / τὸ θυμοειδὲς），它是愤怒、雄心、荣誉感乃至一般意义上的高尚、富有力量的情感的来源。它自身没有理性洞察力，而是作为"理性"（die Vernunft）的天然联盟起辅佐作用。它与"理性"有一种亲缘性，天然地追求高尚和美好的东西；[5]尽管当它被坏习惯败坏的时候也常常会给"理性"带来巨大的麻烦。[6]可朽灵魂中低贱部分包含全部的欲望和激情，也就是所有与感性快乐与不快乐相关的灵魂官能，柏拉图通常称之为

414

1　《理想国》x.611C sqq.。另一个相似的比喻出现在 ix.588B sqq.。参考《斐德罗》250C。

2　《蒂迈欧》42A sqq.；69C。

3　《蒂迈欧》69C sqq., 72D；参考 41C, 42D；《政治家》309C，参考《法律》xii.961D sq.，亚里士多德《论灵魂》iii.9, 433a26；《大伦理学》i.1, 1182a23 sqq.。这个观点在《斐德罗》246 那里没有怎么展开，在那里，意气和欲望（参见 p.393）被归入不朽的灵魂，只有身体才被说成是可朽的。由于这个阐述具有神话特征，因此我们更应该从《蒂迈欧》中明确的、学理性的论断中寻找柏拉图的实际意思，且不管后来希腊的柏拉图主义者在这点上提出了多少种不同观点（cf. Hermann, De part. an. immot. scc. Plat. p.4 sq.）。

4　《理想国》iv.438D sqq., ix.580D sqq.；《斐德罗》246A sq., 253C sqq.；《蒂迈欧》69C sqq., 89E。

5　《理想国》, loc. cit.；《斐德罗》246B, 253D sqq.。

6　《理想国》iv.441A；《蒂迈欧》69D：θυμὸν δυσπαραμύθητον（无法抚慰的意气或怒气）。

"ἐπιθυμητικὸν"（贪欲因素），或者 "φιλοχρήματον"（爱财因素）[1]——
因为钱财被当作感官享受的手段而被欲求。有理性的部分是"思想"（das
Denken）。[2] "思想"位于头部；"意气"位于胸部，尤其是心脏；"欲望"
位于更低的部位。[3] 较低层次的两个部分不仅为人所有：植物有"欲望"
的部分，[4] 而动物则有"意气"的部分 [5]。这三种官能在人里面也不是平均
分布的，对于个人而言是这样，对于各个民族而言也是如此。柏拉图把
"理性因素"（die Vernunftanlage）突出地归于希腊人，把"意气"归于
北方蛮族，把"贪欲"归于腓尼基人和埃及人。[6] 不过，这里蕴含这么
一个判断，即拥有高级官能的人必定也拥有低级官能，反之则不然。[7]

　　柏拉图不仅把这三种官能看作不同的活动形式，而且看作灵魂的三
个不同部分；[8] 他从经验事实来为此提供证明：在人这里，理性以许多方
式跟欲望发生冲突，而且，意气有时候会不带理智地盲动，有时候会帮
助理性抵御欲望。既然同一种原因在同一个关系中只能有同一个结果，
那么，灵魂的这三种活动应该有三种不同的原因。[9] 这个理论的普遍根

1　《理想国》iv.436A，439D，ix.580D sqq.；《斐多》253E sqq.；《蒂迈欧》69D。

2　通常称为 λογιστικὸν（理性因素 / 推理因素）或 λόγος（理性）；又称为 φιλόσοφον
　（爱智因素），φιλομαθὲς（爱学因素 / 求知因素），ᾧ μανθανει ἄνθρωπος（人所由
　以学习的因素），《斐德罗》247C；参考《法律》，*loc. cit.*，以及第 209 页注释 4；
　还有 νοῦς（理性 / 理解力）。

3　《蒂迈欧》69D sqq.，90A。

4　《蒂迈欧》77B。

5　《理想国》iv.441B，《理想国》ix.588 C sqq. 不能提供有利于这个观点的任何材料。

6　《理想国》iv.435E。

7　《理想国》ix.582A sqq.。

8　他也使用 "μέρη"（部分）这个说法，《理想国》iv.442C，444B；在 *Ibid.*436A，
　他这样提出问题："究竟我们凭借相同的东西做其中各类事，还是说，既然它们是三
　个，我们就凭借不同的东西做不同的事，即，凭借一种东西学习，凭借另一种东西
　发怒，而又凭借第三种东西欲求……还是说，我们在发起行动的时候，都是凭借灵
　魂整体做各类事。"但是他更常用的说法是 "εἴδη" 或 "γένη"（类型或类属），《斐
　德罗》253C；《理想国》435C，439E，441C，443D，444B，504A；《蒂迈欧》69C，E，
　77B；参考 Wildauer, *Philos. Monatschr.* 1873, p.241。

9　像 Epicharmus、Theognis 以及其他一些把 "θυμός"（意气 / 怒气）跟 "νοῦς"（理
　性 / 理智）对立起来的诗人谈到了 θυμός 跟 νοῦς 的斗争（Theogn. v.1053，不过，
　Bergk 在这里不是读作 μάχεται〔斗争 / 战斗〕，而是读作 πέτεται θυμός τε νόος τε〔意

据可以在柏拉图的整个思想体系中找到。既然理念与现象截然对立，那么灵魂作为最亲近于理念的东西，它自身不可能内在地具有感性方面的原因。于是就有了灵魂的可朽部分和不朽部分的区分。如果说灵魂曾经在某个时候接受了这种感官情欲的话（这当然是实情），那么，这两部分之间必定有某种起中介作用的原则。于是可朽的灵魂内部又有了高贵部分和低贱部分的再次区分。按照这个理论，这三重划分还可以进一步贯彻到底，不仅适用于欲望能力，而且适用于形成观念与认识方面的能力；这样的话，"感觉"就会属于欲求的灵魂，"意见"属于意气，"知识"属于理性。形成观念的这三种形式被明确区分开来，[1] 甚至被归属于灵魂的不同部分。[2] 然而，柏拉图把从感觉能力和意见能力得来的认识也看作理性认识之预备阶段，从而比意气和欲望具有更高的价值，大概是这种情况使他不敢做出上述联结。确实，他把感觉（die Empfindung）[3] 归于灵魂的欲望部分，这个部分是没有理性认识和意见的。不过，他的意思与其说是感性知觉（die sinnliche Wahrnehmung）不如说是快乐与痛苦这样的感受。柏拉图还提及仅仅建基于正确意见之上的德性，也就是缺乏理性洞见而只源于人的习惯的德性；[4] 这样，"意见"与"理性"的关联性就跟"意气"与"理性"的关联性类似。意见和意气就它们与道德行为的关系而言呈现为相同的东西。在《理想国》中，国家的护

416

417

气与理性振翅飞翔〕)，以及"理性对意气的控制"（νόος θυμοῦ κρέσσων，*Ibid*.631）。从这里要走到如下想法还是很远的，即：这两者实际上是灵魂的不同部分。

1　参见 p.170，第 174 页注释 14。

2　《理想国》x.602C sqq.；vii.524A sq.。导致我们形成错误判断的 αἴσθησις（感觉能力）必定与形成正确判断的 λογισμὸς（思维能力）不同。《蒂迈欧》43A sqq.（cf.37B sq.）：灵魂的两个圆环，"同"之圆环与"异"之圆环（κύκλος 或 περίοδος），前者是 νοῦς 与 ἐπιστήμη（理性与知识）的来源，后者是 δόξαι 与 πίστεις（意见与信念）的来源：cf. pp.218, 358 sq.。

3　《蒂迈欧》77B，关于植物性灵魂："第三类型的灵魂……一点也不分有判断、思维和理性，而只有伴随各种欲望的快乐与痛苦之感觉"，*Ibid*.69D：属于灵魂可朽部分的有 ἡδονὴ（快乐），λύπη（痛苦），θάρρος（勇气），φόβος（恐惧），θυμὸς（意气／怒气），ἐλπὶς（希望／盼望），αἴσθησις ἄλογος（缺乏理性的感觉）和 ἔρως（爱欲／情欲），*Ibid*.65A, 71A。

4　参见 p.175。

卫者首先要接受作为武士的训练，随后 [1] 只有一部分人得以接受作为统治者的理论训练。属于第一个教育阶段的那些事情代表着"意气因素"（θυμοειδές）的全面发展，它对应于国家中的武士等级，而且，建立在习惯和意见之上的德性也被归之于这个阶段。[2] 柏拉图的理论如果要走向完备，那么这种关联性是必要的，但是就我们所知，柏拉图本人从来没有清晰地阐明这点。考虑到他在某个场合把正确意见甚至感觉归之于灵魂中的理性部分，[3] 所以我们如果过分强调这点的话就会把不属于他的思想体系的东西强加于他了。[4]

灵魂的这种三分性和它的统一性之间怎么能够协调，这个问题柏拉图自己肯定从来没有提出来过，当然他也就不会尝试去解答。人格性和自身意识肯定只能处于"理性"之中，它在原始状态中是不带其他能力的，哪怕与其他那些能力相结合，它也仍然是主宰的部分。[5] 但是，按照理性自身的本质，它不可能从属于其他那些能力，那么理性怎么会变成与这些能力共存的东西，这点很难理解。柏拉图没有向我们表明，理性怎么会受到灵魂中较为低级的部分的影响并且落入它们的领域，[6] 他也没有解释为什么意气就其本性而言顺从于理性，而且当他告诉我们说，[7] 贪欲因素借助于肝脏、通过各种梦和卜兆而受到理性的管控，这时候我

1　v.471B sqq. ; vi.503B sqq.

2　参见 p.215；参考《理想国》iv.430B，在这里，与国家中的"意气因素"（θυμοειδές）对应的德性，即"勇敢"，被界定为"在所有情况下都能够捍卫关于什么东西可怕、什么东西不可怕这方面的正确和法定信念的能力"。

3　这两者都属于（见第 305 页注释 2）灵魂的两个圆环（它们本源地附属于宇宙灵魂和人类灵魂，参见 p.358；第 263 页注释 2），属于"神性的圆周运动"（θεῖαι περίοδοι，《蒂迈欧》44D，90D），它们在灵魂中有理性的部分中得到联结，并且位于人的头部。据《蒂迈欧》45A，感觉器官也位于头部，因为它们是灵魂中有理性部分的工具；可感事物也被理性所领会：《蒂迈欧》64B，67B。

4　Cf. Brandis, p.401 sq.

5　ἡγεμονοῦν（主宰者），《蒂迈欧》41C，70B；参考斯多亚学派的 ἡγεμονικόν（主宰因素）。

6　说各种感知活动由其逆向运动而妨碍了灵魂中"同"之圆环的运转，这纯粹是比喻性的说法而不是学理性解释。

7　《蒂迈欧》71。

们从这种玄虚想象中也得不到多少帮助。这里提供给我们的是彼此关联的三种存在者，而不是同一个存在者以不同维度在运作。这个理论困难在柏拉图关于来世的那些观念中表现得尤为明显。不带身体的灵魂怎么还会与可感事物有所瓜葛——对于尘俗事物的执迷、对于外在各种利益的错误估计，怎么就会导致它在选择所分配的生活方式之时出现最可悲的错误呢[1]它在来世怎么会因为此世的行为而受到惩罚呢——如果灵魂舍弃了身体，它岂不是舍弃了其可朽的部分，舍弃了欲望、快乐和痛苦的着落处？我们不能设想灵魂的可朽部分在死后仍然存在；这个部分在灵魂与身体结合的时候才出现，所以一旦这种结合消解，它不应继续存在。这里有一个明显的漏洞，或者更应该说是一组矛盾，我们对此不用感到奇怪；如果说柏拉图在阐发这些奇特想法的时候很能自圆其说，那才更令人惊讶。

　　关于意志自由的问题，情况也跟这差不多——这个问题已经给现代哲学带来了很大的麻烦。毫无疑问，柏拉图是在"选择自由"的意义上来考虑意志自由问题的。他常常谈到在我们的行为中的自愿和不自愿，而且在提到这些词汇的时候并未暗示某种与日常含义不同的东西。[2]他明确断定意志是自由的；[3]他甚至表示人的外在"命份"也明确取决于灵魂在出生前状态中的自由选择——这命份是灵魂进入尘世生活的形态，是每个人采取的生活类型以及它所要遭际的事件。[4]这看似表达了某种

419

420

1　《理想国》x.618B sqq.。

2　例如，《理想国》vii.535E（ἑκούσιον 与 ἀκούσιον ψεῦδος（自愿的与不自愿的错误），以及《法律》v.730C）;《政治家》293A ;《法律》ix.861E。

3　《理想国》x.617E：每个灵魂都选择一种生活类型，"这时他就被必然性绑定了（按：也就是一旦做出了选择），德性就不再做主，每个灵魂都因敬重它或藐视它而更多或更少地拥有它。责任在于做出选择的〔灵魂〕，而不能归咎于神"。619B："即使对于最后来的那位，如果他做出明智选择，并且勤勉地生活，仍然可得享满意的人生，而不是恶劣的人生。"同样，《蒂迈欧》42B sq.，在那里，创世者先行让各个灵魂都知道这个律令，即每个灵魂因其自身行为将决定其未来的命运，"而他对于随后可能出现在它们每一个之中的恶都是无责任的"（42D），而且意志自由得到了特别强调；《法律》x.904B sq.。（参见第 300 页注释 4）。

4　参见 p.390 sqq.，尤其是 pp.392, 394 中的那些引述：灵魂一旦作为人出生于世界

所谓"宿命论"，但是对文本更仔细的考察将会发现情况与此相反。只有外在命份是受到出生前选择的决定，而"德性"是完全自主的，而且没有任何一种人生命份是如此糟糕，以致一个人是幸福还是不幸福根本超出了他自己的能力之外。[1] 柏拉图实际上跟苏格拉底同样主张，没有人自愿是恶的。[2] 但是，这一准则只是断言，没有人在清楚意识到一件事对他是恶的这个情况下去作恶；在柏拉图看来，对于什么是真正的善的无知，这仍然是一个人自己的过错，它是执迷于感官情欲的后果。[3]

上，"便没有一个被他（神）所轻视"（《蒂迈欧》41E）。按宿命论者的说法，这是没有意义的，因为如果人们的行为完全由神所决定，那么他们的命运也显然同样由神决定。所以，没有什么宿命论学说主张，神不可能在某人没有犯下过错的情况下让他落到别人后面，相反这些学说会主张，神不可能把个体的身体品质及其命运跟他们的道德与精神品格置于同一层级上；因为世界的完满性要求无限多样和不同层级的存在者。

1　这里引发的诸难题某种程度上得到了解释，但是没有被消除；人生的各种外在影响因素并不是与特定行为那么不相关，以致前者可以预先确定，而后者每时每刻都是自由的。例如，一个选择了阿凯劳斯或者任何大恶人的生活类型的人怎么能同时是诚实的人呢？柏拉图本人承认（618B）："因为（灵魂）选择不同的生活方式必然带来不同的〔品格〕"；但是根据刚才引述的材料，这不会指德性与恶性。

2　《蒂迈欧》86D："所有那些对快乐无法自制的情况都被说成是可指责的，就好像坏事都是人自愿做的。但是，为这点而指责人是不对的，因为没有人自愿是恶的；一个人变成恶的，是他的身体的某种败坏状况以及缺乏教养造成的。"87A："除此之外，当那些人以此方式处于恶劣的状况，形成了恶劣的体制，在城邦里的公开和私下场合所说的话也是恶劣的，而且，可能救治他们的那些学问中没有任何一种在他们小时候起就得到学习，我们当中恶劣的人就是这样变成恶劣的，也就是由两种完全超出我们意愿的因素造成的。（参考《理想国》vi.489D sqq.；尤其是492E）对于这种恶劣状况，我们始终应该指责播种的而不是被播种的，指责培养的而不是被培养的；不过，一个人还是应该尽可能逃脱恶，而抓住其相反者。"参考《申辩》25E sq.；《普罗泰戈拉》345D，358B sq.；《美诺》77B sqq.；《智者》228C，230A；《理想国》ii.382A，iii.413A，ix.589C；《法律》v.731C，734B，ix.860D sqq.。（在这里，柏拉图拒斥了 ἑκούσια 和 ἀκούσια ἀδικήματα〔自愿作恶和不自愿作恶〕的区分，因为所有的恶性都是不自愿的；他代而使用的是 ἀκούσιοι 和 ἑκούσιοι βλάβαι〔自愿伤害和不自愿伤害〕这些说法），还有 Part. i.123, 1 中的引文，以及前文，p.179。

3　参考《斐多》80E sqq.：它相当于说，灵魂在离开身体的时候是否保持纯净，"因为它在生命中并不自愿与之（身体）结合，etc."。《理想国》vi.485C：爱智者本性的基本要求是"绝对不以自愿的方式接纳'假'"。《法律》x.904D："每当灵魂由于其自身的意愿而特别多地分有恶性或者分有德性"。《蒂迈欧》44C：如果人获得理性并且让其理性得到正确培养，他就变为成熟和健全的，"但是如果它完全忽略了

尽管他说，道德堕落在许多情况下主要归咎于病态的体格或糟糕的教 421
育，但是我们必须知道这些因素不能全然帮人开脱，也不会阻断人获得
德性的可能性。这些学说是否彼此完全协调值得怀疑；既主张一切无知
和邪恶都是非自愿的，又断定人的意志是自由的并且应该为自己的道德
状况负责任，这是否合乎逻辑也值得怀疑；但是，如果我们无视柏拉图
关于自由意志的明确论述，也是没有道理的。[1]他可能没注意到自己陷
入了一个两难处境。我们能否设想一种自由的自我决断，而且这种决断
与神的主宰或者自然秩序是否兼容，这个更一般的问题在柏拉图那里似
乎从来没有被提出来过。

　　灵魂与身体的关系问题同样有着相当大的困难。一方面，灵魂在本
质上是全然独特的，它的存在也是独立自在的，因而它甚至在没有身
体的情况下也曾经存在并且必然继续存在；出于它的本性，当它从身体 422
的束缚中解脱出来，它必定会达到完满的生命。[2]另一方面，这个外在
的身体给灵魂施加了如此严重的干扰，以致灵魂受到情感、欲望、幻
想、忧虑和恐惧的迷惑，充满动荡和迷茫，陷入谬误之中，被拖累而落
入"变易"之流。[3]肉体生命的波动干扰和妨碍了灵魂的恒常运转轨迹。[4]
在进入身体的时候，灵魂喝了忘川之水，[5]它在前世的见闻被抹去而无法
知道。灵魂由于与身体结合而导致其本性的彻底扭曲，对此柏拉图做
了浓墨重彩的描绘。[6]道德上的错误和精神疾病由体格上的畸形或疾病
所引起；对身体的合理照料和恰当的锻炼是精神健康的重要手段，也是

　　这点……他会再次以不完满和缺乏理性的方式进入冥界"。所以，责任在于他自己
忽视了道德教育的途径。——柏拉图学派始终把意志自由看作自己特有的学说。
1　例如，Martin ii.361 sqq.；Steger, *Plat. Stud.* ii.21, 47；iii.38 sq.；Teichmüller, *Stud. z. Gesch. d. Begr.* 146 sq., 369 sq.。
2　参见 p.412 sq.，以及《斐多》79A sq.。
3　《斐多》79C sq.，66B sqq.，以及其他地方。
4　《蒂迈欧》43B sqq.。
5　《理想国》x.621A；《斐多》76C sq.。
6　参见 p.414。更多讨论见伦理学部分。

个人和国家在道德养成方面的必要预备。[1] 血统与出身具有重要的意义；父母的秉性和品格会自然而然地传递给他们的孩子。大体而言，父母有多优秀，孩子就有多高贵。[2] 暴躁的先辈生出暴躁的后裔；淡定的先辈生出淡定的后裔。如果其中一种品性单独在一个民族中传递，得到过分发展，[3] 那么各个民族会由于一些自然特质而彼此出现根本差异。[4] 这样，婚育的场合就是值得考虑的重要事情，不仅要重视个人的身体和精神状况，[5] 而且要重视一般的宇宙状况。正如宇宙以长时段的周期发生变迁，植物、兽类和人类也有适育期与非育期的周期变换；因此，如果婚配发生在不吉利的时刻，那么种族特质会变差。[6] 于是我们发现，肉体生命

423

424

1　《蒂迈欧》86B–90D；《理想国》iii.410B sqq.。关于这个主题的更多细节讨论将在后面给出。

2　《理想国》v.459A sq.；参考 iii.415A；《克拉底鲁》394A。在《理想国》415A sq.（参考《蒂迈欧》19A）有这样一个论述，即，这个法则可能会有一些例外。

3　《政治家》310D sq.；参考《法律》vi.773A sq.。

4　参见第 304 页注释 5。

5　《法律》vi.775B sqq.：已婚的人如果要生育，就必须远离一切不健康的事物，远离坏行为以及一切激怒，尤其不能醉酒，因为这样的事情会有其后果传递到其孩子的身体和灵魂中。

6　《理想国》viii.546。柏拉图说，一切生物——就像植物一样——它们的身体和灵魂都有生育期和不育期，它们合起来就完成一个完整周期。接下来通过宇宙周期与人类周期的对比得出了更多细节描述。但是柏拉图没有泛泛这样说"宇宙在一个较长周期中会发生改变，而人类则在一个较短周期中发生改变"，而是标明了两个周期的确定长度。他以毕达哥拉斯主义的方式通过数学谜题来间接表达："ἔστι δὲ θείῳ μὲν γεννητῷ περίοδος ἣν ἀριθμὸς περιλαμβάνει τέλειος, ἀνθρωπείῳ δὲ ἐν ᾧ πρώτῳ αὐξήσεις δυνάμεναί τε καὶ δυναστευόμεναι, τρεῖς ἀποστάσεις, τέτταρας δὲ ὅρους λαβοῦσαι ὁμοιούντων τε καὶ ἀνομοιούντων καὶ αὐξόντων καὶ φθινόντων, πάντα προσήγορα καὶ ῥητὰ πρὸς ἄλληλα ἀπέφηναν· ὧν ἐπίτριτος πυθμὴν πεμπάδι συζυγεὶς δύο ἁρμονίας παρέχεται τρὶς αὐξηθείς, τὴν μὲν ἴσην ἰσάκις, ἑκατὸν τοσαυτάκις, τὴν δὲ ἰσομήκη μὲν τῇ, προμήκη δέ,〔Hermann 版与多数现代版本以及几个良好的抄本都是这样的文本；Weber 在 De num. Plat.13 提议读作 τῇ μὲν，其意思是一样的，但是不值得推荐〕ἑκατὸν μὲν ἀριθμῶν ἀπὸ διαμέτρων ῥητῶν πεμπάδος, δεομένων ἑνὸς ἑκάστων, ἀρρήτων δὲ δυοῖν, ἑκατὸν δὲ κύβων τριάδος. σύμπας δὲ οὗτος ἀριθμὸς γεωμετρικός, τοιούτου κύριος, ἀμεινόνων τε καὶ χειρόνων γενέσεων."

　　【中译按：这段文字理解起来相当困难。策勒在后面从希腊原文出发给出了长篇解释和评论，可以当作参考。为了便于读者理解，中译者参考某些当代英译本注释

预先给出一种带有注释的翻译，意思未必与策勒下面的解释完全一致，仅供参考。有兴趣的读者还可以参考 J. Adam 在他的《理想国》希腊文注释本中的长篇注释。译文如下：对于神圣的造物而言，有一个由完满的数所涵括的周期；而对于凡人而言是这样的首数，在其中，根和乘方增加，形成三个间隔和四个项（按：“3×4×5”×“3×4×5”×“3×4×5”×“3×4×5”），它的构成要素（按：3×4×5）导致相似和不相似、盈和亏，并且让一切事物在彼此关联中相互契合、相互成比例。这些构成要素——4、3、连同 5——在自乘三次后得出两个和谐〔数〕（按：“3×4×5”作为根，自乘三次，得出的结果是 12960000。这个数可以通过两个“和谐〔数〕”来表达）。第一个和谐是边长相等的正方形，〔其边长〕是 100 的若二倍（按：36倍。即，3600×3600=12960000）。另一个和谐是长方形（按：原文直译更接近于“对边相等但邻边不相等的矩形”。这个数是 4800×2700=12960000），其中一边的长度是，以边长为 5 的正方形的有理数对角线（按：约等于 7，以有理数 7 为取值）作为其边长的正方形数（49），减去 1（得到 48），乘以 100（得到 4800），或者它（边长为 5 的正方形）的无理数对角线（$\sqrt{50}$）作为其边长的正方形数（50），减去 2（得到 48），乘以 100（得到 4800）；另一边的长度是，3 的立方乘以 100（3×3×3×100=2700）。这整个几何数字主宰着好的出生与差的出生。】

这个谜题的谜底显然为亚里士多德所了解（《政治学》v.12, 131b, a. 4 sqq.），到了西塞罗的时代被众人说成是不可理解的（ad. Att.7, 13），而在当代则以不同方式激发了学者们的聪明才智；参见 Schneider, *Plat. Opp.* iii. Praef.1–92 中提及的那些材料；Susemihl, *Genet. Entw.* ii.216 sqq.；Weber, *De numero Platonis*（Cassel, 1862；Gymn. progr. 补充到第二版中）。Hermann，Susemihl 和 Weber 似乎最接近真相。在利用他们的成果并且提及其中某些要点的基础上（本书不可能对不同观点做方方面面的说明），我在这里不妨给出自己的一点看法。柏拉图说，神的造物，也就是宇宙，相对于人类而言，以一个较长的周期运动，经历较细小的改变，而人类的运动周期较短，改变较为显著。用毕达哥拉斯学派的话来说，宇宙的运行周期属于一个较大的数，而人类的则属于一个较小的数；宇宙的是完满的数，而人类的是不完满的数；宇宙的是一个正方形数，而人类的是一个长方形数。（长方形数就是由一大一小不等的两个数相乘得到的数；跟正方形数相比，长方形数属于不完满的一类数；参见 Vol. i.3rd edition，p.341, 3；302, 3。）这些数现在要得到更详细的描述。宇宙的运行周期被一个完满数所包含，因为宇宙大年的周期（到了这个期限，所有事物都返回到其最初的位置）由 10000 年构成（参见 p.344）。10000 作为一个正方形数是一个完满数，尤其是它是由数字 10（它是一个 τέλειος ἀριθμὸς〔完满数〕，见 Vol. i.342）为要素构成的数。数目 10 通过自乘四次（按照“圣十结构”〔sacred tetractys〕），达到其四次方。宇宙运行周期的年数相反于人类变革周期的年数，即，到了后面这个期限会产生或更坏或更好的全新人类——出现 εὐγονία（适育期）或 ἀφορία（非育期）（参考 546 A，C）。首先，这里的文本说，它是第一个数，它“αὐξήσεις δυνάμεναι, etc.”（根……增加，等等），其单纯有理数比例可以在整数中得到表达（πάντα προσήγορα … ἀπέφηναν）。其次，得出若干数列的“ἐπίτριτος πυθμὴν”（指 4 与 3——中译注）（不管 ἐπίτριτος πυθμὴν 前面的 ὂν 指向 αὐξήσεις 还是指向 πάντα——后者似乎更有可能，都必须是这个意思），跟数目 5 联合，自乘三次，得出两个 "ἁϱμονίαι"（和谐数）——它们通过边长得到描绘。我们还看到，这里描述的这些数的联结是 "从几何方面讲的"，也就是说，它的所有构成要素都可以在几何图形中得到展示。在这个描述的第一部分，"αὐξήσεις δυνάμεναί τε καὶ δυναστευόμεναι" 指的是，我们面对的是一些等式，它们的根是毕达哥拉斯式三角形的三个数，3、4 和 5。毕达哥拉斯学派把 3 和 4 称为 δυναστευόμεναι，把 5 称为 δυνάμενη，因为 $5^2 = 3^2 + 4^2$（细节参见 Vol. i.344, 2, 3rd edition）。从这些数出发是合适的，因为这里需要确定的是两性结合的法则，也就是 "婚配"（γάμος）的法则，而且数目 5（3 和 4 以潜在方式被 5 所包含）被毕达哥拉斯学派称为 "婚配"，作为男性数和女性数的最初结合（Vol. i.343, 4；335, 3）。早先的评注家注意到这段话谈论了毕达哥拉斯式三角形；参考 Plut. De Is.56, p.373，普鲁塔克这样谈论这种三角形："ᾧ καὶ Πλάτων ἐν τῇ πολιτείᾳδοκεῖ τούτῳ (?) προσκεχρῆσθαι τὸ γαμήλιον διάγϱαμμα συντάττων"（柏拉图在《理想国》中似乎把它拿来与婚配方面的几何图形联系在一起）。从这些构成要素出发，通过反复自乘（αὐξήσεις），就得到一个比例，甚至若干比例，由四个 "项"（ὅϱοι，这里的用法跟 iv.443D 一样）构成，而且这些项的间隔（即 "算术比例"）是三个区间，也就是说，一个或多个这样的比例：A : B = B : C = C : D（"ῥητὰ πϱὸς ἄλληλα" 这些说法表明我们要处理的是比例方面的问题）。这些 "项" 的数一部分是 ὁμοιοῦντες，另一部分是 ἀνομοιοῦντες，一部分是 αὔξοντες，另一部分是 φθίνοντες。（属格的 ὁμοιούντω 等等，当然应该被看作由 ὅϱοι 所支配，并且应该补上 ἀϱιθμῶν；而 ὅϱοι ὁμοιούντων 等等，应该解释为由 ἀϱιθμοὶ ὁμοιοῦντες 等等所构成的 ὅϱοι。）这里的意思是什么是一个疑问。由于正方形数被称为 ὅμοιοι，而长方形数被称为 ἀνόμοιοι（Jambl. in Nicom. p.115 Tennul.），Hermann, b. ix 认为 ὁμοιοῦν 指正方形数的构造，而 ἀνομοιοῦν 指长方形数的构造，这是正确的。"αὐξόντων" 和 "φθινόντων" 是晦涩的说法。我认为不太可能的是，前者等同于 ὁμοιοῦν，后者等同于 ἀνομοιοῦν（Weber, p.22, 遵照 Rettig）。在异常简短的描述里面，柏拉图会使用这种冗言法，这看起来是不可能的；这里涉及的两个词的意思也不能从它们的字面意思 "增加和减少" 而引申出来。而且，"αὐξόντων" 前面的 "καὶ" 也让我们预期某个新的意思，而不是 "ὁμοιούντων" 和 "ἀνομοιούντων" 的简单重复。Weber 认为，柏拉图在 "ἐν ᾧ πϱώτῳ … ἀπέφηναν" 这些话里想到的比例必须是由 5、4 和 3 得到的某些乘方所形成，并且第一项和第三项是正方形数，第二项和第四项是长方形数，而这些项（接下来会谈到关于 ἐπίτϱιτος πυθμήν 的说明）的比例关系是 4 : 3。这样，他得到了如下的比例：$5^2 \times 4^2 \times 4^2 : 4^3 \times 5^2 \times 3^2 : 5^2 \times 4^2 \times 3^2 : 3^3 \times 5^2 \times 4 = 6400 : 4800 : 3600 : 2700$。这样，第一项和第三项的和是完全数 10000，而第二项和第四项的和是不完全数 7500。但是，首先，他用以出发的假设是非常不确定的。这段文本的语气本身没有告诉我们这里讨论的是四个项的一种比例还是几种比例。这里并没有说，在这个或这些比例中，第一项和第三项必须是正方形数，第二项和第四项必须是长方形数；而仅仅是，泛泛地说，正方形数和长方形数在这些项里面确实出现了。我们不能从 ἐπίτϱιτος πυθμήν 推论说，这个比例（如果仅仅是一种比例）以 4 : 3 的比率递进，因为从 3、4 和 5 这几个要素出发的每个等式中，都存在 ἐπίτϱιτος πυθμήν 和数目 5。其次（而且是主要的一点），Weber 从他的比例中得出了两个数；它们在后面作为两个和谐数的总和出现：宇宙年的数目 10000，以及数目 7500。但是，在 "ἐν ᾧ πρώτῳ … ἀπέφηναν" 这些话中，柏拉图的意思只是描述一个数，也就是 "人的产生" 的周期。这个数是什么，它怎么得出来，这在这些话里是不足以弄清楚的，只要它们的意思没有得到更清楚的解释。从 3、4 和 5 这些构成要素，也就是柏拉图当作计算基础的几个数，我们可以按照如下方式得出四个项的若干比例，它们在自乘三次之后可以通过比例中项而被关联起来（按照第 270 页注释 1 所说的原则）。这样我们就得到三个等式：1）$3^3 : 3^2 \times 4 : 3 \times 4^2 : 4^3 = 27 : 36 : 48 : 64$；2）$3^3 : 3^2 \times 5 : 3 \times 5^2 : 5^3 = 27 : 45 : 75 : 125$；3）$4^3 : 4^2 \times 5 : 4 \times 5^2 : 5^3 = 64 : 80 : 100 : 125$。由此，我们所要求的数，"ἀριθμὸς κύριος γενέσεων"，可以通过形成它们的全部项的数列（27、36、45、48、64、75、80、100、125）而得出来，并且可以对这个数列的各个数进行总计（正如在 Tim. Locr. 96 B 中那些和谐数中的数目也被总计）。这就得出 600 这个数，这样 εὐγονίαι（适育期）和或 ἀφορίαι（非育期）的人类变化周期是 600 年。我们还可以注意到，600 是 60 的 10 倍，而 $60 = 3 \times 4 \times 5$；如果我们同时可以假定柏拉图把这里的 γενεά（生育期）界定为 60 年（当作男人生殖力的最长期限），我们就会得到这个结果：在 10 个百年之后，个体灵魂开始新的循环周期（参见前文），所以人类在 10 代人之后就会出现一次变革。到此为止，我们对柏拉图意思的解释还是没有多少确定性。这段描述的第二部分 "ὧν ἐπίτριτος πυθμὴν … ἑκατὸν δὲ κύβων τριάδος" 所表示的数目可以得到更确定的说明。这里说的两个和谐数，其中一个必须是 $100 \times 100 = 10000$。另一个数（如 Hermann 正确解释的）必须是这样构成的：3 的立方的 100 倍，以及从数目 5 的有理数对角线减去 1 或它的无理数对角线减去 2 得出的数的 100 倍。这个数是 7500，从 $100 \times 3^3 = 2700$ 和 100×48 相加得出。48 是比（边长为）5 的（正方形）有理数对角线（为边长而构成）的正方形数小 1，也是比（边长为）5 的（正方形）无理数对角线（为边长而构成）的正方形数小 2 的数；5 的无理数对角线 $= \sqrt{(2 \times 5^2)} = \sqrt{50}$，其正方形数是 50；它的有理数对角线 $= \sqrt{49}$，其正方形数是 49。更多的意思就是不确定的了。这两个数是从两个和谐数中得出来的，也就是说，它们是按照确定的算术比率递进的两个数列（"ἁρμονία〔和谐〕" 在这里应该从数学而不是从音乐或形而上学—伦理学意义上来理解），通过之前得到的数列的 "ἐπίτριτος πυθμὴν"（即，4、3）与 5 相乘三次（τρὶς αὐξηθείς）而得出。"ἐπίτριτος πυθμὴν" 只能是数目 3 和数目 4 本身，因为 πυθμένες 的意思是这样的算术关系：οἱ ἐν ἐλαχίστοις καὶ πρώτοις πρὸς ἀλλήλους λόγοις ὄντες（ἀριθμοι）… ἐπιτρίτων δὲ ὁ τῶν δ' πρὸς γ'。"τρὶς αὐξηθείς" 的意思是（如亚里士多德在《政治学》1316a7 解释的）：ὅταν ὁ τοῦ διαγράμματος ἀριθμὸς τούτου（毕达哥拉斯式三角形的数：3，4，5）στερεός γένηται。那两个数列必须通过 3、4 和 5 的立方（前面给出了它们的总和）的结合而得出来。Weber 的提议（p.27）是值得考虑的。他首先把 3 和 4 各自乘以 5，然后对 3×5 和 4×5 再乘以毕达哥拉斯式三角形的几个数（3、4、5）。这样他就得出了以 3、4、5 为比率的三个递进的项的两组数列（同时处于算术比例关系中），它们也可以在几何图形中得到展示，如他所表明的：1）$3 \times 3 \times 5 = 45$；$4 \times 3 \times 5 = 60$；$5 \times 3 \times 5 = 75$；2）$3 \times 4 \times 5 = 60$；$4 \times 4 \times 5 = 80$；$5 \times 4 \times 5 = 100$。把第一组数列中的第一项和第二组数列中的第一项相乘，等等，我们就得到长方形数 $45 \times 60 = 2700$；$60 \times 80 = 4800$；$75 \times 100 =$

425　从其开始乃至整个过程都对心灵有着重要的影响。这个观念与柏拉图的
其他学说如何兼容，他并没有提出这个问题。

426　　　柏拉图借助某种目的论把他的灵魂学说跟他的生理学设想联系起
427　来，这些生理学设想尽管有时候是富有创意的，但是在科学方面贡献不
428　大。他的生理学的细节是有趣的；他从如此有限的经验材料出发解释了
复杂的生命现象，让我们既了解到那个时代的科学状况，也了解到他的
观察力；但是，这方面的学说对于他的整个哲学体系而言不具有多大的
重要性。

　　柏拉图说，灵魂的三个部分就它们各自的本性和固有关系而言是不
受干扰的，它们各自有独立的居所。理性灵魂的两个圆环[1]位于圆形的
头部，它在那里就像在大本营一样统治着整个身体。[2]各个感官被指派
429　为它的工具。[3]不过，感性知觉不仅从属于理性灵魂，而且还扩展到那

7500。把第二组数列中的三项进行自乘，我们就得到了正方形数：$60 \times 60 = 3600$；
$80 \times 80 = 6400$；还有两个数的总和是 $100 \times 100 = 10000$。对称性也许会要求第一组
数列中的三项也进行自乘，不过这跟柏拉图的几何建构并不相关。然而，不管我们
怎么理解柏拉图的阐述，不管我们怎么对该阐述的缺陷进行修补，我们都不能从这
段话里读出关于主宰人类变化的法则的严肃意思。柏拉图自己就提示了这点，在
546A sq. 他说：无论统治者多么有智慧，他都不可能知道我们人类的 εὐγονία（适
育期）和 ἀφορία（非育期）的时间，并且在安排配偶结合方面可以避免灾难性的
错误。柏拉图的目标毋宁说是显示这种法则的神秘意义，并且以谜语一样的方式给
出某种说明；但是，即使我们从数学上能够解释这个算式，这个法则自身也不会变
得更加清楚明白（如亚里士多德在上述场合所反驳的）。这里的神秘因素，如同其
他地方的神话因素，意在用显白的表达来掩盖学理性知识方面的缺失。

1　ψυχῆς περίοδοι（灵魂的诸圆环），p.43 sqq.，44B, D, 47D, 85A, 90D；参考前文，
　　p.358；第 263 页注释 2. 灵魂的诸圆环以及由于摄取营养而带来的干扰（76A）导
　　致了颅骨的若干接缝（参考 43D sqq.）。

2　44D sq.

3　《蒂迈欧》45A。就各种感觉能力而言，柏拉图通过如下预设来解释视觉：在眼睛
　　里有一种内在的"火"（或"光"）从眼睛中发射出来，与发光物体发散出来的同类
　　的"火"遇合，并且通过整个身体而传递到灵魂。（《蒂迈欧》45B–D；参考《智者》
　　266C；《泰阿泰德》156D；《理想国》vi.508A。）这种居留于眼中的"光"被柏拉图
　　称为"ὄψις"（视觉）。在《蒂迈欧》46A–C 讨论了反射光，在镜子中的映像等情况；
　　67C sqq. 讨论了各种光的颜色。参考 Martin, ii.157–171, 291–294 ad h. loc.。睡眠也
　　从眼睛中的内在"火"得到解释：如果眼帘关闭，身体的内在运动就必定得到放松
　　而处于休息状态，《蒂迈欧》45D sq.。听觉活动是由声响推动耳朵内部的"气"而

两个更低级的部分。¹ 感性知觉跟快乐和痛苦的感受相关，² 这些感受只属于可朽的灵魂部分。³ 这部分灵魂驻留于身体的躯干，不过它又分为

造成的，而这种运动通过血液传递到大脑，再传递到灵魂。这样，灵魂被激起一种运动，从头部扩展到肝脏的领域，也就是欲望的坐落处，而这个从灵魂中发起的运动就是"ἀκοή"（听觉）（《蒂迈欧》67A sq.）。味觉是舌头的血管（φλέβες）的收缩或膨胀（《蒂迈欧》65C sq.）。嗅觉是基于各种蒸气（καπνὸς 和 ὀμίχλη〔汽和雾〕，参见 p.378）穿透进入头部与肚脐之间的血管，以及它们相互接触时的激烈和平缓程度（66D sqq.）。

1　参考第 305 页注释 3，以及上面关于听觉和嗅觉所引的出处；据 65C 说，舌头的那些血管，也就是味觉的器官，联通到心脏。

2　据《蒂迈欧》64 sqq.，当某种外部震动引起身体中的某个运动，而这运动又传递给灵魂，这时就产生了"αἴσθησις"（感觉）。于是，它仅仅出现在可以运动的身体部分上，而那些不可运动的部分，譬如骨头和头发，是没有感觉能力的。身体中诸感觉活动的最重要传播媒介被柏拉图认为是血液，由于它被看作最具流动性（《蒂迈欧》70A sq.，77E，65C，67B）。（在柏拉图时代，神经系统尚未被知晓，它到了相当晚的时候才被人认识到。）如果运动仅仅在身体中缓慢地发生，那么它根本不被注意到，也就不会是某种感觉。如果它发生得很快很顺利，不受什么羁绊，那就会造成某种非常清晰的感觉，不过它不是快乐的也不是痛苦的。如果它伴随着某种引起注意的干扰，或者伴随某种引起注意的自然状态之恢复，那么在前一个情况就会出现痛苦，而在后一种情况会出现快乐（《蒂迈欧》64A sqq.；关于快乐以及快乐的缺乏，参考《斐莱布》31D sqq.，42C sqq.；《高尔吉亚》496C sqq.；《理想国》ix.583C sqq.）。不过，痛苦与快乐不是始终相互制约的。可能出现这个情况（《蒂迈欧》，loc. cit.），即关于自然状态的干扰迅速发生而达到被觉察的程度，但其恢复却以不被注意的方式发生；或者可能出现刚好相反的情况。那么，在前一种情况中我们就会有不带快乐的痛苦；而后一个情况中就会有纯粹的感性快乐，如《斐莱布》51A sqq.，62E，63D，66C 所提及的。把后者说成"不再是仅仅感性上的，而已经变成理智性的、数学上的"（Susemihl, ii.429），这似乎不符合柏拉图的意思。正如他在《蒂迈欧》65A 说，"那些经历了自身逐渐损耗而空乏的身体，突然得到大量的充满"，就会出现不带痛苦的快乐，例如，令人快乐的嗅觉；同样在《斐莱布》51B，他提到纯粹快乐的例子有"那些与所谓纯净的颜色相关，与者几何图形相关，与大多数气味和声音相关，总的来说与任何少了它们也觉察不到而且不感到痛苦的东西相关的那些快乐，而从它们得到的满足是可觉察到的并且是快乐的"。但是，关于这些快乐感觉（其中，属于嗅觉的当然不如属于视觉与听觉的高贵），在 52A，明确区别于"与各种知识相关的快乐"。在《斐莱布》66C（"那些我们区分并确定为无痛苦的快乐类型；我们称其为灵魂自身的一些纯粹快乐，因为它们伴随着各种知识，有些甚至伴随着觉察"），其中被接受的读法与上述评论肯定是吻合的，但其本身存在语词和逻辑方面的一些难题，因而我的提议读法是：τὰς μὲν τ. ψ. αὐτ. ἐπιστήμαις（正如其中一个抄本的读法），τὰς δ᾽ αἰσθ. ἐπ.

3　参考第 305 页注释 2。不过，这仅仅对于感性上的快乐和不快乐而言是这样。柏拉图还承认存在一种精神上的快乐，参见《理想国》ix.582B，583B，586E sqq.，

高贵的部分和低贱的部分，因而其居所也有两个分区，就像家中有男人房间与女人房间的划分。"意气"驻留于胸部，最靠近起统帅作用的"理性"；"欲望"驻留于较低的部位。[1] 胸部中有心脏，即"意气"的主要器官；血管从那里出发通达全身，它快速向四面八方传达"意气"的各种指令与威吓。[2] 这些管道还帮助传送血液中消耗着的粒子的持续补给。[3] "气"在这些管道中循环，[4] 部分通过呼吸道，[5] 部分通过肉和皮肤进出身体。[6] 肺置于心脏附近以对它进行冷却，并且为它的猛烈跳动提供缓冲。[7] 欲望与理性的联系借助于肝脏得以实现；欲望按其本性既不理解也不倾向于遵循合乎理性的那些理由，它受制于幻想，而肝脏恰好服务于这点。理性在肝脏平滑如镜的表面上呈现出可喜或可怖的影像：通过与胆汁的融合，它改变或恢复肝脏的自然甜度和色度，从而警醒或平息居于该部分的灵魂。总之，肝脏是预感和梦兆的器官；[8] 就此而言，占

431

---

　　vi.485D；《斐莱布》52A；参见 p.187。

1　《蒂迈欧》69E sq.，70D，77B。

2　70A sq.。我们已经注意到（第 315 页注释 2），血液是感觉活动的传递媒介。《蒂迈欧》77C sqq.（cf. Martin, ii.301 sqq., 323 sqq.）试图对血管系统做一种描述；这里没有提到静脉与动脉的区分，更没有提到血液的循环，这点对于古人而言是完全未知的。

3　柏拉图的学说在细节上是这样的（《蒂迈欧》80C sqq., 78E sq.）：每一种元素都趋向于它的同类，因而身体的构成部分不断损耗；但是按照同样的原则，它们又从血液中不断得到补充，在呼吸活动中进入的气的驱动下，滋养物通过身体中的火（内在的热）而扩散到血液之中（参考本页注释6）。在年幼时期，由于身体的诸元素是新鲜的，它们更快速地聚集从而更顺利地吸收滋养物，从而进入身体的比散出身体的更多——这样它就成长；在变老的时候，这些元素已经受到损耗，它就萎缩，并且最终完全消解。

4　78E sq.，80D。柏拉图在这里沿用第欧根尼的观点；参见 Vol. i.227, 7, 3rd edition。

5　77E sqq. 的晦涩描述得到了 Martin, ii.334 sqq. 以及 Susemihl, ii.453 sqq. 的阐释。

6　柏拉图跟恩培多克勒一样（参见 Vol.i.647），不仅想到呼吸现象，还考虑到排汗现象。他认为（78D-79E），"气"要么通过气管与咽喉、要么通过皮肤进入到身体之中；它受到内在火的温暖之后，通过上述两种方式寻求身体外部与之类似的元素。没有真空地带；因而排出的气就会把外部的气挤压到身体中；如果一阵气流从嘴与鼻子排出，外部的气就从皮肤进入身体，而如果气流从皮肤排出，外部的气就从嘴与鼻子进入身体。

7　70C sqq.；不仅气而且喝进的液体也被认为传输到肺部里。

8　《蒂迈欧》71A-72D。即使在死后，预兆性影像的痕迹也保存在肝脏中。不过柏拉

卜基本上只属于缺乏理性的人。[1] 柏拉图不认为其他器官有太大的重要性：他把消化器官看作存储食物的地方，而食物的分解被认为源自身体的自然热度。[2] 他的其他一些生理学思想在这里只能得到简要提示。[3]   432

他说，植物[4] 和动物[5] 都是为了人而形成的；植物充当人的食物，动物充当配不上高级生命的那些人的灵魂的处所。植物也是有生命的存在者，但是它们的灵魂是最低级的类型，既不能运用理性也不能形成意见，只有欲望与感觉；这种灵魂只能在没有自我意识的情况下运动，而且不可能有源于自身并向自身回归的那种运动；[6] 所以，植物不能改变它们自己的位置。《蒂迈欧》表示，一切动物最初都曾经是人；然而与之   433

图认为，它们太晦暗与模糊，不能得出什么明确结论。他也不认可利用牺牲来进行占卜。脾脏被认为是让肝脏保持纯净的。

1　71E："针对人类的理智不足，神赠予了占卜本领（μαντικήν），因为没有一个人在理智清明的时候从事通灵的、真正的占卜，而只有他的理智能力在梦中、在病痛中或者由于某种灵感受到约束的时候才有可能。"只有对预言的诠释是理性与反思方面的事情。参考《法律》719C 以及前文 p. 176 sq，另一方面参见 p. 191。如大家熟悉的，在《斐德罗》60D sq. 和《克里托》44A，以及作为柏拉图弟子的亚里士多德撰写的《欧德谟斯伦理学》（Cic. Divin. i, 25, 53），提到了富有意义的预言性的梦。柏拉图很可能以严肃态度相信，各种预感有时候在睡眠中呈现出来，有时候在醒着的状态呈现出来，因为在这方面有苏格拉底的"神灵"启示作为先例。另一方面，他明确表示（这也是从他的观点出发可以更正确地推论出来的），在梦中动物的种种欲望以更无拘束的方式呈现出来，因为在睡眠中理性活动隐退到幕后了。（《理想国》ix.571C，Schleiermacher, Pl. WW. iii. i, 601 试图从中做出过度的推论；柏拉图在那里引用的例子是从索福克勒斯的《俄狄浦斯王》981 转借来的。）

2　71E sq.；cf.80D sq.

3　关于四肢，参考 44E sq.；关于骨髓、大脑、肉和骨头的形成，73A sqq.；关于嘴，75D；关于皮肤、头发和指甲，75E sqq.。

4　77A–C，参见第 305 页注释 3。

5　90E，91D sqq.，关于这点的更多内容参考 p.392 sqq. 的引述。

6　77B："πάσχον γὰρ διατελεῖ πάντα, στραφέντι δ' αὐτῷ ἐν ἑαυτῷ περὶ ἑαυτό, τὴν μὲν ἔξωθεν ἀπωσαμένῳ κίνησιν τῇ δ' οἰκείᾳ χρησαμένῳ, τῶν αὐτοῦ τι λογίσασθαι κατιδόντι φύσιν οὐ παραδέδωκεν ἡ γένεσις"。这些话被普遍误读了，例如在 Stallbaum, Martin（i.207, ii.322）和 H. Müller 那里。这段话的译文是："它的 γένεσις（生成）没有赋予它这样一个本性，使它在自身转动自身的时候可以抵制外来的那些运动（或者把 φύσιν 与 κατιδόντι 联系起来，译作"没有允许它去抵制, etc."），只利用它自身的运动，从而察觉到其自身的各种状况，并且对它们进行反思"。

不同的是，《斐德罗》[1]在那些严格意义上的动物灵魂和由人类灵魂堕落而来的动物灵魂之间做出区分，同时暗示说，人的灵魂本身永远不会变成野兽的灵魂。根据灵魂对其做人天职不忠实的程度和性质不同，它具有不同的动物身体。[2]按照这种理论，动物世界中的种类差异是人类行为的后果。但是在别的地方，这些差异更正确地被看作宇宙总体完满性之必要条件。[3]

甚至性别和人类的繁殖也被看作某些恶行的结果——由于这些恶行，人类灵魂被降级为较低的形式；[4]尽管这个说法很难兼容于繁殖之绝对必要性的说法，[5]也很难兼容于柏拉图在其他地方关于两性根本平等的主张。[6]

《蒂迈欧》的最后一部分以相当长的篇幅探讨疾病；不仅是身体的疾病，[7]还有身体方面造成的心灵的病态。[8]心灵的疾病被归结为两个类型：疯狂和无知。各种不道德都可以归咎于这两种疾病；腐败的政治体制、不健全的教育以及个人体格羸弱是这两种疾病存在的原因；即使是

434

1　249B；参见第 301 页注释 1。

2　《蒂迈欧》91D sqq.；《斐多》82A，参考前文 pp.178，394，411，499 sq.。

3　参见 p.388。

4　《蒂迈欧》90E sqq.，41E sqq.（参见 p.392）。其中第一处文本解释了性冲动。男性精液（被说成流出的脊髓）跟女性的相应物质一样，是一种 ζῷον ἔμψυχου（有灵魂的生命体）。在其中一种里面存在追求 ἐκροή（外泄）的欲望，而在另一种里面存在追求 παιδοποιία（怀胎 / 生育）的欲望；参考引自 Hippo 与 Empedocles 的材料，Vol. i.216，1；645，4，3rd edition。

5　《会饮》206B sqq.；《法律》iv.721B sq.，vi.773E。参见 p.193。

6　《理想国》v.452E sqq.。我在后面将返回到这点上。

7　81E—86A。被提及的有三类疾病原因：1. 基本构成物质的状况。有些物质太多了或者太少了，或者没有得到恰当分布，或者某个器官受到不匹配的火、水之类而不是合适的火、水之类的元素的作用（82A sq.，86A）。2. 第二类病因在于某些器官的构成要素（骨髓、骨头、肉、肌腱、血）出现了同样的缺陷。这些器官的构成要素在生成的时候出现自然秩序的颠倒是尤其危险的。按照自然的方式，肉与肌腱由血构成，骨头由肉与肌腱构成，骨髓则由骨头构成。如果不是这样，而是出现了相反的构成方式，就会带来最严重的病痛（82B sqq.）。3. 第三类疾病的原因是气状物（πνεύματα）、黏液和胆汁的分布及其状况出现紊乱失序。更多细节讨论参见 Martin, ii.347—359；Susemihl, ii.460 sqq.。

8　86B—87B。

对于身体疾病的治疗，[1] 也应把对身体的合理照料看得比单纯药物更重要；[2] 总之，应该对人的整体进行和谐的培养，平衡地对待身体和精神上的教育，并且借助"科学知识"（die Wissenschaft）达到理性之成全——柏拉图在所有这些论述中都表明了"物理学"的边界并且把我们引向"伦理学"，而伦理学从一开始就是他的物理学探究的内在目标。[3]

1　87C–90D。

2　参考《理想国》iii.405C sqq.，以及 Schleiermacher, *Werke z. Philosophie*, iii.273 sqq.。

3　27A。其中提议，蒂迈欧应该从宇宙起源讲起到人类产生为止，而关于人类的教育问题，苏格拉底说他在前一天讨论城邦（国家）问题的谈话中已经描述过了。

第 十 章

伦理学：至善与德性

435　　柏拉图哲学根本上是伦理学性质的。他最初的工作是对"德性"进行苏格拉底式探究，这为他的"辩证方法"和那些"概念界定"提供了最初的素材，而"理念论"最终由此产生。他所特有的哲学探究方式本质上不仅导向理论知识，而且导向道德教养和苏格拉底式的"自我认识"。[1]如果他不对这些问题始终保持特别关注，那么他会背叛自己和苏格拉底教导的精神。但是，他的思想体系的逐渐发展，要求他在与苏格拉底交往时期获得的那些伦理学观念得到根本上的扩展和更精确的界定与重塑，并且应用到各种现实情况。所以，尽管他自己的思想从起初就受到苏格拉底式伦理学的影响，但是他赋予道德学说的形态却受到他自己的形而上学、人类学乃至物理学的限定；离开后面这些学说，他的道

436　德学说就不可能得到充分解释：他的思想体系的最初出发点也就是他最终完成的体系的终结点。柏拉图在道德事业方面的纯粹性、热情和坚毅，他对道德知识之必要性的坚信，他的伦理学的那些基本观念，这些是他从苏格拉底圈子中得来的；但是，他的伦理学凭借恢弘的理念论而大大超越了苏格拉底的伦理学说，如果没有理念论以及整个体系中的人类学部分，那么，诸德性的观念和国家的观念中所具有的精细界说都是不可能实现的。在具体内容方面，柏拉图的伦理学分为三方面的探究：

1　参见 p. 216 sq.，以及《斐德罗》229E sq.。

1. 道德活动的终极目标，或"至善"；2."善"在个体中的实现，或"德性"；3."善"在共同体中的实现，或"国家"。[1]

一、至善

苏格拉底把"善"（或"好"，das Gut）看作全部人类事业的终极目标；"善"这个概念也是所有小苏格拉底学派的基本伦理学概念。[2] 不过，苏格拉底所理解的"善"只是对人而言的"好事物"，有益于幸福的东西。这是从古希腊人的道德观中自然引申出来的，就此而言，柏拉图与苏格拉底是一致的。对最高道德难题的追问和对至善的追问是一致的，而这与对于幸福的追问也是一致的。幸福是拥有"善"，而善是每个人都追求的。[3] 但是，善和幸福又由什么东西构成呢？从柏拉图思想体系的基本预设可以推导出对这个问题的两重回答。唯有"理念"是真正的实在；"物质"不仅是"非实在"，而且是"理念"的对立面，妨碍

437

1　参考 Ritter, ii. 445。

2　参见 Part i. 124 sqq., 221，257，297 sq., 304。

3　《会饮》204E sqq.："因为幸福的人在拥有'善好事物'的时候是幸福的，而我们没有额外必要去问：希望达到幸福的人为了什么而希望达到它，etc."。每个人都追求对于善的恒久拥有："简言之，爱欲是追求'善好'可以永远属于自己"。《欧绪德谟》288E sqq.：除非知识对我们有用，也就是说（289C sq., 290B, D, 291B, 292B, E），让我们变得幸福，否则是无价值的。《斐莱布》11B sq.；参见第 205 页注释 1；参考《高尔吉亚》470D sq., 492D sqq.；《理想国》i. 354A, et al.；亚里士多德《尼各马可伦理学》i. 4, 1095a17："从名称上说，几乎大多数人（针对善是什么）都会同意，这就是幸福，不论是大众还是文雅人都说：活得好、做得好（τὸ δ᾽ εὖ ζῆν καὶ τὸ εὖ πράττειν），就相当于幸福"。柏拉图批评把"善"混同于"快乐"，或者把道德建立在快乐与外在利益的基础上（参见 pp. 182, 185, 136 sq.），这个事实并不能拿来否定上面的主张，因为幸福并不等同于快乐或利益；而且在《理想国》iv. beginn., vii. 519E，柏拉图解释说关于国家治理的探究不能考虑个体成员的幸福，这时候他也没有陷入任何真正的矛盾，因为这仅仅表明，整体的善优先于个人的善。实际上（loc. cit. 420B），幸福被说成是国家的最高目标，正如在后面（444E, ix. 576C–592B）讨论正义的好处的时候，不管就国家而言还是就灵魂而言，幸福与不幸福都是衡量不同品格或体制之价值的基础。

着理念的纯然呈现。[1] 灵魂本质上被说成非物质的"心灵"（Geist），具有洞察理念的天职。这样，道德可能从消极的方面得到考虑，即，终极的道德目标与善或许只有在拒斥感性生命并隐退到纯粹沉思的情况下才可能实现。但是另一方面，理念又是一切建构活动的基础，是可感世界中那些好事物的原因；就理念对于人生的作用而言，这方面会显得尤为突出，于是，除了关于纯粹理念的认识之外，理念以和谐方式介入感性生命以及由此带来的满足，都应该被算作"至善"的构成要素。以上两种说法在柏拉图那里都可以看到，不过它们并非被当作相互排斥、互不相干的。第一种说法出现在这样一些地方，其中认为人生的最大难题在于逃脱感官情欲；第二种说法出现在另一些地方，其中认为即使感性之美也值得热爱，而外部的行动、纯粹的感性快乐被算作"至善"之构成部分。

　　我们早在《泰阿泰德》中就看到了前一种观点。[2] 柏拉图在这篇对话录中说，既然尘世生活不可能脱离恶，因而我们应该尽快脱离此世而归向神，通过德性和智慧使我们自己与神相似。这个思想在《斐多》得到进一步发展，[3] 其中表示，灵魂从身体中脱离出来是最必要和最有好处的，也是哲学家（爱智者）的本己目标和追求。《理想国》中那个著名段落也是这个意思，[4] 它向我们表明，居住在此世就好像居住在黑暗洞穴

1　参考 pp. 315，340 sq.。

2　176A："恶是不可能被取消的，因为必定总会有某个东西处于善的对立面；不过恶不会在诸神的领域里存在，而是必然盘踞在可朽的存在者之中，在我们这个领域中游荡。因此我们必须尽快从此岸逃脱到彼岸。这个逃脱就是尽可能变得与神相似，变得与神相似也就是带着智慧而变得正义和圣洁。"关于后一个原则，参考《理想国》vi. 500B；《蒂迈欧》47B，其中把如下这点确认为是合乎自然的，即沉思"神"及其永恒秩序的人自己在灵魂方面也变得健全和有序。

3　例如 64 sqq.，64E："难道你不认为，这样的人（爱智者）全然不致力于服务身体，而会尽最大可能远离身体并关注灵魂"；67A："我认为，在我们活着的时候，我们要尽量靠近知识，并且尽量避免与身体打交道、混在一起——除了绝对必要的事情之外，并且不要被身体的本性所充斥，要远离身体而净化自己，直到神亲自把我们解放出来。"参考 83。

4　vii. 514 sqq.

中的囚徒一样，习惯于看昏暗的影像，难以在理念的阳光下看见实在。与此相关，柏拉图再三宣告，[1]真正的哲学家不会自愿从哲学沉思的高处降至对国家事务的关注，除非迫不得已。各个灵魂就其忠实于它们的命运而言，只是受到"必然性"的影响才进入尘世生活；那些已经进入尘世的灵魂一旦认识到它们真正的使命，就会尽可能让自己少受身体以及身体之所需的干扰。身体在此就好像灵魂的镣铐和牢狱一样，甚至是灵魂之高层次生命的坟墓。[2]身体是束缚住灵魂的一种恶，灵魂渴望尽快从中解脱出来。[3]身体其实是一切恶的原因；因为尽管不正义首先出现在灵魂之中并且是灵魂自己的作为，而且灵魂自己在来世要得到净化和惩罚，但是如果灵魂不是在身体中的话，它根本不会有作恶的动机和诱因。当灵魂进入身体的时候，它首先获得那些较低级的构成要素，它们遮蔽和扭曲了灵魂的本己性质。[4]灵魂的活动由此出现了各种各样的纷扰；各种欲求和情感的引诱让我们偏离我们真正的天职。[5]所以，哲学

440

1　《理想国》vii. 519C sqq.；参考 i. 354E sqq., 347B sq.，《泰阿泰德》172C sqq.，尤其是 173E。把这段话所谈的内容视为仅仅限于不完满和不正义的国家，这是不对的（Brandis, *Gr.-röm. Phil.* ii. a. 516）：实际上《理想国》vii. 519 讨论的是柏拉图式的国家。

2　《斐多》62B；《克拉底鲁》400B。前一处文本提及秘仪的教导，"我们人类都处在某种囚牢里（ὡς ἔν τινι φρουρᾷ ἐσμεν οἱ ἄνθρωποι）"，而后一处文本提及俄耳甫斯主义在 σῶμα（身体／肉体）与 σῆμα（坟墓）之间的类比；但只有前一处是以认同的语气出现的。参考 Vol. i. 388 sq.

3　《斐多》66B："只要我们还拥有身体，灵魂就与这样一种恶相混，我们就永远不能充分获得我们所希求的东西；我们断定它就是"真"（τὸ ἀληθές）。"

4　参见 p. 414。

5　《斐多》, *loc. cit.*："因为身体由于其滋养的需要而让我们万般忙碌；此外，发生在身体上的各种疾病妨碍我们对于实在(τὸ ὄν)的捕获。而且，身体让我们充满贪求、欲望、恐惧以及各种各样的幻觉和蠢念，以致（如人们说的那样）我们由于身体而真真正正变得根本不会理解任何东西。身体及其欲望是战争、纷争和打斗的唯一原因"，由于这始终是一个占有问题，而占有是为了身体的缘故而出现的贪欲。最糟糕的事情是，灵魂在思考活动中一直受到身体的妨碍，因而它只有通过摆脱身体才能够抵达关于"真"的洞见。参考 82E sqq., 64D sqq.；《理想国》ix. 588B sqq. 跟这个阐述是基本吻合的，其中表明，一切类型的不道德都仅仅基于贪欲与野蛮的动物性因素压倒了人性因素，缺乏理性的"意气"压倒了理性，因为灵魂的这些低级因素是由于与身体的关联才出现的。

本质上是一种"净化"。[1] 对于一切恶的彻底解除只存在于脱离身体的灵魂之中，因而俗世生存中最接近于解除这种恶的途径就是以哲学的方式准备赴死，只有这样灵魂在身体死后才能有非身体性的生命。[2]

441

如果柏拉图停留在这种道德观上，那么其结果就是一种消极的道德说教，这不仅与希腊古典时期的文化精神相悖，而且与他自己哲学的那些本质要素也不相符。不过，柏拉图通过另一些说法补全了他的思想，其中给可感事物和我们对可感事物的追求赋予了一种更为正面的意义。我们从他关于"爱"的学说中看到了这些表述。"爱"的本己对象就自身而言是值得欲求的东西，也就是"理念"；但是可感现象在此不仅仅像《斐多》所说的那样被看作是遮蔽理念的东西，而且也被看作是揭示理念的东西。《斐莱布》关于"至善"的探讨也反映了这种倾向。我们已经阐明了这篇对话录如何反驳了某种快乐学说，不过还值得注意的是，这个论证并不是无条件地支持相反的观点（犬儒学派—麦加拉学派把善与智慧等同起来[3]），而是把至善描述为各种构成要素的复合。我们看到，智慧和理性确实远远高于快乐，因为快乐与"未限定者"相关，而理智和理性以最密切的方式关联于万有的"第一原因"。[4] 但是，没有任何快乐感受和痛苦感受的生活，一种纯然冷漠或"不动情"的生活，

442 不值得我们追求。[5] 在认识领域内，纯然理想的"知识"本身（尽管它

---

1 《斐多》67C："净化岂不是被表明为我们早先在论证中所说的那个东西，也就是，最大程度让灵魂从身体中分离开来，etc."；*Ibid.* 69B；参考《智者》230D。

2 《斐多》，*loc. cit.*。参考第 288 页注释 2 中的那些引述；pp. 412，413，以及《克拉底鲁》403E：Pluto（财富之神）不与人类打交道是明智的，除非"灵魂已经成为纯净的，脱离与身体相关的一切恶和欲望"，因为只有那个时候，道德方面的影响才有可能成功地起作用。

3 我们已经看到，Part. i. p. 261, 5,《斐莱布》中的论战对象很可能是这些人，此外还有犬儒学派。

4 《斐莱布》28A sqq.，64C sqq.；参考 p. 185。

5 《斐莱布》21D sq.，60E sq.，63E：我们或许会注意到对这点的叙述总是很简短——这无疑是因为柏拉图在其他地方已经表达过对于"快乐"的强烈贬抑，现在他有点搞不清在学理上应该如何定位和评价"快乐"。柏拉图自己的那些解释，《斐莱布》11B，《理想国》vi. 505B，以及麦加拉学派和犬儒学派关于快乐的学说（参见 Part. i. pp. 221 sq.，257 sqq.）并不能让我们论断说，"这是因为他并不觉得有必要反驳那

是至高的）也是不够的，还需要加上"正确意见"，否则人没有办法在尘世上立足。而且，艺术（《斐莱布》特别提到音乐）对于美化人生而言是不可或缺的；实际上，一切知识也是这样；因为每一种东西都以某种方式分有真实性或真理。[1] 快乐也不能无条件地被视为至善的组成部分。我们必须把纯粹的、真正的快乐感受以及必要的、无害的与不带激情的快乐感受[2]（尤其是那些与理智和心智健康相符的快乐），跟欺骗性的、不纯粹的和病态的快乐区别开来。只有前者才能被包含在善之中。[3] 总体上我们得到的就是这些结论。[4] "至善"的首要构成要素是对于尺度之永恒本性（"尺度"理念）的分有。[5] 第二个要素是这个理念在现实中

443

些过高评价 φρόνησις（智慧 / 理性）的人"（更准确地说，那些仅仅把 φρόνησις（智慧 / 理性）视为最高的善而完全排除快乐的人），Ribbing, *Plat. Ideenl.* i.107 sq.。

1　62B sqq.

2　指那些并非基于幻想的快乐，以及不以痛苦为制约条件的快乐，而感性快乐通常不是这样的（参见 p.185 sq.）。那种跟德性与知识相关联的快乐没有得到特别描述（参见 p.186；《法律》ii. 662B sqq.，667C；《理想国》i. 328D，vi. 485D；《斐莱布》40B sq.；《斐德罗》276D；《蒂迈欧》59C）。

3　62D sqq.；参考 36C–53C.

4　64C sq.，66 sq.

5　66A："快乐不是排在第一位的财产，甚至也不是第二位的；第一位的是与尺度相关的东西，可度量的东西，合乎时宜的东西，以及一切可以被视为与之相似的东西。……排在第二位的是比例，美、完善、充足，以及所有这类东西"（ὡς ἡδονὴ κτῆμα οὐκ ἔστι πρῶτον οὐδ' αὖ δεύτερον, ἀλλὰ πρῶτον μέν πῃ περὶ μέτρον καὶ τὸ μέτριον καὶ καίριον καὶ πάντα ὁπόσα χρὴ τοιαῦτα νομίζειν, τὴν ἀΐδιον ᾑρῆσθαι〔Herm. 读作 εἰρῆσθαι，但是不能赋予其一个恰当含义〕φύσιν ... δεύτερον μὴν περὶ τὸ σύμμετρον καὶ καλὸν καὶ τὸ τέλεον καὶ ἱκανὸν καὶ πάνθ' ὁπόσα τῆς γενεᾶς αὖ ταύτης ἐστίν）。不过，这段文本引发了某种困难。由于 μέτρον 和 σύμμετρον 在这里以泛泛的方式被提及，而且两者都与 νοῦς 相区分，它似乎被视为某种不属于人而是独立自在的东西；"μέτρον"表示"善"理念（Hermann, *ind. lect.* Marb 1832–3；*Plat.* 690 sq. A 648, 656；Trendelenburg, *De Philebi Consil.* 16；Steger, *Plat. Stud.* ii. 59），甚至泛指一般的理念（Brandis, ii. a. 490），而"σύμμετρον, etc."表示世界上一切美的东西。另一方面，《斐莱布》总体上并不仅仅旨在给出关于对人类而言最高的"善"的界定（参见, p.280），实际上在目前这个文本里明确谈到了"第一位的财产""第二位的"，等等。所以，这里对于"善"的考虑不是就其本质而言，而是就其出现于特定主体而言（参见 Stallbaum *in Phileb. Prolegg.* 2 A p. 74 sq.；Ritter, ii. 463；Wehrmann, *Plat. de s. bono doctr.* 90 sq.；Steinhart, *Pl. WW.* iv. 659 sq.；Susemihl, *Genet. Entw.* ii. 52；Philologus, *Supplementbl.* ii. 1, 77 sqq.；Strümpell,

的成全，也就是和谐、美好和完满的事物的建立。第三个要素是理性和理解力。第四个要素是各门科学、技艺和各种正确意见。最后第五个要素是感官方面的各种纯粹和无痛苦的快乐。[1] 我们从中不难发现某种"中庸"或"适度感"（Mässigung）、对于一切属于人性的事物的尊重以及对于完整的人的和谐教养的追求；柏拉图伦理学通过这些因素而呈现为希腊民族精神的纯正果实。柏拉图与犬儒学派的"不动情"（Apathie）相距甚远，正如他的评论说的，[2] 经历严重不幸（例如丧子）的时候不感到悲痛是不可能的；一个人所能做到的是适度克制和对悲伤的控制。这种遵循本性的生活，老学园派采用"适度动情"（Metriopathie）作为它的口号——它经由新学园派而传到后期怀疑论派，与柏拉图的意思是完

Gesch. d. pr. Phil. d. Gr. i. 263 sqq.）。柏拉图对其分类中的第一项和第二项是这么说的：περὶ μέτρου, περὶ τὸ σύμμετρον, etc.，而接下来是：τὸ τοίνυν τρίτον νοῦν καὶ φρόνησιν τιθεὶς, etc.。作为最高的"善"的首要因素，对于"μέτρον"的分有得到了明确说明（即不变的法则构成了一切有生命者的各种活动的尺度）；紧接着作为第二个因素而被提及的是"美"与"完满性"。其中第一点在之前（64D sqq.）以更明确的方式被描述为"美""合比例"和"真"（κάλλος、συμμετρία 和 ἀλήθεια）的统一；这样，它必须被看作总体上代表了人性中理想的东西，从中派生出人生中一切珍贵和真实的东西，而第二点则包含了第一点派生出来的东西。但是我们还必须解释，为何这两者以突出的方式被提出来，而 νοῦς 只是出现在第三位（参考 Schleiermacher, *Plat. WW.* ii. 3, 133 sq. ; Ribbing, *Plat. Ideenl.* i. 287 sq.）；答案在于，在柏拉图看来，正如最高的"善"不在于个别行为而在于合乎自然的一切行为的整体，因而它的首要条件（αἰτία ξυμπάσης μίξεως〔复合物整体的原因〕，τιμιώτατον ἅμα καὶ μάλιστ' αἴτιον〔最有价值和最主要的原因〕，64C sq., 65A）是人性的和谐。凭借这种和谐，整体才得以产生；这种和谐首先呈现在前两种规定性之中，然后才是那些个别的善。即使注意到了同一个概念"善"既被用来指称属人领域的至高者，也被用来指称宇宙中的至高者，《斐莱布》中的阐释仍然存在模糊之处。这个麻烦的问题在《理想国》vi. 505B sqq. 比在《斐莱布》这里以更为明显的方式被觉察到了（因而它不能被视为《斐莱布》不是柏拉图真作的证据，如 Schaarschmidt, *Samml. Plat. Schr.* 305 sq. 所说的那样）。我们不要过分看重这一组分类，也不要认为所罗列的这些条目之间是等距的；它们应该被归结为柏拉图的某种随性的写作风格：参考《斐德罗》248D ;《智者》231D sqq. ;《理想国》ix. 587B sqq.，以及前文第 158 页注释 3；我的 *Plat. Stud.* p. 228。

1　《斐莱布》这里的论证或许可以拿来跟《法律》v. 728C sqq.（参考 iv. 717A sqq.，关于各种善的价值次序）的讨论进行比较；不过，这些讨论也缺乏足够的学理性，不值得在这里提及。

2　《理想国》x. 603E sq.。

全吻合的。

二、德性

通达幸福的根本和唯一途径是德性。每个存在者只能通过与之相应的德性而达到其命定的目的，对于灵魂而言也是如此。灵魂只有达到此目的才能成就好生活；如果没有达到，那么其生活是坏的。在前一种情况，灵魂是幸福的；在后一种情况，灵魂是不幸的。所以，德性是幸福的原因，罪恶是不幸的原因。[1] 德性是灵魂的恰当品质、内在秩序、和谐与健康，而恶则是相反的。去追问究竟不正义还是正义对人更有利，这是愚蠢的，这就好比追问究竟犯病好些还是健康好些，究竟拥有一个受损和无用的灵魂好些，还是拥有一个健全和有能力的灵魂好些，[2] 究竟应该让我们的人性和神性要素服从兽性要素，还是应该让兽性要素服从人性要素。[3] 唯独有德性的人是自由的，服从他自己的意志，因为适合于主宰的因素，即理性，在他的灵魂中起主宰作用。只有这样的人才是富足、愉快和宁静的。只要情欲占据了统治地位，那么这样的灵魂本质上是贫困的和受奴役的，因为它受到恐惧、不安和忧愁的折磨。[4] 只有

445

---

1 《理想国》i. 353A sqq., e.g.："塞拉叙马库斯（Thrasymachus）啊，如果灵魂被剥夺了它自身的德性，它能够很好地完成其自身的工作吗，还是说这是不可能的？——不可能的。——那么，一个恶劣的灵魂必然以恶劣的方式掌管和照料事物，而一个善好的灵魂必然以良好的方式做这些事？……那么，正义的灵魂和正义的人生活得好，而不正义的人生活得恶劣。……凡是生活得好的人是幸福的，而生活得不好的人则相反。……那么，正义的人是幸福的，而不正义的人是不幸的。"与此类似，《高尔吉亚》506D sqq.：参考《法律》ii. 662B sqq., v. 733 sqq.。

2 《高尔吉亚》504A sqq.；《理想国》iv. 443C–445B：参考 viii. 554E, x. 609B sq.；《斐多》93B sq.；《蒂迈欧》87C：参考《法律》x. 906C，以及前文，p.187。因而，《理想国》iii. 392A；《法律》ii. 660E sqq. 认为把不正义描绘为有利的，把恶人描绘为幸福的，把好人描绘为不幸的，乃是歪理邪说，是极端危险的，而且不应该为国家所容忍。

3 从这个立场出发，道德与不道德的对立得到长篇讨论，《理想国》ix. 588B–592B。参考《斐德罗》230A。

4 《理想国》ix. 577D sq. 补充说道，这点对于以外在方式获得最高权力的人（也就是僭主）而言，也同样成立。《斐德罗》279C："我认为有智慧者是富有的。"

领会了"永恒"并且让它充满自身的人才能获得真正的满足。其他所有的快乐都是不纯粹和虚假的，它越是偏离（属于爱智者的）真正的快乐，就越不纯粹、越虚假。真正的哲学和完满的道德是同一的。[1]因此，德性跟那些不纯粹的动机格格不入，可是这些动机却得到人们的普遍认可。[2]德性有属于其自身的奖赏，正如罪恶有属于其自身的惩罚。对一个人的最高奖赏就是让他变得与"善"和"神"相似，而对一个人的最大惩罚就是让他变得与"恶"和"非神"相似。[3]即使我们完全不考虑德性所能带来的那些好处——如果我们假设这种不可能的事情会成真的话，即正义的人被众神和众人所误解，而恶人的罪行却瞒过了众神和众人——那么，正义的人仍然是幸福的，而不正义的人仍然是不幸的。[4]正义和罪恶各自得到恰当报应，即使在此世也大体如此，而在来世则必定如此，这点其实是很难设想的——可是柏拉图一直把它当作基本信条加以确认。[5]无论如何，善恶报应对于柏拉图而言是必然的，因为正义的人不会被神所遗弃，[6]而罪恶的人也逃脱不了神的惩罚；不正义的人通过惩罚要么得到救治，要么，如果他是无可救药的，这种惩罚对别人而言也是警示。[7]但是，由于柏拉图认为道德义务和德性的绝对价值并不

---

1 《理想国》ix. 583B–588A，这个想法以很奇怪的方式，当然也是通过一种没什么根据可言的计算，最终被归结为这个表述：爱智者（哲学家）比僭主幸福729倍。（关于这个数字，参考Vol. i. 368, 4, 3rd edition.）同样的结论在前面（580D sqq. ；参考《法律》ii. 663C）已经从如下考虑中得出，即爱智者知道如何判断不同生活模式的价值，因而他优先选择的必定是最好的。参考p. 187的引述。

2 参见p. 182 ；《泰阿泰德》176B。

3 《泰阿泰德》177B sqq. ；《法律》iv. 716C sq., v. 728B。

4 《理想国》iv. 444E sq. ；参考ii. 360E–367E, x. 612A sq.。

5 《理想国》x. 612B sqq. et passim ；参见前文，p. 207 sq.，第155页注释4，p. 218。

6 《理想国》x. 612E ；《泰阿泰德》176C sqq. ；《申辩》41C sq. ；《法律》iv. 716C sq.。

7 柏拉图总体上把"惩罚"视为一种道德上的必要措施。在做出进一步辩护的时候，他把"矫正"和"震慑"两方面的考虑结合起来了。《普罗泰戈拉》324B："以合理方式实施惩罚的人不是为了对以往的罪过进行报复——因为他不能让已经发生的事情变成跟没有发生一样——而实际上是为了将来，旨在让犯错者本人以及看到他受罚的其他人不再去行不义。"惩罚是灵魂从邪恶中得到净化的一种手段（《高尔吉亚》478E sqq., 480A sq., 505B, 525B sq. ；参见p. 379 sq. ；《理想国》ii. 380A, ix. 591A sqq. ；《法律》v. 728C, ix. 862D ；*Ibid.* xi. 934A，这些地方明确反对把以

依赖于来世报应，因而这一观点不损害其基本原则的纯粹性。[1] 苏格拉底的功利学说[2]完全被柏拉图超越了；它在苏格拉底的生命境界中得到了纯化和深化。

苏格拉底曾经认为"德性"完全就是"知识"（Wissen）。因而他主张实际上只有"唯一德性"，属于德性的品质必须是同类的。他设想德性与知识一样是可传授的。[3] 在这些方面，柏拉图起初追随乃师的观点；在反对俗常德性观念方面，他始终认为苏格拉底的观点根本上是正确的。[4] 但是，他后来更成熟的反思使他从多方面修正并且更精确地界定了苏格拉底的学说。他相信，完满的德性无疑是建立在知识的基础上，但是普通人不带知识的德性也有其价值；尽管前者是基于教导而后者基于习惯养成，但是这种习惯养成的德性是提升为更高层次的德性的必要准备阶段。柏拉图很看重道德品质的多样性，因而不可能否认这种多样性对个人道德塑成的重要影响。最终，他意识到要把不同德性的差异性和苏格拉底的德性统一性学说结合起来；他把各种具体德性看作一个关

牙还牙视为惩罚的目标，而《普罗泰戈拉》*loc. cit.* 也是如此）；实际上，柏拉图主张为了净化之故，惩罚是不可免除的:《高尔吉亚》*loc. cit.* ；在《理想国》ix. 591A sq.，他甚至宣称每个人都必须为自己的过犯而希望遭受惩罚，因为得到救治总比一直患病要好，而且在《理想国》x. 613A，他把许多出现在正义的人身上的不幸视为对于其前世罪过的惩罚。关于可以救治的不正义将在来世得到抵偿的学说也是基于同样的观点（参见 p. 390 sq.）。但是另一方面还有一种彻底的惩罚，而前述说法不足以为之提供合理解释，例如，在国家治理中出现的死刑，在神的正义中的永恒诅咒。于是就必须指出惩罚的其他目的：无法改造的罪犯至少要得到处理以利于共同体的善，通过这种震慑的方式起到维护道德秩序的作用《高尔吉亚》525B sq. ；《法律》v. 728C，ix. 854E，862E）。就来世而言，惩罚关系到个体在宇宙中的自然分布（参见第 300 页注释 4）；就国家而言，惩罚关系到这样的思想，即必须处死或流放不可救药的罪犯以实现净化（在这里已经有了淘汰论的思想萌芽；参考《政治家》293D，308E；《法律》ix. 862E。最后这个文本补充说，这种人不再活着实际上对于他们自身而言是更好的）。

1　正义除了其带来的后果之外还有其自身的价值，柏拉图在论证完这点之后接着说了这样的话（《理想国》x. 612B）："除此之外，现在这点是不可反驳的了，也就是说，要向正义和其他德性给予回报。"

2　参见 Part i. p. 125 sqq.。

3　参见 Part i. p. 117 sqq.。

4　参考 p. 175 sqq.。

联物的不同方面，而它作为整体才是"德性"。我们应该以更详细的方式对这些具体德性进行考察。

所有德性都以一种自然品质为前提，这种品质不仅被普遍赋予人类，而且根据个人性情不同而有所差异。柏拉图以"节制"与"勇敢"的对立（也就是沉稳性情与刚猛性情的对立）为例来说明这种自然品质的差异。[1]他还谈到了一种哲学方面的自然品质（天赋），[2]并且在《理想国》中[3]提出自然才能具有的三个等级：处于最低等级的是这样的人，他们只分有各等级都不可或缺的德性，也就是正义和节制——这些德性自身还要服从其他德性的指导；处于第二等级的人是分有勇敢德性的人；处于最高层次的人是分有哲学才能的人。如果这一系列道德品质与前述灵魂的内部划分理论以及我们刚刚谈及的德性理论结合在一起，就会发现，德性方面的品质分为若干等级，分别对应于灵魂中的欲望、意气或理性部分各自的道德冲动。与此颇为协调的主张是，就像灵魂中不同部分之间的相互关联一样，不同等级的道德品质也彼此关联，高层次的品质涵盖低层次的品质。无论如何，哲学方面的品质涵盖了其他所有与德性相关的才能（《理想国》487A）；同样，国家中最高等级的人除了具备专属的德性之外，还具备较低等级的人的德性。然而，柏拉图并没有明确地描述这种对应关系，而《政治家》中的阐释也跟这不相符。在那里，节制并不从属于勇敢，它们在某种反向关联中起协同作用。

当苏格拉底把德性等同于知识的时候，他只为道德品质的培养留下了一条路，那就是理智方面的培养。柏拉图在他最早期的对话录中也表达了相似的看法，不过到了《美诺》，他就发现有两条通往德性的路径，正确意见和纯粹知识。完满德性当然建立在知识的基础上，而另一条路

---

1 《政治家》306A sqq. ；参考《理想国》iii. 410D。《法律》xii. 963E 说"勇敢"甚至存在于儿童和野兽之中，这说法不能应用于《理想国》那段话，因为后者所说的不仅仅是倾向于勇敢的自然秉性；而在《理想国》iv. 441，我们确实看到"意气"被说成存在于儿童和野兽之中。

2 《理想国》v. 474C, vi. 487A。

3 iii. 415，三个等级的灵魂各自有不同混合物的那个神话。

径尽管是不确定的与盲目的，但是他仍然认为这种俗常道义造就了勇敢的人和高尚的功业。[1]他在《理想国》中进一步说，基于习惯、习俗和正确意见的俗常德性必须在哲学和哲学上的道德之前先行存在；因为理想国家的统治者首先要通过文艺和体育获得较低层次的德性，然后才通过理智性教导获得更高层次的德性。[2]作为苏格拉底的弟子，柏拉图最初主张哲学德性和俗常德性之间的对立，然而这种对立逐渐转变成了彼此的紧密关联。哲学德性以俗常德性作为自己的铺垫，而俗常德性必须在哲学德性中得到完善。

柏拉图关于德性统一性的学说在后期又得到了根本修正。的确，他 451 仍然主张，所有具体德性只是统一的"德性"的实现；知识或智慧在脱离其他德性的情况下是难以设想的：正义必须涵盖一切德性，全部道德目的和追求在完满的哲学德性中是统一的；但是，他的后期思想没有停留在这点上，而是承认德性的这种统一性并不排斥德性的多元性，其中有些德性是（另一些则不是）道德教养的预备阶段，因此不失为真正的德性。[3]柏拉图并不认为这种多元性的原因在于道德活动涉及的对象有所不同，而在于介入其中的各种灵魂能力（或者如他所说，灵魂的各个部分）有所不同——这是他的学说的独特之处。以这种方式他得出了四种主要德性，它们其实已经在智者派和苏格拉底的考察中出现过，不过

1　参见 p. 175 sq.。

2　参见 p. 214 sq.，参考《理想国》vii. 518D："其他那些所谓的灵魂之德性，恐怕的确跟身体方面的德性接近：它们并不是先行存在于其中，而是后来通过习惯和锻炼而增加的。但是，智慧似乎超出其他德性，而属于与神更为相似的，永远不会丧失其能力，而只会是有用和有益的，或者是无用和有害的，取决于它导向的领域。"于是在这之前我们看到，某种专门的系统性的科学培养是必要的。

3　参考《理想国》iii. 410B sq.，武士要接受文艺和武艺方面的训练以养成"节制"与"勇敢"，不过在知识乃至智慧方面他们仍然是缺乏的；在《政治家》309D sqq.，柏拉图把前面两种德性称为"德性中不相似和冲突的部分"（ἀϱετῆς μέϱη ἀνόμοια ϰαὶ ἐπὶ τἀναντία φεϱόμενα）。在《法律》（i. 630E sq.，ii. 661E sq.，iii. 696B，xii. 963E 及其他多处）这种对立得到了更明显的强调。或许柏拉图在这里想到的只是这些德性的俗常形态。不过，哪怕是这样，在这些表述中也有某些奇怪的地方：例如，柏拉图早期在这样表达的时候不可能不连带提供暗示说，不带有任何"节制"的"勇敢"就不再是真正的勇敢。

似乎是柏拉图最早以明确方式将其确立下来，而且是在他上了年纪之
后。[1] 如果灵魂的德性（即灵魂各个部分的恰当建构和合适关联）在于
它的各个部分各司其职、彼此协调、高效运作，那么，1）对于什么东
西有益于灵魂有清晰洞见的"理性"必须成为灵魂生活的主宰者：这也
就是"智慧"；2）"意气"必须维护"理性"关于什么可畏惧、什么不
可畏惧的判定，以抵御快乐和痛苦：这就是"勇敢"，它在柏拉图学说
中首先表现为人对于自己的抵御，然后才是对外在危险的抵御；3）灵
魂中较低层次的部分，"意气"和"欲望"，必须受制于"理性"，向它
妥协，该服从的因素服从，该主宰的因素主宰：这就是"自制"或"节制"
（σωφροσύνη）；4）灵魂的每个部分必须各司其职、互不干涉，达到整
体的和谐一致，这就是"正义"，[2] 它首先关系到灵魂的内在状况、灵魂

1　《普罗泰戈拉》330B sqq. 提到，敬虔（ὁσιότης）是第五种德性，它在《欧绪弗洛》
　　中（还有《拉凯斯》199D，《高尔吉亚》507）；不过，后一篇对话录似乎把智慧包含在"节
　　制"中，从而表明它包含一切德性）得到了特别讨论。同样，色诺芬《回忆苏格拉
　　底》iv. 6 也提到敬虔、正义、勇敢和智慧；其中智慧在 iii. 9, 4 与"节制"等同。《理
　　想国》ii. 402C 关于最高层次的善好事物的列举跟《泰阿泰德》176B 所列举的大致
　　相当。

2　这里的说明依据的是《理想国》iv. 441C–443B。不过其中关于"节制"及其与"正义"
　　的关系所说的话引发了某个难题。柏拉图之前讨论国家的诸德性之时说过（430E，
　　431E；参见第 11 章），国家的"节制"不同于智慧与勇敢，不仅为一部分人所分
　　有，"而是完全遍布于（国家）整体，让所有人都合唱同一首歌"（ἀλλὰ δι' ὅλης
　　〔τῆς πόλεως〕ἀτεχνῶς τέταται διὰ πασῶν παρεχομένη ξυνάδοντας），也就是像是
　　一种合奏与谐音；而且他还说（442C），个体的灵魂通过"友爱"（φιλία）与"协和"
　　（ξυμφωνία）变得"有节制"（σώφρων）。R. Hirzel 在他对这个问题的全面考察中（《论
　　"节制"与"正义"的差异》，等等，Hermes, viii. 379 sqq.）说得没错；他主张，"节制"
　　并不仅仅是与"欲求因素"相关的德性，而是与灵魂整体相关的德性。不过，它并
　　不是无条件的灵魂"德性"本身，而只是"统治因素与其两个被统治因素共同认为，
　　理性因素应该统治而不与它产生纷争"（442 D）这种状态中的德性，也就是理性管
　　辖意气与欲望，并且得到灵魂所有部分的一致同意。不过为了这点，首先灵魂的两
　　个较低级的部分必须服从理性的管制（需要它们 μὴ στασιάζειν〔不纷争〕）。理性
　　由于其自身拥有的"智慧"而自觉到有权统治其他部分，正如它随时知道什么是可
　　畏惧的而什么是不可畏惧的，而意气部分的真勇敢就在于遵从理性。就像在勇敢这
　　里，理性除了认知之外不需要别的活动，因而"节制"的情况也一样。节制是整个
　　灵魂的一个确定状态，是灵魂之三个部分一致同意理性的统治权，那么，这个状态
　　存在的条件就是灵魂中可朽的部分服从不朽的部分。正如"节制"不能被说成单独

452

453

内部各种活动的秩序，而只在间接的意义上关系到对于其他人的义务。[1]

　　如果我们设想这种德性学说得到进一步扩展，以便发现四种德性在 454
个人之中会导致什么行为，以及各种德性在各种生活处境中如何得到体
现，那么，从柏拉图的立场看，其结果会是一种对于个体道德的描述。
但是，从柏拉图的著作来看，他从来没有提出这样的任务；所以，没有
什么理由让我们尝试从他的那些零散说法出发建构出关于各种义务或德
性的详细体系。[2] 我们不妨略去他的道德观中那些不显要的特征，把精
力放在其中值得我们关注的几个要点上，它们要么得到了希腊人的公
认，要么经过转变后得到了现代人的公认。

　　有一些例子已经摆在我们面前。我们已经注意到，柏拉图在说明正
义的人哪怕对待敌人也只做好事的时候，他已经大大超越了日常希腊人
的道德观的局限。[3] 我们已经提过关于真话和谎言的那些孤立的观点，[4]
它们实际上使得真正的说谎只属于自欺，这种自欺在任何处境和条件下

"欲望"部分的德性，勇敢也不能被说成单独"意气"部分的德性（按照 Hirzel 的解释，
loc. cit.，这不仅见于伪亚里士多德，*De virt. et. vit.*1249a30 sqq.，1250a7，而且被
亚里士多德本人所主张，《论题篇》v. 1，7，8，129a10，136b10，138b1），而我们
这里给出的说明跟柏拉图的意思不冲突。对于"正义"，柏拉图认为它需要灵魂三
个部分全都起作用。根据 441D sq.（参考 433A，以及 Hirzel, *loc. cit.* 396 sq.），正
义也就是灵魂的每个部分"做自己的事"（τὰ αὑτοῦ πράττειν），这意味着每个部
分从事分配给自己的任务，同时并不妨碍其他部分开展它们自身的任务（前者就
是"做自己的事"，后者就是"不旁骛别人"，433A：参考 434B sq.）。在柏拉图看
来，这对于灵魂生命的健康与秩序来说是基本条件，正如"做自己的事"对于国
家生命的健全与卓越而言是基本条件一样。正义是一切德性的根基（如 Hirzel, *loc.
cit.* 正确注意到的），即"使得所有这些德性在国家中得以产生的那种能力，只要它
出现在其中就能够维护这些德性的存在"，在 433B 中主要论及国家的诸德性的时候
就是这样说的。在个人灵魂中，正义阻止灵魂的各个部分"越俎代庖"（ἀλλότρια
πράττειν）和"旁骛别事"（πολυπραγμονεῖν）从而使得一个人自身和谐（443D），
即 σώφρων（自律）和 ἡρμοσμένος（协调），于是正义可以等同于灵魂的健康，总
体上的"德性"（444A sqq.，445B）。
1 关于这段内容，参考《理想国》iv. 443C sqq.，对此我同意 Hirzel 的观点。
2 Tennemann 是这样做的，参考他的 *Plat. Phil.* iv. 115 sqq.。
3 第 130 页注释 4。
4 第 128 页注释 4，第 129 页注释 1；进一步参考《理想国》iii. 389B sqq.，414B，v. 459C
sqq.，vi. 485C；《法律》ii. 663D。

都是应受谴责的；但是，为了对方的好处而欺骗对方在各种情况下都是允许的。基于这些，柏拉图在《理想国》中不允许任何个人说谎，但是
455 又无条件允许国家把说谎当作教育和统治的手段。[1] 我们已经提到[2] 娈童恋与希腊的社会生活密不可分。在此只需要注意到，在对这种关系的道德评判上柏拉图完全追随苏格拉底。[3] 一方面，他与自己民族的传统保持一致，他对希腊人生活中的感性审美趣味并不陌生。于是，友爱变成了"情爱"（Eros），一种热烈的激情，以各种各样的方式体现在人的生活中；[4] 只要是无害的，他认可这种情欲，尽管它总出现越轨[5]——如果我们忘记了柏拉图是一位希腊人，那么我们就会对他在这方面表达的过分宽容感到惊讶。[6] 另一方面，他也不隐瞒自己对于这些越轨行为的明确指责。《斐德罗》[7] 把这些越轨描述为这位神明（"爱"本来是一位神明）的堕落，变成了动物性和非自然的快乐，而灵魂的"劣马"把人不
456 断拉入其中。《理想国》认为，感性快乐的亢奋和混乱与真正爱欲的纯粹与和谐背道而驰。[8] 在《法律》中，[9] 这些快乐被看作全然违反自然和败坏礼俗，无法被具有公序良俗的国家所接受。在这篇对话录中，不忠贞没有得到严重谴责，不过它是应该禁止的，或者至少是应该尽力抑制与遮掩的；[10] 然而，《理想国》[11] 对那些已经有了孩子从而完成了对共同体的

---

1 就教育而言，如我们后面会注意到，国家可以通过神话故事来为孩子提供基础教育；就统治而言，在妇女的分配和国民的三个阶级划分上，各种虚构的说法甚至在抽签中作弊都被允许使用。

2 p. 191 sqq.

3 Vide Part i. p. 138.

4 《斐德罗》251A sqq. ；《会饮》215D sqq., 218A ; cf. 192B sqq.。

5 《理想国》iii. 403B, v. 468B sq.。

6 《斐德罗》256B sq. ：情人不慎被情欲激发而做出越轨之事，假如不经常发生，而且在一生中彼此保持忠贞，那么，尽管他们没有达到最高的命数，死后仍得享福分。

7 250E sq., 253E sqq., 256B sq.

8 iii. 402E。《会饮》216C sqq. 以苏格拉底这个真正的爱者为范例同样说明了这个道理。

9 i. 636C, 836B sqq., 838E, 841D.

10 viii. 839A, 840D, 841D.

11 v. 461B.

义务的人们并没有这方面的限制。但是，柏拉图肯定没有把握到关于两性之间一般关系的正确观点。他认为两性的特殊差异只在身体器官有差别，而其他方面的差别只在于力量上的强弱，[1]并且他只是从生理层面来看待婚配；既然这个方面在他看来没有特别的意义，那么他自然会追随希腊人的一般看法，把婚姻的目的纯粹看作外在的，也就是为国家提供孩子。[2]在《理想国》中，这个看法占据完全的主导地位，以至于婚姻的道德属性完全被忽略了。不过，柏拉图试图在精神和道德两个方面提升女性的地位，[3]并且指责希腊人对于女性的全然忽视。但是，他关于女性职业的看法还是太保守；他与他的男同胞们（他们只看到男性职业的价值）分享着同样的偏见，从而难以设想可以通过提高女性所从事领域的尊贵性来提升女性的地位。他找到的办法是取消这个领域。他让女人参与男人的训练项目和职业，哪怕这与她们的特质以及社会对其自然禀赋的需要并不相符。[4]在这方面，如同其他许多方面，柏拉图的提议是让人吃惊的，这表明他极力试图超越希腊的道德观和人生观，但是又没能完全摆脱其缺陷，也没有达到后来在其他文化土壤中成就的结果。

457

对于下面将要提到的两点，柏拉图的论证更不令人满意。他不仅赞成而且强化了希腊人对手工艺的轻视；他也没有反对奴隶制这个古代社会的毒瘤，尽管他希望通过明智的安排而减轻其实际的恶果。那些被希腊人视为粗俗低贱的职业难免被柏拉图看作不体面而配不上自由人，其唯一原因是它们把心智捆绑在物质性事物上而不能将心智引向更高的层次。[5]在他看来，这些职业都只关乎于肉体需要方面的满足：它们的起

458

1　《理想国》v. 451D sqq., 454D sqq., 这点与《蒂迈欧》和《斐德罗》的引述内容（pp. 392, 394）不完全吻合：参考 p. 434。在《理想国》iv. 431C, v. 469D,《法律》vi. 781A sq., 女性的弱点和不完满性以更突出的方式被提及。

2　《法律》iv. 721B sq.：参考 vi. 773B，E，783D。

3　《法律》vii. 804D–806C 关于忽视女性教育有所评论。

4　这点在《理想国》和《法律》关于国家的讨论中得到了详细说明。

5　苏格拉底对这点持有不同意见，如 Part i. p.142 所表明的。

源与实施都在于灵魂中感性的、欲求的部分，而不是理性和意气。[1] 所以，他只能设想，从事这些职业的人的高层次能力会变弱，而低层次能力会占据主导地位；这样的人空耗了其灵魂和身体而不能获得个人才干。[2] 就这点而言，他在其两篇政治性论著中都禁止最完美的公民从事商业贸易，甚至禁止他们从事农业——而除了斯巴达之外几乎各地都把农业看作一种自由和高尚的职业。商人和农民在《理想国》中都被贬低而不具有完全的政治权利。柏拉图甚至认为不值得费心关注他们的教育，因为国家治理基本上用不着他们。[3] 他从同样的道理出发为奴隶制辩护，他说，无知的人和品质恶劣的人应该被政治家推到奴隶阶层。[4]

459 这里有一种后来被亚里士多德所利用的思想暗示，即那些不胜任精神事业、配不上道德自由的人必须以提供体力劳动的方式来服从他人的意志。然而，柏拉图在其著作中没有深入探究这一主题。他把奴隶制预先设定为一种必需；[5] 哪怕他没有忘记自己差点儿在埃吉纳沦为奴隶，也不妨碍他得出这个结论。他似乎认为根本没必要为这种做法进行辩护，尤其是在公认奴隶通常品德低下的情况下。[6] 另一方面，他对于主奴关系进行了调整规范，显示了他的明智与思想态度。他不允许希腊人以希腊

1　参考 p. 414 sq.。

2　《理想国》ix. 590C："你认为，匠人习性和手工技艺为什么受到鄙视？我们岂不要说，不是因为别的，而就是因为那种人在最优秀的要素方面天生就弱，所以他不能统辖在他里面的那些野兽（指各种欲望），而只能服务他们，学会伺候他们。"vi. 495D：想要成为真正的哲学家（爱智者）但是又配不上任何专业领域的人投身于哲学，"他们的灵魂受到其匠人习性的影响而变得扭曲和畸形，正如他们的身体在各种技艺和工匠活中变得扭曲了一样，这不是必然的吗？"

3　《理想国》iv. 421A。

4　《政治家》309A："那些在愚昧和卑贱中打滚的人，就被套上枷锁成为奴隶。"《理想国》ix. 590C：如果任何人不能自己管控自己的欲望，"那么，这样的人也要受到与最优秀者所接受的主宰相似的主宰，我们说，他应该成为最优秀者的奴仆，"然而，这并不指奴隶制度，而是指更高等级对于没有接受教育的群众的统治。

5　例如，《理想国》v. 469B sq., 431C；《法律》vi. 776B sqq.。

6　《法律》vi. 776D："因为许多奴仆在德性的各个方面曾经表现出比兄弟和儿子更为卓越，保全了他们的主人、财产和整个家庭。"

人为奴隶，或者当同胞沦为奴隶时去蓄占他[1]。他谈到同一种族和同一语种的奴隶集结起来可能会有起义的风险。根本上，他主张对奴隶采取公正、人性化而又严格、规范的管理，不至于因为过分亲昵和放任而惯坏了他们。[2] 到将来某个时代可以而且必须取消奴隶制，这个想法超出了柏拉图的想象力。

最后，自杀在道德上是否可以接受的问题在古代有不同意见，而柏拉图像毕达哥拉斯学派一样对此持否定态度；[3] 因为，人作为神的所有物不应该任意脱离神指派给他的居所。后来的斯多亚学派采取了不同的态度，这是大家都知道的。但是，不管从柏拉图著作中可以摘录出多少所谓伦理道德方面的细节观点，所有这些都是完全零散的。除了政治领域以外，柏拉图并没有为其道德原理寻求一种系统化的应用。

460

1　《理想国》v. 469B sq.。柏拉图在某些场合批评把希腊人与外族人对立起来，但是他自己的整个思想基调实际上也是这样的；参考 p. 416。

2　《法律》vi. 776B–778A。

3　《斐多》61D sqq.。

第十一章

伦理学（续）：国家

461　　德性对于个人而言是最高的善，对于国家而言则是它的最高目标；个人灵魂的良好品格有赖于其各个构成部分的合乎自然的关联，这点对于国家而言也是一样的。对于柏拉图讨论国家问题的两部长篇作品，我们首先要考察的是《理想国》（以及在它之前的作品《政治家》），而《法律》放在后面再讨论。

一、国家的目的和使命

　　前面已经断定，德性是国家存在的目的和目标。柏拉图自己最初似乎通过某种更外在的推导而提出了跟这点相冲突的观点，也就是说，[1]国家是以下面这种方式产生的，即个人单凭自己的力量不足以满足自己的物质需要，因此个人需要结合在一起组成社会。原始的国家完全由体力劳动者组成，这些人没有非自然的需要和高等的教养，过着最简单的生活。由于奢华才使得武士阶层和统治者阶层成为必要，并导致整个国
462　家机构的产生。这个观点也以神话的方式在《政治家》中出现，[2]其中说到，在黄金时代，人类在众神的庇佑下生存，物质富足，没有政府，只

1　《理想国》ii. 369B sqq.。
2　269C sqq.；尤其参考 271E sqq.，274B sqq.。

是蓄养牛羊；国家和法律由于世界的恶化才成为必要。但是柏拉图在这么说的时候显然不是认真的，因为他在《理想国》中[1] 把所谓"健康的"自然国家说成"猪的城邦"；而且在《政治家》（272B）中他认可黄金时代曾经比我们的时代更幸福的前提是，那个时代的人利用他们的外部环境去获得更高层次的知识。这些描述似乎意在使我们放弃关于"自然国家"[2] 的错误理想，而不是告诉我们政治共同体是如何形成的。[3] 按照柏拉图的实际意思，国家是建立在道德必要性基础之上的。[4] 柏拉图的哲学已经让他大大超越了他的同胞们的片面政治观念；古希腊人心目中国家具有的那种绝对地位在柏拉图这里并不存在。在常人眼里，国家是一切道德活动的根本和首要目标；个人德性完全等同于政治才能。柏拉图跟他的老师一样，把个人自己的劳作看作首要义务，而把参与国家事务仅仅视为一种派生的、有条件的义务。[5] 普通希腊人并没有意识到有比国家事务更高的事情，但是柏拉图把沉思"永恒"和"本质性存在"的哲学家的宁静生活看作一种更加美好和更加有吸引力的人生目标。对应于此，世俗政客的目标在他看来是卑微和意义不大的，他们的技艺和追求是奴性的。他说，就俗常所谓的国家而言，哲学家只是身体居住于其中，而灵魂却是过客，他们不通人情世故，不为世俗功名所动；[6] 每个希望做出正确选择的人都应该远离公共事务，不然很快就会丧命。[7] 在他

463

1　ii. 372D.

2　如安提司泰尼主张的；参考 Part i. p. 278 sq.。

3　Steinhart（iii. 710 sq.）反驳我说，柏拉图以严肃方式赞赏"自然德性"在其中起统治作用的国家，这个反驳没有切中要点：在柏拉图《理想国》中出现的是这样的国家，"不是法律，而是一种自然的、内在的和有教养的德性起统治作用"；这里未必指黄金时代的国家或者《理想国》卷 2 概述的那种国家。

4　参考 Susemihl, ii. 112 sqq.：他跟我的观点之间的偏差是不重要的。

5　《会饮》216A：参考 Part i. p. 55。

6　《泰阿泰德》172C–177B：参考《理想国》vii. 316C sqq.；《高尔吉亚》464B sqq.，518 E sq.。

7　《申辩》31E；《高尔吉亚》521D sqq.；《政治家》297E sqq.；《理想国》vi. 488A sqq.，496C（参见第 29 页注释 62）。

的哲学家城邦中，[1]最优秀的人只有在不得已的情况下才会从最有福分的理智性沉思下降到如漆黑牢狱般的世间去处理人间俗务。尽管这否定了政治生活具有直接的、无条件的价值（更早期的希腊人不可能设想在政治功业之外存在某种赋有尊严的生存方式），但是对于柏拉图来说，政治生活在道义上仍然是必要的，只不过这种必要性是间接的而非直接的。国家既不是个人奋斗的首要目标也不是最高的目标，但是对于知识和德性而言却是不可缺少的条件，是它们得以产生和延续，并使它们能够支配这个世界的唯一途径。如果没有教化和教育，德性就只能靠运气

464

才能出现。自然品质对于德性的产生帮助甚微，哪怕某人天赋异禀，在错误的引导下也会走入歧途，除非所处环境出奇有利。教化只在国家中才有可能；反过来说，糟糕的政治体制会带来致命的和无法阻挡的恶劣影响，哪怕最杰出的天才通常也不能幸免于难。所以，只要国家机体恶疾缠身，公共机构弊病丛生，那么道德状况之彻底改进几无希望。少数人或许由于求知向善的天资而得拯救，但是他们也无法尽其所能，自己也无力做到最好，而对别人的帮助就更小了，然而如果他们得以尽其所能，既不受到周围丑恶环境的玷污，也没有过早沦亡，那么他们对别人的帮助会更大。除非政治体制的彻底改革，否则匡正永无可能，因为只有国家能够保障善对于恶的胜利。[2]国家的根本目标就是成就公民的德

465

性，[3]即作为整体的人民的福祉（幸福），[4]因为德性和福祉（幸福）是一

---

1 《理想国》vii. 519C sqq.：参考 i. 347B sqq.，vi. 500B。

2 《理想国》490E–495A，496A sqq.（参见第 10 页注释 3 以及 p. 29）；《蒂迈欧》87A；《高尔吉亚》521D sqq.：关于"俗常德性"的偶然性特征，参考 p. 176 sqq. 的引文。

3 《高尔吉亚》464B sq.：政治技艺的使命在于"θεραπεία ψυχῆς"（照料灵魂）。Ibid. 515B："或者，你会让我们看到，在你管理城邦事务的时候，你关注的是别的事情，而不是让我们这些公民成为尽可能优秀的人，我们岂不是不止一次承认，这就是政治家所应该做的事情"；Ibid. 504D，513D sqq.，517B，518E；《理想国》vi. 500D。《法律》尤其持续提及这点，e.g. i. 631B sqq.，iii. 688A sq.，iv. 705D，707C sq.，718C，v. 742D sqq.，vi. 770E，xii. 963A。

4 《理想国》iv. 420B，421B sq.，vi. 500D sq.，vii. 519E，在此处尤其主张国家治理关注的是整体而不是部分的幸福；参考《法律》iv. 715B，viii. 828E。

致的。国家的最高职能是充当教化的机构，[1] 因为它的首要和内在的使命就是维护"道德"和"科学"（der Wissenschaft/ 知识），总之就是维护"哲学"。俗常的政治技艺所针对的那些目标是完全没有价值的，由于它们对更高层次的目标是一种妨碍，因而是绝对有害的。[2] 真正的国家应该是真正的德性的范型。柏拉图在《理想国》中筹划的首要目标是寻求"正义"的概念，它用大字写在国家中；[3] 在他的描述的第一个停顿处，他把正义说成一切德性的底基。[4] 这与他关于国家之使命的判断是吻合的。道德方面的诸理念在共同体中的完全实现也就是全体人民的福祉，这也是国家的终极目标。

如果这就是社会共同体的目标，那么名副其实的"国家"只能由产生出道德的各种条件和各种力量所构成。在柏拉图看来，如果有一种力量能够给予道德以坚实基础，能够净化道德的内涵和动机，能够让道德超越有赖于运气的俗常德性，能够保障道德的存在和延续，那么它非"哲学"莫属。[5] 所以，政治生活的最高难题唯有通过把政治建立在哲学的基础上才能得到解决。如果法律和规章之类的政治事物源自于哲学，那么它就能够促进国家的唯一目标并且按此得到整饬。有多少法律规章脱离了这一指引，那么国家及其使命的完成就会受到多大程度的损害。

---

1 《政治家》309C：政治家要用属人的和属神的纽带把国民联合起来。属神的纽带指的是"关于崇高、正义、善及其相反者的那些正确和稳固的信念……我们知道，唯有政治家和优秀的立法者才能够借助属于君王技艺的缪斯〔τῇ τῆς βασιλικῆς μούσῃ〕把这种信念传递给那些以正确方式得到教育的人"；这是柏拉图式理想国家的主导性立场，它所产生的结果在《蒂迈欧》27A 中得到了恰当总结："通过他（蒂迈欧）的论说我可以了解到人类的起源，而从你（苏格拉底）这里了解其中一些人如何获得最卓越的教育。"

2 《泰阿泰德》174D sqq. ;《欧绪德谟》292B：自由、和平和富裕就其本身而言既不是善也不是恶；如果政治技艺要让国民幸福的话，就必须给予他们智慧和知识。《高尔吉亚》518E：我们赞扬古老的政治家仅仅因为他们满足了人民的欲望并且增强了国家力量，"但是人们没有觉察到这些前辈们使得城邦出现浮肿和溃烂。因为他们让城邦充满码头、船坞、城墙、贡物和这类废物，但是却并没有顾及节制与正义。"

3 《理想国》ii. 368E sqq.。

4 iv. 427D sq., 443B。参考后续更详细讨论。

5 参见 p.176 sqq.。

466

真正的"国家"得以出现之基本前提是哲人（哲学家）的统治。[1]"除非哲人成为统治者，或者统治者真正彻底地从事哲学；除非政治权力和哲学落到同一个人身上，否则国家与人类就不能脱离苦难。"[2] 这段话对于理解柏拉图的整个政治学说而言是个关键。

二、国家的政制

467 　　对于国家而言至关重要的事情在于，真正的政治技艺，即"哲学"，起着绝对的支配地位。在最初的探讨当中，这种完满状态以什么方式、什么形态得以达成，似乎无关紧要。掌权者到底是一个人还是多个人，少数人还是多数人，富人还是穷人，这些不太重要；掌权者是遵照民意还是反对民意，按照成文的法律还是不用法律，运用温和手段和还是严苛手段，这些也不太重要。重要的是统治方式是好的和专业性的，建立在真正知识的基础之上并且追求共同善，而其他东西都是相对次要的。[3] 但是，这还仅仅是预备性的说明，以便我们不会把偶然的东西和本质的东西搞混。在深思熟虑之后，柏拉图发现前面这些因素并非像最初看上去那样无关紧要。对于政府应该通过人民的公意还是通过武力来统治这个问题，他认为，不可能期待合理的法规制度在没有任何强制的情况下会得到群众的遵从。政治家在完成其使命时不会仅限于讨人喜欢的方式，他会开出苦味的药方。他决不会讨好群众的喜好，满足他们的贪欲，而是以严格的训练来教导他们追求德性和智慧。那种从一开始就

1　在柏拉图看来，"知识"绝不可能与有知识的主体割裂开来。它不能像"学说"那样被占有，而只能像"技艺"那样付诸实践，而且每一门知识只能由爱智者（哲学家）以正确方式得到应用（参见第 142 页注释 3）。于是（《政治家》294A；参见 p. 467 sq.）不是法律，而是"带有智慧的王者"（ἀνήϱ μετὰ φϱονήσεως βασιλικός）应该在国家中拥有最高权力。
2　《理想国》v. 473C：参考《政治家》293C："在这些政制中……有一种是特殊的，只有它是正确的政制，在其中能够看到统治者是真正有知识的人"，等等。
3　《政治家》292A–297B。

讨人喜欢的教训怎么可能让人们借助于它而训练成为有道德的呢？[1] 柏拉图承认，他心目中的国家没有极端强有力的手段是很难得以建立的。[2] 他认为，这样的国家一旦建立，那么它就具有其他国家无法与之相比的团结和共识。[3] 统治者是否受制于既定的法律，他先是认为这个问题不太重要，后来又表示通过法律来限制真正明智的政治家会是错误的，因为这种法律是普遍的，无法充分适应具体人物和事件的特殊性，而且这种法律是一成不变的，无法跟上环境变迁的步伐。[4] 不过，在缺乏真正政治技艺的情况下受制于有经验作为担保的法律总比遵循盲目、自以为是的异想天开要好一些。[5] 就富人和穷人的区别而言，柏拉图很清楚，对于这种城邦内部可能出现的分裂不采取预防措施是非常危险的。[6] 我们发现，在其中一部政治著作中，他希望通过财产共有制来消除这种贫富差异，而在另一部政治著作中，他又认为这种差异不会引起大碍。最后，应该由多少人掌握最高权力这个问题本身似乎不太重要，但是我们不难明白，这样一位哲学家——他认为真正的统治技艺不会被多数人掌握，一千个人当中也很难找出五十个政治家来[7]——肯定会把统治者限制为一位或极少的几位。[8] 柏拉图的理想国家只能是一种贤人政制（die

468

469

1　参考《高尔吉亚》521D sqq.。

2　《理想国》vii. 540D sqq.：哲学王必须把国家中超过十岁的居民都迁走，以便按照他的原则来教育留下来的孩子。《政治家》293D，308D sqq.；真正的政治家不容许糟糕的材料进入他的国家；那些不能接受德性教育的人可能要被处死或驱逐；那些不能被教导而摆脱无知的人可能要被降为奴隶。

3　参考《理想国》v. 462A–464B，465D sqq.。

4　《政治家》294A–295B，297A–299E。这里对于法律的批评实际上也是《斐德罗》中（cf. p.156）对于所有书写下来的话语的批评。就像书本一样，法律不能回答任何提问，不能做出任何解释。不过，从《斐德罗》（257E，277D）的基本原则来看，柏拉图实际上并不是要全然拒斥法律。

5　《政治家》295B，297B sqq.，300A sqq.。

6　《理想国》iv. 422E sq.。

7　《政治家》292E sq.，297E sqq.；《高尔吉亚》521D sqq.；《申辩》31E；《理想国》vi. 488A sqq.。

8　《政治家》293A：“我认为，与此相应，我们必须寻找一个人、两个人或极少数人的那种正确统治。”在《理想国》，统治者阶层在人数上的确显得多一点，不过在整个人口中的比例仍然是很小的（参见 iv. 428E）；情况之所以这样只是因为关注的

Aristokratie），[1] 一个人或极少数人凭借德性和智慧实施统治的政府。就像在灵魂中规模最小的部分起主宰作用一样，在国家中应该由知识和品格最杰出的少数人掌权。[2]

这个思想更为详细地展开如下。如果每个人都尽全力从事单一职业而不是身兼多职，那么其任务可以完成得更好，因此在国家中必须实行分工。每个人都必须从事最适合于自己品质和教养的工作而为共同体提供服务，并且全都不允许越出自己的本职。治理国家和抵御内外敌人的任务必须交给特定的人群，他们与生活必需品的生产者要区别开来；因而，最初的区分是国家的"护卫者"和手艺人之间的划分，对公共事务的操劳只交给前者。护卫者又可以分为发布命令的人和服从命令的人，也就是真正的统治者及其助手。[3] 这样我们就得到了三个阶层。首先是平民，即农民和商贩，属于供养阶层 [4]（Nährstand）。其次是护卫者或武士，即军人阶层 [5]（Wehrstand）。第三是统治者阶层，[6] 同时我们会发现他们也是教育者阶层（Lehrstand）。"自然"本身提供了这种阶级划分的基础，因为它把不同的品质分配给不同的人；有些人由于意气或勇气而出

重点在于政治技艺的系统教育。柏拉图在《理想国》中的政治理想本身没有改变（不像 Steinhart 认为的那样，*Pl. W.* iii. 611）。

1　他以此称呼自己的理想政制，《理想国》iv. 445D，viii. 544E，545C，ix. 587D：参考 iii. 412C sqq.，viii. 543A。在《政治家》（见下文），他把这个名称给予了少数人依照法律进行统治的政制。在《法律》iii. 681D，iv. 712C sq.，这个名称以普通的含义被使用，不过在 iii. 701A，它又明显在褒义上表示最优秀的人的统治。

2　《理想国》iv. 428E：参考 ix. 588C sq.。

3　《理想国》iii. 374A sqq.：参考 369E sqq.，iii. 412B，413C sqq.。

4　γεωργοὶ καὶ δημιουργοί（农人与工人），iii. 415A；δῆμος（民众），v. 463A；μισθοδόται καὶ τροφείς（付工钱的人和供养者），*Ibid.*；ἀρχόμενοι（被统治者），iv. 431D。

5　通常称为 φύλακες（护卫者）或 ἐπίκουροι（卫士），也称为 προπολεμοῦντες（国防战士），iv. 423A，429B，442B，viii. 547D；《蒂迈欧》17C，或者称为 στρατιῶται（军人），iii. 398B，iv. 429E，v. 470A。

6　通常称为 ἄρχοντες（统治者）或 τὸ προεστὸς（领导人），iv. 428E；与武士一起称为 φύλακες（护卫者），e.g. v. 463B sq.；与武士相区分称为 φυλακες παντελεῖς 或 φυλακες τέλειοι（完全意义上的护卫者／完美的护卫者），iii. 414B，iv. 428D，参考 415C，也就是严格意义上的护卫者，武士只是充当他们的 ἐπίκουροι（辅助者）。

众，另一些人由于思想能力而卓然出众。[1] 政治技艺关系到把三个等级
以合理和有序的方式关联起来。除非每个等级各尽其职，互不干涉，否　　471
则这种秩序无法实现。如果把政治事务委托给一个资质配不上的人，如
果工匠充作武士，武士充当统治者，或者，同一个人同时承担所有这些
职能，那么，这些界限的混淆对于国家而言是最大的危害。[2] 关于国家
治理方面的事务必须全部交给统治者阶层：他们独享至高的权力。国家
的内外防卫只能完全交给第二等级。群众不要操持武器，因为他们的地
位决定了他们不能很好地使用武器。同样，两个较高等级的人也不得从
事生产活动。贸易和农业只容许第三等级的人从事；其他两个等级的人
不仅不许从事这类职业，而且不许拥有私人财产，因为他们必须完全献
身于共同体，所以只能从第三等级的劳动中获得生活供养。[3] 国家的效
能有赖于这种秩序的维持和彻底实现。如果统治者拥有真正的知识，那
么国家就是明智的。如果武士对于什么东西可怕什么东西不可怕、对于
痛苦和危险以及快乐和欲望拥有正确意见，那么国家就是勇敢的。国家　　472
的"节制"（σωφροσύνη）在于统治者和被统治者对于谁应该统治、谁
应该服从达成共识，因为这样的话，大众的感性欲望会得到理性和高尚
追求的驾驭。国家的正义在于整体维持一种合适的均衡，每个人各尽其
职，互不越权（即三个等级的 οἰχειοπραγία〔各司其职〕）。[4] 正如前面
已经考察过的，[5]柏拉图认为，在得到良好治理的国家中，宪法和具体法
规都是多余的，甚至是有害的。他特别关注的只是，统治者应该把大
部分时间用于哲学沉思，[6] 按照一定周期把小部分时间花在国家事务上，

1　《理想国》iii. 415A sqq.：这点通过神话的方式得到表达，就是说，那些有资格统
　　治的人在灵魂的构成中含有金，而武士们含有的是银，生产阶层含有的是铜和铁。
　　一般来说，孩子跟父母一样，但是也有可能上层人的儿子拥有只适合于下层身份的
　　灵魂品质：参考 p. 423 sq.。
2　《理想国》iv. 433A sqq.，435B，iii. 415B sq.。
3　loc. cit. ii. 374A–E, iii. 415D sqq.：关于 φύλαχες（护卫者）的生活，参考后一处文本。
4　iv. 427D sqq.，以及第 453 页注释 48。
5　参见 p. 468 sq.；参考《理想国》iv. 425A sqq.。
6　vii. 519D sqq.，540A sq.。

这样，国家事务就是由统治阶层中一定数量的人按照轮值的方式得到管理。

分工原则实际上只为这种政治体制提供部分的辩护。这个原则本身源于某些其他目的论上的考量；而且即使分工原则是可以成立的，也并不意味着国家事务就要严格按照这种方式来分配并且适合特定工作的等级要成为固定不变的。阶层的划分和国家的政制显然建立在更一般的理由之上，而劳动分工的学说只是随后为其提供理论上的辩护。正如柏拉图直接说明的，国家应该由哲学家来进行统治，其理由在于柏拉图关于国家的使命以及真正的道德得以可能的条件的观点；实际上苏格拉底的基本原则就已经蕴含了这点，即，唯独有知识的人有权统治。但是，对于像柏拉图这样看不起大众的理智能力和道德水准的哲学家而言，他不可能设想大众会自愿接受那样的统治；于是他必须为哲人王配备强制大众服从命令的力量；他必须为他们提供足够的有利条件，因为这些人单从数量上看是很少的，难以完成使命。这样，特殊的武士阶层就是必需的，它的最主要任务不是抵御外敌而是内部行政。柏拉图并不是完全没有注意到他的政治安排有巨大的困境，但是他也没有最终摆脱这些困境。[1] 最后，除了劳动分工之外，还有一些理由使得柏拉图不允许两个上等阶层从事生产活动；作为正统的贵族，他非常轻视物质生产方面的劳动，并且认为这种工作会对人的品格产生恶劣影响，使得从事这方面工作的人不具备充当"护卫者"的政治和军事能力。[2] 于是，阶层划分和下层对上层的绝对服从就是他的政治观点的必然要求。这种安排还有一个好处：国家以类似于人类灵魂和宇宙的方式得到划分，它代表了扩大了的人的形象以及缩小了的宇宙形象。国家的三个阶层对应于灵魂的三个部分，[3] 也可以与宇宙的三个部分相对应；理念（或者"理性"，意思一样）借助于灵魂而主导着物质世界，这与第一等级借助于第二等级

---

1 参考《理想国》iv. 422A sqq.。
2 参见 p. 459 的引述；以及第 345 页注释 2。
3 参考《理想国》ii. 368E，iv. 434C sqq.，以及前文，第 344 页注释 2。

主导着第三等级是相似的。[1] 只有通过这种界说柏拉图才能够把他的正义概念应用于国家之中，或者使国家得以成为符合其道德观念的作品。他接受希腊人尤其是毕达哥拉斯学派的观念，认为德性在于"和谐"，各部分的协调一致并且服从于整体的目标。[2] 这不一定排斥政治生活的某种自由运作，其中有些活动可以由同一批人同时或轮流来完成；不过，哪怕不考虑柏拉图哲学的绝对主义倾向，这种做法也不会是最符合他的心意的。他喜欢让概念层面上有区别的东西保持彼此独立，并且在清晰和全方位的综观中让概念的不同环节得到整合。不同的政治活动应该划分为不同的层级，每个层级都有自己特别的使命，而且在各个特别的概念自身中体现出来，这与柏拉图富有创造性的精神气质是吻合的。就像理念属于现象之外的特别领域，所以国家的理性专属于比普通民众更高的特别阶层；就像"灵魂"或能动力量是理念和现象之间的媒介，所以把哲人王的决议付诸实施的武士阶层也是哲人和民众之间的媒介。一切都是明确和固定的，并且由不变的关联性整合在一起。它是一个严格意义上的工艺作品，明晰、和谐、均衡、可塑。但是它仅仅是工艺作品而已。柏拉图的国家完全停留于某些抽象的规定性上面，它无法承载

475

1　当然，不能在国家与灵魂，国家与宇宙之间不相似的地方来进行类比。柏拉图式国家的统治者（如 Strümpell, *Gesch. d. prakt. Phil. d. Gr.* i. 456，正确地注意到的）只是从第二等级中选出来的一个委员会；这两个等级在生活模式和教育上都是共有的，只不过统治者阶层的教育借助系统的科学培养而达到完备：这些人是从一个群体中被挑选出来的 ἀριστοι φυλάκων（护卫者中最优秀的人），τέλειοι φύλακες（完美的护卫者），ἀριστεύσαντες（最优秀的人），参考《理想国》iii. 412C, 413E sqq. ; iv. 428D ; vii. 540A，etc.。于是，统治者跟武士之间就非常接近，远远比作为灵魂中不朽部分的"理性"跟可朽部分中较高贵的"意气"之间的距离要接近得多。灵魂在宇宙中的地位更类似于国家中第二等级的地位。不过即使在这个类比关系中（柏拉图没有明确说出这点），仍然有一个区别需要注意，即灵魂从理念世界出发而与物质世界发生关联（参见 p. 346 sq.），与此不同，武士阶层是从自己内部中产生出统治阶层。Susemihl 反对把国家中的三个等级跟理念世界、灵魂与物质世界这三者进行类比，其反对意见在我看来并不重要。与此不同，Susemihl 给出的划分是把宇宙划分为众恒星、诸行星与地球。但是我在这里没有看到明显可以比较的点；诸行星并不是恒星领域主宰地球所借助的手段。

2　参见 pp. 445，458。

现实生活的复杂性和灵活性。

　　这种政制的首要条件是国民的德性，而这也是国家要达到的最终目标。为了实现这点，关于国民的教化、生活方式甚至生育方面的严格规定就必须得到贯彻。当人的素质还达不到要求，最佳的法律也是徒劳；但是如果人的素质达到了要求，良好法律是唾手可得的。[1] 所以，改善国民素质是至关重要的。不过在讨论这个问题的时候，柏拉图只把范围局限在两个较高的等级；而对于第三等级的群众，他预先假定了一种庸常的生活方式，[2] 他们的教育任由他们自己去处理。[3] 没有恰当的教导，这些群众如何获得他所要求的那种德性，这点柏拉图没有论及；但是从他的贵族立场来看，似乎他们的教养状况对于国家而言不甚紧要。[4] 在政治事务中，这些人没有发言权，等级隔离制度让两个上等阶层免受这些人的负面道德影响。对于这些人在经济方面的重要性，柏拉图根本不愿谈及，正如他蔑视每一种生产性的活动。

三、理想国家的社会规范

　　1. 要让柏拉图所希望的那种国家政制成为可能，有两个要素是必

1　iv. 423E，424D sqq.

2　E.g. iii. 417A，iv. beginn. 甚至他们的职业也是由国家当局来决定的（iv. 423D）。

3　正如亚里士多德正确地批评的，《政治学》ii. 5, 1264a11 sqq.。柏拉图设想（iv. 431B sq.），在他的理想国家里群众是完全服从感觉的人，他们的欲望只能由存在于少数人那里的理性来管制。

4　参考 iv. 421A："其他人是不太重要的；因为鞋匠变得卑劣或者腐败、变得名不副实，这对于城邦而言并不可怕；但是如果我们的法律与城邦的护卫者有名无实，那么你一定会看到，他们会把城邦完全毁了，而反过来，也只有他们有机会将城邦治理得好并且使之得享福祉。"这个确定的表述以及如下事实，即柏拉图从来没有提到有必要为低等级的人提供教育或者其他有助于此目标的手段，似乎跟 Strümpell 提出的观点相冲突（*Gesch. d. pr. Phil. d. Gr.* i. 387 sq.），他说，"柏拉图想要把他关于道德和宗教的教导也应用于第三等级（参见 479 sq.），不过略过去了而没有讲"（这些理由在我看来远远不能让人满意）。第三等级肯定会因为禁绝荷马作品以及柏拉图的其他提议而受到影响。但是这不意味着，柏拉图在给出这些提议的时候想到了第三等级及其需要。

须的；首先，共同体应该禁绝一切干扰因素，其次，品质良好的公民的再生产必须得到保证。因为很显然，从废品堆里生产不出好东西。[1]柏拉图希望通过强有力的手段实现第一方面，清除妨碍理性获得统治地位的障碍。[2]对于第二方面，他希望公民的出生血统完全由国家来掌控。他把一个人的出身境况看得特别重要，以至于他所能预见的理想国之堕落只能是因为在这方面出了差错。[3]于是他提出了让我们觉得很奇怪的一些对策。国家不仅要决定所需孩子的数量，决定公民在多大年纪可以生育孩子，而且还要监管每一个个案，并且在孩子出生后立即接走孩子。为了使得优质孩子的数量更多而劣质孩子更少，各种各样的人为手段都是可以采用的。[4]柏拉图甚至建议遗弃劣质孩子和病残孩子；在没有得到国家批准的婚配中所生的孩子应该被杀死或丢弃。[5]他自己也明白这些法令要实行是很困难的；[6]但是他的政治理想主义让他接受了对于其中许多人的不人道，而且把婚姻贬低为单纯为了提供人口的手段。

478

2. 这样，在国家有了合适的公民之后，下一件事情也是最重要的事情是让这些在国家管控下生育出来的孩子接受符合国家目标的教育。这只有通过国家教育才能实现。在这些孩子成长的第一个阶段，他们只属于国家。新生儿要立即送到公共保育员那里，而且父母和孩子之间必须互不认识。[7]他们要完全以公共的方式得到养育。[8]个人不能选择自己

1　《政治家》308C sq.。

2　参见第 343 页注释 2 以及《理想国》vi.501A：哲人政治家"把城邦与人民的品格当成他们的绘图底板，不过首先他们会将其擦干净"，因为"在他们得到一块干净的底板或者自己将其擦干净之前"，他们不会尝试去立法。

3　参见 p.424 sq.。

4　《理想国》v.457C–461E。《政治家》（它不可能以《理想国》给出的政制为其前提）以不太明确的方式要求（310A sqq.），在婚姻中应该考虑到把沉静的天性与暴躁的天性进行结合。

5　《理想国》v.460D，461C 只能以这个方式得到解释。在《蒂迈欧》19A 再次涉及这个问题，所不同的是：低劣人的孩子应该被降为第三等级。

6　参考 459C。

7　v.460B sqq.

8　我们从 ii.375E，vi.502C 中的整个阐释中可以发现这点。

的等级，父母也不能决定这点；行政长官负责按照每个人的性情和品质他们分到各个阶层之中。[1] 对于国家的福祉而言最重要的莫过于其各种

479 事务都交由恰当的人来做。[2] 个人在从事这些事务的时候不能基于自己的任意决断。就上等阶层的具体教育而言，柏拉图认为雅典人在文艺和体育（武艺）方面的那种普通教育对于武士阶层是恰如其分的。[3] 他所要求的只是这两方面的教育应该跟通常的方式有所不同。在体育方面，更应该考虑的是灵魂和完整的人而不是身体。把体育和文艺按合乎自然的方式结合起来会带来最好的结果，即个人内部的和谐；它们让身体和心灵得到同步发展，甚至在灵魂内部也造成一种刚强与温和、勇敢与谦逊的结合。[4] 体育应该导向生活的坚韧和朴素；[5] 文艺则造就对美的热爱、道德自律与良好品性，这些品质让一个人在获得纯粹知识之前得以走在正道上。[6] 就此而言，文艺在两者中是更重要的。柏拉图非常看重文艺的影响力，把它称为国家的避难所；只要现存习俗和法律没有被完全摧

480 毁，它就起着中坚作用。[7] 所以，明智的统治者会非常关注文艺，坚决不让不道德和颓废的因素混进其中，也不允许诗歌采用那些会败坏公民之朴素性和求真精神的形式。在高雅艺术领域，他们只容许高尚和得体

1　iii. 413C sqq., 415B sq.（参考第 345 页注释 1）：一般而言，孩子们会跟他们的父母划归到同一等级，但是也可能出现例外。

2　415B（参考前面提及的那个神话）："神给予统治者的第一个和最重要的命令就是，没有别的事情比仔细护卫或看管其后代灵魂中的金属成分更重要，etc."。如果他们的儿子们不适合于任何高层次的事务，也必须被无情地降为生产阶层；相反，如果合适的话，普通群众的儿子也可以被培养为卫士或统治阶层，"因为神谕表示，每当城邦拥有的是铁的或铜的护卫者，城邦都会败坏"。参考 iv. 423C，434A，以及前文 p. 471。

3　ii. 376E sqq.；参考前文 214 sq.。

4　《理想国》iii. 410B sqq., ix. 591B sq.；《蒂迈欧》87C sqq.。《政治家》（306A–310A）关于"节制"和"勇敢"的结合的说明也属于这个主题。这种结合是《理想国》中武士培养的最终目标。

5　《理想国》iii. 403C sqq.。

6　参见 p.214。

7　iv. 423E sqq.；参考《法律》vii. 797A sqq.。这些表述不仅仅指歌曲，就像从 Cic. *Legg*. iii. 14, 32 之后人们通常以为的那样。这里得到考虑的是文艺（包含诗歌在内）与总体的道德教育，即 "παιδεία καὶ τροφή"（教化与培养）。

的艺术形式，尤其必须对文艺作品的内容进行审查，杜绝一些不道德和渎神的内容。[1] 总之，文艺必须严格服从伦理道德，它只能是道德教育的手段。柏拉图的理想国家不容许任何违背这个准则的文艺。荷马诗歌和以其为模范的诗歌都不得进入这个理想国家。[2] 在这个预备性的学习之后，第一等级还要接受理智上的教育，这个教育的性质和各个阶段我们已经考察过了。[3] 不过，这个教育过程不仅针对少年人，而且扩展到成年人，只有这些学生经历多年的实践活动之后，才有可能进入统治者的行列。[4]

3. 为了让两个上等阶层的每个人都归属于国家而不是归属于他自己或他的家庭，柏拉图为他们设定了一系列独特的法规，它们是以前的希腊人从来没有提出过的。[5] 能够团结国家的东西是最有益的，而使国家分裂的东西则是最有害的。相同的利益最有利于国家团结，而利益的分化则导致国家分裂。公民越是把同一些东西看作自己的或者不是自己的，他们的一致性就越高，这对于国家而言就越有好处。[6] 这样，柏拉图理想国的社会经济的关键之处在于尽可能取消私人利益。在柏拉图看来，这只能通过取消私有财产来实现。所以，除了绝对必要的生活用品之外，他不允许他的武士阶层和统治者阶层拥有私有财产；他们食宿都在一起，不藏金银，只是从第三等级那里获得定量的供养，并且不得超出必要的额度。[7] 他以共有妻子和孩子的方式取代家庭生活，这点在前

481

1　ii. 376E–iii. 403C。更多细节，参考 pp. 510 sq.，498 sq.，p. 501 sq.。

2　《理想国》x. 595–608B。

3　参见 p. 215 sq.。

4　vii. 536D sqq.：在少年时期，他们以游戏的方式接受教育；到了 20 岁，就接受更多的科学教育（各门数学分支）；从 30 岁开始，接受辩证法训练；到了 35 岁就在某些公共岗位上任职；直到 50 岁以上才可能进入统治者行列。

5　参考亚里士多德《政治学》ii.7, beginn.："没有其他人曾经提出过共有儿童与妇女这类新奇想法，或者是妇女共餐制。"

6　v. 462A sq.

7　iii. 416C sqq., iv. beginn.

面我们已经说过。[1] 这种生活模式取消了妇女对家务的操持，因而他要求（这与苏格拉底关于两性具有相同道德品性的说法是一致的[2]）妇女与男子接受一样的教育，与男子一起打仗和参与政务。[3] 对于护卫者阶层的更多法规在柏拉图看来是不必要的，理由前面已经说过，也就是受过恰当教育的人自己会发现什么是对的；而对于那些不能胜任这点的人而言，哪怕有法律也没用。通过具体立法来帮助国家的所有尝试都只是权宜之计。[4] 他还设想律师和医生在他的理想国里没有太多的用处，因为公民的德性和教养使得诉讼案件几乎不会出现，而且他们的健康生活方式会让疾病降到最低程度。不能以简单手段得到快速治疗的人最好死去：为了照料病态的身体而活着是没有意义的。[5] 关于宗教方面的立法，柏拉图完全留给德尔斐的神；[6] 不过他详细论述了战争，尤其提出了适用于希腊各城邦的一种更为人性的战争法。[7]

下面这点由于黑格尔的出色考察，[8] 现在已经被大家普遍承认了：[9] 柏拉图的意图不可能只是描述一种我们今天所谓的"理想"国家，也就是

1　iv. 423E，v. 457C–461E；参考前文，p. 478 sq.。

2　参见 Part. i. p.121。

3　v. 451C–457B（不过在战斗发生的时候存在某种有趣的限制，v. 471D）。这里描述的女人在体育训练时采取的方式从希腊人的观点看来是很重要的。看到她们也被要求裸体训练而不顾羞耻感，我们会被触怒。不过柏拉图担心的只是人们会认为这很可笑（452A）；而他给出的答复用了漂亮的辞藻（457A）："这些女性护卫者必须脱光，既然她们以德性而不是以衣裳为着装"。

4　iv. 423E，425A–427A.

5　iii. 405A–410B，并且参考第 319 页注释 2。

6　iv. 427B sq.；参考 469A，vii. 540C，v. 461E。

7　v. 469B sqq.：希腊人不能被当作奴隶，他们的城市不能被毁坏，田地不能遭受蹂躏破坏，尸体不能遭受劫掠，战斗武器也不能当作战利品放在神庙中。希腊人之间的争端不能被看作战争，而应该被看作内讧。

8　*Gesch. d. Phil.* ii. 240 sqq..

9　Strümpell（*Gesch. d. prakt. Phil. d.Gr.* i. 353 sqq.）以相当长的篇幅来表达自己的观点。但是他下面的这个说法明显偏离了柏拉图本人的意思（参见第 353 页注释 4），他说，"柏拉图并不是从'理念'出发进行建构，从而也不是建构一个理想国家，也就是始终而且无论在哪里都是最好的和真正的国家。他只是为雅典的政治改革提出一些建议"。

不可能付诸实践的空幻构想。[1] 各种理由都与这种看法相抵触。柏拉图构想的国家之原则完全是希腊式的；其中明确说这是一个希腊的国家，[2]而且其立法只考虑到希腊的状况。[3]《理想国》第五、六、七卷完全致力于提出这种国家的实现手段。柏拉图明确表示，他不仅认为这样的国家是可能的，而且是绝对必要的；其他形式的共同体都配不上"国家"这个名称。只有在这种政治体制里，政治事务才以合适的方式得以安排和分工，人类的福祉才有希望；[4] 其他政治体制都是错误和恶劣的。[5] 他的整个哲学的性质与这样的观念不吻合，即在理念上确定的东西是不实在和不可实行的。所以我们不能怀疑，他的那些主张都是以严肃的方式得到阐述的。至于柏拉图缘何提出这么奇特的学说，对此问题我们必须注意到他的众所周知的政治原则以及他的亲属的政治原则，他的思想的贵族气息，他对于多利亚式政体和习俗[6] 的偏好——这点让他很早就受到谴责。[7] 这种影响的痕迹在《理想国》中是非常明显的。他特别支持的这个原则，即个体从属于整体而且完全服务于整体，斯巴达对这点的贯彻是其他任何希腊城邦都无法比拟的：在别的城邦，我们没有发现公民如此严格地服从于法律和政权，教育和整个人生受到国家如此全面的控制。柏拉图禁止护卫者阶层从事农业和贸易；而在斯巴达，这类活动被交给皮里阿基人（Perioeci）和希洛人（Helots）。柏拉图要求护卫者阶层废除家庭的生活方式，而像卫戍部队一样过集体生活；[8] 男人们吃饭、

484

---

1 正如之前的评论者们通常设想的那样，例如，Morgenstern, *De Plat. Rep.* 179 sqq.。更多细节参考 Susemihl, ii.176。

2 v.470E："我说，那么你要建构的城邦不是希腊人的吗？——他说，必须是。"

3 参见第 352 页注释 6 和 7。

4 《理想国》vi. 499B–502C, 497A sq., iv. 422E, v. 473C, ix. 592A sq.；《政治家》293C, 300E, 301D；参考前文，p. 467 和 p. 464, 9。在我的 *Plat. Stud.*（p. 19 sq.）已经表明，《理想国》v. 471C sqq., ix. 592A sq. 这些地方的文本不能拿来反驳这点。

5 《理想国》v. 449A, viii. 544A；《政治家》292A, 301E sqq.。

6 参见 Morgenstern, *De Plat. Rep.* 305 sqq.；Hermann, *Plat.* i. 541 sq. 和 Hermann, '*Die historischen Elemente des plat. Staatsideals, Ges. Abhandl.*' pp.132–159。

7 参考《高尔吉亚》515E。

8 "你们的政制是属于军人的"，柏拉图在《法律》ii. 666E 中这么对斯巴达人说。

训练、消遣甚至睡觉都在一起，就像前线的部队一样。他要求这些人保持极端的朴素和节俭，这点确实是斯巴达式的。他还不许这些人保有金银，这让我们想起莱库古士（Lycurgus），此人也提出过类似的禁令，并且为此只允许用铁来铸造钱币。财产共有不仅在不动产继承的平等性与稳定性中有其先例，而且在使用其他人的工具、仓库、牲畜和奴隶方面，斯巴达的习俗也有先例。共妻制度也有现实的参照，即年老者可以把他的妻子让给他人，而且一个未婚的男子可以借得他朋友的妻子。斯巴达的法律（跟柏拉图的一样）把婚姻限定在特定的年龄范围内。在柏拉图的理想国中，所有男性长辈都要被一致尊为父亲；同样，在斯巴达，少年要尊敬所有长辈，每个长辈都可以惩戒他人的孩子。伙伴情谊是柏拉图和斯巴达人都允许的，不过绝对不得越轨。在柏拉图的城邦和斯巴达，体育锻炼都主要是为了在战争中取胜。柏拉图认为女子也应该参与体育锻炼，而斯巴达的女子对此习以为常。在斯巴达，文艺和诗歌受到严格审查，只作为一种道德教育的手段，而我们在柏拉图的国家中也常常看到，浓词艳曲是受到限制的，而且诗人也受到驱逐。不健全的孩子被遗弃。柏拉图禁止收缴的武器作为献给诸神的祭品，而斯巴达人也是这样。[1] 除此以外，大家都知道柏拉图偏爱多利亚式的贤人政制。柏拉图的理想国出现了许许多多这类特征，它们部分是斯巴达法律规章的复制，部分是它的发展，还有部分是它的强化；柏拉图自己也把我们的注意力引向了这种相似性。[2] 但是，他的政治理论中最显著的要素不是从斯巴达那里得来的。且不说共产共妻，这点在斯巴达那里只有一点雏形，也不提柏拉图对斯巴达政治体制的严厉遣责[3]——我们单看他的主要政治观点，即关于统治者的哲学教育，这点是与斯巴达精神背道而驰的。斯巴达的法律体系建立在古代习惯和不容更改的传统上，仅仅旨

1　关于上述内容的细节证据（多数可以从 Xenophon, *De Rep. Laced.* 中找到），参考 Hermann, *Staatsalterth.* § 26 sqq.。

2　《理想国》viii. 547D。

3　《理想国》viii. 547E；《法律》i. 625C–631A, ii. 666E sq., vii. 805E sqq., etc.。

在保证城邦的军事强大和公民的男子气概，而柏拉图的国家体制植根于"理念"，旨在服务于哲学——这两者之间有根本的差异，因而把柏拉图的"理想国"看作莱库古士式城邦的升级版是忽视了它的根本性质。我们或许还可以从中看到毕达哥拉斯学派组织的政治倾向，它也旨在通过哲学来实现政治改革，而且无疑对柏拉图有一些影响。但是，这个先驱也不足以解释柏拉图的政治学说。就我们所知，毕达哥拉斯学派仅仅试图维持既存的贤人政制，在某些细节上做一些改进，而没有试图在国家中贯彻本质上全新的理论。黑格尔关于柏拉图的政治主张跟希腊人的道德原则以及当时希腊状况的关联性的评论尽管令人印象深刻，[1]但是对我们只有部分的帮助。柏拉图的理想国以突出的方式展现了非常独特的东西，这是有别于现代精神的希腊精神，那就是个体对于整体的服从，国家对于个体自由的限制，这实际上是希腊人的道德生活的实质。同样正确的是，在刚刚过去不久的国家政治遭际中，柏拉图必定获得了一种特别强烈的动机使得他过度强调了这个观点。在伯罗奔尼撒战争中，[2]无限制的个体任意性导致了雅典与希腊的崩溃。于是我们看到了这个现象，即希腊精神在这个时刻从现实性回撤到了理想性，认识到自我与国家的隔离也就是自我的毁灭，并且要求他强化个体对于国家的服从。柏拉图理想国中最本质的要素之一，即独立的军事阶层的建立，不仅有斯巴达的先例作为支持，而且后来腓力和亚历山大通过把旧有的民兵组织成常备军（由于雇佣军数量大大扩张）很快就征服了世界。柏拉图政制的理论基础是，如果战争技艺要达到完善，就必须像其他技艺那样被当作一个专业行当；[3]这个理论大体应该已经由伊菲克拉底斯（Iphicrates）和卡布里亚斯（Chabrias）一帮人提出过。但是，这都没有表明柏拉图政治学说与其哲学原则之间的关联性。如前所述，这要归因于前面已经论及

487

1　*Gesch. d. Phil.* ii. 244 sq.

2　参考 pp. 464, 481, 第 343 页注释 8 的引述；以及《理想国》viii. 557A sqq.，562B sqq.。

3　《理想国》ii. 374A："那么，难道你不认为战争是专业性的（τεχνικὴ）?"参考 p. 470。

488　的那种二元论，它在形而上学方面体现为理念的超越性，在人类学方面体现为灵魂三分的学说，在伦理学方面体现为对于哲学式赴死的要求。理念与现象的对立、理性与感性的对立太尖锐了，因而个人与社会的自然成长和发展产生不出令人满意的结果。只有少数洞察到纯粹理念的人，能够领略到"善"理念的人，才能生活在光明之中，而其他人只能过一种阴影似的生活，最多也只能达到真正德性的摹本。[1]因而，除了通过这少数人的绝对统治，国家怎么可能按照理念的方式得以建立呢？绝大多数人并不能领会这种政制的必要性和合理性，这种国家的简朴性只会被他们理解为对他们感性生命的不可忍受的限制，对于这些人，我们怎能希望他们自愿服从统治呢？如果哲学家不弃绝那些低级的职业和快乐——它们妨碍人与高层次的东西发生联系、使人脱离他真正的使命并且远离德性，再如果他们沉浸在那些导致国家分裂的细小利益上而不能全身服务国家，那么，他们怎么能完成其使命呢？[2]我们必须从这个角度来看待柏拉图理论的严苛性——对个人的不合自然的和粗暴的压

489　制，完全不顾个人自由和政治自由。柏拉图不得不走上这条道路，因为他的思想体系没有给他提供别的出路。道德方面的诸理念的实现不能依赖于个人的自由活动、依赖于他们对自己正当的个人利益的认识——这些东西始终要与理念相冲突，因为理念作为某种与人相对的东西而出现，人只能通过逃离感性世界让自己提升到理念的层面。就像在物理学中，柏拉图需要一个宇宙构造者，以便让物质服从理念，在政治学中也一样需要某种绝对的统治，以便控制个体的唯我主义。这种政治学说不满足于从个体的自由活动中产生出公共精神；"国家"理念必定被视为具有特别的地位，而且这个理念只能在那样一些人当中得到实现，他们要被剥夺掉所有那些满足个人旨趣的东西。在这里有一种思辨因素和实践因素的结合，就像中世纪的教会一样——它曾经被恰当地与柏拉图理

1　《理想国》vii. 514 sqq.；《美诺》100A；《会饮》212A；参考 p.175 sqq.，215 sq.，436。

2　参考 p.438 sq.，443，459 sq.。

想国相比较。[1] 在教会中，先行设定的超越的神引发了神的国和世界的分离，神以彼岸的、不可思议的方式统治着他的国，定下特别的诫命，并要求牧师和修士发誓放弃本质上属于私人的目标。在《理想国》中，相似的预设导致了非常相似的结果。

490

这种相似性或许可以帮助我们从另一方面来理解柏拉图的政治学说。他的理想国在我们看来是奇怪和不切实际的，不过特别值得注意的是，它与我们的思想方式有一种亲近之处，而且与后世的历史事实也有亲近之处。我们甚至可以这么说，这个理想的不切实际之处仅仅在于柏拉图试图在希腊的文化土壤上、以希腊的方式来实现那个注定只能在完全不同的环境与条件才能实现的东西。他的错误不在于按照自己的幻想和怪念头提出了一种新目标，而在于过早地、以不充分的方式[2] 寻求解决他以先知式眼光预见到的后世历史的种种难题。他的作品在两个原则之间——也就是政治绝对主义（为了国家而牺牲了个人的一切权利）和哲学理想主义（把人从政治生活中引回其自身，让他追求彼岸的更高目标）之间的冲突或许是一个恼人的特征，但是，恰好是这个冲突后来在希腊—罗马世界和基督教之间重现了。尽管他关于希腊的那些政制和政治家们的论断有时是不公正的，但是历史已经证明他的如下信念是正确的，即：当时雅典的那种政制已经不管用了，必须由另一种根本上全新的政制来替代。当柏拉图宣称统治者的哲学洞见是这种政治变革的必要手段，当他让理想国家由大家所知道的那样三个阶层构成，这个时候他不仅为中世纪关于教化、军事和生产三个阶层的划分提供了范型，也为脱胎于它们的现代政治制度提供了范型。尽管柏拉图设想的那种护卫者跟我们的常备军可能全然不一样，他所设想的哲人统治者跟我们的行政官员也截然不同，但是，为了战争的目的而培养一个独立的阶层，用它替代旧有的民兵，而且要求那些执政的人接受科学知识方面的训练，现

491

1　Baur, *Das Christliche d. Plat. Tüb. Zeitschr.* 1837, 3, 36.

2　参考 Hermann, *Ges. Abhandl.*, 141；Steinhart, *Pl. W.* v. 16 sqq.；Susemihl, ii. 286 sqq.。

代国家的这些做法在原则上跟柏拉图的想法是一致的。关于共有妻子和孩子，以及妇女也得享与男子同样的教育和职业，对于柏拉图在这些方面的方案，我们的确会感到惊讶，但是，两性在一般意义上的平等，女性应该具有一样的受教育机会，这些观念跟基督教与现代精神的要求是完全吻合的。[1]最后，尽管他的理想国家严苛地对待那些伟大的诗人，这在古代很难让人接受，而且让我们也感到惊讶，但是，它的潜在原因在于一个有根有据的信念，即，从道德立场上看，宗教需要一个彻底的改革。柏拉图是一个理想主义者，不在于他所要追求的目的，而在于他达成这些目的所诉诸的那些手段。[2]

492　　　除了完美的政治体制之外，柏拉图还详细讨论了历史上已知的那些不好的政治体制及其各自的性质。[3]尽管这些讨论本身是很有意思的，它表明柏拉图在考察这些政治状况的时候并不缺乏实证方面的知识也不缺乏观察力，但是，我们目前不能详细考察这些内容，因为它们只在很小的范围内有助于说明他的观点。不过应该提到的是，关于这些内容，《理想国》和《政治家》之间有小小的区别。《政治家》在完美政制之外还列举了六种不完美的政制，它们的区别要么是由于统治者的人数或阶层不一样，要么是由于其统治或依赖法制或凭借专断。它们的优劣次序是这样排列的：君主制、贤人政制、遵循法律的民主制、没有法律的民主制、寡头制和僭主制。《理想国》只列举了四种不完满的体制，并且对它们做出了不同的评价，首先是荣誉政制，然后是寡头制，然后是民主制，最后是僭主制。无疑，这种差异应该这样来解释，即柏拉图只是到后来才达到《理想国》中更为准确的界定，而在主要关注真假政治技艺之区分的《政治家》中，他提出了前一种更为通常的分类[4]，而他承认

1　参考《法律》vii. 806C；参见第 335 页注释 3。

2　关于上面的论述，参考《柏拉图式国家对于后世的意义》(*Der platonische Staat in seiner Bedeutung für die Folgezeit*) 这篇短文，载于我的《演讲稿与论文集》(*Vorträgen und Abhandlungen*)，p. 62 sqq.（第 2 版，p. 68 sqq.）。

3　《理想国》viii. 以及 ix. B；参考 iv. 445C sq.，v. 449A；《政治家》300A sqq.。

4　Deuschle, *Plat. Polit.* 36 以及 Susemihl, *Genet. Entw.* ii. 307（遵循 Deuschle 的观点）

这种分类是不令人满意的。[1]至于论述的形式，我在别处已经讨论过了，[2] 493
不同政制彼此的衍生关系显然是为了表明它们各自与真理和价值的相关
程度，而不是它们在历史上的演变顺序。[3]

的那些论证以不同方式解释了《政治家》中诸政制的关联性，这在我看来缺乏说服
力；我也只能部分同意 Hildebrand 关于这个主题的论述（*Gesch. und. Syst. d. Rechts-
und Staatsphilosophie* i, 146 sq.）。

1　参见《政治家》292A，以及前文 467 sq.。

2　*Plat. Stud.* 206 sq.，Hildebrand 同意我的观点，*loc. cit.* 147 sq.。

3　如 Hildebrand 正确评论的，这点是清楚的，因为其他政制都是通过堕落过程从理
　　想政制中产生出来，而柏拉图本人不是把它确定为某种历史上的次序（与《蒂迈欧》
　　和《克里底亚》的引言中出现的神话不同）。明确得到承认的是（ix. 592A sq.），就
　　算某一种政制本身并非不可能的，也不意味着它一定在某处实际存在过。柏拉图不
　　可能注意不到，不同政制类型的历史性过渡不会与他提出来的这个范式一致。除此
　　之外，相应的个人灵魂的演变——这在整个阐述中都起着范导作用，以及它必然导
　　致的类型过渡（viii. 549C，553A，558C，ix. 572D），都表明国家政制的这种演变
　　是逻辑的而不是历史的。亚里士多德在他的批评中充分注意到了这点（《政治学》
　　v. 12）。

第 十 二 章

柏拉图的宗教观和艺术观

　　柏拉图常常讨论宗教和艺术问题，不过都只是附带提及。严格意义上的宗教哲学和美学没有被包括在他的学说体系中，它们不能与柏拉图体系中的辩证法、物理学和伦理学相提并论，也不能划归于这些学说门类之下。在他的理论发展过程中，他必定常常遇到艺术和宗教——要么作为对手要么作为盟友——从而不得不为自己以及他的读者提供这两者跟哲学之间的关联性的说明。所以，尽管我们不能给这方面的讨论以前面内容那样的地位，但是为保险起见，我们也不能完全忽略它们。下面就以补述的方式来考察这些方面的内容。

一、宗教

　　我们已经知道，柏拉图把真正的宗教完全等同于哲学，真正的神等同于哲学沉思的最高对象。在他看来，哲学不仅是理论沉思，而且是道德实践；哲学就是"爱"与"生命"，是以真正的实在与无限来成全完整的人。[1] 那么，在哲学之余留给宗教的还有什么特殊的领域呢？唯有哲学家（爱智者）是真正虔敬的人，令神喜悦的人，而所有事物都必须以至善为目标。对哲学家而言死亡本身就是复归于神，因为他完全生活

495

1　参见 p. 214 sqq.。

在神圣者之中，按照神圣者来塑造自己，与这个目标相比其他一切都是无关紧要的。[1]哲学所关注的事物之永恒本质是万有中之至高者。诸理念都是永恒的神，宇宙和世间万物都仿照它们才得以出现;[2]神明就其绝对含义而言与最高的理念并无不同。[3]甚至在柏拉图以非学理性方式提到"神"或"众神"的时候，也不难发现这些是他的实际意思。他证明众神存在，反对唯物主义的无神论,[4]凭借同样一些论证，他驳斥了哲学上的唯物主义。他主张诸理念是宇宙的原因，理性是宇宙的主导者,[5]因为只有从非派生的东西出发才能解释派生的东西，只有从灵魂出发才能解释运动;只有把宇宙解释为理性的作品，才能理解宇宙机制中出现的手段对于目的有秩序的顺应。柏拉图关于"神"的主导性观点是，"神"是"善"理念，是形而上学和道德上的至高完满者。他的最高理念超越了所有其他理念，是一切"实在"和"知识"的根本原因;这样，既难以发现也难以描述的、处于所有其他诸神之上的，是"太一"、永恒而不可见的"神"、万物的"构造者"和"父亲"。[6]正如最高理念被标识为"善"概念，因而"神"的最根本属性也就是"善性";[7]柏拉图强烈反对古代关于神会出现嫉妒的观念，以及恶源自于神的观念，因为"神"

496

---

1 参考《会饮》211E sq.;《泰阿泰德》176B sq.;《理想国》x.613A;《斐多》63B–69E, 79E–81A, 82B sq., 83D sq., 84B, etc.。因此，哲学就是通往死后最高幸福的唯一途径（参见 p.394 sq., 398 sq.）。

2 参见 p.283, 160 end。

3 参见 p.279 sq.。

4 《法律》x.889E–889C（参见 p.342），xii.966D, 967D;参考《智者》265C sq.;《蒂迈欧》27E sq.。苏格拉底也是这样主张的（参见 Part i. p.144 sqq.），只不过更加从外部入手。

5 《智者》246E sqq.;《斐多》96A sqq.;《斐莱布》28D, 30A sqq;参见 p.228 sq., 261 sq.。

6 参见《蒂迈欧》尤其是 28C, 29E, 34A, 37C, 41A, 92B, 以及本书第 206 页注释5。在《政治家》269E 提到只能有一位"神"，而不会是两位对抗性的神明。

7 参见下注，以及《理想国》ii.379A，其中讨论神学问题的原则是以这样一些话开始的:"我们必须始终把神的真正'所是'归给他……神岂不是真正善的，而且必须这样被述说"，于是，这个概念构成了关于诸神的所有陈述的最高标准。

是完全善和正义的，只能产生绝对的善和正义。[1] 柏拉图不同意那些神话故事——它们讲述的诸神以可见形式向人显现出来；他从"神"的善性出发推导出：神是不变的，因为完满的东西不能被他者改变也不改变自身，否则它就会退化。他进一步说，"神"除了如其自身所是之外不会向人呈现为别的样子，因为神完全与欺骗无关。神不会出现原本意义上的欺骗，即无知与自欺，也完全不需要欺骗他者。[2] 柏拉图还颂扬"神"的完全性，他不缺乏任何美好和卓越性；[3] 神的能力包括一切，能够做一切可做之事；[4] 神的智慧也是完满地把手段跟目的配合起来的；[5] 神是全知的，在认识上不遗漏任何东西；[6] 神是完全正义的，他使得所有的罪恶都要受到惩罚，任何的德性都要得到褒奖。[7] 神是全善的，他以最好的可能方式照料一切事物。[8] 柏拉图不仅批评神人同形同性论关于"神"有一个身体的主张，[9] 而且批评那些传说——它们把情欲、争吵和各种罪恶

1 《蒂迈欧》29D（参见本书第212页注释2）；参考《斐德罗》247A："因为嫉妒是排除在神的队伍之外的"。《蒂迈欧》37A；参见 p.283,160；《理想国》ii.379B："'善'并不是一切事物的原因，它是那些善好事物的原因，不是恶的事物的原因……既然神是善好的，他就不是所有事物的原因，etc."；因此，当恶临到人的时候，"不应该说它们是神的作品……如果要说神的作品的话，那么，神所做的是正义的和善的，神所惩罚的人会得益处……既然神是善的，如果某人说他是恶的事物的原因，我们要尽一切办法与之作战，etc."《泰阿泰德》176C："神无论如何也不会以任何方式是不正义的，他是完全正义的；倘若我们当中有人变得正义至极，那么就不会有比他更像神的。"还可参见前文，第307页注释3。
2 《理想国》ii.380 sqq.；参考《会饮》208B。
3 《理想国》ii.381B sq.；《法律》900C sq.。
4 《法律》iv.715E，x.901C，902E；《蒂迈欧》41A，68D。柏拉图本人暗示，限制神的"全能"一方面关系到道德上不可能的事情，另一方面关系到形上学上不可能的事情。"神"不可能希望改变自身（《理想国》ii.381C）；恶也不可能消除（《泰阿泰德》176A）；而且，从物质世界的构造学说来看，显然神的创造活动受到有限者之本性的局限。参考 p.337 sqq.，以及 Theophr. *Metaph.* p.322，Brandis (*Fragm.* 12, 33 Wimm.)。
5 《法律》x.902E；《斐多》97C；《斐莱布》28D sqq.，以及《蒂迈欧》全文。
6 《法律》x.901D。
7 《法律》iv，716A，x.904A sqq.，907A；《泰阿泰德》176C sqq.；《理想国》x.613A；参考 ii.364B，以及其他段落。
8 《法律》x.902B sq.；《理想国》x.613A；《斐多》62B，D，63B。
9 《斐德罗》246C。

都归于众神。[1]他主张，众神是超越快乐和痛苦的，[2]而且与罪恶无涉。[3]他尤其不能忍受这样的观念，即众神可以被祷告和献祭所安抚或收买。[4]他还表明，万物受"神意"（der göttlichen Vorsehung）的整饬和管辖，　498
而且"神意"所涉不分巨细。[5]柏拉图认为，人是"神"所珍爱的所属物，[6]
一切事物必须导向那些在德性上为神所喜爱的人们的福祉。[7]如果有人反对说，分配给人的那些命份是不公平和不正当的，那么柏拉图会答复说，德性本身是它自己的直接奖赏，而邪恶本身是它自己的直接惩罚；死后的完全报应对于双方都是确定的。哪怕在此世，总体而言，正义的人迟早会得到承认与回报，而罪恶的人迟早会得到憎恨和厌恶。[8]在他　499

1　《理想国》ii. 277E sq.；《克里底亚》109B；《欧绪弗洛》6B、7B sqq.；《法律》xii. 941B。

2　《斐莱布》33B。

3　《泰阿泰德》176A。

4　《法律》x. 905 sqq.；参考《理想国》ii. 364B。

5　《蒂迈欧》30B，44C；《智者》265C sq.；《斐莱布》28D sqq.；《法律》iv. 709B，x. 899D sqq.；当然还有《蒂迈欧》中关于自然的目的论阐释。参考《法律》iv. 716C："神"是一切事物的尺度。"προνοια"（本来表示谋算操心）这个表达当时似乎已经变得通用（主要是通过苏格拉底学派的影响），它被用来表示神创造与主导宇宙的活动，与苏格拉底式目的论相对应。在柏拉图（据 Favorinus ap. Diog. iii. 24，柏拉图引入了"θεοῦ πρόνοια"这个表述）以及色诺芬那里，这个词本身都不表示"神意"。在《回忆苏格拉底》i. 4，6（Krohn, Sokr. und Xenophon, 5 sq. 反驳此处这个词是这样的用法），"προνοίας ἔργον"这个词组并不表示"神意的作品"，而表示（如在 iv. 3, 6 中的 προνοητικὸν）"通过预见性考虑而造成的东西"，也就是"某个πρόνοια"的作品，而非抽象的"πρόνοια本身"的作品。

6　《斐多》62B sqq.；《法律》x. 902B sq.，906A；参考《政治家》271D；《克里底亚》109B。

7　《理想国》x. 612E：只有正义的人是为"神"所喜悦的："我们岂不同意，出现在神所喜爱的人身上的每一个东西，就其来自于诸神而言，乃是所有可能中最好的，除非因为他自己先前的过犯而出现某个不可避免的坏东西"；表面上的各种恶可能会临到他身上，但是"他在生命最后甚至在死的时候也会是好的。因为诸神肯定不会忽视任何热心要成为正义者的人，也就是践行德性、让自己在人的限度内尽可能变得像神的人。——有道理，这样的人不会被与之相似的那位忽视。"《泰阿泰德》176A sqq.；《法律》iv. 716C sq.；《申辩》41C sq.。

8　尤其参见《理想国》ix. 576C–592B，x. 612A sqq.，iv. 444E sq. 的详尽讨论；参考 ii. 358A–367E。因而，整个《理想国》具有深刻的神正论特征；参考《法律》iv. 715E sq.，x. 903B–905C；参考 899D sq.，以及本书第296页注释1中的引述；

看来，罪恶在世间的存在是不可避免的，并不需要从神的维度出发为其提供辩护。[1] 所有这些讨论最终导向同一个结论。柏拉图凭借"善"理念而推演出关于"神"的崇高学说，他对大众信仰进行了净化，从而使他在宗教的历史上占据了重要的位置。他主张，对于"神"的崇拜完全意味着对待道德的态度。只有像神的人能让神喜悦；只有像神的人是有智慧的、虔敬的和正义的。众神不可能接纳罪恶的人的献祭。唯独有德性的人才有资格向神奉献。[2] "神"是"善"，所以，跟"神"的善性完全不相似的人是不可能与"神"沟通的。

如前所述，在永恒和不可见的"神"之外，柏拉图还承认有可见和被造的众神：宇宙和众天体。[3] 在《蒂迈欧》中，这些可见的众神被描述为人类可朽部分的构造者；[4] 这似乎表达了这样的思想，即人类是在太阳和其他星辰的作用下产生出来的。但是，它们的意义只限于它们与地球的自然关联，以及那些永恒法则的设定；在柏拉图看来，对于这些法则的认识是我们从沉思天体中所能得到的最好的东西。[5] 对于自以为通过星辰的位置能够预言未来事件的意见，柏拉图明确把它贬斥为[6] 出于无知的迷信。

通过这种关于星辰具有神性的学说，柏拉图与大众宗教联系起来了，后者也把最明亮的那些天体看作一些神；当柏拉图试图从日常观点来证明众神之存在的时候，他并不介意利用大众宗教的这种观念。[7] 不

还有 p. 444 sqq.。

1　关于恶与罪的起源和不可避免性，参考 p. 337 sqq.，pp. 423, 438 sq.，p. 419 sq.，第 296 页注释 1。

2　《泰阿泰德》176B sqq.；《理想国》x. 613A（参见第 322 页注释 2；第 363 页注释 7）；《法律》iv. 716C sqq.。

3　参见 p. 367 sq.。大地（地球）也被称为一位"θεὸς"（神），《蒂迈欧》40B sq.；参考《斐德罗》247A。

4　41A sqq.

5　《蒂迈欧》47A sqq.。

6　《蒂迈欧》40C sq.。此处我们应该读作（如 Susemihl, ii. 218 正确地注意到的）"τοῖς οὐ δυναμένοις ταῦτα λογίζεσθαι"。《理想国》viii. 546A 没有提供与此相反的证据。柏拉图同样认为利用牺牲来占卜是一种迷信（参见第 316 页注释 8）。

7　《法律》x. 893B sqq.，在那里的结论是（898C sqq.），不仅宇宙而且个别星体也必定是有生命的。

过，他与民间信仰的共识也仅限于此。他用"宙斯"这个名称来称呼宇宙灵魂；[1] 当他只提及神明的时候，他一直说的是"众神"；他赋予宙斯、阿波罗和其他神明以某些神话式的象征意义，但是他从来不相信一般希腊人关于这些神明所持有的信念，他自己也不隐瞒这一点。哪怕在那些明显承认这些神明的段落里，柏拉图的表述方式也表明，他只是把他们看作一种神话性质的比喻。他在所有方面都批评关于诸神的流行观念，[2] 又利用这些观念，让阿里斯托芬这个角色任意把这些观念跟自己提出的神话混在一起。[3] 在《蒂迈欧》中，[4] 他说要讲出神明的起源超出了他的能力；不过，大众信仰应该是遵循了古时候谈论这些主题的人：因为他们声称自己是众神的后裔，应该非常清楚地知道他们自己的祖先。这种解释是把进一步的考察给省略掉了。[5]

关于"神灵"（die Dämonen）的讨论也是通过这样的方式。尽管柏拉图经常提到这些处于居间位置的存在者，[6] 而且后世的神灵学说从他这里找到了许多渊源，但是他从来没有说过一句话，可以显示他实际上相信它们的存在。相反，当他在某些段落中提及"守护神"（Schutzgeistern）的传统观念时，他主张理性是人类的真正守护神（《蒂迈欧》90A、C）；在《理想国》中，[7] 他宣称杰出的人在死后可以被当作神灵来敬拜。归根到底，神灵只是属人方面的因素。为了国家和大多数公民着想，他希

501

1　《斐莱布》30C；参见第 194 页注释 1，以及第 209 页注释 4。

2　参见 p. 498。尽管这种敌意名义上只是针对诗人，但是显然同样针对大众信仰。

3　例如，《会饮》190B sqq.；《政治家》272B；《斐德罗》252C sqq.；《蒂迈欧》42E sq.。

4　40D，而《法律》xii. 948B 也表达了同样的意思。

5　格罗特（Plato, iii. 258 sqq., 189）肯定没有注意到柏拉图的深层反讽甚至是嘲笑语气。格罗特说，柏拉图在这里表明自己的能力不足（"在此柏拉图正式放弃了他的自身判断能力，而让自己听从正统权威"）。柏拉图在这里的意思是不是严肃正经的，或者，Martin（Etudes, ii. 146）把这里视为反讽语气到底对不对，这个问题至少是开放的。

6　主要文本是如下这些：《会饮》202E sqq.；《斐多》107D, 108B；《理想国》iii. 392A, x. 617E, 620D；《政治家》271D；《申辩》27C sq.；《斐德罗》246E；《法律》iv. 713C, 717B, v. 738D；《克拉底鲁》397D。

7　vii. 540B sq.

502 　望民间信仰和传统的诸神崇拜可以得到维持，[1]但是，信仰和崇拜方式都
需要经过一种道德上的纯化，[2]而宗教领袖们追求的那些过分要求应该受
到抑制。[3]在《法律》中，[4]不仅无神论和其他对宗教的冒犯，而且私下的
神明崇拜及其附带的陋习，都要受到严厉惩罚，甚至判处死刑。尽管民
间信仰可能非常不完善，而且当时很流行的对于神话的隐喻性诠释并没
有给他太多帮助，[5]但是柏拉图仍然认为这种信仰对于没有什么理智性教
养的大众而言是绝对必要的。人首先通过假话或虚构的东西，然后才能
通过真理得到教化；健全的信念需要通过神话故事的虚构形式灌输给他
们。[6]只有少数人能够接触到更为纯粹的知识。神话故事以及建立在它

503 　基础上的诸神信仰对于所有人而言都是最初的宗教形式，而且对于大众
而言是唯一的宗教形式。[7]柏拉图自己的观点显然不能从这种对于民间
信仰的有条件的承认中推导出来；但是他也让我们清楚地看到了他跟民

1　根据《理想国》ii. 369E，甚至"护卫者"也要通过神话得到教育，到后来才代之
以科学知识方面的培养，而且这方面的培养只针对其中少部分人。所以，公共教育
的意图在于跟希腊人的传统做法保持一致（参见第 352 页注释 6）。如我们后面将看
到的，《法律》——其中《理想国》的"哲人王"没有出现——把大众宗教看作国
家在道德方面的基础。

2　参见 pp. 480，498。

3　《政治家》290C sqq.：祭司和占卜家无论怎样自视甚高，他们终归仅仅是国家的服
务者。为了使他们保持在这个位置上，《法律》vi. 759D 把祭司的任期限制为一年。

4　x. 907D sqq.。

5　除了 part i, p. 283, 2 引述的文本之外，参见 Ed. Müller, *Gesch. d. Theorie d. Kunst b.
d. Alten*, i. 242。柏拉图认为（《斐德罗》229C sq. ;《理想国》iii. 378D），这些诠释
没什么用处而且很不确定；他正确地评论说，年轻人不是从隐喻意思而是从字面意
思上来看待神话故事。

6　《理想国》ii. 376E：教育的最初手段是文艺，也就是话语："话语有两个类型，一
类是真实的，另一类是虚假的，对么？——对。这两类都应该用在教育上，但是首
先要用虚假的，对吗？——他说，我不明白。——我说，难道你不明白，在儿童当
中，我们首先要讲故事？故事总体上都可以说是虚假的，尽管其中也有真实的。"
最重要的故事（377D）是关于诸神与英雄的，而 μύθοι ψευδεῖς（虚假的故事）首
先需得到审查。

7　这个看法构成了柏拉图思考这些主题的基础；参考本页注释 1。他坚信，哲学上
的知识必定始终只能为极少数人获得；参考 pp. 469，470 以及《理想国》iv. 428E,
vi. 496A sqq.。

间信仰之间处于什么样的关系。

从前面的考察中可以看到，柏拉图哲学显示出来的宗教特征更应该体现在实践方面而不是理论方面。柏拉图的学理性观点让他与希腊宗教处于某种冲突之中，而仅仅在承认可见的众神方面有所缓和；假如他的这些观点以合逻辑的方式得到发展，还会让他不得不承认，把他与通常的一神论关联起来的许多界说都是不可能成立的。如果"普遍者"是最初的和绝对的实在，那么就难以理解"神"怎么能够不是非人格的。尽管"善"理念对"万物"的安排和管理可以很好地让人们设想在柏拉图学说中世界有某种道德方面的秩序，但是它没有为督导该秩序每一处细节的"神意"保留位置，然而"神意"又是柏拉图强烈主张的。不仅如此，无论世界的总体构造是多么完满，似乎在细节方面"神"自己没能避免由于物质性事物之本性带来的各种恶，至少人类（其自由意志得到绝对肯定）由于这种本性必然招致许多恶果。阻碍柏拉图思考这些问题并且让他的哲学获得某种超出其学理性原则的生命活力与实践性偏好的东西——也就是在他的思想环境中迫使他尽可能与民间信仰联合起来的东西，是他自己——作为纯正的苏格拉底门徒——内在的道德与宗教旨趣跟他的纯粹理论旨趣非常紧密地结合在一起。哲学在他看来不仅是"知识"，而且是一种渗透到完整的人当中的更高的生命；尽管这样的生命在最高层次上的成全被认为必须建立在知识的基础之上，但是柏拉图也承认其本质内涵可以体现为别的形式。他把对于"美"的热爱看作"道德"与"哲学"的共同根源，处于一切"知识"之前。他让我们注意到非哲学的德性是哲学德性的准备阶段；而宗教信仰对于大众而言乃是理智性洞见的对等物。如果他不愿意去损害这些不完善的、但是从他的观点看却是正当的教养形式，或者，如果他用它们来填补自己学说体系的缝隙，并且用它们来对其体系不能够确立但是他个人无疑很欢迎的那些原则进行说明，对此我们需要感到奇怪吗？当然，这些说法也不能过度强调。柏拉图主义的宗教性含义首先在于理论性要素和实践性要素的融合，在于根源于苏格拉底教导的伦理性基调；由于这种宗教性含义，哲

504

505　学不再局限于"知识"，而直接关涉人的个体生命。让柏拉图与现实宗
教联系在一起的那些具体观点多数只是其学说的附属产物，或者是某种
向日常观念的退让。[1]

二、艺术[2]

506　　　柏拉图对"艺术"的本质和"美"的本性没有独立考察，[3]正如宗教
哲学也没有构成他的学说体系的独立部分一样。他常常提及艺术和美，
但是总与其他的论题混杂在一起。他所说的东西也不能让我们清楚地知
道他关于艺术和美的根本性质的明确看法。恰恰因为柏拉图本人是一位
艺术家(Künstler)，尽管是哲学式的艺术家，他没能公正地对待纯艺术。

1　在上述讨论之外，这里或许有必要提供某种对于柏拉图哲学与基督教之间关系
的探究。这个主题在古代和现代都有许多讨论。有某种古代的玄想认为在柏拉图
那里有"三位一体"的学说，关于这点的具体论述可以参见 Martin, *Etudes*, ii. 50
sqq., 以及 Brandis, ii. a. 330. 最重要的现代论著有 : Ackermann, *Das Christliche im
Plato*, etc., 1835, 它对这个主题的探究并不是特别深入 ; Baur, *Das Christliche des
Platonismus oder Sokrates und Christus. Tüb. Zeitschr. f. Theol.* 1837, 3 ; Michaelis, *Die
Philosophie Platons in ihrer inneren Beziehung zur geoffenbarten Wahrheit*, 1859 sq.。其
他重要论著可以参见 Ueberweg, *Gesch. d. Phil.* i. 127, 4 A 的引述。我不认为此处是
深入讨论这个主题的地方。如果我们听从神学家，那么常常显得柏拉图哲学好像只
能在基督教的光照下才能得到理解。他们在柏拉图哲学中探寻基督教的要素，仿佛
基督教是柏拉图哲学的各种前提之一，而不是反过来说，柏拉图哲学是基督教的各
种前提与来源之一。这实际上是亚历山大里亚的教父们的想法，这些人最早引入柏
拉图哲学与基督教相符这种大观念。正如希伯来诸先知被理解为不是从他们自己的
时代精神和历史处境出发来说话，而是从以神奇方式传递给他们的基督教历史与教
义出发来说话，柏拉图同样也被认为吸收了基督教启示的若干源泉，部分是内在的
(Logos 或"道")，部分是外在的(《旧约》)。不过，这些问题并不属于希腊哲学史
而属于基督教历史。

2　Ruge, *Platonische Aesthetik* ; E. Müller, *Gesch. d. Theorie d. Kunst bei den Alten*,
i. 27–129, 228–251 ; Vischer, *Aesthetik*, i. 90 sqq., 98 sq., ii. 60, 359 sq. ; Straeter, *Stud. z.
Gesch. d. Aesth.* i. H ; *die Idee des Schönen in d. Plat. Phil.*。更多细节参考 Ueberweg,
Grundr. i. 141, 4. A。

3　我在 p. 418 说过，我不认为《大希庇亚》和《伊翁》是柏拉图的真作。它们可能
会轻微影响上述观点；《大希庇亚》的目标不在于正面的结论，而《伊翁》仅仅提到
了诗性灵感，而没有对它展开任何探究。

因为他的科学世界观同时也是审美世界观，他未能足够鲜明地把艺术的对象跟哲学的对象区别开来，把"美"跟"真"与"善"区别开来。这跟亚里士多德的情况非常不同。柏拉图（尽一个希腊人的所能）拒斥一切审美上的探究，把审美方面的主题排除在自己思想体系之外，而让知识上的探究主导一切，但是，正由于这个原因，他可以自由地思考艺术并且讨论它的特殊本质。

这点体现在美学的基本概念，即"美"的概念上。在所有的美当中有两个要素相互渗透，这就是可感现象和理念，即具体的个别性和普遍的内涵。柏拉图没有赋予前者任何特殊价值；在他看来，唯有非可感的普遍者才是真实的和本质性的。可感的和个别的事物能够上升为普遍者，但是我们也只能以这种方式随时从个别事物超脱出来并且扬弃它。因此，柏拉图必须在内容方面而不是在形式方面寻找美的东西之本质；他必须忽略它跟真的东西、善的东西之间的差别，必须把跟无形式的概念相对立的美的现象贬低为从属的、不重要的、甚至起妨碍作用的附属物。柏拉图沿用了对希腊思想产生重要影响的这种语言习惯，即把"美的"和"好的"（善的）当成几乎等价的，不过他把这点倒转过来了。流行的用法倾向于把"好"（善）归结为"美"，而他沿用苏格拉底的做法[1]把"美"归结为"好"（善）。下面这个说法也只是对于它们的差异有一点微弱的暗示而已："美"产生异常强大的印象，因为在天界它比其他一切理念更有光芒，甚至在当前世界中它也不同于智慧和德性而以明亮的光芒向肉眼呈现出来。[2]有一点例外，即"美"的概念总是自身融入"善"的概念之中。最本原的美是非物质性的、无颜色的，跟具体的东西没有相似之处，无论这东西是物质性的还是精神性的。它不是作为一种性质从属于某个事物。[3]物质性事物的美在美的阶梯中是最低的一级；美好灵魂的美是更高一级的，而德性

507

1　参见 part. i. p.125。

2　《斐德罗》250B，D。

3　《会饮》211A，E；参考《理想国》v. 476A sqq.，479A 以及前文，p. 240。

和知识的美又高了一级，最高级的是"美"这个纯粹理念，它是现象领域的东西难以企及的。[1]尽管尺度、和谐、[2]纯粹性[3]和完满性[4]也被视为"美"的一些特征，但它们不是"美"的独特本性；这些性质以及美本身都从属于"善"。[5]"德性"也是美的、和谐的；[6]而且，纯粹性这个标准也可以应用于"真理"和"知识"。[7]所有"善的东西"都是美的；[8]最本原的善也是无法形容的最高的"美"，[9]不过这里的意思并不是作为特别概念的"美"。

除了艺术所涉及的对象之外，艺术由以产生的精神活动也需要得到考虑。柏拉图没有忽略这点，但是他的论述还不是对"想象力"（die Phantasie）之本质的准确考察和精确定义。按照柏拉图的理论，一切艺术和诗歌创作的源泉是一种高级的"灵感"，就此而言，艺术与哲学有共同的起源。但是，在哲学家那里，狂热的入迷受到辩证法的净化而发展为"知识"，而艺术家停留于朦胧的直观和虚幻的想象，对其行为缺乏清醒的意识，[10]对其呈现的对象没有正确的概念。[11]艺术家在他的创作中不是遵循有条理的、科学的方法，而是依赖一种不明确的、尝试性的经验。[12]这种非科学的做法的结果是把艺术的相似门类割裂开来了，正

508

509

---

1 《会饮》208E sqq.。（参见前文，p. 193 sq.）；参考《理想国》iii. 402D。

2 《斐莱布》64E sqq.，66B；《蒂迈欧》87C；参考 31B；《智者》228A；《政治家》284A。

3 《斐莱布》53A；参考 51B，63B，66C。

4 《蒂迈欧》30C；《斐莱布》66B。

5 《斐莱布》64E sqq.，66B，60B sq.。

6 参见 p. 445；《理想国》ix. 591D。

7 《斐莱布》53A sq.，62C。

8 《蒂迈欧》87C；参考《法律》ix. 859D；《高尔吉亚》474C sqq.，更别提把 καλὸς（美）与 ἀγαθὸς（善）用作同义词的无数场合。

9 《理想国》vi. 509A。

10 《斐莱布》245A；《申辩》22B；《美诺》99D；《法律》iv. 719C（《伊翁》533D sqq.）；参考 p. 191 sq.，176 sq.。

11 《理想国》x. 598B–602B；《法律》vii. 801B；《会饮》209D，在这里，柏拉图显得对荷马和赫西俄德更为友善。柏拉图在这里是依从流行意见在说话。

12 《斐莱布》55E sq.，62B。

如把各种德性割裂开来一样[1]（这点在别的场合也受到指责），而且是出于一种相似的原因。柏拉图认为艺术总体上就是如此，正如他在现实中看到的一样：不过至少在一处文本里，他暗示存在一种更高层次、更为统一的、基于更明确的知识之上的艺术。[2]但是，这种完满的艺术只能指"哲学"；柏拉图认为俗常的艺术源自于缺乏方法的灵感，因而他只把它跟其他非哲学的精神活动相提并论：他没有告诉我们艺术想象力的特殊本质何在。

在柏拉图看来，艺术的本质特征在于"模仿"，[3]或者说，由于一切人类活动在更高意义上都是对于理念的模仿，艺术家的活动跟所有其他模仿的差别之处在于它不是在可感实在中模仿事物之非感性本质，而只是制作关于其现象的影像。[4]我们能赋予这样的模仿什么价值呢？它本身不过是一种消遣或游戏（Spiel），旨在为我们提供娱乐，而不是利

510

1　《理想国》iii. 395A；参考《会饮》223D；这里说的是悲剧与喜剧。《伊翁》略带夸张地沿用了这种观点，532B sq.，534B sq.。参考 p.180 的引述。

2　《会饮》, loc. cit., 对话录的叙述人记得，苏格拉底强行要阿伽通（Agathon）和阿里斯托芬承认，"同一个人可以精通喜剧和悲剧的创作，凭借技艺（它与缺乏技艺的熟练活〔τϱιβὴ ἀτεχνος〕相对而言）创作悲剧的人也能够创作喜剧"。认识"好"和"正确"跟认识"错误"是同时出现的，前者如果没有后者会是不完全的（《理想国》iii. 409D, vii. 520C；《斐多》97D；《法律》vii. 816D；《小希庇亚》365E）：所以能够作为悲剧作家去描绘人类之伟大的那个人也能够作为喜剧作家去描绘人类之愚蠢（因为据《斐莱布》48A sqq. 这是喜剧的主题）。每一种描述的目标都是去影响人的性情；悲剧与喜剧的效果如果要以合乎技艺的方式达到的话，就需要以关于人类的科学知识为前提（参考《斐德罗》270E sqq.），而且这种知识可以让拥有者同时具备这两方面的才能。参考 Müller, loc. cit. 232 sqq.。

3　《理想国》ii. 373B；《法律》ii. 668A sqq., iv. 719C；《斐德罗》248E；《政治家》306D；参考下注。

4　《智者》266B sqq.（参考 233D sq.），此处把所有模仿性技艺都归入"仿像术"（εἰδωλοποιϰη）；尤其可参考《理想国》x. 595C–598D。生产性技艺（例如，木工技艺）是按照理念进行复制；而狭义的模仿技艺，如绘画与戏剧类诗艺，乃是"制造幻象的模仿"（φαντάσματος μίμησις），它们并不生产任何实在的东西（是的东西），而是提供"类似于是的东西，却不真"（τοιοῦτον οἶον τὸ ὄν, ὂν δὲ οὔ），它们只是事物的"影像"（εἴδωλον）。因此，它们是"远离真相的东西"，"与真实隔了两重"；诗人是（600E）"德性与其他东西之影像的模仿者"，但是并不把握到关于它们的"ἀλήθεια"（真实性 / 真相）。还可参见《克拉底鲁》423C sq.；《法律》x. 889C sq.。

益或教导；[1]而且这种消遣从总体上看并不是无害的。为了娱乐，艺术讨好人类的趣味，尤其是大众的趣味；[2]它所呈现的东西绝大部分是错误的和不道德的。诗人和艺术家由于缺乏科学知识而只能够再现俗常的思想方式，[3]传播低俗不堪的关于众神的观念以及有损道德的那些行为规范和人物典型。[4]他们依靠杂多和任意的感官刺激来娱乐、败坏和腐蚀众人；[5]在诗歌和音乐中，尤其是在戏剧中，对卑鄙和可耻的东西的模仿起着极大的作用，不知不觉中让表演者和听众养成了恶劣的思想和行为习惯；[6]对于各种各样的角色的模仿本身破坏了表演者的纯正和朴素。[7]最后，悲剧的效果有赖于刺激我们的怜悯和悲伤之情，而喜剧的效果有赖于刺激我们发笑——归根到底是幸灾乐祸。诗人们要求我们对爱、怒、惧、妒保持同情，但是所有这些都是不可取的情感，对这些东西的再现不应该让我们感到快乐。[8]为了避免这些害处，艺术家应该接受严格的审查；艺术必须在内容上保持纯洁，必须被看作道德教化的手段。因此，柏拉图要求一切艺术呈现都接受精通所表现主题的专家的裁决。[9]他让神话故事的创作和乃至总体上的文艺活动都在国家权威的指引下充

---

1 《政治家》288C；《理想国》x. 602B，ii. 373B；《法律》ii. 653C，655D，656C；参考《高尔吉亚》462C。

2 《高尔吉亚》501D sqq. ；《法律》ii. 659A sqq. ；《理想国》x. 603A sq. 。

3 参见上注，以及《蒂迈欧》19D。

4 《理想国》ii. 377E - iii. 392C；《欧绪弗洛》6B，以及前文，pp. 480，498。

5 《高尔吉亚》，*loc. cit.* ；《法律》ii. 669A sqq. ；参考 vii. 812D；《理想国》iii. 399C sq. 。

6 《理想国》iii. 395C sqq. ，398D sq. ，401B；《法律》vii. 816D。

7 《理想国》iii. 394E sqq. ，396A sqq. 。

8 《理想国》x. 603C–607A，iii. 387C sqq. ；《斐莱布》47D sqq. ；《法律》vii. 800C sq. 。

9 《法律》ii. 668C sqq. ；参考《理想国》x. 601C sqq. ；有三种技艺：$\chi\rho\eta\sigma o\mu\acute{\epsilon}\nu\eta$（使用技艺）、$\pi o\iota\acute{\eta}\sigma o\upsilon\sigma\alpha$（制作技艺）、$\mu\iota\mu\eta\sigma o\mu\acute{\epsilon}\nu\eta$（模仿技艺）。使用一种工具的人必定知道它应该如何被造出来，而受委托进行制造的工具制造者因而得到关于工具的正确信念，至于说单纯的模仿者，只是进行绘画的人（例如，笛子或马鞍的绘画者），对于上述两方面的知识都是缺乏的。从这段话很容易得出（如在其他地方更明确表达的），"模仿"就其不是单纯的游戏而是教育手段而言，必须遵从懂行的人（即哲学家）的指引。

当公共教化的构成部分，而所有不符合国家道德目标的作品都受到禁绝。[1] 他在《理想国》中禁止传讲那些把可耻的事情归给诸神和英雄的神话故事。[2] 他完全禁止戏剧出现在理想国家中，而且尽管他允许史诗式的对别人谈话的模仿以及直接叙述，但是它们只能出现在有助于树立道德典范的情况下。[3] 正如柏拉图说的，[4] 除了关于神的颂诗和关于杰出人物的赞美诗之外，诗艺可以完全舍弃。此外，他只允许表现各种人生处境中的男子气概的乐调和格律。[5] 最后，他主张同样的原则也适用于美术。[6] 他在《法律》中的说法与此相近，在那里音乐得到了相似的考量。所有的诗文、歌曲、调子和舞蹈都要表现道德品性，都要巩固这样的信念：有德性的人是有福的、邪恶的人是不幸的。[7] 为此缘故，一切这类文艺的作品都要严格接受国家的监管，[8] 所有的新花样都是不允许的。[9] 艺术作品的价值不是根据大众的趣味而定，不是由坐在剧场中的群众来判断，而是由最优秀、最有德性的人来判断。[10] 全体公民按照年龄划分为若干歌舞队，音乐方面的理论教导要与艺术实践相结合，以便在各个场合选择合适的格律和曲调。[11] 在音乐教育中禁绝一切艺术上花哨的东

512

513

1　《理想国》ii. 376E sqq.（参见 p. 479），以及《法律》中的文本（参见本页注释 7）。《理想国》ii. 377B 是具有代表性的文本："我们的首要任务是对编故事的人进行监督：如果他们创作的故事是美好的，我们就应该接受之，而如果不是，我们就应该摒弃之。"然后前一类神话故事总体上得到引入。

2　ii. 376E - iii. 392E.

3　iii. 392C–398B, x. 595A–608B. 在这些讨论中，柏拉图主要讨论荷马，并且开启了一个论战（x. 595B），其开头部分很像亚里士多德《尼各马可伦理学》i. 4. 反驳柏拉图本人的开头部分："尽管我从小时候起就对荷马又敬又爱，这让我不愿意说……但是一个人不应该比真理得到更多尊重"，等等。

4　x. 607A.

5　iii. 398C–401A, 其中尤其谈到各种乐调与格律。

6　*loc. cit.* 401B.

7　ii. 653A sqq., 660E sqq., vii. 800B sqq., 814D sqq.

8　ii. 656C, 671D, vii. 800A, 801C sq., 813A。

9　ii. 656D sqq., vii. 797A–800B.

10　ii. 658E sqq.

11　ii. 664B sqq., 667B–671A, vii. 812B.

西；[1] 所有的歌词、舞蹈、曲风都要得到国家权威的许可；应该把经过批准的唱词、曲子和舞蹈汇编起来：其中有些适用于男子，有些适用于女子。[2] 戏剧作为教化手段是许可的：戏剧让我们知道恶的事情和应该避免的事情；悲剧让我们知道美好的事情和应该追求的事情。同样，它们也要接受国家的监管：只有奴隶和外国人可以出现在喜剧中，不可以嘲讽任何公民。[3]

柏拉图没有企图对各种艺术做全面的分类。在"文艺"方面，他把带有节奏的曲调与旋律 [4] 跟言语与故事区分开来，而对于后者，他又把内容和形式划分开来；[5] 他又进一步把形式划分为叙述性的、模仿性的（扮演性的）和两者混合的。[6] 在另一个地方，他把歌唱和舞蹈称作文艺的两个部分，并不再做进一步划分。[7] 美术始终只是一带而过。[8] 所以很显然，一种关于艺术的理论并不属于柏拉图思想建构的目标。

他把说话技艺或演说术看作艺术的一个门类，[9] 因为它的旨趣主要在于取悦而不是教导或提供服务。我们已经看到，[10] 他对俗常的修辞家及其技巧有多么蔑视，而且他对这些人的技艺有怎样的谴责。然而，他又试图赋予"修辞术"一种更高的旨趣。他要求演说家接受辩证法的训练，获得关于所谈论主题以及关于目标听众的灵魂的真知识；这样的话，演说者就可能凭借技艺和计划对其听众的意志和观念进行引导。[11] 演说者

1　vii. 812D sq.

2　vii. 800A，801D，802A sqq.；参考 811D sqq.。

3　vii. 816D sqq.，xi. 935D sqq.。

4　《理想国》ii. 398B sq.，399E。

5　"λόγοι"（故事/话语）与"λέξις"（谈论方式/表达方式），*loc. cit.* 392C。

6　*Ibid.* 392D–394C；参考 x. 595A。模仿性诗艺被划分为喜剧与悲剧，而史诗又被包括在悲剧之中（《会饮》223D；《理想国》iii. 394C，x. 595B，607A；《法律》vii. 816D sqq.）。在《斐德罗》268D 中给出了关于悲剧的一种定义。

7　《法律》ii. 654B，672E sqq.。

8　正如《理想国》ii. 373B，iii. 401B，x. 596B sqq.，601C，603A，v. 472D；《政治家》288C 以及其他地方。

9　《高尔吉亚》501D sqq.；参考《斐德罗》259E sqq.。

10　P. 189 sq.，关于这点，更多细节参考《斐德罗》266D sqq.，272D sqq.。

11　《斐德罗》259E–266C，269E–274B。修辞术在这里是从它对灵魂的作用这个视域

应该让他自己和他的技艺服务于"神"，协助真正的政治家建立法治与德治。[1] 按照柏拉图的界定，修辞术成了哲学的一个旁支，[2] 它追求与哲学一样的道德目标。不过，它们并不是绝对吻合的。哲学家通过传授真理而教导他的听众，并通过系统方法引导他们去发现真理；修辞家只寻求说服，只对听众的意愿和爱好产生作用；[3] 既然大多数人并没有能力掌握纯粹知识，那么哲学家只能诉诸某些或然的东西，甚至不惜去蒙蔽那些他希望说服的人。[4] 柏拉图本人在他的对话录中实际上把大众化的修辞性言论和辩证性探究结合起来了，并且非常有效地引入了一些神话故事。[5] 但是，唯有哲学家才能正确地应用这种修辞术；唯有哲学家或真正的政治家（在柏拉图看来他们是同一批人）能够判断是否需要运用这种技艺。修辞术只能被看作一种工具，哲学家利用它把他的原理传递给

515

得到考察的；它是（261A，271B）"通过言语对灵魂的引导"（ψυχαγαγία τις διὰ λόγων）。

1　《斐德罗》273E sq. ；《高尔吉亚》480B sq. ，504D sq. ，527C；《政治家》304A sqq. 。

2　因为只有那位认识"整体之本质"（φύσις τοῦ ὅλου）的人有能力以正确方式判断并处理灵魂方面的事情，而且只有从哲学出发，演说者才能够创造出他所需要的"高远视野以及无远弗届的说服力"（ὑψηλόνουν καὶ πάντη τελεσιουργὸν），《斐德罗》269E sqq. 。

3　它所能做的是（《政治家》304C）"通过讲故事的方式而不是通过教导的方式对群众或庸众进行说服"，换言之，它是某种"灵魂引导"（参见第 374 页注释 11）："因为它试图在其中（按：在灵魂中）造成说服"（《斐德罗》271A）。

4　在《斐德罗》中预先假定了这点；在 261D sqq. ，273D，辩证法对于演说者的必要性通过如下方式得到指明：那个"将去欺骗别人而自己不被别人欺骗"的人必须认识在什么方面事物是相似的或者不相似的。除非他认识"每一个实在的东西之所是"（ὅ ἐστιν ἕκαστον τῶν ὄντων），否则就不能认识到这点。那种"大众接受的或然的东西"（εἰκὸς τοῖς πολλοῖς）是"由于跟真理相似的东西"（δι' ὁμοιότητα τοῦ ἀληθοῦς）而产生的，但是认识真理的人能够轻易发现什么是跟真理相似的东西。这本身可能是以论战的方式提出来的；但是《政治家》（loc. cit.）认为，真正的政治技艺在某些特定的情况下会利用修辞术（非知识性的说服技艺），而在《理想国》中柏拉图宣称（参见 p. 503），"谎言"——也就是神话故事——是教育的不可或缺的手段，尤其针对少年人。

5　参考 Hirzel, *Ueber das Rhetorische und seine Bedeutung bei Plato* (Lpz. 1871)，但是当他把修辞因素与神话因素等同起来，这时候他走过头了。

516　　不懂哲学的大众。修辞术的具体作用是很小的，[1] 当它丧失了与"哲学"的联系，就会沦落为一种奉承人的肤浅的技艺。[2]

　　柏拉图没有着手进一步详细地探究修辞术的具体规则，而考虑到他赋予修辞术的隶属性地位，这种探究基本上也是不必要的。

1　如《斐德罗》273E sq. 暗示的。
2　参见 p. 189 sq. 以及《斐德罗》260E。

第 十 三 章

柏拉图学说的晚期形态：《法律》

我们在前面把讨论范围局限于向我们显示了原初形态的柏拉图学说的文本材料。但是，该学说的形态究竟是唯一的，还是经历了其作者的后期重塑？有两个证据可以拿来支持后面一种看法：亚里士多德关于柏拉图学说的综述，以及被称为《法律》的著作。亚里士多德告诉我们，他从柏拉图讲课中听到的基本学说跟柏拉图著作中呈现的内容在许多方面都不一样。柏拉图最初认为理念的范围涵盖全部的思想对象，而后来又将其局限在自然事物的范围内。[1] 为了说明"一"和"多"在理念层面上的结合，他把各个"理念"称作各个"数"，而且把这些"理念数"和数学上的数之间的区别归结为这点：理念数在种类上彼此不同，因而不能被计算，而数学上的数在种类上是一样的，因而可以对其进行计算。在理念数当中存在确定的逻辑次序，但是数学上的数没有这种次序。[2] 他还教导说，诸理念出自于两个元素，[3] "一"和"未限定者"。他把"未限定者"更进一步描述为"大与小"；就各个数都源自于它而言，

517

518

1　参见第 200 页注释 2。

2　参见 p. 254 sqq.；第 203 页注释 8。Philoponus, *De An.* C, 2, m. 认为一切理念都是"十"（decad），这被 Brandis, ii. a. 318 正确反驳了。

3　亚里士多德说，他使用 στοιχεῖα（元素）这个词来表示它们，《形而上学》xiv. 1，1087b12："那些把诸本原（τὰς ἀρχὰς）称为诸元素（στοιχεῖα）的人并没有给出很好的说明。"参见《论灵魂》i. 2，404b25（参见第 241 页注释 2）以及第 269 页注释 3 的引述。

519　　它是"未限定的二"。[1] 他把"一"等同于"善"或"最高理念"。[2] 他把
　　　数学对象确立为诸理念和可感事物之间的居间领域。[3] 各个数与"大与
　　　小"的结合得出了空间上的量；[4]"线"源自于数目"二"，"平面"源自

1　在第 218 页注释 2；pp. 306，321，327 sq.，第 203 页注释 7 等处给出的证据之外，
　　还可参考我的 *Plat. Stud.* 217 sqq. 以及 Susemihl, *Genet. Entw.* ii. 509 sqq.，532 sqq.。
　　但是我不能同意 Susemihl 在 p. 533 sq. 中关于"未限定的二"的那些表述的反驳，这
　　些表述是亚历山大从亚里士多德《论善》的论著中得出的（Alex. *ad. Metaph.* i. 6,
　　987b33 以及 i. 9, 990b17；*Schol.* 551a31 sqq.；567b31 sqq.。参考 Simpl. *Phys.* 104b.；
　　Schol. 362a7）。（Susemihl 跟 Rose 一样把这篇论著说成是伪作。）亚历山大说，诸理
　　念是一些数，数的本原也是理念的本原。这些本原也就是"一"（Monad）与"二"
　　（Dyad）；后者是因为它是第一个"非一"（non-unit, πρώτη παρὰ τὸ ἐν），而且自身
　　包含了"多与少"。柏拉图进一步把"等同"（ἴσον）归于"一"（unity），把"不等
　　同"（ἄνισον）归于"超过与不足"（ὑπεροχὴ 和 ἔλλειψις），因为所有不相等都在两
　　个项——大的与小的，"超过的"（ὑπερέχον）与"不足的"（ἐλλεῖπον）——之间存
　　在。于是，他把"二"称为"未限定的"，因为"超过者"与"被超过者"（ὑπερέχον
　　与 ὑπερεχόμενον）本身都不是"确定的"（ὡρισμένον），而是不确定的和未限定的。
　　但是，如果这个"未限定的二"通过"一"而得到限定，它就变成了数目"二"。这
　　样"倍"与"半"就首先得以产生。"倍"和"半"是确定类型的"超过者"与"被
　　超过者"，"倍"和"半"只能通过"一"对后两者的限定而产生出来，而"一"是
　　一切界定与限定的本原。因而，数目"二"（ἡ δυὰς ἡ ἐν τοῖς ἀριθμοῖς）以"一"和
　　"大与小"作为其两个本原。Susemihl 拒斥这个阐释，其理由是，这样的话数学上的
　　"二"就是直接从"一"与"未限定的二"中派生出来的，而且数学上的诸数就要被
　　解释为在"一"和"未限定者"之后事物的最初元素（诸理念就被排除在外了）。但
　　是，我从亚历山大这里看不出这点来。实际上他说的是，在亚里士多德看来，柏拉
　　图"在那些关于善的论述中"（ἐν τοῖς περὶ τ'Ἀγαθοῦ）把"一"和"二"说成"诸
　　数与一切事物的本原"（ἀρχὰς τῶν τε ἀριθμῶν καὶ τῶν ὄντων ἁπάντων）。但是他没
　　有说，这些数的意思是数学上的数；相反，如果它们的本原被看作一切事物之本原
　　的话，我们更应该把这些数理解为与诸理念相同的东西，即，理念数。关于这些，
　　亚里士多德说（《形而上学》i. 6.，987b 18, 37）："因为诸理念是一切其他事物的原因，
　　柏拉图把它们的元素视为事物的元素"，而且"柏拉图把物质性本原说成一个'二'，
　　因为诸数（我们把文本读作 ἔξω τῶν πρώτων，这当然是一个释义）可以很方便地从
　　这个东西中派生出来。"这个观点打消了我在 *Plat. Stud.* p. 222 中的疑虑。

2　参见 p. 284 sq.；参考亚里士多德《形而上学》xii. 10, 1075a34 以及《欧德谟斯伦
　　理学》i. 8, 1218a24，在这里，柏拉图关于善之理念的学说得到了这样的反驳："把
　　'一本身'说成是'善'（策勒按：这个被引用来说明'一本身'是善的论证是可疑的），
　　而各个数都追求'一'，这个论证是骇人的。"

3　参见第 186 页注释 2 的引述以及《形而上学》i. 8 end；i. 9, 991b27；我的 *Plat.
　　Stud.* 225 sq.。

4　还可参考第 379 页注释 3。

于数目"三"，而"立体"源自于数目"四"；[1] 理念上的量和数学上的量　520
有所不同，前者源自于理念数，后者源自于数学上的数。[2] 但是，在亚
里士多德听到的演讲中，柏拉图似乎并没有怎么深入谈论物理学，[3] 尽管

1　亚里士多德《论灵魂》i. 2；参见第 241 页注释 2；《形而上学》xiv. 3, 1090b21（我
的 *Plat. Stud.* 237 sq.）："（主张存在诸理念的人）从质料和数中构造'大小'（τὰ
μεγέθη，或作'空间上的量'），从'二'构造线，从'三'构造平面，从'四'构
造立体，或者他们使用其他数目，这无关紧要。"vii. 11, 1036b12："他们把一切事
物都归结为数，他们说线的定义就是'二'的定义。而主张存在诸理念的人当中，
有些人把'二'当成线本身，另一些人把'二'当成线之理念。"Alex. *ad Metaph.* i. 6
（参见 Vol. i. 325, 2）；Pseudo-Alex, ad xiii. 9（*Ibid.* 349, 4）。空间上的量除了有这种派
生方式，还有第二种派生方式，也就是说，线被归结为"长与短"，平面被归结为
"宽与窄"，立体被归结为"深与浅"（或"高"与"低"，βαθὺ καὶ ταπεινὸν），这些
都是"大与小"的不同类型（亚里士多德《形而上学》i. 9, 992a10；Alex. ad. loc.
在 περὶ φιλοσοφίας（论哲学）的论著中也是这样转述的）。但是，这两个解释具体
细节如何，究竟是"长与短"表示从"大与小"跟"二"结合而产生，而"宽与窄"
表示它跟"三"结合而产生，"深与浅"表示它跟"四"结合而产生，并且从中产
生出线、平面和立体，还是说刚好反过来，线是从"二"跟"长与短"的结合中产
生出来，平面是从"三"与"宽与窄"的结合而产生出来，等等，这从亚里士多德
或者从其诠释者们那里都不能得到确定。Susemihl（ii. 544）关于柏拉图对于空间上
的量的建构的猜测是可疑的。亚里士多德说（《形而上学》i. 9, 992a20），柏拉图在
他的演绎当中并不容许"点"的存在，因为"点"仅仅是一个几何学上的假设。他
不说"点"而说"线的开端"，这让他得出了关于"不可分的线"的主张。我必须
接受 Schwegler 和 Bonitz ad loc.，以及 Brandis, ii. a. 313 的说法，就是说，这个主
张确实属于柏拉图；它并不比《蒂迈欧》的元素学说中关于几种最小平面的那个假
说更让人吃惊。Alexander（ad loc.）显然也只是从目前这个文本中了解到柏拉图的
这个观点。

2　《形而上学》i. 9, 992b13 sqq.；xiii. 6, 1080b23 sq.。

3　参见 pp. 74, 329；*Plat. Stud.* 266 sq.，并参考 Theophrastus（*Meteph.* p. 312 ed. by
Brandis in his *Fragm.* xii. 12, Wimm.）反对那些设定"一"和"未限定的二"的人，"因
为他们在派生出诸数、诸平面、诸立体之后，把其他东西都略去了——除了那些可
以触摸到的东西之外，并且声称只有这些事物存在。他们说，有些东西是从'未限
定的二'中产生出来的：如位置、虚空和未限定者（策勒按：参考毕达哥拉斯学派
的学说，Part. i. 376 sq. 3 A.），而其他东西是从诸数和'一'中产生出来的：如灵魂
和其他一些事物，包括时间（策勒按：时间直接从'一'与'未限定的二'中产生
出来）、天宇以及其他某些事物——但是，关于天宇和其他事物，他们没有给出任
何说明。"这些说法只能是指柏拉图，因为塞奥弗拉斯特继续说："斯彪西波与其他
人，除了色诺克拉底以及可能还有赫拉克里埃俄之外，给出了同样的解释。但是，柏
拉图认为这个派生是"涉及到所说的各个领域"（μέχρι τῶν εἰρημένων），而"另一
些人（斯彪西波与其余的人）仅仅指诸本原"（οἱ δὲ τῶν ἀρχῶν μόνον）。

他常常把一些具体现象归结为"一"与各个"数"，或者归结为"未
521 定者"，或者归结为它们两者。[1]他也没有确切解释这种在理念当中乃至
在所有事物当中的"未限定者"或"大与小"如何与物理上的"物质"
相联系。亚里士多德对此有所暗示，从中不难看出他自己是如何把"未
限定者"与"物质"等同起来的，但是我们不能把这点归于柏拉图本人，
哪怕是晚年的柏拉图。[2]流传下来的关于口头讲论的更多细节没有多大
重要性；[3]但是，柏拉图在四元素之外加上"以太"作为五种立体之首，[4]

1　参考上注，以及 Eudemus apud Simpl. *Phys*. 98 b. m.（*Schol*. 360 a. 8；*Eud. Fragm.*
　　ed. Sp. Nr. 27）："柏拉图说，运动就是'大与小'、非是者、不均衡，以及所有这类
　　东西。……柏拉图和毕达哥拉斯学派把未限定者跟运动联系起来是有道理的。"我
　　们或许可以把被 Eudemus, *Phys*. iii. 2, 201b20 转写的亚里士多德本人的说法（"﹝有
　　些人主张﹞，运动是差异性、不等同性和非是者"）与亚里士多德《形而上学》i. 9,
　　992b7 中对柏拉图理念论的反驳（"如果这个东西﹝'大与小'﹞会是'运动'，那么
　　显然诸理念会出现运动"）进行比较。参考《蒂迈欧》中所谓"物质"的不规则运
　　动（参见 p.301；第 221 页注释 1），尤其是《蒂迈欧》57E（前文，第 277 页注释 2）。
　　只有从未限定者中产生出来的运动指专属于可感事物的变易性，即生成与毁灭，"灵
　　魂源自于未限定者"这个主张才能兼容于"灵魂是一切运动的起源"这个原则（参
　　见 p. 344）。这在其他场合也有出现；参考第 257 页注释 3。
2　参见 p. 321 sqq.。
3　除了在第 241 页注释 2 与第 290 页注释 4 所举的那些例子之外，我们还发现亚里
　　士多德《后分析篇》ii. 5, 92a1 中关于人的定义也属于这些口头讲论（参考《论题篇》
　　vi. 10，148a15），与《政治家》（266A sqq.）中的讨论相似；《论动物的部分》i. 2,
　　642b10 sqq. 有一个从"论划分"得来的对鸟的分类（参见第 35 页注释 3）；《论生成
　　与毁灭》ii. 3, 330b15（参见前文，*loc. cit.*）有从同一论著得来的关于诸元素的分类；
　　《论题篇》vi. 2，140a3 也有柏拉图的某些说法。第欧根尼，iii. 80，也沿用亚里士多
　　德的说法给出了一个分类例子（可能也出自于"论划分"，cf. v. 23），即把"诸善"
　　划分为灵魂方面的善、身体方面的善、外在方面的善，这个分类被亚里士多德引述
　　过，参见《尼各马可伦理学》i. 8, 1098, b. 12，参见柏拉图《理想国》iv. 591B sqq.,
　　《法律》v. 728C sqq.；尤其参见《法律》v. 743E。
4　为了证明柏拉图按五种规则立体而设想了五种"单纯物质体"（ἁπλᾶ σώματα），
　　Simplicius 在三处文本中（*Phys*. 268 a. n.；*Schol*. 427 a. 15；*De Caelo*, 8 b. 16；41
　　a. 1；Karst. *Schol*. 470 a. 26; 474 a. 11）从色诺克拉底的《论柏拉图的生平》中转引
　　了这样的话："所以，他又以此方式把有生命者划分为诸类型和各个部分，一直抵
　　达有生命者的五种基本元素——他称之为五种形状和物质体（πέντε σχήματα καὶ
　　σώματα）——也就是以太、火、水、土和气。"这个证据是很明确的，尤其是其中
　　说到柏拉图把五种元素称为"五种形状和物质体"，我们不得不把这种对于前期学
　　说的偏离（p. 371 sq. 有所提及）归于柏拉图本人，而不是归于他的传承人；关于这

这个说法值得我们留意，因为如果这是真的，它表明柏拉图脱离了其原　　522
来的学说，而更加趋近于毕达哥拉斯学派的学说。

　　乍一看，《法律》的实践性倾向跟我们之前看到的那些探究的抽象
特征有很大的区别。不过我们还是能够看到，有两方面的特征是柏拉图
晚年著作中共同存在的。我们在其中都能够看到，譬如，大量的教义性
叙述，辩证的张力和弹性消退了，更倾向于毕达哥拉斯学派的学说，偏
好数学上的一些象征。《理想国》把"哲学"当作符合理性的政治生活
的基础，把哲人王确立为前提，纯粹按照理念来设计国家；《法律》则
试图向我们表明，在没有这些前提的情况下，国家在多大程度上、通过
什么手段能够实现其使命。柏拉图并不想否认《理想国》中的体制是特
别优越的，他起初不怀疑这种体制的可行性，把对人类福祉的全部希
望都寄托于其中，而在他的理想国家中唯有哲学家（爱智者）可以参与国
家治理；[1] 而《法律》告诉我们，[2] 在诸神和诸神的儿子们当中，这样的国
家或许真的存在，而且理想国家也不可能体现为其他形式，不过在这　　523
篇对话录里我们必须满足于次好的国家。[3] 这篇对话录的作者认为，法
律必须合乎国家和人民的本性；[4] 他只希望提出的这些法律或许会被其同
胞和同时代人付诸实行。于是，他的这篇著作基本没有提到其哲学体
系的基本学说，也没有提到对统治者的哲学培养。确实，"神"或"理
性"仍然支配着国家；《法律》（νόμος）被明确界定为"理性的安排"
（νοῦ διανομή）；[5] 国家的最高目标仍然是德性以及由德性带来的公民之

些传承人，参考第 15、16 章（色诺克拉底，《厄庇诺米》）。

1　参见第 353 页注释 4。

2　参考 v. 739D sq.，还可以参考《理想国》ix. 592B；《法律》vii. 807B。

3　Steinhart 试图消除这个解释的有效性，并且把柏拉图政治观点的改变讲得比实际
　　情况更为轻微，对此 Susemihl 作出了反驳，参考 Susemihl, ii. 619 sqq.。

4　v. 747D. sq.

5　iv. 713A, E（参考 715E sqq.）："当一个城邦的统治者不是神而是凡人，人们就不会
　　从各种恶和苦难中解脱出来"，这是对《理想国》那个著名说法的重新表达（参见
　　第 382 页注释 2）。

福祉。[1] 但是，理性和德性的这种统治在这篇对话录中并没有被理解为哲学家（爱智者）的统治；指导国家的"智慧"也没有被视为学理性"知识"。《理想国》中一切体制构建最终与之相关的理念论在《法律》中只提到过一次；即使在那段话里，是否提到了与苏格拉底式概念有别的柏拉图式理念，也是可疑的。在《理想国》中，关于诸理念的辩证知识是

524 所有理智性教育的目标，也是参与政治统治的必要条件，而在《法律》中，它只是科学方法的基本要素：[2] 这里再也不存在终身的哲学教育（就像早期对话录所要求的那样）。《理想国》把理想国家的实现寄希望于统治者成为哲学家；而《法律》则寄希望于统治者成为正直和明智的人。在《理想国》提到"哲学"的地方，《法律》代之以"道德"和"明智"（实

525 践智慧）：[3] 至于道德和明智只能通过"哲学"来达到，这点并没有得到

1　参见第 340 页注释 3。

2　《理想国》中关于科学知识培养方面的要求在《法律》中只保留了一点，即，执政官显然在普罗大众之上需要有高层次的知识，从而成为城邦中智慧的承载者，xii.961A sqq.；xi.951C sqq.（参见 p. 538 sq.）。对于执政官团队而言，他们需要能够对于国家的目标和法律的根据做出解释（962A sq.；966B；cf. 951B sq.）"有能力从众多不相似的事物中出发而看到单一理念（μίαν ἰδέαν），965C"；他们不仅应该认识个别的德性，还应该认识德性的普遍本质；他们应该总体上能够理解并且传讲"善"与"美"之真正本质。不过，除了明确提及哲学以及政治实践经验方面的必要补充，《法律》在这些基本提示之外没有更多的说明。它的目标不是要描述哲学式国家；尽管从我们对柏拉图学说的一般认识来说，我们不能怀疑，作为《法律》作者的柏拉图用"μία ἰδέα"（单一理念）表示的就是他在其他地方谈论的"εἶδος"，或"理念"，读者不需要过度诠释这个表述或者与之相关联的语境。"ἰδέα"在这里只是以逻辑方面的含义出现，与苏格拉底式的"概念"一样；这里根本没有提及它们在形而上学方面的界定，也没有提及它们的独立存在和客观实在性。所以，我坚持认为我的主张（第 2 版）是正确的，即，《法律》中没有提及理念论，从而与 Susemihl 和其他一些人相反（Susemihl, ii. 576 sqq.；cf. Steinhart, vii. 354）。理念论就其自身而言这里没有被提及。不过为了免于误解，我在上面已经在措辞上做了改动。

3　关于《法律》iv. 712C sqq. 的文本，可对照《理想国》v. 473C sqq.；例如，在《法律》（712A）中说："当最大的权力跟明智与节制一起落在同一个人身上，那时候就会产生最好的政制，以及与之相应的法律；否则的话，它就永远也不会出现。"在《理想国》中说："除非爱智者们充当君王，……政治权力与哲学落到同一个人身上，……否则城邦中的各种恶就永无休止"；cf. p. 467。

明确说明。[1] 政治生活的哲学基础在多大程度上退到幕后，其宗教基础就在多大程度上来到幕前。在《法律》的文风和语气中有一种庄严性和虔诚性；诸神总体上充当相当重要的角色。[2] 这个特征对于这篇对话录的内容有非常突出的影响。整个政治体制建基于宗教之上。哪怕在一个新城邦的选址方面，首要的事情也是确认那里有没有圣所和神灵。设立法律的工作以向诸神祷告作为开端：立法的总体方针和具体细则都要仰赖诸神。在政治生活中可以找到的一切好的东西都是诸神的礼物：全部努力的最高目标就是变得与诸神相似，而获得幸福的最好方式就是尊崇诸神。国家的每个部分都被献给某位神、英雄或神灵：这些守护神掌管着不同的公民阶层。献祭、庆典和唱诵是公民一辈子最重要的事务。违反法律的人，无论重罪还是轻犯，都直接亵渎了诸神。宗教制度的设置是重大而困难的事情，而对这些制度的侵犯是一切罪恶中最可憎的。[3] 各位神灵和各位英雄被赋予了很高的重要性；尤其是神灵，他们受到仅次于诸神的崇敬，作为人类的主人和人生中那些苦难的庇护者。[4]《法律》跟《理想国》一样（可能还更全面[5]）要求对于大众信仰进行净化，涤除一些不可取的以及对道德有害的成分。[6] 一方面，宗教信仰建立在法

1　即使从已经引述过的这段文本，xii. 965A sqq.，并借助《理想国》，我们也只能得出很不明确的结论。

2　参考 *Plat. Stud.* 71 sqq.。

3　参考 *Plat. Stud.* p. 46；《法律》v. 747E，iv. 712B，xi. 934C，ii. 653C，665A，iii. 691D sqq.，iv. 715E sqq.，xii. 941A sq.，vii. 799 A sqq.，viii. 835E，848D，v. 729E sq.，738D，xii. 946B sqq.，953E，viii. 842E sq.，xi. 917D，920D sqq.，x. 909E，ix. 854A，x. 884A。更多的出处，见 p. 473。

4　参见 iv. 717B，v. 738D，747E，vi. 771D，vii. 801E，818C，viii. 848D，ix. 853C，877A，x. 906A，xi. 914B。

5　参见 p. 463 sq.。对于那些可见的众神（众星）跟那些以偶像形式得到崇拜的众神之间的区分，xi. 930E sq.，我不认为有什么重要性。与之相关的，x. 904A 中出现的这些话，"犹如由法律所确立的诸神"（καθάπερ οἱ κατὰ νόμον ὄντες θεοί），不能以合适方式得到理解，可能是后人插入的注释语。我们不能用这段文本来证明，柏拉图在《法律》中仅仅把大众宗教中的众神看作真正的众神的"象征"。

6　Susemihl, ii. 588，引证了 vii. 804A sq.，xi. 930E sq.，ix. 870D sq.，872D sqq.，以及其他文本。

律和传统之上，[1] 而且渎神的学说要受到严厉惩罚，[2] 另一方面，还需要在这个信仰之外补充建立在理智洞见基础上的确信；为了这点，诸神的存在、他们对人类的关心以及他们不容损害的正义得到了详细论证。[3] 数学和神学在《法律》中以非常特别的方式被关联起来，它们处于俗常观点和哲学观点的居间位置。柏拉图在系统阐释其形而上学的时候，已经相当接近于毕达哥拉斯学派的学说；但是在《法律》中，数学完全取代了哲学的地位。即使在此时，他还是不满足于仅仅通过文艺和体育而开展的俗常教育，不过也有意搁置了更高的辩证法教育；所以剩下来的就是作为哲学之准备阶段的学问——处于意见和辩证法之间的东西，也就是"数学"；现在我们必须从这里出发寻求俗常道德的提升和完善，而这点在《理想国》中是通过"哲学"来实现的。

按照《法律》的说法，[4] 有两件事情使人必定畏惧"神"，而且使人能够胜任公共职务，并且进入有良好教养者的行列。第一件事情是，一个人必须相信灵魂优越于身体；第二件事情是，他必须认识到主宰众天体的是"理性"而且掌握必要的数学和音乐知识，同时用这种知识来形成自己的和谐品格。在这里，我们凭借的不是纯粹的柏拉图哲学，而是与宗教、文艺和道德相关联的数学，也就是毕达哥拉斯主义的特有学说。数学被说成不仅是人生和全部技艺中最有价值的东西，而且也唤醒人类的理解力，让不可传授的内容变成可传授的，让迟钝的心智变得富有创造性；[5] 数学尤其对宗教有益，因为它让我们认识到体现在星辰秩序中的神的智慧，让我们免于对它们的轨迹做出错误判断而致亵渎诸神。[6]

1　如 ix. 927A 提及关于灵魂不朽的信念。

2　x. 907D sqq.；参见 p. 473。

3　x. 885B–907D；参见 p. 463 sqq.。

4　xii. 967D sq.

5　v. 747A sq.

6　vii. 821A sqq.；xii. 967D sq.。如下看法是错误的：这第一处文本禁止人们探究神的本质（Cic. *N. D.* i. 12, 30；Clemens, *Strom.* v. 585B, etc.；cf. Ast, ad loc.）。柏拉图在这里批评了针对"天象探究"（Meteorosophy）的流行偏见；参考 Krische, *Forschungen*, i. 187 sq.。

于是我们得到一个原则:[1]我们生活的整个机制,哪怕最微小的细节,都必定以精确和均衡的方式受到数和比例的规定。这样,必须要求国家的公民重视"相似""相等""同一"与"相称",也就是在数量和其他方面美好的东西。[2]因此,应该尽可能完美和精确地确定对公民进行群组划分的数值。[3]于是,这篇对话录与柏拉图其他对话录的首要差异就在于它特别偏好算术上的枚举。[4]毫无疑问,这篇对话录与《理想国》处在不同的层面上,[5]现在的问题是,柏拉图本人究竟是彻底放弃了他以前的立场,还是仅仅为了读者的缘故而把它替换成了总体上更好理解的学说。

既然《法律》中的伦理学不再像《理想国》那样建立在"哲学"的基础上,它就必定呈现为另一种形式。诚然,《法律》仍承认四种主要德性,[6]但是这些德性的内涵及其相互关系已经发生改变。这里已经不再要求那种严格意义上的哲学教育,无需以更高知识为前提的实践智慧取代了科学知识的地位。《法律》不再强调纯粹智慧,而以更模糊的方式谈论与行为相关的"明智"(φϱόνησις);在这里我们看到的无非是俗常德性。"明智"在于让一切喜好和厌恶接受理性的调节。[7]在柏拉图看

1　v. 746D sq.

2　v. 741A.

3　v. 737E sq. ; cf. 745B ; vi. 756B ; 771A sqq.

4　一些证明可以参见 *Plat. Stud.* 48。

5　Susemihl(ii. 591 sqq.)正确提及其他著作中存在某些同类表述;但是数量关系(数学要素和其他要素之间的关系在其中得到表达)在《法律》这里是不同的。哲学本身,也就是辩证法(数学在其他地方是下属于它的),在整个著作的末尾得到了一个不太明确的考虑:参见第382页注释2。在这个阐释的其余部分,辩证法隐退了,取而代之的是数学。另一方面,如果对国民整体的精确分类(柏拉图本人也知道严格按照数和比例来规定每个事物是一种迂腐做法)是为了服务实践上的目标,那么就不能否认,单纯考虑众人在"质"方面的差异及其关联性(与以此方式得到的"量"方面的等同相反)是不充分的。

6　i. 631C:关于神圣的诸善,第一位的是"明智"(φϱόνησις),第二位的是"灵魂中节制的品格","如果你把这两种跟勇敢结合起来,就得到第三和:正义;而勇敢自身处于第四位"。参考 632E ; xii. 963C ; cf. x. 906B。

7　iii. 689A sqq.。最大的无知是"快乐与痛苦跟合乎理性的判断之间的不和谐(διαφωνία)";"明智"(φϱόνησις)的关键在于这方面的"和谐"(συμφυνία)。在

530 来，这也是"节制"或"自制"（σωφροσύνη）的本质；它在这里与"明智"几乎是等同的，因而被认为是让我们与神相似的因素，其他一切才能从它那里得到各自的价值。[1] 相反，"勇敢"的地位在《法律》中受到明显贬低。它被描述为德性之最不重要和最差的部分，是一种未必与明智相关的自然品质，甚至儿童与动物也分有这种品质；[2] 因而，法律的制定应该引导公民接受自制方面而不是勇敢方面的教育。[3] 显然，在所有这些细节中，俗常的德性观念被看作唯一的前提。[4] 把德性看作灵魂若干部分的内在关联性的深层次观念在这里并没有出现；这是必然的，因为关于灵魂三重划分的学说本身并没有被提到。[5] "正义"的本质在《理想国》中被认为是灵魂若干部分的和谐一致，而在《法律》中则以更为

531 通俗的方式被说成是其他各种德性的混合；[6] 这仅仅传达了不甚明确的暗示，即："正义"是涵盖了一切德性的"德性"本身。这篇对话录讨论了这种"德性"——它不需要哲学教育也可能达到，并且它把德性仅仅概括为普通观察中所呈现的样子。

　　《法律》的主要内容，即政治体制的纲要，也是这种情况。《理想国》

其中存有这种和谐的人可以被称为有智慧的人（σοφὸς，σοφία），无论他是不是还缺乏其他方面的知识。Cf. 688A：最高的德性是"明智、理性（νοῦς）、判断（δόξα）以及顺应它们的那些爱与欲望"。

1　iv. 710A；716C；iii. 696B sqq.

2　i. 630E sq.；xii. 963E；cf. i. 630C, D；631C；667A 以及前文，第 331 页注释 3。我们看到了关于"节制"（σωφροσύνη）的一处类似表述（iv. 710A），不过这仅仅就其被看作某种自然秉性而言；就"俗常的节制"（δημώδης σωφροσύνη）而言，甚至在儿童和动物中也能看到某种倾向于节制的秉性；它不同于更高意义上的、自身包含知识的"节制"（σωφροσύνη）。关于勇敢的说法没有得到这种限定：这些说法大多把勇敢表述为四主德之一，而当勇敢仅仅被看作一种自然秉性的时候就不是一种德性。尽管 Susemihl 反对（ii. 615 sq.），但是我不准备撤回这里表达的观点，不管它在他看来多么奇怪。

3　参见《法律》头两卷，从 633C 起。

4　还可参考 v. 733E sq. 以及 Plat. Stud. 35。

5　甚至在 iii. 689A，xi. 863B、E，这点也很难说得到了暗示。那个说服力不强的论证（i. 626D sqq.）似乎并不是反对该学说本身的，而是反驳如下结论：如果一个人要说战胜了自己的话，那么在灵魂中必定就有某种内在的冲突。

6　参见第 385 页注释 6，以及 p. 476 sq.。

的哲学绝对主义基本上被放弃了；它的首要条件，即通过哲学教育得以培养和维持的哲学家阶层，也不见了踪影。《理想国》中的三个等级，《法律》实际上只承认第二等级。[1]如前所述，第一等级并不存在；第三等级被排除在公民范围之外，因为贸易和农业应该由外邦人和奴隶来从事。但是，正如我们马上会发现的，如同《理想国》中的武士阶层，公民们应该基本上接受相同的教育，处在相同的文化层次上。因此，《法律》的问题是以最好的方式让这个阶层发挥作用，为它找到最适合的政治体制和生活方式。显然，这种体制必定与《理想国》中的体制有相当大的差别，尽管后面这种体制仍然是理想的，始终应该放在心上并且要尽可能去模仿。

在这些必定会有的改变中，我们发现，首先，柏拉图之前一直拒斥的具体立法[2]在我们目前考虑的这个国家中成为了一种必要。确实，完美的政治家（《法律》反复提及这点[3]）不应该让法律超过自己的地位；因为知识不会充当其他东西的仆从，而必须始终起主导作用。不过这种完美的政治家无法找到，因而《法律》致力于在没有完美政治家的情况下为国家寻求可能的最好替代者。因而，这里就遇到了柏拉图在《政治家》中已经预见到的情况：我们必须选择次好的东西，即法律和秩序，尽管它们不能适用于全部处境，但仍然可以切中大多数情形。[4]真正统治者的位置必须由法律来填补。《理想国》中柏拉图很少讨论具体的立法，而现在他在这方面进行大量的扩充。一切生活的具体境况，包括最琐细的境况，都得到特定法规的规范。[5]对法律的遵守是最受重视

532

1　参考 Hermann, *De veetigiis institutorum veterum, imprimis Atticorum, per Platonis de Legibus libros indagandis*. Marb. 1836, p.9。

2　参见第 343 页注释 4 以及第 345 页注释 5。

3　ix. 875C sq.

4　《法律》, *loc. cit.*；参考《政治家》297D；300A sqq.；前文，第 463 页注释 25、26。

5　即使在《法律》viii. 843E、846B，有一些具体细节必然会被略过。

的，行政官员纯粹是法律的仆从或执行人；[1]最值得警惕的事情莫过于对现存制度进行革新。[2]在有真知识的情况下，法律是累赘和肤浅的东西；而在缺乏真知识的情况下，法律是必需的，而立法应该尽可能做到精确

533 和严密。然而，即使有了这个前提，仍然必须承认知识的地位，即公民不应该把法律当作盲目的机制来服从，而必须对其必要性有一种自觉。[3]如果人们缺乏哲学层面上的知识，他们至少要依据正确意见而行动。所以，写在法律前面的那些特别开场白，[4]在实际立法中当然是不合适的，[5]但是考虑到《法律》这部著作面向的是处于普通国家和理想国家之间的次好国家，考虑到它所假定的其中的公民的文化层次，那么这些话就是很好理解的了。

　　如果我们进一步考察这个国家的体制，我们会发现《理想国》中首先要求的那种贤人政制在这里是不可能出现的——出于前面已经说过的理由。《法律》描述的"国家"中不存在具备更高级智慧的、能够从更高立场出发指导国家的哲学家阶层。这个国家局限在俗常德性和正确意见的范围内，而正确意见是这种德性的基础。俗常德性存在于许许多多

534 的具体活动中，它没有意识到这些活动的内在统一性及其关联性。[6]俗常德性能够达到的最高境界是一种正确手段，其基础在于各种不同道德品质的和谐联结。[7]这样的国家局限在俗常德性的范围内，而没有起主

1　例如，iv. 715B sqq., v. 729D, vi. 762E。

2　参考 vii. 797A sqq., ii. 656C sqq., xii. 949E, vi. 772C。

3　还可以参考 xii. 951B。

4　参见 iv. 719A–723D，在这里，它们被当作把法律介绍给自由人的唯一恰当方式而得到辩护。柏拉图明确讲（722B、E），没有任何立法者曾经为自己的法律提供这样的导言；而且实际上，这么做也不符合古代立法的精神。这种精神跟"苏格拉底—柏拉图"的原则是迥异的，这个原则认为，只有从自由的个人信念中产生出来的行为才是有价值的。这样，Hermann（loc. cit. p. 21，Plat. 706，遵从 Bentley 和 Heyne 的观点）把塞琉古斯（Zaleukus）和卡龙达斯（Charondas）的《法律》中后来出现的"绪言"判为假冒是对的（Cic. Legg. ii. 6, 14 sq. : Stob. Floril. 44, 20, 40），不管它表面上看起来有多么真。

5　Posidonius, ap. Seneca ep. 94, 38 对这些内容表示了非难。

6　参见 p. 180。

7　参见 p. 214。

宰作用的知识对国家的全部要素进行统一指挥，因此它必须满足于这些
要素的混合和联结，通过这种方式防止在一个方向或相反的方向上出现
过度。在《法律》中，伦理学的最高目标是勇敢和节制的统一；政治学
的最大难题是秩序与自由的统一。不过，这两个目标的达成均不是通过
概念性知识，而是通过那种能够借助于对立面的一方调节和控制另一方
之相反倾向的实践技艺或分寸感。《法律》关于政治体制的主要观点是
对于政治力量的正确分配，以及不同权力部门之间的相互制约。[1] 实际
上，它是一种混合体制，后面我们将具体讨论到这点。[2] 一切健全的政
治生活的本质条件是"统一"和"自由"。[3] "统一"通过君主体制来保证，
而"自由"通过民主体制来保证。因此，君主制和民主制是最基本的两
种政治形式；国家之趋于完善[4] 在于这两者以恰当方式混合起来。[5] 如果
这两者中的一个占据了绝对的支配地位（就好像波斯的君主制，雅典的
民主制），如果一部分国民而非全体国民分享权力，那么统治者的利益
就会变成最高的目标，自由和统一就会丧失殆尽，这样"国家"会沦为
徒有虚名。[6] 然而，正如亚里士多德注意到的，[7]《法律》中拿来与民主制
混合的与其说是君主制不如说是寡头制。例如，国家政制的特质被认为
主要取决于它在教育和官员任免方面的法律。《法律》告诉我们，在官
员任免中，贤人政制的选举形式必须和民主制的抽签形式结合起来。不
过，这被认为只是在明显有必要的情况下采取的让步。更高层次的平等
和政治上的正义在于把更大的荣誉和权力分派给最有智慧和最优秀的
人。但是，由于彻底落实这个原则会激起民众的愤怒，故而立法者不得

535

1　参考 iii. 691C sqq.，在这里（693B）明确注意到了，这个要求跟另外一个地方提到的内容是吻合的，即，立法应该鼓励德性与明智（参见 p. 465 sq.）。

2　iii. 693D sqq. 、701D sq.

3　"伴随明智的自由与友爱"（ἐλευθερία τε καὶ φιλία μετὰ φρονήσεως）。

4　如在斯巴达一样，这两者在那里得到了最大的成功，不过仍然是以不充分的方式。

5　参考 vi. 756E："君主政制与民主政制，这两者应该始终在政制中保持均衡。"

6　参考 vi. 712E，714B，715B，701E，697D，693A sq.，viii. 832B sq.

7　《政治学》ii. 6，1266a1 sqq.。

不把更高层的平等和所有人共享的平等统一起来。所以，在选举制度之外还必须增设抽签制度；因为在抽签形式中每个人是平等的，其结果取决于运气；不过正由于这个原因，抽签形式应该尽可能少用。[1] 财富标准[2]也应该得到考虑；普遍选举制度要和阶层推荐制度[3]相结合，而且更高阶层和更富有的人显然要占有一定的优势。[4] 这样，《法律》试图调和这三种本质上不同的政治原则：才能的优先权、财富的优待权和所有人的平等权。贤人政制、寡头政制（财阀政制）和民主政制以一种结合的形式构成一个混合政府。[5]

关于公共机构的运作和架构，除了关系到现存法律变更的部分，一切立法权都交给 37 位执法官，他们的另一个职责是根据公民财富的多寡来对他们进行分类。[6] 当法律需要变更，必须由国家机构、民众和神谕达成一致意见。[7] 不能得到调解的民事诉讼应该由本地人组成的审判团在基层法庭得到裁决，而大众审判团成员由抽签方式选出；如果到了高级法庭，就由最高审判团来裁决，其成员由全体官员按公开程序选

1　vi. 756E–758A，759B，768B，cf. iii. 690B sq.

2　v. 744B.

3　划分为四个财富等级；参见 v. 744C sq.；vi. 764D sq.，以及 Hermann, *loc. cit.* 36。

4　从各个财富等级中选出同样多的人，不过一般来说，较高等级的总人数是较少的；再者，较高等级的人有义务参与全部选举，而较低层级中只有一部分人参与。参见下注，以及亚里士多德，*loc. cit.*。

5　关于不同行政官员的选举方面的指导说明，参考 vi. 753A–768E。我们或许可以举"议会"选举规则为例，756B sqq.。这个官职由 360 位成员构成，其中四分之一的职位分别由四个财富等级的人来充任。为了确定这些议员，每个等级都有一个候选人名单，供普遍选举从中选出。不过在这个选举中，只有第一和第二等级的人是完全必须参与的，而第三等级的议员由前三个等级的人来选举，第四等级的议员由前两个等级的人来选举。这样每一等级得到各自 180 人的名单，他们都必须参与选举，否则就要受处罚。然后通过抽签的方法从中选出一半的人，他们通过了合法性资格审查之后就进入"议会"。然后，这些人被划分为 12 组（称为"执行委员会"〔Prytanies〕，vi. 755E；760A；766B；xii. 953C），每一组轮值管理事务一个月。

6　vi. 770A sqq.，754D。这些执法官由 100 位通过两轮普遍投票而委任的选举人来挑选，其中 37 位执法官是从这 100 人内部选出来的。这些执法官的年龄不低于 50 岁而不高于 70 岁；vi. 753B，755A。

7　vi. 772C.

举。所有的严重犯罪案件都交由最高审判团处置，不过危害政治共同体的罪犯要在全体人民面前进行审判。[1] 政治体制中最高的权力机构是议会，[2] 它下设若干内政职能部门。[3] 类似雅典政制中统揽一切权力的公民大会很少被提到；它的全部活动内容局限于选举和政治罪犯的审判。这是对民主因素的重要限制；不过，民主因素在以下原则中又得到了特别强调，即：所有内政官员在就职之前必须就其合法资质接受审查，[4] 而在离职的时候必须对其施政做出解释；特别法院被指派去听取这些陈词，其成员由民众从周期性选举中选出。[5] 柏拉图进行这种安排时沿用了雅典的惯例：实际上，希腊当时各城邦的政治模式处处充当着柏拉图设想的政治体制的参照系。在《法律》与《理想国》基本前提的差异所能允许的限度内，在其他两方面更为特别的法规当中，《法律》仍然存在跟《理想国》很接近的内容。一位被宣布为国家最高官员的负责人（通过最严谨的方式选举出来）被派去主管教育，[6] 监督所有文艺和诗歌，在履行此职责时可以有若干下属协助他。[7] 除了教育之外，还需要一些特别

1　vi. 766D sqq., ix. 855C，856E，871D，877B。关于行政与刑事司法方面的更多说明当中，有三点尤其值得注意：取消了 αὐτωμοσία（也就是把控辩双方的宣誓书视为各自的证词），因为这必然引起虚假宣誓以及誓言的贬值（xii. 948B sqq.）；把罪行划分为故意的、无意的和在激情影响下做出的（ix. 860C–862C：866D sqq.）；取消了财产充公、彻底剥夺公民权（ἀτιμία）以及其他延伸到子孙后代的种种刑罚（ix. 855A，C，856C）。

2　参见第 390 页注释 5。

3　祭司、神庙守护人以及神谕诠释人，其中第一类从年长的公民中通过抽签选出，不过任期只有一年，vi. 759A sqq.；乡村巡查官（Agronomi），由 60 人组成，构成乡村治安力量，雇用一部分年轻人维持秩序、修筑防御工事与道路，并从事其他有益事工，同时训练他们防卫乡村（760A sqq.）；市政官（Astynomi）和市场专员（Agoranomi）主管城市治安、公共事务，等等，763C sqq.；军队元帅（Strategi），骑兵统帅（Hipparchus），步兵统帅（Taxiarchs）和部族骑兵团长（Pylarchs）从那些能够操持武器的人当中挑选出来；低阶职位由军队元帅任命，755B sqq.。

4　关于这个"δοκιμασία"（任前资质审查），参见 vi. 753E，754D，755D，756E，759D，760A，767D，等等。

5　xii. 945B sqq., cf. vi. 761E，774B，xi. 881E.

6　vi. 765D sqq., cf. vii. 801E，808E，813B，xi. 936A.

7　vi. 764C sqq., vii. 813C sqq.。

的方式来维护良好的舆论，首先确保统治者内部有良好舆论，然后通过
统治者保证全民的良好舆论。应该成立一个委员会，[1] 由接受并通过了最
严格考验的护卫者组成，作为国家的"支柱"，[2] 而且像毕达哥拉斯派的
"议事会"（synhedria）一样，[3] 在国家管理中充当最高权力机构。这个委
员会的成员必须在前面提及的高层次教养方面超群出众；[4] 他们不仅拥有
正确意见，而且还有真正的理解力。[5] 这里我们看到的无非是《理想国》
中哲学王的替代者。[6] 柏拉图还告诉我们说，[7] 只有在他们的教育过程中
才能确定这些选拔出来的人应该学习什么，对于每个主题应该学习多长
时间。这似乎说明，这些人如果没有更进一步的全面系统学习，就不能
获得道德和政治上的智慧，因而，《法律》中的国家如果要实现的话，
又必须趋向于《理想国》中的哲学式国家。类似这样的暗示还有一些。[8]
但是，由于其他政治机构并非建立在这个哲人团体的基础上，而且这个
团体本身并不在国家机构中占据特定的职能领域，因而这整个架构有一
种模糊不清的地方。

　　就像政治体制方面一样，在具体规章制度方面，《法律》也试图在
《理想国》的那些构想和庸常的国家状态之间进行调和。财产共有制度

539

540

1　xii. 960B–968E，951C sqq.

2　961C："ἄγκυρα πάσης τῆς πόλεως"（中译者按：字面上指整个国家的"锚"——
　把国家譬喻为一艘船；其实也就是我们说的"支柱"或"栋梁"之类——如果把国
　家譬喻为建筑物的话）。

3　参见 Vol. i. 275。

4　参见第 382 页注释 2；以及 pp. 526, 527。

5　i. 632C.

6　法规同样要求一个人在 50 岁以上才能加入这个委员会，并且，除了这些委员会成
　员本身之外，也规定应该挑选一些年轻人作为他们的助手（xii. 951C，961A，964D
　sq.，946A, vi. 755A, cf. 765D 以及前文，第 351 页注释 4），除了 φύλακες（护卫者）
　这个名称之外，还提到这些人对应于个人里面的理性因素，xii. 962C，964B sqq.；
　参考前文，第 346 页注释 3。

7　968C sq.

8　尤其参考 xii. 951B sq.：所有的法律都是不完满的、带有不稳定性，只要它们仅仅
　诉诸于习俗而不是判断力（γνώμη）。所以，应该从各处甚至从国外搜寻具有高尚天
　性而能够成就这种判断力的人；因为这类理论性探究（θεωρία）是不可或缺的。

被放弃了，因为它不具有可行性；[1] 但是为了尽可能趋近这点，既防止贫困又防止过分富裕（它们都不利于德性的养成），[2] 柏拉图引入了斯巴达模式中的土地所有权的完全平等。公民的数量被限定为 5040 人，如果出现超额的隐患，那么新生儿数量的增长要受到限制；如果出现数额不足，则鼓励生育。移民国外和接受外国移民也要服务于这同一个目标。[3] 在这 5040 个公民中，土地要平均分配，而且这些土地要由父亲完全交由儿子继承；如果一个人没有儿子，他必须收养儿子。[4] 在动产方面，每个人分得恰当的比例，绝对不得超出这个比例。按照公民享有财产的多寡，他们被划分为四个阶层。[5] 最后，为了消除财富囤积和贪得无厌，莱库古士关于禁止送嫁妆的法令也得到了采纳；[6] 所有高利贷都是禁止的；就像在斯巴达一样，公民不允许占有金银，但是国家专属的钱币除外，它们不能在别国流通。商业贸易只能由享有部分公民权的外侨（metics）或被解放的奴隶来从事，他们只允许临时在国家中居住。[7] 在《法律》中，婚姻不能废止，私有财产也不能取消，不过，国家对婚姻的严格监管是必不可少的。结婚的年龄是严格规定好的；独身要面临处罚和剥夺公民权；在婚配中，关心的重点在于夫妻双方的品性是否互补。关于已婚公民的行为，尤其在生育孩子的问题上，不仅有详细的法规条文，而且还有一个专设的机构负责监督落实。考虑到夫妻不能生育、严重不和以及严重虐待孩子等情况，离婚是准许的，但要由权威部门批准。如果首次婚姻中有小孩，那么就不鼓励再婚，否则就可以准

541

1　v. 739D sq. ; 参见第 381 页注释 2。

2　v. 742D sqq.

3　v. 737C sqq. ; 740C sq.

4　v. 739E–741D ; xi. 923C。在 745C sq., 我们看到了对于土地区块的均等价值的周详考虑；于是有了把每人领有的土地分为离城市较近的一半地块和离城市较远的一半地块的做法。

5　744B sqq. ; 参考前文，第 390 页注释 3。

6　v. 742C, vi. 774C sq.（这里只有细微的修改）。相似的情况可见 xi. 944D。

7　v. 741E sqq., vii. 806D, viii. 846D–850D, 842D, xi. 915B, 919D sqq., 921C。

542 许；[1] 不忠贞是严格禁止的。[2] 如同在《理想国》中那样，教育被报以最大的关注。国家对其公民的教育在其降生的时候就开始，甚至更早。像在斯巴达一样，适龄儿童应该被送到教育机构。[3] 教育的公共性要得到严格贯彻，父母不可以让自己的孩子在某个学科上的受训长于或短于学校规定的时间。[4] 教学的科目主要是文艺（音乐）和体育，不过，还要适当补充算术、几何和天文。教育的主要原则根本上与《理想国》中的那些原则是一样的。[5] 女性要接受与男性一样的教育，甚至在军事训练方面。[6] 在公民日常生活的规范方面也差不多是一样的。尽管家庭和私有财产制度得到了保存，但是日常生活的大部分时间被公共教育、公共聚餐所占用了，而且这些制度是普遍适用于男女两性的。[7] 女性还是要参与公职和战争。[8] 公民不允许从事商业活动，而且农业也留给他们

543 的奴隶去从事，所以他们完全献身于国家事务以及个人的教育和培养。[9] 朴素、节制和刚毅不仅通过教育，而且通过严格的生活规律[10] 和禁止奢华的法律[11] 得以保证。贸易和商业受到严格监管，卖假货和市场欺诈行为要受到重罚。[12] 乞丐是不许出现的。[13] 不能让任何干扰性因素引进到国家中来，必须从根本上守护国家的纯洁性；[14] 不能让外国的因素改变国家的本来品格；外国人和本国人的交往要受到严格限制；只有到了成熟年

---

1 vi. 771E，772D–776B，779D，783D–785B，iv. 721A sqq.，xi. 930B，ix. 868C.

2 参见第 334 页注释 10 以及 xi. 930D.

3 从 4 岁起，孩子就需要在幼儿学校中得到监管教育。

4 vii. 810A，cf. 804D.

5 第七卷整体都从属于这个主题。809C sq.，817E sqq. 讨论了各门数学分支。狩猎在 822D sqq. 以附录方式得到讨论，参考 p. 479，497 sq.，511 sq.。

6 vii. 793D sqq.，804D–806D.

7 vi. 780D sqq.，vii. 806E，cf. viii. 842B，847E sq.；Hermann, *loc. cit.* 28 sq.

8 vi. 785B，784A sq.，vii. 805C sqq.，806E，794A sq., etc.

9 vii. 806D–807D，viii. 842D，846D，847A，xi. 919D sq.

10 E.g. vii. 806D，807D sqq. ii. 666A sq.，674A sq.

11 Cf. viii. 847B: vi. 775A sq.，xii. 955E sq.，958D sqq.

12 xi. 915D–918A，920B sq.，921A–D.

13 xi. 936B sq.

14 v. 735C sqq.；参考前文，第 343 页注释 2.

纪的人才能为了国家或教育方面的目的去往别国，而回国人士不得引进有害的风俗和理论。[1]同样，必须通过文艺方面的监管防止公民受到道德败坏，如前所述。[2]

如果我们考虑到把《理想国》和《法律》的国家区别开来的全部特征，我们就会发现，这两种国家的差异不是细节上的，实际上它们完全建立在不同的基础上。这种差异并不意味着基本哲学原则的根本改变。《法律》以或明或暗的方式承认，《理想国》的那些制度是最好的，完满的政制必须建立在"哲学"的基础上，甚至《法律》中的"国家"也只能通过统治当局的理智性洞见才能维持。但是，作者对于其理想得到实现的信心，或者说，他对于这种实现的基础——人类的德性和智慧本身——的信心受到了严重动摇。他说，不是人，而唯有诸神和诸神之子，才能够遵循这样的体制。[3]只有他们能担得起《理想国》和《政治家》赋予统治者的无限权力。人的本性太差，认识不到最好的东西，也不能把这种认识付诸实践。[4]柏拉图的眼目所及之处，到处充满了罪行和邪恶，让他倾向于对人类总体做出最严厉的论断。属人的事物在他看来是低劣和无价值的。[5]在他看来，[6]属人的东西是卑微和无价值的，人不过是诸神的玩偶罢了。[7]他在世间看到太多的不完美和罪恶，（除非《法律》中这段的原始文本有些错误）这跟他早期的那些阐述非常不同，也跟他的整个学说的精神相悖，[8]因而他只能通过这样一个假设来解释：在善的

544

545

1　xi.949A–953E.

2　571 sqq.

3　v.739D sq.，参见 p.522。

4　ix.874E sqq.，参见 p.531。

5　E.g. v.727A，728B，731D sqq.，vi.773D，vii.797A，cf. *Plat. Stud.* p.75.

6　vii.803B："其实人类事务并不值得我们给予最大的关注"；还可参考 v.728D sq.。

7　i.644D，vii.803C，804B，x.903D，对于这点，参照赫拉克利特的说法，Vol. i.536；i.587, 6, 3rd edition。在《法律》中他甚至直接说他自己的研究也仅仅是游戏或消遣：i.636C，iii.685A，688B，690D，x.885C；*Plat. Stud.* 73.

8　更早的著作与《蒂迈欧》都没有提到恶的宇宙灵魂，而是把一切坏的和不完满的东西完全归之于物质性要素的本性（参见第 246 页注释 2）。在《政治家》269E，出现了与《法律》的观点没什么不同的意见，即，有两种对立的神明在主导宇宙，

和神圣的灵魂之外，实际上还存在一种邪恶的、与神对立的灵魂。既然一切行为都源自灵魂，那么错误和堕落的行为必须根源于一种邪恶和堕落的灵魂；[1] 因为世间的恶远远多于善，于是他认为诸神对于抵抗恶而言

546

这个说法是明显有矛盾的。很难看出，一个恶的宇宙灵魂怎么能跟柏拉图的学说体系相协调。它是从"理念"中产生的，也就是从理念与《蒂迈欧》中派生出宇宙灵魂的"空间"相结合而产生的？但是如果这样的话，它不可能会是恶的，也不会跟宇宙的神性灵魂处于冲突之中。或者，它是本来就内在于物质之中的（如 Martin 和 Ueberweg 主张的，遵从 Tennemann, *Plato*, iii.175 sqq.）？但是物质本身并没有推动力（参见 p.345），或者说它根本就不"实在"。只有"理念"是实在的。或者说，它表示宇宙灵魂：本身是善的，后来变成恶的（Stallbaum，参见 p.338 sq.）？柏拉图的想法显然不是这样，因为在《法律》中他提到了两种并列存在的灵魂，一个善的与一个恶的，而不是提及同一个灵魂的两种前后相继的状况。宇宙灵魂，一切产生的事物中最神圣的东西，一切理性与秩序的来源，怎么会变成与自己的本性和规定性不符呢？

1　x. 896C sqq., 898C, 904A sq. 关于从《法律》中把这些观点取消掉的尝试，请参考我的 *Plat. Stud.* p.43。这些尝试或许可以有两种方式来进行：（1）承认《法律》的确实际上设定了一种恶的和一种善的灵魂，但是并不把这个恶的灵魂归给整个宇宙，而仅仅归给人类领域中的恶；或者（2）承认这里提到了一种恶的宇宙灵魂，但是否认《法律》的作者实际上认为存在这样一种灵魂。这样，他的说法可以解释为纯粹设想性的、假设性的，在进一步说明中会消失。Fries, *Gesch. der Phil.* i.336 以及 Thiersch & Dilthey 选择了第一种假设，而 Ritter（*Gött. Anz.*1840, 177），Brandis（*Gr.-röm. Phil.* ii. a.566），Stallbaum（*Plat. Opp.* x. a. clviii. sq.），Suckow（*Form der Plat. Schr.*139 sq.）以及 Steinhart 认同第二种假设，后者得到了 Böckh 所介绍（Steinhart, *Pl. WW.* vii. a.315，两类灵魂在其中被说成是灵魂在自然生命中的双重运动，即规则的与不规则的运动）。但是我不能接受这两种假设中的任何一种，只要下面这个文本仍然还是没有得到解释的话（x. 896D sq.）：896D："既然灵魂掌管并居住在一切运动的东西之中，我们岂不必然要断言，它也掌管天宇（τòν οὐϱανòν）？——当然。一个还是更多灵魂？我会代你做出回答：更多。不管怎样，让我们假定不少于两个；一个是起到好作用的（εὐεϱγέτιδος），另一个是能造成相反后果的。"898C："我们必须说，天宇的外周必定要么在最佳的灵魂要么在其相反者的照管和统辖下旋转。"《法律》的作者本人的确认可了这个两难中的第一个处境（897B sq.）；但是这不能推出，他认为恶的宇宙灵魂不是任何实在的东西。它当然存在；但是由于善的宇宙灵魂具有优势地位，因而它不能主宰宇宙。Hermann（*Pla.* 552），Michelet（*Jahrbb. für wissensch. Kritik*, 1839, Dzbr. p. 862），Vögeli（*Uebers. der Gess. Zür.*1842, Part ii. p. xiii.），Susemihl（*Genet. Entw.* ii. 598 sq.）都承认这个观点实际上在《法律》中被提出来了。只要是承认恶与善一样都必须由灵魂引起（896D），而宇宙（οὐϱανòς）充满了恶与堕落（906A），而且柏拉图毫无疑问认为（p. 358 sq., 385 sq.，《法律》898C），唯有理性与神的完满性才属于灵魂，它推动了宇宙的建构，那么，立即会导致这样的结论：恶与不完满性必定是从另一个灵

是必不可少的。[1] 对世界持有这种观念的哲学家，他对其理想的可行性当然会产生怀疑，甚至会放弃这样的希望，即全体人民都接受"哲学"的统治；因此，我们并不奇怪，为了理想的实现，他会试图通过一种妥协来挽救先前的构想（哪怕只是一部分）。考虑到这方面，《法律》的价值就不应被低估。这些篇章不仅在细节方面显示了作者的广博知识，显示了作者对于政治问题的熟谙，反思能力、成熟的判断力，而且在整个纲要中也贯穿着某种逻辑上的合理性。这篇对话录的目标是在《理想国》的理想国家和现存状况之间进行调和，并且试图表明，就算没有"哲学"和哲学家而只有俗常道德和俗常教养，仅仅凭借实践智慧和善意，什么东西是可以实现的。为此，这篇对话录尽可能保留各种现存的情境，在政治体制和社会规章方面有时候采纳了雅典的范式，不过最主要采用了斯巴达的范式，而在法律体系方面主要采纳了雅典法律体系。[2] 同时，它又通过如下方式试图维护哲学式的理想国家，即这个新构想的价值要接受理想国标准的衡量，在人和环境许可的情况下尽可能接近于理想国，至少要为这种接近铺平道路。[3] 如前所示，这个构想是《法律》那些最突出特征的关键所在。所以，我们关于这篇作品之真伪的判断，[4]

547

548

魂中产生，它与前一个灵魂共同主导着宇宙。这样，《法律》仅仅是比柏拉图原来的学说往前走了一步。这个学说从物质性事物中派生出坏与恶（参见 338 sqq.，422 sq.，440）；现在被注意到的是，每一个运动，甚至是错误的运动，都必定是由灵魂所导致。我们可以把关于恶的宇宙灵魂的设定接受为一个相当融贯的观点，如果它并不跟柏拉图学说中其他观点相冲突的话。

1　x. 906A.

2　Hermann 在上述论著以及最近的补充（《柏拉图〈法律〉与古代希腊以及雅典早期习俗中的国内法与家族法之比较》〔*Juris domestici et familaris apud Pletonem in Legibus cum veteris Graeciae inque primis Athenarum instituis comparatio*〕）中在今天还可能做到的范围内给出了关于这点的详细说明。

3　尤其参考 p. 539，以及亚里士多德《政治学》ii. 6, 1265a1：《法律》中绝大部分内容都在讨论法律，很少论述政制。他本想确立一种更为平凡的政制类型，但是逐渐又转到另一种（《理想国》中的）政制上去了。"

4　关于《法律》之真伪性的讨论（由 Ast 的攻击引发，而在我的《柏拉图研究》中也有提及），可对照 p.100 sqq. 的论述，以及 Steinhart, *Plat. WW.* vii. a. 90 sqq.；Susemihl, *Genet. Entw.* 562 sq.．相信《法律》是伪作的人除了 Suckow（参见第 38 页注释 3，第 80 页注释 1）之外，还有 Strümpell, *Gesch. der Prakt. Phil. d.*

主要依赖于我们能否把以下这些东西归于处在生命最后十年里的柏拉图，[1] 如《法律》所显示的这些：最初的理想主义蒙上了一层阴影，对哲学式理想国家之可行性的怀疑，以及对世界和人性的悲观态度。至于这篇对话录中出现的一些具体缺陷，[2] 有些是很容易解释的，[3] 另一些[4] 可能

Gr. i.457 和 Ribbing, *Plat. Ideenl*. ii.150 sqq.。Ueberweg（参见第 80 页注释 2）与 Schaarschmidt（*Samml. d. Plat. Schr*. 94, 148, 1, etc.）并不把他们的怀疑扩展到这篇著作，而 Steinhart 与 Susemihl（他常常在某些要点上纠正前者）以详细讨论证明它是出自柏拉图的真作。我在这里撤销在本著作第一版中表达的怀疑。

1　《法律》不属于较早时期的作品，这点从 i.638A 的文本（还有 pp. 141, 142；第 25 页注释 2 的引文）看来是很可能成立的。这里提及的叙拉古人对洛克利人（Locrian）的镇压不太可能指别的事情（如 Böckh 说的，遵从 Bentley, *Plat. Min*. 73），而只能指小狄奥尼修斯在他第一次被逐出叙拉古回来后在洛克利（Locri）的专制统治，这事情记载于 Strabo, i.1.8, p. 259；Plut. *praec. ger. reip*. 28, 7, p. 821；Athenaeus, xii. 541C。ii.659B 并没有什么内容可以证伪这点。

2　*Plat. Stud*. 32 sq., 38.108 sq.

3　关于 i. 642 中的 θεία μοίρα，参考 p.176，而像"娈童恋"（παιδεραστία）这样的说法，参考 p.456。对于斯巴达政制的频繁赞扬（对其片面性的公开批评也起到了平衡作用）在所设定的情境中是可以得到合理辩护的。在 ix. 873E 中出现的那个引人注目的说法跟古老的雅典法规是吻合的（某种相似的法规甚至存在于今天的英国）；iii. 682E 与 685E 之间的矛盾可以通过改正对于前一个文本的解释来消除。ix. 855C，按照正确的读法，并且为了避免与 877C 和 868A 矛盾，必须这样来诠释："没有任何人，哪怕是流放者，可以被完全取消作为公民的资格"。这个规定有其价值，因为《法律》提及了短期流放（ix. 865E sq., 867C sq., 868C sqq.），而且因为完全的 ἀτιμία（剥夺公民权）会影响到其孩子。最后，尽管所提议（iv. 709E sqq.）与公开求愿的情况或许会让我们感到奇怪，即，拥有全部可能的好品质的僭主应该肩负起落实柏拉图这些提议的责任，而这在语境中也没有什么不融贯之处。这里的意思不是说，僭主本身应该成为真正的统治者，而是说，僭主制可以最迅速、最容易地转变为好的政制——如果一个首领（如柏拉图可能曾经设想小狄奥尼修斯，cf. part I, 368, 2）具有好天赋、年轻、大权独揽而还没有受到腐蚀、愿意接受有智慧的立法者的指引。这种情况在《理想国》vi. 499B（cf. v. 473D）中得到了设想。从这个观点出发，即使"τυραννουμένη ψυχὴ"（僭主式灵魂）也可以得到正当辩护：僭主的灵魂是"受到僭主统治的"（τυραννουμένη），就其自身受到其处境的束缚而言，但是正如"πόλις τυραννουμένη"（僭主式城邦）一样，它需要通过立法者的影响而加以解放。

4　属于这种情况的有这样一个自鸣得意的创举，即，醉酒（得到讨论的就是醉酒而不是单纯的会饮，i. 637D, 638C, 640D, 645D, 646B；ii. 671D sq.）被应用为教育与培养的一种手段（i. 635B, 650；ii. 671A sqq.）。这在后面被表明为是错误的（ii. 666A sq.），其中说到这个手段仅仅对于成年人的情况才是可允许的。在 vi. 772D 和 iv. 721B, vi. 785B 之间也有一个矛盾，在前一处，25 岁是男子可以结婚的最早

是由于作者年老了，或者他没有对其作品进行最后润色。编辑者[1] 和抄　549
录者[2] 对有些内容或许也要负一定责任。[3] 出于这些理由，我们对《法律》　550
中的这些缺陷有些要表示谅解，有些要给予解释，譬如：措辞上的粗糙
以及偶尔的模糊和冗余，辩证对话缺乏灵活性和互动性，语气的严肃单
调，各种细小的夸张表达，频繁提及早期著作内容。如果我们把《法律》
看作柏拉图老年时期的作品，这个时候他已经不能赋予其作品艺术上的
完备性，而且，他的某位弟子在对其进行编辑时可能忽略了很多粗糙、
大意和累赘的地方，甚至还可能增加一点补充，对一些不连贯的地方加
以不太恰当的填补，那么，上述特征就很容易得到解释。需要确定的主

年龄，而在后一处，这个年龄是 30 岁。另一方面，说文本中出现了一些没有实现
的许诺（vii. 818A，xii. 957A），可以说明作品的未完成状态（Hermann, *Plat.* 708），
这是不正确的；第一处文本指涉了 xii. 967D sqq.，第二处指涉 962D sq.。

1　参见第 103 页注释 1。普罗克洛认为（如 Suckow, p. 152 从 *Prolegomena c.* 25 中指
　　出来的），柏拉图没有彻底完成《法律》的写作。

2　现存的《法律》在文本方面不是那么完善。在许多地方，Hermann, Susemihl（*Jahrb. f.
　　Phil.* lxxxiii. 135 sqq.，693 sqq.）以及 Peipers（*Quaest. crit. de Plat. leg. Berl.*1863）
　　努力对文本进行了修缮，部分通过猜测，部分借助于抄本。

3　正如我在《论柏拉图的若干处年代错误》（载于 *Abh. d. Berl. Akad.* 1873；*Philos.-
　　hist. Kl.* p. 97）这篇论文中说的，两段引起麻烦的文本可以很容易摆脱，还有关
　　于 Epimenides 的引人注目而又毫无意义的年代错误（关于这点的详细内容见 *loc.
　　cit.* 95 sq.；*Plat. Stud.* iii.），以及 p. 544 sq. 中提到的关于恶的宇宙灵魂的那些说
　　法。第一处只需要删除就行，不需要改动一个字，假如我们读作（i. 642D sq.）："你
　　可能已经听说过，通灵的 Epimenides——此人跟我们有亲缘关系——怎么样出生在
　　克里特；在波斯战争之前的十年里，他怎么样服从神谕的指示，去到雅典而献上神
　　所指定的一些牺牲。……从那时起我们的祖先就成为你们祖先的异邦朋友。"关于
　　恶的宇宙灵魂的解释或许可以通过细微改动文字而将它从那段话中剔除掉，也不损
　　害前后连贯性。如果在 "τί μήν" 之后（896E），我们接上 "ἥλιον δὲ καὶ σελήνην"
　　（898D），那么没有人会注意到一点儿损失；在后面的文字中没有提及这双重灵魂
　　的设定，而在这之前也根本没有文本指向它。柏拉图没有说任何话来表示（893C
　　sq. 提及的）"κίνησις ἐν πολλοῖς" 是从恶的灵魂中产生出来的不规则运动（Steinhart,
　　loc. cit. 315 sq.），我们也不需要从它那里推导出在圆周运动之外物体方面的全部运
　　动类型（像 Susemihl, ii. 600 那样）。在《蒂迈欧》，柏拉图在假定双重灵魂的情况下
　　谈论了许多运动类型，包括理性的圆周运动（参考第 263 页注释 2，与刚才引用的
　　文本比较起来，《法律》的这段文本具有可疑之处）。把这部分内容（从 896E 处的
　　"μίαν ἢ πλείους" 到 898D 处的 "τὸ ποῖον"）去除掉可以明显增强宇宙与众星之神
　　性的论证说服力。有可能这整个讨论是一位编辑者插入的内容。

551　要问题在于，《法律》的基本立场究竟能否与柏拉图的理论体系兼容？如果我们考虑到岁月变迁和漫长生活体验通常给人带来的影响（哪怕对最伟大的心灵也是如此），而且，如果我们考虑到柏拉图对于实现其理想国家的信心必定被当时希腊的状况所动摇，尤其被他的西西里政治实践的失败所动摇，那么，这个问题就可以得到肯定的答案。毕竟，《法律》对于《理想国》的偏离并不比歌德《浮士德》第二部分对第一部分的偏离更大，也不比威廉·麦斯特（Wilhelm Meister）的"游历时期"对"学徒时期"的偏离更大。一方面，如果我们能够很好地理解一位诗人从早期到晚期的逐渐发展，那么柏拉图的情况就更好理解，何况，柏拉图最后二十年的作品，除了《法律》之外，我们再也没有别的了。另一方面，我们还从亚里士多德那里得到证实，柏拉图的教学方式在那个时期的确出现了相当大的变化，而且他的"形而上学"明显倾向于毕达哥拉斯主义，这特别接近于《法律》的情况而不是《理想国》的情况。这篇作品的内容非常重要，而且显示出了很强烈的柏拉图气质，因而不能被归于任何一位我们知道的柏拉图弟子；它显示了非常成熟的政治智慧，对希腊法律和政治体制的精通，这些是晚年柏拉图配得上的；亚里

552　士多德的明确证词也不能被置之不顾；因而，我们有足够理由相信，这部著作是由柏拉图创作的，不过是在他死后由另一个人（奥普斯的菲力普斯）发表；这个原因为该著作的许多缺陷提供了解释：如果柏拉图自己最终完成了作品，那么他可能会消除这些缺陷。但是，它的内容在所有根本方面必须被看作属于柏拉图的，它也是我们了解柏拉图晚期哲学唯一的直接材料。确实，在哲学的思辨性要素方面，我们从《法律》中毫无所获，但是，这部作品的要旨与亚里士多德所说柏拉图的口传学说以及老学园派的思想特征是吻合的。

第 十 四 章

老学园派：斯彪西波

柏拉图长期持续的教学活动使得阿卡德米学园聚集了为数不少的、各个年龄段的听讲者，他们慕名而来，不少人更是来自遥远的邦国。雅典虽然丧失了其政治上的权势，但是在哲学抱负上仍然保持为希腊世界的中心，就个人在这方面的影响而言，柏拉图的贡献超过了其他任何人。在我们所知道的柏拉图的弟子当中，[1] 我们看到外国人比雅典人多很

553

554

1　柏拉图学派繁衍很广，此事多有证据，其中之一就是数量众多的人被称为柏拉图的亲炙弟子。我在此处依姓名字母顺序列出，其中在第 22 页注释 5 已经列举的，或者将在随后给予更详细讨论的，均只列出名字；其余的人，我则补充更多点细节。Fabricius, *Bibli. Gr.* iii. 159 sqq. 中关于学园派成员的记录有许多不足之处，并且犯了如下错误：把但凡跟柏拉图有点什么关系的人都说成了柏拉图的学生，甚至把他的奴仆也算在内。（1）阿明塔斯（Amyntas of Heraclea），他在学园派哲学家名单中就是这样被称呼的，见 Spengel 编辑的 *Philol. Supplementb.* ii. 535 sqq. 以及 Bücheler 的 *Griefswalder Ind. Schol. for 1869–70*，出自 Volumnia Herculanensia 的第二辑，i. 162 sqq.；Diog. iii. 46 把他称为 Amyclus；Aelian, *V. H.* iii. 19 和 Procl. *in Eucl.*19（p.67，Fried.）把他称为阿密克拉斯（Amyclas）。前者把他算作较杰出的柏拉图弟子，而后者把他算值得一提的数学家。（2）洛克利人阿里斯底德（Aristides），他在 Plut. *Timol.* 6. 中被称为柏拉图的 ἑταῖρος（司道/追随者）。（3）阿里斯托尼穆斯（Aristonymus），参见前文。（4）亚里士多德（Aristotle）。（5）阿特纳伊奥斯（Athenaeus of Cyzicus，据 Procl. *loc. cit.*，按勘正读法）。（6）布里梭（Bryso），如果同时期喜剧家厄菲普斯（Ephippus）把他归到学园派中没有错的话，据 Athen. xi. 509C；我们不清楚这位 Bryso 跟 Bryso the Heracleote（参见 Part i. 206，4）的关系，跟数学家 Bryso 的关系（*Ep. Plat.* xiii. 360C），此人在"化圆为方"方面没能取得成功在亚里士多德那里多次被提及（《后分析篇》i. 9, beginn.；《辩谬篇》ii. 171b16, 172a3；参考诸评注家，*Schol.in Arist.*211b sq.，306b24 sqq.，45 sqq.；Waitz 的 *Arist. Org.* ii. 324），也不清楚他跟亚里士多德在《动物志》vi. 5，563a7，

ix. 11，615a9，《修辞学》iii. 2，1405b9 中提及的同名智者的关系。（7）凯罗（Chaero of Pellene）；参见 p. 31 与 *Ind. Herc*. ii.7，在这里（如同在阿特纳伊奥斯那里，很可能基于赫尔米普斯的著作）记载说，他自立为僭主。（8）基奥（Chio）和（9）列奥尼德斯（Leonides），参见 *loc. cit.* 以及 *Ind. Herc*. 6，13。（10）德里乌斯（Delius），参见前文。（11）德米特里（Demetrius of Amphipolis），见 Diog.46。（12）数学家迪诺斯特拉图斯（Dinostratus），美涅克穆斯（Menaechmus）的兄弟（Procl. *in Eucl*. loc. cit.）。（13）狄翁（Dion），参见前文。（14）厄拉斯托（Erastus）以及（15）科里斯库斯（Coriscus of Scepsis），参见 Diog.46；Stob. Floril. vii.53；*Ep. Plat*. vi.；Strabo, xiii.1, 54；p.603。斯特拉波（Strabo）把这两位都称为苏格拉底派；但是他同时说，科里斯库斯是奈留斯（Neleus）的父亲，奈留斯又是塞奥弗拉斯特的图书馆的继承人，这样他们两位被称为苏格拉底派只能是因为他们是苏格拉底的再传弟子。（参考 Böckh, *Abhandl. d. Ber. Akad*.1853；*Hist. -phil. Kl*. p.139）（16）Evaeon of Lampsacus；参见前文。（17）欧德谟斯（Eudemus of Cyprus），亚里士多德的朋友；参考 Vol. ii. b.9；i.45 sq., 2nd edition。（18）欧多克索（Eudoxus），参见下文。（19）欧弗拉乌斯（Euphraeus），参见前文。（20）赫利孔（Helicon of Cyzicus），天文学家（Plut. *Dio*, 19, gen.；Socr.7, p.579；*Epist. Plat*. xiii.360C；Philostr. v. Apoll. i.35, 1）。（21）本都人赫拉克利德（Heraclides Ponticus），参见下文。（22）埃诺斯的赫拉克利德（Heraclides of Aenos）；参见前文，以及 *Ind. Herc*.6, 15 sq.。（23）赫尔米亚斯（Hermias），Atarneus 的君主；参见上文和 Part. ii. b.16 sq. 2nd edition。（24）赫尔谟多洛斯（Hermodorus of Syracuse），以数学家著称，柏拉图的传记作者，也是柏拉图著作的一个买家，Diog. Prooem. 2. 6；ii.106；iii.6；*Ind. Herc*.6, 6 sq.；Cic. *ad Att*. xiii.21。Suidas, Λόγοισιν, ii. a.601；Bernh. Simpl. *Phys*. 54 b. o.；56 b. o.；Ps. Plut. *De nobil*. p. 627；参考我的论著 *De Hermodoro*, 17 sqq. 以及前文第 11 页注释 2；第 175 页注释 6；第 202 页注释 6。（25）赫司提埃俄（Hestiaeus），参见下文。（26）希波萨勒（Hippothales of Athens），参见 Diog.46。（27）利奥（Leo of Byzantium），参见前文以及 Müller, *Fragm. Hist. gr*. ii.328。（28）数学家美涅克穆斯（Menaechmus），欧多克索和柏拉图的学生：Theo. *Astron*. c.41. p. 27, a（按照 Dercyllides 的记载）：Procl. *in Euclid*. 19 w.；21, o.；22 m.；31 o.；68 w.（p.67, 72, 78, 111, Friedl.）in *Plat. Tim*.149C；Erastosth. ap. Eutoc. *in Archimed. de sph. et Cyl*. p. 21 sq.；Martin, *on Theo's Astron*, p. 58 sqq.，他在把这个人跟 Suidas 和 Eudocia 提到的柏拉图弟子 Μάναιχμος 等同起来的时候是很正确的。（29）美涅得谟（Menedemus），皮浪主义者，参见前文以及 *Ind. Herc*.6, 2；7, 2；按照后一处文本，美涅得谟受到他的同道的特别尊敬，乃至于在推选斯彪西波的继任者的时候，他仅仅比色诺克拉底少了几票。（30）占卜家米尔塔斯（Miltas of Thessaly），参见 Plut. Dio, 22。（31）帕姆菲卢斯（Pamphilus），可能是萨摩斯人，他在那里听伊壁鸠鲁的讲学；Cic. *N. D.* i. 26, 72。（32）菲力普斯（Philippus of Opus），参见下文，可能与 Philippus the Medmaean 是同一个人。（33）弗尔米奥（Phormio），参见上文。（34）埃诺斯的皮松（Phython of Aenos），参见上文，以及 *Ind. Herc*. 6, 15 sq.。（35）斯彪西波（Speusippus），参见下文。（36）泰阿泰德（Theaetetus），雅典人：参见柏拉图《泰阿泰德》《智者》《政治家》，参考 Part. i.198；以及前文，第 14 页注释 1；Procl. *in*

多；大部分人来自于希腊的东部，因为希波战争使得这些地方主要处于 555
雅典的影响之下。就西部地区而言，它们已经有成熟的哲学；毕达哥拉
斯主义在这个时候正处于第一个繁荣时期，这很可能妨碍了柏拉图主义 556
在这个地区的传播，尽管这两种学说体系有密切的关系。柏拉图学派的
聚集场所是阿卡德米附近的花园，[1] 由斯彪西波从柏拉图那里继承下来，[2]

Eucl. 19 w.; 20 o.(p. 66 sq. Fr.)。Suidas, Θεαίτ. 把他与本都的赫拉克莱亚（Heraclea
in Pontus）的同名哲学家区别开来，把前者说成苏格拉底的弟子，后者为柏拉图的
学生（ἀκροατὴς Πλάτωνος）。但是他同时说到了在赫拉克莱亚有人传授苏格拉底
学说；他称此人为天文学家，并且说他是第一个撰文论述五种规则立体的人，但是
按照普洛克罗（Proclus），这位数学家（柏拉图在《泰阿泰德》中描述的角色）与
柏拉图的弟子泰阿泰德并非不同的人。柏拉图描写的泰阿泰德只是在苏格拉底去世
之前几星期才与苏格拉底相熟，所以，即使这个描述是历史事实，他也很难被说成
苏格拉底的弟子。所以，一切都表明 Suidas 把一位泰阿泰德弄成了两位，把一位说
成苏格拉底的弟子，另一位说成柏拉图的弟子。我们仍然可以提出疑问：泰阿泰德
是否实际上与苏格拉底有过接触，还是说他只是被柏拉图描述成与之有接触，以便
在前面提及的几篇对话录中可以担当一个角色。同样的情况可能也适用于（37）小
苏格拉底（Part. i. p.198）：他似乎是一位柏拉图的学生；他是否被苏格拉底所认识
是不确定的。（38）塞奥狄克特斯（Theodectes of Phaselis），著名的修辞家与悲剧诗
人，据 Suid. Θεοδ.，他与伊索克拉底听过柏拉图与亚里士多德的讲课，而且多次为
后者所引证（参见该条目）。关于他的更多细节可见 Bernhardy ad Suid. sub voce 所
指出的那些出处；还可参考 Plut. *Alex.* 17, end。（39）数学家修迪奥斯（Theudius of
Magnesia），参见 Procl. 19 u.。（40）提谟劳（Timolaus of Cyzicus），参见前文，p. 366。
（41）提摩尼德（Timonides the Leucadian），参见 Plut. Dio, 22, 30, 31, 35；Diog.
iv. 5, cf. p. 840；他是狄翁的伙伴与记录者，跟欧德谟斯一样，似乎曾经是柏拉图
的学生。（42）色诺克拉底（Xenocrates）将在后面谈论到。还有若干人跟柏拉图的
关系是不明确的，或者至少不能够被视为柏拉图的学生，这在 p. 30 中有所提及，
例如，卡里普斯、克莱阿尔库斯（Clearchus）、卡布里亚斯（Chabrias）、提谟修斯
（Timotheus）、弗基翁（Phocion）；几位演说家：希佩里德斯（Hyperides）、莱库古士
（Lycurgus）、埃斯基涅（Aeschines）、德摩斯提尼（Demosthenes）；另外，阿克西奥
塞娅（Axiothea of Phlius）和拉斯特尼亚（Lasthenia of Mantinea）这两位女性经常
去听柏拉图的讲演。Diog. iii. 46, iv. 2；Athen. vii. 279e, xii. 546d. Clemens *Strom.*
iv. 523A；Themist. *Orat.* xxiii. 295c。

1　参见前文，第 19 页注释 2，第 19 页注释 1。
2　这点主要不是从公开的说明而被我们知道（因为即使在柏拉图的遗嘱里，这个花
　园也没有得到处置，据 Diog. iii. 42），而是从这样一个毫无争议的事实中被我们了
　解，即，这个花园的产权归色诺克拉底、波勒莫以及他们的历任传承人，一直到基
　督纪元第六世纪；参考 Plut. *Exil.* e.10, p. 603，在这里提到的柏拉图、色诺克拉底和
　波勒莫所居住的"阿卡德米"，我们只能理解为柏拉图的花园。Diog. iv. 6, 19, 39；

后来就固定传给下一任的学园主持；其团体精神通过柏拉图建立的共餐制度得到维持。[1] 通常情况下，这个团体的主导权由临死或退隐的主持交给他的一位弟子；尽管这种举荐几乎都是得到尊重的，但是团体似乎还是保有最终的选举权。[2]

557　　　柏拉图的直接继承人是他的外甥，斯彪西波。[3] 八年后，色诺克拉

色诺克拉底、波勒莫和阿尔凯西劳这些人都住在该花园里。Damasc. v. Isid. 158（更多内容参见 Suid. Πλάτων, ii. b. 297B）：这个花园的产出仅仅是柏拉图的那些传承人的收入当中很小的一部分。柏拉图建立的缪斯圣所，也就是斯彪西波在其中展示美惠三女神之雕像的地方（Diog. iv. 1, 19），可能就处于花园之中。不过，斯彪西波本人似乎并不住在花园里: cf. Plut. loc. cit. 以及 Diog. iv. 3。跟博物馆一起被提到的有听讲的座位（ἐξέδρα）（Diog. 19），不过，据 Cic. Fin. v. 1, 2, Diog. iv. 63，这些座位处于阿卡德米运动场上。如果我们从漫步派学园和伊壁鸠鲁派学园（后面会提到）的情况对照来看的话，这点可以得到确认。更多细节可见 Zumpt, On the continnance of philosophical schools in Athens，载于 Abh. der Berl. Akademie, 1842, Phil. hist. Kl. p. 32 [8] sqq.。

1　参见第 21 页注释 4。据 Athen. i. 3 sq. v. 186, b.，斯彪西波与色诺克拉底以及后来亚里士多德都为这些聚会制定了特别的用餐礼仪。他们有学园纪律（Diog. v. 4），包括这样的规则，即，每十天有一位学者应该被委任为"主管"（ἄρχων）。

2　通常的过程无疑是学园主持在临死时委任其继任者；例如，斯彪西波就是这样做的，据 Diog. iv. 3，而且在 Ibid. 60 我们看到，Lacydes 是第一个在他健在的时候辞去学园主持的位置而让与他人的。阿尔凯西劳在克拉底（Crates）去世时继承了学园，"并且一位叫索克拉提德（Socratides）的人因他而隐退了"（Ibid. 32）。不过这意味着一种选举或者至少是全体成员的同意，哪怕这种隐退是自愿的。如果离任的主持委任了他的继任者，这个委任需要得到那些下属的同意。至少，《赫库兰尼姆古卷目录》（Herculanean catalogue）记载，在斯彪西波去世后，色诺克拉底只是得票比赫拉克利德和美涅得谟高一点点。在漫步学派中，除了有通过遗赠方式进行普通的继承之外（如塞奥弗拉斯特的做法，据 A. Gell. xiii. 5，而且无疑还有后来的那些领袖），还有吕科（Lyco）嘱咐他人选举继任者的做法（Diog. v. 70）。Zumpt, loc. cit. 30 sq.。

3　Fischer, De Speusippi Vita, Rast. 1845。斯彪西波是柏拉图的外甥，其父是 Earymedon（他无疑不同于柏拉图遗嘱中提及的 Earymedon，据 Diog. iii. 43，此人在柏拉图遗嘱执行人名单中列于斯彪西波之后），其母是波托妮（Potone）；参见 Diog. iii. 4, iv. 1; Cic. N. D. i. 13, 32, etc.。斯彪西波似乎比柏拉图小约 20 岁。我们不能设想他们的年龄差距比这更小，如果柏拉图是其父母的长子，因而斯彪西波的母亲比柏拉图小一些的话，不过这是不确定的（第 4 页注释 1 末尾，第 33 页注释 1）。反过来说，他们的年龄差距也不可能太大，因为斯彪西波（据 Diog. iv. 14, 3, 1; Ind. Hercul. vi. 5, v. a.）在第 110 届奥林匹亚赛会第二年去世（公元前 339 年，据 Eus. Chron. 则是该届奥运会第三年），年寿甚高（γηραιὸς）。阿摩尼乌斯（Ammonius）

也说，在公元前 335 年，当亚里士多德来到雅典的时候，斯彪西波已经不在世了。据说他很贫困，但是这没有得到 Pseudo-Chio, *Epist*. 10 的证实。他在柏拉图的影响下接受教育（Plut. *adul. et am.* c. 32, p. 71；同样可见 *frat. am.* c. 21, p. 491），他完全接受柏拉图的哲学教诲；据 Diog. iv. 2，他还借机接受了伊索克拉底的教育。当狄翁（Dion）到达雅典的时候，他与斯彪西波之间成了好朋友，斯彪西波支持狄翁在西西里的那些谋划，他在柏拉图最后一次西西里之旅时与之同行，后来再次去了西西里（Plut. *Dio*, 17, 22，参见前文，第 26 页注释 2, 4；cf. c. 35，以及 Diog. iv. 5，此处文本被 Fischer p. 16 和 Müller, *Fragm. Hist. gr.* ii. 33 正确读作 Τιμωνίδης 而不是 Σιμωνίδης。参考 *Epist. Socrat.* 36, p. 44。Plut. *De Adul.* e. 29, p. 70 从其中引了一处文本，但是我们不能相信这封信是真实的。）斯彪西波在学园里担任教职只有 8 年（Diog. iv. 1, *Ind. Herc.*, loc. cit.）：因为疾病瘫痪之后，他委任色诺克拉底为自己的继任者，而且据说他自愿结束了自己的生命（Diog. iv. 3；Galen, *hist. phil.* c. 2, p. 226；Themist. *or.* xxi. 255, B；还有 Stob. *Floril.* 119, 17，但是这里的说法与他自杀这个说法是不吻合的）。Diog. iv. 4 提到了无法治愈的 φθείρίασις（虱病），这完全是出于混淆（第欧根尼自称依据的是普鲁塔克的《苏拉和吕山德尔传》（Sulla and Lysander），可是那里并没有出现这个内容）。据说斯彪西波早年过着某种放荡的生活；柏拉图使他回归正道，没有通过许多劝导而只是通过榜样的力量（Plut. *adul. et. am.* c. 32, p. 71, *frat. am.* c. 21, 491）。后世对于他的许多批评（据 Diog. iv. 1 sq.；Athen. vii. 279 e. xii. 546, d；Philostr. *V. Apollon.* c. 35, p. 43；Suidas. Αἰσχίνης, ii. b. 64；Berh. *Epist. Socrat.* 36, p. 44；Tertull. *Apologet.* 46）源自某些很不纯正的史料，而这些污点都不符合他的品格。例如，他的死对头狄奥尼修斯（Dionysius）对他的诽谤（ap. Diog. and Athen.）似乎没有别的根据，除了如下事实：他是拉斯特尼亚（Lasthenia）的好友，而且他发起募捐来偿付一位朋友的债务（这根本不涉及付给他学费的问题）。他被指责为对快乐有无节制的追求，这点与他的伦理学原则是不吻合的。另一些方面可参见 Fischer, p. 29 sq.。Plut. *Dio*, 17 称赞他的和蔼可亲，安提贡努斯（参见第 21 页注释 4）称赞他在学园中餐饮方面的节制。关于传说中他的婚姻，我们不能作出什么断言。据说，亚里士多德以 3 塔兰同的价格购买了他的著作（后面还要提及）；Diog. iv. 5，Gell. *N. A.* iii. 17, 3。

558　底继任,[1] 从他对柏拉图哲学的坚守来看,[2] 他被看作学园派传统的忠实诠

559　释者, 他的认真、严格和正直的品格 [3] 为他赢得了普遍的尊敬,[4] 但是他

1　Van de Wynpersse, *De Xenocrates Chalcedonio*, Leyd. 1823。色诺克拉底的祖国是
卡尔西顿(Chalcedon)(Cic. *Acad.* i.4, 17 ; Diog. iv. 6 ; Strabo, xii.4, 9, p. 566 ;
Stob. *Ecl.* i.62 ; Athen. xii.530, d. etc.。　在 Clem. *Cohort.*44, A ; *Storm.* v.590,
C. Euseb. *pr. ev.* xiii.13, 53,　以及在 Diogenes 和 Aelian *V. H.* ii.41, xiii.31 的抄
本中, Καρχηδόνιος 是一处错误;关于他父亲的名字 Agathenor,　参考 Krische,
Forsch. 318, 2, Wynpersse, p. 5 ; *Ibid.* 9)。他在第 110 届奥林匹亚赛会第二年继任学
园主持;据 Diog. iv. 14, 16, 他在主持学园 25 年后去世, 因而是在第 116 届奥林匹
亚赛会第三年(公元前 314—前 313 年)去世, 享年 82 岁(Lucian, *Macrob.* 20 说
是 84 岁, Censorin, *Di. nat.*15, 2 说是 81 岁);这样他的出生年份是第 96 届奥林匹
亚赛会第一年(公元前 396—前 395 年)。他年轻时就来到雅典, 据说起初是埃斯基
涅的学生(Hegesauder apud Athen. xi. 507, c. ; 但是另请参考 Part. i. 204, 3 处的评
论;参见本书第 28 页注释 1), 不过很快转去追随柏拉图。此后他一直是柏拉图绝
对忠实的追随者, 而且在老师最后一次赴西西里的时候与其同行(Diog. iv. 6, 11 ;
Aelian xiv. 9 ; cf. Valer. Max. iv. i, ext. 2 ; Aelian iii. 19 有这方面记载, 如果这是事
实的话)。柏拉图去世后, 他应赫尔米亚斯(Hermias)的邀请与亚里士多德一起去
了阿塔纽斯(Atarneus)(Strabo, xiii.1, 57, p.610);我们不知道他从这里又去了雅典
还是回了他的家乡。斯彪西波让他从卡尔西顿前往雅典以便把学园交托给他, 这个
说法(Themist. *or.* xxi.255B)可能是一种误解;cf. Diog. iv. 3。在他担任学园主持
的时候, 雅典官员有一次把他售卖为奴, 因为他付不起对外邦人征收的庇护税, 但
是他被德米特里(Demetrius Phalereus)赎身了(Diog. iv.14, cf. Plut. *Flamin.* 12,
vit. x. *orat.* vii. 16, p. 842)。据说他因为厌恶雅典当局的状况而拒绝接受授予他的雅
典公民权(Plut. *Phoc.* c. 29, *Ind. Herc.* 8)。他因一次意外受伤而去世(Diog. 14)。
关于他的相貌, 参见 Wynpersse, 53 sqq.。

2　参见上注。

3　我们看到关于色诺克拉底多方面性格特征的记载:认真、克己、简朴、清廉、热
爱真理、尽职尽责;参见 Diog. iv. 7–9, ii. 19 ; Cic. *ad Att.* i. 16 ; *pro Balbo*, 5, 12 ;
Tusc. v. 32, 91 ; *Osqq.* i. 30, 109 ; Valer. Max. ii. 10, ext. 2 ; iv.3, ext. 3 ; vii. 2, ext. 6
(不过此处其他人提到的是 Simonides ; Wynpersse 44);Plut. *Alex. virt.* c. 12, p. 333 ;
Sto. *rep.* 20, 6, p. 1043 ; Stob. *Floril.* 5, 118, 17, 25 ; Themist. *or.* ii. 26A ; xxi. 252A ;
Athen. xii. 530d. ; Hesych. and Suidas, Ξενοκράτης。甚至他对待动物的温柔亲善也
有所记载, Diog. 10, Ael. *V. H.* xiii. 31。关于色诺克拉底在饮酒竞赛中夺冠的故事
(Diog. 8 ; Athen. x. 437, b. ; Ael. *V. H.* ii. 41 ; *Ind. Herc.* 8, 9, v. u. ; Wynpersse, 16,
sqq.), 按照希腊人的想法, 完全与他的节制不相抵牾;这个故事应该按照苏格拉底
的那个著名先例来进行评判(参见 Part. i. p.63 sq.)。他把在这次比赛中赢得的金冠
送人了。

4　关于色诺克拉底在雅典获得的赞誉以及亚历山大和其他王公贵族对他的重视, 可
以参见 Diog. 7, 8, 9, ii. ; p. 533 ; *adv. Col.* 32, 9, p.1126 ; *Ind. Herc.* 7, 10 sqq., 以及
上注中引证的其他文本。关于波勒莫的记载(参见下文)确认了色诺克拉底的性格

的沉闷气质和固执天性[1]使他更适合于对柏拉图学说进行教条式建构和神秘的遮掩，而不是对其进行辩证发展。

在这两人之外，还要提及一些柏拉图的亲炙弟子。其中一位是本都的赫拉克利德，[2]此人似乎更多地是一位博学者而非哲学家，[3]而且常常被

560

给人的印象：Diog. 6。

[1] Cf. Cic. *osqq.* i. 30, 109；Plut. *De audiendo*, c. 18, p. 47；*conjug. praec.* e. 28, p. 141；*vit. pud.* c. ii. p. 533；*Amator.* 23, 13, p. 769；Diog. iv. 6，这里提到了关于柏拉图的著名表述："色诺克拉底，给美惠女神们献祭吧"（Ξενοκράτες θῦε ταῖς χάρισιν），还谈到色诺克拉底与亚里士多德，"一个需要鞭策，一个需要彊绳"，"一个像驴，一个像马"。不过后面这个说法也被用来说其他人，参见 Diog. v. 39；Cic. *De Orat.* iii. 9, 36；Wynpersse, p. 13。

[2] 关于赫拉克利德的生平与著作，参考 Diog. v. 86 sqq.；Roulez, *De vita et scriptis Heraclides P. in the Annales Acad. Lovan.* viii. 1824；Deswert, *De Heraclide P.*, Loewen, 1830；Mueller, *Fragm. Hist. gr.* ii. 197 sqq.；Krische, *Forsch.* 325 sq.。他出生在本都的赫拉克莱亚（Strabo, xii. 3, 1. p. 541；Diog. 86, Suid. Ηρακλείδ.），家境富裕显赫；他到达雅典后似乎是通过斯彪西波而被介绍到柏拉图学园中（Diog. 86）。如果说柏拉图最后一次西西里之行的时候把学园的领导权交给他这件事是真的，那么他的年纪不太可能比色诺克拉底小很多；而既然他谈论过亚历山大里亚城的建立（Plut. *Alex.* c. 26），那么他必须活到第 112 届奥林匹亚赛会第二年（公元前 330 年）之后。据 Demetrius apud Diog. 89，他通过杀死一位僭主而解放了他的祖国。但是，这与赫拉克莱亚的历史很难对得上；因为这不能指谋杀克莱阿尔库斯（Clearchus）（Roulez, p. 11 sq.）。或许是德米特里乌把他与同名的色雷斯人搞混了（参见本书第 22 页注释 5）。据 *Ind. Herc.* 7, 6 sq.，在斯彪西波去世后，当色诺克拉底被选为学园的主持（即公元前 339 年），赫拉克利德就回到家乡并且建立了自己的学园。关于他去世的故事（Diog. 89—91，Suid. sub voce，*Ind. Herc.* 9, sq.），从各方面来看都不太可能是真的，而且让我们想到关于恩培多克勒的同类故事（参见 Vol. i. 605 sq.）。

[3] 他的知识非常全面，不仅他写作的主题涉及面非常广，而且他的著作残篇也几乎涵盖了当时所知的全部科学门类——形而上学、物理学、伦理学、政治学、音乐、修辞学、历史和地理之类（参见 Diog. v. 86 sqq.；更多内容可参考 Roulez, 18 sqq.；52 sqq.；Müller, *loc. cit.*），此外，古人们在自己著作中频繁提及他的名字。西塞罗把他称为"第一博学者"（doctus imprimis, *Tusc.* v. 3, 8），"博学之士"（doctus vir, *Divin.* i. 23, 46）；普鲁塔克从他那里转述了许多内容，而且 *adv. Col.* 14, 2；p. 1115（cf. *n. p. suav. viv.* 2, 2, p. 1086）把他描述为学园派与漫步学派最重要的几位哲学家之一。另一方面，普鲁塔克也称他为"μυθώδης καὶ πλασματίας"（喜欢瞎编滥造的人）。Timaeus ap. Diog. viii. 72 说他是"παραδοξολόγος"（讲述奇谈怪论的人），伊壁鸠鲁派在 Cic. *N. D.* i. 13, 34 中说"puerilibus fabulis refersit libros"（他的著作充满了幼稚的寓言），还有几处例子说到了他的轻信；cf. Diog. viii. 67, 72；Io. Lydus, *De Mens.* iv. 29, p. 181；Cic. *Divin.* i. 23, 46；Athen. xii. 521e。我们将会发现他对于哲学的那些贡献是不太重要的；但是作为一位物理学家（自然哲学家），他提

561 认为属于其他学派。[1] 还有奥普斯的菲力普斯，一位出色的数学家和天文学家，《法律》的编辑者，很可能是《厄庇诺米》的作者。[2] 此外还有

出了地球绕着中轴转动的学说，因而占据着不可忽略的地位；而且，如果第26页注释2（"Menedemus"）的引证是正确的，不仅他的同学辈而且柏拉图本人也大大受益于他。关于他的著作，Diog. v. 92 说他犯了剽窃问题，不过这个指责或许是不对的；这些著作至少有一部分是以对话录形式写成的；参考 Diog. 86；Cic. ad Att. xiii. 19；ad Quintum fr. iii. 5；Procl. in Parm. i. end；Vol. iv. 54。他的论述方式得到了 Diogenes, 88 sq. 的正确褒扬。

1 第欧根尼自己把他称为一位柏拉图派，但是后来又把他列入漫步学派，v. 86；斯托拜乌也把他看作漫步学派成员，Ecl. i. 580；cf. 634；但是，西塞罗（Divin. i. 23, 46；N. D. i. 13, 34；Tusc. v. 3, 8；Legg. iii. 6, 14），Strabo（xii. 3, 1, p. 541）和 Suidas ῾Ηρακλειδ., 把他归入柏拉图学园派。普洛克罗《〈蒂迈欧〉评注》（Proclus in Tim.）281E 不可能跟他在 p. 28C 所说的意思相抵牾，要么那里的意思需要以别的方式理解，要么文本被改动过。赫拉克利德是柏拉图的弟子，这点是无可置疑的，有多方面证据佐证这点，包括他编辑了柏拉图论善的演讲（Simpl. Phys. 104b.；参见第 20 页注释4），而且柏拉图让他收集科洛丰的安提马科斯（Antimachus in Colophon）的诗歌（Procl. in Tim. 28C）。（Cf. Krische, 325 sq.；Böckh, d. Kosm. Syst. d. Plat. 129 sq.）从我们对他的哲学的了解来看的话，他后来转去漫步学派的可能性似乎不大；由于他和亚里士多德两个人的年龄关系，而且他离开雅典的时候是在亚里士多德返回雅典之前，因而他听过亚里士多德讲课的可能性不大（Sotion ap. Diog. 86）。毋宁说，赫拉克利德的理论观点让我们确认他与毕达哥拉斯学派有某种联系（Diog. loc. cit.）。在出自 Porphyr. in Ptolem, Harm. p. 213 sqq.（据 Roulez, p. 101）的残篇中，他引证了阿尔基塔（Archytas）的一处文本。

2 据 Suid. φιλόσοφος（在这个词之前，φίλιππος Ὀπούντιος〔奥普斯人菲力普斯〕这个条目名称无疑是脱落了；cf. Bernhardy ad. loc., Suckow, Form d. Plat. Schr. 149 sq.），奥普斯的菲力普斯是苏格拉底与柏拉图的学生。实际上他只是后者的学生；正如我们从进一步的描述中看到的那样：ὢν δὲ κατὰ Φίλιππον τὸν Μακεδόνα。他把柏拉图的《法律》划分为十二卷；而自己似乎增加了第十三卷。跟后面这个表述相吻合，Diog. iii. 37 说："有人说，奥普斯的菲力普斯把他的《法律》抄写在蜡板上，而且据说他还是《厄庇诺米》的作者"。普洛克罗通过表明柏拉图不可能有时间完成《法律》的统稿，因为其去世使得他不能 "对《法律》进行修订"（τοὺς νόμους διορθώσασθαι），从而证明《厄庇诺米》是伪作（见 Prolegomena 的引述；Plat. Opp. ed. Herm. vi. 218），这时候他遵循的是这同一个预设。但是，菲力普斯没有被明确提及。在 Suidas 引述为属于菲力普斯的 23 部论著中，有 6 部是伦理方面的著作，1 部两卷本的论神的著作，关于 Opuntian Locrians 的著作，关于柏拉图的著作，等等，还有 11 篇数学、天文学和气象学方面的作品。作为一位天文学家（σχολάσας τοῖς μετεώροις），菲力普斯不仅被 Suidas 提及，而且被认为在这方面有重要声望；cf. Plut. n. p. suav. v. sec. Epic. ii. 2, p. 1093；Hipparch. in Arat. Phoen. i. 6；Geminus, Isag. in Ar. Phoen. c. 6, p. 47 Halma；Ptolem. φάσεις ἀπλανῶν, 他常常引用菲力普斯（以及卡里普斯、欧克特蒙〔Euctemon〕等人）提及的 ἐπισημασίαι（中译注：

佩林图斯的赫司提埃俄(Hestiaeus)。[1] 克尼多斯的欧多克索(Eudoxus),[2]　562

指天象方面的征候）；Plin. *H. nat.* xviii. 31, 312；Vitruv. *De Archit.* ix. 7；Stob. *Ecl.* i. 558；Joh. Lyd. *De Mens.* iv. 13；Alex. Aphr. *in Meteorol.* 118 a.（Arist. *Meteorol.* ed. Ideler, ii. 127），他告诉我们菲力普斯是如何解释彩虹的。Böckh（*Sonnenkreise d. Alten*, 34 sqq.）通过比较所有关于他的论述以及他的著作，从而表明，"麦德玛人菲力普斯"（Philippus the Medmaean）与他并非不同的两个人。这位菲力普斯出现于 Steph. Byz.(De Urb.Μέδναι) 以及 apud. Procl. *in Eucl.* 19 以及 p. 67 fr.（在这里，Μεδμαῖος 应该被替换为 Μεταῖος 或 Μενδαῖος），被算作在奥普斯人菲力普斯之后柏拉图学派的数学家名单当中；可能是菲力普斯出生于奥普斯（Opus），后来居住在洛克利人的殖民地麦德玛（Medma），或者反过来。我们必须假定只有一位叫这个名字的著名天文学家，因为多数提及天文学家菲力普斯的文本都只提及其名字，不认为有必要增加"奥普斯人"以区别于任何同名的人。例如，Alexander *loc. cit.* 只是说"Φίλιππος ὁ ἑταῖρος Πλάτωνος"（柏拉图的追随者菲力普斯），这时候毫无疑问他不知道有两位叫这个名字的柏拉图弟子。

1　赫司提埃俄被第欧根尼（iii. 46）记述为一位柏拉图弟子，被 Simpl.（*Phys.* 104 b. 参考本书第 20 页注释 4）记述为柏拉图论善的讲演录的编辑者；他自己的研究被如下这些人提及，如：Theophtastus, *Metaph.* p. 313（Fragm. 12, 13 Wimm.）；Stob. *Ecl.* i. 250；*Exc. e Floril. Jo. Damasc.* 17, 12（Stob. *Floril.* ed. Mein. iv. 174）。

2　Ideler, *on Eudoxus*, *Abhandl. d. Berl. Akad.* v. J. 1828；*Hist. phil.* Kl. p. 189 sqq. v. J. 1830, p. 49 sqq. 欧多克索的出生地被一致说成是克尼多斯（Cnidos），而他的父亲名叫埃斯基涅（Aeschines）（据 Diog. viii. 86）。他出生与去世的年份是未知的；尤塞比乌斯在《编年史》（*Chronicon*）中的说法是他在第 89 届奥林匹亚赛会第三年达到鼎盛年，这让他的出生年过早了。可靠的说法是，他从阿戈西劳斯那里得到推荐信交给了埃及的涅克塔纳庇斯（Nectanabis）（Diog. 87），而如果这说的是 Nectanabis II 的话，这次旅行必须在 104 届奥林匹亚赛会第三年与 107 届奥林匹亚赛会第三年（公元前 362—前 350 年）之间；如果说的是 Nectanabis I，那就不会早于 101 届奥林匹亚赛会第二年（公元前 374 年）。Ael. *V. H.* vii. 17 说他在柏拉图之后访问西西里，那么就是在公元前 367 年之后（参见第 25 页注释 1）。这跟阿波罗多洛斯的说法（据 Diog. 90）就是吻合的，他说欧多克索的鼎盛年在第 103 届奥林匹亚赛会第一年（公元前 367 年）。（这些话必定指的是他；前面的从句 εὑρίσκομεν ὁμοίως 要么是杜撰的，要么更可能是一处窜入正文的注释。）他的年寿在 Diog. viii. 90, 91 被说成是 53 岁。据亚里士多德《尼各马可伦理学》x. 2 beginn., i. 12, 1101b28；《形而上学》xii. 8, 1073b17 sqq., i. 9, 991a17, xiii. 5, 1079b21，在这些论著被写作的时候他不可能还在世。鉴于他很贫穷，他游学的资费都是朋友给予的（Diog. 86 sq.）。除了柏拉图之外（参见下注），阿尔基塔与西西里自然哲学家菲力斯提翁（Philistion）也被说成是他的老师（Diog. 86）；据说，在埃及，祭司柯努菲（Chonuphis）把属于祭司阶级的知识传授给他（Diog. 90, Plut. *Is. et Os.* e. 10, p. 354；Clemens, *Strom.* i. 303D；Philostr. *v. Soph.* i. 1 说他还游历到更远的地方）。斯特拉波（见本书第 17 页注释 1）说欧多克索在埃及居留了 13 年，这与他的另一个说法（即，欧多克索当时跟柏拉图在一起）一样是不可信的；Diog. 87 只提到一

563

564

一位杰出的天文学家，也听过柏拉图的讲课，[1]除了在天文学方面，他也潜心研究了更广泛领域的学问。[2]我们对这些研究所知甚少，而且它与真正的柏拉图主义背道而驰。

波勒莫（Polemo）[3]在色诺克拉底之后接任学园的主持，他从放浪不羁的生活转而皈依严肃事业和道德修养，这得益于他自己的品性和学园

年四个月。Diodorus, i. 98 以及 Sececa, *Qu. Nat.* vii. 3, 2 中关于欧多克索游历埃及所得到的收获的说法肯定是被过分夸大了（cf. Ideler, 1828, 204 sq.）。后来，他在西基库斯（Cyzicus）学习（Diog. 87，他附加了一些不太可能为真的细节，Philostr. *loc. cit.*, cf. Ideler, 1830, 53）；再后来他在自己祖国生活并享有很高声望，还为城邦立法（Diog. 88；Plut. *adv. Col.* 32, 9, p. 1126；cf. Theod. *cur. gr. asqq.* ix. 12, p. 124）；他的天文观测台保留了很长的时间（Strabo, ii. 5, 14, p. 119, xvii. 1, 30, p. 807）。他的品格受到亚里士多德的赞扬（《尼各马可伦理学》x. 2 beginn.）。关于他在数学与天文学方面的著作以及发现，参见 Ideler, *loc. cit.*。

1　据 Diog. viii. 86，索提翁（Sotion）说，苏格拉底弟子们的名声把他带到了雅典，但是他只在那呆了两个月。Cicero, *Divini.* ii. 42, 87；*Rep.* i. 14, 22 把他称为 "Platonis auditor"（柏拉图的听讲者、学生）；Strabo, xiv. 2, 15, p. 656，以及 Procl. *in Eucl.* i. 19（67 Friedl.），把他称为柏拉图的 ἑταῖρος（追随者）；Plut. *adv. Col.* 32, 9, p. 1126，他与亚里士多德 συνήθης（相熟）；Philostr. *v. Soph.* i. 1，说："他下了很大功夫钻研阿卡德米学园的学说"；Alex. Aphrod. *ad Metaph.* i. 9, 991a14：Εὔδ. τῶν Πλάτωνος γνωρίμων（柏拉图的弟子欧多克索）；Asclep. *Ibid.*：Πλατωνικὸς（柏拉图派）、ἀκροατὴς Πλάτωνος（柏拉图的学生）。参考 Sosigenes apud *Schol. in Arist.* 498a45，其中可能是根据欧德谟斯的说法。Plut., *gen. Socr.* 7, p. 579（*Ep. Plat.* xiii. 360 c.）的不合历史的说法，以及更可能为真的说法，v. Marc. 14, *qu. conviv.* viii. 2, i. 7, p. 718，假定了欧多克索和柏拉图的密切关系。第欧根尼把欧多克索归为毕达哥拉斯学派；这样做的还有 Iambl. *in Nicom. Arithm.* p. 11。

2　根据 Diog. viii. 89 的说法，医生克律西波（Chrysippus）曾经听过他 "关于神、宇宙和天象方面的讲课"，这也显示了他涉猎广泛。Eudocia（*sub voce*）从这个说法引申出了 "论神""论宇宙" 和 "论天象" 这些论著。

3　雅典的波勒莫在第 116 届奥林匹亚赛会第三年（公元前 314—313 年）接替其老师的位置，参见前文，第 406 页注释 1，并且据尤塞比乌斯《编年史》，卒于第 127 届奥林匹亚赛会第三年（公元前 270 年），正如 Diog. iv. 20 所说：得享高寿。这跟如下说法吻合：阿尔凯西劳（在 134 届奥林匹亚赛会第四年，即公元前 241 年，75 岁时去世，据 Diog. 44, 71）与克朗托（在波勒莫之前去世）友好，与波勒莫本人也有友好交往（Diog. iv. 22, 27, 29 sq.）。阿尔凯西劳在第 120 届奥林匹亚赛会时（即，公元前 300 年）处于鼎盛年（Diog. 45，沿用阿波罗多洛斯的说法），这个说法跟上述说法不吻合，不过它没有重要性，它与某些最确定的史料相冲突，因而我们必须认为这要么是一处混淆要么是一处书写错误。

的讲课。[1] 波勒莫的继任者是他的学生和朋友克拉底（Crates），[2] 而克拉底的杰出弟子克朗托（Crantor）[3] 先于他去世。阿尔凯西劳（Arcesilaus）　　565　是克拉底的继任者；学园派被他带向了一个全新的学术发展阶段，而这必须放在以后再讨论。

　　老学园派的成员宣称要维护柏拉图学说原貌；[4] 但是他们主要坚守的

1　波勒莫的转变事件是很著名的而且常常被人提起；参见 Diog. iv. 16 sq. ; *Ind. Hercul.* 13（沿用了跟第欧根尼一样的史料，也就是卡里司图斯人安提贡努斯的记载）；Plut. *de adulat.* c. 32, p. 71 ; Lucian, *Accus.* c. 16 sq. ; Epictet. *Dissert.* iii. 1, 14, iv. 11, 30 ; Origen, *c. Cels.* i. 64, iii. 67 ; Themist. *orat.* xxvi. 303D ; Horace, *Sat.* ii. 3, 253 sqq. ; Valer. Max. vi. 9. ext. 1 ; Augustine. *epist.* 154, 2 c. ; Julian, i. 12, 35。在 Diog. iv. 17 sqq.（*Ind. Herc. loc. cit.*），我们看到一些事例体现了波勒莫的沉肃庄严、坚定不移与旷达宁静；他后来在这些方面蛮有声望。除此之外我们对他的生平没有什么了解。

2　雅典人克拉底与波勒莫是关系甚密的朋友，如同后来克朗托与阿尔凯西劳的关系一样（Diog. iv. 17, 21 sqq. ; *Ind. Herc.* 15, 16, v. u. sqq.）。他似乎没有主持学园多长时间，因为他的前任在公元前 270 年去世，而他的继任者（其变革活动必定持续了相当长一段时间）在公元前 241 年去世（参见前文）。据 Diog. iv. 23，他不仅留下了一些哲学著作与论喜剧的著作，还有一些公众演说词与外交演说词。他不可能与政治保持疏远。

3　Kayser, *De Crantore Academico*, Heidelb. 1841。克朗托出生于西西里的索里（Soli），据说在那里他已经颇有名气，但后来还是前往雅典，与波勒莫一道，听色诺克拉底的讲课（Diog. iv. 24 ; *Ind. Herc.* 16, 1 sqq.）；所以他不可能比波勒莫年轻太多，顶多是 10 岁左右。尽管如此，在色诺克拉底去世后，他婉拒了建立自己学园的邀约，继续在学园听他仰慕的朋友（波勒莫）的讲课（Diog. 24 sq. 17）。他把阿尔凯西劳争取到学园，并且与阿尔凯西劳有着非常亲密的关系，还给其留下了不少财产（Diog. 28 sq. 24 sq. ; Numen. ap. Euseb. *praep. ev.* xiv. 6, 3）。他在波勒莫之前去世，显然年寿比较长（Diog. 27, 25），但是其卒年不容易更准确地界定。他的著作数量不算多也不算少（Diog. 24 说有 3 万行），除了少量残篇之外都佚失了（残篇汇集于 Kayser, p. 12 sqq.），从残篇依然能看出他用词讲究（Diog. 27），文风悦人而丰满。其中最为出色的是短篇论文《论悲痛》（περὶ πένθους, Cic. *Acad.* ii. 44, 135 ; Diog. 27），在西塞罗的 *Consolatio* 中得到转抄，在 *Tusculans* 中也录了一部分，普鲁塔克在他的 *Consolatio ad Apollonium* 中也抄了一些；参考 Kayser, 34 sqq.，他提供了威滕巴克（Wyttenbach）和其他人关于这个主题的一些看法。

4　西塞罗随附安提俄库斯（Antiochus）的说法，认为他们实际上就是这样做的（参见 *Acad.* i. 4, 14, cf. 12, 43 ; *Fin.* v. 3, 7, 8, 6, 16）；*Acad.* i. 9, 34 提到，斯彪西波、色诺克拉底、波勒莫、克拉底与克朗托"都勉力维护他们从前辈们接受来的学说"；参考 Diog. iv. 1 关于斯彪西波的描述。与此相反，Numen. ap. Euseb. *praep. ev.* xiv. 5, 1 sqq.，以及 Euseb. *Ibid.* 4, 14 ："在其他一些方面，他们并不坚守原来的教义，而是柏拉图晚期学说。他们研究柏拉图关于诸数及其要素的探究，由此非常接近于毕达哥拉斯学派的学说，于是，他们的形而上学变成了一种晦涩的教条，[1]并且夹杂了大量数学与神学上的神秘观点。在柏拉图的形而上学表现出毕达哥拉斯学派倾向的时期，我们看到，他的伦理学具有

566　《法律》中描述的那种较通俗的性质；老学园派的那些哲学家也存在这种情况。与他们的导师不同，他们似乎忽略了关于"辩证法"的更严谨的考察，也没有太多关注柏拉图并不鼓励的自然科学方面的研究（除了在天文学和数学方面）。不过，我们对这些人了解太少，哪怕通过揣测，也几乎不可能把他们流传下来的学说残篇整合成某种连贯的整体。

　　柏拉图的外甥斯彪西波[2]在哲学才华方面不如亚里士多德，但是在追求确定性和经验性知识的完备性方面似乎与亚里士多德有类似之处。他认为一切知识是相互关联的，因而除非具有关于一切事物的知识，否则就没有对于任何一个东西的充分认识；因为要认识一个事物是什么，我们必须知道它何以与其他事物相区分；而要认识到这点，我们必须知

567　道其他事物是如何构成的。[3]所以，他试图通过对不同领域的实在物进

是以多种方式弱化它，或者歪曲它"，这是努美纽斯（Numenius）强烈指责的。这个指责是对的，后面立即会发现这点。

1　据 Cic. *Acad.* i.4, 17 sq.，学院派成员把教义性学说建构说成是亚里士多德与同时代柏拉图弟子们对于苏格拉底式探究的离弃。

2　关于他的学说，参考 Brandis, *Gr.-röm. Phil.* ii. b.1, p.6 sqq.。关于毕达哥拉斯学派与柏拉图关于数的学说，参见 *Rhein. Mus.*, v. Niebuhr and Brandis, ii.4；Ritter, ii.524 sqq.；Ravaisson, *Speusippi de primis rerum principiis Placita*, Par.1838；Krische, *Forschungen*, i. 247 sqq.。

3　亚里士多德《后分析篇》ii.13, 97a 6："进行定义和分类的人并不必须认识所有事物。但是，有些人（τινες）说，不认识一个事物就无法认识这个事物与另一事物的差异，而不认识这些差异一个人就无法认识这个事物，因为如果一个事物与另一个事物没有差异，它们就是同一个，而如果它们有所差异，它们就是不同的种。"根据前书的评注家们，菲洛庞努斯、塞米斯修斯（92, 15 sq. Sp.）以及一位引用欧德谟斯的佚名作者（*Schol. in Arist.* 298 a. 11–25），我们应该把"有些人"（τινες）理解为斯彪西波。塞米斯修斯是不是保留了斯彪西波本人的话语，这是不确定的。像菲洛庞努斯和欧斯特拉提乌（Eustratius）这些作者在《后分析篇》50a. o. b. o. 注解中的说法很不可靠，不能用来证实如下说法：斯彪西波的这个说法是要否认概念界定和划分法的有效性。古人们并没有把这种论战性观点归到斯彪西波身上，而像

行比较来为探究寻找一个基础。[1] 这样，他比柏拉图更加看重经验；他的知识论通过在感性认识和理性认识之间插入"第三者"从而缓解了柏拉图在这两者间树立的尖锐对立。斯彪西波说，"非可感事物通过思想被认识，而可感事物通过感觉被认识"；他把由理智所指引的观察也包

"῞Oϱοι"(《定义集》)和 "Διαιϱέσεις"(《诸分类》)都明确被归于他的名下（不管对还是错）。(Diog. iv. 5；《诸分类》或许是本书第 35 页注释 3 提到的，而我们看到的托名柏拉图的"定义集"太差了，而且包含了许多漫步学派的定义，与斯彪西波对不上号。)实际上，上述那些观点跟斯彪西波的整个哲学态度完全是相抵触的：他是建构理论的人，即使我们对他所知甚少，也可以明白定义与分类对他而言是少不了的。关于"诸分类"，我们将给出一些例子；关于"定义集"，参考 Plut. plat. qu. viii. 4, 3, p. 1007，该处给出了一个关于"时间"的定义。

1　关于辛普里丘（Simplicius）在 Categ.（Schol. in Arist. 43 b. 19 a. 31, 41 b. 30；以及 7 β, 9 α, δ Basil.）中提及的关于诸名称的探究就属于这个情况。(诸名称被划分为：ταὐτώνυμα〔同名的〕和 ἑτεϱώνυμα〔异名的〕，前者又划分为 ὁμώνυμα〔同名异义的〕和 συνώνυμα〔同名同义的〕，后者划分为 ἑτεϱώνυμα〔异名异义的〕、πολυώνυμα〔多名同义的〕和 παϱώνυμα〔派生名称的〕。)参考 Diog. iv. 2："据狄奥多罗（Diodorus）……说，他是第一个关注各学科中的共通因素的人，而且尽可能把它们相互联系在一起"。这不会是指别的事情，而只能指一种比较性考察；诸科学的本质关联性在柏拉图那里已经被提出来了，在斯彪西波这里得到了更完全的发展；斯彪西波为不同的实在领域设定了不同的原理。对于自然只的比较性考察被包含在十卷本的《论相似物》(ὅμοια)，或者按照 Diog. 5 给出的更为完整的标题：《关于相似物的探究》(τῶν πεϱὶ τὴν πϱαγματείαν ὁμοίων)，出现在前面的 "διάλογοι"("对话录")受到 Krische, Forsch. 253 的正当质疑，因为这种作品基本不可能以对话录形式写成：可能 "διαλογαὶ" 才是正确读法。第欧根尼把它跟其他一篇或两篇类似作品连在一起：διαιϱέσεις καὶ πϱὸς τὰ ὅμοια ὑποθέσεις("诸分类和关于相似事物的诸假设")。在《论相似物》这部论著中，如我们从阿特纳伊奥斯（Athenaeus）的残篇中看到的，斯彪西波考察了不同类型的植物与动物，把相关联的物种划为一类，把不相似的物种区别开来。参考 Athenaeus, iii. 86c："斯彪西波在《论相似物》第 2 卷说，滨螺、海蜗牛、蜗牛和海螺彼此相似，……而且，斯彪西波还依次列举了鸟蛤、玉黍螺、蚌、珧蛤、竹蛏；在其他地方他还提及了牡蛎、帽贝。"还有，在 105b.："斯彪西波在《论相似物》第 2 卷说道，下列甲壳类动物是相似的，etc." iv. 133b.："cercopê（ἡ κεϱκώπη）是一种与蝉或者 titigonion（τιτιγονίῳ）类似的动物，正如斯彪西波在他的《论相似物》第 2 卷所描述的。"vii. 303d:"斯彪西波在《论相似物》第 2 卷还把蓝鳍金枪鱼（θυννίδες）和金枪鱼（τῶν θύννων）区别开来了"；ix. 369a.:"斯彪西波在他的《论相似物》第 2 卷说：萝卜、白萝卜、芜菁和水萝卜是相似的"；类似说法还可参见 vii. 300 c., 301 c., 327 c., 308 d., 313 a., 319 b., 323 a., 329 sq.。

括在后者之中。[1] 然而，他在多大程度上把注意力转向经验中的"个别性"，那么他也就在多大程度上疏远了最高本原的"统一性"，后者是柏拉图努力寻求的。从柏拉图晚期观点来看，他把"一"和"大与小"看作一切事物中最普遍的要素；同时他对"可感事物"与"理念"之间的本质差异没有做出说明，好像无需考虑似的。[2] 斯彪西波认为有必要对这两种本原进行更精确的界定和区分。柏拉图曾经把"一"等同于"善"和"神圣理性"。[3] 斯彪西波把这三个概念又区分开来了。[4] 他认为，"善"不能在"实在"之开端处充当一切"实在"的基础，而只能在其终结处充当目的和完成，就像我们在个别事物中看到的那样：个别事物从不完善开始通过一个发展的过程而达到完善。[5] "一"与"善"不能等同，否

569

1　Sextus, *Math.* vii. 145 ："（由于有些事物是可感觉的，有些事物是可思维的）斯彪西波说，可思维事物的判断标准是带有理解的理性，而可感觉事物的判断标准是带有理解的感觉。他假定，带有理解的感觉是那种借助理性而分有真理的能力。请比较吹奏笛子的人的手指或弹奏竖琴的人的手指，它们能做出技术性活动，但是没有一个手指就手指自身而言直接是完善的，实际上它们都是在理性的指导下通过训练才达到完善的。或者，请设想音乐家的感官，他有能力领会符合还是不符合乐音，但是这不是借助感官自身发展出来的，而是从理性中得到的结果。同样，带有理解的感觉就其本性上说从理性中获得带有理解的训练，并且伴随着关于基本事物的无误辨认。"但是，我们一定不能从这些文本中推论出，斯彪西波把"带有理解的感觉"（αἴσθησις ἐπιστημονικὴ）理解为一种直接的、主要为审美方面的感知能力（Brandis, ii. b.1, p.9）尽管他与亚里士多德一样，在理智性认知领域中，区分了关于诸本原的直接认识和从这种认识中推导出来的间接认识。

2　参见 p. 321 sqq. 。英文版从此处起到本章末尾注释标记位置与德文版不符，中文版依据德文版校正。——中译者注

3　参见 p. 280 sqq.。

4　参见第 208 页注释 3。

5　《形而上学》xii. 7, 1072b30：有些人，像毕达哥拉斯学派和斯彪西波（Σπεύσιππος），认为至美与至善并不在本原中，理由在于，植物与动物的诸本原是一些原因，但是美和完善却在它们的结果之中；（策勒按：这个论证无疑只属于斯彪西波，而不属于毕达哥拉斯学派）他们这么想并不正确。（塞米斯修斯与洛庞努斯采取的不同读法，也就是用 Λεύκιππος〔留基伯〕来替代 Σπεύσιππος〔斯彪西波〕，被 Krische, *Forsch.* 250, 1 正确地驳斥了。）斯彪西波的这个学说还在《形而上学》xiv. 5 beginn. 被提及："如果有人把宇宙的诸本原跟动物与植物的诸本原进行类比，这也是不正确的做法；他会认为，更加完满的东西总是出自于不确定的和不完满的东西，对于实在的最初本原而言也是如此，这样，一本身甚至从未存在。"还有，在 c. 4, 1091a29 sqq.，关于诸本原如何与善相关，"究竟这些本原就是我们所说的善自身与至善，抑

则 "多" 就会等同于 "恶"；这样的话，"善" 和 "恶" 就会与 "一" 和 "多"
一样成为本原。[1] 尽管他承认 "一" 与 "善" 相类似，而且 "一" 是 "善"
的最根本要素，[2] 但是他把它们区别开来，从而把 "一" 看作原因而把 "善"
看作结果。[3] "理性" 或动力因被看作与 "一" 和 "善" 不同的第三种要
素；[4] 但是，斯彪西波把这个要素与柏拉图的 "宇宙灵魂" 和毕达哥拉斯

或不是，而善自身与至善是后来出现的。讲述神话的人们（古代的那些宇宙生成论）
似乎同意现今的某些人（斯彪西波），他们的回答是否定的，他们说，善与美乃是
当实在物之本性有所发展之时才出现。"

1　参考亚里士多德《形而上学》xiv. 4, 1091b30：如果 "一" 被视为 "善"，第二个本
　　原（"多" 或者 "大与小"）必定等同于 "恶" 本身。"有一个人（伪亚历山大，无疑
　　遵从亚历山大，在这里提到了斯彪西波；而且从上述内容可以清楚知道这里不会指
　　其他人）避免把善归给 '一'，因为这必然会得出——由于生成是源自于相反者——
　　恶是 '多' 之本性"。而且，在 xii.10, 1075 a 36，在柏拉图关于 "一" 等同于 "善"
　　的学说由同一些论证得到反驳之后，在 xiv. 4 说道："另一些人不认为善是本原，也
　　不认为恶是本原"。
2　参考亚里士多德《尼各马可伦理学》i. 4, 1096b5："毕达哥拉斯学派看起来关于
　　'善' 有更具说服力的说法，因为他们把 '一' 置于诸善的行列之中（策勒按：他们
　　并不把 '一' 当成 '善' 本身，而是把它置于诸对立的列表当中〔参见 Vol. i. 302〕，
　　在 '善' 与 '完满' 之外）。实际上，斯彪西波看起来追随了他们的观点。"在《形
　　而上学》xiv. 4, 1091b14（"那些认为存在不动的实体的人们，其中有人说一自身是
　　善自身，不过他们认为善的实体就在于它的单一性"〔τῶν δὲ τὰς ἀκινήτους οὐσίας
　　εἶναι λεγόντων οἱ μέν φασιν αὐτὸ τὸ ἓν τοὰγαθὸν αὐτὸ εἶναι· οὐσίαν μέντοι τὸ ἓν
　　αὐτοῦ ᾦοντο εἶναι μάλιστα]），其中 "οὐσίας, etc." 这些表述应该以这样的关联方
　　式来阅读。尽管有 Bonitz 的那些论证（参见他关于这段文本的评论），我不能放弃
　　这样的可能性（*Plat. Stud.* 277）：有一些语词，譬如，像 οἱ δὲ τοῦτο μὲν ἔφευγον
　　这样的表述，在原始文本中脱落了。
3　参考前面已经引证的那些文本。据亚里士多德《形而上学》xiv. 5（参见第 414 页
　　注释 5），斯彪西波甚至不会容许说，"元一"（das ursprüngliche Eins）是 "实在物"（ein
　　Seiendes）；因为他假定，"元一" 与 "多" 的联合最初造就了 "实在"（ein Sein/a
　　Being）。他或许诉诸柏拉图《巴门尼德》141E 来支持这样的观点。
4　参见第 208 页注释 3。参考《形而上学》vii. 2, 1028b19。柏拉图设定了三种实在
　　物：理念、数学原则与可感事物："斯彪西波则主张更多实体是起源于 '一' 的，并
　　且认为每一种实体都有自己的本原，有的本原在于数，有的在于大小（μεγεθῶν），
　　有的在于灵魂。"如 Brandis 指出的，评注家在缺乏除文本自身外的其他依据的情
　　况下对这段文本进行了转述和释义；阿斯克勒庇俄斯（Asclepius）对亚里士多德提
　　出的例子的增补（*Schol. in Arist.* 740 a. 16, 741 a. o.），καὶ πάλιν ἄλλην οὐσίαν νοῦ
　　καὶ ἄλλην ψυχῆς, etc.（还有的实体，其本原在于理性，而另一些，其本原在于灵
　　魂，等等）（这在 Alexander 740 b. 18 中并没有出现），不太可能有任何史料的支持。

学派的"中心火"联系起来了，因为他认为宇宙应该受到赋有灵魂的力量主宰，这个力量处于宇宙的中心与周围，并弥漫到整个宇宙空间。[1]这样，柏拉图的理想本原被斯彪西波分解为三个本原，分别相当于亚里士多德的形式因、动力因和目的因，但是他还远未指明这些本原的精确含义及其普遍意义。他把柏拉图的"大与小"看作与"一"相反的本原，

571

上述基本观点已经蕴含着神圣理性与"元一"的分离："完善者"不能是"初始者"。在这个学说方面，亚里士多德把阿那克萨戈拉（他提到理智是初始的）与斯彪西波对立起来（《形而上学》xiv. 4, 1091b8 sqq.；cf. a. 33 sqq.），如 Ravaisson 正确地注意到的（p. 17）。

1 参考 Cicero, *N. D.* i. 13, 32（依据菲洛德姆斯〔Philodemus〕）："斯彪西波追随其舅舅柏拉图，说，某种〔非物质性〕力量掌管一切事物；他这么说是试图从我们的心灵中驱除关于众神的知识。"Minucius Felix 重复了这个说法；Octav. 19。参考 Theophrastus, *Metaph.*, 322（Fr. 12, 32, Wimm.）："斯彪西波把某种稀有的、尊贵的东西定在中心位置，而把其余的东西置于两极。"（Σπεύσιππος σπάνιόν τι τὸ τίμιον ποιεῖ τὸ περὶ τὴν τοῦ μέσου χώραν, τὰ δ' ἄκρα καὶ ἑκατέρωθεν〔可能应该读作 χώραν τά τ'ἄκρα ἑκατέρωθεν，在两边的最末端，两个半球的外围〕）。这个居于中心也居于外围的"尊贵的东西"（τίμιον），是作为宇宙灵魂的"神"，这点从与中心火的类比中可以看出（中心火的位置与"尊贵者"的位置是一样的，参见 Vol. i. 357 sq.），还可以从《蒂迈欧》36E 看出。斯彪西波从字面上来解读这种关于灵魂的说明，并把它与中心火的学说结合在一起。我们应该把这种宇宙灵魂的观点与扬布里柯的说法（Stob. *Ecl.* i. 862；cf. Diog. iii. 67）结合起来，后者把灵魂视为 ἐν ἰδέᾳ τοῦ πάντη διαστατοῦ：他认为（就像其他哲学家的看法）灵魂是无处不在的，并且充满一切空间。因而，我们不能接受 Ravaisson 的提议（p. 40 sq.），即，用 ἀδιαστάτου 替代 διαστατοῦ。他猜测（p. 18 sq.），亚里士多德在说到 νοῦς 不能仅仅是 δύναμις（能力）而必须是 ἐνέργεια（活动）的时候指的是斯彪西波（《形而上学》xii. 6, 9, 1071b17 sqq. 1074b19, 28），这个猜测也显得缺乏根据；斯彪西波当然在初始者、不完满的实在与 νοῦς（理性）之间做出了划分。出于同一个理由，Krische 的主张也是错误的（p. 256），他把神圣理性当成无对立面的本原。在这个情况下，"τὸ ἄριστον μὴ ἐν ἀρχῇ εἶναι"这个说法（参见第 414 页注释 5，第 415 页注释 4）就不能被归给他。斯彪西波主张，理性——像《蒂迈欧》中的宇宙灵魂一样——首先是一种被造物。最后，我不能同意 Ravaisson（p. 21）或 Brandis（ii. b. 1, 14），认为西塞罗文本中的意思指"元一"，也就是斯彪西波赋予其独特生命活动的东西。这个描述看起来更加符合塞奥弗拉斯特关于"宇宙灵魂"的说法，跟"一"没什么关系。第 415 页注释 4 中的引证足以表明，"一"没有被斯彪西波视为有生命的实在。

即"多"，[1] 从而把它跟毕达哥拉斯学派的诸范畴联系起来了。[2] 不过，他从"一"和"多"中只推导出各个数；而为了解释其他事物，他提出了其他若干本原，[3] 它们跟"一"与"多"相关但并不等同，[4] 正如他认为"善"与"一"相关但不等同。这样，他就得到了多个领域，它们不是通过其

572

---

1 参考亚里士多德《形而上学》xiv. 4，以及伪亚历山大关于这段文本的评论（参见前文，第 415 页注释 1），还有 c.5, 1092a35："所以有个人把'一'当作'多'的相反者"；c.1, 1087 b.（cf. Z.27, 30）："有些人把对立物的一方当作质料；有些人把不相等与'一'对立起来，因为不相等是'多'之本性；还有些人把多与一对立起来。"在这里，伪亚历山大仅仅指毕达哥拉斯学派，而亚里士多德显然暗指斯彪西波，因为他接下来说："因为有些人认为诸数是从不相等的二、从大与小产生出来的，而另一个人认为诸数是从多中产生出来；不过两者都认为诸数产生自'一'的所是"。从接下来的内容可以清楚看到，他讨论的是柏拉图派成员，因为他明确说这个界定得到选择是因为柏拉图的"大与小"与空间性事物太不兼容了。参考《形而上学》xiii. 9, 1085a31（参见第 417 页注释 4）；*Ibid.* b4 sqq.；xii. 10, 1075b32，以及很可能包括第 10 卷的开端，xiv.1, 1087b30 sqq.。据 Damascius, *De Princip.* p. 3（"所以，我们关注的不是作为'最小者'的'一'，如据说斯彪西波教导的那样"），我们或许可以假定斯彪西波也把"一"称为"最小者"。但是，从亚里士多德《形而上学》xiv. 1, 1087b30 sqq. 可以看到，这不是实际情况。Damascius 很可能从这段文字中推出了错误结论。

2 参见 Vol. i. 302。

3 《形而上学》vii. 2；参见前文，第 415 页注释 4。我们或许可以遵循这个先例，而且与 Ravaisson（p. 37）、Brandis（p. 10）、Schwegler 和 Bonitz（参见他们对这段文本的评论）等人一致，认为《形而上学》xii. 10, 1075b37 指的是斯彪西波，而不是像伪亚历山大那样认为指毕达哥拉斯学派。这些话就是："有人说数学上的数是最原初的东西，并且接着产生出一类又一类的实体，赋予它们各自不同的本原，从而把宇宙的实体当成不连续的（因为一种实体的存在或不存在并不影响到另一种实体），并且有许许多多的本原。"在这种情况下，我们就必须把《形而上学》xiv. 3, 1090b13 也视为指的是斯彪西波："再则，如果一个人不那么容易满足，那么他就要针对所有数和数学对象提出质疑，认为它们彼此都不能为对方提供什么东西，前者不能为后者提供什么东西；因为如果数不存在，对于只承认数学对象存在的人来说，'大小'也不存在，而'大小'不存在的情况下，灵魂与可感物体却存在。但是从诸现象看起来，自然并不像一出糟糕的戏剧那样是不连续的片段。"参考 Schwegler in loc.。

4 《形而上学》iii. 9。亚里士多德问道，空间上的"大小"怎么可以通过预设柏拉图的数的学说来得到解释；并且在讨论了从"长与短"中派生出"线"等等之后（参见前文，p.519, 8），继续说道（1085a31）："一些人认为'大小'从这类质料中产生，而另一些人认为，'大小'从'点'（他们认为点不是'一'而是类似于'一'的东西）和另一种不是'多'而类似于'多'的质料中产生"。"一"与"多"的基本对设（派生从这里开始）显示出这个观点属于斯彪西波。

573　等同性而是通过其终极原因的相似性而得以统一。[1]如亚里士多德所说，整个宇宙的统一关联性（这是柏拉图和亚里士多德特别强调的）被斯彪西波打破了。

这些序列中的最高领域是数的领域。斯彪西波让数占据了理念的地位，而理念被他完全放弃了。在他看来，诸数是一切存在者的"根本"；尽管他否认数学上的数和理念数的区别，但是他把数跟可感对象区别开来了，正如柏拉图把"理念"与可感对象分离开来一样。[2]他对此给出

1　参见第 415 页注释 4。

2　亚里士多德常常提到这个学说，即，数学上的诸数与诸"大小"（不包括诸理念）与可感事物分离而存在。在《形而上学》xiii.1，他细说了关于这点的三种意见：1）把诸理念与数学上的诸数分离开来的哲学家们；2）把它们说成同一种东西的哲学家们；3）那些只承认数学上的数存在的人（ἕτεροι δέ τινες τὰς μαθηματικὰς μόνον οὐσίας εἶναί φασι）；要么，把诸数看作与可感事物不可分离的，"正如某些人说的"（καθάπερ λέγουσι τινες，指毕达哥拉斯学派，而不是如 Susemihl 认为的〔Genet. Entw. ii. 520, 668〕，指某些不为我们所知的柏拉图学派成员。数学上的数是仅有的数而且这种数与可感对象不可分离，这种学说在多处被引证，参见 c.8, 1083b8 sqq.，xiv. 3, 1090a20 sqq.，Physics, iii. 4, 203a6，它是毕达哥拉斯学派的独有学说，而且亚里士多德从来没有把它归于柏拉图学派）；要么，把诸数看作"与可感事物分离的，〔另一些人就是这样说的〕"（κεχωρισμένα τῶν αἰσθητῶν [λέγουσι δὲ καὶ οὕτω τινές]）。随后他把后面两种学说对立起来（c.2）；第二种学说见 p. 1076b. 11 sqq.。亚里士多德还就主张诸数是"可分离的实体"（οὐσιαι χωρισταί）的人区分了三种不同观点；从该章开头可以清楚看到，他只是说及这些人。他说，"有些人说，两种数都存在，……它们与可感事物是分离的。另一些人则认为，唯有数学上的数存在，作为诸实在者中最初的东西，跟可感事物也是分离的"（1080b11 sq.），等等；"另一个人说，只存在第一类数，也就是理念数；还有一些人认为数学上的数跟它是同一的"（即将会有更详细讨论）。后面这个文本中讨论的学说在 xiv.2 end 被提及，在那里，亚里士多德反驳两类学说："设定理念存在的人"和"那些不这样想问题的人，因为他看到了理念方面的内在困难，……设定数学上的数存在"。关于后者，他接着说，"οὐθενὸς γὰρ οὔτε φησὶν ὁ λέγων αὐτὸν εἶναι, ἀλλ' ὡς αὐτήν τινα λέγει καθ' αὑτὴν φύσιν οὖσαν, οὔτε φαίνεται ὢν αἴτιος"（"设定这种数的人既不主张它是任何东西的原因，因为他把它描述为独立自在的实在，而且它本身也不表明为是这样的"；后面的"αἴτιον"应该补到"αὐτὸν εἶναι"那里去）。还可以参见 xiv.3, 1090a20 sqq.。毕达哥拉斯学派把事物本身看作是数，因为他们自认为在事物中发现了许多数方面的规定性："那些只承认数学上的数存在的人，按照他们的预设，是不容许这么说的；实际上，他们曾经说过那些数不能是各门科学的对象。"亚里士多德反对这种观点，他说，"显然，诸数不能是可分离的"，而且他针对该观点的基础又评论说，"他们把它们（数学上的数）当作可分离的，因为数学公理对于

的理由跟柏拉图的理由是一样的，也就是说，如果在可感对象之上没有更高的实在，那么知识就会是不可能的。[1]但是，"一"与"诸数"的关系使他陷入了困境；因为他发现为了把作为第一原因的"一"与"派生物"区别开来，就不得不以"最初的一"（或"太一"）的名义把它与包含在"诸

574
575

可感事物而言会是不正确的，而关于数学的表达却是正确的，而且让灵魂愉悦；数学上的'大小'也是如此。"参考 xiii. 9, 1086a2："因为那些只承认脱离可感事物的数学对象存在的人，看到了理念方面的困难与虚构性，就放弃了理念数而设定数学上的数。"由此他后面区分了"那些希望同时设定诸理念与诸数的人"和"第一个设定诸理念存在、诸理念就是诸数、数学对象存在的人"。对于这种学说应该被认为属于哪些哲学家，评注家们莫衷一是（cf. Ravaisson, p. 29；Schwegler, *loc. cit.*；Bonitz, *Arist. Metaph.* ii. 544 sq.），很容易可以发现他们只是在亚里士多德文本基础上进行猜测而已，实际对此问题并无确知。但是不管怎样，我们或许可以把前面引证的内容综合起来说，亚里士多德在这里并不指毕达哥拉斯学派（如伪亚历山大认为的，p. 1076b19），而是指柏拉图学派。他其实清楚地指明了这个学说的追随者；因为他说，他们由于柏拉图理念论的那些困难而转向这个学说。他注意到，他们假定诸数与诸"大小"脱离事物而存在（如柏拉图对于诸理念就是这样考虑的），从而不同于毕达哥拉斯学派；而且他们利用了柏拉图把理念与事物分离开来的那同一个论证（supra, p. 225 sq., p. 231 sq.），也就是说，如果知识之对象并不超越于可感事物之上，那么就不会有知识（ὅτι οὐκ ἔσονται αὐτῶν αἱ ἐπιστῆμαι ἐλέγετο，《形而上学》xiv. 3; vide supra）。到底是哪位柏拉图弟子，以这种方式放弃诸理念而让超越的、预先设定的诸数来取而代之，这点我们可以从《形而上学》xii. 10, 1075b37，xiv. 3, 1090b13 来作出推论；我们发现（借助第 417 页注释 3 中引证的相关文本），这个文本只能是指斯彪西波；所以，"那些说数学上的数是第一位的人"以及"那些只承认数学对象存在的人"这些话必定是指向他。我们在《形而上学》xiii. 8, 1083a21 也可以想到他，在该处，主张诸理念就是诸数的人跟另一些人被区分开来了，后者"不认为诸理念就自身而言存在，也不认为诸理念作为某些数而存在，而认为数学对象存在，诸数是实在的东西中第一位的，它们的本原是'一'自身"；还有在 xiv. 4, 1091b22 提到，把"一"等同于"善"有许多困难："这会引起巨大的困难，为了逃避它，一些人，也就是同意'一'是最初本原和元素但只属于数学上的数的人，放弃了该理论。"后面这个文本（据 p. 568 给出的证明）无疑指的是斯彪西波。以同样的方式，在 Z. 32 暗指的也是他，"因此，那个避免把'善'说成'一'的人"，显然指 Z. 22 sqq.。Ravaisson（p. 30）正确地诉诸《形而上学》（vii. 2, 1028b21, 24）来表明斯彪西波没有把诸数等同于诸理念。Susemihl, *loc. cit.* 认可这种关于斯彪西波的观点；但是他认为在 xiii. 5, 1076b11 sq. 中提及斯彪西波的同时还提及柏拉图与色诺克拉底。从 c. 1, 1076a22，对比 Z 32，可以清楚看到，亚里士多德仅仅讨论到那样一些人，即"主张只存在数学实体的人"。

1 参见上注中《形而上学》xiv. 3 的引述内容。另一个似乎被斯彪西波应用的论证见于《形而上学》xiv. 3, 1090b5 sqq.；参考 vii. 2, 1028b15；iii. 5。

数"中的那些"单一"区分开来；这样，如亚里士多德所示，他在这点上无论如何又分离了理念数与数学上的数。[1]

就像各个数一样，斯彪西波把各种"大小"（die Raumgrössen）也看作独立于可感对象之外的实在；但是，柏拉图在数学上的大小和理念上的大小之间做出的区分[2]在他这里是显然不允许的：数学上的数是"第一位的"，数学上的大小是"第二位的"。[3] 跟毕达哥拉斯学派一样，他试图证明两者之间存在各种类比；[4]他以跟毕达哥拉斯学派相同的态度称赞数字"十"的完满性，部分由于其算术上的性质，部分由于其构成要素（即，最初的四个数：1、2、3 和 4）构成了一切几何比例的基础。[5] 晚年柏拉图显然非常倾向于毕达哥拉斯学派关于数的理论而不再与自己原来的思想体系保持一贯；这个倾向在斯彪西波这里占据了绝对优势，以致他在形而上学方面完全是一个毕达哥拉斯主义者——如果说数和事物的分离（作为理念论的遗迹）算不上真正的毕达哥拉斯主义和他所采纳的毕达哥拉斯主义之间的本质差异的话。

斯彪西波似乎不怎么关注自然科学。塞奥弗拉斯特批评他（与大多数柏拉图弟子一样）没有足够详细地从那些"最初原因"出发推导出具体事物，而且他在把诸本原应用于诸数和数学上的"大小"之外的一切

---

1 《形而上学》xiii. 8, 1083a20 sqq.。

2 参见 p. 518。

3 《形而上学》xiii. 6, 1080b23（据 p. 573 的引证）："线、平面和立体的情况也是同样的。"xiv. 3, 1090a35："那些确立分离的数的人……认为它存在并且是分离的；数学上的大小也是如此。"

4 据 Iamblichus, *Theol. Arith.* p. 62，在斯彪西波讨论毕达哥拉斯学派数论的作品中，他详细地考察了"各种直线数（策勒按：从一些几何学比例中得出的一些数）、各种多边形数、各种平面数和立体数"。我们在这里必须记住，在毕达哥拉斯学派的古希腊数学中，算术问题常常是以几何的方式得到表达的；我们看到有所谓平面数或立体数，平方数、立方数、长方形数、磬折形数（gnomonic numbers），还有圆形数，等等。在同一篇作品中，斯彪西波（*loc. cit.* p. 63）试图证明，数字"十"被包含在几何实体与几何形状之中：例如，他认为"1"在点中，"2"在线中，"3"在三角形中（作为最简单的平面），4 在棱锥中（作为最简单的立体）：cf. Vol. i. 349 sq.，前文第 241 页注释 2，以及第 379 页注释 1。

5 参见 *Theol. Arithm.* loc. cit. 的残篇，以及前注从其中摘引的内容。更多细节随后讨论。

事物的时候采取了肤浅和杂乱的方式。[1]除了刚才提到的论著之外，斯彪西波的著作（从它们的标题上看[2]）由一些叙述性而非研究性作品构成，[3]包括关于形而上学、神学、数学、伦理学、政治学和修辞学方面的许多卷。[4]关于斯彪西波的物理学，史上流传的材料很少。亚里士多德批评柏拉图弟子把作为数学上和物理上的"大小"跟作为它们的位置的"空间"视为同时起源的，这时他所指的可能是斯彪西波。[5]据说，他

577

578

1　塞奥弗拉斯特《形而上学》，p. 312（Fr. 12, 11 Wimm.）："在他们（毕达哥拉斯学派）已经抵达这点之后，许多人就完全停下来了，正如那些设定一与未限定的二的人们（指柏拉图学派，更具体说是柏拉图，参见第 379 页注释 3）"。"他们在产生出诸数、诸平面和诸立体之后，就舍弃了其他几乎所有东西，除了可触摸的东西（ἐφαπτόμενοι）之外，而且宣称只有这些东西；有些东西是从'未限定的二'中产生出来的，例如位置、虚空以及'未限定者'，而另外的东西是从诸数和'一'中产生出来的，例如灵魂和某些其他事物：时间、天宇和其他某些东西——但是他们关于天宇和其余事物没有给出更多说明，斯彪西波一派没有，其他人也没有，除了色诺克拉底。"
2　Diog. iv. 4 sq. 在这个目录中，被说成属于他的几部作品的名称没有出现。我们不晓得它们是完全被遗漏了还是以别的名称出现。这些作品有：《论毕达哥拉斯学派的数》（参见第 420 页注释 4），或许它包含在《数学家》（Μαθηματικὸς）里（Proclus, Eucl. 22, vide 77 Fr. 说，斯彪西波把所有几何学比例都称为 θεωρήματα）；《驳斥克勒奥丰》（πρὸς Κλεοφῶντα，参见第 423 页注释 5），或许它等同于第欧根尼提到的《论立法》（περὶ νομοθεσίας）；《论哲学家》（περὶ φιλοσόφων, Diog. ix. 23；cf. φιλόσοφος, iv. 4）；还有柏拉图关于"善"的若干讲演录（Simplicius, Phys. 32 b. m. 它们很难会是第欧根尼所说的《论哲学》这"1 卷"书）。关于《柏拉图的丧筵》（Πλάτωνος περίδειπνον，参见第 1 页注释 1），菲舍尔（Fischer）在他的《斯彪西波生平》（p. 38）中猜测说，它或许等同于《柏拉图颂》（参见第 1 页注释 1）；因为柏拉图丧礼中发表的讲演（或者若干讲演）可能出现为这种文体；而阿普利乌斯关于柏拉图的那些说法（我们从斯彪西波那里得来的）或许是从其中摘选的。但是，就这些说法而言，我们能够确定地考虑在内的只有第 5 页注释 1 和第 33 页注释 1 引述的内容。在 Plutarch, Quaest. conv. Proem. 3, p. 612 中，我们或许看到对于这部作品的一处提及。还有可能的是，如 Hermann 与 Steinhart 假定的（参见第 1 页注释 1），"περίδειπνον"这个标题是被错误地冠在斯彪西波作品上的。
3　参见第 413 页注释 1。
4　我把《论灵魂》（περὶ ψυχῆς）列为形而上学类的著作，因为它似乎主要讨论宇宙灵魂的问题（前文，第 416 页注释 1）。
5　《形而上学》xiv. 5, 1092a17："同时产生出位置和数学上的立体，这是荒谬的，……说它们必须处于某个地方，但是不说明其位置是什么，也是荒谬的。"既然紧挨着这个考察的前面是对斯彪西波学说的批判，Ravaisson（44）与 Brandis（ii. b. 1, 18）就认为这里指的就是他。但是这两处文本没有真正的关系：所以 Bonitz 认为，这处文本或许原本属于别的地方——可能是《形而上学》xiii. 8, 9。

把"时间"界定为运动中的数量；[1] 他坚持主张诸元素在数学上的派生；不过，与柏拉图的四元素主张不同，他跟菲洛劳斯一样设定了五种元素；[2] 他不仅把灵魂的高级部分，而且把其中非理性的部分也解释为不朽的 [3]——这也是对柏拉图学说的偏离，[4] 这很可能是因为反面观点在灵魂转世学说方面引起许多困难；这么看重毕达哥拉斯主义的人会支持该学说，这是用不着怀疑的。这些简单记录就是我们所知道的斯彪西波物理学的全部，关于这个主题或许还可以找到其他一些零散材料，但不会有太大的重要性。

579

　　我们关于斯彪西波伦理学的材料也非常少，尽管他有好多著作都是关于这方面的；[5] 不过，我们可以推断他的基本原则就是柏拉图的那些原则。[6] 但是，我们看不到他在德性学说方面的特别主张，也看不到像柏

1　"τὸ ἐν κινήσει ποσὸν"（运动中的数量）（Plut. *Plat. qu.* viii. 4, 3, p. 1007）。这个定义有不明确的地方：不清楚"数量"到底是指运动（恰当地说，在运动的领域中）的数量，还是指处于运动状态中（包含在空间中的某物之运动）的数量。

2　据 *Theol. Arithm.* p. 62，他在《论毕达哥拉斯学派的数》中描写了"被归给宇宙中几种基本元素的那五种形状，讨论了它们每一种的属性以及它们共有的特征，还有它们的合比例性和可转换性"（περὶ τε τῶν πέντε σχημάτων, ἃ τοῖς κοσμικοῖς ἀποδίδοται στοιχείοις, ἰδιότητος αὐτῶν〔这个 αὐτῶν 必须被删除，或者替换为 ἰδιότητός τε αὐτῶν〕πρὸς ἄλληλα κοινότητος, ἀναλογίας τε καὶ ἀνακολουθίας〔ἀκολουθίας 或 ἀνακολουθίας〕）。即使有这个可能，可能性也不大，"ἃ … στοιχείοις"这些表述仅仅是扬布里柯的评论。于是这段文本似乎表明，斯彪西波把五种规则形状与五种元素对应起来，从而离弃了柏拉图的本来学说，就像色诺克拉底与《厄庇诺米》的作者那样；而且与菲洛劳斯和柏拉图学说的晚期形态一样，他把"以太"视为第五种元素（参考前文，第 272 页注释 6，第 380 页注释 4；以及 Vol. i. 350 sq. ）。

3　Olympiodorus, *in Phaedon.* p. 98, Finckh.

4　参见 p. 417 sq. 。

5　在第欧根尼列出的目录中，《论财富》《论快乐》《论正义》《论友爱》《公民》《论立法》这些著作，可能还有其他一些对话录，都与这个主题相关。

6　西塞罗的观察（参见第 411 页注释 4，看起来主要涉及伦理道德）并不能让我们全然相信，因为它的来源是折中主义者安提俄库斯（Antiochus），西塞罗延续他的观点，主张早期漫步学派与亚里士多德是完全一致的（*De Orat.* iii. 18, 67；*Acad.* i. 4. 17 sq. ；ii. 5, 15；*Fin.* iv. 2, 5, v. 3. 7, 8, 21；*Legg.* i. 13, 38；*Offic.* iii. 4, 20：cf. Krische, *Forsch.* 248 sq. ）。与此类似，Diog. iv. 1："他忠诚地保持了（ἔμεινε）柏拉图本人的学说"，这从字面上来看的话显得说过头了。

拉图那样的理想化的政治设想。据说，他把各种合乎自然的活动和因
素的充分实现看作"至善"或"幸福"：这种充分实现主要取决于德性，
而德性被斯彪西波（就像被柏拉图）称为幸福的最根本条件。[1] 不过，
他认为健康、免受搅扰、甚至外在的各种好事物对于幸福也有一定重要
性；[2] 当然他不会承认"快乐"是一种"善"，[3] 更不会同意这个推论，即，
如果"痛苦"是一种"恶"，那么"快乐"是一种"善"。他说，不仅在
"恶"和"善"之间有一种对立，而且在某一个恶的事物与另一个恶的
事物之间也有一种对立；正如"较大"不仅与"等同"相反，而且与"较
小"相反。[4] 据说他还有一个论证，他试图借助该论证来证明法律应该
得到尊重，而聪明人不应该逃避法律的管辖。[5] 尽管不可能从这些零散

580

1　参见 Clem. *Strom*. 418D："斯彪西波说，幸福是符合自然而生activ的人的完满状态，
　或者说善好状态：每个人都对这种状态有所欲求，但是善好只属于恬淡无扰；因而
　只有诸德性才带来幸福。"参考 Cicero, *Tusc*. v. 10, 30：他把贫穷、羞耻之类的东西
　看作一些恶，而教导说，有智慧的人始终是幸福的。

2　参见前注，还有 Plut. *Comm. not*.13, 1, p. 1065："色诺克拉底和斯彪西波主张，健
　康并不是无关紧要的，财富也不是无用的。"但是，Cicero, *Legg*. i. 13, 38 把他们两
　人都算作主张只有"自身值得称赞的东西"才是"重要的善好事物"（magnum bo-
　num）的人。据 Cic. *Tusc*. v. 13, 39 以及 Seneca, *Epist*. 85, 18 sq.（参见下文，第 440
　页注释 6），他们两位都主张德性自身就足以带来幸福，但是又补充说，还需要有其
　他某些善好事物才能让幸福达到完全。

3　参考 Aristotle, *Eth. N*., iv. vii. 14, beginn.（Eustratius *in Eth. N*.166 b. m. 不能被视为
　原始材料）；痛苦是一种恶，因此，快乐必定是一种善。《尼各马可伦理学》1153b. 5
　sqq.："因为斯彪西波曾经提出解答，说正如较大与较小对立，也与相等对立，〔所
　以快乐与痛苦对立，也与居间状态对立〕，这个解答是不成功的。因为他不会主张
　快乐根本上是恶的。"参考 x. 2, 1173a5；vii.12, 1152b8；Gellius, *N. A*. ix. 5, 4："斯
　彪西波与所有老学园派成员都主张，快乐与痛苦是彼此相反的两种恶，而处于这
　两者之间的是善。"从《尼各马可伦理学》x. 2 中不能合理地推论出：斯彪西波在关
　于快乐的这个讨论中反对了欧多克索（Krische, 249, 1；Brandis, 14, 36）。由于斯彪
　西波有针对阿里斯底波的著作，更有可能的是，他所考虑的是犬儒学派的哲学家。

4　有一个相似但与之不完全一致的区分被柏拉图用来描述这同一个问题；参见《理想
　国》ix. 584D sqq.。

5　Clemens, *Strom*. ii. 367A："因为在《驳斥克勒奥丰》第 1 卷，斯彪西波就以这种
　方式像柏拉图那样写道：如果王权是好东西，而且唯有哲人是君王和统治者，那
　么法律，作为正确道理而言（λόγος ὢν ὀρϑὸς），就是好的。"（Σπεύσιππος γὰρ ἐν
　τῷ πρὸς Κλεοφῶντα πρώτῳ τἀὅμοια τῷ Πλάτωνι ἔοικε διὰ τούτου γράφειν εἰ γὰρ
　ἡ βασιλεία σπουδαῖον ὅ τε σοφὸς μόνος βασιλεὺς καὶ ἄρχων, ὁ νόμος λόγος ὢν

材料出发得出斯彪西波伦理学的连贯思想，但是我们至少看到，这些想法与老学园派的基本原则是大致相符的。

ὀρθὸς σπουδαῖος）。这个论证以相似的方式被斯多亚学派应用（cf. Stobaeus, *Ecl.* ii.190, 208），它很可能被提出来反对犬儒学派对于法律的蔑视（Part. i. 277, 3），而且斯彪西波在"哲人……"（ὅ τε σοφὸς, etc.）这些措辞里间接提出了相反的预设。唯有哲人堪当统治者，这个原则没有被当作犬儒学派的原则传承下来，但是它与我们关于他们的认识非常相似，而这显然与苏格拉底的学说有关联。所以很有可能的是，斯多亚学派从犬儒学派中把这点转借过来了（参见 Part i. p. 276 与 p. 141, 1）。

第 十 五 章

老学园派（续）: 色诺克拉底

色诺克拉底在强烈偏好毕达哥拉斯主义[1]和高度尊重数学[2]这些方面　581
与斯彪西波相似，而且他对柏拉图晚期著作中那些倾向的发展甚至超出
了他的前任。他在追求更高程度的体系完备性的同时没致全然放弃柏拉
图主义的基本原则，就像斯彪西波全然放弃理念论那样。所以从许多方
面讲，他是一个更纯正的柏拉图主义者。他担任柏拉图学园领袖的时间
比斯彪西波长得多，而且是一位多产的作者，[3]因而，我们可以恰当地把　582

1　参考 Iambl. *Theol. Arithm.* p. 61, g. E：“色诺克拉底从永远值得重视的毕达哥拉斯
　　学派著作，尤其从菲洛劳斯的著作中精编了一部小书。”

2　他对这门科学的重视可以从他关于数学与天文学的众多而且全面的论著中看出
　　来。参考这样一些标题，据 Diog. iv. 13 sq.：《推理诸问题》($\lambda o \gamma \iota \sigma \tau \iota \kappa \grave{\alpha}$)、《论数
　　学诸问题》($\tau \grave{\alpha} \pi \varepsilon \varrho \grave{\iota} \tau \grave{\alpha} \mu \alpha \theta \acute{\eta} \mu \alpha \tau \alpha$)、《论几何学家》($\pi \varepsilon \varrho \grave{\iota} \gamma \varepsilon \omega \mu \varepsilon \tau \varrho \tilde{\omega} \nu$)、《数论》
　　($\pi \varepsilon \varrho \grave{\iota} \grave{\alpha} \varrho \iota \theta \mu \tilde{\omega} \nu \theta \varepsilon \omega \varrho \acute{\iota} \alpha$)、《论距离》($\pi \varepsilon \varrho \grave{\iota} \delta \iota \alpha \sigma \tau \eta \mu \acute{\alpha} \tau \omega \nu$)、《关于天文学的诸问
　　题》($\tau \grave{\alpha} \pi \varepsilon \varrho \grave{\iota} \grave{\alpha} \sigma \tau \varrho o \lambda o \gamma \acute{\iota} \alpha \nu$)、《论几何学》($\pi \varepsilon \varrho \grave{\iota} \gamma \varepsilon \omega \mu \varepsilon \tau \varrho \acute{\iota} \alpha \varsigma$)。《毕达哥拉斯诸事》
　　($\Pi \upsilon \theta \alpha \gamma \acute{o} \varrho \varepsilon \iota \alpha$)也可能包含某些数学方面的内容。据说他劝走了一位不懂数学的
　　学生，因为这意味着对哲学完全缺乏预备性基础($\lambda \alpha \beta \grave{\alpha} \varsigma o \grave{\upsilon} \varkappa \, \check{\varepsilon} \chi \varepsilon \iota \varsigma \, o \iota \lambda o \sigma o \varphi \acute{\iota} \alpha \varsigma$)：
　　Plut. *Virt. mor.* C 12 end，p. 542；Diog. 10, alibi；Krische, *Forsch.* p. 317.

3　参见 Diog. iv. 11 sqq.，以及 Wynpersse ad loc. 190 sq.，197 sqq.。这里没有提到
　　《论柏拉图的生平》(关于这点，参考第 1 页注释 1)，《论以动物为食物》($\pi \varepsilon \varrho \grave{\iota} \tau \tilde{\eta} \varsigma$
　　$\grave{\alpha} \pi \grave{o} \tau \tilde{\omega} \nu \zeta \acute{\omega} \omega \nu \tau \varrho o \varphi \tilde{\eta} \varsigma$)也没有被提到(Clemens, *Strom.* vii, 717D)，除非它包含
　　在《毕达哥拉斯诸事》中。在 Apuleius, *Floril.* iv. 20 中提到的那些讽刺，可能应该
　　归在色诺克拉底的名下(Diogenes ii. 谈到了 $\check{\varepsilon} \pi \eta$);《论柏拉图的〈政制〉》($\pi \varepsilon \varrho \grave{\iota} \tau \tilde{\eta} \varsigma$
　　$\Pi \lambda \acute{\alpha} \tau \omega \nu o \varsigma \pi o \lambda \iota \tau \varepsilon \acute{\iota} \alpha \varsigma$, Suidas $\Xi \varepsilon \nu o \varkappa \varrho$.)可能等同于据欧根尼记载的《论政制》($\pi \varepsilon \varrho \grave{\iota}$
　　$\pi o \lambda \iota \tau \varepsilon \acute{\iota} \alpha \varsigma$)。《论善》(参考第 20 页注释 4)究竟是不是色诺克拉底编辑的柏拉图讲
　　演录(Simpl. *Phys.* 32 b. m.)是难以断定的。

他看作老学园派的主要代表人物。[1] 遗憾的是，我们对他的学说也所知甚少，不足以让我们精确地再现其主要特征。所以，我们只能满足于把流传下来的那些零散材料拼凑起来，通过一些可能的猜测去填补那些空隙。

把"哲学"分为三个分支，这在柏拉图那里已经采用，但是到了色诺克拉底这里才首次以明确的方式得到确认。[2] "逻辑"或"辩证法"（名称并不确定）首先包含认识理论，以及推理的基本入门，关于这方面他写了不少论著，[3] 其次可能还包括关于"属"和"种"的讨论，以及关于（最高层次的）"相反者"的讨论，[4] 而那些关于本原的探讨[5] 可能应该归入"物理学"。[6] 色诺克拉底最具特色的应该是他关于"知识"的观点。柏拉图把知识首先分为理性知识和感性知识，又把前者分为较高的辩证性知识和较低的数学知识，[7] 把后者分为"信念"和"感觉"（die Wahrnehmung）。色诺克拉底只设想三个层次：思想、感觉和信念。他说，思想是关于天宇之外的全部实在的；感觉是关于天宇之内的诸事物的；信念是关于天宇本身的，因为它们一方面能用肉眼观看到，而另一

583

1　所以，在 Simplicius, *loc. cit.* 中，他被称为"最忠诚的柏拉图弟子"。

2　参见前文，第 119 页注释 1。

3　参考 Cicero, *Acad.* ii.46, 143；还有标题为《论智慧》（περὶ σοφίας），《论哲学》（περὶ φιλοσοφίας），《论知识》（περὶ ἐπιστήμης），《论认知》（περὶ ἐπιστημοσύνη），《论谬误》（περὶ τοῦ ψεύδους），《关于思想的诸问题》（τῶν περὶ τὴν διάνοιαν，出现两次），《论对立》（περὶ τοῦ ἐναντίου），《逻辑问题释疑》（λύσις τῶν περὶ τοὺς λόγους），《数学问题释疑》（λύσεις περὶ μαθητάτων），《关于文体的诸研究》（τῶν περὶ τὴν λέξις），《辩证法研究》（τῆς περὶ τὸ διαλέγεσθαι πραγματείας）的著作，还有《论学生》（περὶ μαθητῶν）——这个标题或许是把《论数学》（περὶ μαθημάτων）搞错了的结果。

4　《论属和种》（περὶ γενῶν καὶ εἰδῶν）、περὶ εἰδῶν（可能这个标题其实跟 περὶ ἰδεῶν《论理念》〕指同一著作）、《论相反者》（ἐναντίωνα′）。

5　这样一些论著：《论未限定者》（περὶ τοῦ ἀορίστου）、《论是者》（περὶ τοῦ ὄντος，或译为《论实在》）、《论"一"》（περὶ τοῦ ἑνὸς）、《论善》（περὶ τἀγαθοῦ）、《论理念》（περὶ ἰδεῶν）、《论数》（περὶ ἀριθμῶν）。

6　如果他非常严格地做出了这个区分的话（这点不确定）。他或许总体上论述了这些主题，而没有对这三个部分进行分门别类的考察。

7　参考 p. 218 sq.。

方面在天文学中属于思想的对象。理性思维必定得到知识；感性认识也得到知识，但达不到同样的程度；在信念中，真与假均有可能出现。[1]

这样，虽然柏拉图把哲学思想从数学思想中、甚至从纯粹数学中分离出来，但是色诺克拉底把这两者都包含在他的"知识"内涵之中，而把这两者的对象都看作"世界外的东西"；[2] 虽然柏拉图完全不承认与思想有别的感性认识中有任何真理，但是色诺克拉底承认感性认识有一种较低层次的真理。据塞克斯都（Sextus）说，色诺克拉底论述这一主题时有某种混淆，有时候他把"信念"看作一个专门领域，有时候又以非常广义的方式谈论它。[3] 关于他的"逻辑学"，我们只知道他把所有其他范畴都还原为柏拉图 [4] 所谓"绝对"和"相对" [5] 的区分（可能是为了反对亚

584

1　Sext. *Math.* vii.147："色诺克拉底说，有三类实在：可感者、可思维者，以及混合的可相信者。其中，可感事物是在天宇之内的，可思维事物是天宇之外的一切，可相信的混合的东西是天宇本身；因为它对于感觉而言是可见的。又通过天文学而可以思维。既然这些实在以这种方式存在，他就宣称，理性认识（ἐπιστήμη）是天宇之外的或可思维的实在的判断依据，感觉是天宇之内的、可感事物的判断依据，而信念则是混合实在的判断依据。其中，总体而言，从可理解的理性而来的判断依据是稳固的、真的；从感觉而来的判断依据是真的，但是不如从可理解的理性而来的判断依据那么真；混合类型的判断依据有真也有假，因为一些信念是真的，另一些是假的。于是有了传说中的命运三女神：Atropos 是可思维实在的命运，因为她是不变的；Clotho 是可感事物的命运；而 Lachesis 是可相信事物的命运。"塞奥弗拉斯特似乎提到过他关于"实在"的这种划分（*Metaph.* p. 313；Fr. 12, 12, Wimm.；在第421 页注释 1 引证文字之后）："他的确某种意义上设定了宇宙内的万物，跟可感事物一样，还有可思维实在，数学实在，乃至神圣实在。""数学实在"（μαθηματικὰ）在这里必定表示"天宇"（οὐρανία）或者天文学的对象；"神圣实在"（τὰ θεῖα）只是塞奥弗拉斯特偶尔附加的，并不构成独立的类，如我们将看到的，就神圣实在是从目的论立场被看待而言，它们在其他三个类中都存在。

2　这个表述与"ὑπερουράνιος τόπος"（天宇外的领域 / 超世界的领域）相似，见《斐德罗》247C；纯粹数学知识与哲学知识之间的对比跟数学上的数与诸理念之间的对比相对应，等等；参见下文。

3　当他把"天宇领域"赋予"信念"作为其特殊领域的时候，就属于后面的情况；当他应用柏拉图的原则（即，"真 / 正确"与"假 / 错误"出自于诸观念的联结），把信念中"真 / 正确"与"假 / 错误"的对立归结为理性认识与感觉的联结，就属于前面的情况（参见第 123 页注释 4，第 151 页注释 3）。

4　关于这点，参考 p. 277 sq.。

5　Simpl. Categ. γ. b. 6；*Schol. in Arist.* 47 b. 25："色诺克拉底和安德罗尼柯以及他们的追随者们似乎把一切都纳入到'绝对'（καθ' αὑτὸ）与'相对'（πρός τι）〔的对

427

里士多德）。关于形而上学上的那些最高本原，色诺克拉底接受柏拉图的看法；只不过他更频繁地使用数学上的术语，而且把它们更紧密地与神学联系起来。他认为，"一"与"二"（"二"在这里指"未限定的二"）是最初本原；他把"一"等同于"直"，把"二"等同于"曲"。他还把"一"称为第一位的、男性的"神""父""宙斯"和"理性"（Nous），把"二"称为女性的"神"、"诸神之母"。[1] 他说，诸数源自这两者（按："一"与"未限定的二"）的结合。[2] 他似乎以如下方式看待数和理念的关系：既不像

585
586

立中〕，因而在他们看来，许许多多的类属都是琐细而不足道的。"

1　Stob. *Ecl.* i. 62：" 色诺克拉底……把 ' 一 ' 和 ' 二 ' 称为神，' 一 ' 是男性的父，掌管天宇中的秩序，也被称为宙斯、超凡者、理性（Ζῆνα καὶ περιττὸν καὶ νοῦν），他就自身而言是第一位的神；' 二 ' 是女性的、诸神之母、正义（δίκην），掌管天宇之下的领域，她就自身而言是万物之灵魂。"（后一部分显示了严重的混淆——如果行文无误的话；如我们将会看到的，色诺克拉底把灵魂看作一个数；而 " 二 " 是每一个数的元素，从而也是灵魂之数的元素；见下文）。有可能色诺克拉底（像毕达哥拉斯学派在他们的数之类比方面）至少在字面上没有避免这种混淆。菲洛劳斯把 " 二 " 称为 " 瑞亚 "（Rhea），诸神之母；而毕达哥拉斯学派也用这个名称来称呼 " 中心火 "：参见 Vol. i. 337，1；356，4。这个证据让我们有理由认为，在柏拉图学派关于最初本原的那些不同描述当中，色诺克拉底属于把 " 一 " 与 " 未限定的二 " 放在首位的那类人。塞奥弗拉斯特说（参见第 421 页注释 1，第 427 页注释 1），从这两个本原出发派生出个别事物，在这点上，他比所有其他人走得更远；Plut. *An. Procr.* 2，1 说（参见第 433 页注释 1），他把诸数与灵魂（就其是一个数而言）描述为是从这两个本原中产生出来的。" 一 " 与 " 未限定的二 " 的对立从两个方面得到理解。有些人把与 " 一 " 相对的本原理解为 " 不相同 " 或者 " 大与小 "，以此方式来诠释 " 未限定的二 "（《形而上学》xiv. 1，1088 a. 15；cf. p. 1087a. 7 sqq.）。其他人仅仅提及 " 一 " 与 " 未限定的二 "，没有把 " 未限定的二 " 说成是 " 不相同 "（*Ibid.* c. 2，1088 b. 28）。或许这是色诺克拉底的学说。他或许用 "ἀόριστον"（未限定的）来表示 " 二元性 "；据载他有一篇著作题名为《论未限定者》（περὶ τοῦ ἀορίστου，Diog. 11）；据 Plutarchm，*loc. cit.*，他还以更加不确定的方式把未限定者称为 " 多 " ——如果普鲁塔克说的是色诺克拉底自己的表述。为了表达一切物质性事物之流变，他使用了 "τὸ ἀέννναον"（永恒流动者）这样的表达，这或许与著名的毕达哥拉斯诗篇有关（参见 Vol. i. 342 b.）。参考 Stob. *Ecl.* i. 294："色诺克拉底从 ' 一 ' 与 ' 永恒流动者 '（τοῦ ἀενάου）合成一切，他通过 ' 多 ' 来暗指永恒流动的质料。"Theodoret. *cur. gr. asqq.* iv. 12，p. 57："色诺克拉底把从其中产生出一切事物的东西称为永恒流动的质料（ἀέννναον τὴν ὕλην）。"

2　但是他公开解释说，这个过程不应该被设想为某种时间方面的起源。Ps.-Alex. *ad Metaph.* xiv. 4，1091 a. 27 把亚里士多德在这个文本中的评论说成是指色诺克拉底，该评论说，"诸数的产生"（γένεσις τῶν ἀριθμῶν）显然并不仅仅 " 为了研究的缘故 "

柏拉图那样把理念当成理念数，从而区别于数学上的数，也不像斯彪西波那样抛弃诸理念，而是把数学上的数与理念完全等同起来。[1]关于"大　

（τοῦ θεωρῆσαι ἕνεκεν）而设定的，而且这点由于以下情况而更加可信了：色诺克拉底在他自己的灵魂生成论中采用了同样的权宜做法；cf. p. 595。

1　亚里士多德著作中关于数的学说的各种阐发（参见第 418 页注释 2），也就是上述那些很可能属于色诺克拉底的观点，参考 Ravaisson（Speus. plcc. p. 30）以及 Brandis（ii. b. 1, p. 16），还有 Metaph. xiii. b. 1080 b. 23 sqq.，在后面这个地方，也就是 p. 573 引证的那段话之后，亚里士多德继续写道："关于线、平面、立体的情况也是同样的。因为有些人认为，数学对象与那些在诸理念之后出现的对象是不同的；（策勒按：柏拉图的观点是，数学上的大小不同于诸理念方面的大小——也就是诸理念之先后关系；参见 p. 519）在持不同主张的人中，有些人以数学的方式谈论数学对象，他们并不把诸理念当作诸数，也不认为诸理念存在；还有人并不以数学的方式谈论数学对象，因为他们不认为每一个大小都可以分割为大小，而且也不认为任何两个单元都可以成为'二'（并不是所有的"一"，在把其中两个联合起来的时候，都会产生"二"）。"这段话否认每一种"大小"都可以分解为另一种"大小"，因而我们把它归为色诺克拉底的学说不会错。这个主张属于这类人——他们不希望与斯彪西波一样搁置理念上的"大小"，或者与柏拉图一样把理念上的'大小'与数学上的"大小"区别开来。这些人显然就是以相似的方式来看待理念数与数学上的数的人；所以我们有充分理由认为这些观点指向的人是色诺克拉底。Sextus, p. 538, 11 的引证内容证实了这个观点。柏拉图根据这样一个原则，即，认识的程度与类型有赖于对象之实在性的程度与类型（参见 p. 225；第 241 页注释 2），把数学知识与哲学知识区别开来，正如他把数学上的数与理念数区别开来一样。如果色诺克拉底放弃了这第一个区分，那么我们必须认为他也放弃了第二个区分，从而把诸理念与数学事物当作等同的东西。这两者共同构成了超感性世界，τὰ ἐκτὸς οὐρανοῦ（天宇外领域 / 世界外领域）；它们共同构成了"天宇外领域"，也就是柏拉图仅仅把诸理念置于其中的这个领域。数学实在与诸理念的归并在亚里士多德那里也被提及了，见《形而上学》xiii. 8, 1083b1；Ibid, c. 9, 1086a5；xiv. 3, 1090b27；以及 vii. 2, 1028b24，在这里，Asclep. Schol. in Ar. 741 a. 5 发现了对色诺克拉底的一处指涉。亚里士多德评论说（xiii. 9），这种学说实际上取消了数学上的数，即使它们名义上得到了承认。伪亚历山大（Ps.- Alex. ad. Metaph. 1080b11, 1083b1, 1086a2）把色诺克拉底关于数的观点与斯彪西波的观点联系起来了，而且认为前者否认了理念数，而后者把理念数与数学上的数等同起来了。这个说法是完全搞反了，我们不需要把它视为与亚里士多德的说法相对立的说法。我们并不清楚真正的亚历山大本人的观点是什么。叙里亚努斯认为（Syrianus ad Metaph. 1080b14，见 Schol. in Arist., Supplem. 902 a. 4），与斯彪西波相关的这些话（supra, p. 573）："其他人主张只存在数学上的数，等等"，指的是"色诺克拉底之类的人，他们把数学上的数跟可感事物分离开来了。然而他并不把数学上的数当成仅有的数"。但是这跟此处有待解释的亚里士多德说法完全是矛盾的；这个意思肯定不能被当成真正的亚历山大本人的观点；更有可能的是，叙里亚努斯以自己的名义增补了"他们把数学上的数，etc."这些话来纠正（伪）亚历山大。

小”也是如此，他既不放弃理念上的“大小”也不放弃数学上的“大小”，而是试图取消两者的区分。[1] 在诸“大小”的派生关系方面，他似乎也遵从柏拉图的观点：[2] 他在把这些“大小”还原为某些基本元素时，也提出这样的理论（柏拉图已经得出了这样的理论），[3] 即：一切形状最终都由最小的、不可分的线构成。[4] 这样，他似乎设想每一种“大小”都有

1　参见上注。

2　在《形而上学》xiv.3（第 379 页注释 1 中引证的文字），亚里士多德似乎指的是色诺克拉底；无论如何，这些说法至少部分对于他是成立的，因为（Z 31）亚里士多德继续写道（1090b31）："这些人的错误在于想把数学对象和诸理念拼凑在一起。（策勒按：亚里士多德在别的地方也对色诺克拉底提出同样的反驳，见前注）还有些人最早确立两类数：理念数和数学上的数，然而他们从来没有说明、也不可能说明它们如何存在而且由什么东西所构成，etc.."。Themist. De An.1.2（ii.21, 7 Sp.）在他对第 241 页注释 2 所引文本的阐释中得出结论说（与亚里士多德的那些说法一致）："所有这些都可以从色诺克拉底《论自然》而得到理解"。

3　参见第 379 页注释 1。

4　这个醒目的观点常常被归到色诺克拉底的名下；参见 Procl. in Tim. 215 F；Alex. ad Metaph. 992 a. 19；1083 b. 8；Themist. Phys. f. 18；i. 122. 13 sqq. Sp.；Simpl. Phys. 30 a. o. u. b. u. 114 b.；De Caelo, 252 a. 42 K（Schol. in Ar. 510 a. 35）；Ibid. 294 a. 22；Philop. Phys. B 16 u., C 1 o., M 8 m.（Schol. in Ar. 366 b. 17）。Philoponus 争辩说，这确实就是色诺克拉底的学说；Schol. in Arist. 323 b. 41, 334 a., 36 b. 2, 469 b. 16, 25, 515 a. 13；Syrian Schol. in Ar. Suppl. 902b. 21 sq.。据其中某些证据，被其他人归到塞奥弗拉斯特名下的亚里士多德著作（参见 Vol. ii. b. 64, 1, 2nd edition）《论不可分的线》直接反驳色诺克拉底，这一推断是基于这篇著作开头（968b.21）所提出的假设而得出的。其中一个证据（968 a. 9，参见下注）明确建立在理念论的基础上；第二个证据（Z 14）可能与柏拉图关于诸元素的学说相关。但是，不仅仅是这种关于元素的学说导向了色诺克拉底自己的理论；据亚里士多德《形而上学》i. 9, 992a10–22, xiii. 6（参见第 429 页注释 1），就像先前柏拉图的那些相应说法，它在最初关于空间上的“大小”的形而上学建构中已经设定下来了。在《物理学》vi. 2, 223b15 sqq.，亚里士多德很可能心里想的是色诺克拉底，尽管没有提及他的名字；根据亚历山大和波菲利的记载，塞米斯修斯、洛庞努斯和辛普里丘（loc. cit. ad Phys. i.3, 187 a.1）认为该处一方面指色诺克拉底，另一方面指柏拉图。但是，这些段落看起来同样与原子论者有所关联。从《论灵魂》i.4 结尾的文本来看（此处反驳色诺克拉底，说，“如果诸线并不分为诸点”〔409a30〕，而且如果灵魂被设定为一个数，而包含在这个数中的那些单元等同于物体中的点，那么就不能设想灵魂与物体是分离的），我们不能得出关于色诺克拉底学说的任何具体结论：这里讨论的主题仅仅是总体上得到承认的原则，即：线不是由诸点构成的，而且不能被还原为诸点。当然，尽管亚里士多德（loc. cit. 409a3）看起来与此相反，但是以下这点本身是可能的：色诺克拉底在此问题上与柏拉图持有相同观点（参见第 379 页注释 1）。

某种不可分的元素；他认为不然的话，线、三角形等等理念就不会是最
基本的，它们的部分会比它们自身更为基本。[1]　　　　　　　　　588

1　参考亚里士多德的两段话：《论不可分割的线》968a9，这里有假定不可分的线的其
　　中一个首要理由："如果存在线之理念，而且如果理念是第一个被称为该名称的，那
　　么，由于诸部分的本性在整体指本性之先，那么，线自身就会是不可分的。按照同
　　一个方式，正方形自身、三角形自身，以及其他图形自身，乃至一般而言的平面自
　　身与立体自身，都必须是不可分的；因为（策勒按：γὰρ〔因为〕或许应为 ἄρα〔所
　　以〕）这会得出，有某些比它们更为在先的东西"。《论生成和毁灭》i.2, 316a10：德
　　谟克利特的原子远比《蒂迈欧》中最小的三角形更可设想。"从这里可以看到，研
　　究自然现象的人和进行辩证考察的人之间的研究方式有多么大的差异。因为，关于
　　不可分的'大小'，有一个学派认为它们必定存在，因为否则的话三角形本身就会
　　有多个，而德谟克利特会相信通过切合于这个主题的、自然研究方面的论证得出的
　　结论"（对此，Philop. ad loc.7 a. m. 做出了解释，没有认识到它究竟指柏拉图本人
　　还是指他的学生）。这样一个主张——即，在不假定不可分的'大小'的情况下，线、
　　三角形等等的理念必须是可分的——更适合于色诺克拉底而不是柏拉图本人。前者
　　分离了理念上的'大小'与数学上的'大小'，这就避免了这样的结论：他借助于
　　理念上的'大小'的不可分性从而以权宜的方式把它们跟数学上的'大小'区别开
　　来，就像他借助于理念数的不可累加性而把它们跟数学上的数区别开来一样。"从
　　另一方面看，色诺克拉底作为把诸理念与数学事物等同起来的人，他不能利用这个
　　权宜之计。不过，关于他有一个明确的说法（Syrianus, Schol. in Ar. Suppl.902 b.22
　　sq.）："他不接受'线本身'（策勒：参考《论不可分的线》这篇著作）是可分的这
　　样的观点，而且，他也不认为那些在灵魂之居间层次的理性原则中体现出来的线
　　（τὰς κατὰ τοὺς μέσους λόγους τῆς ψυχῆς ὁρωμένας γραμμάς）是可分的。"既然
　　《论不可分的线》有关于此主题的特别讨论，我们就只能把它归于色诺克拉底而不
　　是柏拉图；所以最有可能的是，色诺克拉底是第一个表达并主张存在不可分的"大
　　小"的人。参考 Porphyr. ap. Simpl. Phys. 30 a, u. ："色诺克拉底同意第一种观点成
　　立，也就是说，如果实在是一，它会是不可分的，而不是说，实在是不可分的。因
　　而，实在不仅仅是'一'，而是'多'。但是，实在虽是可分的，却不能一直分到无
　　穷，而必须在某些个体处停下来〔不再划分〕。不过，这些个体并不是作为无部分
　　的、最小的实在，而是在数量方面可分的、拥有诸部分的，不过它们在形式上是不
　　可分的、最根本的，如果假定这些东西是最初的不可分的线，而平面和基本立体都
　　是从它们构成的（τὰ ἐκ τούτων ἐπίπεδα καὶ στερεὰ πρῶτα）。"在这里，色诺克拉
　　底之不可分的"大小"并不指空间上的不可分，这个论断可能是波菲利本人的一个
　　解释，这个解释没什么历史性价值，正如辛普里丘（30 a. 以下）利用这个权宜说
　　法来解释这样的惊讶，即，像色诺克拉底这么倾向于数学的一个人竟然采用了这么
　　非数学的原则。但是，色诺克拉底的确很可能把最初的那些平面与立体描述为不
　　可分的（"不可分的"〔ἄτομα〕这个词应该被补充到上面那段话的最后，修饰平面
　　和立体）。斯托拜乌说色诺克拉底有不可分之立体的学说；他将其与 Diodorus 进行
　　比较（参见 Part i. p.228），后者只假定不可分的立体而没有假定不可分的线（Ecl.
　　i.350：Ξενοκράτης καὶ Διόδωρος ἀμερῆ τὰ ἐλάχιστα ὡρίζοντο），而且 i.368（875, 4）

589
590

色诺克拉底也从两个本原中派生出灵魂。[1] 他为《蒂迈欧》写的"附言"中把灵魂称为一种自身运动的数：[2] 因为"一"和"未限定的二"的结合

谈到他，说，他从最小的立体中构造出诸元素。最后，亚里士多德《论天》iii.8，307a20 似乎指的是色诺克拉底，在那里，亚里士多德反对柏拉图的元素学说，即，如果四面体由于其诸角而必定变热而燃烧的话，那么，数学上的那些立体必定也会燃烧，"因为它们也有角，包括不可分的球体和棱椎体，尤其如这些人说的，存在不可分的'大小'的话"。他用"不可分的'大小'"（ἄτομα μεγέθη）所表示的必定不仅仅是不可分的线；或者我们要把不可分的球体与棱椎体也算在数学形状之中，并且认为这里指涉的不是原子论者，而是柏拉图学派；只有这些人认为数学上的立体具有一种自身持存的实在性。亚里士多德的反驳要点在于，数学上的不可分者（色诺克拉底的"基本立体"〔πρῶτα στερεά〕）必定具有与物理上的不可分者（原子）一样多的基本性质。正如我们在赫拉克利德与欧多克索斯那里看到的，在柏拉图的元素学说跟原子论的元素学说之间只隔着一小步。

1　下面的内容，以及 p.345，p.355，第 266 页注释 2 的引文似乎出现在他的《论灵魂》中（Diog. iv.13）。色诺克拉底没有撰写《蒂迈欧》的常规注解，虽然人们可能从普鲁塔克与普洛克罗的引述中产生这种设想；Procl. in Tim. 24A 明确把克朗托称为"第一位柏拉图诠释者"（ὁ πρῶτος τοῦ Πλάτωνος ἐξηγητής）。不过，塞米斯修斯（Themist. De An. i.4, 5, p.56, 10 sqq., 59, 19 sqq. Speng.）表示，色诺克拉底在他的《物理学》第 5 卷中全面地说明了关于灵魂的观点。

2　《论灵魂》i.2, 404 b.27：一些人着重强调"灵魂"的运动能力；另一些人，例如柏拉图，强调其认知能力，同时他们让灵魂由事物之诸元素构成以便于灵魂能够认识一切事物，"既然灵魂看起来既是起推动作用的又是起认识作用的，所以有些人就从这两方面出发构建灵魂，把它解释为自身运动的数（ἀριθμὸν κινοῦνθ' ἑαυτόν）"。亚里士多德（c.4, 408b32）后来回到这个定义以便对它进行批判性考察。他在《后分析篇》（ii.4, 91a35）再次引证了同一个定义，没有提及其主张者。基于其中第一处文本，这个定义显然不是柏拉图提出的；基于 Plut. An. Procr. c. i.5, p.1012："色诺克拉底……把灵魂之'所是'描述为自身推动自身的数"，这个定义属于色诺克拉底而不是别人，这也是显然的。Procl. in Tim. 190D "色诺克拉底……说，灵魂是依据数〔而存在〕的实在（κατ' ἀριθμὸν εἶναι τὴν ψυχῆν οὐσίαν）"。Alex. in Topica, 87 m. 211 o. 238 m.；Simpl. De An. 7 a. u.16, b. u.；Themist. loc. cit.（参考上注）以及 Anal. Post. i.2, p. 68, 12；Sp. Philop. De An. A 15 o. B 4 o.16 m. C 5 o.，E 11 m.；Anal. Post. 78 b. m.；Schol. in Arist. 232 b. 38；Macrob. Somn. i. 14；Stob. Ecl. ii.794，他把这个定义说成是起源于毕达哥拉斯学派（Nemes. nat. hom. p. 44 也一样），这当然是没有理由的。Iambl. apud Stob. ii. 862："正如色诺克拉底所谓的'自身运动者'（灵魂）"（ὡς δ' αὐτοκινητικὸν [ψυχῆν] Ξενοκράτης）。Cic. Tusc. i. 10, 20："色诺克拉底否认灵魂拥有任何形状，或者任何像物体一样的〔属性〕；但是他说，灵魂是一个数，它的能力——如更早期的毕达哥拉斯所猜想的——是在本性上最强大的。"安德罗尼柯（据 Themist. De An. p.59 Sp.）把色诺克拉底的定义理解为仅仅表达了这个意思：灵魂通过其自身的能动性（κινῶν ἑαυτὸν）使得物质的联结成为有生命的机体，而这生命体是特定数量关系的产物。所以，他把这个关于灵

最初产生了数，如果再加上"同"与"异"（分别为持存和变易的原因），那么，数就被赋予了静止或运动的能力。[1] 亚里士多德为这个定义所引述的理由[2] 是否可以被归于色诺克拉底，这有点可疑；而且色诺克拉底在多大程度上像柏拉图在《法律》中那样明确把"神意"的信念[3] 跟灵魂学说联系起来，同样是不确定的。

色诺克拉底似乎把这个学说应用于他的宇宙论，[4] 试图证明[5] 宇宙的不同部分具有完满性程度不同的精神性生命，同时在单个灵魂中存在"一"和"二"这两个最高本原的特殊结合。[6] 据说，他不仅赋予诸天和星辰以神的本性，并在这个意义上提及八位奥林匹斯神明，[7] 而且他承认

魂的定义等同于生命体之身体的和谐。这个意思是不太可能成立的，不仅得不到亚里士多德对这个定义的阐释与批评方面的支持，而且得不到柏拉图《蒂迈欧》这个先例的支持。

1　Plut. *loc. cit.* c. 2："这些人认为，除了数的产生之外，不可分者和可分者的混合并不表示别的意思，'一'是不可分者，'多'是可分者，数是'一'和'多'联结在一起并且插入无限多的界限（也被称为'未限定的二'）的产物，……但是他们认为，这个数还不是灵魂，因为它缺乏推动力和可动性，不过在混合进'同'和'异'（后者是运动和变化的本原，前者是静止的本原）之后，就产生出灵魂了，灵魂不仅是能够运动并且导致运动的能力，也是能够导致静止并且处于静上中的能力。"

2　《后分析篇》*loc. cit.*："那些通过词项转换来证明灵魂或人或其他事物'是什么'的人犯了预先假定所要证明的东西的错误。例如，某人要去断言灵魂是某个东西自身活着的原因，而又说这个东西是自身推动自身的数。"

3　我们应该把这点归于他名下，即使 Plut. *Comm. not.* 22, 3, p. 1069 并不是这样。

4　在第 421 页注释 1 已经讨论过；而且在第 427 页注释 1，根据塞奥弗拉斯特的记载，他关于这点比其他柏拉图弟子有更详细的论述。涉及这个主题的论著有《物理学》（φυσικὴ ἀκρόασις, 6 卷），《关于天文学的诸问题》（τὰ περὶ ἀστρολογίαν, 6 卷），还有《论神》（περὶ θεῶν），参见本页注释 7。

5　后面这点似乎来自于刚才提到的塞奥弗拉斯特的那段文本；但是我们无法说明这点的具体情况。

6　如我们已经发现的，斯彪西波与此相反，把宇宙描述为从不完满到完满的自身发展。

7　Stob. *Ecl.* i. 62，在第 428 页注释 1 的引证之后写道："θεὸν (al. θεῖον) δ᾽ εἶναι καὶ τὸν οὐρανὸν καὶ τοὺς ἀστέρας πυρώδεις ὀλυμπίους θεοὺς καὶ ἑτέρους ὑποσελήνους δαίμονας ἀοράτους. ἀρέσκεται [-κει] δὲ καὶ αὐτὸς [-ῳ]（这后面有一点文本缺失，Krische, *Forsch.* 323 补上了 θεῶν θυνάμεις；可能更好的是 θείας εἶναι δυνάμεις）καὶ ἐνδήκειν τοῖς ὑλικοῖς στοιχείοις. τούτων δὲ τὴν μὲν（文本缺失，补上 διὰ τοῦ ἀέρος Ἥραν）ἀειδῆ προσαγορεύει, τὴν δὲ διὰ τοῦ ὑγροῦ Ποσειδῶνα,

诸元素也是神性的力；同时像普罗迪科那样，[1] 他也赋予诸元素以诸神的名字。[2] 这表明了这样的看法，即灵魂渗透到宇宙的一切部分并在其中起作用；这个主张包含这样的理论，[3] 即，哪怕禽兽也有着某种内在的神性。[4] 他似乎把主宰着诸天的那部分灵魂称为较高的宙斯，[5] 而把在地上起作用的那部分灵魂称为较低的宙斯。由于在这较低的领域里，恶与善、害与利共同存在，因而色诺克拉底认为俗世不仅受到诸神的主宰，

τὴν δὲ διὰ τῆς γῆς φυτοσπόρον Δήμητρα. ταῦτα δὲ（叙述者增补说）χορηγήσας τοῖς Στωικοῖς τὰ πρότερα παρὰ τοῦ Πλάτωνος μεταπέφρακεν". Cic. N. D. i. 13, 34（依据菲洛德姆斯）："色诺克拉底……在论及诸神之本性的那些著作中（《论神》两卷，Diog. 13）说，没有关于神的概念的描述。他的解释是，有八位神，其中五位是我们在称呼行星的时候所称呼的，还有一位由天上所有恒星构成，这些恒星仿佛分散的肢体，但是应该被看作一位神（可能指的是关于扎格留斯〔Zagreus〕的俄耳甫斯教神话）；他把太阳当作第七位神，而把月亮当作第八位神。" Clemens, Protrept. 44 A："色诺克拉底暗示说，诸行星是七位神，由所有恒星（按策勒的校勘：πάντων τῶν αὐτῶν 读作 πάντων τῶν ἀπλανῶν）构成的天宇，是第八位神" 色诺克拉底必定与柏拉图一样（参见 p. 385 sq.）把众星设想为有生命的。

1　参见 Vol. i. 926.

2　参考第 433 页注释 7。这些元素之神不能（如 Krische, Forsch. p. 322 sq. 所认为的那样）跟冥界之诸灵混同起来。色诺克拉底（跟柏拉图与俄耳甫斯教派一样）在诸灵与诸神之间做出了明确区分（参见第 435 页注释 1），他不会用更高层次的诸神之名义来称呼诸灵。

3　从许多动物那里可能得到预言征兆，这点与大众信仰是相关的。

4　Clemens, Strom. v. 590 c.："色诺克拉底并未彻底放弃这样的猜想，即，关于神的观念甚至出现在缺乏理性的那些动物中。"

5　Plut. Plat. qu. ix. 1, 2, p. 1007："色诺克拉底把保持自身同一而不变的称为最高的宙斯，而把月亮之下的称为最低的宙斯。" Clemens, Strom. v; 604 C："色诺克拉底提到了最高的宙斯，还提到最低的宙斯。" 这个称谓一方面可能指 ὑπάτη 与 νήτη（最高的弦音与最低的弦音），它们可以与宇宙中相应的部分相比，据毕达哥拉斯学派关于天宇的和谐观念（Krische, 316, 324, 他的更多猜测尽管有吸引力，但是我不敢苟同。把 Ζεὺς μέσος〔居间的宙斯〕假定为对应于弦音中的 μέση〔中音〕，而这个 "宙斯" 只能被置于月亮的领域〔参看第 436 页注释 4 的引文〕，这个假定与宇宙的位置是冲突的。这个位置完全不同于此 μέση〔中音〕的位置。再者，赋予诸元素某种最低等的灵魂，一种单纯的 ἕξις〔品质〕，这与它们的神性本质不相容），另一方面可能指俄耳甫斯教派把冥王称为 Ζεὺς νέατος（最底层的宙斯）（Brandis, p. 24 提及了 Lobeck Aglaoph. 1098）。这个表述的含义类似于文本中表达的那个含义；柏拉图所说的 "宙斯" 的灵魂表示宇宙灵魂（参见第 194 页注释 1，第 209 页注释 4）；色诺克拉底与柏拉图一样把神性灵魂总体看成是一个灵魂。柏拉图《法律》x. 898D，从灵魂在宇宙中的掌管直接得出结论说，众星具有生命和神性。

而且受到处于完满神性和不完满人性之间的诸神灵的主宰。[1] 与大众信仰相一致，他把神灵分为好与坏两类（这是对柏拉图《法律》中双重"宇宙灵魂"的实际夸大），通过一些宗教仪式，坏神灵可能会消除怨怒，不过色诺克拉底认为这种仪式与对好神灵的敬拜是截然不同的。[2] 他跟其他一些哲学家都认可，[3] 人的灵魂就是他的神灵（守护神）。[4] 他在多大程度上把其他希腊神明与他的哲学体系联系起来，这点我们不清楚。[5]

594

关于宇宙的物质成分方面，色诺克拉底也提出了一种完善性渐次递

1　Plut. *De Is*. c. 25, p. 360：" 对于诸灵，柏拉图、毕达哥拉斯、色诺克拉底和克律西波等人遵循最早描写神明的人，认为它们比人类更有力量，在能力上远远超出我们的天性，但是并不拥有单纯的、纯粹的神性，etc." Ibid. *def. orac.* c. 13, p. 416：" 柏拉图的追随者色诺克拉底采用三角形的类型作为这个主题的例证；他用等边三角形来类比诸神的本性，用不等边三角形来类比人的本性，而用等腰三角形来类比诸灵的本性；因为第一种三角形的三条边都是相等的，第二种三角形的三条边都不相等，第三种三角形的三条边有相等的也有不相等的情况，就像诸灵的本性，有人一样的情感又有神一样的能力。" 关于这些说法，参考柏拉图《会饮》202D，etc.。

2　Plut. *def. orac.* c. 17, p. 419：" 不仅恩培多克勒告诉我们有坏神灵……，柏拉图、色诺克拉底和克律西波也这样说。" *De Is.* c. 26：" 色诺克拉底也认为，这样一些日子是不吉利的，这样的节日与鞭打、哀伤、禁食、粗言秽语、低俗笑话有关，而不是与敬拜诸神和好神灵有关；但是他认为，在地球周围的空气中存在强大而有力量的存在者，冷酷而阴郁，它们热衷于这些事情，而且它们为了达成这些目标而诉诸最糟糕的手段。"

3　例如，赫拉克利特与德谟克利特；参见 Vol. i. 590, 5；748, 1；柏拉图，参见 p. 501。

4　亚里士多德《论题篇》ii. 6, 112a37："色诺克拉底说，εὐδαίμονα（吉利／幸福）就是拥有优秀的灵魂。因为灵魂是每个人的 δαίμονα（守护神／吉星）。" Alex. *Top*. 94 m. 重复了这些内容。参考 Stob. *Serm*. 104, 24："色诺克拉底说，正如因丑陋我们把样貌（προσώπου）称为丑样子（κακοπρόσωπον），……因守护神的邪恶（δαίμονος κακία）我们把坏人称为邪灵附体者（κακοδαίμονας）。" Krische, p. 321 把灵魂就是守护神这个说法拿来作出这样的设想：灵魂从身体中摆脱出来就是 δαίμονες（神灵）——我认为这个设想过于勉强。

5　从 Iambl. *V. Pyth*. 7，我们或许可以得出结论说，在所有方面他都遵从了俗常看法。这个文本这样说道："我们不必看重埃庇庇美尼德、欧多克索和色诺克拉底等人的说法，他们猜测阿波罗与 Parthenis（毕达哥拉斯的母亲）结合而让她怀了孕，从而应验了德尔斐先知的预告而生了毕达哥拉斯。" 但是，这是很不可信的说法。我们需要更准确地了解色诺克拉底说的内容，才能知道他究竟是否把毕达哥拉斯属于阿波罗后裔仅仅当作一个传说。西塞罗（参见第 433 页注释 7）批评他没有关于"神的概念"（*species divina*）的描述；而且总体上说，很难相信柏拉图的某位弟子，何况是色诺克拉底，会赞同这种神人同形同性论。

减的理论。这体现为他关于诸元素的观点；在诸元素的派生方面，他的看法似乎与柏拉图相似，除了如下这点，即：他认为诸元素不是直接源自于平面，而是最初源自于最小物质体，[1] 而且像菲洛劳斯那样，把以太看作第五种基本元素。[2] 他又把较高层次的元素（柏拉图也有这样的联系 [3]）称为"稀薄"，把最底层的元素称为"稠密"。他说，"稠密"以不同的完满程度和不同的方式与其他元素结合在一起。星辰和太阳由火构成，它们的稠密性最低；月球由她自己的气构成，其稠密性是第二位的；大地由火和水构成，它的稠密性是第三位的。[4] 不过，他反对宇宙在时间上有开端的主张；他并不把《蒂迈欧》关于灵魂和宇宙之构造的阐述看作一种时间意义上的说明，而是看作一种对于宇宙不同成分和灵魂不同构成要素之间相互关联的说明。[5] 关于色诺克拉底的物理学，我

595

1　Stob. *Ecl*. i. 368："恩培多克勒和色诺克拉底从更为细小的微粒来合成基本元素，而那些最细小的东西或许可以被称为诸元素的元素。"还有第431页注释1中的引文。斯托拜乌明确把他的观点与柏拉图的观点区别开来；但是，这个区别不会是非常重要的，因为亚里士多德从来没有以特别方式提到它。色诺克拉底必定是在亚里士多德关于自然科学的那些著作完成之后才有关于这点的阐释。

2　参见第380页注释4。

3　参见 p. 374。

4　Plut. *fac. lun*. 29, 3 sq., p. 94, 3：色诺克拉底遵从柏拉图的先例（《厄庇诺米》981c. sq.）承认这点：众星必定是从所有元素中构成的："色诺克拉底说，众星和太阳是由火和密度最低的东西构成的，月亮是由密度第二位的和专属于她的气构成的，地球是由水〔和气〕和密度第三位的东西构成的；总体而言，稠密者就其自身而言并不承载灵魂，稀薄者本身也是如此。"

5　亚里士多德《论天》i. 10, 279b32："有些人认为，它（宇宙）尽管是不可毁坏的，却是被产生出来的，他们通过一个不正确的类比来支持其观点。在关于宇宙生成的说法中，他们说自己是像几何学家描绘几何图形一样，并不是暗示宇宙真的有一个开端，而是为了提供教导的缘故，通过展示几何图形来让人更容易理解宇宙的构造。" Simp. ad loc. p. 136 b33。Karsten 评论说，这里指的是色诺克拉底，Schol. 488 b. 15（有两处注释沿用了他的观点，*Ibid*. 489 a. 4, 9；其中之一把这个说法也指向斯彪西波，这显然是很武断的）；要排除所有的怀疑，可参考 Plut. *An. Procr*. 3, p. 1013，他在引证了色诺克拉底与克朗托的解释之后说道："所有这些人都一样认为，灵魂并非实际上有起源、可以被产生出来，不过灵魂有多种多样的功能——柏拉图为了理论研究的缘故而把灵魂的本质分析为这些不同功能，在论证中把它说成是产生出来的、混合起来的东西。他们认为宇宙也是这样的情况；实际上他（柏拉图）知道宇宙是永恒的、非产生出来的，不过如果不先行假定宇宙有其创生，而且在开始的时候把创

们还知道这样一些内容：某个接近于柏拉图观点的关于时间的定义，[1] 某
个天文学理论（这方面材料的真实性不是非常可靠）；[2] 此外还有下面这
个心理学原理：灵魂是一种纯粹精神性实在，[3] 脱离身体仍然能够存在，[4]
而理性是从没有到有的，也就是从某种先行存在的东西中产生出来的，[5]
而且灵魂的非理性部分也是不朽的。[6] 色诺克拉底是否认为动物的灵魂
也具有不朽性，这点没有记载，不过这点至少是有可能的，因为他认为
动物的灵魂也有关于"神"的意识。[7] 他反对食肉，不是因为他看到禽
兽与人有某种类似，而是因为他担心动物灵魂中的非理性因素可能会影
响我们。[8] 他似乎把头部看作理性的居所，而非理性的灵魂则弥漫于整

生的诸要素结合起来，那么宇宙的构造和安排方式对于人们而言并不容易领会，故
而他采纳了这种假定的过程。"（参考第 428 页注释 2，色诺克拉底用类似的权宜之
计来解释一处类似的问题）。因此，Censorinus, *Di. nat.* 4, 3 把色诺克拉底与所有老学
园派，连同柏拉图，都算作这样的哲学家：他们似乎假定人类是始终存在的物种。

1　Stob. *Ecl.* i. 250："色诺克拉底认为，（时间）是生成的东西的尺度，并且是永恒运
　　动的。"这两个界定都是柏拉图的；参见《蒂迈欧》38A, 39B sq.，以及前文，p. 383。

2　Stob. *Ecl.* i. 514（Plut. *plac.* ii. 15, 1）："色诺克拉底说，众星（τοὺς ἀστέρας）在
　　同一个层面上运动。其他斯多亚学派的人（ἄλλοι Στωϊκοί）说，它们是在不同的多
　　个层面上运动，有的高一些，有的低一些。"这个表述只能指诸行星，而色诺克拉
　　底与柏拉图会把它们置于黄道面上，然而他与其他任何人都不会把总体上的恒星错
　　误地与诸行星置于同一个面上。"其他斯多亚学派的人"这个表述表明，此前出现
　　的不是色诺克拉底的名字，而可能是芝诺（Zeno）或克莱安泰斯的名字，但是被色
　　诺克拉底的名字替代了；或者，更有可能的是，该人的名字从文本中脱落了。

3　Cic. *Acad.* ii. 39, 124：据色诺克拉底，灵魂就是 *mens nullo corpore*（非物质性的心
　　灵）。Nemes. *nat. hom.* 31：他借助下述原则来证明灵魂的非物质性："如果灵魂不受
　　食物滋养，而每一个有生命者的 σῶμα（身体 / 物质性躯体）都受食物滋养，那么，
　　灵魂就不是 σῶμα。"

4　亚里士多德《论灵魂》i. 4, 409a29（批评色诺克拉底的界定）："这些点怎么能从它
　　们的立体中分离或分解出来呢，etc.",这个界定显然指涉柏拉图的弟子，而 Philo-
　　ponus, ad loc. e. 14 不能被看作可靠史料。

5　Stob. *Ecl.* i. 790：毕达哥拉斯、柏拉图、色诺克拉底与其他人主张 "θύραθεν
　　εἰσκρίνεσθαι τὸν νοῦν"（理性是从外面进入的），而亚里士多德的表述应该像上面
　　那样被还原为柏拉图的那些想法。

6　参见第 435 页注释 1。

7　参见第 434 页注释 4。

8　Clemens, *Storm.* vii. 717D："色诺克拉底本人探讨了以动物为食物的问题，而波勒
　　莫在他的《论符合自然的生活》中明确说，以动物之肉为食物是不合健康的，因为

个身躯。[1]

不难想象，色诺克拉底特别关注伦理学；[2]他的个人教学主要是致力于这个方面，而且他的全部著作从数量上看有超过一半都致力于伦理学探究。据说，他对以下这些主题均有专门论著："善""利益""快乐""幸福""财富""死亡""自由意志""爱情""德性的本性及其可传授性""正义""平等""智慧""诚实""虔诚""节制""勇敢""慷慨""同心""友谊""家政"、"国家""法律"和"王权"。[3]如此看来，他对伦理学各个分支的探讨几乎无一遗漏；尽管他的著述颇丰，然而我们对他的伦理学思想所知甚少。不过我们不可能误解他的基本道德倾向，它在一切关键点上都与柏拉图和其他学园派成员的思想保持一致。在色诺克拉底看来，一切事物要么是好的（善的），要么是坏的（恶的），要么是不好不坏的（不善不恶的）。[4]他跟其他柏拉图主义者一样把好事物分为灵魂方

人会受到缺乏理性的动物之灵魂的作用和同化。"在这里提及的色诺克拉底的著作《论以动物为食物》中讨论了特里普托勒摩斯（Triptolemus）的三条诫命、禁止杀害动物，并且 Porphyr. De Abstin. iv. 22 有所记载。

1　参考德尔图良（Tertullian）和拉克唐修（Lactantius）的记载。德尔图良说（De An.15），按照色诺克拉底的看法，"principale"（最根本的因素）坐落在头的顶部；而拉克唐修说（Opif. D 16）："如果心灵没有自己的固定坐落处，而是分散在全身四处游走，这是有可能的，正如柏拉图的弟子色诺克拉底所说。"不过，拉克唐修提到"心灵"（mens）的位置，在色诺克拉底那里说的不是"理性"（νοῦς）的位置，而是"灵魂"（ψυχή）的位置。

2　他认为哲学的道德作用也是它的最初根基；Galen, hist. phil. c. 3, end："在色诺克拉底看来，哲学探究的动因就是终结人生中诸事务的纷扰混乱。"

3　第欧根尼提到《论智慧》《论财富》《论儿童》（τοῦ παοδίου，有疑问，可能应该读作 π. παιδίων〔《论教育》〕或 π. παιδίων ἀγωγῆς〔《论儿童之引导》〕，诸如此类，还有可能是《论谦卑》〔π. αἰδοῦς〕）、《论自制》《论利益》《论自由》《论死亡》《论自愿》《论友爱》《论合情理》《论幸福》《论谬误》（也可能译为：论谎言或论虚假）、《论智识》《论家庭经营》《论节制》《论法律的力量》《论政制》《论虔敬》《论德性的传授》《论情感》《论生活方式》（不同人生类型的价值，如沉思的人生、政治的人生、享乐的人生）、《论同心（ὁμονοίας）》《论正义》《论德性》《论快乐》《论生命》《论勇敢》《政治家》《论善》《论王权》。（参考 Plut. adv.Col.32, 9, p.1126。）还有《论以动物为食物》；参见第 425 页注释 3，第 437 页注释 8。

4　Xenocr. apud Sext. Math. xi.4："每个存在者要么是好的，要么是坏的，要么是不好不坏的。"接下来是一个蹩脚的循环论证。

面的、身体方面的以及外在生活方面的；[1]不过，他认为最高和最重要的好事物是"德性"。他与整个学园派一样，[2]不认为德性是唯一的好事物，但是他特别偏爱"德性"，[3]以致西塞罗说，跟德性比起来，他鄙视一切。[4] 外在的和身体方面的好事物，如健康、荣誉、成功之类，被他置于次要地位。他确实把这些东西看作有利的东西或者好事物，而它们的反面是坏事物。[5]斯多亚派把这两方面都看作无关紧要的东西，这种观点与他的看法完全不同。[6]只有在与更高层次的好事物和坏事物相比的情况下，

599

---

1 Cic. *Acad.* i. 5, 19 sq.（基于 Antiochus 的记载）把这个区分泛泛地归给学园派；这个说法本身不是绝对确定的，不过它得到了第 380 页注释 3 中引述内容的证实。

2 参考 Cic. *Legg.* i. 21, 55；*Tusc.* v. 10, 30；Plut. *com. not.* 13, 1, p.1065，以及下注。

3 Cic. *Fin.* iv. 18, 49："亚里士多德、色诺克拉底以及他们所有追随者都不会同意这点（即，只有可称赞的才是好的），因为他们把健康、力量、财富、声誉和其他许多东西都称为好的，而不称其为可称赞的。尽管这些人认为诸好事物的目标不仅仅限于德性，但是他们把德性归到比所有其他好事物更高的位置上。"参考 *Legg.* i.13, 37（前文，第 423 页注释 1）。

4 *Tusc.* v. 18, 51："有什么东西会让 Critolaus，或者让最严苛的哲学家色诺克拉底（他把德性看得如此重要，以至于弱化和贬低其他一切事物的价值），不把最幸福的生活——不仅是幸福的生活，建立在德性之上呢？"由于他在道德方面非常严苛，普鲁塔克（Plut. *Comp. Cim. c. Luc.* c.1）把色诺克拉底的学说与伊壁鸠鲁的学说对立起来，正如他在其他地方把斯多亚学派与伊壁鸠鲁学派对立起来。

5 Cic. *Fin.* iv.18；参见前文，本页注释 3。*Legg.* i. 21, 35：如果芝诺（与 Aristo 一样）把德性解释为唯一的善，而其他每个东西都是不太重要的，"那么他与色诺克拉底、亚里士多德以及整个柏拉图学派有很大分歧，……然而，尽管老学园认为德性是最高的善，而芝诺认为其是唯一的善，并且老学园派相应地把卑鄙看作最大的恶，而芝诺则把它视为唯一的恶，但是实际上，芝诺把财富、健康和美貌称为可称赞的而不是善的，把贫困、疾病和疼痛称为可哀怜的而不是恶的，因而，芝诺的看法跟色诺克拉底与亚里士多德是一致的，只是措辞不同而已。"Plut. *c. notit.* 13，参见第 423 页注释 1。*Ibid.* 22, 3, p.1069：色诺克拉底和亚里士多德并不象斯多亚学派那样否认"人从诸神那里获益，从父母那里获益，从教师那里获益"，而且，西塞罗（*Tusc.* v.10, 30）把色诺克拉底视为这样一类人，即，把贫穷、受辱、失去财产或者祖国、严重的身体疼痛、疾病、流放、为奴当作真正的一些恶，但是同时又主张"有智慧的人始终是幸福的"。从这些文本可以得知 Wynpersse 的看法（166 sq.）是错误的，即，色诺克拉底把不善不恶的东西划分为有利的（健康，等等）与不利的（疾病，等等）。善与有利，恶与不利，正如苏格拉底与柏拉图那样，在色诺克拉底看来是等价的概念，但是，并非所有的善都具有同样的价值，也并非所有的恶都是同等坏的。

6 如西塞罗所说；参见上注。

这些较低层次的好事物和坏事物才是不重要的。所以，在色诺克拉底关于最高的好事物（至善）的观念中，必定包括了德性以及其他所有的好事物。"幸福"在于合乎自然的所有活动和状态的成全，[1]在于拥有人类德性本身以及有助于达到德性的那些手段。唯有德性能带来幸福；唯有高尚行为和品质构成了幸福的本质，不过，没有物质的、外在的好事物作为条件，幸福也不能完全实现；[2]用柏拉图的话来说，[3]这些好事物不应该被视为幸福的首要原因，而应该被视为附属原因。正因如此，德性才是幸福之内在的、正面的条件；有德性的生活必定是幸福的生活；[4]哲人在任何环境下都会被看作幸福的。[5]一个人缺乏第二层次的好事物就不可能完全幸福，[6]这种观点从斯多亚派立场来看是不可思议的；但是，它

600
601

1　西塞罗把这个准则泛泛地归之于学园派，并且引用波勒莫的说法来支持这点；*Acad.* ii. 41, 131："老学园派把最高的善定为过有德性的生活，同时享受自然赋予一个人的最主要的东西，这是波勒莫的著作所表明的。"参考 *Fin.* ii. 11, 34。他以更加详细的方式解释了这个界定（cf. v. 9 sqq.），并且评论说，斯多亚学派本身就承认了色诺克拉底与亚里士多德的学说；这很显然不仅仅属于波勒莫的观点，参考 Plut. *comm. not.* c. 23, p. 1069："色诺克拉底和波勒莫把什么东西当成最初本原？芝诺把自然以及符合自然的东西设定为幸福的基本要素，这时候他岂不是追随他们吗？"

2　Clemens, *Strom.* ii. 419A："卡尔西顿的色诺克拉底把幸福界定为拥有严格意义上的德性，以及有助于达到德性的能力。他清楚地说，幸福在其中得以存在的地方是灵魂。凭借诸德性，幸福得以实现。作为部分构成幸福的是可称赞的行为，良好的习惯、性情、行动和状态；身体方面和外在方面的东西也不排除在外。"

3　参见第 247 页注释 1。

4　亚里士多德《论题篇》vii. 1, 152a7："色诺克拉底证明说，幸福的人生与良善的（τὸν σπουδαῖον）人生是同一的，因为所有人生类型中，良善的人生是最可欲的和最幸福的，而最可欲的和最伟大的人生只有一种。"参考第 435 页注释 4。

5　Cic. *Tusc.* v. 10；参见第 435 页注释 4，本页注释 6。

6　Cic. *Tusc.* v. 13, 39 sq.（cf. 31, 87）："拥有德性的每个人都是幸福的"；西塞罗在这点上同意色诺克拉底、斯彪西波与波勒莫："我认为，唯有这样的人才是完全幸福的人"。这立即得到了某个论述的支持，即，凡是认为有三类不同的善的人都没有弄懂真正幸福的含义。*Ibid.* c. 18；参见前文，第 439 页注释 3。Seneca, *Epist.* 85, 18 sq.："色诺克拉底和斯彪西波主张，一个人即使单凭德性也可以是幸福的，而且并非只有可称赞的东西才是善。但是，一个人单凭德性就可以是幸福的，但不是全然幸福的，这个说法是荒谬的。"Seneca, *Epist.* 71, 18："早期学园派确实认为，一个人哪怕处于这样的折磨中也是幸福的，但是不认为这样的人是完全或彻底幸福的。"

与学园派的温和特征、与色诺克拉底的幸福观是完全相符的。如果幸福的实现关系到一系列的条件，那么在多大程度上具备这些条件，幸福就在多大程度上得到实现，这样，幸福就是可以增加或减少的；这就使得幸福生活和最不幸的生活之间的区分成为可能。

色诺克拉底有多么坚信唯有德性才能让人幸福，这点从他自己朴素纯笃的品格、[1] 从我们所能见到的其道德学说的另一些细节中可以看出来。使自己从感性生命的束缚中解脱出来，通过神性的因素克服人性中卑鄙的因素，这是我们的使命。[2] 保持行为和内心意愿的正直都是我们的职责。[3] "哲学"是我们实现这点的最好帮手，因为哲学家有这样的优势，[4] 即他自觉遵守法律而其他人被迫才能遵守法律。[5] 柏拉图曾经在"哲学"之外提出了一种非哲学的德性，而色诺克拉底更明确地强调理论领域和实践领域的差异。与亚里士多德一样，他认为"智慧"（die

602

---

1 参考 p. 559。

2 在我看来这是那两处模糊文本的最有可能成立的意思。Tertull. *ad. nat.* ii. 2 说道："学园派的色诺克拉底（对于神的形式）作出了两重划分——奥林匹斯神族和提坦神族（Coelus 和 Terra 的后裔）。"色诺克拉底对于神的这种分类让我们想到它与古老神谱的历史关联性，不仅如此，我们还可以看出，他从一种道德旨趣出发来诠释奥林匹斯神族对战提坦神族的神话，并且把这两种存在者解释为在人类中存在的东西。我们在色诺克拉底自己的神学中看不到任何相关说法：由于诸灵处于天与地之间的居间位置，它们可能被称为这两类神明的儿子；但是它们不会被称为跟奥林匹斯神族相对立的提坦神族。此外，根据评注家的说法（ap. Finckh, Olympiod. *in Phaedon.* p. 66. nt. 2），色诺克拉底谈论了我们被流放于其中的提坦囚牢；评注家（Damascius, *ad Phaed.* 62B）评论说："ἡ φρουρὰ … ὡς Ξενοκράτης, Τιτανική ἐστι καί εἰς Διόνυσον ἀποκορυφοῦται"。不过我们不太清楚，这里他是把人类跟俄耳甫斯颂诗中拥有提坦力量的狄奥尼索斯进行对比，还是把人类跟狄奥尼索斯所要释放的被囚禁的提坦神进行对比。

3 Aelian, *V. H.* xiv. 42："色诺克拉底……说，不管我们是以双脚还是以双眼觊觎别人的房子，都是一样的，因为一个人眼里觊觎不属于他的位置，与踏进不属于他的位置，所犯过错是一样的。"这话不禁让我们想到《马太福音》5.28。

4 参见前文，第 438 页注释 2。

5 Plut. *virt. mor.* c. 7, p. 446, *adv. Col.* c. 30, 2, p. 1124；Cic. *Rep.* i. 2, 3；Serv. *in Aen.* vii. 204。同样的说法也被归到亚里士多德的名下，他确实在《尼各马可伦理学》iv. 14, 1128a31 说过"高雅的和有教养的人会这样处事，仿佛法律就在他自己里面"。这个说法或许好些人都说过，也有可能被错误地从一个人转到另一个人的名下。

Weisheit）或"科学 / 纯粹知识"（die Wissenschaft）只是针对理智性活动而言的，而实践行为要靠"明智"（Einsicht）。[1]他在伦理学方面的诸多论著几乎连残篇都没有留下，[2]但是我们不能怀疑他在这个主题上与学园派总体保持一致。[3]关于他的政治学著作的内容，关于他在修辞学和其他一些主题上的讨论，[4]我们只知道很少的一些不重要的细节。[5]

603

1　Clemens, *Strom.* ii. 369C："色诺克拉底在他的 περὶ φρονήσεως（《论明智》）中说，智慧（τὴν σοφίαν）是关于那些最初原因和理智对象的知识。他把明智（τὴν φρόνησιν）设想为双重的，一方面是实践性的，另一方面是理论性的，后者是属人的智慧（σοφίαν … ἀνθρωπίνην）。于是，智慧是明智，但并非全部明智都是智慧。"亚里士多德《论题篇》vi. 3, 141a6：正如色诺克拉底说，明智是关于诸实在的界定和沉思（οἶον ὡς Ξενοκράτης τὴν φρόνησιν ὁριστικὴν καὶ θεωρητικὴν τῶν ὄντων φησὶν εἶναι），这点被亚里士多德批评为冗余的，因为单单说 "ὁριστικὴν"（界定）就已经足够了。

2　或许有唯一的残篇，据 Plut. *De audiendo*, c. 2, p. 38, cf. *qu. conv.* vii. 5, 4, p. 706；它的内容是：更有必要去保护孩子们的耳朵而不是竞技运动员的耳朵。

3　我们或许可以把色诺克拉底归入西塞罗（*Acad.* ii. 44, 135）说的这类人中（尤其谈及克朗托）：哲人的"不动心"与老学园派是毫不相干的。

4　《关于文体的诸研究》（π. μαθημάτων τῶν περὶ τὴν λέξιν, 31 卷），《论技艺》《论写作》。

5　Plut. ap. Proclum *in Hes.* Ἔ. κ. Ἡμ. v. 374（Plut. *Fragm.* ii. 20 Dübn.）提到，色诺克拉底提议应该只委任一位继承人。Sext. *Math.* ii. 6 从他那里引证了一个关于修辞学的定义，即 "ἐπιστήμη τοῦ εὖ λέγειν"（关于出色论说的知识），*Ibid.* 61 又说是 πειθοῦς δημιουργός（造就说服的〔学问〕）；Quintil. *Instit.* ii. 15, 4, 34，把这两个定义都归给了伊索克拉底，即他名下的一篇著作。这两个人的名字常常被搞混。Plut. *qu. conv.* viii. 9, 3, 13, p. 733 提到的关于可以从整个字母表中构成音节的数目的计算可能出现于上面引述的若干著作之一。

第 十 六 章

老学园派的其他哲学家

在色诺克拉底和斯彪西波之外，其他许多学园派哲学家也考察了本　604
原、理念和数等方面的主题。我们得知，晚期柏拉图形而上学的两种本
原在学园派中以各种不同方式被领会，但是，形而上学作为整体而言并
没有得到推进或澄清。[1] 关于数和理念的关系方面，除了三种基本理论
（柏拉图的、斯彪西波的和色诺克拉底的）之外，亚里士多德提及了第
四种理论，这种理论只设定理念数是独立自在的，[2] 而且把数学领域看作
独立的类属，不过它不承认数学对象在可感事物之外或之上可以独立存
在。[3] 有许多不同的观点被提出来，说明具体事物如何从诸数中派生出
来，诸数如何从诸本原中派生出来。亚里士多德的记载为我们展现了这　605
些观点，他还批评学园派有时把诸数说成"未限定的"，有时说成受到
数字"十"的限定。[4] 他说，主张后面一种观点的人把各种派生性概念，

1　亚里士多德《形而上学》xiv.1 sq.（参见第 235 页注释 2；参考第 428 页注释 1），c.5,
　　1092a35 sq.。

2　参见《形而上学》xiii.6，也就是 p.573 引证的内容，"ἄλλος δέ τις"（另外有人说），
　　等等。

3　《形而上学》iii.2, 998a7："有人说存在诸理念与可感事物之间的所谓居间者，但它
　　们不是与可感事物分离的，而是在可感事物里面。"由于这个说法直接关联并且补
　　全上述说法，从而说明唯有理念数是独立自在的，所以这两个说法很可能可以被归
　　到同一些人的名下。

4　《形而上学》xii.8, 1073a18；xiii.8, 1084a12, c.9. 1085b23，参考 xiv.4, beginn.；《物
　　理学》iii.8, 206b30。

有些（例如，"虚空""数学比例"和"奇数"）还原为"十"以内的一些数，有些（例如，静止与运动的对立、善与恶的对立[1]）还原为诸本原。关于空间上的"大小"的派生，如前所示，[2]存在着各种各样没有多少积极推进作用的理论。这些哲学家的大多数都没有尝试解释派生的东西如何从诸本原中派生出来，而只是像毕达哥拉斯学派那样满足于不确定的、零乱的类比。[3]唯有赫司提埃俄（以及色诺克拉底）[4]采用了更令人满意的方法，但是我们对于他的了解几乎只限于这个记载。[5]

606   本都的赫拉克利德提出了某些值得注意的对于柏拉图学说的偏离。就他的基本观点而言，他肯定可以算作一位柏拉图主义者。根据西塞罗的说法，伊壁鸠鲁派批评他一时把"心灵"、一时把"宇宙"看作一位"神"，并且把行星、恒星和大地也看作诸神。[6]从这里可以很容易看到

1　《形而上学》xiii. 8, 1084a31："但是他们尝试说明，'十'以内的这些数是完整的数。至少他们把其他东西——虚空、比例、奇数，以及这类东西，从'十'以内的数中产生出来。有些东西，如运动、静止、善、恶，他们将其归之于诸本原，而其他东西，他们将其归之于诸数。"参考 Theophr., 见前文，第 421 页注释 1。

2　参见第 379 页注释 1，参考第 417 页注释 1 以及《形而上学》xiv. 2, 1089b11, vii. 11, 1036b12："他们把一切东西都还原为诸数，并且说，线之定义就是'二'之定义。对于主张诸理念的人而言，有些把'二'当作线本身，有些把'二'当作线之理念；在有些场合他们说某个理念与从属于该理念的东西是同一的，例如，'二'与'二'之理念是同一的。"

3　参考塞奥弗拉斯特的说法，见第 421 页注释 1；亚里士多德《形而上学》xiii. 8（参见第 443 页注释 4）。但是，从《形而上学》i. 9, 991b10，xiii. 8, 1084a14，xiv. 5, 1092b8 sqq.，我们不能推论出，许多柏拉图弟子认为有些特定的数实际上属于人类，而有些特定的数实际上属于兽类，等等。

4　塞奥弗拉斯特在本书第 421 页注释 1 的引文之后说道："赫司提埃俄也做了一定的尝试，而不是像刚才说过的那样只考虑最原初的东西。"

5　除了柏拉图论"善"的讲演录之外，我们还看到一个关于时间的定义（φορὰ ἄστρων πρὸς ἄλληλα〔星体相互间的位移〕）被说成是他的，而这个定义并不是从柏拉图的定义中传承而来。

6　N. De. i. 13, 34："赫拉克利德……有时候相信宇宙具有神性，有时候相信心灵具有神性；他还把神性赋予诸行星，从而把'神'降格为可感的，并且把它表述为具有多种形式；在同一本著作里，他还把大地和恒星天（策勒按：caelum 指 ἀπλανής；诸行星已经提到过了）也算在诸神之列。"其中，"从而把……多种形式"这些表述只是伊壁鸠鲁学派的结论（如 Krische, Forsch. p. 335 sq. 正确地评论的那样），而不是关于赫拉克利德观点的原本记录。

柏拉图式的关于"神圣理性"的观点、关于宇宙和众星具有神性和生命的观点；赫拉克利德有可能只把后者称为诸神，正如柏拉图在不可见的"神"和可见的诸神之间做出划分那样。不过，他的宇宙论在几个方面都与其导师的理论不同，这主要归因于毕达哥拉斯学派，[1]他受其影响很大。[2]我们了解到，他把物质性事物的基本要素设想为一些微粒，这些微粒不再由别的成分构成。但是，这些微粒与德谟克利特的"原子"（不可分者）不同，它们彼此不能相互作用，因而不是通过一种纯粹机械的关联性而是通过实际的相互联结而结合在一起。[3]这种理论在其著作中以各种类比的方式[4]得到表达；我们不知道导致这种理论的缘由是什么；

607

------

1 这点是很清楚的，不仅从接下来要引证的学说以及 Diog. v. 86 的说法（即，他曾经是毕达哥拉斯学派的门徒）可以看出来，而且还有一些证据，如，赫拉克利德关于毕达哥拉斯学派的著作（*Ibid*. 88），他关于 Abaris 的不可信的说明（参见 Müeller, *Fragm. Hist. gr.* ii. 197 中从 Bekker's *Anec.* 145, 178 以及 Plut. *Aud. po.* c. i. p. 14 中引证的两则残篇），他关于一个明显死去的人复活之后恩培多克勒神奇消失一事的说明（很可能是从前一著作中转引而来，Diog. viii. 67），他关于一粒豆子埋在粪中40天后变成一个人的样子的说明（Joh. Lyd. *De Mens.* iv. 29, p. 181）。

2 由于这些特殊学说，Plut. *adv. Col.* 14, 2, p. 1115 把赫拉克利德归入这类人当中，即，"他们跟柏拉图常常看法不同，在自然探究方面最根本和最重大的一些问题上与之处于对立之中"。

3 Dionys. ap. Euseb. *praep. ev.* xiv. 23, 3，在提到原子论者的学说之后，说道："但是，另一些人改变了 τὰς ἀτόμους（不可分者/原子）的说法，说它们是一些没有部分的 σώματα（物质体），自身却是宇宙的构成部分，从这些不可分的东西中合成了一切事物，并且一切事物分解而复归于它们。他们说，Diodorus 发明了 τῶν ἀμερῶν（无部分者）这个名称。不过，据说赫拉克利德赋予它们不同的名称，将其称为 ὄγκους（质体）。" Sext. *Pyrrh.* iii. 32：赫拉克利德与阿斯克勒皮亚德斯（Asclepiades，关于此人，参见 Vol. iii. a. 352, 2nd edition）把 ἀνάρμους ὄγκους（不可分割的质体）解释为一切事物的原因。*Math.* x. 318 提及同样的意思："他认为事物是从不相似的却又可改变的东西中产生出来的（策勒按：这是与原子论者相对立的观点，后者说的原子不一样，是'不可改变的'〔ἀπαθῆ〕），正如不可分割的质体（τῶν ἀνάρμων ὄγκων）一样（策勒按：ἄναρμος 表示不是合成的，不是由任何部分构成的）。" Stob. *Ecl.* i. 350："赫拉克利德（把最小的东西界定为, sc. τὰ ἐλάχιστα ὡρίζετο）碎块（θραύσματα）。" Galen, *h. phil.* c. 5, end（*Opp.* xix. 244）：Ἡρακλείδης ... καὶ Ἀσκληπιαδης ... ἀναρμόστους（读作 ἀνάρμους）ὄγκους ἀρχὰς ὑποτιθέντες τῶν ὅρων（读作 ὅλων）（赫拉克利德……和阿斯克勤皮亚德斯……假定一切事物的本原是不可分割的质体）。

4 在讨论音乐的著作残篇中，也就是波菲利在 *Ptol. Harm.* pp. 213–216 Wall., and

608 不过，我们可以有把握地把它与柏拉图的元素理论和毕达哥拉斯学派的
"不可分者"理论联系起来，对于后面这种理论，厄克芳图（Ecphantus）
是一位著名的追随者。[1] 赫拉克利德还同意厄克芳图的如下看法，即：
宇宙是借助于"神圣理性"由各个"不可分者"构成的。[2] 他似乎把宇
宙的构造看作未限定的。[3] 然而更值得一提的是，跟希凯塔（Hicetas）
和厄克芳图一样[4]，他主张地球每日旋转一周，而众恒星保持不动；但
是，他并不知道地球每年绕太阳旋转一周以及以太阳为中心的星系。[5]

Roulez reprints, p. 99 sqq. 引证的文本中，赫拉克利德主张，每个音调自身是传送到
耳朵的一个 πληγή（冲击），而且，它自身并不占有时间，而是处于冲击活动与这
个活动的完成之间；但是，我们听力的迟钝使得接续的若干冲击显得是一个冲击；
这些冲击接续得越快，音调就越高，接续得越慢，音调就越低。正如他把明显连续
的物体看作是由各个不可分者——就像不连续的'量'——构成的，他在音调中也
设定一些不连续的'量'作为表面上连续的音的元素。在同一则残篇中，他还表达
了这样的观点，也就是我们在柏拉图那里见到的（参见第 314 页注释 3），即：视觉
通过与对象接触（ἐπιβάλλοθσα αὐτοῖς）而感觉到对象，而从这里他推论说，视觉
的感知活动比听觉的感知活动更为迅速而且更为可靠。关于听觉，他说："诸感觉中
并不稳定，而处于混乱之中。"

1　参见 Vol. i. 426 sq.。
2　参考前文第 444 页注释 6 中引证的文本。关于厄克芳图，参见 loc. cit.。
3　斯托拜乌（Stob. Ecl. i.440）说："色留库斯（Σέλευκος ὁ Ἐρυθραῖος，著
　　名天文学家）……和本都的赫拉克利德认为，宇宙是未限定的（ἄπειρον τὸν
　　κόσμον）。" Placita, ii.1, 5 只提及色留库斯；但是斯托拜乌的说明不能被拒斥，因
　　为他常常拥有更为完整的文本。Placita, ii.13, 8 甚至确认了这个说明（参见 Vol. i,
　　366, 2）；只有一点仍存在疑问，即："未限定者"这个概念在这里要不要以很严格的
　　方式来理解。
4　第一个提出这个观点的人，据 Theophrastus ap. Cic. Acad. ii. 39, 123（关于这点，
　　参考 Böckh, d. Kosm. Syst. Pl. 122 sqq.），是叙拉古人希凯塔，而《哲学家学述》只
　　提到厄克芳图与赫拉克利德是不那么重要的，如果我们跟 Böckh 一样认为，厄克芳
　　图是希凯塔这位同乡的弟子，而且最早把这个理论以书写著作的方式发表出来。不
　　管怎样，情况似乎是，赫拉克利德是从厄克芳图那里领教了这点，而他的原子论也
　　与这个人有关。
5　Plut. Plac. iii.13, 3："本都的赫拉克利德和毕达哥拉斯学派的厄克芳图把某种运
　　动归给地球，但不是以前进的方式，而是以在自己的中轴上像轮子一样从西向东
　　运转。"（同样的说法，只有若干文字出入，也出现在 apud Euseb. pr. evan. xv. 58；
　　Galen, hist. phil. c. 21。）Simpl. De Caelo, Schol. in Arist. 495a, 31："因为有一些人，
　　包括本都的赫拉克利德和阿里斯塔库斯，他们认为，如果天宇和诸星辰处于静止中
　　而地球在赤道上绕着两极从西向东运转，每天转动非常接近（ἔγγιστα）一圈，那

他认为太阳只有两颗卫星，水星与金星。[1] 跟毕达哥拉斯学派一样，他 609
主张诸天体，尤其月球，是球状的，与地球有相似的属性。[2] 当时哲学
家普遍相信大地是球状的，这点他也没有怀疑。[3] 略过赫拉克利德其他
一些物理学方面的理论，[4] 回到他关于人类灵魂的学说，我们发现，他在
这方面也是更多地接受了更早期的毕达哥拉斯学派的观点而不是柏拉图
的观点。他主张，灵魂是发光的、以太一样的实体。[5] 在进入身体之前，

么〔天文〕现象可以得到维持（σώζεσθαι τὰ φαινόμενα）。他们加上 '非常接近'，
因为太阳往前运动了一度。"Ibid. Schol. 506 a.1（参考 Ibid. 505 b.46）："本都的赫
拉克利德认为，通过假定天宇是静止的，而地球处于中心并且处于圆周运动之中，
可以让〔天文〕现象得到维持。"Schol. 508 a.12："但是，如果〔地球〕绕中轴进行
圆周运动，就像本都的赫拉克利德假定的那样"。Geminus ap. Simpl. Phys. 65, loc.
cit.："这就是为什么有一位本都的赫拉克利德出来说，如果地球以某种方式运动，
而太阳以某种方式保持不动，那么太阳轨迹的不规则现象也可以得到保持。"（关于
这些文本，以及跟 Gruppe, Kosm. Syst. d. Gr. 126 sqq. 从中得出的那些反常结论相反
的观点，参考 Böckh. loc. cit., p.127 sqq.。）Procl. in Tim. 281E："赫拉克利德……
归给地球某种圆周运动。"

1 Chalcid. in Tim. p. 200；Meurs. 与 Böckh, loc. cit., p.138, 142 sq.。还可参考 Ideler,
　abh. d. Berl. Acad. 1830；Phil. hist. Kl. p.72。

2 Stob. Ecl. i. 514（Plac. ii.13, 8）；参见 Part i. 366, 2；cf. 561, 2；Ibid. i. 552："赫
拉克利德和……认为〔月亮〕大地被云雾所环绕（Ἡρακλείδης καὶ Ὤκελλος [τὴν
σελήνην] γῆν ὀμίχλη περιεχομένη）。"另一方面，彗星与一些相似的现象，被赫拉
克利德视为一些发光的云团：Stob. Ecl. i. 578（Plac. iii. 2, 6；Galen, h. phil. c.18,
p. 288）。法厄同的神话故事被他视为历史性叙事（就像朱庇特一样，法厄同也被传
送到天上，参考 Hyginus, poet. astron. ii. 42）。

3 关于这个假定，我们或许可以提及一处关于环行大地的叙述，ep. Strabo, ii. 2, 4, 5,
p.98, 100。

4　关 于 涨 潮 与 退 潮，Stob. Ecl. i. 634；关 于 疟 疾，Galen, De tremore, c. 6, Vol.
vii. 615K；关于他像恩培多克勒一样通过假设流射与孔道来解释的感知活动（据
Plut. Plac. iv. 9, 3）；还可参考第 445 页注释 4。

5 Stob. Ecl. i. 796："赫拉克利德把灵魂界定为发光的类属"（Ἡρακλειδης φωτοειδῆ
τὴν ψυχὴν ὡρίσατο）。Tertull. De An. c. 9：灵魂不是"发光的，尽管本都的赫拉克
利德认为是这样。"Marcrob. Somn. i. 14：他把灵魂称为一种光。Philip. De An. A 4
u.：他把灵魂视为一种οὐράνιον σῶμα（属天的物体），也就是与αἰθέριον（以太）
相同的东西。在一篇归于他名下的论著中（περὶ τῶν ἐν ᾅδου〔《论不可见领域中的
事物》〕，其作者身份的可靠性受到合理怀疑），灵魂的各种活动被解释为仅仅是身
体的产物：Plut. utr. an. an corp. etc.；Fragm. i. 5。

610　灵魂居留在"银河"中，[1] 银河中那些闪闪发光的点本身就是灵魂。他如何把他的神灵学说（Dämonologie）[2] 和占卜信仰[3] 跟这种学说联系起来，或者他根本没有试图这样做，关于这些并无任何记载。

尽管赫拉克利德与柏拉图在许多观点上有所不同，但是至少他的基本道德原则与柏拉图的原则是相同的。从他关于"正义"的论著中我们看到某些说法，主张恶行要受到惩罚；[4] 在关于"快乐"的著作中他对提倡快乐主义的论调表示反对，[5] 指出各种各样缺乏节制的生活方式都导致败坏，并且论证最极端的快乐属于疯狂的人。[6] 这些既是毕达哥拉斯主

611　义的也是柏拉图主义的观点；[7] 这两个学派在道德学说方面的一致性超过了在理论哲学方面的一致性。[8]

欧多克索在伦理学和物理学方面都大大偏离了学园派的前辈。在物理学方面，理念论在他看来似乎太理想化了，而具体事物对理念的分有则太含糊了。为了把具体事物跟他的自然哲学更紧密联系起来，他设想，具体事物由于诸本体（各种性质本来属于这些本体）的结合而获得

1　Iambl. ap. Stob. *Ecl.* i. 904，参考前文，cf. 28, 4。

2　神灵学说出现在这样一位毕达哥拉斯主义者这里是很自然的，参考 Clemens, *Protrept.* 44c.："本都的赫拉克利德又如何呢？（在关于神明的描述中）他处处被拉向德谟克利特的诸形象（τὰ Δημοκρίτου ... εἴδωλα）。"德谟克利特的 εἴδωλα（诸形象）实际上是一些神灵（参见 Vol. i. 757），而且诸神被赋予气状或雾气状的各种躯体；参考《厄庇诺米》984B sqq.（参见下文）。

3　Cic. *Divin.* i. 23, 46；Tertull. *De An.* c. 46；Plut.*Alex.* 26 引述了赫拉克利德的某些预言性的梦的例子。他撰著有《论神谕》（περὶ χρηστητίων），这确认了他对于神谕的兴趣；该著作的一些残篇载于 Rouler, 67 sq.；Müller, *Fragm. Hist. gr.* ii. 197 sq.。

4　参见 Athen. xii. 521 c. sq.；533 sq.。

5　出现在 Athen. xii. 512 a. sqq. 的著作残篇（我们不能断定赫拉克利德直接想到的辩驳对手是谁），我们只能以这个方式来考虑，而不能视为这位哲学家自己的观点。

6　参考 Athen. xii. 525 sq., 533c., 536 sq., 552 sq. 和 554c 记载的著作残篇。

7　在 Vol. i. 398, 3 中引证的关于幸福的定义也指向毕达哥拉斯学派的伦理学。另一方面，Hermias *in Phaedr.* p. 76（ed. Ast）的引证确实是柏拉图式的："φιλίαν [φιλίας] λέγων εἶναι τὸν ἔρωτα καὶ οὐκ ἄλλου τινος, κατὰ συμβεβηκὸς δέ（这个亚里士多德式的表述一定是转述者带进来的）τινας ἐκπίπτειν εἰς ἀφροδίσια。"

8　只是就实践方面的结果而言可以这样说，因为柏拉图伦理学的学理性论证与阐述在毕达哥拉斯学派那里是没有的。

它们的各种性质；因而，他用阿那克萨戈拉的"同质体"来取代"理念"的地位。[1] 所以他是不是保留了"理念"这个名称并不能说明什么问题。[2] 在伦理学方面，他与阿里斯底波一样宣称"快乐"是最高的好事物（至善），因为所有人都欲求快乐而避免痛苦；所有人都为了快乐本身的缘故而追求快乐，而且快乐可以使得任何东西增加其价值。[3] 对于柏拉图的这些偏离是如此关键，以至于欧多克索不能被称为柏拉图主义者，不管他在其他方面对于学园派的贡献有多么大。

612

与此相反，我们看到《厄庇诺米》的作者[4]是一位纯正的柏拉图主义者；不过，他是这样一位柏拉图主义者，像毕达哥拉斯学派一样，把所有知识都归结为关于数、量和天体的知识，以及一种与此相关联的神学。《厄庇诺米》是作为《法律》的附录而出现的，它旨在探究我们称之为"智慧"的这种知识的本性；唯有这种知识能造成幸福的人和良好的公民，让人具有掌管最高权力的能力；它也是最有教养的人的最终行动目标，并且让人在死后也得享福祉。[5] 该作者说，这种知识不是给我们提供日常必需品的那些手工技艺，也不是只能提供娱乐而没有严肃旨

1　亚里士多德《形而上学》i. 9, 991a14：诸理念对于事物的确定性没有任何帮助，"因为它们（诸理念）并不出现在分有者之中；如果是那样的，那么或许它们可以被看作诸原因，就好像跟'白色'的结合使得一个事物是白色的，但是，这种理论，也就是最早由阿那克萨戈拉表达、后来欧多克索和其他人也表达过的，是很容易反驳的"。*Ibid.* xiii. 5, 1079b18，与此相同，几乎一字不差。关于这第一处文本，亚历山大评论说（后来诉诸亚里士多德《论诸理念》第2卷，*Schol.* 573a12）："柏拉图的弟子（τῶν Πλάτωνος γνωρίμων）欧多克索认为，由于诸理念在那些诉诸它们的事物之中的结合而让每个事物得以存在，而其他一些人也这么说……其他事物通过诸理念的结合而存在。"Alexander *ad Metaph.* 1079b15 的编辑者把欧多克索跟阿那克萨戈拉归为一类人："他们并不建构或设定诸理念（τὰς ἰδέας）"。

2　这点不能得到证实，因为亚里士多德对此什么也没说；至于说亚历山大，我们也不能肯定他对于亚里士多德关于诸理念的论述的阐释是否忠实。

3　亚里士多德《尼各马可伦理学》i. 12, 1101b27；x. 2 beginn.（参考 Diog. viii. 88）附加了这些话："他的这些说法被人相信不是由于这些说法本身，而是由于他的品格高尚；因为他被认为是特别节制的人。"Alex. *Top.* 119 m. 遵循亚里士多德的观点。

4　除了内容方面的非柏拉图性质以及其他一些证据（参见第408页注释2）之外，这篇作品在阐释方式上的枯燥乏味也可以立即证明它不是柏拉图本人的作品。

5　《厄庇诺米》973A sq.；976D；978B；979B sq.；992A sqq.。

归的那些模仿技艺（主要指诗人和画匠这类人的技艺——中译注），也不在于那些缺乏真正的理解、只由不确定的意见引导的各种实践方式中，譬如，医生、舵手和讼师的技艺，也不在于单纯的天性上的温良和

613　机智。[1] 真正智慧的必要条件是关于数以及与数相关的东西的知识——这种伟大的知识已经由乌拉诺斯（Uranos）——诸神中的至高者、一切好事物的创造者——给予我们了。没有认识到数[2]、不能区分"直"和"曲"的人，或许拥有勇敢、节制以及其他德性，但是他缺乏最重要的德性，即"智慧"。[3] 关于数的知识是一切技艺都需要的，而且它总是造就好事物而不会造成坏事物；于是，当且仅当缺乏数的地方，就会出现恶和无序。只有精通数的人才能理解并传授正确的、美的和善的事物。[4] 辩证法[5]对于这种知识的教导而言是一种协助手段；其至高点是天文学；天文学是关于一切可见事物中最美好和最神圣的东西的学问；[6]其主要理由在于，天文学让我们有可能达到最卓越的德性，即，真正的虔敬。只有通过天文学我们才得以从糟糕的无知状态中摆脱出来——那种无知状

614　态让我们无法获得真知，也妨碍我们对天上诸神的崇拜。[7] 如果我们相信，诸神存在并且关心、维护一切事物，灵魂的确优先并优越于身体，[8]而且有一个神圣理性、一个好灵魂[9]构造了"宇宙"并主导其运转，并

1　974D–976C。

2　在纯粹的数论之外，作者在 990 c. sqq. 还提到了与柏拉图的描述（《理想国》vii. 524 D sqq.）一致的几何、立体几何与和声学。

3　976C–977D；参考 978B sqq.；988A sq.。

4　977D sqq.；979A sqq.，关于这点参考 Vol. i. 294, 1 从菲洛劳斯那里引述而来的内容。

5　991C："在这些要求之外，一个人必须在每一处讨论中把个体事物跟种类配合起来，质疑和证伪错误表述的内容。这个方式是可供人使用的最好的和首要的试金石，一切非真正而是假装的试验都是白费劲。"后面这些话看起来指的是那些完全依赖于观测的天文学家（例如欧多克索）。

6　991B；989D sqq.。

7　989 A sqq.；985D；980A sq.；参考 988A（关于反对气象学的宗教偏见）。

8　980C；988C sq.-991D，指 p. 344, 384 sq.；第 364 页注释 7 提到的关于《法律》的一些讨论。

9　"万物中最神圣的理性"（λόγος ὁ πάντων θειότατος, 986C）：这个理性与灵魂重合，

且胜过坏灵魂的作用，[1] 那么，这种理性的运作通过"宇宙"中最璀璨和最有秩序的部分（即"星辰"）体现出来是最有效的。怎么能够设想这么伟大的星体会受到灵魂之外的什么力量的推动？这些星体的运动具有如此完美的规律，怎么能够设想这些运动不是出自内在的理性而是出自别的什么原因呢？既然我们认为地上的生物具有灵魂，那么闪闪发光的天体怎么会没有灵魂呢？[2] 刚好相反，我们应该认为它们具有最完满和最享福祉的灵魂；我们应该把它们视为诸神或诸神的形象，它们是 615
神性力量的承载者；要么它们自身是不朽的，要么至少拥有最漫长的生命。[3] 总之，星辰是可见的诸神，全部（而不是只有太阳和月球）应该得到同样的尊崇；另一方面，大众信仰中的那些神明也得到了这位作者同样的尊重，[4] 就像得到柏拉图的尊重一样。[5] 在诸神之后是诸神灵（die Dämonen）。既然有五种不同的元素，[6] 那么有生命的实在也就有五个不同的类属，每一种元素在其中一个类属中起着主导作用。[7] 在这个序列中，天上的诸神因其具有火一样的本性而占据最高位置；人类、动物和

在 984C 等处，有生命的存在物的构造归功于它，也就是 ἀρίστη ψυχὴ（至善的灵魂），它导致"朝向'善'的运动和变化"（φορὰ καὶ κίνησις ἐπὶ τἀγαθόν, 988D）。

1　988D sq.，关于这点，参考 p. 544, sq.；第 399 页注释 3 的一些论述。

2　981E–984A。关于众星体的大小，按照 983A sq. 的说法，我们应该认为太阳比地球更大，而且比全部具有巨大体积的行星都更大。关于众星体的层次与旋转，《厄庇诺米》986A–987D 与柏拉图保持一致：不过有一处与柏拉图的阐述存在偏差（据 *Prolegomena* c. 25，这点已经被普洛克罗用来证明这作品不是柏拉图的真作），按照 987B 的说法，众行星被看作是向右运转，而恒星天球则向左运转；参见第 279 页注释 1。作者说道（986E，987D sq.），天文学与其他一些东西都是从外族人那里传给希腊人的；不过他希望希腊人很快就可以把天文学发展得更为完善。

3　981E sq.；983E sq.；986B，这里的意思无疑是，星辰的灵魂应该被视为真正的诸神。星辰之可见的身体在多大程度上与这些灵魂结合在一起，作者没有作出断定。

4　984D；985D sq.。

5　984D（参考前文，p. 500）。此外，在这里（985C sq.）我们还发现了一个基本原则，即：立法不应该与已经确立的宗教崇拜发生冲突，也不应该在没有迫切理由的情况下引入一些新的敬拜对象。

6　除了恩培多克勒的四元素之外，还有"以太"。作者赋予"以太"介于"气"与"火"之间的位置：891C–984B sqq.。

7　981C sq.；参考前文，第 380 页注释 4 以及第 436 页注释 4。

植物因其土一样的本性而处于最低位置；[1]处于中间位置的是三种类型的
"神灵"。有两类神灵是不可见的，它们的身体由"以太"或"气"构
成；第三类神灵的身体是"水"或"水汽"构成，有时不可见有时可见。
人和诸神之间的所有交往都要借助于神灵的中介：神灵通过梦、神谕或
其他各种形式显示出来；他们知道人的想法；他们热爱善而憎恨恶，因
为他们受到快乐和痛苦的影响。诸神是超越于这些情感的，他们的本性
只容许理智和思想。[2]人的层次比诸神低很多：他的生命充满纷扰、混
乱和非理性，很少有人在现世中找到真正的幸福。[3]但是，如果有人把
上述关于天体的知识跟德性与良好品格结合起来，那么他就可以得享幸
福，[4]在死后作为被拣选的圣洁者进入福界，那里没有此世的混杂性，在
其中他可以过着沉思天体的生活。[5]我们不仅从这种末世期待而且从这
部作品的其他内容中都看到了这种柏拉图学派的精神；书中充满这样的
论断：知识是最有价值的，诸神是没有情欲的，理性主宰着宇宙，身体
受灵魂的主导，宇宙是有灵魂的存在者，星辰具有神性。但是，且不说
那些细小的差别，天文学家和哲学家之间的距离有多大呀：对于天文学
家而言，天文学是智慧的顶峰，星空是沉思的最高对象，而哲学家则把
我们从可见的领域引向"理念"，从数学和天文学引向"辩证法"！由于
《厄庇诺米》的作者极有可能是柏拉图的亲炙弟子，[6]这样它确证了一个

左侧边码：616、617

1　981D sq.。

2　984E–985C；参考前文，p. 593。

3　973D sqq.；982A；983C；985D；992C。

4　992C sq.；参考973C。

5　973C；986D；992B sq.。

6　这个假定有这样一些支持：（1）第408页注释2提及的那个记载，它单独看起来不
足以完全证明这点；不过还有（2），我们看到除了那个记载之外，这篇作品的内容
与菲利普斯（Philippus）这样的人非常切合，也就是一位数学家与天文学家，对伦
理的、政治的乃至神学的探究也不陌生。在这里（983A sq.）得到特别强调的众星
体的大小问题在菲利普斯的一篇著作中也得到讨论：π. μεγέθους ἡλίου καὶ σελήνης
καὶ γῆς（《论太阳、月亮和地球的大小》）。（3）这篇作品（986A sqq.）在天文学知
识方面没有比柏拉图更进一步的发现；在986E，987D sq.，它说天文学在希腊人当
中还年轻，并且希望这种从外族人那里学习来的学问在未来可以达到完善。亚里士
多德没有提及《厄庇诺米》（即使在《政治学》ii. 6, 1265b18 也没有提及）这个事情

事实（其他方面的材料也足以证明这点），即，哪怕在这个时候，老学园派的许多成员也已经开始偏离纯正的柏拉图哲学精神，他们让数学和数学方面的神学压倒了纯哲学探究。

在波勒莫死后，这种数学思辨以及一般意义上的纯粹理论哲学似乎越来越让位于伦理学——如果说纯粹理论哲学还没有完全消失的话（在克朗托那里确实是消失了）。波勒莫本人发展了一种跟犬儒学派的观点有些相似的基本原则，[1] 不过他可能没有像犬儒学派那样严格地主张这点，即：人应该在实践中而不是在各种辩证式沉思中训练自己。[2] 的确，这位哲学家的人格影响力比他在其他方面的影响力更大。[3] 在道德学说方面，他完全忠实于其导师。他的格言是：遵照"自然"而生活。[4] 不过，他认为这有赖于两方面的条件：一方面是德性，另一方面是享有那些"自然"鼓励我们去欲求的那些好事物，例如健康之类。[5] 尽管这第

618

看起来并不重要，哪怕 p. 74 sqq. 所说的内容也不算在内。当然，《厄庇诺米》可能是亚里士多德的同时代人写的，甚至可能比《政治学》的写作更晚，或者，至少它可能在《政治学》写作的时候还没有作为柏拉图的著作得到流传。

1 参见 Part. i. 248, 3。

2 Diog. iv. 18：波勒莫说，我们应该在实际事务中而不是在辩证式沉思中来训练自己，那样就好像把音乐方面的技巧一下子吸收了，却不去操练；辩论式沉思虽然在问答方面值得钦佩，但是在实际处境中却自我冲突。

3 Diog. iv. 17, 24。

4 Clemens（参见第 437 页注释 8）提到，συντάγματα περὶ τοῦ κατὰ φύσιν βίου（《论遵循自然的生活》）是他的著作。

5 Plut. c. not. 23（参见第 440 页注释 1）；Cic. Acad. ii. 42（ibid.）；Fin. ii. 11, 33 sq.：每一个生物，它出生的那一刻就爱自己，爱自己的每一个部分，首先爱的是两个基本部分，一个是心灵，一个是身体，然后是爱这两者的构成部分……现在有个很大的疑问，在这些基本的自然善好的事物当中，快乐算不算其中一种。不过，认为在快乐之上没有更重要的，肢体、感觉、心灵的感受、身体的健全、健康都不算，那么这在我看来就显示了最大的无知（策勒按：西塞罗在这里谈论的是伊壁鸠鲁学派）。全部关于善与恶的问题都归结为这点。波勒莫，还有亚里士多德，都认为我这里提及的这些东西是最重要的一些好事物。老学园派和漫步学派的观点是从这里出发的，这也使得他们说，最大的善就是遵照自然而生活，也就是说，伴随着德性而享受自然赋予的主要的好事物。Ibid. iv. 6, 14 sq.：因为正如前辈哲学家们，尤其波勒莫最为明显，已经说过，最重要的善是遵循自然而生活，所以斯多亚学派认为，有三件事情通过这些话得到表明：……第三，也是其中最重要的，就是合乎自然地享受生活。按照斯多亚学派的说明，色诺克拉底与亚里士多德在界定最高的

二方面的条件对于完满的幸福而言是不可或缺的，[1] 它远不如第一方面的条件那么重要。波勒莫说，如果没有德性，那么绝不可能幸福；如果没有身体方面的、外在的好事物，那么幸福是不完全的。在这点上，他的教导与柏拉图、斯彪西波和色诺克拉底的学说是完全吻合的。在其他方面，我们对他所知甚少，不过从一些零散记载中或许还可以总结出某些观点。[2]

619　　　对于波勒莫的继任者克拉底我们知道得更少，但是，既然他的名字始终与"学园派"相关，[3] 而且从他与波勒莫和克朗托的个人关系来看，我们可以认为他是该学派忠实的追随者。关于克朗托，我们知道更多明确的细节，部分来自于他关于《蒂迈欧》的解释，[4] 部分来自于他的伦理学著作，其中尤其是他的《论悲痛》。从前者我们了解到，他像色诺克拉底一样反对灵魂在时间上有开端，而把《蒂迈欧》的表述方式只看作某种解释上的权宜之计；[5] 他正确理解了柏拉图的意思，把灵魂看作由一切事物之基本构成要素合成，尤其由这样四个要素合成：可感事物、理智性事物、"同"和"异"，所以灵魂能够认识一切事物；[6] 他对《蒂迈欧》中那些"和谐数"的解释方式被一些现代诠释者承认为是正确的；[7] 他还把阿特兰蒂斯神话看作真实的历史（这当然是错误的）。[8] 如果他自己的看法与他心目中的柏拉图是一致的（这点难以怀疑），那么他的评注充

善之时也采纳了这个观点。

1　Clemens, *Strom*. ii. 419A："色诺克拉底的弟子波勒莫似乎认为，幸福是所有好事物的充足，或者最多最大程度上拥有好事物。（参考 Cic. *Fin*. iv. 6；参见前注）他又提出这个主张，即，没有德性就没有幸福；而脱离身体方面和外在的东西，德性对于幸福而言仍然是充足条件。"Cic. *Tusc*. v. 13；参见前文，第 440 页注释 6。

2　例如，ap. Plut. *Ad princ. inerud*. iii. 3, p. 488："'爱情'（τòν Ἔρωτα）服务于诸神对于年幼者的照料和保存"。以及第 437 页注释 8 引自 Clemens 的文本。

3　例如，ap. Cic. *Acad*. i. 9, 34，在这里，克拉底明确被归为柏拉图学说的忠实守护者。

4　这是关于该著作的最早的评注；参见前文，第 432 页注释 1。

5　*Procl. in Tim*. 85A；Plut. *An. Procr*. iii. 1, p. 1013。

6　Plut. i. 5；ii. 4 sq.；参见前文。

7　Plut. xvi. 8, 20；iii. 29, 4。参考前文，以及 Kayser, *De Crantore*, pp. 22–33。

8　*Procl. in Tim*. 24A。

分表明，他的灵魂学说跟柏拉图的真正意思是一致的。关于形而上学的
其他部分是否属于这种情况，我们不得而知；但是，在伦理学方面，克
朗托是学园派的一位纯正代表。从一则相当长的、充满雄辩色彩的残篇620
中，[1]我们发现，他把德性放在所有好事物的首位，其次是健康，第三是
快乐，第四是财富；这个看法与学园派普遍接受的看法是吻合的。我们
还读到这样的内容，在其中他批评斯多亚派对于痛苦的冷漠态度是对人
类自然情感的抹杀，而且他提倡悲伤要适可而止，[2]这也是柏拉图本人的
态度。[3]他与学园派其他成员一样不同意对所有感情全然进行压制，而
只要求进行适度限制；他为这个观点辩护说：“自然”本身为这些感情安
排了用处。[4]克朗托和克律西波（Chrysippus）一起被称为“德性导师”，
我们由此可以得知他的声望，以及他的哲学原则的纯粹性。[5]他的许多621

1　Ap. Sext. *Math*. xi. 51–58。

2　Plut. *Consol. ad Apoll*. i. 3, p.102：“学园派的克朗托说，要祈求我们不生病，但是
　　如果我们生病了，祈求感觉可以保留，无论我们当中的任何部分被切除还是被撕扯
　　掉。因为要达到对于疼痛没有感知要付出巨大代价；我们可以设想，身体只有受到
　　摧残才会变成无感觉，而对于灵魂也是如此。” Cic. *Tusc*. iii. 6, 12 翻译了这一段话；
　　我们可以推论说，这一章的开端那些话——“就我而言，我不认同那些赞扬严酷冷
　　漠的不动情感的人，这既不可能也没有好处”——也是来自于克朗托。而这接下来
　　的内容，我们可以猜测说，它在实质上也属于他，如果这样，他就是把不动情感看
　　作取消了仁慈与友爱，而他寻求的却是“适度动情”（metriopathy）（参考本页注释
　　4）。Kayser 正确地注意到这段文本的痕迹出现在 Seneca, *Cons. ad Helv*. 16, 1；Cons.
　　ad Polyb. 17, 2；参考 *Ibid*. 18, 5 sq.。

3　Kayser（p. 6 sq.；39 sq.）在这里发现了克朗托的新观点，并且用这位哲学家的健
　　康欠佳来解释它。不过，Brandis（ii. b. 1, 40）正确地引证 Cic. *Acad*. i. 9; ii. 44（参
　　见下注）说明他的学说与其他学园派关于幸福的教导是一致的。在第 326 页注释 2
　　已经指出，柏拉图本人反对不动情感，而且特别提及了 Plut. *loc. cit.* c. 3 beginn. 所
　　沉思的那个情况。

4　Cic. *Acad*. ii. 44, 135：“但是，我希望知道，什么时候主张有智慧的人的心灵不被
　　推动或扰动变成了学园派的一个原则。老学院派赞赏各种‘中道’，主张每一种情感
　　都有某个自然尺度（策勒按：它大概以 μετριοπάθεια〔适度动情〕这个术语为基础）。
　　我们都读过老学园派的克朗托的《论悲痛》，它不太长，却是一篇宝贵作品，就像帕
　　奈修斯给杜白罗（Tubero）的建议一样，人们应该用心去学习它。实际上，他们还
　　主张，自然把这些情感给予我们是为我们好：他们说恐惧是为了激起我们的小心谨
　　慎，怜悯和悲痛是为了激起我们的仁慈，甚至愤怒也是激发我们勇敢的因素。”

5　Horace, *Epp*. i. 2, 4。

残篇都表明，跟柏拉图一样，他相信灵魂降生在尘世上是为了接受惩罚和净化；他注意到人生不能摆脱诸恶，因而寻求死后转变为一种更卓越的存在者。[1] 所有这些都与老学园派的思想完全吻合。西塞罗把克朗托看作一位对柏拉图学说保持忠实的人，[2] 就上述这些而言，他是对的；克朗托的确没有偏离斯彪西波和色诺克拉底之后在学园中起主导作用的柏拉图学说形态。然而，柏拉图哲学的原始精神和内容在学园派中只得到了很不完善的再现。尽管学园派所传授的伦理学可能是柏拉图的伦理学，但是，哪怕柏拉图哲学的第一代继承人也已经偏离了纯正柏拉图哲学的思辨根基。第二代传人似乎把自己的注意力全部局限在"道德"方面了。当阿尔凯西劳在全新方向上把学园派引到新的历史阶段，这就使得这个学派距离其奠基人的立场愈发遥远了。柏拉图的精神遗产只有一部分连同他的花园一起传给了学园派，而其完整的精神遗产则传给了亚里士多德，后者由此超过了他的导师。

622

---

1 Plut. *loc. cit.* c. 27："不仅现在，而且很早以前，如克朗托说的，很多人被聪明人所迷惑，这些人觉得生活对人而言是一种惩罚，出生就是最大的灾难。"根据 Lactantius, *Inst.* ii. 18 fin.，这些话在西塞罗的《自我安慰》中被再次提及（Kayser, p. 48）。克朗托自己表达了人生的一些苦悲，ap. Plut. *loc. cit.* c. 6, 14；Kayser（p. 45）根据 *Tusc.* i. 48 指出，在后面这个地方，关于欧绪努斯（Euthynous）的故事来自于克朗托（我们在《厄庇诺米》中看到了关于人生诸苦厄的相似抱怨）。在 c. 25，克朗托明白一个人不因自己的过错而受苦是多么大的安慰。关于西塞罗对克朗托观点的利用，参考 Heine, *De fonte Tuscul. Disp.* 10 sqq.。

2 *Acad.* i. 9, 34。

索　引

A

Q

R

S

T

U

V

W

译名对照表

（一）古代人名、神名

西　文	中　文
Aeschines	埃斯基涅
Agathon	阿伽通
Agesilaus	阿戈西劳斯
Albinus	阿尔比努斯
Alcimus	阿尔基穆斯
Alexamenus	阿里克萨美努斯
Ameinias	阿美尼亚斯
Ammonius	阿摩尼乌斯
Amyntas	阿明塔斯
Amyclas	阿密克拉斯
Anaxagoras	阿那克萨戈拉
Andronicus	安德罗尼柯
Anniceris	安尼凯里
Antigonus	安提贡努斯
Antiochus	安提俄库斯
Antisthenes	安提司泰尼
Antitheus	安提泰乌
Apollodorus	阿波罗多洛斯

Apuleius	阿普利乌斯
Arcesilaus	阿尔凯西劳
Archelaus	阿凯劳斯
Archytas	阿尔基塔
Aristarchus	阿里斯塔库斯
Aristides	阿里斯底德
Aristippus	阿里斯底波
Aristomenes	阿里斯托美涅
Aristonymus	阿里斯托尼穆斯
Aristophanes	阿里斯托芬
Aristoxenus	阿里斯托克塞努斯
Asclepiades	阿斯克勒皮亚德斯
Asclepios（Asclepius）	阿斯克勒庇俄斯
Athenaeus	阿森奈留斯
Axiothea	阿克西奥塞娅
Bryso	布里梭
Callicles	卡里克勒斯
Callippus	卡里普斯
Cebes	克贝
Chabrias	卡布里亚斯
Chaero	凯罗
Chamaeleon	卡麦莱翁
Charmides	卡尔米德
Charon	卡龙
Charondas	卡龙达斯
Chio	基奥
Chonuphis	柯努菲
Chrysippus	克律西波

Cleanthes	克利安塞斯
Clearchus	克勒阿库斯
Cleophon	克勒奥丰
Codrus	哥德鲁斯
Coriscus	科里斯库斯
Cotys	科提斯
Critias	克里底亚
Criton（Crito）	克里托
Ctesippus	克泰西普斯
Damascius	达马修斯
Damon	达蒙
Delius	德里乌斯
Demetrius	德米特里
Demosthenes	德摩斯提尼
Dercyllides	德西利达斯
Dicaearchus	狄凯亚尔库
Dinostratus	迪诺斯特拉图斯
Diodorus	狄奥多罗
Diogenes	第欧根尼
Dion（Dio）	狄翁
Dionysius	狄奥尼修斯
Dionysus	狄奥尼索斯
Diotima	狄奥提玛
Draco	德拉科
Dropides	德洛庇达
Echecrates	埃刻克拉泰斯
Ecphantus	厄克芳图
Epameinon	厄帕美农

Epaminondas	埃帕米农达斯
Ephippus	厄菲普斯
Epicharmus	埃庇哈尔穆斯
Epicrates	厄庇克拉底
Epimenides	埃庇美尼德
Erastus	厄拉斯托
Eros	厄洛斯
Euaeon	欧埃翁
Euclid	欧几里德
Euctemon	欧克特蒙
Eudemus	欧德谟斯
Eudoxus	欧多克索
Euphraeus	欧弗拉乌斯
Eurytus	欧吕托斯
Eusebius	尤塞比乌斯
Eustratius	欧斯特拉提乌
Euthydemus	欧绪德谟
Euthynous	欧绪努斯
Galen	盖伦
Glaucus	格劳克斯
Gyges	古革斯
Helicon	赫利孔
Heraclides	赫拉克利德
Hermias	赫尔米亚斯
Hermippus	赫尔米普斯
Hermodorus	赫尔谟多洛斯
Hestiaeus	赫司提埃俄
Hicetas	希凯塔

Hippodamus	希波达穆斯
Hyperides	希佩里德斯
Iphicrates	伊菲克拉底斯
Ismenias	伊斯美尼亚
Isocrates	伊索克拉底
Justus	贾斯特
Lasthenia	拉斯特尼亚
Leo	利奥
Leonides	列奥尼德斯
Lyco（Lycon）	吕科
Lycurgus	莱库古士
Lysander	吕山德尔
Lysias	吕西阿斯
Lysimachus	吕西马库斯
Lysis	吕西斯
Manetho	曼涅托
Menaechmus	美涅克穆斯
Menedemus	美涅得谟
Meno	美诺
Miltas	米尔塔斯
Myronianus	米隆尼安努斯
Nectanabis	涅克塔纳庇斯
Neleus	奈留斯
Nestor	涅斯托尔
Nicias	尼西阿斯
Numenius	努美纽斯
Olympiodorus	奥林匹俄多鲁斯
Orpheus	俄耳甫斯

Pamphilus	帕姆菲卢斯
Panaetius	帕奈修斯
Parrhon	帕隆
Perdiccas	佩狄卡
Perictione	伯里克蒂奥妮
Persaeus	培尔塞乌斯
Phaleas	帕雷亚
Phavorinus	法沃里努斯
Pherecydes	费瑞库德斯
Philip	腓力
Philippus	菲力普斯
Philistion	菲力斯提翁
Philo	斐洛
Philodemus	菲洛德姆斯
Philolaus	菲洛劳斯
Philoponus	菲洛庞努斯
Phocion	弗基翁
Phormio	弗尔米奥
Plutarch	普鲁塔克
Polemo	波勒莫
Pollis	波利斯
Polus	波卢斯
Polycrates	波吕克拉底
Porphyry	波菲利
Posidonius	波塞冬纽斯
Potone	波托妮
Praxagora	普拉克萨格娅
Protagoras	普罗泰戈拉

Ptolemy	托勒密
Pyrilampes	皮里兰佩
Pytho	皮托
Rhea	瑞亚
Seneca	塞涅卡
Silanion	西拉尼昂
Simmias	西米亚斯
Simonides	西蒙尼德
Simplicius	辛普里丘
Socratides	索克拉提德
Sophron	索佛隆
Sotion	索提翁
Stobaeus	斯托拜乌
Strabo	斯特拉波
Strattis	斯特拉底斯
Sulla	苏拉
Syrianus	叙里亚努斯
Themistius	塞米斯修斯
Themistocles	塞米司托克勒
Theo	塞俄
Theodectes	塞奥狄克特斯
Theophilus	塞奥菲鲁斯
Theophrastus	塞奥弗拉斯特
Theopompus	塞奥庞普斯
Theuth	塞乌斯
Thrasybulus	塞拉绪布罗
Thrasylus	塞拉绪罗
Thrasymachus	塞拉叙马库斯

Timaeus	蒂迈欧
Timolaus	提谟劳
Timon	蒂蒙
Timonides	提摩尼德
Timotheus	提谟修斯
Tiresias	提瑞西阿斯
Tubero	杜白罗
Varro	瓦罗
Xenarchus	克塞那库斯
Xenocrates	色诺克拉底
Xenophon	色诺芬
Xerxes	薛西斯
Zagreus	扎格留斯
Zaleukus	塞琉古斯
Zeno	芝诺

（二）古代地名、族名

西　文	中　文
Aegina	埃吉纳
Aenos	埃诺斯
Apollonia	阿波罗尼亚
Arcadia	阿卡迪亚
Arcadian	阿卡迪亚人
Argos	阿戈斯
Atarneus	阿塔纽斯

Carystus	卡里司图斯
Chalcedon	卡尔西冬
Cnidos	克尼多斯
Cyzicus	西基库斯（库奇克）
Delium	德里昂
Delos	提洛
Heliopolis	赫利奥波利斯
Helots	希洛人
Heraclea	赫拉克莱亚
Leuctra	留克特拉
Locri	洛克利
Locrian	洛克利人
Medma	麦德玛
Megalopolis	麦加洛波利斯
Opus	奥普斯
Pergamus	帕伽马
Perinthus	佩林图斯
Perioeci	皮里阿基人
Pyrrhaerns	皮拉人
Rhegium	列其昂
Samos	萨摩斯
Soli	索里
Tanagra	塔纳格拉
Thebes	忒拜（底比斯）

（三）现代人名

西　文	中　文
Ast	阿斯特
Brandis	布兰迪斯
Fischer	菲舍尔
Grote	格罗特
Herbart	赫尔巴特
Hermann	赫尔曼
Karsten	卡斯滕
Meiners	迈纳斯
Munk	蒙克
Ribbing	里宾
Ritter	里特尔
Schaarschmidt	沙尔施密特
Schleiermacher	施莱尔马赫
Schöne	舍尼
Schwegler	施韦格勒
Socher	索赫尔
Stallbaum	斯塔尔鲍姆
Steinhart	施泰因哈特
Susemihl	苏色米尔
Tennemann	邓尼曼
Ueberweg	于贝韦格
Weisse	魏瑟

柏拉图著作英文名称、
缩写及中译名对照 *

英文名称	英文缩写	中译名
Alcibiades I（Alcibiades）	*Alc. I*	《阿尔基比亚德前篇》
Apology	*Apol.*	《申辩》
Charmides	*Charm.*	《卡尔米德》
Clitophon	*Clit.*	《克利托丰》
Cratylus	*Crat.*	《克拉底鲁》
Critias	*Criti.*	《克里底亚》
Crito	*Cri.*	《克里托》
Epistles（Letters）	*Epist.*	《书信集》
Euthydemus	*Euthd.*	《欧绪德谟》
Euthyphro	*Euphr.*	《欧绪弗洛》
Gorgias	*Gorg.*	《高尔吉亚》
Greater Hippias（Hippias Major）	*G. Hp.*	《大希庇亚》
Ion	*Ion*	《伊翁》
Laches	*La.*	《拉凯斯》
Laws	*Laws*	《法律》
Lesser Hippias（Hippias Minor）	*L. Hp.*	《小希庇亚》
Lysis	*Lys.*	《吕西斯》
Menexenus	*Menex.*	《美涅克塞努》

---

* 中文篇名主要参考了汪子嵩版（王晓朝版与之基本一致），极个别篇名有修改。英文
缩写参考了 J. M. Cooper 编辑的《柏拉图全集》和 R. Kraut 编辑的《剑桥柏拉图指南》。

Meno	Men.	《美诺》
Parmenides	Parm.	《巴门尼德》
Phaedo	Phdo.	《斐多》
Phaedrus	Phdr.	《斐德罗》
Philebus	Phil.	《斐莱布》
Politicus（*Statesman*）	Polit.	《政治家》
Protagoras	Prot.	《普罗泰戈拉》
Republic	Rep.	《理想国》
Sophist	Soph.	《智者》
Symposium	Symp.	《会饮》
Theaetetus	Tht.	《泰阿泰德》
Timaeus	Tim.	《蒂迈欧》

以下通常被认为是伪作

Alcibiades II	Alc. II	《阿尔基比亚德后篇》
Axiochus	Ax.	《阿克西俄库》
Definitions	Def.	《定义集》
Demodocus	Dem.	《德谟多库》
Epigrams	Epig.	《隽语集》
Epinomis	Epin.	《厄庇诺米》
Eryxias	Eryx.	《厄律克西亚》
Halcyon（*Alcyon*）	Hal.	《阿尔孔》
Hipparchus	Hppr.	《希帕库》
Minos	Min.	《米诺斯》
On Justice	Just.	《论正义》
On Virtue	Virt.	《论德性》
Rival Lovers（*Amatores*）	Riv.	《情敌》
Sisyphus	Sis.	《西绪福斯》
Theages	Thg.	《塞亚革》

亚里士多德著作拉丁文名称、
缩写及中译名对照 *

拉丁文名称	拉丁文缩写	中译名
Analytica posteriora	*APo.*	《后分析篇》
Analytica priora	*APr.*	《前分析篇》
Athenaion Politeia	*Ath.*	《雅典政制》
de Audibilibu	*Aud.*	《论听觉》
de Caelo	*Cael.*	《论天》
Categoriae	*Cat.*	《范畴篇》
de coloribus	*Col.*	《论颜色》
de Anima	*de an.*	《论灵魂》
De divinatione per somnia	*Div.Somm.*	《论睡眠中的预兆》
Ethica Eudemia	*EE.*	《欧德谟斯伦理学》
Ethica Nicomachea	*EN.*	《尼各马可伦理学》
Epistulae	*Ep.*	《书信集》
Fragmenta	*Fr.*	《残篇》
de Generatione Animalium	*GA.*	《论动物的生成》
De generationa et corruptione	*GC.*	《论生成和消灭》
Historia Animalium	*HA.*	《动物志》
de Incessu Animalium	*IA.*	《论动物的行进》

---

* 据 Liddel&Scott《希英词典》第九版列出。

de Insomniis	*Insomn.*	《论梦》
de interpretatione	*Int.*	《解释篇》
de Juventute	*Juv.*	《论青年》
de Lineis Insecabilibus	*LI.*	《论不可分割的线》
de Longaevitate	*Long.*	《论生命的长短》
de Motu Animalium	*MA.*	《论动物的运动》
Mechanica	*Mech.*	《机械学》
de Memoria	*Mem.*	《论记忆》
Metaphysica	*Met.*	《形而上学》
Meteorologica	*Mete.*	《气象学》
Mirabilia	*Mir.*	《奇闻集》
Magna Moralia	*MM.*	《大伦理学》
de Mundo	*Mu.*	《论宇宙》
Oeconomica	*Oec.*	《家政学》
de partibus Animalium	*PA.*	《论动物的部分》
Parva naturalia	*Parv. nat.*	《自然短论集》
Physica	*Ph.*	《物理学》
Physiognomonica	*Phgn.*	《体相学》
Poetica	*Po.*	《诗学》
Politica	*Pol.*	《政治学》
Problemata	*Pr.*	《问题集》
de Respiratione	*Resp.*	《论呼吸》
Rhetorica	*Rh.*	《修辞学》
Rhetorica ad Alexandrum	*Rh.Al.*	《亚历山大修辞学》
Sophistici elenchi	*SE.*	《辩谬篇》
de Seusu	*Sens.*	《论感觉》
de Sommno et Vigilia	*Somn.Vig.*	《论睡与醒》
de Spiritu	*Spir.*	《论气息》

Topica	*Top.*	《论题篇》
de Virtutibus et Vitiis	*VV.*	《论善与恶》
de Ventis	*Vent.*	《论风向》
de Xenophane	*Xen.*	《论克塞诺芬尼》

缩 略 语 表

abr.= 删节

ad fin.= 末尾

ad init.= 开头

ad loc.= 在该处

after= 因袭

ap.= 附录

bk.= 卷

c.= 大约

cf.= 参见

cod., codd.= 抄本

comm.= 评注

corr.= 校正

d.= 卒年

ed., edd.= 编辑

edn.= 版本

eg.= 例如

esp.= 特别地

et al.= 以及其他

etc., &c.= 等等

et passim.= 以及其他各处

f., ff.= 以下

fig.= 表

fl.= 盛年

fr.= 残篇

ibid. = 同上书

i.e.= 即

infra= 下文

l.c., loc. cit.= 见上引文

l., ll.= 行

lit.= 字面上

Ms., Mss.= 稿本

n., nn.= 注释

om.= 省略

op.cit.= 同上

p., pp.= 页

ps.= 伪

pt.= 部分

q.v.= 参见

ref.= 参考

repr.= 重印

rev.= 修订

sq., sqq.= 以下

sub.init.= 开头以下

sub voce= 在该词下 / 参看该条目

suppl.= 增补

supra= 上文

trans.= 译

vide= 参见

vide supra= 参见上文

vide infra= 参见下文

viz.= 即

vol.= 卷

v., vv.= 诗句

责任编辑：毕于慧
特约编辑：郇中建
封面设计：石笑梦　王欢欢
版式设计：周方亚
责任校对：马　婕

图书在版编目（CIP）数据

古希腊哲学史．第三卷，柏拉图与老学园派／［德］爱德华·策勒　著；
　詹文杰　译．—北京：人民出版社，2020.12（2023.2 重印）
（古希腊哲学基本学术经典译丛）
ISBN 978－7－01－017452－5

I.①古…　II.①爱…②詹…　III.①古希腊罗马哲学－哲学史②柏拉图
（Platon 前 427－前 347）－哲学思想－研究　IV.① B502 ② B502.232

中国版本图书馆 CIP 数据核字（2017）第 048938 号

古希腊哲学史（第三卷）

GUXILA ZHEXUESHI

——柏拉图与老学园派

［德］爱德华·策勒　著

詹文杰　译

人民出版社 出版发行

（100706　北京市东城区隆福寺街 99 号）

北京新华印刷有限公司印刷　新华书店经销

2020 年 12 月第 1 版　2023 年 2 月北京第 3 次印刷
开本：710 毫米 × 1000 毫米 1/16　印张：32.75
字数：475 千字

ISBN 978－7－01－017452－5　定价：145.00 元

邮购地址 100706　北京市东城区隆福寺街 99 号
人民东方图书销售中心　电话（010）65250042　55289539

本 书 根 据 *A History of Greek Philosophy, Plato and the Older Academy,* Translated by S. F. Alleyne and A. Goodwin. London: Longmans, Green, and Co., 1876. 翻译。